国有企业人员廉洁从业实用手册

（第五版）

本书编写组　编

中国方正出版社

前　言

国有企业是中国特色社会主义的重要物质基础和政治基础，是我们党执政兴国的重要支柱和依靠力量，是推进中国式现代化的战略力量。党的二十大强调，要“推进国有企业、金融企业在完善公司治理中加强党的领导”“深化整治权力集中、资金密集、资源富集领域的腐败”。二十届中央纪委三次全会强调，“深化整治金融、国企、能源、烟草、医药、基建工程和招投标等权力集中、资金密集、资源富集领域的腐败”。搞好国有企业、发展壮大国有经济，不只是一个纯粹的经济问题，更是一个重大的政治问题。推进国有企业党风廉政建设和反腐败斗争关乎党的执政基础、关乎国家安全、关乎人民群众根本利益。

为进一步促进全面从严治党要求在国有企业落地生根，强化国有企业党风廉政建设，帮助国企领导和员工牢固树立依法合规经营和廉洁从业的意识，进一步强化纪法知识学习，我们组织编辑了本书。本书收集了与国有企业依法合规经营和廉洁从业有关的政策、法律、制度、纪律和规定，按方针与政策、纪律规定、企业法律与管理制度、国有资产监督管理、企业监管与责任追究、财务制度与资金监管、审计监督、职务违法犯罪调查与处置八个方面分类归集整理，基本覆盖了目前国企经营、管理、监督的各个方面。

在本书编辑过程中，我们着重突出以下四个方面：一是全面性，即收集内容齐全。二是逻辑性，层次分明，条理清晰。三是综合性，突出依法合规和廉洁从业两个维度，齐头并进，有机结合，相互融合。四是实用性，选编的法律、规定等都是常用的，让人一目了然，随手翻阅，十分方便。本书可作为案头工具书，供国企纪检监察人员、检察机关工作人员开展国企腐败防治工作之用；也可作为业务参考书，供国有企业领导和员工在遇到这样那样的法律问题和廉洁从业问题之时能够及时查阅、参考，作为自觉防范腐败、依法合规经营和廉洁从业的好帮手。

本书的编辑出版，得到了有关国企纪检监察机构、检察机关的大力协助，在此特别表示衷心感谢。限于时间和水平，书中难免存在遗漏和缺憾，敬请提出宝贵意见。

编　者

2024 年 5 月

目　　录

一、方针与政策

二、纪律规定

三、企业法律与管理制度

（二）企业制度与法人治理

（三）企业内控与合规管理

四、国有资产监督管理

（一）监督管理

（二）登记管理

六、财务制度与资金监管

七、审计监督

八、职务违法犯罪调查与处置

一
方针与政策

中共中央关于坚持和完善中国特色社会主义制度、推进国家治理体系和治理能力现代化若干重大问题的决定（节录）

（2019 年 10 月 31 日中国共产党第十九届中央委员会第四次全体会议通过）

……

六、坚持和完善社会主义基本经济制度，推动经济高质量发展

公有制为主体、多种所有制经济共同发展，按劳分配为主体、多种分配方式并存，社会主义市场经济体制等社会主义基本经济制度，既体现了社会主义制度优越性，又同我国社会主义初级阶段社会生产力发展水平相适应，是党和人民的伟大创造。必须坚持社会主义基本经济制度，充分发挥市场在资源配置中的决定性作用，更好发挥政府作用，全面贯彻新发展理念，坚持以供给侧结构性改革为主线，加快建设现代化经济体系。

（一）毫不动摇巩固和发展公有制经济，毫不动摇鼓励、支持、引导非公有制经济发展。探索公有制多种实现形式，推进国有经济布局优化和结构调整，发展混合所有制经济，增强国有经济竞争力、创新力、控制力、影响力、抗风险能力，做强做优做大国有资本。深化国有企业改革，完善中国特色现代企业制度。形成以管资本为主的国有资产监管体制，有效发挥国有资本投资、运营公司功能作用。健全支持民营经济、外商投资企业发展的法治环境，完善构建亲清政商关系的政策体系，健全支持中小企业发展制度，促进非公有制经济健康发展和非公有制经济人士健康成长。营造各种所有制主体依法平等使用资源要素、公开公平公正参与竞争、同等受到法律保护的市场环境。深化农村集体产权制度改革，发展农村集体经济，完善农村基本经营制度。

（二）坚持按劳分配为主体、多种分配方式并存。坚持多劳多得，着重保护劳动所得，增加劳动者特别是一线劳动者劳动报酬，提高劳动报酬在初次分配中的比重。健全劳动、资本、土地、知识、技术、管理、数据等生产要素由市场评价贡献、按贡献决定报酬的机制。健全以税收、社会保障、转移支付等为主要手段的再分配调节机制，强化税收调节，完善直接税制度并逐步提高其比重。完善相关制度和政策，合理调节城乡、区域、不同群体间分配关系。重视发挥第三次分配作用，发展慈善等社会公益事业。鼓励勤劳致富，保护合法收入，增加低收入者收入，扩大中等收入群体，调节过高收入，清理规范隐性收入，取缔非法收入。

（三）加快完善社会主义市场经济体制。建设高标准市场体系，完善公平竞争制度，全面实施市场准入负面清单制度，改革生产许可制度，健全破产制度。强化竞争政策基础地位，落实公平竞争审查制度，加强和改进反垄断和反不正当竞争执法。健全以公平为原则的产权保护制度，建立知识产权侵权惩罚性赔偿制度，加强企业商业秘密保护。推进要素市场制度建设，实现要素价格市场决定、流动自主有序、配置高效公平。强化消费者权益保护，探索建立集体诉讼制度。加强资本市场基础制度建设，健全具有高度适应性、竞争力、普惠性的现代金融体系，有效防范化解金融风险。优化经济治理基础数据库。健全推动发展先进制造业、振兴实体经济的体制机制。实施乡村振兴战略，完善农业农村优先发展和保障国家粮食安全的制度政策，健全城乡融合发展体制机制。构建区域协调发展新机制，形成主体功能明显、优势互补、高质量发展的区域经济布局。

（四）完善科技创新体制机制。弘扬科学精神和工匠精神，加快建设创新型国家，强化国家战略科技力量，健全国家实验室体系，构建社会主义市场经济条件下关键核心技术攻关新型举国体制。加大基础研究投入，健全鼓励支持基础研究、原始创新的体制机制。建立以企业为主体、市场为导向、产学研深度融合的技术创新体系，支持大中小企业和各类主体融通创新，创新促进科技成果转化机制，积极发展新动能，强化标准引领，提升产业基础能力和产业链现代化水平。完善科技人才发现、培养、激励机制，健全符合科研规律的科技管理体制和政策体系，改进科技评价体系，健全科技伦理治理体制。

（五）建设更高水平开放型经济新体制。实施更大范围、更宽领域、更深层次的全面开放，推动制造业、服务业、农业扩大开放，保护外资合法权益，促进内外资企业公平竞争，拓展对外贸易多元化，稳步推进人民币国际化。健全外商投资准入前国民待遇加负面清单管理制度，推动规则、规制、管理、标准等制度型开放。健全促进对外投资政策和服务体系。加快自由贸易试验区、自由贸易港等对外开放高地建设。推动建立国际宏观经济政策协调机制。健全外商投资国家安全审查、反垄断审查、国家技术安全清单管理、不可靠实体清单等制度。完善涉外经贸法律和规则体系。

……

十四、坚持和完善党和国家监督体系，强化对权力运行的制约和监督

党和国家监督体系是党在长期执政条件下实现自我净化、自我完善、自我革新、自我提高的重要制度保障。必须健全党统一领导、全面覆盖、权威高效的监督体系，增强监督严肃性、协同性、有效性，形成决策科学、执行坚决、监督有力的权力运行机制，确保党和人民赋予的权力始终用来为人民谋幸福。

（一）健全党和国家监督制度。完善党内监督体系，落实各级党组织监督责任，保障党员监督权利。重点加强对高级干部、各级主要领导干部的监督，完善领导班子内部监督制度，破解对“一把手”监督和同级监督难题。强化政治监督，加强对党的理论和路线方针政策以及重大决策部署贯彻落实情况的监督检查，完善巡视巡察整改、督察落实情况报告制度。深化纪检监察体制改革，加强上级纪委监委对下级纪委监委的领导，推进纪检监察工作规范化、法治化。完善派驻监督体制机制。推进纪律监督、监察监督、派驻监督、巡视监督统筹衔接，健全人大监督、民主监督、行政监督、司法监督、群众监督、舆论监督制度，发挥审计监督、统计监督职能作用。以党内监督为主导，推动各类监督有机贯通、相互协调。

（二）完善权力配置和运行制约机制。坚持权责法定，健全分事行权、分岗设权、分级授权、定期轮岗制度，明晰权力边界，规范工作流程，强化权力制约。坚持权责透明，推动用权公开，完善党务、政务、司法和各领域办事公开制度，建立权力运行可查询、可追溯的反馈机制。坚持权责统一，盯紧权力运行各个环节，完善发现问题、纠正偏差、精准问责有效机制，压减权力设租寻租空间。

（三）构建一体推进不敢腐、不能腐、不想腐体制机制。坚定不移推进反腐败斗争，坚决查处政治问题和经济问题交织的腐败案件，坚决斩断“围猎”和甘于被“围猎”的利益链，坚决破除权钱交易的关系网。深化标本兼治，推动审批监管、执法司法、工程建设、资源开发、金融信贷、公共资源交易、公共财政支出等重点领域监督机制改革和制度建设，推进反腐败国家立法，促进反腐败国际合作，加强思想道德和党纪国法教育，巩固和发展反腐败斗争压倒性胜利。

十五、加强党对坚持和完善中国特色社会主义制度、推进国家治理体系和治理能力现代化的领导

坚持和完善中国特色社会主义制度、推进国家治理体系和治理能力现代化，是全党的一项重大战略任务。必须在党中央统一领导下进行，科学谋划、精心组织，远近结合、整体推进，确保本次全会所确定的各项目标任务全面落实到位。

制度的生命力在于执行。各级党委和政府以及各级领导干部要切实强化制度意识，带头维护制度权威，做制度执行的表率，带动全党全社会自觉尊崇制度、严格执行制度、坚决维护制度。健全权威高效的制度执行机制，加强对制度执行的监督，坚决杜绝做选择、搞变通、打折扣的现象。

加强制度理论研究和宣传教育，引导全党全社会充分认识中国特色社会主义制度的本质特征和优越性，坚定制度自信。教育引导广大干部群众认识到，中国特色社会主义制度和国家治理体系经过长期实践检验，来之不易，必须倍加珍惜；完善和发展我国国家制度和治理体系，必须坚持从国情出发、从实际出发，既把握长期形成的历史传承，又把握党和人民在我国国家制度建设和国家治理方面走过的道路、积累的经验、形成的原则，不能照抄照搬他国制度模式，既不走封闭僵化的老路，也不走改旗易帜的邪路，坚定不移走中国特色社会主义道路。

把提高治理能力作为新时代干部队伍建设的重大任务。通过加强思想淬炼、政治历练、实践锻炼、专业训练，推动广大干部严格按照制度履行职责、行使权力、开展工作，提高推进“五位一体”总体布局和“四个全面”战略布局等各项工作能力和水平。坚持党管干部原则，落实好干部标准，树立正确用人导向，把制度执行力和治理能力作为干部选拔任用、考核评价的重要依据。尊重知识、尊重人才，加快人才制度和政策创新，支持各类人才为推进国家治理体系和治理能力现代化贡献智慧和力量。

推进全面深化改革，既要保持中国特色社会主义制度和国家治理体系的稳定性和延续性，又要抓紧制定国家治理体系和治理能力现代化急需的制度、满足人民对美好生活新期待必备的制度，推动中国特色社会主义制度不断自我完善和发展、永葆生机活力。

全党全国各族人民要更加紧密地团结在以习近平同志为核心的党中央周围，坚定信心，保持定力，锐意进取，开拓创新，为坚持和完善中国特色社会主义制度、推进国家治理体系和治理能力现代化，实现“两个一百年”奋斗目标、实现中华民族伟大复兴的中国梦而努力奋斗！

关于进一步深化法治央企建设的意见

（2021 年 10 月 17 日）

为深入学习贯彻习近平法治思想，认真落实全面依法治国战略部署，持续深化法治央企建设，更好发挥法治工作对“十四五”时期中央企业改革发展的支撑保障作用，根据《法治中国建设规划（2020—2025 年）》、《法治社会建设实施纲要（2020—2025 年）》等文件精神，现就进一步做好中央企业法治工作提出如下意见：

一、总体要求

（一）指导思想。坚持以习近平新时代中国特色社会主义思想为指导，认真落实习近平法治思想，深入贯彻党的十九大和十九届二中、三中、四中、五中全会精神，按照中央全面依法治国工作会议部署，立足新发展阶段，贯彻新发展理念，构建新发展格局，紧紧围绕国企改革三年行动和中央企业“十四五”发展规划，着力健全领导责任体系、依法治理体系、规章制度体系、合规管理体系、工作组织体系，持续提升法治工作引领支撑能力、风险管控能力、涉外保障能力、主动维权能力和数字化管理能力，不断深化治理完善、经营合规、管理规范、守法诚信的法治央企建设，为加快建设世界一流企业筑牢坚实法治基础。

（二）基本原则。

——坚持融入中心、服务大局。以服务国企改革三年行动和中央企业“十四五”发展规划为目标，牢固树立全局意识和系统观念，法治工作全面融入完善中国特色现代企业制度、深化混合所有制改革、科技创新、国际化经营等重点任务，充分发挥支撑保障作用。

——坚持完善制度、夯基固本。以强化制度建设为基础，坚持尊法、学法、守法、用法，将行之有效的经验做法，及时转化为企业规章制度，嵌入业务流程，加强制度执行情况监督检查，强化制度刚性约束。

——坚持突出重点、全面深化。以落实法治建设第一责任人职责、完善总法律顾问制度、健全法律风险防范机制、强化合规管理为重点，坚持问题导向，在做深做细做实上下更大功夫，真正发挥强管理、促经营、防风险、创价值作用。

——坚持勇于创新、拓展升级。以适应市场化、法治化、国际化发展需要为方向，结合实际拓宽法治工作领域，探索优化法务管理职能，创新工作方式，加快提升信息化、数字化、智能化水平。

（三）总体目标。“十四五”时期，中央企业法治理念更加强化、治理机制更加完善、制度体系更加优化、组织机构更加健全、管理方式更加科学、作用发挥更加有效，法治建设取得更大进展，部分企业率先达到世界一流水平，为企业深化改革、高质量发展提供更加有力的支撑保障。

二、着力健全法治工作体系

（四）着力健全领导责任体系。坚持企业党委（党组）对依法治企工作的全面领导，不断完善党委（党组）定期专题学法、定期听取工作汇报、干部任前法治谈话、述职必述法等制度，切实发挥党委（党组）把方向、管大局、促落实作用。强化董事会定战略、作决策、防风险职能，明确专门委员会推进法治建设职责，把法治建设纳入整体工作统筹谋划，将进展情况作为年度工作报告的重要内容。健全中央企业主要负责人履行推进法治建设第一责任人职责工作机制，党委（党组）书记、董事长、总经理各司其职，对重点问题亲自研究、部署协调、推动解决。将第一责任人职责要求向子企业延伸，把落实情况纳入领导人员综合考核评价体系，将法治素养和依法履职情况作为考察使用干部的重要内容。

（五）着力健全依法治理体系。高度重视章程在公司治理中的统领地位，切实发挥总法律顾问和法务管理机构专业审核把关作用，科学配置各治理主体权利、义务和责任，明晰履职程序和要求，保障章程依法制定、依法实施。多元投资主体企业严格依据法律法规、国有资产监管规定和公司章程，明确股东权利义务、股东会定位与职权，规范议事决策方式和程序，完善运作制度机制，强化决议执行和监督，切实维护股东合法权益。优化董事会知识结构，通过选聘法律专业背景人员担任董事、加强法律培训等方式，提升董事会依法决策水平。落实总法律顾问列席党委（党组）会、董事会参与研究讨论或审议涉及法律合规相关议题，参加总经理办公会等重要决策会议制度，将合法合规性审查和重大风险评估作为重大决策事项必经前置程序。依法对子企业规范行使股东权，认真研究制定子企业章程，严格按照公司治理结构，通过股东（大）会决议、派出董事监事、推荐高级管理人员等方式行权履职，切实防范公司人格混同等风险。

（六）着力健全规章制度体系。明确法务管理机构归口管理职责，健全规章制度制定、执行、评估、改进等工作机制，加强法律审核把关，强化对制度的全生命周期管理。根据适用范围、重要程度、管理幅度等，构建分层分类的制度体系框架，确保结构清晰、内容完整，相互衔接、有效协同，切实提高科学性和系统性。定期开展制度梳理，编制立改废计划，完善重点改革任务配套制度，及时修订重要领域管理规范，不断增强针对性和实效性。加强对规章制度的宣贯培训，定期对执行情况开展监督检查和综合评价，增强制度刚性约束，推动制度有效落实。

（七）着力健全合规管理体系。持续完善合规管理工作机制，健全企业主要负责人领导、总法律顾问牵头、法务管理机构归口、相关部门协同联动的合规管理体系。发挥法务管理机构统筹协调、组织推动、督促落实作用，加强合规制度建设，开展合规审查与考核，保障体系有效运行。强化业务部门、经营单位和项目一线主体责任，通过设置兼职合规管理员、将合规要求嵌入岗位职责和业务流程、抓好重点领域合规管理等措施，有效防范、及时处置合规风险。探索构建法律、合规、内控、风险管理协同运作机制，加强统筹协调，提高管理效能。推动合规要求向各级子企业延伸，加大基层单位特别是涉外机构合规管理力度，到2025年中央企业基本建立全面覆盖、有效运行的合规管理体系。

（八）着力健全工作组织体系。加大企业法律专业领导干部培养选拔力度，在市场化国际化程度较高、法律服务需求大的国有大型骨干企业，推进符合条件的具有法律教育背景或法律职业资格的专业人才进入领导班子。持续完善总法律顾问制度，2022年中央企业及其重要子企业全面写入章程，明确高级管理人员定位，由董事会聘任，领导法务管理机构开展工作。坚持总法律顾问专职化、专业化方向，直接向企业主要负责人负责，2025年中央企业及其重要子企业全面配备到位，具有法律教育背景或法律职业资格的比例达到80%。加强法务管理机构建设，中央企业及其重要子企业原则上独立设置，充实专业力量，配备与企业规模和需求相适应的法治工作队伍。健全法务管理职能，持续完善合同管理、案件管理、普法宣传等职能，积极拓展制度管理、合规管理等业务领域。加强队伍建设，拓宽法务人员职业发展通道，完善高素质法治人才市场化选聘、管理和薪酬制度，采取有效激励方式充分调动积极性、主动性。

三、全面提升依法治企能力

（九）着力提升引领支撑能力。坚持运用法治思维和法治方式深化改革、推动发展，紧盯国企改革三年行动、中央企业“十四五”发展规划重点工作，深入分析对企业提出的新任务新要求，提前研究可能出现的法律合规问题，及时制定应对方案和防范措施。法务人员全程参与混合所有制改革、投资并购等重大项目，加强法律审核把关，坚持依法依规操作，严控法律合规风险。加强对民法典等法律法规的学习研究，深入分析对企业生产经营、业务模式可能产生的影响，推动从健全制度、强化管理等方面及时作出调整。结合企业、行业实际，对相关立法研究提出完善建议，为改革发展创造良好政策环境。

（十）着力提升风险管控能力。持续巩固规章制度、经济合同、重要决策法律审核制度，在确保100%审核率的同时，通过跟进采纳情况、完善后评估机制，反向查找工作不足，持续提升审核质量。常态化开展风险隐患排查处置，针对共性风险通过提示函、案件通报、法律建议书等形式及时开展预警，有效防范化解。加强知识产权管理，完善专利、商标、商号、商业秘密等保护制度，坚决打击侵权行为，切实维护企业无形资产安全和合法权益。严格落实重大法律合规风险事件报告制度，中央企业发生重大法律合规风险事件，应当及时向国资委报告。

（十一）着力提升涉外保障能力。加强涉外法律合规风险防范，健全工作机制，推动在境外投资经营规模较大、风险较高的重点企业、区域或项目设置专门机构，配备专职法务人员，具备条件的设立总法律顾问。完善涉外重大项目和重要业务法务人员全程参与制度，形成事前审核把关、事中跟踪控制、事后监督评估的管理闭环。深入研究、掌握运用所在国法律，加强国际规则学习研究，密切关注高风险国家和地区法律法规与政策变化，提前做好预案，切实防范风险。重视涉外法治人才培养，强化顶层设计，健全市场化选聘和激励制度，形成重视人才、吸引人才、留住人才的良好机制。

（十二）着力提升主动维权能力。加大法律纠纷案件处置力度，综合运用诉讼、仲裁、调解等多种手段妥善解决，探索建立集团内部纠纷调解机制。加强积案清理，健全激励机制，力争2025年中央企业历史遗留重大法律纠纷案件得到妥善解决。深化案件管理“压存控增、提质创效”专项工作，加强典型案件分析，及时发现管理问题，堵塞管理漏洞，推动“以案促管、以管创效”。严格落实案件报告制度，中央企业发生重大法律纠纷案件应当及时报告，按时报送年度法律纠纷案件综合分析报告。

（十三）着力提升数字化管理能力。运用区块链、大数据、云计算、人工智能等新一代信息技术，推动法务管理从信息化向数字化升级，探索智能化应用场景，有效提高管理效能。深化合同管理、案件管理、合规管理等重点领域信息化、数字化建设，将法律审核嵌入重大决策、重要业务管理流程，通过大数据等手段，实现法律合规风险在线识别、分析、评估、防控。推动法务管理系统向各级子企业和重要项目延伸，2025 年实现上下贯通、全面覆盖。推动法务管理系统与财务、产权、投资等系统的互联互通，做好与国资国企在线监管系统的对接，促进业务数据相互融合、风险防范共同响应。

四、保障任务顺利完成

（十四）加强组织领导。充分发挥法治建设领导机构作用，将法治工作纳入中央企业“十四五”发展规划和年度计划统筹谋划、同步推进，加强部门协同，强化人员、资金等保障，形成工作合力。制定本企业未来五年法治建设实施方案，与“十四五”规划相衔接，提出目标任务，明确责任分工，细化工作措施。建立法治工作专项考评制度，将法治建设成效纳入对子企业考核体系。统筹推进法治工作与违规经营投资责任追究等监督工作，完善内部协同机制，提高责任追究体系效能。加大问责力度，对未经法律审核或未采纳正确法律意见、违法违规经营投资决策造成损失或其他严重不良后果的，严肃追究责任。

（十五）持续深化对标。综合分析国际大企业优秀实践，研究归纳世界一流企业法务管理基本要素和具体指标。立足行业特点、发展阶段、管理基础等实际，有针对性地制定对标举措，确保目标量化、任务明确、措施有力。将法务管理对标工作纳入本企业对标世界一流管理提升行动。国资委创建世界一流示范企业和国有资本投资、运营公司要充分发挥引领作用，率先在法治工作上达到世界一流水平。其他中央企业要全面开展对标，努力补齐短板，加快提升依法合规经营管理水平。

（十六）强化指导交流。国资委将根据企业法治建设实施方案，定期组织调研督导，深入了解落实情况，推动解决难点问题。完善法治讲堂、协作组等学习交流机制，聚焦重点难点，创新方式方法，增强交流实效。中央企业要进一步加强对子企业法治建设的督促指导，通过加大考核力度、细化工作要求、定期开展调研等方式，层层传导压力，确保目标任务在子企业真正落实到位。

（十七）厚植法治文化。深入学习宣传习近平法治思想，将培育法治文化作为法治建设的基础工程，使依法合规、守法诚信成为全体员工的自觉行为和基本准则。落实“八五”普法要求，进一步推进法治宣传教育制度化、常态化、多样化，将法治学习作为干部职工入职学习、职业培训、继续教育的必修课，广泛宣传与企业经营管理和职工切身利益密切相关的法律法规。总结法治建设典型做法、成功经验和进展成果，通过开展选树典型、评比表彰、集中宣传等形式，营造学习先进、争当先进、赶超先进的良好氛围。

地方国有资产监督管理机构参照本意见，积极推进所出资企业法治建设。

关于中央企业在完善公司治理中加强党的领导的意见（新闻稿摘要）

（2021年5月30日）

近日，中共中央办公厅印发了《关于中央企业在完善公司治理中加强党的领导的意见》（以下简称《意见》），并发出通知，要求各地区各部门结合实际认真贯彻落实。

《意见》对中央企业进一步把加强党的领导和完善公司治理统一起来、加快完善中国特色现代企业制度作出部署、提出要求，是推进中国特色现代企业制度建设的标志性制度成果，对于中央企业坚持和加强党的全面领导、加快建设世界一流企业，具有重要意义。

《意见》坚持以习近平新时代中国特色社会主义思想为指导，全面落实习近平总书记关于坚持党对国有企业的领导必须一以贯之、建立现代企业制度必须一以贯之的重要指示要求，立足于在完善公司治理中加强党的领导，明确了中央企业党委（党组）在决策、执行、监督等各环节的权责和工作方式。

《意见》提出，中央企业党委（党组）是党的组织体系重要组成部分，在公司治理结构中具有法定地位，在企业发挥把方向、管大局、促落实的领导作用。同时，《意见》在明晰中央企业党委（党组）讨论和决定重大事项的职责范围，规范党委（党组）前置研究讨论重大经营管理事项的要求和程序，明确党委（党组）在董事会授权决策和总经理办公会决策中发挥作用的方式，强化党委（党组）在执行、监督环节的责任担当，以及加强党委（党组）自身建设等方面，作出了制度性安排。

《意见》强调，各地区各有关部门和各中央企业党委（党组）要加强分类指导，鼓励探索创新，在国有企业完善公司治理中切实加强党的领导。

关于新时代加快完善社会主义市场经济体制的意见

（2020 年 5 月 11 日）

社会主义市场经济体制是中国特色社会主义的重大理论和实践创新，是社会主义基本经济制度的重要组成部分。改革开放特别是党的十八大以来，我国坚持全面深化改革，充分发挥经济体制改革的牵引作用，不断完善社会主义市场经济体制，极大调动了亿万人民的积极性，极大促进了生产力发展，极大增强了党和国家的生机活力，创造了世所罕见的经济快速发展奇迹。同时要看到，中国特色社会主义进入新时代，社会主要矛盾发生变化，经济已由高速增长阶段转向高质量发展阶段，与这些新形势新要求相比，我国市场体系还不健全、市场发育还不充分，政府和市场的关系没有完全理顺，还存在市场激励不足、要素流动不畅、资源配置效率不高、微观经济活力不强等问题，推动高质量发展仍存在不少体制机制障碍，必须进一步解放思想，坚定不移深化市场化改革，扩大高水平开放，不断在经济体制关键性基础性重大改革上突破创新。为贯彻落实党的十九大和十九届四中全会关于坚持和完善社会主义基本经济制度的战略部署，在更高起点、更高层次、更高目标上推进经济体制改革及其他各方面体制改革，构建更加系统完备、更加成熟定型的高水平社会主义市场经济体制，现提出如下意见。

一、总体要求

（一）指导思想。以习近平新时代中国特色社会主义思想为指导，全面贯彻党的十九大和十九届二中、三中、四中全会精神，坚决贯彻党的基本理论、基本路线、基本方略，统筹推进“五位一体”总体布局和协调推进“四个全面”战略布局，坚持稳中求进工作总基调，坚持新发展理念，坚持以供给侧结构性改革为主线，坚持以人民为中心的发展思想，坚持和完善社会主义基本经济制度，以完善产权制度和要素市场化配置为重点，全面深化经济体制改革，加快完善社会主义市场经济体制，建设高标准市场体系，实现产权有效激励、要素自由流动、价格反应灵活、竞争公平有序、企业优胜劣汰，加强和改善制度供给，推进国家治理体系和治理能力现代化，推动生产关系同生产力、上层建筑同经济基础相适应，促进更高质量、更有效率、更加公平、更可持续的发展。

（二）基本原则

——坚持以习近平新时代中国特色社会主义经济思想为指导。坚持和加强党的全面领导，坚持和完善中国特色社会主义制度，强化问题导向，把握正确改革策略和方法，持续优化经济治理方式，着力构建市场机制有效、微观主体有活力、宏观调控有度的经济体制，使中国特色社会主义制度更加巩固、优越性充分体现。

——坚持解放和发展生产力。牢牢把握社会主义初级阶段这个基本国情，牢牢扭住经济建设这个中心，发挥经济体制改革牵引作用，协同推进政治、文化、社会、生态文明等领域改革，促进改革发展高效联动，进一步解放和发展社会生产力，不断满足人民日益增长的美好生活需要。

——坚持和完善社会主义基本经济制度。坚持和完善公有制为主体、多种所有制经济共同发展，按劳分配为主体、多种分配方式并存，社会主义市场经济体制等社会主义基本经济制度，把中国特色社会主义制度与市场经济有机结合起来，为推动高质量发展、建设现代化经济体系提供重要制度保障。

——坚持正确处理政府和市场关系。坚持社会主义市场经济改革方向，更加尊重市场经济一般规律，最大限度减少政府对市场资源的直接配置和对微观经济活动的直接干预，充分发挥市场在资源配置中的决定性作用，更好发挥政府作用，有效弥补市场失灵。

——坚持以供给侧结构性改革为主线。更多采用改革的办法，更多运用市场化法治化手段，在巩固、增强、提升、畅通上下功夫，加大结构性改革力度，创新制度供给，不断增强经济创新力和竞争力，适应和引发有效需求，促进更高水平的供需动态平衡。

——坚持扩大高水平开放和深化市场化改革互促共进。坚定不移扩大开放，推动由商品和要素流动型开放向规则等制度型开放转变，吸收借鉴国际成熟市场经济制度经验和人类文明有益成果，加快国内制度规则与国际接轨，以高水平开放促进深层次市场化改革。

二、坚持公有制为主体、多种所有制经济共同发展，增强微观主体活力

毫不动摇巩固和发展公有制经济，毫不动摇鼓励、支持、引导非公有制经济发展，探索公有制多种实现形式，支持民营企业改革发展，培育更多充满活力的市场主体。

（一）推进国有经济布局优化和结构调整。坚持有进有退、有所为有所不为，推动国有资本更多投向关系国计民生的重要领域和关系国家经济命脉、科技、国防、安全等领域，服务国家战略目标，增强国有经济竞争力、创新力、控制力、影响力、抗风险能力，做强做优做大国有资本，有效防止国有资产流失。对处于充分竞争领域的国有经济，通过资本化、证券化等方式优化国有资本配置，提高国有资本收益。进一步完善和加强国有资产监管，有效发挥国有资本投资、运营公司功能作用，坚持一企一策，成熟一个推动一个，运行一个成功一个，盘活存量国有资本，促进国有资产保值增值。

（二）积极稳妥推进国有企业混合所有制改革。在深入开展重点领域混合所有制改革试点基础上，按照完善治理、强化激励、突出主业、提高效率要求，推进混合所有制改革，规范有序发展混合所有制经济。对充分竞争领域的国家出资企业和国有资本运营公司出资企业，探索将部分国有股权转化为优先股，强化国有资本收益功能。支持符合条件的混合所有制企业建立骨干员工持股、上市公司股权激励、科技型企业股权和分红激励等中长期激励机制。深化国有企业改革，加快完善国有企业法人治理结构和市场化经营机制，健全经理层任期制和契约化管理，完善中国特色现代企业制度。对混合所有制企业，探索建立有别于国有独资、全资公司的治理机制和监管制度。对国有资本不再绝对控股的混合所有制企业，探索实施更加灵活高效的监管制度。

（三）稳步推进自然垄断行业改革。深化以政企分开、政资分开、特许经营、政府监管为主要内容的改革，提高自然垄断行业基础设施供给质量，严格监管自然垄断环节，加快实现竞争性环节市场化，切实打破行政性垄断，防止市场垄断。构建有效竞争的电力市场，有序放开发用电计划和竞争性环节电价，提高电力交易市场化程度。推进油气管网对市场主体公平开放，适时放开天然气气源和销售价格，健全竞争性油气流通市场。深化铁路行业改革，促进铁路运输业务市场主体多元化和适度竞争。实现邮政普遍服务业务与竞争性业务分业经营。完善烟草专卖专营体制，构建适度竞争新机制。

（四）营造支持非公有制经济高质量发展的制度环境。健全支持民营经济、外商投资企业发展的市场、政策、法治和社会环境，进一步激发活力和创造力。在要素获取、准入许可、经营运行、政府采购和招投标等方面对各类所有制企业平等对待，破除制约市场竞争的各类障碍和隐性壁垒，营造各种所有制主体依法平等使用资源要素、公开公平公正参与竞争、同等受到法律保护的市场环境。完善支持非公有制经济进入电力、油气等领域的实施细则和具体办法，大幅放宽服务业领域市场准入，向社会资本释放更大发展空间。健全支持中小企业发展制度，增加面向中小企业的金融服务供给，支持发展民营银行、社区银行等中小金融机构。完善民营企业融资增信支持体系。健全民营企业直接融资支持制度。健全清理和防止拖欠民营企业中小企业账款长效机制，营造有利于化解民营企业之间债务问题的市场环境。完善构建亲清政商关系的政策体系，建立规范化机制化政企沟通渠道，鼓励民营企业参与实施重大国家战略。

三、夯实市场经济基础性制度，保障市场公平竞争

建设高标准市场体系，全面完善产权、市场准入、公平竞争等制度，筑牢社会主义市场经济有效运行的体制基础。

（一）全面完善产权制度。健全归属清晰、权责明确、保护严格、流转顺畅的现代产权制度，加强产权激励。完善以管资本为主的经营性国有资产产权管理制度，加快转变国资监管机构职能和履职方式。健全自然资源资产产权制度。健全以公平为原则的产权保护制度，全面依法平等保护民营经济产权，依法严肃查处各类侵害民营企业合法权益的行为。落实农村第二轮土地承包到期后再延长30年政策，完善农村承包地“三权分置”制度。深化农村集体产权制度改革，完善产权权能，将经营性资产折股量化到集体经济组织成员，创新农村集体经济有效组织形式和运行机制，完善农村基本经营制度。完善和细化知识产权创造、运用、交易、保护制度规则，加快建立知识产权侵权惩罚性赔偿制度，加强企业商业秘密保护，完善新领域新业态知识产权保护制度。

（二）全面实施市场准入负面清单制度。推行“全国一张清单”管理模式，维护清单的统一性和权威性。建立市场准入负面清单动态调整机制和第三方评估机制，以服务业为重点试点进一步放宽准入限制。建立统一的清单代码体系，使清单事项与行政审批体系紧密衔接、相互匹配。建立市场准入负面清单信息公开机制，提升准入政策透明度和负面清单使用便捷性。建立市场准入评估制度，定期评估、排查、清理各类显性和隐性壁垒，推动“非禁即入”普遍落实。改革生产许可制度。

（三）全面落实公平竞争审查制度。完善竞争政策框架，建立健全竞争政策实施机制，强化竞争政策基础地位。强化公平竞争审查的刚性约束，修订完善公平竞争审查实施细则，建立公平竞争审查抽查、考核、公示制度，建立健全第三方审查和评估机制。统筹做好增量审查和存量清理，逐步清理废除妨碍全国统一市场和公平竞争的存量政策。建立违反公平竞争问题反映和举报绿色通道。加强和改进反垄断和反不正当竞争执法，加大执法力度，提高违法成本。培育和弘扬公平竞争文化，进一步营造公平竞争的社会环境。

四、构建更加完善的要素市场化配置体制机制，进一步激发全社会创造力和市场活力

以要素市场化配置改革为重点，加快建设统一开放、竞争有序的市场体系，推进要素市场制度建设，实现要素价格市场决定、流动自主有序、配置高效公平。

（一）建立健全统一开放的要素市场。加快建设城乡统一的建设用地市场，建立同权同价、流转顺畅、收益共享的农村集体经营性建设用地入市制度。探索农村宅基地所有权、资格权、使用权“三权分置”，深化农村宅基地改革试点。深化户籍制度改革，放开放宽除个别超大城市外的城市落户限制，探索实行城市群内户口通迁、居住证互认制度。推动公共资源由按城市行政等级配置向按实际服务管理人口规模配置转变。加快建立规范、透明、开放、有活力、有韧性的资本市场，加强资本市场基础制度建设，推动以信息披露为核心的股票发行注册制改革，完善强制退市和主动退市制度，提高上市公司质量，强化投资者保护。探索实行公司信用类债券发行注册管理制。构建与实体经济结构和融资需求相适应、多层次、广覆盖、有差异的银行体系。加快培育发展数据要素市场，建立数据资源清单管理机制，完善数据权属界定、开放共享、交易流通等标准和措施，发挥社会数据资源价值。推进数字政府建设，加强数据有序共享，依法保护个人信息。

（二）推进要素价格市场化改革。健全主要由市场决定价格的机制，最大限度减少政府对价格形成的不当干预。完善城镇建设用地价格形成机制和存量土地盘活利用政策，推动实施城镇低效用地再开发，在符合国土空间规划前提下，推动土地复合开发利用、用途合理转换。深化利率市场化改革，健全基准利率和市场化利率体系，更好发挥国债收益率曲线定价基准作用，提升金融机构自主定价能力。完善人民币汇率市场化形成机制，增强双向浮动弹性。加快全国技术交易平台建设，积极发展科技成果、专利等资产评估服务，促进技术要素有序流动和价格合理形成。

（三）创新要素市场化配置方式。缩小土地征收范围，严格界定公共利益用地范围，建立土地征收目录和公共利益用地认定机制。推进国有企事业单位改革改制土地资产处置，促进存量划拨土地盘活利用。健全工业用地多主体多方式供地制度，在符合国土空间规划前提下，探索增加混合产业用地供给。促进劳动力、人才社会性流动，完善企事业单位人才流动机制，畅通人才跨所有制流动渠道。抓住全球人才流动新机遇，构建更加开放的国际人才交流合作机制。

（四）推进商品和服务市场提质增效。推进商品市场创新发展，完善市场运行和监管规则，全面推进重要产品信息化追溯体系建设，建立打击假冒伪劣商品长效机制。构建优势互补、协作配套的现代服务市场体系。深化流通体制改革，加强全链条标准体系建设，发展“互联网+流通”，降低全社会物流成本。强化消费者权益保护，探索建立集体诉讼制度。

五、创新政府管理和服务方式，完善宏观经济治理体制

完善政府经济调节、市场监管、社会管理、公共服务、生态环境保护等职能，创新和完善宏观调控，进一步提高宏观经济治理能力。

（一）构建有效协调的宏观调控新机制。加快建立与高质量发展要求相适应、体现新发展理念的宏观调控目标体系、政策体系、决策协调体系、监督考评体系和保障体系。健全以国家发展规划为战略导向，以财政政策、货币政策和就业优先政策为主要手段，投资、消费、产业、区域等政策协同发力的宏观调控制度体系，增强宏观调控前瞻性、针对性、协同性。完善国家重大发展战略和中长期经济社会发展规划制度。科学稳健把握宏观政策逆周期调节力度，更好发挥财政政策对经济结构优化升级的支持作用，健全货币政策和宏观审慎政策双支柱调控框架。实施就业优先政策，发挥民生政策兜底功能。完善促进消费的体制机制，增强消费对经济发展的基础性作用。深化投融资体制改革，发挥投资对优化供给结构的关键性作用。加强国家经济安全保障制度建设，构建国家粮食安全和战略资源能源储备体系。优化经济治理基础数据库。强化经济监测预测预警能力，充分利用大数据、人工智能等新技术，建立重大风险识别和预警机制，加强社会预期管理。

（二）加快建立现代财税制度。优化政府间事权和财权划分，建立权责

清晰、财力协调、区域均衡的中央和地方财政关系，形成稳定的各级政府事权、支出责任和财力相适应的制度。适当加强中央在知识产权保护、养老保险、跨区域生态环境保护等方面事权，减少并规范中央和地方共同事权。完善标准科学、规范透明、约束有力的预算制度，全面实施预算绩效管理，提高财政资金使用效率。依法构建管理规范、责任清晰、公开透明、风险可控的政府举债融资机制，强化监督问责。清理规范地方融资平台公司，剥离政府融资职能。深化税收制度改革，完善直接税制度并逐步提高其比重。研究将部分品目消费税征收环节后移。建立和完善综合与分类相结合的个人所得税制度。稳妥推进房地产税立法。健全地方税体系，调整完善地方税税制，培育壮大地方税税源，稳步扩大地方税管理权。

（三）强化货币政策、宏观审慎政策和金融监管协调。建设现代中央银行制度，健全中央银行货币政策决策机制，完善基础货币投放机制，推动货币政策从数量型调控为主向价格型调控为主转型。建立现代金融监管体系，全面加强宏观审慎管理，强化综合监管，突出功能监管和行为监管，制定交叉性金融产品监管规则。加强薄弱环节金融监管制度建设，消除监管空白，守住不发生系统性金融风险底线。依法依规界定中央和地方金融监管权责分工，强化地方政府属地金融监管职责和风险处置责任。建立健全金融消费者保护基本制度。有序实现人民币资本项目可兑换，稳步推进人民币国际化。

（四）全面完善科技创新制度和组织体系。加强国家创新体系建设，编制新一轮国家中长期科技发展规划，强化国家战略科技力量，构建社会主义市场经济条件下关键核心技术攻关新型举国体制，使国家科研资源进一步聚焦重点领域、重点项目、重点单位。健全鼓励支持基础研究、原始创新的体制机制，在重要领域适度超前布局建设国家重大科技基础设施，研究建立重大科技基础设施建设运营多元投入机制，支持民营企业参与关键领域核心技术创新攻关。建立健全应对重大公共事件科研储备和支持体系。改革完善中央财政科技计划形成机制和组织实施机制，更多支持企业承担科研任务，激励企业加大研发投入，提高科技创新绩效。建立以企业为主体、市场为导向、产学研深度融合的技术创新体系，支持大中小企业和各类主体融通创新，创新促进科技成果转化机制，完善技术成果转化公开交易与监管体系，推动科技成果转化和产业化。完善科技人才发现、培养、激励机制，健全符合科研规律的科技管理体制和政策体系，改进科技评价体系，试点赋予科研人员职务科技成果所有权或长期使用权。

（五）完善产业政策和区域政策体系。推动产业政策向普惠化和功能性转型，强化对技术创新和结构升级的支持，加强产业政策和竞争政策协同。健全推动发展先进制造业、振兴实体经济的体制机制。建立市场化法治化化解过剩产能长效机制，健全有利于促进市场化兼并重组、转型升级的体制和政策。构建区域协调发展新机制，完善京津冀协同发展、长江经济带发展、长江三角洲区域一体化发展、粤港澳大湾区建设、黄河流域生态保护和高质量发展等国家重大区域战略推进实施机制，形成主体功能明显、优势互补、高质量发展的区域经济布局。健全城乡融合发展体制机制。

（六）以一流营商环境建设为牵引持续优化政府服务。深入推进“放管服”改革，深化行政审批制度改革，进一步精简行政许可事项，对所有涉企经营许可事项实行“证照分离”改革，大力推进“照后减证”。全面开展工程建设项目审批制度改革。深化投资审批制度改革，简化、整合投资项目报建手续，推进投资项目承诺制改革，依托全国投资项目在线审批监管平台加强事中事后监管。创新行政管理和服务方式，深入开展“互联网+政务服务”，加快推进全国一体化政务服务平台建设。建立健全运用互联网、大数据、人工智能等技术手段进行行政管理的制度规则。落实《优化营商环境条例》，完善营商环境评价体系，适时在全国范围开展营商环境评价，加快打造市场化、法治化、国际化营商环境。

（七）构建适应高质量发展要求的社会信用体系和新型监管机制。完善诚信建设长效机制，推进信用信息共享，建立政府部门信用信息向市场主体有序开放机制。健全覆盖全社会的征信体系，培育具有全球话语权的征信机构和信用评级机构。实施“信易+”工程。完善失信主体信用修复机制。建立政务诚信监测治理体系，建立健全政府失信责任追究制度。严格市场监管、质量监管、安全监管，加强违法惩戒。加强市场监管改革创新，健全以“双随机、一公开”监管为基本手段、以重点监管为补充、以信用监管为基础的新型监管机制。以食品安全、药品安全、疫苗安全为重点，健全统一权威的全过程食品药品安全监管体系。完善网络市场规制体系，促进网络市场健康发展。健全对新业态的包容审慎监管制度。

六、坚持和完善民生保障制度，促进社会公平正义

坚持按劳分配为主体、多种分配方式并存，优化收入分配格局，健全可持续的多层次社会保障体系，让改革发展成果更多更公平惠及全体人民。

（一）健全体现效率、促进公平的收入分配制度。坚持多劳多得，着重保护劳动所得，增加劳动者特别是一线劳动者劳动报酬，提高劳动报酬在初次分配中的比重，在经济增长的同时实现居民收入同步增长，在劳动生产率提高的同时实现劳动报酬同步提高。健全劳动、资本、土地、知识、技术、管理、数据等生产要素由市场评价贡献、按贡献决定报酬的机制。完善企业薪酬调查和信息发布制度，健全最低工资标准调整机制。推进高校、科研院所薪酬制度改革，扩大工资分配自主权。鼓励企事业单位对科研人员等实行灵活多样的分配形式。健全以税收、社会保障、转移支付等为主要手段的再分配调节机制。完善第三次分配机制，发展慈善等社会公益事业。多措并举促进城乡居民增收，缩小收入分配差距，扩大中等收入群体。

（二）完善覆盖全民的社会保障体系。健全统筹城乡、可持续的基本养老保险制度、基本医疗保险制度，稳步提高保障水平。实施企业职工基本养老保险基金中央调剂制度，尽快实现养老保险全国统筹，促进基本养老保险基金长期平衡。全面推开中央和地方划转部分国有资本充实社保基金工作。大力发展企业年金、职业年金、个人储蓄性养老保险和商业养老保险。深化医药卫生体制改革，完善统一的城乡居民医保和大病保险制度，健全基本医保筹资和待遇调整机制，持续推进医保支付方式改革，加快落实异地就医结算制度。完善失业保险制度。开展新业态从业人员职业伤害保障试点。统筹完善社会救助、社会福利、慈善事业、优抚安置等制度。加强社会救助资源统筹，完善基本民生保障兜底机制。加快建立多主体供给、多渠道保障、租购并举的住房制度，改革住房公积金制度。

（三）健全国家公共卫生应急管理体系。强化公共卫生法治保障，完善公共卫生领域相关法律法规。把生物安全纳入国家安全体系，系统规划国家生物安全风险防控和治理体系建设，全面提高国家生物安全治理能力。健全公共卫生服务体系，优化医疗卫生资源投入结构，加强农村、社区等基层防控能力建设。完善优化重大疫情救治体系，建立健全分级、分层、分流的传染病等重大疫情救治机制。完善突发重特大疫情防控规范和应急救治管理办法。健全重大疾病医疗保险和救助制度，完善应急医疗救助机制。探索建立特殊群体、特定疾病医药费豁免制度。健全统一的应急物资保障体系，优化重要应急物资产能保障和区域布局，健全国家储备体系，完善储备品类、规模、结构，提升储备效能。

七、建设更高水平开放型经济新体制，以开放促改革促发展

实行更加积极主动的开放战略，全面对接国际高标准市场规则体系，实施更大范围、更宽领域、更深层次的全面开放。

（一）以“一带一路”建设为重点构建对外开放新格局。坚持互利共赢的开放战略，推动共建“一带一路”走深走实和高质量发展，促进商品、资金、技术、人员更大范围流通，依托各类开发区发展高水平经贸产业合作园区，加强市场、规则、标准方面的软联通，强化合作机制建设。加大西部和沿边地区开放力度，推进西部陆海新通道建设，促进东中西互动协同开放，加快形成陆海内外联动、东西双向互济的开放格局。

（二）加快自由贸易试验区、自由贸易港等对外开放高地建设。深化自由贸易试验区改革，在更大范围复制推广改革成果。建设好中国（上海）自由贸易试验区临港新片区，赋予其更大的自主发展、自主改革和自主创新管理权限。聚焦贸易投资自由化便利化，稳步推进海南自由贸易港建设。

（三）健全高水平开放政策保障机制。推进贸易高质量发展，拓展对外贸易多元化，提升一般贸易出口产品附加值，推动加工贸易产业链升级和服务贸易创新发展。办好中国国际进口博览会，更大规模增加商品和服务进口，降低关税总水平，努力消除非关税贸易壁垒，大幅削减进出口环节制度性成本，促进贸易平衡发展。推动制造业、服务业、农业扩大开放，在更多领域允许外资控股或独资经营，全面取消外资准入负面清单之外的限制。健全外商投资准入前国民待遇加负面清单管理制度，推动规则、规制、管理、标准等制度型开放。健全外商投资国家安全审查、反垄断审查、国家技术安全清单管理、不可靠实体清单等制度。健全促进对外投资政策和服务体系。全面实施外商投资法及其实施条例，促进内外资企业公平竞争，建立健全外资企业投诉工作机制，保护外资合法权益。创新对外投资方式，提升对外投资质量。推进国际产能合作，积极开展第三方市场合作。

（四）积极参与全球经济治理体系变革。维护完善多边贸易体制，维护世界贸易组织在多边贸易体制中的核心地位，积极推动和参与世界贸易组织改革，积极参与多边贸易规则谈判，推动贸易和投资自由化便利化，推动构建更高水平的国际经贸规则。加快自由贸易区建设，推动构建面向全球的高标准自由贸易区网络。依托共建“一带一路”倡议及联合国、上海合作组织、金砖国家、二十国集团、亚太经合组织等多边和区域次区域合作机制，积极参与全球经济治理和公共产品供给，构建全球互联互通伙伴关系，加强与相关国家、国际组织的经济发展倡议、规划和标准的对接。推动国际货币基金组织份额与治理改革以及世界银行投票权改革。积极参与国际宏观经济政策沟通协调及国际经济治理体系改革和建设，提出更多中国倡议、中国方案。

八、完善社会主义市场经济法律制度，强化法治保障

以保护产权、维护契约、统一市场、平等交换、公平竞争、有效监管为基本导向，不断完善社会主义市场经济法治体系，确保有法可依、有法必依、违法必究。

（一）完善经济领域法律法规体系。完善物权、债权、股权等各类产权相关法律制度，从立法上赋予私有财产和公有财产平等地位并平等保护。健全破产制度，改革完善企业破产法律制度，推动个人破产立法，建立健全金融机构市场化退出法规，实现市场主体有序退出。修订反垄断法，推动社会信用法律建设，维护公平竞争市场环境。制定和完善发展规划、国土空间规划、自然资源资产、生态环境、农业、财政税收、金融、涉外经贸等方面法律法规。按照包容审慎原则推进新经济领域立法。健全重大改革特别授权机制，对涉及调整现行法律法规的重大改革，按法定程序经全国人大或国务院统一授权后，由有条件的地方先行开展改革试验和实践创新。

（二）健全执法司法对市场经济运行的保障机制。深化行政执法体制改革，最大限度减少不必要的行政执法事项，规范行政执法行为，进一步明确具体操作流程。根据不同层级政府的事权和职能，优化配置执法力量，加快推进综合执法。强化对市场主体之间产权纠纷的公平裁判，完善涉及查封、扣押、冻结和处置公民财产行为的法律制度。健全涉产权冤错案件有效防范和常态化纠正机制。

（三）全面建立行政权力制约和监督机制。依法全面履行政府职能，推进机构、职能、权限、程序、责任法定化，实行政府权责清单制度。健全重大行政决策程序制度，提高决策质量和效率。加强对政府内部权力的制约，强化内部流程控制，防止权力滥用。完善审计制度，对公共资金、国有资产、国有资源和领导干部履行经济责任情况实行审计全覆盖。加强重大政策、重大项目财政承受能力评估。推动审批监管、执法司法、工程建设、资源开发、海外投资和在境外国有资产监管、金融信贷、公共资源交易、公共财政支出等重点领域监督机制改革和制度建设。依法推进财政预算、公共资源配置、重大建设项目批准和实施、社会公益事业建设等领域政府信息公开。

（四）完善发展市场经济监督制度和监督机制。坚持和完善党和国家监

督体系，强化政治监督，严格约束公权力，推动落实党委（党组）主体责任、书记第一责任人责任、纪委监委监督责任。持之以恒深入推进党风廉政建设和反腐败斗争，坚决依规依纪依法查处资源、土地、规划、建设、工程、金融等领域腐败问题。完善监察法实施制度体系，围绕权力运行各个环节，压减权力设租寻租空间，坚决破除权钱交易关系网，实现执规执纪执法贯通，促进党内监督、监察监督、行政监督、司法监督、审计监督、财会监督、统计监督、群众监督、舆论监督协同发力，推动社会主义市场经济健康发展。

九、坚持和加强党的全面领导，确保改革举措有效实施

发挥党总揽全局、协调各方的领导核心作用，把党领导经济工作的制度优势转化为治理效能，强化改革落地见效，推动经济体制改革不断走深走实。

（一）坚持和加强党的领导。进一步增强“四个意识”、坚定“四个自信”、做到“两个维护”，从战略和全局高度深刻认识加快完善社会主义市场经济体制的重大意义，把党的领导贯穿于深化经济体制改革和加快完善社会主义市场经济体制全过程，贯穿于谋划改革思路、制定改革方案、推进改革实施等各环节，确保改革始终沿着正确方向前进。

（二）健全改革推进机制。各地区各部门要按照本意见要求并结合自身实际，制定完善配套政策或实施措施。从国情出发，坚持问题导向、目标导向和结果导向相统一，按照系统集成、协同高效要求纵深推进，在精准实施、精准落实上下足功夫，把落实党中央要求、满足实践需要、符合基层期盼统一起来，克服形式主义、官僚主义，一个领域一个领域盯住抓落实。将顶层设计与基层探索结合起来，充分发挥基层首创精神，发挥经济特区、自由贸易试验区（自由贸易港）的先行先试作用。

（三）完善改革激励机制。健全改革的正向激励体系，强化敢于担当、攻坚克难的用人导向，注重在改革一线考察识别干部，把那些具有改革创新意识、勇于改革、善谋改革的干部用起来。巩固党风廉政建设成果，推动构建亲清政商关系。建立健全改革容错纠错机制，正确把握干部在改革创新中出现失误错误的性质和影响，切实保护干部干事创业的积极性。加强对改革典型案例、改革成效的总结推广和宣传报道，按规定给予表彰激励，为改革营造良好舆论环境和社会氛围。

关于国有企业发展混合所有制经济的意见

（2015 年 9 月 23 日）

各省、自治区、直辖市人民政府，国务院各部委、各直属机构：

发展混合所有制经济，是深化国有企业改革的重要举措。为贯彻党的十八大和十八届三中、四中全会精神，按照“四个全面”战略布局要求，落实党中央、国务院决策部署，推进国有企业混合所有制改革，促进各种所有制经济共同发展，现提出以下意见。

一、总体要求

（一）改革出发点和落脚点。国有资本、集体资本、非公有资本等交叉持股、相互融合的混合所有制经济，是基本经济制度的重要实现形式。多年来，一批国有企业通过改制发展成为混合所有制企业，但治理机制和监管体制还需要进一步完善；还有许多国有企业为转换经营机制、提高运行效率，正在积极探索混合所有制改革。当前，应对日益激烈的国际竞争和挑战，推动我国经济保持中高速增长、迈向中高端水平，需要通过深化国有企业混合所有制改革，推动完善现代企业制度，健全企业法人治理结构；提高国有资本配置和运行效率，优化国有经济布局，增强国有经济活力、控制力、影响力和抗风险能力，主动适应和引领经济发展新常态；促进国有企业转换经营机制，放大国有资本功能，实现国有资产保值增值，实现各种所有制资本取长补短、相互促进、共同发展，夯实社会主义基本经济制度的微观基础。在国有企业混合所有制改革中，要坚决防止因监管不到位、改革不彻底导致国有资产流失。

（二）基本原则。

——政府引导，市场运作。尊重市场经济规律和企业发展规律，以企业为主体，充分发挥市场机制作用，把引资本与转机制结合起来，把产权多元化与完善企业法人治理结构结合起来，探索国有企业混合所有制改革的有效途径。

——完善制度，保护产权。以保护产权、维护契约、统一市场、平等交换、公平竞争、有效监管为基本导向，切实保护混合所有制企业各类出资人的产权权益，调动各类资本参与发展混合所有制经济的积极性。

——严格程序，规范操作。坚持依法依规，进一步健全国有资产交易规则，科学评估国有资产价值，完善市场定价机制，切实做到规则公开、过程公开、结果公开。强化交易主体和交易过程监管，防止暗箱操作、低价贱卖、利益输送、化公为私、逃废债务，杜绝国有资产流失。

——宜改则改，稳妥推进。对通过实行股份制、上市等途径已经实行混合所有制的国有企业，要着力在完善现代企业制度、提高资本运行效率上下功夫；对适宜继续推进混合所有制改革的国有企业，要充分发挥市场机制作用，坚持因地施策、因业施策、因企施策，宜独则独、宜控则控、宜参则参，不搞拉郎配，不搞全覆盖，不设时间表，一企一策，成熟一个推进一个，确保改革规范有序进行。尊重基层创新实践，形成一批可复制、可推广的成功做法。

二、分类推进国有企业混合所有制改革

（三）稳妥推进主业处于充分竞争行业和领域的商业类国有企业混合所有制改革。按照市场化、国际化要求，以增强国有经济活力、放大国有资本功能、实现国有资产保值增值为主要目标，以提高经济效益和创新商业模式为导向，充分运用整体上市等方式，积极引入其他国有资本或各类非国有资本实现股权多元化。坚持以资本为纽带完善混合所有制企业治理结构和管理方式，国有资本出资人和各类非国有资本出资人以股东身份履行权利和职责，使混合所有制企业成为真正的市场主体。

（四）有效探索主业处于重要行业和关键领域的商业类国有企业混合所有制改革。对主业处于关系国家安全、国民经济命脉的重要行业和关键领域、主要承担重大专项任务的商业类国有企业，要保持国有资本控股地位，支持非国有资本参股。对自然垄断行业，实行以政企分开、政资分开、特许经营、政府监管为主要内容的改革，根据不同行业特点实行网运分开、放开竞争性业务，促进公共资源配置市场化，同时加强分类依法监管，规范营利模式。

——重要通信基础设施、枢纽型交通基础设施、重要江河流域控制性水利水电航电枢纽、跨流域调水工程等领域，实行国有独资或控股，允许符合条件的非国有企业依法通过特许经营、政府购买服务等方式参与建设和

运营。

——重要水资源、森林资源、战略性矿产资源等开发利用，实行国有独资或绝对控股，在强化环境、质量、安全监管的基础上，允许非国有资本进入，依法依规有序参与开发经营。

——江河主干渠道、石油天然气主干管网、电网等，根据不同行业领域特点实行网运分开、主辅分离，除对自然垄断环节的管网实行国有独资或绝对控股外，放开竞争性业务，允许非国有资本平等进入。

——核电、重要公共技术平台、气象测绘水文等基础数据采集利用等领域，实行国有独资或绝对控股，支持非国有企业投资参股以及参与特许经营和政府采购。粮食、石油、天然气等战略物资国家储备领域保持国有独资或控股。

——国防军工等特殊产业，从事战略武器装备科研生产、关系国家战略安全和涉及国家核心机密的核心军工能力领域，实行国有独资或绝对控股。其他军工领域，分类逐步放宽市场准入，建立竞争性采购体制机制，支持非国有企业参与武器装备科研生产、维修服务和竞争性采购。

——对其他服务国家战略目标、重要前瞻性战略性产业、生态环境保护、共用技术平台等重要行业和关键领域，加大国有资本投资力度，发挥国有资本引导和带动作用。

（五）引导公益类国有企业规范开展混合所有制改革。在水电气热、公共交通、公共设施等提供公共产品和服务的行业和领域，根据不同业务特点，加强分类指导，推进具备条件的企业实现投资主体多元化。通过购买服务、特许经营、委托代理等方式，鼓励非国有企业参与经营。政府要加强对价格水平、成本控制、服务质量、安全标准、信息披露、营运效率、保障能力等方面的监管，根据企业不同特点有区别地考核其经营业绩指标和国有资产保值增值情况，考核中要引入社会评价。

三、分层推进国有企业混合所有制改革

（六）引导在子公司层面有序推进混合所有制改革。对国有企业集团公司二级及以下企业，以研发创新、生产服务等实体企业为重点，引入非国有资本，加快技术创新、管理创新、商业模式创新，合理限定法人层级，有效压缩管理层级。明确股东的法律地位和股东在资本收益、企业重大决策、选择管理者等方面的权利，股东依法按出资比例和公司章程规定行权履职。

（七）探索在集团公司层面推进混合所有制改革。在国家有明确规定的特定领域，坚持国有资本控股，形成合理的治理结构和市场化经营机制；在其他领域，鼓励通过整体上市、并购重组、发行可转债等方式，逐步调整国有股权比例，积极引入各类投资者，形成股权结构多元、股东行为规范、内部约束有效、运行高效灵活的经营机制。

（八）鼓励地方从实际出发推进混合所有制改革。各地区要认真贯彻落实中央要求，区分不同情况，制定完善改革方案和相关配套措施，指导国有企业稳妥开展混合所有制改革，确保改革依法合规、有序推进。

四、鼓励各类资本参与国有企业混合所有制改革

（九）鼓励非公有资本参与国有企业混合所有制改革。非公有资本投资主体可通过出资入股、收购股权、认购可转债、股权置换等多种方式，参与国有企业改制重组或国有控股上市公司增资扩股以及企业经营管理。非公有资本投资主体可以货币出资，或以实物、股权、土地使用权等法律法规允许的方式出资。企业国有产权或国有股权转让时，除国家另有规定外，一般不在意向受让人资质条件中对民间投资主体单独设置附加条件。

（十）支持集体资本参与国有企业混合所有制改革。明晰集体资产产权，发展股权多元化、经营产业化、管理规范化的经济实体。允许经确权认定的集体资本、资产和其他生产要素作价入股，参与国有企业混合所有制改革。研究制定股份合作经济（企业）管理办法。

（十一）有序吸收外资参与国有企业混合所有制改革。引入外资参与国有企业改制重组、合资合作，鼓励通过海外并购、投融资合作、离岸金融等方式，充分利用国际市场、技术、人才等资源和要素，发展混合所有制经济，深度参与国际竞争和全球产业分工，提高资源全球化配置能力。按照扩大开放与加强监管同步的要求，依照外商投资产业指导目录和相关安全审查规定，完善外资安全审查工作机制，切实加强风险防范。

（十二）推广政府和社会资本合作（PPP）模式。优化政府投资方式，通过投资补助、基金注资、担保补贴、贷款贴息等，优先支持引入社会资本的项目。以项目运营绩效评价结果为依据，适时对价格和补贴进行调整。组合引入保险资金、社保基金等长期投资者参与国家重点工程投资。鼓励社会资本投资或参股基础设施、公用事业、公共服务等领域项目，使投资者在平等竞争中获取合理收益。加强信息公开和项目储备，建立综合信息服务平台。

（十三）鼓励国有资本以多种方式入股非国有企业。在公共服务、高新技术、生态环境保护和战略性产业等重点领域，以市场选择为前提，以资本为纽带，充分发挥国有资本投资、运营公司的资本运作平台作用，对发展潜力大、成长性强的非国有企业进行股权投资。鼓励国有企业通过投资入股、联合投资、并购重组等多种方式，与非国有企业进行股权融合、战略合作、资源整合，发展混合所有制经济。支持国有资本与非国有资本共同设立股权投资基金，参与企业改制重组。

（十四）探索完善优先股和国家特殊管理股方式。国有资本参股非国有企业或国有企业引入非国有资本时，允许将部分国有资本转化为优先股。在少数特定领域探索建立国家特殊管理股制度，依照相关法律法规和公司章程规定，行使特定事项否决权，保证国有资本在特定领域的控制力。

（十五）探索实行混合所有制企业员工持股。坚持激励和约束相结合的原则，通过试点稳妥推进员工持股。员工持股主要采取增资扩股、出资新设等方式，优先支持人才资本和技术要素贡献占比较高的转制科研院所、高新技术企业和科技服务型企业开展试点，支持对企业经营业绩和持续发展有直接或较大影响的科研人员、经营管理人员和业务骨干等持股。完善相关政策，健全审核程序，规范操作流程，严格资产评估，建立健全股权流转和退出机制，确保员工持股公开透明，严禁暗箱操作，防止利益输送。混合所有制企业实行员工持股，要按照混合所有制企业实行员工持股试点的有关工作要求组织实施。

五、建立健全混合所有制企业治理机制

（十六）进一步确立和落实企业市场主体地位。政府不得干预企业自主经营，股东不得干预企业日常运营，确保企业治理规范、激励约束机制到位。落实董事会对经理层成员等高级经营管理人员选聘、业绩考核和薪酬管理等职权，维护企业真正的市场主体地位。

（十七）健全混合所有制企业法人治理结构。混合所有制企业要建立健全现代企业制度，明晰产权，同股同权，依法保护各类股东权益。规范企业股东（大）会、董事会、经理层、监事会和党组织的权责关系，按章程行权，对资本监管，靠市场选人，依规则运行，形成定位清晰、权责对等、运转协调、制衡有效的法人治理结构。

（十八）推行混合所有制企业职业经理人制度。按照现代企业制度要求，建立市场导向的选人用人和激励约束机制，通过市场化方式选聘职业经理人依法负责企业经营管理，畅通现有经营管理者与职业经理人的身份转换通道。职业经理人实行任期制和契约化管理，按照市场化原则决定薪酬，可以采取多种方式探索中长期激励机制。严格职业经理人任期管理和绩效考核，加快建立退出机制。

六、建立依法合规的操作规则

（十九）严格规范操作流程和审批程序。在组建和注册混合所有制企业时，要依据相关法律法规，规范国有资产授权经营和产权交易等行为，健全清产核资、评估定价、转让交易、登记确权等国有产权流转程序。国有企业产权和股权转让、增资扩股、上市公司增发等，应在产权、股权、证券市场公开披露信息，公开择优确定投资人，达成交易意向后应及时公示交易对象、交易价格、关联交易等信息，防止利益输送。国有企业实施混合所有制改革前，应依据本意见制定方案，报同级国有资产监管机构批准；重要国有企业改制后国有资本不再控股的，报同级人民政府批准。国有资产监管机构要按照本意见要求，明确国有企业混合所有制改革的操作流程。方案审批时，应加强对社会资本质量、合作方诚信与操守、债权债务关系等内容的审核。要充分保障企业职工对国有企业混合所有制改革的知情权和参与权，涉及职工切身利益的要做好评估工作，职工安置方案要经过职工代表大会或者职工大会审议通过。

（二十）健全国有资产定价机制。按照公开公平公正原则，完善国有资产交易方式，严格规范国有资产登记、转让、清算、退出等程序和交易行为。通过产权、股权、证券市场发现和合理确定资产价格，发挥专业化中介机构作用，借助多种市场化定价手段，完善资产定价机制，实施信息公开，加强社会监督，防止出现内部人控制、利益输送造成国有资产流失。

（二十一）切实加强监管。政府有关部门要加强对国有企业混合所有制改革的监管，完善国有产权交易规则和监管制度。国有资产监管机构对改革中出现的违法转让和侵吞国有资产、化公为私、利益输送、暗箱操作、逃废债务等行为，要依法严肃处理。审计部门要依法履行审计监督职能，加强对改制企业原国有企业法定代表人的离任审计。充分发挥第三方机构在清产核资、财务审计、资产定价、股权托管等方面的作用。加强企业职工内部监督。进一步做好信息公开，自觉接受社会监督。

七、营造国有企业混合所有制改革的良好环境

（二十二）加强产权保护。健全严格的产权占有、使用、收益、处分等完整保护制度，依法保护混合所有制企业各类出资人的产权和知识产权权益。在立法、司法和行政执法过程中，坚持对各种所有制经济产权和合法利益给予同等法律保护。

（二十三）健全多层次资本市场。加快建立规则统一、交易规范的场外市场，促进非上市股份公司股权交易，完善股权、债权、物权、知识产权及信托、融资租赁、产业投资基金等产品交易机制。建立规范的区域性股权市场，为企业提供融资服务，促进资产证券化和资本流动，健全股权登记、托管、做市商等第三方服务体系。以具备条件的区域性股权、产权市场为载体，探索建立统一结算制度，完善股权公开转让和报价机制。制定场外市场交易规则和规范监管制度，明确监管主体，实行属地化、专业化监管。

（二十四）完善支持国有企业混合所有制改革的政策。进一步简政放权，最大限度取消涉及企业依法自主经营的行政许可审批事项。凡是市场主体基于自愿的投资经营和民事行为，只要不属于法律法规禁止进入的领域，且不危害国家安全、社会公共利益和第三方合法权益，不得限制进入。完善工商登记、财税管理、土地管理、金融服务等政策。依法妥善解决混合所有制改革涉及的国有企业职工劳动关系调整、社会保险关系接续等问题，确保企业职工队伍稳定。加快剥离国有企业办社会职能，妥善解决历史遗留问题。完善统计制度，加强监测分析。

（二十五）加快建立健全法律法规制度。健全混合所有制经济相关法律法规和规章，加大法律法规立、改、废、释工作力度，确保改革于法有据。根据改革需要抓紧对合同法、物权法、公司法、企业国有资产法、企业破产法中有关法律制度进行研究，依照法定程序及时提请修改。推动加快制定有关产权保护、市场准入和退出、交易规则、公平竞争等方面法律法规。

八、组织实施

（二十六）建立工作协调机制。国有企业混合所有制改革涉及面广、政策性强、社会关注度高。各地区、各有关部门和单位要高度重视，精心组织，严守规范，明确责任。各级政府及相关职能部门要加强对国有企业混合所有制改革的组织领导，做好把关定向、配套落实、审核批准、纠偏提醒等工作。各级国有资产监管机构要及时跟踪改革进展，加强改革协调，评估改革成效，推广改革经验，重大问题及时向同级人民政府报告。各级工商联要充分发挥广泛联系非公有制企业的组织优势，参与做好沟通政企、凝聚共识、决策咨询、政策评估、典型宣传等方面工作。

（二十七）加强混合所有制企业党建工作。坚持党的建设与企业改革同步谋划、同步开展，根据企业组织形式变化，同步设置或调整党的组织，理顺党组织隶属关系，同步选配好党组织负责人，健全党的工作机构，配强党务工作者队伍，保障党组织工作经费，有效开展党的工作，发挥好党组织政治核心作用和党员先锋模范作用。

（二十八）开展不同领域混合所有制改革试点示范。结合电力、石油、天然气、铁路、民航、电信、军工等领域改革，开展放开竞争性业务、推进混合所有制改革试点示范。在基础设施和公共服务领域选择有代表性的政府投融资项目，开展多种形式的政府和社会资本合作试点，加快形成可复制、可推广的模式和经验。

（二十九）营造良好的舆论氛围。以坚持“两个毫不动摇”（毫不动摇巩固和发展公有制经济，毫不动摇鼓励、支持、引导非公有制经济发展）为导向，加强国有企业混合所有制改革舆论宣传，做好政策解读，阐释目标方向和重要意义，宣传成功经验，正确引导舆论，回应社会关切，使广大人民群众了解和支持改革。

各级政府要加强对国有企业混合所有制改革的领导，根据本意见，结合实际推动改革。

金融、文化等国有企业的改革，中央另有规定的依其规定执行。

关于深化国有企业改革的指导意见

（2015 年 8 月 24 日）

国有企业属于全民所有，是推进国家现代化、保障人民共同利益的重要力量，是我们党和国家事业发展的重要物质基础和政治基础。改革开放以来，国有企业改革发展不断取得重大进展，总体上已经同市场经济相融合，运行质量和效益明显提升，在国际国内市场竞争中涌现出一批具有核心竞争力的骨干企业，为推动经济社会发展、保障和改善民生、开拓国际市场、增强我国综合实力作出了重大贡献，国有企业经营管理者队伍总体上是好的，广大职工付出了不懈努力，成就是突出的。但也要看到，国有企业仍然存在一些亟待解决的突出矛盾和问题，一些企业市场主体地位尚未真正确立，现代企业制度还不健全，国有资产监管体制有待完善，国有资本运行效率需进一步提高；一些企业管理混乱，内部人控制、利益输送、国有资产流失等问题突出，企业办社会职能和历史遗留问题还未完全解决；一些企业党组织管党治党责任不落实、作用被弱化。面向未来，国有企业面临日益激烈的国际竞争和转型升级的巨大挑战。在推动我国经济保持中高速增长和迈向中高端水平、完善和发展中国特色社会主义制度、实现中华民族伟大复兴中国梦的进程中，国有企业肩负着重大历史使命和责任。要认真贯彻落实党中央、国务院战略决策，按照“四个全面”战略布局的要求，以经济建设为中心，坚持问题导向，继续推进国有企业改革，切实破除体制机制障碍，坚定不移做强做优做大国有企业。为此，提出以下意见。

一、总体要求

（一）指导思想

高举中国特色社会主义伟大旗帜，认真贯彻落实党的十八大和十八届三中、四中全会精神，深入学习贯彻习近平总书记系列重要讲话精神，坚持和完善基本经济制度，坚持社会主义市场经济改革方向，适应市场化、现代化、国际化新形势，以解放和发展社会生产力为标准，以提高国有资本效率、增强国有企业活力为中心，完善产权清晰、权责明确、政企分开、管理科学的现代企业制度，完善国有资产监管体制，防止国有资产流失，全面推进依法治企，加强和改进党对国有企业的领导，做强做优做大国有企业，不断增强国有经济活力、控制力、影响力、抗风险能力，主动适应和引领经济发展新常态，为促进经济社会持续健康发展、实现中华民族伟大复兴中国梦作出积极贡献。

（二）基本原则

——坚持和完善基本经济制度。这是深化国有企业改革必须把握的根本要求。必须毫不动摇巩固和发展公有制经济，毫不动摇鼓励、支持、引导非公有制经济发展。坚持公有制主体地位，发挥国有经济主导作用，积极促进国有资本、集体资本、非公有资本等交叉持股、相互融合，推动各种所有制资本取长补短、相互促进、共同发展。

——坚持社会主义市场经济改革方向。这是深化国有企业改革必须遵循的基本规律。国有企业改革要遵循市场经济规律和企业发展规律，坚持政企分开、政资分开、所有权与经营权分离，坚持权利、义务、责任相统一，坚持激励机制和约束机制相结合，促使国有企业真正成为依法自主经营、自负盈亏、自担风险、自我约束、自我发展的独立市场主体。社会主义市场经济条件下的国有企业，要成为自觉履行社会责任的表率。

——坚持增强活力和强化监管相结合。这是深化国有企业改革必须把握的重要关系。增强活力是搞好国有企业的本质要求，加强监管是搞好国有企业的重要保障，要切实做到两者的有机统一。继续推进简政放权，依法落实企业法人财产权和经营自主权，进一步激发企业活力、创造力和市场竞争力。进一步完善国有企业监管制度，切实防止国有资产流失，确保国有资产保值增值。

——坚持党对国有企业的领导。这是深化国有企业改革必须坚守的政治方向、政治原则。要贯彻全面从严治党方针，充分发挥企业党组织政治核心作用，加强企业领导班子建设，创新基层党建工作，深入开展党风廉政建设，坚持全心全意依靠工人阶级，维护职工合法权益，为国有企业改革发展提供坚强有力的政治保证、组织保证和人才支撑。

——坚持积极稳妥统筹推进。这是深化国有企业改革必须采用的科学方法。要正确处理推进改革和坚持法治的关系，正确处理改革发展稳定关系，正确处理搞好顶层设计和尊重基层首创精神的关系，突出问题导向，坚持分类推进，把握好改革的次序、节奏、力度，确保改革扎实推进、务求实效。

（三）主要目标

到2020年，在国有企业改革重要领域和关键环节取得决定性成果，形成更加符合我国基本经济制度和社会主义市场经济发展要求的国有资产管理体制、现代企业制度、市场化经营机制，国有资本布局结构更趋合理，造就一大批德才兼备、善于经营、充满活力的优秀企业家，培育一大批具有创新能力和国际竞争力的国有骨干企业，国有经济活力、控制力、影响力、抗风险能力明显增强。

——国有企业公司制改革基本完成，发展混合所有制经济取得积极进展，法人治理结构更加健全，优胜劣汰、经营自主灵活、内部管理人员能上能下、员工能进能出、收入能增能减的市场化机制更加完善。

——国有资产监管制度更加成熟，相关法律法规更加健全，监管手段和方式不断优化，监管的科学性、针对性、有效性进一步提高，经营性国有资产实现集中统一监管，国有资产保值增值责任全面落实。

——国有资本配置效率显著提高，国有经济布局结构不断优化、主导作用有效发挥，国有企业在提升自主创新能力、保护资源环境、加快转型升级、履行社会责任中的引领和表率作用充分发挥。

——企业党的建设全面加强，反腐倡廉制度体系、工作体系更加完善，国有企业党组织在公司治理中的法定地位更加巩固，政治核心作用充分发挥。

二、分类推进国有企业改革

（四）划分国有企业不同类别。根据国有资本的战略定位和发展目标，结合不同国有企业在经济社会发展中的作用、现状和发展需要，将国有企业分为商业类和公益类。通过界定功能、划分类别，实行分类改革、分类发展、分类监管、分类定责、分类考核，提高改革的针对性、监管的有效性、考核评价的科学性，推动国有企业同市场经济深入融合，促进国有企业经济效益和社会效益有机统一。按照谁出资谁分类的原则，由履行出资人职责的机构负责制定所出资企业的功能界定和分类方案，报本级政府批准。各地区可结合实际，划分并动态调整本地区国有企业功能类别。

（五）推进商业类国有企业改革。商业类国有企业按照市场化要求实行商业化运作，以增强国有经济活力、放大国有资本功能、实现国有资产保值增值为主要目标，依法独立自主开展生产经营活动，实现优胜劣汰、有序进退。

主业处于充分竞争行业和领域的商业类国有企业，原则上都要实行公司制股份制改革，积极引入其他国有资本或各类非国有资本实现股权多元化，国有资本可以绝对控股、相对控股，也可以参股，并着力推进整体上市。对这些国有企业，重点考核经营业绩指标、国有资产保值增值和市场竞争能力。

主业处于关系国家安全、国民经济命脉的重要行业和关键领域、主要承担重大专项任务的商业类国有企业，要保持国有资本控股地位，支持非国有资本参股。对自然垄断行业，实行以政企分开、政资分开、特许经营、政府监管为主要内容的改革，根据不同行业特点实行网运分开、放开竞争性业务，促进公共资源配置市场化；对需要实行国有全资的企业，也要积极引入其他国有资本实行股权多元化；对特殊业务和竞争性业务实行业务板块有效分离，独立运作、独立核算。对这些国有企业，在考核经营业绩指标和国有资产保值增值情况的同时，加强对服务国家战略、保障国家安全和国民经济运行、发展前瞻性战略性产业以及完成特殊任务的考核。

（六）推进公益类国有企业改革。公益类国有企业以保障民生、服务社会、提供公共产品和服务为主要目标，引入市场机制，提高公共服务效率和能力。这类企业可以采取国有独资形式，具备条件的也可以推行投资主体多元化，还可以通过购买服务、特许经营、委托代理等方式，鼓励非国有企业参与经营。对公益类国有企业，重点考核成本控制、产品服务质量、营运效率和保障能力，根据企业不同特点有区别地考核经营业绩指标和国有资产保值增值情况，考核中要引入社会评价。

三、完善现代企业制度

（七）推进公司制股份制改革。加大集团层面公司制改革力度，积极引入各类投资者实现股权多元化，大力推动国有企业改制上市，创造条件实现集团公司整体上市。根据不同企业的功能定位，逐步调整国有股权比例，形成股权结构多元、股东行为规范、内部约束有效、运行高效灵活的经营机制。允许将部分国有资本转化为优先股，在少数特定领域探索建立国家特殊管理股制度。

（八）健全公司法人治理结构。重点是推进董事会建设，建立健全权责对等、运转协调、有效制衡的决策执行监督机制，规范董事长、总经理行权行为，充分发挥董事会的决策作用、监事会的监督作用、经理层的经营管理作用、党组织的政治核心作用，切实解决一些企业董事会形同虚设、“一把手”说了算的问题，实现规范的公司治理。要切实落实和维护董事会依法行使重大决策、选人用人、薪酬分配等权利，保障经理层经营自主权，法无授权任何政府部门和机构不得干预。加强董事会内部的制衡约束，国有独资、全资公司的董事会和监事会均应有职工代表，董事会外部董事应占多数，落实一人一票表决制度，董事对董事会决议承担责任。改进董事会和董事评价办法，强化对董事的考核评价和管理，对重大决策失误负有直接责任的要及时调整或解聘，并依法追究责任。进一步加强外部董事队伍建设，拓宽来源渠道。

（九）建立国有企业领导人员分类分层管理制度。坚持党管干部原则与董事会依法产生、董事会依法选择经营管理者、经营管理者依法行使用人权相结合，不断创新有效实现形式。上级党组织和国有资产监管机构按照管理权限加强对国有企业领导人员的管理，广开推荐渠道，依规考察提名，严格履行选用程序。根据不同企业类别和层级，实行选任制、委任制、聘任制等不同选人用人方式。推行职业经理人制度，实行内部培养和外部引进相结合，畅通现有经营管理者与职业经理人身份转换通道，董事会按市场化方式选聘和管理职业经理人，合理增加市场化选聘比例，加快建立退出机制。推行企业经理层成员任期制和契约化管理，明确责任、权利、义务，严格任期管理和目标考核。

（十）实行与社会主义市场经济相适应的企业薪酬分配制度。企业内部的薪酬分配权是企业的法定权利，由企业依法依规自主决定，完善既有激励又有约束、既讲效率又讲公平、既符合企业一般规律又体现国有企业特点的分配机制。建立健全与劳动力市场基本适应、与企业经济效益和劳动生产率挂钩的工资决定和正常增长机制。推进全员绩效考核，以业绩为导向，科学评价不同岗位员工的贡献，合理拉开收入分配差距，切实做到收入能增能减和奖惩分明，充分调动广大职工积极性。对国有企业领导人员实行与选任方式相匹配、与企业功能性质相适应、与经营业绩相挂钩的差异化薪酬分配办法。对党中央、国务院和地方党委、政府及其部门任命的国有企业领导人员，合理确定基本年薪、绩效年薪和任期激励收入。对市场化选聘的职业经理人实行市场化薪酬分配机制，可以采取多种方式探索完善中长期激励机制。健全与激励机制相对称的经济责任审计、信息披露、延期支付、追索扣回等约束机制。严格规范履职待遇、业务支出，严禁将公款用于个人支出。

（十一）深化企业内部用人制度改革。建立健全企业各类管理人员公开招聘、竞争上岗等制度，对特殊管理人员可以通过委托人才中介机构推荐等方式，拓宽选人用人视野和渠道。建立分级分类的企业员工市场化公开招聘制度，切实做到信息公开、过程公开、结果公开。构建和谐劳动关系，依法规范企业各类用工管理，建立健全以合同管理为核心、以岗位管理为基础的市场化用工制度，真正形成企业各类管理人员能上能下、员工能进能出的合理流动机制。

四、完善国有资产管理体制

（十二）以管资本为主推进国有资产监管机构职能转变。国有资产监管机构要准确把握依法履行出资人职责的定位，科学界定国有资产出资人监管的边界，建立监管权力清单和责任清单，实现以管企业为主向以管资本为主的转变。该管的要科学管理、决不缺位，重点管好国有资本布局、规范资本运作、提高资本回报、维护资本安全；不该管的要依法放权、决不越位，将依法应由企业自主经营决策的事项归位于企业，将延伸到子企业的管理事项原则上归位于一级企业，将配合承担的公共管理职能归位于相关政府部门和单位。大力推进依法监管，着力创新监管方式和手段，改变行政化管理方式，改进考核体系和办法，提高监管的科学性、有效性。

（十三）以管资本为主改革国有资本授权经营体制。改组组建国有资本投资、运营公司，探索有效的运营模式，通过开展投资融资、产业培育、资本整合，推动产业集聚和转型升级，优化国有资本布局结构；通过股权运作、价值管理、有序进退，促进国有资本合理流动，实现保值增值。科学界定国有资本所有权和经营权的边界，国有资产监管机构依法对国有资本投资、运营公司和其他直接监管的企业履行出资人职责，并授权国有资本投资、运营公司对授权范围内的国有资本履行出资人职责。国有资本投资、运营公司作为国有资本市场化运作的专业平台，依法自主开展国有资本运作，对所出资企业行使股东职责，按照责权对应原则切实承担起国有资产保值增值责任。开展政府直接授权国有资本投资、运营公司履行出资人职责的试点。

（十四）以管资本为主推动国有资本合理流动优化配置。坚持以市场为导向、以企业为主体，有进有退、有所为有所不为，优化国有资本布局结构，增强国有经济整体功能和效率。紧紧围绕服务国家战略，落实国家产业政策和重点产业布局调整总体要求，优化国有资本重点投资方向和领域，推动国有资本向关系国家安全、国民经济命脉和国计民生的重要行业和关键领域、重点基础设施集中，向前瞻性战略性产业集中，向具有核心竞争力的优势企业集中。发挥国有资本投资、运营公司的作用，清理退出一批、重组整合一批、创新发展一批国有企业。建立健全优胜劣汰市场化退出机制，充分发挥失业救济和再就业培训等的作用，解决好职工安置问题，切实保障退出企业依法实现关闭或破产，加快处置低效无效资产，淘汰落后产能。支持企业依法合规通过证券交易、产权交易等资本市场，以市场公允价格处置企业资产，实现国有资本形态转换，变现的国有资本用于更需要的领域和行业。推动国有企业加快管理创新、商业模式创新，合理限定法人层级，有效压缩管理层级。发挥国有企业在实施创新驱动发展战略和制造强国战略中的骨干和表率作用，强化企业在技术创新中的主体地位，重视培养科研人才和高技能人才。支持国有企业开展国际化经营，鼓励国有企业之间以及与其他所有制企业以资本为纽带，强强联合、优势互补，加快培育一批具有世界一流水平的跨国公司。

（十五）以管资本为主推进经营性国有资产集中统一监管。稳步将党政机关、事业单位所属企业的国有资本纳入经营性国有资产集中统一监管体系，具备条件的进入国有资本投资、运营公司。加强国有资产基础管理，按照统一制度规范、统一工作体系的原则，抓紧制定企业国有资产基础管理条例。建立覆盖全部国有企业、分级管理的国有资本经营预算管理制度，提高国有资本收益上缴公共财政比例，2020 年提高到 30%，更多用于保障和改善民生。划转部分国有资本充实社会保障基金。

五、发展混合所有制经济

（十六）推进国有企业混合所有制改革。以促进国有企业转换经营机制，放大国有资本功能，提高国有资本配置和运行效率，实现各种所有制资本取长补短、相互促进、共同发展为目标，稳妥推动国有企业发展混合所有制经济。对通过实行股份制、上市等途径已经实行混合所有制的国有企业，要着力在完善现代企业制度、提高资本运行效率上下功夫；对于适宜继续推进混合所有制改革的国有企业，要充分发挥市场机制作用，坚持因地施策、因业施策、因企施策，宜独则独、宜控则控、宜参则参，不搞拉郎配，不搞全覆盖，不设时间表，成熟一个推进一个。改革要依法依规、严格程序、公开公正，切实保护混合所有制企业各类出资人的产权权益，杜绝国有资产流失。

（十七）引入非国有资本参与国有企业改革。鼓励非国有资本投资主体通过出资入股、收购股权、认购可转债、股权置换等多种方式，参与国有企业改制重组或国有控股上市公司增资扩股以及企业经营管理。实行同股同权，切实维护各类股东合法权益。在石油、天然气、电力、铁路、电信、资源开发、公用事业等领域，向非国有资本推出符合产业政策、有利于转型升级的项目。依照外商投资产业指导目录和相关安全审查规定，完善外资安全审查工作机制。开展多类型政府和社会资本合作试点，逐步推广政府和社会资本合作模式。

（十八）鼓励国有资本以多种方式入股非国有企业。充分发挥国有资本投资、运营公司的资本运作平台作用，通过市场化方式，以公共服务、高新技术、生态环保、战略性产业为重点领域，对发展潜力大、成长性强的非国有企业进行股权投资。鼓励国有企业通过投资入股、联合投资、重组等多种方式，与非国有企业进行股权融合、战略合作、资源整合。

（十九）探索实行混合所有制企业员工持股。坚持试点先行，在取得经验基础上稳妥有序推进，通过实行员工持股建立激励约束长效机制。优先支持人才资本和技术要素贡献占比较高的转制科研院所、高新技术企业、科技服务型企业开展员工持股试点，支持对企业经营业绩和持续发展有直接或较大影响的科研人员、经营管理人员和业务骨干等持股。员工持股主要采取增资扩股、出资新设等方式。完善相关政策，健全审核程序，规范操作流程，严格资产评估，建立健全股权流转和退出机制，确保员工持股公开透明，严禁暗箱操作，防止利益输送。

六、强化监督防止国有资产流失

（二十）强化企业内部监督。完善企业内部监督体系，明确监事会、审计、纪检监察、巡视以及法律、财务等部门的监督职责，完善监督制度，增强制度执行力。强化对权力集中、资金密集、资源富集、资产聚集的部门和岗位的监督，实行分事行权、分岗设权、分级授权，定期轮岗，强化内部流程控制，防止权力滥用。建立审计部门向董事会负责的工作机制。落实企业内部监事会对董事、经理和其他高级管理人员的监督。进一步发挥企业总法律顾问在经营管理中的法律审核把关作用，推进企业依法经营、合规管理。集团公司要依法依规、尽职尽责加强对子企业的管理和监督。大力推进厂务公开，健全以职工代表大会为基本形式的企业民主管理制度，加强企业职工民主监督。

（二十一）建立健全高效协同的外部监督机制。强化出资人监督，加快国有企业行为规范法律法规制度建设，加强对企业关键业务、改革重点领域、国有资本运营重要环节以及境外国有资产的监督，规范操作流程，强化专业检查，开展总会计师由履行出资人职责机构委派的试点。加强和改进外派监事会制度，明确职责定位，强化与有关专业监督机构的协作，加强当期和事中监督，强化监督成果运用，建立健全核查、移交和整改机制。健全国有资本审计监督体系和制度，实行企业国有资产审计监督全覆盖，建立对企业国有资本的经常性审计制度。加强纪检监察监督和巡视工作，强化对企业领导人员廉洁从业、行使权力等的监督，加大大案要案查处力度，狠抓对存在问题的整改落实。整合出资人监管、外派监事会监督和审计、纪检监察、巡视等监督力量，建立监督工作会商机制，加强统筹，创新方式，共享资源，减少重复检查，提高监督效能。建立健全监督意见反馈整改机制，形成监督工作的闭环。

（二十二）实施信息公开加强社会监督。完善国有资产和国有企业信息公开制度，设立统一的信息公开网络平台，依法依规、及时准确披露国有资本整体运营和监管、国有企业公司治理以及管理架构、经营情况、财务状况、关联交易、企业负责人薪酬等信息，建设阳光国企。认真处理人民群众关于国有资产流失等问题的来信、来访和检举，及时回应社会关切。充分发挥媒体舆论监督作用，有效保障社会公众对企业国有资产运营的知情权和监督权。

（二十三）严格责任追究。建立健全国有企业重大决策失误和失职、渎职责任追究倒查机制，建立和完善重大决策评估、决策事项履职记录、决策过错认定标准等配套制度，严厉查处侵吞、贪污、输送、挥霍国有资产和逃废金融债务的行为。建立健全企业国有资产的监督问责机制，对企业重大违法违纪问题敷衍不追、隐匿不报、查处不力的，严格追究有关人员失职渎职责任，视不同情形给予纪律处分或行政处分，构成犯罪的，由司法机关依法追究刑事责任。

七、加强和改进党对国有企业的领导

（二十四）充分发挥国有企业党组织政治核心作用。把加强党的领导和完善公司治理统一起来，将党建工作总体要求纳入国有企业章程，明确国有企业党组织在公司法人治理结构中的法定地位，创新国有企业党组织发挥政治核心作用的途径和方式。在国有企业改革中坚持党的建设同步谋划、党的组织及工作机构同步设置、党组织负责人及党务工作人员同步配备、党的工作同步开展，保证党组织工作机构健全、党务工作者队伍稳定、党组织和党员作用得到有效发挥。坚持和完善双向进入、交叉任职的领导体制，符合条件的党组织领导班子成员可以通过法定程序进入董事会、监事会、经理层，董事会、监事会、经理层成员中符合条件的党员可以依照有关规定和程序进入党组织领导班子；经理层成员与党组织领导班子成员适度交叉任职；董事长、总经理原则上分设，党组织书记、董事长一般由一人担任。

国有企业党组织要切实承担好、落实好从严管党治党责任。坚持从严治党、思想建党、制度治党，增强管党治党意识，建立健全党建工作责任制，聚精会神抓好党建工作，做到守土有责、守土负责、守土尽责。党组织书记要切实履行党建工作第一责任人职责，党组织班子其他成员要切实履行“一岗双责”，结合业务分工抓好党建工作。中央企业党组织书记同时担任企业其他主要领导职务的，应当设立1名专职抓企业党建工作的副书记。加强国有企业基层党组织建设和党员队伍建设，强化国有企业基层党建工作的基础保障，充分发挥基层党组织战斗堡垒作用、共产党员先锋模范作用。加强企业党组织对群众工作的领导，发挥好工会、共青团等群团组织的作用，深入细致做好职工群众的思想政治工作。把建立党的组织、开展党的工作，作为国有企业推进混合所有制改革的必要前提，根据不同类型混合所有制企业特点，科学确定党组织的设置方式、职责定位、管理模式。

（二十五）进一步加强国有企业领导班子建设和人才队伍建设。根据企业改革发展需要，明确选人用人标准和程序，创新选人用人方式。强化党组织在企业领导人员选拔任用、培养教育、管理监督中的责任，支持董事会依法选择经营管理者、经营管理者依法行使用人权，坚决防止和整治选人用人中的不正之风。加强对国有企业领导人员尤其是主要领导人员的日常监督管理和综合考核评价，及时调整不胜任、不称职的领导人员，切实解决企业领导人员能上不能下的问题。以强化忠诚意识、拓展世界眼光、提高战略思维、增强创新精神、锻造优秀品行为重点，加强企业家队伍建设，充分发挥企业家作用。大力实施人才强企战略，加快建立健全国有企业集聚人才的体制机制。

（二十六）切实落实国有企业反腐倡廉“两个责任”。国有企业党组织要切实履行好主体责任，纪检机构要履行好监督责任。加强党性教育、法治教育、警示教育，引导国有企业领导人员坚定理想信念，自觉践行“三严三实”要求，正确履职行权。建立切实可行的责任追究制度，与企业考核等挂钩，实行“一案双查”。推动国有企业纪律检查工作双重领导体制具体化、程序化、制度化，强化上级纪委对下级纪委的领导。加强和改进国有企业巡视工作，强化对权力运行的监督和制约。坚持运用法治思维和法治方式反腐败，完善反腐倡廉制度体系，严格落实反“四风”规定，努力构筑企业领导人员不敢腐、不能腐、不想腐的有效机制。

八、为国有企业改革创造良好环境条件

（二十七）完善相关法律法规和配套政策。加强国有企业相关法律法规立改废释工作，确保重大改革于法有据。切实转变政府职能，减少审批、优化制度、简化手续、提高效率。完善公共服务体系，推进政府购买服务，加快建立稳定可靠、补偿合理、公开透明的企业公共服务支出补偿机制。完善和落实国有企业重组整合涉及的资产评估增值、土地变更登记和国有资产无偿划转等方面税收优惠政策。完善国有企业退出的相关政策，依法妥善处理劳动关系调整、社会保险关系接续等问题。

（二十八）加快剥离企业办社会职能和解决历史遗留问题。完善相关政策，建立政府和国有企业合理分担成本的机制，多渠道筹措资金，采取分离移交、重组改制、关闭撤销等方式，剥离国有企业职工家属区“三供一业”和所办医院、学校、社区等公共服务机构，继续推进厂办大集体改革，对国有企业退休人员实施社会化管理，妥善解决国有企业历史遗留问题，为国有企业公平参与市场竞争创造条件。

（二十九）形成鼓励改革创新的氛围。坚持解放思想、实事求是，鼓励探索、实践、创新。全面准确评价国有企业，大力宣传中央关于全面深化国有企业改革的方针政策，宣传改革的典型案例和经验，营造有利于国有企业改革的良好舆论环境。

（三十）加强对国有企业改革的组织领导。各级党委和政府要统一思想，以高度的政治责任感和历史使命感，切实履行对深化国有企业改革的领导责任。要根据本指导意见，结合实际制定实施意见，加强统筹协调、明确责任分工、细化目标任务、强化督促落实，确保深化国有企业改革顺利推进，取得实效。

金融、文化等国有企业的改革，中央另有规定的依其规定执行。

二

纪律规定

中国共产党纪律处分条例

（2023 年 12 月 19 日）

第一编　总　　则

第一章　总体要求和适用范围

第一条　为了维护党章和其他党内法规，严肃党的纪律，纯洁党的组织，保障党员民主权利，教育党员遵纪守法，维护党的团结统一，保证党的理论、路线、方针、政策、决议和国家法律法规的贯彻执行，根据《中国共产党章程》，制定本条例。

第二条　党的纪律建设必须坚持以马克思列宁主义、毛泽东思想、邓小平理论、“三个代表”重要思想、科学发展观、习近平新时代中国特色社会主义思想为指导，坚持和加强党的全面领导，坚决维护习近平总书记党中央的核心、全党的核心地位，坚决维护以习近平同志为核心的党中央权威和集中统一领导，弘扬伟大建党精神，坚持自我革命，贯彻全面从严治党战略方针，落实新时代党的建设总要求，推动解决大党独有难题、健全全面从严治党体系，全面加强党的纪律建设，为以中国式现代化全面推进强国建设、民族复兴伟业提供坚强纪律保障。

第三条　党章是最根本的党内法规，是管党治党的总规矩。党的纪律是党的各级组织和全体党员必须遵守的行为规则。党组织和党员必须坚守初心使命，牢固树立政治意识、大局意识、核心意识、看齐意识，始终坚定道路自信、理论自信、制度自信、文化自信，切实践行正确的权力观、政绩观、事业观，自觉遵守和维护党章，严格执行和维护党的纪律，自觉接受党的纪律约束，模范遵守国家法律法规。

第四条　党的纪律处分工作遵循下列原则：

（一）坚持党要管党、全面从严治党。把严的基调、严的措施、严的氛围长期坚持下去，加强对党的各级组织和全体党员的教育、管理和监督，把纪律挺在前面，抓早抓小、防微杜渐。

（二）党纪面前一律平等。对违犯党纪的党组织和党员必须严肃、公正执行纪律，党内不允许有任何不受纪律约束的党组织和党员。

（三）实事求是。对党组织和党员违犯党纪的行为，应当以事实为依据，以党章、其他党内法规和国家法律法规为准绳，执纪执法贯通，准确认定行为性质，区别不同情况，恰当予以处理。

（四）民主集中制。实施党纪处分，应当按照规定程序经党组织集体讨论决定，不允许任何个人或者少数人擅自决定和批准。上级党组织对违犯党纪的党组织和党员作出的处理决定，下级党组织必须执行。

（五）惩前毖后、治病救人。处理违犯党纪的党组织和党员，应当实行惩戒与教育相结合，做到宽严相济。

第五条 深化运用监督执纪“四种形态”，经常开展批评和自我批评，及时进行谈话提醒、批评教育、责令检查、诫勉，让“红红脸、出出汗”成为常态；党纪轻处分、组织调整成为违纪处理的大多数；党纪重处分、重大职务调整的成为少数；严重违纪涉嫌犯罪追究刑事责任的成为极少数。

第六条 本条例适用于违犯党纪应当受到党纪责任追究的党组织和党员。

第二章 违纪与纪律处分

第七条 党组织和党员违反党章和其他党内法规，违反国家法律法规，违反党和国家政策，违反社会主义道德，危害党、国家和人民利益的行为，依照规定应当给予纪律处理或者处分的，都必须受到追究。

重点查处党的十八大以来不收敛、不收手，问题线索反映集中、群众反映强烈，政治问题和经济问题交织的腐败案件，违反中央八项规定精神的问题。

第八条 对党员的纪律处分种类：

（一）警告；

（二）严重警告；

（三）撤销党内职务；

（四）留党察看；

（五）开除党籍。

第九条 对于违犯党纪的党组织，上级党组织应当责令其作出书面检查或者给予通报批评。对于严重违犯党纪、本身又不能纠正的党组织，上一级党的委员会在查明核实后，根据情节严重的程度，可以予以：

（一）改组；

（二）解散。

第十条 党员受到警告处分一年内、受到严重警告处分一年半内，不得在党内提拔职务或者进一步使用，也不得向党外组织推荐担任高于其原任职务的党外职务或者进一步使用。

第十一条 撤销党内职务处分，是指撤销受处分党员由党内选举或者组织任命的党内职务。对于在党内担任两个以上职务的，党组织在作处分决定时，应当明确是撤销其一切职务还是一个或者几个职务。如果决定撤销其一个职务，必须撤销其担任的最高职务。如果决定撤销其两个以上职务，则必须从其担任的最高职务开始依次撤销。对于在党外组织担任职务的，应当建议党外组织撤销其党外职务。

对于在立案审查中因涉嫌违犯党纪被免职的党员，审查后依照本条例规定应当给予撤销党内职务处分的，应当按照其原任职务给予撤销党内职务处分。对于应当受到撤销党内职务处分，但是本人没有担任党内职务的，应当给予其严重警告处分。同时，在党外组织担任职务的，应当建议党外组织撤销其党外职务。

党员受到撤销党内职务处分，或者依照前款规定受到严重警告处分的，二年内不得在党内担任和向党外组织推荐担任与其原任职务相当或者高于其原任职务的职务。

第十二条 留党察看处分，分为留党察看一年、留党察看二年。对于受到留党察看处分一年的党员，期满后仍不符合恢复党员权利条件的，应当延长一年留党察看期限。留党察看期限最长不得超过二年。

党员受留党察看处分期间，没有表决权、选举权和被选举权。留党察看期间，确有悔改表现的，期满后恢复其党员权利；坚持不改或者又发现其他应当受到党纪处分的违纪行为的，应当开除党籍。

党员受到留党察看处分，其党内职务自然撤销。对于担任党外职务的，应当建议党外组织撤销其党外职务。受到留党察看处分的党员，恢复党员权利后二年内，不得在党内担任和向党外组织推荐担任与其原任职务相当或者高于其原任职务的职务。

第十三条 党员受到开除党籍处分，五年内不得重新入党，也不得推荐担任与其原任职务相当或者高于其原任职务的党外职务。另有规定不准重新入党的，依照规定。

第十四条 党员干部受到党纪处分，需要同时进行组织处理的，党组织应当按照规定给予组织处理。

党的各级代表大会的代表受到留党察看以上处分的，党组织应当终止其代表资格。

第十五条 对于受到改组处理的党组织领导机构成员，除应当受到撤销党内职务以上处分的外，均自然免职。

第十六条 对于受到解散处理的党组织中的党员，应当逐个审查。其中，符合党员条件的，应当重新登记，并参加新的组织过党的生活；不符合党员条件的，应当对其进行教育、限期改正，经教育仍无转变的，予以劝退或者除名；有违纪行为的，依照规定予以追究。

第三章 纪律处分运用规则

第十七条 有下列情形之一的，可以从轻或者减轻处分：

（一）主动交代本人应当受到党纪处分的问题；

（二）在组织谈话函询、初步核实、立案审查过程中，能够配合核实审查工作，如实说明本人违纪违法事实；

（三）检举同案人或者其他人应当受到党纪处分或者法律追究的问题，经查证属实，或者有其他立功表现；

（四）主动挽回损失、消除不良影响或者有效阻止危害结果发生；

（五）主动上交或者退赔违纪所得；

（六）党内法规规定的其他从轻或者减轻处分情形。

第十八条 根据案件的特殊情况，由中央纪委决定或者经省（部）级纪委（不含副省级市纪委）决定并呈报中央纪委批准，对违纪党员也可以在本条例规定的处分幅度以外减轻处分。

第十九条 对于党员违犯党纪应当给予警告或者严重警告处分，但是具有本条例第十七条规定的情形之一或者本条例分则中另有规定的，可以给予批评教育、责令检查、诫勉或者组织处理，免予党纪处分。对违纪党员免予处分，应当作出书面结论。

党员有作风纪律方面的苗头性、倾向性问题或者违犯党纪情节轻微的，可以给予谈话提醒、批评教育、责令检查等，或者予以诫勉，不予党纪处分。

党员行为虽然造成损失或者后果，但不是出于故意或者过失，而是由于不可抗力等原因所引起的，不追究党纪责任。

第二十条 有下列情形之一的，应当从重或者加重处分：

（一）强迫、唆使他人违纪；

（二）拒不上交或者退赔违纪所得；

（三）违纪受处分后又因故意违纪应当受到党纪处分；

（四）违纪受处分后，又被发现其受处分前没有交代的其他应当受到党纪处分的问题；

（五）党内法规规定的其他从重或者加重处分情形。

第二十一条 党员在党纪处分影响期内又受到党纪处分的，其影响期为原处分尚未执行的影响期与新处分影响期之和。

第二十二条 从轻处分，是指在本条例规定的违纪行为应当受到的处分幅度以内，给予较轻的处分。

从重处分，是指在本条例规定的违纪行为应当受到的处分幅度以内，给予较重的处分。

第二十三条 减轻处分，是指在本条例规定的违纪行为应当受到的处分幅度以外，减轻一档给予处分。

加重处分，是指在本条例规定的违纪行为应当受到的处分幅度以外，加重一档给予处分。

本条例规定的只有开除党籍处分一个档次的违纪行为，不适用第一款减轻处分的规定。

第二十四条 一人有本条例规定的两种以上应当受到党纪处分的违纪行为，应当合并处理，按其数种违纪行为中应当受到的最高处分加重一档给予处分；其中一种违纪行为应当受到开除党籍处分的，应当给予开除党籍处分。

第二十五条 一个违纪行为同时触犯本条例两个以上条款的，依照处分较重的条款定性处理。

一个条款规定的违纪构成要件全部包含在另一个条款规定的违纪构成要件中，特别规定与一般规定不一致的，适用特别规定。

第二十六条 二人以上共同故意违纪的，对为首者，从重处分，本条例另有规定的除外；对其他成员，按照其在共同违纪中所起的作用和应负的责任，分别给予处分。

对于经济方面共同违纪的，按照个人参与数额及其所起作用，分别给予处分。对共同违纪的为首者，情节严重的，按照共同违纪的总数额处分。

教唆他人违纪的，应当按照其在共同违纪中所起的作用追究党纪责任。

第二十七条 党组织领导机构集体作出违犯党纪的决定或者实施其他违犯党纪的行为，对具有共同故意的成员，按共同违纪处理；对过失违纪的成员，按照各自在集体违纪中所起的作用和应负的责任分别给予处分。

第四章 对违法犯罪党员的纪律处分

第二十八条 对违法犯罪的党员，应当按照规定给予党纪处分，做到适用纪律和适用法律有机融合，党纪政务等处分相匹配。

第二十九条 党组织在纪律审查中发现党员有贪污贿赂、滥用职权、玩忽职守、权力寻租、利益输送、徇私舞弊、浪费国家资财等违反法律涉嫌犯罪行为的，应当给予撤销党内职务、留党察看或者开除党籍处分。

第三十条 党组织在纪律审查中发现党员有刑法规定的行为，虽不构成犯罪但须追究党纪责任的，或者有其他破坏社会主义市场经济秩序、违反治安管理等违法行为，损害党、国家和人民利益的，应当视具体情节给予警告直至开除党籍处分。

违反国家财经纪律，在公共资金收支、税务管理、国有资产管理、政府采购管理、金融管理、财务会计管理等财经活动中有违法行为的，依照前款规定处理。

党员有嫖娼或者吸食、注射毒品等丧失党员条件，严重败坏党的形象行为的，应当给予开除党籍处分。

第三十一条 党组织在纪律审查中发现党员严重违纪涉嫌违法犯罪的，原则上先作出党纪处分决定，并按照规定由监察机关给予政务处分或者由任免机关（单位）给予处分后，再移送有关国家机关依法处理。

第三十二条 党员被依法留置、逮捕的，党组织应当按照管理权限中止其表决权、选举权和被选举权等党员权利。根据监察机关、司法机关处理结果，可以恢复其党员权利的，应当及时予以恢复。

第三十三条 党员犯罪情节轻微，人民检察院依法作出不起诉决定的，或者人民法院依法作出有罪判决并免予刑事处罚的，应当给予撤销党内职务、留党察看或者开除党籍处分。

党员犯罪，被单处罚金的，依照前款规定处理。

第三十四条 党员犯罪，有下列情形之一的，应当给予开除党籍处分：

（一）因故意犯罪被依法判处刑法规定的主刑（含宣告缓刑）；

（二）被单处或者附加剥夺政治权利；

（三）因过失犯罪，被依法判处三年以上（不含三年）有期徒刑。

因过失犯罪被判处三年以下有期徒刑或者被判处管制、拘役的，一般应当开除党籍。对于个别可以不开除党籍的，应当对照处分违纪党员批准权限的规定，报请再上一级党组织批准。

第三十五条 党员依法受到刑事责任追究的，党组织应当根据司法机关的生效判决、裁定、决定及其认定的事实、性质和情节，依照本条例规定给予党纪处分，是公职人员的由监察机关给予相应政务处分或者由任免机关（单位）给予相应处分。

党员依法受到政务处分、任免机关（单位）给予的处分、行政处罚，应当追究党纪责任的，党组织可以根据生效的处分、行政处罚决定认定的事实、性质和情节，经核实后依照规定给予相应党纪处分或者组织处理。其中，党员依法受到撤职以上处分的，应当依照本条例规定给予撤销党内职务以上处分。

党员违反国家法律法规、企事业单位或者其他社会组织的规章制度受到其他处分，应当追究党纪责任的，党组织在对有关方面认定的事实、性质和情节进行核实后，依照规定给予相应党纪处分或者组织处理。

党组织作出党纪处分或者组织处理决定后，监察机关、司法机关、行政机关等依法改变原生效判决、裁定、决定等，对原党纪处分或者组织处理决定产生影响的，党组织应当根据改变后的生效判决、裁定、决定等重新作出相应处理。

第五章 其他规定

第三十六条 预备党员违犯党纪，情节较轻，可以保留预备党员资格的，党组织应当对其批评教育或者延长预备期；情节较重的，应当取消其预备党员资格。

第三十七条 对违纪后下落不明的党员，应当区别情况作出处理：

（一）对有严重违纪行为，应当给予开除党籍处分的，党组织应当作出决定，开除其党籍；

（二）除前项规定的情况外，下落不明时间超过六个月的，党组织应当按照党章规定对其予以除名。

第三十八条 违纪党员在党组织作出处分决定前死亡，或者在死亡之后发现其曾有严重违纪行为，对于应当给予开除党籍处分的，开除其党籍；对于应当给予留党察看以下处分的，作出违犯党纪的书面结论和相应处理。

第三十九条 违纪行为有关责任人员的区分：

（一）直接责任者，是指在其职责范围内，不履行或者不正确履行自己的职责，对造成的损失或者后果起决定性作用的党员或者党员领导干部；

（二）主要领导责任者，是指在其职责范围内，对主管的工作不履行或者不正确履行职责，对造成的损失或者后果负直接领导责任的党员领导干部；

（三）重要领导责任者，是指在其职责范围内，对应管的工作或者参与决定的工作不履行或者不正确履行职责，对造成的损失或者后果负次要领导责任的党员领导干部。

本条例所称领导责任者，包括主要领导责任者和重要领导责任者。

第四十条 本条例所称主动交代，是指涉嫌违纪的党员在组织谈话函询、初步核实前向有关组织交代自己的问题，或者在谈话函询、初步核实和立案审查期间交代组织未掌握的问题。

第四十一条 担任职级、单独职务序列等级的党员干部违犯党纪受到处分，需要对其职级、单独职务序列等级进行调整的，参照本条例关于党外职务的规定执行。

第四十二条 计算经济损失应当计算立案时已经实际造成的全部财产损失，包括为挽回违纪行为所造成损失而支付的各种开支、费用。立案后至处理前持续发生的经济损失，应当一并计算在内。

第四十三条 对于违纪行为所获得的经济利益，应当收缴或者责令退赔。对于主动上交的违纪所得和经济损失赔偿，应当予以接收，并按照规定收缴或者返还有关单位、个人。

对于违纪行为所获得的职务、职级、职称、学历、学位、奖励、资格等其他利益，应当由承办案件的纪检机关或者由其上级纪检机关建议有关组织、部门、单位按照规定予以纠正。

对于依照本条例第三十七条、第三十八条规定处理的党员，经调查确属其实施违纪行为获得的利益，依照本条规定处理。

第四十四条 党纪处分决定作出后，应当在一个月内向受处分党员所在党的基层组织中的全体党员及其本人宣布，是领导班子成员的还应当向所在党组织领导班子宣布，并按照干部管理权限和组织关系将处分决定材料归入受处分者档案；对于受到撤销党内职务以上处分的，还应当在一个月内办理职务、工资、工作及其他有关待遇等相应变更手续；涉及撤销或者调整其党外职务的，应当建议党外组织及时撤销或者调整其党外职务。特殊情况下，经作出或者批准作出处分决定的组织批准，可以适当延长办理期限。办理期限最长不得超过六个月。

第四十五条 执行党纪处分决定的机关或者受处分党员所在单位，应当在六个月内将处分决定的执行情况向作出或者批准处分决定的机关报告。

党员对所受党纪处分不服的，可以依照党章及有关规定提出申诉。

第四十六条 党员因违犯党纪受到处分，影响期满后，党组织无需取消对其的处分。

第四十七条 本条例所称以上、以下，除有特别标明外均含本级、本数。

第四十八条 本条例总则适用于有党纪处分规定的其他党内法规，但是中共中央发布或者批准发布的其他党内法规有特别规定的除外。

第二编 分 则

第六章 对违反政治纪律行为的处分

第四十九条 在重大原则问题上不同党中央保持一致且有实际言论、行为或者造成不良后果的，给予警告或者严重警告处分；情节较重的，给予撤销党内职务或者留党察看处分；情节严重的，给予开除党籍处分。

第五十条 通过网络、广播、电视、报刊、传单、书籍等，或者利用讲座、论坛、报告会、座谈会等方式，公开发表坚持资产阶级自由化立场、反对四项基本原则，反对党的改革开放决策的文章、演说、宣言、声明等的，给予开除党籍处分。

发布、播出、刊登、出版前款所列文章、演说、宣言、声明等或者为上述行为提供方便条件的，对直接责任者和领导责任者，给予严重警告或者撤销党内职务处分；情节严重的，给予留党察看或者开除党籍处分。

第五十一条 通过网络、广播、电视、报刊、传单、书籍等，或者利用讲座、论坛、报告会、座谈会等方式，有下列行为之一，情节较轻的，给予警告或者严重警告处分；情节较重的，给予撤销党内职务或者留党察看处分；情节严重的，给予开除党籍处分：

（一）公开发表违背四项基本原则，违背、歪曲党的改革开放决策，或者其他有严重政治问题的文章、演说、宣言、声明等；

（二）妄议党中央大政方针，破坏党的集中统一；

（三）丑化党和国家形象，或者诋毁、诬蔑党和国家领导人、英雄模范，或者歪曲党的历史、中华人民共和国历史、人民军队历史。

发布、播出、刊登、出版前款所列内容或者为上述行为提供方便条件的，对直接责任者和领导责任者，给予严重警告或者撤销党内职务处分；情节严重的，给予留党察看或者开除党籍处分。

第五十二条 制作、贩卖、传播第五十条、第五十一条所列内容之一的报刊、书籍、音像制品、电子读物，以及网络文本、图片、音频、视频资料等，情节较轻的，给予警告或者严重警告处分；情节较重的，给予撤销党内职务或者留党察看处分；情节严重的，给予开除党籍处分。

私自携带、寄递第五十条、第五十一条所列内容之一的报刊、书籍、音像制品、电子读物等入出境，情节较重的，给予警告或者严重警告处分；情节严重的，给予撤销党内职务、留党察看或者开除党籍处分。

私自阅看、浏览、收听第五十条、第五十一条所列内容之一的报刊、书籍、音像制品、电子读物，以及网络文本、图片、音频、视频资料等，情节严重的，给予警告、严重警告或者撤销党内职务处分。

第五十三条 在党内组织秘密集团或者组织其他分裂党的活动的，给予开除党籍处分。

参加秘密集团或者参加其他分裂党的活动的，给予留党察看或者开除党籍处分。

第五十四条 在党内搞团团伙伙、结党营私、拉帮结派、政治攀附、培植个人势力等非组织活动，或者通过搞利益交换、为自己营造声势等活动捞取政治资本的，给予严重警告或者撤销党内职务处分；导致本地区、本部门、本单位政治生态恶化的，给予留党察看或者开除党籍处分。

第五十五条 搞投机钻营，结交政治骗子或者被政治骗子利用的，给予严重警告或者撤销党内职务处分；情节严重的，给予留党察看或者开除党籍处分。

充当政治骗子的，给予撤销党内职务、留党察看或者开除党籍处分。

第五十六条 党员领导干部在本人主政的地方或者分管的部门自行其是，搞山头主义，拒不执行党中央确定的大政方针，甚至背着党中央另搞一套的，给予撤销党内职务、留党察看或者开除党籍处分。

贯彻党中央决策部署只表态不落实，或者落实党中央决策部署不坚决，打折扣、搞变通，在政治上造成不良影响或者严重后果的，给予警告或者严重警告处分；情节严重的，给予撤销党内职务、留党察看或者开除党籍处分。

不顾党和国家大局，搞部门或者地方保护主义的，依照前款规定处理。

第五十七条 党员领导干部政绩观错位，违背新发展理念、背离高质量发展要求，给党、国家和人民利益造成较大损失的，给予警告或者严重警告处分；情节较重的，给予撤销党内职务或者留党察看处分；情节严重的，给予开除党籍处分。

搞劳民伤财的“形象工程”、“政绩工程”的，从重或者加重处分。

第五十八条 对党不忠诚不老实，表里不一，阳奉阴违，欺上瞒下，搞两面派，做两面人，在政治上造成不良影响的，给予警告或者严重警告处分；情节较重的，给予撤销党内职务或者留党察看处分；情节严重的，给予开除党籍处分。

第五十九条 制造、散布、传播政治谣言，破坏党的团结统一的，给予警告或者严重警告处分；情节较重的，给予撤销党内职务或者留党察看处分；情节严重的，给予开除党籍处分。

政治品行恶劣，匿名诬告，有意陷害或者制造其他谣言，造成损害或者不良影响的，依照前款规定处理。

第六十条 擅自对应当由党中央决定的重大政策问题作出决定、对外发表主张的，对直接责任者和领导责任者，给予严重警告或者撤销党内职务处分；情节严重的，给予留党察看或者开除党籍处分。

第六十一条 不按照有关规定向组织请示、报告重大事项，对直接责任者和领导责任者，情节较重的，给予警告或者严重警告处分；情节严重的，给予撤销党内职务或者留党察看处分。

第六十二条 干扰巡视巡察工作或者不落实巡视巡察整改要求，对直接责任者和领导责任者，情节较轻的，给予警告或者严重警告处分；情节较重的，给予撤销党内职务或者留党察看处分；情节严重的，给予开除党籍处分。

第六十三条 对抗组织审查，有下列行为之一的，给予警告或者严重警告处分；情节较重的，给予撤销党内职务或者留党察看处分；情节严重的，给予开除党籍处分：

（一）串供或者伪造、销毁、转移、隐匿证据；

（二）阻止他人揭发检举、提供证据材料；

（三）包庇同案人员；

（四）向组织提供虚假情况，掩盖事实；

（五）其他对抗组织审查行为。

第六十四条 组织、参加反对党的基本理论、基本路线、基本方略或者重大方针政策的集会、游行、示威等活动的，或者以组织讲座、论坛、报告会、座谈会等方式，反对党的基本理论、基本路线、基本方略或者重大方针政策，造成严重不良影响的，对策划者、组织者和骨干分子，给予开除党籍处分。

对其他参加人员或者以提供信息、资料、财物、场地等方式支持上述活动者，情节较轻的，给予警告或者严重警告处分；情节较重的，给予撤销党内职务或者留党察看处分；情节严重的，给予开除党籍处分。

对不明真相被裹挟参加，经批评教育后确有悔改表现的，可以免予处分或者不予处分。

未经组织批准参加其他集会、游行、示威等活动，情节较轻的，给予警告或者严重警告处分；情节较重的，给予撤销党内职务或者留党察看处分；情节严重的，给予开除党籍处分。

第六十五条 组织、参加旨在反对党的领导、反对社会主义制度或者敌视政府等组织的，对策划者、组织者和骨干分子，给予开除党籍处分。

对其他参加人员，情节较轻的，给予警告或者严重警告处分；情节较重的，给予撤销党内职务或者留党察看处分；情节严重的，给予开除党籍处分。

第六十六条 组织、参加会道门或者邪教组织的，对策划者、组织者和骨干分子，给予开除党籍处分。

对其他参加人员，情节较轻的，给予警告或者严重警告处分；情节较重的，给予撤销党内职务或者留党察看处分；情节严重的，给予开除党籍处分。

对不明真相的参加人员，经批评教育后确有悔改表现的，可以免予处分或者不予处分。

第六十七条 从事、参与挑拨破坏民族关系制造事端或者参加民族分裂活动的，对策划者、组织者和骨干分子，给予开除党籍处分。

对其他参加人员，情节较轻的，给予警告或者严重警告处分；情节较重的，给予撤销党内职务或者留党察看处分；情节严重的，给予开除党籍处分。

对不明真相被裹挟参加，经批评教育后确有悔改表现的，可以免予处分或者不予处分。

有其他违反党和国家民族政策的行为，情节较轻的，给予警告或者严重警告处分；情节较重的，给予撤销党内职务或者留党察看处分；情节严重的，给予开除党籍处分。

第六十八条 组织、利用宗教活动反对党的理论、路线、方针、政策和决议，破坏民族团结的，对策划者、组织者和骨干分子，给予开除党籍处分。

对其他参加人员，给予撤销党内职务或者留党察看处分；情节严重的，给予开除党籍处分。

对不明真相被裹挟参加，经批评教育后确有悔改表现的，可以免予处分或者不予处分。

有其他违反党和国家宗教政策的行为，情节较轻的，给予警告或者严重警告处分；情节较重的，给予撤销党内职务或者留党察看处分；情节严重的，给予开除党籍处分。

第六十九条 对信仰宗教的党员，应当加强思想教育，要求其限期改正；经党组织帮助教育仍没有转变的，应当劝其退党；劝而不退的，予以除名；参与利用宗教搞煽动活动的，给予开除党籍处分。

第七十条 组织迷信活动的，给予撤销党内职务或者留党察看处分；情节严重的，给予开除党籍处分。

参加迷信活动或者个人搞迷信活动，造成不良影响的，给予警告或者严重警告处分；情节较重的，给予撤销党内职务或者留党察看处分；情节严重的，给予开除党籍处分。

对不明真相的参加人员，经批评教育后确有悔改表现的，可以免予处分或者不予处分。

第七十一条 组织、利用宗族势力对抗党和政府，妨碍党和国家的方针政策以及决策部署的实施，或者破坏党的基层组织建设的，对策划者、组织者和骨干分子，给予开除党籍处分。

对其他参加人员，给予撤销党内职务或者留党察看处分；情节严重的，给予开除党籍处分。

对不明真相被裹挟参加，经批评教育后确有悔改表现的，可以免予处分或者不予处分。

第七十二条 在国（境）外、外国驻华使（领）馆申请政治避难，或者违纪后逃往国（境）外、外国驻华使（领）馆的，给予开除党籍处分。

在国（境）外公开发表反对党和政府的文章、演说、宣言、声明等的，依照前款规定处理。

故意为上述行为提供方便条件的，给予留党察看或者开除党籍处分。

第七十三条 在涉外活动中，其言行在政治上造成恶劣影响，损害党和国家尊严、利益的，给予撤销党内职务或者留党察看处分；情节严重的，给予开除党籍处分。

第七十四条 不履行全面从严治党主体责任、监督责任或者履行全面从严治党主体责任、监督责任不力，给党组织造成严重损害或者严重不良影响的，对直接责任者和领导责任者，给予警告或者严重警告处分；情节严重的，给予撤销党内职务或者留党察看处分。

第七十五条 党员领导干部对违反政治纪律和政治规矩等错误思想和行为不报告、不抵制、不斗争，放任不管，搞无原则一团和气，造成不良影响的，给予警告或者严重警告处分；情节严重的，给予撤销党内职务或者留党察看处分。

第七十六条 违反党的优良传统和工作惯例等党的规矩，在政治上造成不良影响或者严重后果的，给予警告或者严重警告处分；情节较重的，给予撤销党内职务或者留党察看处分；情节严重的，给予开除党籍处分。

第七章 对违反组织纪律行为的处分

第七十七条 违反民主集中制原则，有下列行为之一的，给予警告或者严重警告处分；情节严重的，给予撤销党内职务或者留党察看处分：

（一）拒不执行或者擅自改变党组织作出的重大决定；

（二）违反议事规则，个人或者少数人决定重大问题；

（三）故意规避集体决策，决定重大事项、重要干部任免、重要项目安排和大额资金使用；

（四）借集体决策名义集体违规。

第七十八条 下级党组织拒不执行或者擅自改变上级党组织决定的，对直接责任者和领导责任者，给予警告或者严重警告处分；情节严重的，给予撤销党内职务或者留党察看处分。

第七十九条 拒不执行党组织的分配、调动、交流等决定的，给予警告、严重警告或者撤销党内职务处分。

在特殊时期或者紧急状况下，拒不执行党组织上述决定的，给予留党察看或者开除党籍处分。

第八十条 在党组织纪律审查中，依法依规负有作证义务的党员拒绝作证或者故意提供虚假情况，情节较重的，给予警告或者严重警告处分；情节严重的，给予撤销党内职务、留党察看或者开除党籍处分。

第八十一条 有下列行为之一，情节较重的，给予警告或者严重警告处分：

（一）违反个人有关事项报告规定，隐瞒不报；

（二）在组织进行谈话函询时，不如实向组织说明问题；

（三）不按要求报告或者不如实报告个人去向；

（四）不如实填报个人档案资料。

有前款第二项规定的行为，同时向组织提供虚假情况、掩盖事实的，依照本条例第六十三条规定处理。

篡改、伪造个人档案资料的，给予严重警告处分；情节严重的，给予撤销党内职务或者留党察看处分。

隐瞒入党前严重错误的，一般应当予以除名；对入党多年且一贯表现好，或者在工作中作出突出贡献的，给予严重警告、撤销党内职务或者留党察看处分。

第八十二条 党员领导干部违反有关规定组织、参加自发成立的老乡会、校友会、战友会等，情节严重的，给予警告、严重警告或者撤销党内职务处分。

第八十三条 有下列行为之一的，给予警告或者严重警告处分；情节较重的，给予撤销党内职务或者留党察看处分；情节严重的，给予开除党籍处分：

（一）在民主推荐、民主测评、组织考察和党内选举中搞拉票、助选等非组织活动；

（二）在法律规定的投票、选举活动中违背组织原则搞非组织活动，组织、怂恿、诱使他人投票、表决；

（三）在选举中进行其他违反党章、其他党内法规和有关章程活动。

搞有组织的拉票贿选，或者用公款拉票贿选的，从重或者加重处分。

第八十四条 在干部选拔任用工作中，有任人唯亲、排斥异己、封官许愿、说情干预、跑官要官、突击提拔或者调整干部等违反干部选拔任用规定行为，对直接责任者和领导责任者，情节较轻的，给予警告或者严重警告处分；情节较重的，给予撤销党内职务或者留党察看处分；情节严重的，给予开除党籍处分。

用人失察失误造成严重后果的，对直接责任者和领导责任者，依照前款规定处理。

第八十五条 在推进领导干部能上能下工作中，搞好人主义，有下列行为之一，对直接责任者和领导责任者，情节较重的，给予警告或者严重警告处分；情节严重的，给予撤销党内职务或者留党察看处分：

（一）以党纪政务等处分规避组织调整；

（二）以组织调整代替党纪政务等处分；

（三）其他避重就轻作出处理行为。

第八十六条 在干部、职工的录用、考核、职务职级晋升、职称评聘、荣誉表彰，授予学术称号和征兵、安置退役军人等工作中，隐瞒、歪曲事实真相，或者利用职权或者职务上的影响违反有关规定为本人或者其他人谋取利益的，给予警告或者严重警告处分；情节较重的，给予撤销党内职务或者留党察看处分；情节严重的，给予开除党籍处分。

弄虚作假，骗取职务、职级、职称、待遇、资格、学历、学位、荣誉、称号或者其他利益的，依照前款规定处理。

第八十七条 侵犯党员的表决权、选举权和被选举权，情节较重的，给予警告或者严重警告处分；情节严重的，给予撤销党内职务处分。

以强迫、威胁、欺骗、拉拢等手段，妨害党员自主行使表决权、选举权和被选举权的，给予撤销党内职务、留党察看或者开除党籍处分。

第八十八条 有下列行为之一的，对直接责任者和领导责任者，给予警告或者严重警告处分；情节较重的，给予撤销党内职务或者留党察看处分；情节严重的，给予开除党籍处分：

（一）对批评、检举、控告进行阻挠、压制，或者将批评、检举、控告材料私自扣压、销毁，或者故意将其泄露给他人；

（二）对党员的申辩、辩护、作证等进行压制，造成不良后果；

（三）压制党员申诉，造成不良后果，或者不按照有关规定处理党员申诉；

（四）其他侵犯党员权利行为，造成不良后果。

对批评人、检举人、控告人、证人及其他人员打击报复的，从重或者加重处分。

第八十九条 违反党章和其他党内法规的规定，采取弄虚作假或者其他手段把不符合党员条件的人发展为党员，或者为非党员出具党员身份证明的，对直接责任者和领导责任者，给予警告或者严重警告处分；情节严重的，给予撤销党内职务处分。

违反有关规定程序发展党员的，对直接责任者和领导责任者，依照前款规定处理。

第九十条 违反有关规定取得外国国籍或者获取国（境）外永久居留资格、长期居留许可的，给予撤销党内职务、留党察看或者开除党籍处分。

第九十一条 违反有关规定办理因私出国（境）证件、前往港澳通行证，或者未经批准出入国（边）境，情节较轻的，给予警告或者严重警告处分；情节较重的，给予撤销党内职务或者留党察看处分；情节严重的，给予开除党籍处分。

虽经批准因私出国（境）但存在擅自变更路线、无正当理由超期未归等超出批准范围出国（境）行为，情节较重的，给予警告或者严重警告处分；情节严重的，给予撤销党内职务处分。

第九十二条 驻外机构或者临时出国（境）团（组）中的党员擅自脱离组织，或者从事外事、机要、军事等工作的党员违反有关规定同国（境）外机构、人员联系和交往的，给予警告、严重警告或者撤销党内职务处分。

第九十三条 驻外机构或者临时出国（境）团（组）中的党员，脱离组织出走时间不满六个月又自动回归的，给予撤销党内职务或者留党察看处分；脱离组织出走时间超过六个月的，按照自行脱党处理，党内予以除名。

故意为他人脱离组织出走提供方便条件的，给予警告、严重警告或者撤销党内职务处分。

第八章　对违反廉洁纪律行为的处分

第九十四条 党员干部必须正确行使人民赋予的权力，清正廉洁，反对特权思想和特权现象，反对任何滥用职权、谋求私利的行为。

利用职权或者职务上的影响为他人谋取利益，本人的配偶、子女及其配偶等亲属和其他特定关系人收受对方财物，情节较重的，给予警告或者严重警告处分；情节严重的，给予撤销党内职务、留党察看或者开除党籍处分。

第九十五条 相互利用职权或者职务上的影响为对方及其配偶、子女及其配偶等亲属、身边工作人员和其他特定关系人谋取利益搞权权交易的，给予警告或者严重警告处分；情节较重的，给予撤销党内职务或者留党察看处分；情节严重的，给予开除党籍处分。

第九十六条 纵容、默许配偶、子女及其配偶等亲属、身边工作人员和其他特定关系人利用党员干部本人职权或者职务上的影响谋取私利，情节较轻的，给予警告或者严重警告处分；情节较重的，给予撤销党内职务或者留党察看处分；情节严重的，给予开除党籍处分。

党员干部的配偶、子女及其配偶等亲属和其他特定关系人不实际工作而获取薪酬或者虽实际工作但领取明显超出同职级标准薪酬，党员干部知情未予纠正的，依照前款规定处理。

第九十七条 收受可能影响公正执行公务的礼品、礼金、消费卡（券）和有价证券、股权、其他金融产品等财物，情节较轻的，给予警告或者严重警告处分；情节较重的，给予撤销党内职务或者留党察看处分；情节严重的，给予开除党籍处分。

收受其他明显超出正常礼尚往来的财物的，依照前款规定处理。

第九十八条 向从事公务的人员及其配偶、子女及其配偶等亲属和其他特定关系人赠送明显超出正常礼尚往来的礼品、礼金、消费卡（券）和有价证券、股权、其他金融产品等财物，情节较重的，给予警告或者严重警告处分；情节严重的，给予撤销党内职务或者留党察看处分。

以讲课费、课题费、咨询费等名义变相送礼的，依照前款规定处理。

第九十九条 借用管理和服务对象的钱款、住房、车辆等，可能影响公正执行公务，情节较重的，给予警告或者严重警告处分；情节严重的，给予撤销党内职务、留党察看或者开除党籍处分。

通过民间借贷等金融活动获取大额回报，可能影响公正执行公务的，依照前款规定处理。

第一百条 利用职权或者职务上的影响操办婚丧喜庆事宜，造成不良影响的，给予警告或者严重警告处分；情节严重的，给予撤销党内职务处分；

借机敛财或者有其他侵犯国家、集体和人民利益行为的，从重或者加重处分，直至开除党籍。

第一百零一条 接受、提供可能影响公正执行公务的宴请或者旅游、健身、娱乐等活动安排，情节较重的，给予警告或者严重警告处分；情节严重的，给予撤销党内职务或者留党察看处分。

第一百零二条 违反有关规定取得、持有、实际使用运动健身卡、会所和俱乐部会员卡、高尔夫球卡等各种消费卡（券），或者违反有关规定出入私人会所，情节较重的，给予警告或者严重警告处分；情节严重的，给予撤销党内职务或者留党察看处分。

第一百零三条 违反有关规定从事营利活动，有下列行为之一，情节较轻的，给予警告或者严重警告处分；情节较重的，给予撤销党内职务或者留党察看处分；情节严重的，给予开除党籍处分：

（一）经商办企业；

（二）拥有非上市公司（企业）的股份或者证券；

（三）买卖股票或者进行其他证券投资；

（四）从事有偿中介活动；

（五）在国（境）外注册公司或者投资入股；

（六）其他违反有关规定从事营利活动的行为。

利用参与企业重组改制、定向增发、兼并投资、土地使用权出让等工作中掌握的信息买卖股票，利用职权或者职务上的影响通过购买信托产品、基金等方式非正常获利的，依照前款规定处理。

违反有关规定在经济组织、社会组织等单位中兼职，或者经批准兼职但获取薪酬、奖金、津贴等额外利益的，依照第一款规定处理。

第一百零四条 利用职权或者职务上的影响，为配偶、子女及其配偶等亲属和其他特定关系人在审批监管、资源开发、金融信贷、大宗采购、土地使用权出让、房地产开发、工程招投标以及公共财政收支等方面谋取利益，情节较轻的，给予警告或者严重警告处分；情节较重的，给予撤销党内职务或者留党察看处分；情节严重的，给予开除党籍处分。

利用职权或者职务上的影响，为配偶、子女及其配偶等亲属和其他特定关系人吸收存款、推销金融产品、经营名贵特产类特殊资源等提供帮助谋取利益的，依照前款规定处理。

第一百零五条 离职或者退（离）休后违反有关规定接受原任职务管辖

的地区和业务范围内或者与原工作业务直接相关的企业和中介机构等单位的聘用，或者个人从事与原任职务管辖业务或者与原工作业务直接相关的营利活动，情节较轻的，给予警告或者严重警告处分；情节较重的，给予撤销党内职务处分；情节严重的，给予留党察看处分。

党员领导干部离职或者退（离）休后违反有关规定担任上市公司、基金管理公司独立董事、独立监事等职务，情节较轻的，给予警告或者严重警告处分；情节较重的，给予撤销党内职务处分；情节严重的，给予留党察看处分。

第一百零六条 离职或者退（离）休后利用原职权或者职务上的影响，为配偶、子女及其配偶等亲属和其他特定关系人从事经营活动谋取利益，情节较轻的，给予警告或者严重警告处分；情节较重的，给予撤销党内职务或者留党察看处分；情节严重的，给予开除党籍处分。

离职或者退（离）休后利用原职权或者职务上的影响为他人谋取利益，本人的配偶、子女及其配偶等亲属和其他特定关系人收受对方财物，情节较重的，给予警告或者严重警告处分；情节严重的，给予撤销党内职务、留党察看或者开除党籍处分。

第一百零七条 党员领导干部的配偶、子女及其配偶，违反有关规定在该党员领导干部管辖的地区和业务范围内从事可能影响其公正执行公务的经营活动，或者有其他违反经商办企业禁业规定行为的，该党员领导干部应当按照规定予以纠正；拒不纠正的，其本人应当辞去现任职务或者由组织予以调整职务；不辞去现任职务或者不服从组织调整职务的，给予撤销党内职务处分。

第一百零八条 党和国家机关违反有关规定经商办企业的，对直接责任者和领导责任者，给予警告或者严重警告处分；情节严重的，给予撤销党内职务处分。

第一百零九条 党员领导干部违反工作、生活保障制度，在交通、医疗、警卫等方面为本人、配偶、子女及其配偶等亲属、身边工作人员和其他特定关系人谋求特殊待遇，情节较重的，给予警告或者严重警告处分；情节严重的，给予撤销党内职务或者留党察看处分。

第一百一十条 在分配、购买住房中侵犯国家、集体利益，情节较轻的，给予警告或者严重警告处分；情节较重的，给予撤销党内职务或者留党察看处分；情节严重的，给予开除党籍处分。

第一百一十一条 利用职权或者职务上的影响，侵占非本人经管的公私财物，或者以象征性地支付钱款等方式侵占公私财物，或者无偿、象征性地支付报酬接受服务、使用劳务，情节较轻的，给予警告或者严重警告处分；情节较重的，给予撤销党内职务或者留党察看处分；情节严重的，给予开除党籍处分。

利用职权或者职务上的影响，将应当由本人、配偶、子女及其配偶等亲属、身边工作人员和其他特定关系人个人支付的费用，由下属单位、其他单位或者他人支付、报销的，依照前款规定处理。

第一百一十二条 利用职权或者职务上的影响，违反有关规定占用公物归个人使用，时间超过六个月，情节较重的，给予警告或者严重警告处分；情节严重的，给予撤销党内职务处分。

占用公物进行营利活动的，给予警告或者严重警告处分；情节较重的，给予撤销党内职务或者留党察看处分；情节严重的，给予开除党籍处分。

将公物借给他人进行营利活动的，依照前款规定处理。

第一百一十三条 违反有关规定组织、参加用公款支付的宴请、娱乐、健身活动，或者用公款购买赠送或者发放礼品、消费卡（券）等，对直接责任者和领导责任者，情节较轻的，给予警告或者严重警告处分；情节较重的，给予撤销党内职务或者留党察看处分；情节严重的，给予开除党籍处分。

第一百一十四条 违反有关规定自定薪酬或者滥发津贴、补贴、奖金、福利等，对直接责任者和领导责任者，情节较轻的，给予警告或者严重警告处分；情节较重的，给予撤销党内职务或者留党察看处分；情节严重的，给予开除党籍处分。

第一百一十五条 有下列行为之一，对直接责任者和领导责任者，情节较轻的，给予警告或者严重警告处分；情节较重的，给予撤销党内职务或者留党察看处分；情节严重的，给予开除党籍处分：

（一）公款旅游或者以学习培训、考察调研、职工疗养等为名变相公款旅游；

（二）改变公务行程，借机旅游；

（三）参加所管理企业、下属单位组织的考察活动，借机旅游。

以考察、学习、培训、研讨、招商、参展等名义变相用公款出国（境）旅游的，对直接责任者和领导责任者，依照前款规定处理。

第一百一十六条 违反接待管理规定，超标准、超范围接待或者借机大吃大喝，对直接责任者和领导责任者，情节较重的，给予警告或者严重警告处分；情节严重的，给予撤销党内职务处分。

第一百一十七条 违反有关规定配备、购买、更换、装饰、使用公务交通工具或者有其他违反公务交通工具管理规定的行为，对直接责任者和领导责任者，情节较重的，给予警告或者严重警告处分；情节严重的，给予撤销党内职务或者留党察看处分。

第一百一十八条 违反会议活动管理规定，有下列行为之一，对直接责任者和领导责任者，情节较重的，给予警告或者严重警告处分；情节严重的，给予撤销党内职务处分：

（一）到禁止召开会议的风景名胜区开会；

（二）决定或者批准举办各类节会、庆典活动；

（三）其他违反会议活动管理规定行为。

擅自举办评比达标表彰、创建示范活动或者借评比达标表彰、创建示范活动收取费用的，对直接责任者和领导责任者，依照前款规定处理。

第一百一十九条 违反办公用房管理等规定，有下列行为之一，对直接责任者和领导责任者，情节较重的，给予警告或者严重警告处分；情节严重的，给予撤销党内职务处分：

（一）决定或者批准兴建、装修办公楼、培训中心等楼堂馆所；

（二）超标准配备、使用办公用房；

（三）未经批准租用、借用办公用房；

（四）用公款包租、占用客房或者其他场所供个人使用；

（五）其他违反办公用房管理等规定行为。

第一百二十条 搞权色交易或者给予财物搞钱色交易的，给予警告或者严重警告处分；情节较重的，给予撤销党内职务或者留党察看处分；情节严重的，给予开除党籍处分。

第一百二十一条 有其他违反廉洁纪律规定行为的，应当视具体情节给予警告直至开除党籍处分。

第九章 对违反群众纪律行为的处分

第一百二十二条 有下列行为之一，对直接责任者和领导责任者，情节较轻的，给予警告或者严重警告处分；情节较重的，给予撤销党内职务或者留党察看处分；情节严重的，给予开除党籍处分：

（一）超标准、超范围向群众筹资筹劳、摊派费用，加重群众负担；

（二）违反有关规定扣留、收缴群众款物或者处罚群众；

（三）克扣群众财物，或者违反有关规定拖欠群众钱款；

（四）在管理、服务活动中违反有关规定收取费用；

（五）在办理涉及群众事务时刁难群众、吃拿卡要；

（六）其他侵害群众利益行为。

在乡村振兴领域有上述行为的，从重或者加重处分。

第一百二十三条 干涉生产经营自主权，致使群众财产遭受较大损失的，对直接责任者和领导责任者，给予警告或者严重警告处分；情节严重的，给予撤销党内职务或者留党察看处分。

第一百二十四条 在社会保障、社会救助、政策扶持、救灾救济款物分配等事项中优亲厚友、明显有失公平的，给予警告或者严重警告处分；情节较重的，给予撤销党内职务或者留党察看处分；情节严重的，给予开除党籍处分。

第一百二十五条 利用宗族或者黑恶势力等欺压群众，或者纵容涉黑涉恶活动、为黑恶势力充当“保护伞”的，给予撤销党内职务或者留党察看处分；情节严重的，给予开除党籍处分。

第一百二十六条 有下列行为之一，对直接责任者和领导责任者，情节较重的，给予警告或者严重警告处分；情节严重的，给予撤销党内职务或者留党察看处分：

（一）对涉及群众生产、生活等切身利益的问题依照政策或者有关规定能解决而不及时解决，庸懒无为、效率低下，造成不良影响；

（二）对符合政策的群众诉求消极应付、推诿扯皮，损害党群、干群关系；

（三）对待群众态度恶劣、简单粗暴，造成不良影响；

（四）弄虚作假，欺上瞒下，损害群众利益；

（五）其他不作为、乱作为、慢作为、假作为等损害群众利益行为。

第一百二十七条 遇到国家财产和群众生命财产受到严重威胁时，能救而不救，情节较重的，给予警告、严重警告或者撤销党内职务处分；情节严重的，给予留党察看或者开除党籍处分。

第一百二十八条 不按照规定公开党务、政务、厂务、村（居）务等，侵犯群众知情权，对直接责任者和领导责任者，情节较重的，给予警告或者严重警告处分；情节严重的，给予撤销党内职务或者留党察看处分。

第一百二十九条 有其他违反群众纪律规定行为的，应当视具体情节给予警告直至开除党籍处分。

第十章 对违反工作纪律行为的处分

第一百三十条 工作中不负责任或者疏于管理，贯彻执行、检查督促落实上级决策部署不力，给党、国家和人民利益以及公共财产造成较大损失的，对直接责任者和领导责任者，给予警告或者严重警告处分；造成重大损失的，给予撤销党内职务、留党察看或者开除党籍处分。

党员领导干部对于到任前已经存在且属于其职责范围内的问题，消极回避、推卸责任，造成严重损害或者严重不良影响的，依照前款规定处理。

第一百三十一条 工作中不敢斗争、不愿担当，面对重大矛盾冲突、危机困难临阵退缩，造成不良影响或者严重后果的，给予警告或者严重警告处分；情节严重的，给予撤销党内职务、留党察看或者开除党籍处分。

第一百三十二条 有下列行为之一，造成严重损害或者严重不良影响的，对直接责任者和领导责任者，给予警告或者严重警告处分；情节较重的，给予撤销党内职务或者留党察看处分；情节严重的，给予开除党籍处分：

（一）热衷于搞舆论造势、浮在表面；

（二）单纯以会议贯彻会议、以文件落实文件，在实际工作中不见诸行动；

（三）脱离实际，不作深入调查研究，搞随意决策、机械执行；

（四）违反精文减会有关规定搞文山会海；

（五）在督查检查考核等工作中搞层层加码、过度留痕，增加基层工作负担；

（六）工作中其他形式主义、官僚主义行为。

第一百三十三条 在公务活动用餐、单位食堂用餐管理工作中不履行或者不正确履行宣传教育、监督管理职责，导致餐饮浪费，造成严重不良影响的，对直接责任者和领导责任者，给予警告或者严重警告处分；情节严重的，给予撤销党内职务处分。

第一百三十四条 在机构编制工作中，有下列行为之一，造成不良影响或者严重后果的，对直接责任者和领导责任者，给予警告或者严重警告处分；情节较重的，给予撤销党内职务或者留党察看处分；情节严重的，给予开除党籍处分：

（一）擅自超出“三定”规定范围调整职责、设置机构、核定领导职数和配备人员；

（二）违规干预地方机构设置；

（三）其他违反机构编制管理规定行为。

第一百三十五条 在信访工作中，有下列行为之一，造成不良影响或者严重后果的，对直接责任者和领导责任者，给予警告或者严重警告处分；情节较重的，给予撤销党内职务或者留党察看处分；情节严重的，给予开除党籍处分：

（一）不按照规定受理、办理信访事项；

（二）对规模性集体访等处置不力，导致事态扩大；

（三）对党委和政府信访部门提出的改进工作、完善政策等建议重视不够、落实不力，导致问题长期得不到解决；

（四）其他不履行或者不正确履行信访工作职责行为。

不履行或者不正确履行职责，导致信访事项发生，造成不良影响或者严重后果的，对直接责任者和领导责任者，依照前款规定处理。

第一百三十六条 党组织有下列行为之一，对直接责任者和领导责任者，情节较重的，给予警告或者严重警告处分；情节严重的，给予撤销党内职务或者留党察看处分：

（一）党员被立案审查期间，擅自批准其出差、出国（境）、辞职，或者对其交流、提拔职务、晋升职级、进一步使用、奖励，或者办理退休手续；

（二）党员被依法追究刑事责任后，不按照规定给予党纪处分，或者对党员违反国家法律法规的行为，应当给予党纪处分而不处分；

（三）党纪处分决定或者申诉复查决定作出后，不按照规定落实决定中关于被处分人党籍、职务、职级、待遇等事项；

（四）党员受到党纪处分后，不按照干部管理权限和组织关系对受处分党员开展日常教育、管理和监督工作。

第一百三十七条 滥用问责，或者在问责工作中严重不负责任，造成不良影响的，对直接责任者和领导责任者，给予警告或者严重警告处分；情节严重的，给予撤销党内职务处分。

第一百三十八条 因工作不负责任致使所管理的人员叛逃的，对直接责任者和领导责任者，给予警告或者严重警告处分；情节严重的，给予撤销党内职务处分。

因工作不负责任致使所管理的人员出逃、出走，对直接责任者和领导责任者，情节较重的，给予警告或者严重警告处分；情节严重的，给予撤销党内职务处分。

第一百三十九条 进行统计造假，对直接责任者和领导责任者，情节较轻的，给予警告或者严重警告处分；情节较重的，给予撤销党内职务或者留党察看处分；情节严重的，给予开除党籍处分。

对统计造假失察，造成严重后果的，对直接责任者和领导责任者，给予警告或者严重警告处分；情节严重的，给予撤销党内职务、留党察看或者开除党籍处分。

第一百四十条 在上级检查、视察工作或者向上级汇报、报告工作时对应当报告的事项不报告或者不如实报告，造成严重损害或者严重不良影响的，对直接责任者和领导责任者，给予警告或者严重警告处分；情节严重的，给予撤销党内职务或者留党察看处分。

在上级检查、视察工作或者向上级汇报、报告工作时纵容、唆使、暗示、强迫下级说假话、报假情的，从重或者加重处分。

第一百四十一条 违反有关规定干预和插手市场经济活动，有下列行为之一，情节较轻的，给予警告或者严重警告处分；情节较重的，给予撤销党内职务或者留党察看处分；情节严重的，给予开除党籍处分：

（一）干预和插手建设工程项目承发包、土地使用权出让、政府采购、房地产开发与经营、矿产资源开发利用、中介机构服务等活动；

（二）干预和插手国有企业重组改制、兼并、破产、产权交易、清产核资、资产评估、资产转让、重大项目投资以及其他重大经营活动等事项；

（三）干预和插手批办各类行政许可和资金借贷等事项；

（四）干预和插手经济纠纷；

（五）干预和插手集体资金、资产和资源的使用、分配、承包、租赁等事项。

第一百四十二条 违反有关规定干预和插手司法活动、执纪执法活动，向有关地方或者部门打听案情、打招呼、说情，或者以其他方式对司法活动、执纪执法活动施加影响，情节较轻的，给予严重警告处分；情节较重的，给予撤销党内职务或者留党察看处分；情节严重的，给予开除党籍处分。

违反有关规定干预和插手公共财政资金分配、项目立项评审、功勋荣誉表彰奖励等活动，造成重大损失或者不良影响的，依照前款规定处理。

第一百四十三条 按照有关规定对干预和插手行为负有报告和登记义务的受请托人，不按照规定报告或者登记，情节较重的，给予警告或者严重警告处分；情节严重的，给予撤销党内职务处分。

第一百四十四条 泄露、扩散或者打探、窃取党组织关于干部选拔任用、纪律审查、巡视巡察等尚未公开事项或者其他应当保密的内容的，给予警告或者严重警告处分；情节较重的，给予撤销党内职务或者留党察看处分；情节严重的，给予开除党籍处分。

私自留存涉及党组织关于干部选拔任用、纪律审查、巡视巡察等方面资料，情节较重的，给予警告或者严重警告处分；情节严重的，给予撤销党内职务处分。

第一百四十五条 在考试、录取工作中，有泄露试题、考场舞弊、涂改考卷、违规录取等违反有关规定行为的，给予警告或者严重警告处分；情节较重的，给予撤销党内职务或者留党察看处分；情节严重的，给予开除党籍处分。

第一百四十六条 以不正当方式谋求本人或者其他人用公款出国（境），情节较轻的，给予警告处分；情节较重的，给予严重警告处分；情节严重的，给予撤销党内职务处分。

第一百四十七条 临时出国（境）团（组）或者人员中的党员，擅自延长在国（境）外期限，或者擅自变更路线的，对直接责任者和领导责任者，给予警告或者严重警告处分；情节严重的，给予撤销党内职务处分。

第一百四十八条 驻外机构或者临时出国（境）团（组）中的党员，触犯驻在国家、地区的法律、法令或者不尊重驻在国家、地区的宗教习俗，情节较重的，给予警告或者严重警告处分；情节严重的，给予撤销党内职务、留党察看或者开除党籍处分。

第一百四十九条 在党的纪律检查、组织、宣传、统一战线工作以及机关工作等其他工作中，不履行或者不正确履行职责，造成损失或者不良影响的，应当视具体情节给予警告直至开除党籍处分。

第十一章　对违反生活纪律行为的处分

第一百五十条　生活奢靡、铺张浪费、贪图享乐、追求低级趣味，造成不良影响的，给予警告或者严重警告处分；情节严重的，给予撤销党内职务处分。

第一百五十一条　与他人发生不正当性关系，造成不良影响的，给予警告或者严重警告处分；情节较重的，给予撤销党内职务或者留党察看处分；情节严重的，给予开除党籍处分。

利用职权、教养关系、从属关系或者其他相类似关系与他人发生性关系的，从重处分。

第一百五十二条　党员领导干部不重视家风建设，对配偶、子女及其配偶失管失教，造成不良影响或者严重后果的，给予警告或者严重警告处分；情节严重的，给予撤销党内职务处分。

第一百五十三条　违背社会公序良俗，在公共场所、网络空间有不当言行，造成不良影响的，给予警告或者严重警告处分；情节较重的，给予撤销党内职务或者留党察看处分；情节严重的，给予开除党籍处分。

第一百五十四条　有其他严重违反社会公德、家庭美德行为的，应当视具体情节给予警告直至开除党籍处分。

第三编　附　　则

第一百五十五条　各省、自治区、直辖市党委可以根据本条例，结合各自工作的实际情况，制定单项实施规定。

第一百五十六条　中央军事委员会可以根据本条例，结合中国人民解放军和中国人民武装警察部队的实际情况，制定补充规定或者单项规定。

第一百五十七条　本条例由中央纪委负责解释。

第一百五十八条　本条例自 2024 年 1 月 1 日起施行。

本条例施行前，已结案的案件如需进行复查复议，适用当时的规定或者政策。尚未结案的案件，如果行为发生时的规定或者政策不认为是违纪，而本条例认为是违纪的，依照当时的规定或者政策处理；如果行为发生时的规定或者政策认为是违纪的，依照当时的规定或者政策处理，但是如果本条例不认为是违纪或者处理较轻的，依照本条例规定处理。

国有企业管理人员处分条例

（2024 年 5 月 29 日）

第一章　总　　则

第一条　为了规范对国有企业管理人员的处分，加强对国有企业管理人员的监督，根据《中华人民共和国公职人员政务处分法》（以下简称公职人员政务处分法）等法律，制定本条例。

第二条　本条例所称国有企业管理人员，是指国家出资企业中的下列公职人员：

（一）在国有独资、全资公司、企业中履行组织、领导、管理、监督等职责的人员；

（二）经党组织或者国家机关，国有独资、全资公司、企业，事业单位提名、推荐、任命、批准等，在国有控股、参股公司及其分支机构中履行组织、领导、管理、监督等职责的人员；

（三）经国家出资企业中负有管理、监督国有资产职责的组织批准或者研究决定，代表其在国有控股、参股公司及其分支机构中从事组织、领导、管理、监督等工作的人员。

国有企业管理人员任免机关、单位（以下简称任免机关、单位）对违法的国有企业管理人员给予处分，适用公职人员政务处分法第二章、第三章和本条例的规定。

第三条　国有企业管理人员处分工作坚持中国共产党的领导，坚持党管干部原则，加强国有企业管理人员队伍建设，推动国有企业高质量发展。

第四条　任免机关、单位加强对国有企业管理人员的教育、管理、监督。给予国有企业管理人员处分，应当坚持公正公平，集体讨论决定；坚持宽严相济，惩戒与教育相结合；坚持法治原则，以事实为根据，以法律为准绳，依法保障国有企业管理人员以及相关人员的合法权益。

第五条　履行出资人职责的机构或者有干部管理权限的部门依照法律、

法规和国家有关规定，指导国有企业整合优化监督资源，推动出资人监督与纪检监察监督、巡视监督、审计监督、财会监督、社会监督等相衔接，健全协同高效的监督机制，建立互相配合、互相制约的内部监督管理制度，增强对国有企业及其管理人员监督的系统性、针对性、有效性。

第六条 给予国有企业管理人员处分，应当事实清楚、证据确凿、定性准确、处理恰当、程序合法、手续完备，与其违法行为的性质、情节、危害程度相适应。

第二章 处分的种类和适用

第七条 处分的种类为：

（一）警告；

（二）记过；

（三）记大过；

（四）降级；

（五）撤职；

（六）开除。

第八条 处分的期间为：

（一）警告，6个月；

（二）记过，12个月；

（三）记大过，18个月；

（四）降级、撤职，24个月。

处分决定自作出之日起生效，处分期自处分决定生效之日起计算。

第九条 国有企业管理人员同时有两个以上需要给予处分的违法行为的，应当分别确定其处分。应当给予的处分种类不同的，执行其中最重的处分；应当给予撤职以下多个相同种类处分的，可以在一个处分期以上、多个处分期之和以下确定处分期，但是最长不得超过48个月。

第十条 国有企业实施违法行为或者国有企业管理人员集体作出的决定违法，应当追究法律责任的，对负有责任的领导人员和直接责任人员中的国有企业管理人员给予处分。

国有企业管理人员2人以上共同违法，需要给予处分的，按照各自应当承担的责任，分别给予相应的处分。

第十一条 国有企业管理人员有下列情形之一的，可以从轻或者减轻给予处分：

（一）主动交代本人应当受到处分的违法行为；

（二）配合调查，如实说明本人违法事实；

（三）检举他人违法行为，经查证属实；

（四）主动采取措施，有效避免、挽回损失或者消除不良影响；

（五）在共同违法行为中起次要或者辅助作用；

（六）主动上交或者退赔违法所得；

（七）属于推进国有企业改革中因缺乏经验、先行先试出现的失误错误；

（八）法律、法规规定的其他从轻或者减轻情节。

从轻给予处分，是指在本条例规定的违法行为应当受到的处分幅度以内，给予较轻的处分。

减轻给予处分，是指在本条例规定的违法行为应当受到的处分幅度以外，减轻一档给予处分。

第十二条　国有企业管理人员违法行为情节轻微，且具有本条例第十一条第一款规定情形之一的，可以对其进行谈话提醒、批评教育、责令检查或者予以诫勉，免予或者不予处分。

国有企业管理人员因不明真相被裹挟或者被胁迫参与违法活动，经批评教育后确有悔改表现的，可以减轻、免予或者不予处分。

第十三条　国有企业管理人员有下列情形之一的，应当从重给予处分：

（一）在处分期内再次故意违法，应当受到处分；

（二）阻止他人检举、提供证据；

（三）串供或者伪造、隐匿、毁灭证据；

（四）包庇同案人员；

（五）胁迫、唆使他人实施违法行为；

（六）拒不上交或者退赔违法所得；

（七）法律、法规规定的其他从重情节。

从重给予处分，是指在本条例规定的违法行为应当受到的处分幅度以内，给予较重的处分。

第十四条　国有企业管理人员在处分期内，不得晋升职务、岗位等级和职称；其中，被记过、记大过、降级、撤职的，不得晋升薪酬待遇等级。被撤职的，降低职务或者岗位等级，同时降低薪酬待遇。被开除的，用人单位依法解除劳动合同。

第十五条 国有企业管理人员违法取得的财物和用于违法行为的本人财物，除依法应当由有关机关没收、追缴或者责令退赔的外，应当退还原所有人或者原持有人。

国有企业管理人员因违法行为获得的职务、职级、级别、岗位和职员等级、职称、待遇、资格、学历、学位、荣誉、奖励等其他利益，任免机关、单位应当予以纠正或者建议有关机关、单位、组织按规定予以纠正。

第十六条 已经退休的国有企业管理人员退休前或者退休后有违法行为应当受到处分的，不再作出处分决定，但是可以对其立案调查；依法应当给予降级、撤职、开除处分的，应当按照规定相应调整其享受的待遇，对其违法取得的财物和用于违法行为的本人财物依照本条例第十五条的规定处理。

第三章 违法行为及其适用的处分

第十七条 国有企业管理人员有下列行为之一的，依据公职人员政务处分法第二十八条的规定，予以记过或者记大过；情节较重的，予以降级或者撤职；情节严重的，予以开除：

（一）散布有损坚持和完善社会主义基本经济制度的言论；

（二）拒不执行或者变相不执行国有企业改革发展和党的建设有关决策部署；

（三）在对外经济合作、对外援助、对外交流等工作中损害国家安全和国家利益。

公开发表反对宪法确立的国家指导思想，反对中国共产党领导，反对社会主义制度，反对改革开放的文章、演说、宣言、声明等的，予以开除。

第十八条 国有企业管理人员有下列行为之一的，依据公职人员政务处分法第三十条的规定，予以警告、记过或者记大过；情节严重的，予以降级或者撤职：

（一）违反规定的决策程序、职责权限决定国有企业重大决策事项、重要人事任免事项、重大项目安排事项、大额度资金运作事项；

（二）故意规避、干涉、破坏集体决策，个人或者少数人决定国有企业重大决策事项、重要人事任免事项、重大项目安排事项、大额度资金运作事项；

（三）拒不执行或者擅自改变国有企业党委（组）会、股东（大）会、董事会、职工代表大会等集体依法作出的重大决定；

（四）拒不执行或者变相不执行、拖延执行履行出资人职责的机构、行业管理部门等有关部门依法作出的决定。

第十九条 国有企业管理人员有下列行为之一的，依据公职人员政务处分法第三十三条的规定，予以警告、记过或者记大过；情节较重的，予以降级或者撤职；情节严重的，予以开除：

（一）利用职务上的便利，侵吞、窃取、骗取或者以其他手段非法占有、挪用本企业以及关联企业的财物、客户资产等；

（二）利用职务上的便利，索取他人财物或者非法收受他人财物，为他人谋取利益；

（三）为谋取不正当利益，向国家机关、国家出资企业、事业单位、人民团体，或者向国家工作人员、企业或者其他单位的工作人员，外国公职人员、国际公共组织官员行贿；

（四）利用职权或者职务上的影响，违反规定在企业关系国有资产出资人权益的重大事项以及工程建设、资产处置、出版发行、招标投标等活动中为本人或者他人谋取私利；

（五）纵容、默许特定关系人利用本人职权或者职务上的影响，在企业关系国有资产出资人权益的重大事项以及企业经营管理活动中谋取私利；

（六）违反规定，以单位名义将国有资产集体私分给个人。

拒不纠正特定关系人违反规定任职、兼职或者从事经营活动，且不服从职务调整的，予以撤职。

第二十条 国有企业管理人员有下列行为之一，依据公职人员政务处分法第三十五条的规定，情节较重的，予以警告、记过或者记大过；情节严重的，予以降级或者撤职：

（一）超提工资总额或者超发工资，或者在工资总额之外以津贴、补贴、奖金等其他形式设定和发放工资性收入；

（二）未实行工资总额预算管理，或者未按规定履行工资总额备案或者核准程序；

（三）违反规定，自定薪酬、奖励、津贴、补贴和其他福利性货币收入；

（四）在培训活动、办公用房、公务用车、业务招待、差旅费用等方面超过规定的标准、范围；

（五）公款旅游或者以学习培训、考察调研、职工疗养等名义变相公款旅游。

第二十一条 国有企业管理人员有下列行为之一的，依据公职人员政务处分法第三十六条的规定，予以警告、记过或者记大过；情节较重的，予以降级或者撤职；情节严重的，予以开除：

（一）违反规定，个人经商办企业、拥有非上市公司（企业）股份或者证券、从事有偿中介活动、在国（境）外注册公司或者进行投资入股等营利性活动；

（二）利用职务上的便利，为他人经营与所任职企业同类经营的企业；

（三）违反规定，未经批准在本企业所出资企业或者其他企业、事业单位、社会组织、中介机构、国际组织等兼任职务；

（四）经批准兼职，但是违反规定领取薪酬或者获取其他收入；

（五）利用企业内幕信息或者其他未公开的信息、商业秘密、无形资产等谋取私利。

第二十二条 国有企业管理人员在履行提供社会公共服务职责过程中，侵犯服务对象合法权益或者社会公共利益，被监管机构查实并提出处分建议的，依据公职人员政务处分法第三十八条的规定，情节较重的，予以警告、记过或者记大过；情节严重的，予以降级或者撤职；情节特别严重的，予以开除。

第二十三条 国有企业管理人员有下列行为之一，造成国有资产损失或者其他严重不良后果的，依据公职人员政务处分法第三十九条的规定，予以警告、记过或者记大过；情节较重的，予以降级或者撤职；情节严重的，予以开除：

（一）截留、占用、挪用或者拖欠应当上缴国库的预算收入；

（二）违反规定，不履行或者不正确履行经营投资职责；

（三）违反规定，进行关联交易，开展融资性贸易、虚假交易、虚假合资、挂靠经营等活动；

（四）在国家规定期限内不办理或者不如实办理企业国有资产产权登记，或者伪造、涂改、出租、出借、出售国有资产产权登记证（表）；

（五）拒不提供有关信息资料或者编制虚假数据信息，致使国有企业绩效评价结果失真；

（六）掩饰企业真实状况，不如实向会计师事务所、律师事务所、资产评估机构等中介服务机构提供有关情况和资料，或者与会计师事务所、律师事务所、资产评估机构等中介服务机构串通作假。

第二十四条 国有企业管理人员有下列行为之一的，依据公职人员政务处分法第三十九条的规定，予以警告、记过或者记大过；情节较重的，予以降级或者撤职；情节严重的，予以开除：

（一）洗钱或者参与洗钱；

（二）吸收客户资金不入账，非法吸收公众存款或者变相吸收公众存款，违反规定参与或者变相参与民间借贷；

（三）违反规定发放贷款或者对贷款本金减免、停息、减息、缓息、免息、展期等，进行呆账核销，处置不良资产；

（四）违反规定出具金融票证、提供担保，对违法票据予以承兑、付款或者保证；

（五）违背受托义务，擅自运用客户资金或者其他委托、信托的资产；

（六）伪造、变造货币、贵金属、金融票证或者国家发行的有价证券；

（七）伪造、变造、转让、出租、出借金融机构经营许可证或者批准文件，未经批准擅自设立金融机构、发行股票或者债券；

（八）编造并且传播影响证券、期货交易的虚假信息，操纵证券、期货市场，提供虚假信息或者伪造、变造、销毁交易记录，诱骗投资者买卖证券、期货合约；

（九）进行虚假理赔或者参与保险诈骗活动；

（十）窃取、收买或者非法提供他人信用卡信息及其他公民个人信息资料。

第二十五条 国有企业管理人员有下列行为之一，造成不良后果或者影响的，依据公职人员政务处分法第三十九条的规定，予以警告、记过或者记大过；情节较重的，予以降级或者撤职；情节严重的，予以开除：

（一）泄露企业内幕信息或者商业秘密；

（二）伪造、变造、转让、出租、出借行政许可证件、资质证明文件，或者出租、出借国有企业名称或者企业名称中的字号；

（三）违反规定，举借或者变相举借地方政府债务；

（四）在中华人民共和国境外违反规定造成重大工程质量问题、引起重大劳务纠纷或者其他严重后果；

（五）不履行或者不依法履行安全生产管理职责，导致发生生产安全事故；

（六）在工作中有敷衍应付、推诿扯皮，或者片面理解、机械执行党和国家路线方针政策、重大决策部署等形式主义、官僚主义行为；

（七）拒绝、阻挠、拖延依法开展的出资人监督、审计监督、财会监督工作，或者对出资人监督、审计监督、财会监督发现的问题拒不整改、推诿敷衍、虚假整改；

（八）不依法提供有关信息、报送有关报告或者履行信息披露义务，或者配合其他主体从事违法违规行为；

（九）不履行法定职责或者违法行使职权，侵犯劳动者合法权益；

（十）违反规定，拒绝或者延迟支付中小企业款项、农民工工资等；

（十一）授意、指使、强令、纵容、包庇下属人员违反法律法规规定。

第四章　处分的程序

第二十六条　任免机关、单位按照干部管理权限对有公职人员政务处分法和本条例规定违法行为的国有企业管理人员依法给予处分，保障国有企业管理人员以及相关人员的合法权益。

任免机关、单位应当结合国有企业的组织形式、组织机构等实际情况，明确承担国有企业管理人员处分工作的内设部门或者机构（以下称承办部门）及其职责权限、运行机制等。

第二十七条　对涉嫌违法的国有企业管理人员进行调查、处理，应当由2名以上工作人员进行，按照下列程序办理：

（一）经任免机关、单位负责人同意，由承办部门对需要调查处理的问题线索进行初步核实；

（二）经初步核实，承办部门认为该国有企业管理人员涉嫌违反公职人员政务处分法和本条例规定，需要进一步查证的，经任免机关、单位主要负责人批准同意后立案，书面告知被调查的国有企业管理人员本人（以下称被调查人）及其所在单位，并向有管理权限的监察机关通报；

（三）承办部门负责对被调查人的违法行为作进一步调查，收集、查证有关证据材料，向有关单位和人员了解情况，并形成书面调查报告，向任免机关、单位负责人报告，有关单位和个人应当如实提供情况；

（四）承办部门将调查认定的事实以及拟给予处分的依据告知被调查人，听取其陈述和申辩，并对其提出的事实、理由和证据进行核实，记录在案，被调查人提出的事实、理由和证据成立的，应予采纳；

（五）承办部门经审查提出处理建议，按程序报任免机关、单位领导成员集体讨论，作出对被调查人给予处分、免予处分、不予处分或者撤销案件的决定，并向有管理权限的监察机关通报；

（六）任免机关、单位应当自本条第一款第五项决定作出之日起1个月以内，将处分、免予处分、不予处分或者撤销案件的决定以书面形式通知被调查人及其所在单位，并在一定范围内宣布，涉及国家秘密、商业秘密或者个人隐私的，按照国家有关规定办理；

（七）承办部门应当将处分有关决定及执行材料归入被调查人本人档案，同时汇集有关材料形成该处分案件的工作档案。

严禁以威胁、引诱、欺骗等非法方式收集证据。以非法方式收集的证据不得作为给予处分的依据。不得因被调查人的申辩而加重处分。

第二十八条 重大违法案件调查过程中，确有需要的，可以商请有管理权限的监察机关提供必要支持。

违法情形复杂、涉及面广或者造成重大影响，由任免机关、单位调查核实存在困难的，经任免机关、单位负责人同意，可以商请有管理权限的监察机关处理。

第二十九条 给予国有企业管理人员处分，应当自立案之日起6个月内作出决定；案情复杂或者遇有其他特殊情形的，经任免机关、单位主要负责人批准可以适当延长，但是延长期限不得超过6个月。

第三十条 决定给予处分的，应当制作处分决定书。

处分决定书应当载明下列事项：

（一）受到处分的国有企业管理人员（以下称被处分人）的姓名、工作单位和职务；

（二）违法事实和证据；

（三）处分的种类和依据；

（四）不服处分决定，申请复核、申诉的途径和期限；

（五）作出处分决定的机关、单位名称和日期。

处分决定书应当盖有作出决定的机关、单位印章。

第三十一条 参与国有企业管理人员违法案件调查、处理的人员有下列情形之一的，应当自行回避，被调查人、检举人以及其他有关人员可以要求其回避：

（一）是被调查人或者检举人的近亲属；

（二）担任过本案的证人；

（三）本人或者其近亲属与调查的案件有利害关系；

（四）可能影响案件公正调查、处理的其他情形。

任免机关、单位主要负责人的回避，由上一级机关、单位负责人决定；其他参与违法案件调查、处理人员的回避，由任免机关、单位负责人决定。

任免机关、单位发现参与处分工作的人员有应当回避情形的，可以直接决定该人员回避。

第三十二条 国有企业管理人员被依法追究刑事责任的，任免机关、单位应当根据司法机关的生效判决、裁定、决定及其认定的事实和情节，依法给予处分。

国有企业管理人员依法受到行政处罚，应当给予处分的，任免机关、单位可以根据生效的行政处罚决定认定的事实和情节，经核实后依法给予处分。

任免机关、单位根据本条第一款、第二款规定作出处分决定后，司法机关、行政机关依法改变原生效判决、裁定、决定等，对原处分决定产生影响的，任免机关、单位应当根据改变后的判决、裁定、决定等重新作出相应处理。

第三十三条 任免机关、单位对担任各级人民代表大会代表或者中国人民政治协商会议各级委员会委员的国有企业管理人员给予处分的，应当向有关的人民代表大会常务委员会，乡、民族乡、镇的人民代表大会主席团或者中国人民政治协商会议委员会常务委员会通报。

第三十四条 国有企业管理人员涉嫌违法，已经被立案调查，不宜继续履行职责的，任免机关、单位可以决定暂停其履行职务。国有企业管理人员在被立案调查期间，未经决定立案的任免机关、单位同意，不得出境、辞去公职；其任免机关、单位以及上级机关、单位不得对其交流、晋升、奖励或者办理退休手续。

第三十五条 调查中发现国有企业管理人员因依法履行职责遭受不实举报、诬告陷害、侮辱诽谤，造成不良影响的，任免机关、单位应当按照规定及时澄清事实，恢复名誉，消除不良影响。

第三十六条 国有企业管理人员受到降级、撤职、开除处分的，应当在处分决定作出后 1 个月内，由相应人事部门等按照管理权限办理岗位、职务、工资和其他有关待遇等变更手续，并依法变更或者解除劳动合同；特殊情况下，经任免机关、单位主要负责人批准可以适当延长办理期限，但是最长不得超过 6 个月。

第三十七条 国有企业管理人员受到开除以外的处分，在受处分期间有悔改表现，并且没有再出现应当给予处分的违法情形的，处分期满后自动解除处分。

处分解除后，考核以及晋升职务、职级、级别、岗位和职员等级、职称、薪酬待遇等级等不再受原处分影响。但是，受到降级、撤职处分的，不恢复受处分前的职务、职级、级别、岗位和职员等级、职称、薪酬待遇等级等。

任免机关、单位应当按照国家有关规定正确对待、合理使用受处分的国有企业管理人员，坚持尊重激励与监督约束并重，营造干事创业的良好环境。

第五章 复核、申诉

第三十八条 被处分人对处分决定不服的，可以自收到处分决定书之日起 1 个月内，向作出处分决定的任免机关、单位（以下称原处分决定单位）申请复核。原处分决定单位应当自接到复核申请后 1 个月以内作出复核决定。

被处分人因不可抗拒的事由或者其他正当理由耽误复核申请期限的，在障碍消除后的 10 个工作日内，可以申请顺延期限；是否准许，由原处分决定单位决定。

第三十九条 被处分人对复核决定仍不服的，可以自收到复核决定之日起 1 个月内按照管理权限向上一级机关、单位申诉。受理申诉的机关、单位（以下称申诉机关）应当自受理之日起 2 个月以内作出处理决定；案情复杂的，可以适当延长，但是延长期限最多不超过 1 个月。

被处分人因不可抗拒的事由或者其他正当理由耽误申诉申请期限的，在障碍消除后的 10 个工作日内，可以申请顺延期限；是否准许，由申诉机关决定。

第四十条 原处分决定单位接到复核申请、申诉机关受理申诉后，相关承办部门应当成立工作组，调阅原案材料，必要时可以进行调查，收集、查证有关证据材料，向有关单位和人员了解情况。工作组应当集体研究，提出办理意见，按程序报原处分决定单位、申诉机关领导成员集体讨论作出复核、申诉决定，并向有管理权限的监察机关通报。复核、申诉决定应当自作出之日起 1 个月以内以书面形式通知被处分人及其所在单位，并在一定范围内宣布；涉及国家秘密、商业秘密或者个人隐私的，按照国家有关规定办理。

复核、申诉期间，不停止原处分决定的执行。

国有企业管理人员不因提出复核、申诉而被加重处分。

坚持复核、申诉与原案调查相分离，原案调查、承办人员不得参与复核、申诉。

第四十一条 任免机关、单位发现本机关、本单位或者下级机关、单位作出的处分决定确有错误的，应当及时予以纠正或者责令下级机关、单位及时予以纠正。

监察机关发现任免机关、单位应当给予处分而未给予，或者给予的处分违法、不当，依法提出监察建议的，任免机关、单位应当采纳并将执行情况函告监察机关，不采纳的应当说明理由。

第四十二条 有下列情形之一的，原处分决定单位、申诉机关应当撤销原处分决定，重新作出决定或者由申诉机关责令原处分决定单位重新作出决定：

（一）处分所依据的违法事实不清或者证据不足；

（二）违反本条例规定的程序，影响案件公正处理；

（三）超越职权或者滥用职权作出处分决定。

第四十三条 有下列情形之一的，原处分决定单位、申诉机关应当变更原处分决定，或者由申诉机关责令原处分决定单位予以变更：

（一）适用法律、法规确有错误；

（二）对违法行为的情节认定确有错误；

（三）处分不当。

第四十四条 原处分决定单位、申诉机关认为处分决定认定事实清楚，适用法律正确的，应当予以维持。

第四十五条 国有企业管理人员的处分决定被变更，需要调整该国有企业管理人员的职务、岗位等级、薪酬待遇等级等的，应当按照规定予以调整。国有企业管理人员的处分决定被撤销，需要恢复该国有企业管理人员的职务、岗位等级、薪酬待遇等级等的，应当按照原职务和岗位等级安排相应的职务和岗位，并在原处分决定公布范围内为其恢复名誉。

国有企业管理人员因有本条例第四十二条、第四十三条规定情形被撤销处分或者减轻处分的，应当结合其实际履职、业绩贡献等情况对其薪酬待遇受到的损失予以适当补偿。

维持、变更、撤销处分的决定应当在作出后 1 个月内按照本条例第二十七条第一款第六项规定予以送达、宣布，并存入被处分人本人档案。

第六章　法律责任

第四十六条　任免机关、单位及其工作人员在国有企业管理人员处分工作中有公职人员政务处分法第六十一条、第六十三条规定情形的，依据公职人员政务处分法的规定对负有责任的领导人员和直接责任人员给予处理。

第四十七条　有关机关、单位、组织或者人员拒不执行处分决定或者有公职人员政务处分法第六十二条规定情形的，由其上级机关、主管部门、履行出资人职责的机构或者任免机关、单位依据公职人员政务处分法的规定给予处理。

第四十八条　相关单位或者个人利用举报等方式歪曲捏造事实，诬告陷害国有企业管理人员的，应当依法承担法律责任。

第四十九条　违反本条例规定，构成犯罪的，依法追究刑事责任。

第七章　附　　则

第五十条　国家对违法的金融、文化国有企业管理人员追究责任另有规定的，同时适用。

第五十一条　本条例施行前，已经结案的案件如果需要复核、申诉，适用当时的规定。尚未结案的案件，如果行为发生时的规定不认为是违法的，适用当时的规定；如果行为发生时的规定认为是违法的，依照当时的规定处理，但是如果本条例不认为是违法或者根据本条例处理较轻的，适用本条例。

第五十二条　本条例自 2024 年 9 月 1 日起施行。

国有企业领导人员廉洁从业若干规定

（2009 年 7 月 1 日）

第一章　总　　则

第一条　为规范国有企业领导人员廉洁从业行为，加强国有企业反腐倡廉建设，维护国家和出资人利益，促进国有企业科学发展，依据国家有关法律法规和党内法规，制定本规定。

第二条　本规定适用于国有独资企业、国有控股企业（含国有独资金融企业和国有控股金融企业）及其分支机构的领导班子成员。

第三条　国有企业领导人员应当遵守国家法律法规和企业规章制度，依法经营、开拓创新、廉洁从业、诚实守信，切实维护国家利益、企业利益和职工合法权益，努力实现国有企业又好又快发展。

第二章　廉洁从业行为规范

第四条　国有企业领导人员应当切实维护国家和出资人利益。不得有滥用职权、损害国有资产权益的下列行为：

（一）违反决策原则和程序决定企业生产经营的重大决策、重要人事任免、重大项目安排及大额度资金运作事项；

（二）违反规定办理企业改制、兼并、重组、破产、资产评估、产权交易等事项；

（三）违反规定投资、融资、担保、拆借资金、委托理财、为他人代开信用证、购销商品和服务、招标投标等；

（四）未经批准或者经批准后未办理保全国有资产的法律手续，以个人或者其他名义用企业资产在国（境）外注册公司、投资入股、购买金融产品、购置不动产或者进行其他经营活动；

（五）授意、指使、强令财会人员进行违反国家财经纪律、企业财务制度的活动；

（六）未经履行国有资产出资人职责的机构和人事主管部门批准，决定本级领导人员的薪酬和住房补贴等福利待遇；

（七）未经企业领导班子集体研究，决定捐赠、赞助事项，或者虽经企业领导班子集体研究但未经履行国有资产出资人职责的机构批准，决定大额捐赠、赞助事项；

（八）其他滥用职权、损害国有资产权益的行为。

第五条 国有企业领导人员应当忠实履行职责。不得有利用职权谋取私利以及损害本企业利益的下列行为：

（一）个人从事营利性经营活动和有偿中介活动，或者在本企业的同类经营企业、关联企业和与本企业有业务关系的企业投资入股；

（二）在职或者离职后接受、索取本企业的关联企业、与本企业有业务关系的企业，以及管理和服务对象提供的物质性利益；

（三）以明显低于市场的价格向请托人购买或者以明显高于市场的价格向请托人出售房屋、汽车等物品，以及以其他交易形式非法收受请托人财物；

（四）委托他人投资证券、期货或者以其他委托理财名义，未实际出资而获取收益，或者虽然实际出资，但获取收益明显高于出资应得收益；

（五）利用企业上市或者上市公司并购、重组、定向增发等过程中的内幕消息、商业秘密以及企业的知识产权、业务渠道等无形资产或者资源，为本人或者配偶、子女及其他特定关系人谋取利益；

（六）未经批准兼任本企业所出资企业或者其他企业、事业单位、社会团体、中介机构的领导职务，或者经批准兼职的，擅自领取薪酬及其他收入；

（七）将企业经济往来中的折扣费、中介费、佣金、礼金，以及因企业行为受到有关部门和单位奖励的财物等据为己有或者私分；

（八）其他利用职权谋取私利以及损害本企业利益的行为。

第六条 国有企业领导人员应当正确行使经营管理权，防止可能侵害公共利益、企业利益行为的发生。不得有下列行为：

（一）本人的配偶、子女及其他特定关系人，在本企业的关联企业、与本企业有业务关系的企业投资入股；

（二）将国有资产委托、租赁、承包给配偶、子女及其他特定关系人经营；

（三）利用职权为配偶、子女及其他特定关系人从事营利性经营活动提供便利条件；

（四）利用职权相互为对方及其配偶、子女和其他特定关系人从事营利性经营活动提供便利条件；

（五）本人的配偶、子女及其他特定关系人投资或者经营的企业与本企业或者有出资关系的企业发生可能侵害公共利益、企业利益的经济业务往来；

（六）按照规定应当实行任职回避和公务回避而没有回避；

（七）离职或者退休后三年内，在与原任职企业有业务关系的私营企业、外资企业和中介机构担任职务、投资入股，或者在上述企业或者机构从事、代理与原任职企业经营业务相关的经营活动；

（八）其他可能侵害公共利益、企业利益的行为。

第七条 国有企业领导人员应当勤俭节约，依据有关规定进行职务消费。不得有下列行为：

（一）超出报履行国有资产出资人职责的机构备案的预算进行职务消费；

（二）将履行工作职责以外的费用列入职务消费；

（三）在特定关系人经营的场所进行职务消费；

（四）不按照规定公开职务消费情况；

（五）用公款旅游或者变相旅游；

（六）在企业发生非政策性亏损或者拖欠职工工资期间，购买或者更换小汽车、公务包机、装修办公室、添置高档办公设备等；

（七）使用信用卡、签单等形式进行职务消费，不提供原始凭证和相应的情况说明；

（八）其他违反规定的职务消费以及奢侈浪费行为。

第八条 国有企业领导人员应当加强作风建设，注重自身修养，增强社会责任意识，树立良好的公众形象。不得有下列行为：

（一）弄虚作假，骗取荣誉、职务、职称、待遇或者其他利益；

（二）大办婚丧喜庆事宜，造成不良影响，或者借机敛财；

（三）默许、纵容配偶、子女和身边工作人员利用本人的职权和地位从事可能造成不良影响的活动；

（四）用公款支付与公务无关的娱乐活动费用；

（五）在有正常办公和居住场所的情况下用公款长期包租宾馆；

（六）漠视职工正当要求，侵害职工合法权益；

（七）从事有悖社会公德的活动。

第三章　实施与监督

第九条　国有企业应当依据本规定制定规章制度或者将本规定的要求纳入公司章程，建立健全监督制约机制，保证本规定的贯彻执行。

国有企业党委（党组）书记、董事长、总经理为本企业实施本规定的主要责任人。

第十条　国有企业领导人员应当将贯彻落实本规定的情况作为民主生活会对照检查、年度述职述廉和职工代表大会民主评议的重要内容，接受监督和民主评议。

第十一条　国有企业应当明确决策原则和程序，在规定期限内将生产经营的重大决策、重要人事任免、重大项目安排及大额度资金运作事项的决策情况报告履行国有资产出资人职责的机构，将涉及职工切身利益的事项向职工代表大会报告。

需经职工代表大会讨论通过的事项，应当经职工代表大会讨论通过后实施。

第十二条　国有企业应当完善以职工代表大会为基本形式的企业民主管理制度，实行厂务公开制度，并报履行国有资产出资人职责的机构备案。

第十三条　国有企业应当按照有关规定建立健全职务消费制度，报履行国有资产出资人职责的机构备案，并将职务消费情况作为厂务公开的内容向职工公开。

第十四条　国有企业领导人员应当按年度向履行国有资产出资人职责的机构报告兼职、投资入股、国（境）外存款和购置不动产情况，配偶、子女从业和出国（境）定居及有关情况，以及本人认为应当报告的其他事项，并以适当方式在一定范围内公开。

第十五条　国有企业应当结合本规定建立领导人员从业承诺制度，规范领导人员从业行为以及离职和退休后的相关行为。

第十六条　履行国有资产出资人职责的机构和人事主管部门应当结合实际，完善国有企业领导人员的薪酬管理制度，规范和完善激励和约束机制。

第十七条　纪检监察机关、组织人事部门和履行国有资产出资人职责的机构，应当对国有企业领导人员进行经常性的教育和监督。

第十八条 履行国有资产出资人职责的机构和审计部门应当依法开展各项审计监督，严格执行国有企业领导人员任期和离任经济责任审计制度，建立健全纪检监察和审计监督工作的协调运行机制。

第十九条 各级纪检监察机关、组织人事部门和履行国有资产出资人职责机构的纪检监察机构，应当对所管辖的国有企业领导人员执行本规定的情况进行监督检查。

国有企业的纪检监察机构应当结合年度考核，每年对所管辖的国有企业领导人员执行本规定的情况进行监督检查，并作出评估，向企业党组织和上级纪检监察机构报告。

对违反本规定行为的检举和控告，有关机构应当及时受理，并作出处理决定或者提出处理建议。

对违反本规定行为的检举和控告符合函询条件的，应当按规定进行函询。

对检举、控告违反本规定行为的职工进行打击报复的，应当追究相关责任人的责任。

第二十条 各级组织人事部门和履行国有资产出资人职责的机构，应当将廉洁从业情况作为对国有企业领导人员考察、考核的重要内容和任免的重要依据。

第二十一条 国有企业的监事会应当依照有关规定加强对国有企业领导人员廉洁从业情况的监督。

按照本规定第十一条至第十四条向履行国有资产出资人职责的机构报告、备案的事项，应当同时抄报本企业监事会。

第四章 违反规定行为的处理

第二十二条 国有企业领导人员违反本规定第二章所列行为规范的，视情节轻重，由有关机构按照管理权限分别给予警示谈话、调离岗位、降职、免职处理。

应当追究纪律责任的，除适用前款规定外，视情节轻重，依照国家有关法律法规给予相应的处分。

对于其中的共产党员，视情节轻重，依照《中国共产党纪律处分条例》给予相应的党纪处分。

涉嫌犯罪的，依法移送司法机关处理。

第二十三条 国有企业领导人员受到警示谈话、调离岗位、降职、免职处理的，应当减发或者全部扣发当年的绩效薪金、奖金。

第二十四条 国有企业领导人员违反本规定获取的不正当经济利益，应当责令清退；给国有企业造成经济损失的，应当依据国家或者企业的有关规定承担经济赔偿责任。

第二十五条 国有企业领导人员违反本规定受到降职处理的，两年内不得担任与其原任职务相当或者高于其原任职务的职务。

受到免职处理的，两年内不得担任国有企业的领导职务；因违反国家法律，造成国有资产重大损失被免职的，五年内不得担任国有企业的领导职务。

构成犯罪被判处刑罚的，终身不得担任国有企业的领导职务。

第五章　附　　则

第二十六条 国有企业领导班子成员以外的对国有资产负有经营管理责任的其他人员、国有企业所属事业单位的领导人员参照本规定执行。

国有参股企业（含国有参股金融企业）中对国有资产负有经营管理责任的人员参照本规定执行。

第二十七条 本规定所称履行国有资产出资人职责的机构，包括作为国有资产出资人代表的各级国有资产监督管理机构、尚未实行政资分开代行出资人职责的政府主管部门和其他机构以及授权经营的母公司。

本规定所称特定关系人，是指与国有企业领导人员有近亲属以及其他共同利益关系的人。

第二十八条 国务院国资委，各省、自治区、直辖市，可以根据本规定制定实施办法，并报中央纪委、监察部备案。

中国银监会、中国证监会、中国保监会，中央管理的国有独资金融企业和国有控股金融企业，可以结合金融行业的实际，制定本规定的补充规定，并报中央纪委、监察部备案。

第二十九条 本规定由中央纪委商中央组织部、监察部解释。

第三十条 本规定自发布之日起施行。2004 年发布的《国有企业领导人员廉洁从业若干规定（试行）》同时废止。

现行的其他有关规定，凡与本规定不一致的，依照本规定执行。

中央企业贯彻落实《国有企业领导人员廉洁从业若干规定》实施办法

（2011年10月14日）

第一章　总　　则

第一条　为贯彻落实《国有企业领导人员廉洁从业若干规定》（以下简称《若干规定》），根据有关法律法规，结合中央企业实际，制定本办法。

第二条　本办法适用于：

（一）中央企业及其独资或者控股子企业的领导班子成员；

（二）中央企业及其独资或者控股子企业的分支机构领导班子成员。

上述所列人员统称为中央企业各级领导人员。

第二章　廉洁从业行为规范

第三条　中央企业各级领导人员决定或办理关系出资人权益的重大事项，应当遵守法律法规、规章、国家有关政策、国有资产监管的有关规定及本企业章程规定，按照《若干规定》要求，严格执行“三重一大”决策制度。不得有滥用职权、损害国有资产权益的下列行为：

（一）违规办理企业改制、兼并、重组、破产、清产核资、资产评估、产权交易等事项；

（二）违规进行投资；

（三）违规使用银行信贷资金；

（四）违规融资、担保、拆借资金、委托理财、金融衍生品交易、为他人代开信用证、购销商品和服务、招标投标等；

（五）未经批准或者经批准后未办理保全国有资产的法律手续，以个人或者其他名义用企业资产在国（境）外注册公司、购买金融产品、购置不动产或者进行其他经营活动。

第四条　中央企业各级领导人员应当忠实履行职责。不得有利用职权谋取私利以及损害本企业利益的下列行为：

（一）利用职权收受财物或者获取其他非法收入和不当利益；

（二）在职或者离职后接受、索取本企业的关联企业、与本企业有业务关系的企业，以及管理和服务对象提供的物质性利益；

（三）从事同类经营和其他营利性经营活动，违反规定投资入股；

（四）侵犯本企业知识产权，泄露或非法使用本企业商业秘密。

第五条 中央企业各级领导人员应当正确行使经营管理权。不得有下列行为：

（一）默许、纵容、授意配偶、子女及其配偶、其他亲属以及身边工作人员以本人名义或利用本人影响谋取私利；

（二）为配偶、子女及其配偶以及其他特定关系人经商、办企业提供便利条件，或者领导人员之间利用职权相互为对方配偶、子女及其配偶以及其他特定关系人经商、办企业提供便利条件；

（三）违规办理向本人、特定关系人所有或实际控制的企业转让国有资产事项；

（四）利用职务之便，为他人谋取利益，其配偶、子女及其他特定关系人收受对方财物。

第六条 中央企业各级领导人员决定重要人事任免事项，应当坚持集体决策原则，严格执行党中央、国务院及国资委有关选拔任用干部的规定。不得有下列行为：

（一）违反规定程序推荐、考察、酝酿、讨论决定任免干部；

（二）私自泄露民主推荐、民主测评、考察、酝酿、讨论决定干部等有关情况；

（三）利用职务便利私自干预下级或者原任职单位干部选拔任用工作；

（四）违反规定突击提拔、调整干部；

（五）其他违反干部选拔任用规定的行为。

第七条 中央企业各级领导人员兼职应当执行审批程序。兼职应按照干部管理权限，经主管部门、上级企业批准。未经批准，不得在本企业所出资企业或者其他企业、事业单位、社会团体、中介机构兼职。

中央企业各级领导人员经批准兼职的，不得擅自领取薪酬及其他收入。

第八条 中央企业各级领导人员应当严格执行国资委和本企业的薪酬管理规定，严格履行薪酬管理的批准、备案程序。不得有下列行为：

（一）自定薪酬、奖励、津贴、补贴和其他福利性货币收入等，超出出资人或董事会核定的薪酬项目和标准发放薪酬、支付福利保障待遇；

（二）除国家另有规定或经出资人或董事会同意外，领取年度薪酬方案所列收入以外的其他货币性收入；

（三）擅自分配各级地方政府或有关部门给予中央企业的各种奖励。

第九条 中央企业各级领导人员应按照国资委和本企业关于职务消费管理的规定，严格执行公务用车、通信、业务招待、差旅、出国（境）外考察、培训等制度，不得超标准职务消费，不得以职务消费的名义支付或者报销应当由个人负担的费用。

第十条 中央企业各级领导人员应当严格遵守财经纪律。不得有下列行为：

（一）授意、指使、强令财务人员进行违反国家财经纪律、企业财务制度的活动；

（二）违规借用公款、公物或者将公款、公物借与他人；

（三）将账内资产（资金）违规转移到账外，设立“小金库”。

第三章 实施与监督

第十一条 中央企业各级党委（党组）书记、董事长、总经理为本企业实施《若干规定》和本办法的主要责任人。纪检监察机构负责协调组织人事部门以及相关业务部门，组织实施《若干规定》和本办法。

中央企业应当将贯彻执行《若干规定》和本办法的情况，作为企业民主生活会、领导人员述职述廉、巡视工作和职工代表大会民主评议的重要内容。

中央企业各级纪检监察机构、组织人事部门，负责对所管辖的领导人员执行《若干规定》和本办法的情况进行监督检查。

第十二条 中央企业应将本企业制订的“三重一大”实施办法报国资委批准后实施。

第十三条 中央企业应当建立健全职工代表大会制度，认真落实职工代表大会各项职权，大力推进厂务公开。关系职工切身利益的重大事项，应经过职工代表大会审议，由职工代表大会投票表决，形成决议。

第十四条 中央企业应当建立健全薪酬管理、职务消费制度，报国资委备案。

第十五条 中央企业应当建立健全兼职制度，纠正违规兼职和违规兼职取酬行为。未经批准兼职取酬的，兼职所得应当上交本企业。

第十六条 中央企业各级领导人员作为国有股东权益代表，参加其控股子企业、参股子企业召开的股东会、股东大会等会议，应当按照委派机构的指示提出议案、发表意见、行使权利，并将其履行职责的情况和结果及时报告委派机构。

第十七条 中央企业各级领导人员应当遵守《关于领导干部报告个人有关事项的规定》和《关于对配偶子女均已移居国（境）外的国家工作人员加强管理的暂行规定》和国资委的相关规定，按照干部管理权限，按年度向中央、国资委或企业组织人事部门报告个人有关事项。

第十八条 中央企业应当将廉洁从业情况作为对领导人员考察、考核的重要内容和任免的重要依据。

第四章　责任追究

第十九条 中央企业各级领导人员违反《若干规定》第二章和本办法第二章所列行为规范的，由有关部门和机构按照干部管理权限，视情节轻重，分别给予警示谈话、调离岗位、降职、免职处理。

应当追究纪律责任的，除适用前款规定外，视情节轻重，依照国家有关法律法规给予相应的处分。

对于其中的共产党员，视情节轻重，依照《中国共产党纪律处分条例》给予相应的党纪处分。

涉嫌犯罪的，依法移送司法机关处理。

以上处理方式，可以单独使用，也可以合并使用。

第二十条 中央企业各级领导人员违反《若干规定》和本办法所列廉洁从业行为规范的，按照干部管理权限，由主管部门研究认定。对构成违纪、应当追究责任的，由纪检监察机构调查处理。

第二十一条 中央企业各级领导人员受到警示谈话、调离岗位、降职、免职处理的，根据有关规定，应当减发或者全部扣发当年的绩效薪金或奖金。

第二十二条 中央企业各级领导人员直接管辖范围内发生违反《若干规定》和本办法所列行为规范的，应当依据党风廉政建设责任制的规定追究其责任。

第二十三条 中央企业各级领导人员违规自定薪酬、奖励、津贴、补贴和其他福利性货币收入等的，除依照本办法第十九条的规定进行处理外，还应当责令清退违规获取的薪酬及其他各类货币性收入，停止其违规享受的福利保障待遇。

第二十四条 中央企业各级领导人员违规兼职的，除依照本办法第十九条的规定进行处理外，还应当责令其辞去本职或者兼任的职务。

第二十五条 中央企业各级领导人员违规进行职务消费的，除依照本办法第十九条的规定进行处理外，还应当责令其清退超标准、超范围部分的费用。

第二十六条 中央企业各级领导人员决定或办理关系职工切身利益的重大事项，应当听取企业工会、职代会意见而没有听取的，应当依照本办法第十九条的规定处理。

第二十七条 中央企业各级领导人员违反《若干规定》和本办法获取的不正当经济利益，应当责令清退。

第二十八条 中央企业各级领导人员违反《若干规定》和本办法造成企业资产损失的，除依照本办法第十九条的规定进行处理外，还应当根据《中央企业资产损失责任追究暂行办法》和企业有关规定等进行责任追究，承担经济赔偿责任。

第二十九条 中央企业各级领导人员违反《若干规定》和本办法所列廉洁行为规范的，实行禁入限制。

（一）受到降职处理的，两年内不得担任与其原任职务相当或者高于其原任职务的职务；

（二）受到免职处理的，两年内不得担任中央企业领导职务；违反国家法律，造成国有资产重大损失被免职的，或对企业国有资产损失负有责任受到撤职以上纪律处分的，五年内不得担任中央企业领导职务。

（三）造成国有资产特别重大损失，或者因贪污、贿赂、侵占财产、挪用财产或者破坏社会主义市场经济秩序被判处刑罚的，终身不得担任中央企业领导职务。

第五章 附 则

第三十条 中央企业及其独资或者控股子企业任命的中高层管理人员、重要岗位人员；中央企业及其独资或者控股子企业派出的在参股企业中担任领导职务的人员；中央企业所属事业单位领导班子成员参照本办法执行。

第三十一条 本办法下列用语的含义：

（一）关系出资人权益的重大事项，是指企业合并、分立、改制、上市，增加或减少注册资本，发行债券，进行重大投资，为他人提供大额担保，转让重大财产，进行大额捐赠，分配利润，解散、申请破产以及其他重大事项。

（二）重要人事任免事项，是指企业直接管理的领导人员以及其他经营管理人员的职务调整事项。主要包括企业中层以上经营管理人员和所属企业、单位领导班子成员的任免、聘用、解除聘用和后备人选的确定，向控股和参股企业委派股东代表，推荐董事会、监事会成员和经理、财务负责人，以及其他重要人事任免事项。

（三）中央企业各级领导人员兼职所得包括基本年薪（或基本工资）、绩效薪金（或奖金）、中长期激励、董事报酬、监事报酬、交通费、各项津贴和补贴、福利费等任何形式的收入和福利。

（四）关系职工切身利益的重大事项，是指企业改制中的职工安置方案，工资奖金分配与福利，职工社会保障基金缴纳，职工奖惩办法，经企业和工会协商提出的集体合同草案、企业年金方案、住房制度改革方案及其他重大事项。

第三十二条 本办法中未列举的廉洁从业行为规范以及实施和监督的条款，依照《若干规定》执行。

第三十三条 中央企业可以根据《若干规定》和本办法制定具体规定，并报国资委备案。

第三十四条 本办法由国资委党委解释。

第三十五条 本办法自公布之日起施行。

关于国有企业领导人员违反廉洁自律“七项要求”政纪处分规定

（2009 年 1 月 23 日）

第一条 为了促进国有企业领导人员廉洁从业，惩处违反廉洁自律要求的行为，根据《中华人民共和国行政监察法》、《行政机关公务员处分条例》、《财政违法行为处罚处分条例》等有关法律法规，制定本规定。

第二条 本规定适用于国有独资、国有控股、国有参股企业中由行政机关或者政府直属特设机构以委任、派遣、提名、聘任等形式任命的国有企业领导人员。

第三条 国有企业领导人员不得有下列行为：

（一）利用职务上的便利通过同业经营或关联交易为本人或特定关系人谋取利益；

（二）相互为对方及其配偶、子女和其他特定关系人从事营利性经营活动提供便利条件；

（三）在企业资产整合、引入战略投资者等过程中利用职权谋取私利；

（四）擅自抵押、担保、委托理财；

（五）利用企业上市或上市公司并购、重组、定向增发等过程中的内幕信息为本人或特定关系人谋取利益；

（六）授意、指使、强令财会人员提供虚假财务报告；

（七）违规自定薪酬、兼职取酬、滥发补贴和奖金。

第四条 利用职务上的便利通过同业经营或者关联交易为本人或者特定关系人谋取利益，有下列情形之一的，给予记过或者记大过处分；情节较重的，给予降级或者撤职处分；情节严重的，给予开除处分：

（一）本人经营或者为特定关系人经营与其所任职企业相同或者有竞争关系业务的；

（二）为本人或者特定关系人谋取属于本企业商业机会的；

（三）利用本企业商业秘密、知识产权、业务渠道、资质、品牌或者商业信誉，为本人或者特定关系人谋取利益的；

（四）与本人或者特定关系人经营或者实际控制的企业订立合同或者进行交易的；

（五）本人或者特定关系人在本企业的关联企业或者与本企业有业务关系的企业从事证券投资以外的投资入股的；

（六）不按照独立企业之间的业务往来支付价款、费用，或者以优于对非关联方同类交易的条件进行交易的；

（七）为本人或者特定关系人经营的企业拆借资金、提供担保或者转嫁风险的；

（八）不按照规定披露关联交易信息的。

第五条　相互为对方及其配偶、子女和其他特定关系人从事营利性经营活动提供便利条件，有下列情形之一的，给予记过或者记大过处分；情节较重的，给予降级或者撤职处分；情节严重的，给予开除处分：

（一）将本单位的盈利业务交由对方及其配偶、子女和其他特定关系人经营的；

（二）以明显高于市场的价格向对方及其配偶、子女和其他特定关系人经营管理的单位采购商品、提供服务或者以明显低于市场的价格向对方及其配偶、子女和其他特定关系人经营管理的单位销售商品、提供服务的；

（三）向对方及其配偶、子女和其他特定关系人经营管理的单位采购不合格商品的；

（四）向对方及其配偶、子女和其他特定关系人经营管理的单位提供本企业的商业机会或者商业秘密的；

（五）为对方及其配偶、子女和其他特定关系人经营管理的单位拆借资金、提供担保或者承担风险的；

（六）通过虚假招标、串通招标或者控制中标结果等方式为对方及其配偶、子女和其他特定关系人谋求中标的。

授意、指使下属单位、关联企业、与本企业有业务关系的企业或者人员从事前款所列行为的，按照前款规定处理。

第六条　在企业资产整合、引入战略投资者等过程中，利用职权谋取私利，有下列情形之一的，给予记过或者记大过处分；情节较重的，给予降级或者撤职处分；情节严重的，给予开除处分：

（一）索取他人财物，或者收受他人财物，非法处置国有资产权益的；

（二）隐匿、截留、转移国有资产的；

（三）违反规定以经济补偿金、企业年金、商业保险等名义将国有资产集体私分给个人的；

（四）为谋求业绩，编造或者提供虚假财务报告的；

（五）为谋取其他不正当利益，不履行或者不正确履行职责，造成国有资产流失的。

第七条 擅自以企业资产提供担保的，给予警告、记过或者记大过处分；造成损失的，给予降级或者撤职处分；造成重大损失的，给予开除处分。

第八条 擅自将企业资金、证券等金融性资产委托他人管理投资的，给予警告、记过或者记大过处分；情节较重的，给予降级或者撤职处分；情节严重的，给予开除处分。

第九条 利用企业上市或者上市公司并购、重组、定向增发等过程中的内幕信息为本人或特定关系人谋取利益的，给予记过或者记大过处分；情节较重的，给予降级或者撤职处分；情节严重的，给予开除处分。

第十条 授意、指使、强令财会人员提供虚假财务报告的，给予警告处分；情节较重的，给予记过或者记大过处分；情节严重的，给予降级或者撤职处分。

第十一条 违反规定自行决定本级领导人员薪酬或者滥发补贴和奖金的，给予警告、记过或者记大过处分；情节较重的，给予降级或者撤职处分；情节严重的，给予开除处分。

第十二条 违反规定兼职或者兼职取酬的，给予记过或者记大过处分；情节较重的，给予降级或者撤职处分；情节严重的，给予开除处分。

第十三条 本规定所称特定关系人，是指与国有企业领导人员有近亲属、情妇（夫）以及其他共同利益关系的人。

第十四条 本规定由监察部、人力资源和社会保障部、国务院国资委负责解释。

第十五条 本规定自 2009 年 3 月 1 日起施行。

关于办理国有企业管理人员渎职犯罪案件适用法律若干问题的意见（新闻稿摘要）

（2022 年 2 月 14 日）

近日，国家监察委员会在会同最高人民法院、最高人民检察院开展深入调研的基础上，研究起草了《关于办理国有企业管理人员渎职犯罪案件适用法律若干问题的意见》（以下简称《意见》），并正式印发施行。

此次印发的《意见》是深入贯彻落实十九届中央纪委六次全会关于深化国有企业反腐败工作部署要求的重要举措，有助于准确把握和处理国有企业管理人员渎职犯罪案件，严肃查处靠企吃企、“影子公司”等突出问题，坚持严的主基调不动摇，以零容忍态度惩治腐败，以党风廉政建设和反腐败工作的实际成效有力有效推动国有企业高质量发展。

《意见》坚持党对反腐败工作的集中统一领导，立足于推进国有企业反腐败工作取得更大成效、推动纪检监察工作高质量发展的大局，紧贴监察执法和刑事司法工作实际，重点解决实践中反映突出、争议较大的法律适用问题，将正风肃纪反腐与深化改革、完善制度、促进治理相互贯通，对促进监察机关与司法机关在办理国有企业管理人员渎职犯罪案件中准确适用法律、统一执法司法标准，互相配合、有效衔接具有重要意义。

《意见》是国家监察委员会印发的第一个针对职务犯罪实体认定方面的监察执法指导性文件。《意见》以《中华人民共和国监察法》《中华人民共和国刑法》《中华人民共和国公司法》等国家法律为依据，共分八部分内容，围绕非法经营同类营业罪，为亲友非法牟利罪，国有公司、企业人员失职罪和国有公司、企业人员滥用职权罪等 4 类案件的法律适用问题，主要明确和解决了追诉标准、犯罪主体、犯罪地、“国家利益遭受损失”及挽回后处置、犯罪构成的认定标准等问题。此外，对调研中发现的其他问题以及涉及国有企业的其他渎职犯罪问题，国家监察委员会将继续会同最高人民法院、最高人民检察院开展调查研究，在工作实践中进一步总结经验。

为贯彻落实《意见》，国家监察委员会专门下发通知，要求各级监察机关要认真学习，在办理国有企业管理人员渎职犯罪案件工作中自觉贯彻落实，并加强与检察机关、审判机关的协作配合，确保案件处理取得政治效果、纪法效果和社会效果的有机统一。

关于进一步推进受贿行贿一起查的意见（新闻稿摘要）

（2021年9月8日）

近日，中央纪委国家监委与中央组织部、中央统战部、中央政法委、最高人民法院、最高人民检察院联合印发了《关于进一步推进受贿行贿一起查的意见》，对进一步推进受贿行贿一起查作出部署。

《意见》指出，坚持受贿行贿一起查，是党的十九大作出的重要决策部署，是坚定不移深化反腐败斗争、一体推进不敢腐、不能腐、不想腐的必然要求，是斩断“围猎”与甘于被“围猎”利益链、破除权钱交易关系网的有效途径。要清醒认识行贿人不择手段“围猎”党员干部是当前腐败增量仍有发生的重要原因，深刻把握行贿问题的政治危害，多措并举提高打击行贿的精准性、有效性，推动实现腐败问题的标本兼治。

《意见》指出，要以习近平新时代中国特色社会主义思想为指导，全面贯彻党的十九大精神，按照十九届中央纪委二次、三次、四次、五次全会的工作要求，坚持党中央对反腐败工作的集中统一领导；坚持稳中求进、坚定稳妥，系统施治、标本兼治；坚持实事求是、依规依纪依法，罪刑法定、疑罪从无，充分运用政策策略、纪法情理融合；坚持无禁区、全覆盖、零容忍，坚持重遏制、强高压、长震慑，坚持受贿行贿一起查，使不敢腐、不能腐、不想腐一体化推进有更多的制度性成果和更大的治理成效。

《意见》要求，坚决查处行贿行为，重点查处多次行贿、巨额行贿以及向多人行贿，特别是党的十八大后不收敛不收手的；党员和国家工作人员行贿的；在国家重要工作、重点工程、重大项目中行贿的；在组织人事、执纪执法司法、生态环保、财政金融、安全生产、食品药品、帮扶救灾、养老社保、教育医疗等领域行贿的；实施重大商业贿赂的行为。

《意见》要求，纪检监察机关、审判机关和检察机关根据职能职责严肃惩治行贿行为。纪检监察机关要严格依法履行查处行贿的重要职责，对查办案件中涉及的行贿人，依法加大查处力度，该立案的坚决予以立案，该处理的坚决作出处理，并建立对行贿人处理工作的内部制约监督机制。检察机关和审判机关要严格行贿犯罪从宽情节的认定和刑罚适用，加大财产刑运用和执行力度。纪检监察机关、审判机关和检察机关要认真履行追赃挽损职责，尽力追缴非法获利。对于行贿所得的不正当财产性利益，依法予以没收、追缴或者责令退赔；对于行贿所得的不正当非财产性利益，如职务职称、政治荣誉、经营资格资质、学历学位等，督促相关单位依照规定通过取消、撤销、变更等措施予以纠正。

《意见》强调，纪检监察机关、审判机关和检察机关在履行职责过程中，既要严肃惩治行贿，还要充分保障涉案人员和企业合法的人身和财产权益，保障企业合法经营。要从严把握相关措施的适用，依法慎用限制人身权和财产权的措施，严禁滥用留置、搜查、技术调查、限制出境、拘留、逮捕等措施，严禁超范围查封、扣押、冻结涉案人员和企业的财物。要充分研判使用办案措施的后果，将采取措施对企业合法正常生产经营的影响降到最低。

《意见》强调，健全完善惩治行贿行为的制度规范，推进受贿行贿一起查规范化法治化。通过发布指导性文件或者案例等方式，指导纪检监察机关、审判机关和检察机关在办理行贿案件中准确适用法律、把握政策，做好同类案件的平衡。纪检监察机关要与人大机关、政协机关和组织人事部门、统战部门、执法机关等建立对行贿人的联合惩戒机制，提高治理行贿的综合效能。要组织开展对行贿人作出市场准入、资质资格限制等问题进行研究，探索推行行贿人“黑名单”制度。要加大查处行贿的宣传力度，通报曝光典型案例，深入开展警示教育，彰显对贿赂零容忍的坚定决心，在全社会倡导廉洁守法理念。

关于进一步规范党政领导干部在企业兼职（任职）问题的意见

（2013年10月19日）

为贯彻落实中央关于从严管理干部的要求，加强干部队伍建设和反腐倡廉建设，根据《中华人民共和国公务员法》、《中国共产党党员领导干部廉洁从政若干准则》和有关文件规定精神，现就进一步规范党政领导干部在企业兼职（任职）问题提出如下意见。

一、现职和不担任现职但未办理退（离）休手续的党政领导干部不得在企业兼职（任职）。

二、对辞去公职或者退（离）休的党政领导干部到企业兼职（任职）必须从严掌握、从严把关，确因工作需要到企业兼职（任职）的，应当按照干部管理权限严格审批。

辞去公职或者退（离）休后三年内，不得到本人原任职务管辖的地区和业务范围内的企业兼职（任职），也不得从事与原任职务管辖业务相关的营利性活动。

辞去公职或者退（离）休后三年内，拟到本人原任职务管辖的地区和业务范围外的企业兼职（任职）的，必须由本人事先向其原所在单位党委（党组）报告，由拟兼职（任职）企业出具兼职（任职）理由说明材料，所在单位党委（党组）按规定审核并按照干部管理权限征得相应的组织（人事）部门同意后，方可兼职（任职）。

辞去公职或者退（离）休三年后到企业兼职（任职）的，应由本人向其原所在单位党委（党组）报告，由拟兼职（任职）企业出具兼职（任职）理由说明材料，所在单位党委（党组）按规定审批并按照干部管理权限向相应的组织（人事）部门备案。

三、按规定经批准在企业兼职的党政领导干部，不得在企业领取薪酬、奖金、津贴等报酬，不得获取股权和其他额外利益；兼职不得超过1个；所兼任职务实行任期制的，任期届满拟连任必须重新审批或备案，连任不超过两届；兼职的任职年龄界限为70周岁。

四、按规定经批准到企业任职的党政领导干部，应当及时将行政、工资等关系转入企业，不再保留公务员身份，不再保留党政机关的各种待遇。不得将行政、工资等关系转回党政机关办理退（离）休；在企业办理退（离）休手续后，也不得将行政、工资等关系转回党政机关。

五、按规定经批准在企业兼职（任职）的党政领导干部，要严格遵纪守法，廉洁自律，禁止利用职权和职务上的影响为企业或个人谋取不正当利益。党政领导干部在企业兼职期间的履职情况、是否取酬、职务消费和报销有关工作费用等，应每年年底以书面形式报所在单位党委（党组）。

六、限期对党政领导干部违规在企业兼职（任职）进行清理。各地区各部门各单位要根据本意见规定，按照干部管理权限对领导干部在企业兼职（任职）情况进行一次摸底排查，对发现的问题要限期纠正。凡不符合规定的，必须在本意见下发后3个月内免去或由本人辞去所兼任（担任）的职务。确属工作需要且符合有关规定精神，但未履行审批或备案程序的，必须在本意见下发后3个月内补办手续。兼职（任职）期间违规领取的薪酬，应按中央纪委有关规定执行。

七、清理工作完成后，如再发现党政领导干部有违规在企业兼职（任职）或领取报酬隐瞒不报的行为，一经查实，要按照有关规定严肃处理。各地区各部门各单位在审批和审核党政领导干部在企业兼职（任职）时存在违规行为的，要追究主要领导及有关负责人的责任。

八、党政领导干部在其他营利性组织兼职（任职），按照本意见执行。

参照公务员法管理的人民团体和群众团体、事业单位领导干部，按照本意见执行；其他领导干部，参照本意见执行。

九、各地区各部门各单位可根据本意见精神，按照干部管理权限，制定相应的管理实施办法，加强对各级各类领导干部在企业兼职（任职）的规范管理。

十、本意见自发布之日起施行。以往规定与本意见不一致的，按照本意见执行。

中共中央纪委关于国有企业领导干部廉洁自律“四条规定”的实施和处理意见

（1995年5月11日）

经中共中央批准，中央纪律检查委员会第五次全体会议提出的国有企业领导干部廉洁自律四条规定（以下简称“四条规定”），是推动反腐败斗争深入进行，促进党风廉政建设的重要举措。为正确贯彻执行“四条规定”，特制定本实施和处理意见。

一、“四条规定”的适用范围是：国有大型、特大型企业中层以上领导干部；国有中小型企业负责人；国有资产占控股地位或主导地位的公司中由政府主管部门委派或者招聘的领导干部、企业职工代表大会选举产生并报政府主管部门批准的领导干部、企业党组织的领导干部。包括上述人员中已到退（离）休年龄，尚未办理退（离）休手续的干部。

事业单位领导干部的廉洁自律，原规定按照党政机关县（处）级以上领导干部廉洁自律规定执行的，仍按原规定执行；国家全额预算管理的事业单位领导干部的廉洁自律，也按照党政机关县（处）级以上领导干部廉洁自律的规定执行；其他事业单位领导干部的廉洁自律，适用国有企业领导干部廉洁自律“四条规定”及本实施和处理意见。

二、企业领导干部要参照中央纪委、中央组织部《关于对照领导干部廉洁自律规定开好专题民主生活会的通知》精神，认真开好专题民主生活会，对照“四条规定”进行自查自纠，重点检查自中央纪委第三次全会以来的情况。各级党的组织和企业主管部门，对企业领导干部召开专题民主生活会自查自纠的情况要进行监督检查。

三、不准把经营、管理活动中收取的折扣、中介费、礼金据为己有。

在经营、管理活动中收取折扣，不如实入账并据为己有的，以贪污论，依照《中共中央纪律检查委员会关于共产党员在经济方面违法违纪党纪处分的若干规定（试行）》（以下简称《若干规定》）第四条处理。在经营、管理活动中收取回扣的，按有关法律和规定处理。

在经营、管理活动中以企业名义从事中介活动并将所得据为己有的，以贪污论，依照《若干规定》第四条处理；利用职务上的便利私自从事中介活动并将所得据为己有的，以受贿论，依照《若干规定》第八条处理。

在经营、管理活动中接受下属单位、其他单位或用公款以个人名义给予的礼金据为己有的，应主动自查自纠。不自查自纠的以及中央纪委第五次全会后违反的，依照《若干规定》第十一条处理。所收取的礼金如数退出。

四、不准违反规定领取兼职职务的工资、奖金。对违反规定领取兼职职务的工资、奖金及其他酬金据为己有的，应作出检查，并将领取的钱款交公。不自查自纠的以及中央纪委第五次全会后违反的，责令将所领取的钱款交公并批评教育；情节严重的，给予党内警告、严重警告或撤销党内职务处分。

五、不准个人私自经商办企业。中央纪委第五次全会前个人私自经商办企业的，应主动自查自纠，一律停办。其中私自经办与其所在的国有企业（包括国有资产占控股地位的公司）的经营管理活动有关联的企业，依托所在国有企业进行营利活动的，应将盈利部分交给所在的国有企业。不自查自纠的以及中央纪委第五次全会后私自经商办企业的，比照《若干规定》第三十条给予党纪处分，并收缴经营所得。其中将国有资产非法转移到个人经办的企业的，以贪污论处，有其他违法违纪行为的，合并处理。

六、不准利用职权为家属及亲友经商办企业提供各种便利条件。对利用职权或职务之便为配偶、子女或亲友经商办企业提供各种便利条件的，比照《若干规定》第三十条处理。其中有非法转移国有资产以及其他违法违纪行为的，合并处理。

七、不准违反规定多占住房。各地区、企业主管部门要制定或完善企业领导干部住房原则规定。各企业要依据国家以及本地区、本行业的有关规定，结合企业实际情况制定领导干部住房具体标准。企业领导干部要根据要求自查自纠，清理清退违反规定多占用的住房。

八、不准用公款购买、建造超标准住宅。企业领导干部居住、使用用公款购买的超标准住宅的，应退出。有关责任人和居住人应主动自查自纠。对于不自查自纠的以及中央纪委第五次全会后违反的，责令退出并批评教育；情节严重的，给予党内警告、严重警告或撤销党内职务处分。

九、不准在企业非政策性亏损、拖欠职工工资期间购买小汽车。1992 年

7 月 1 日以来在企业非政策性亏损、拖欠职工工资期间购买供领导干部使用的小汽车的，有关责任人应作出检查，小汽车予以拍卖或变卖，钱款用于企业生产经营或补发所拖欠的职工工资。不自查自纠的，以及在中央纪委第五次全会后违反的，责令其限期纠正，并给予有关责任人党内警告、严重警告或撤销党内职务处分。

十、不准购买进口豪华小轿车。中央纪委第五次全会后购买和更换供企业领导干部使用的排气量超过 2.6 升（含 2.6 升）进口小轿车的，小轿车由有关部门予以收缴拍卖或变卖，钱款返还企业用于发展生产，并给予有关责任人党内警告、严重警告或撤销党内职务处分。

国家另有规定的，从其规定。

十一、对于违反“四条规定”的行为，需要给予行政处分的，由主管部门、监察机关或所在企业，按照《企业职工奖惩条例》，比照本实施和处理意见予以处分。触犯刑律的，移送司法机关依法处理。

十二、各省、自治区、直辖市、中央国家机关企业主管部门、具有行政管理职能的公司和总会，可根据本实施和处理意见结合实施情况，制定具体实施办法，并报中央纪委备案，同时抄送国家经济贸易委员会。

国资委纪委
关于严格落实中央八项规定精神
坚决刹住公款吃喝风的通知

（2015年8月20日）

各中央企业，委内各厅局、直属单位、直管协会：

为进一步抓好中央八项规定精神贯彻落实，切实刹住公款吃喝风，坚决防止“四风”反弹，根据《党政机关国内公务接待管理规定》（中办发〔2013〕22号）、《关于合理确定并严格规范中央企业负责人履职待遇、业务支出的意见》（中办发〔2014〕51号）、《国资委党委关于进一步改进工作作风密切联系群众的具体措施》（国资党委〔2013〕10号）、《中央企业负责人履职待遇、业务支出管理办法》（国资发分配〔2015〕5号）的有关规定，重申以下六项禁令：

1. 严禁随意接待。业务招待是指企业负责人为企业生产经营业务的需要，招待客户、合资合作方以及其他外部关系人员的活动，主要分为商务、外事、其他公务招待活动等，不得不加区别随意接待。

2. 严禁超标准接待。企业负责人开展业务招待活动，标准根据业务招待内容和招待对象分档确定，不得超过中央及国资委有关规定和企业相关制度确定的标准。

3. 严禁上高档菜肴和酒水。企业负责人开展其他公务招待活动，参照《党政机关国内公务接待管理规定》执行，不得提供鱼翅、燕窝等高档菜肴，不得提供高档酒水，不得提供香烟。

4. 严禁系统内相互宴请。中央企业系统内部的业务招待活动，参照《党政机关国内公务接待管理规定》执行，不得赠送礼金、有价证券、纪念品和土特产品等。

国资委工作人员到中央企业参加会议、开展调研等，严格按照《党政机关国内公务接待管理规定》执行，不得接受礼金、有价证券、纪念品和土特产品等。

5. 严禁在高档场所接待。业务招待活动应当首选本企业食堂或者协议酒店等，不得使用私人会所、高消费餐饮场所。

6. 严禁违规报销接待费用。业务招待费用报销应当提供内部审核流程、发票以及招待清单，不得以会议、培训、调研等费用的名义虚列、隐匿，不得向下级单位及其他单位、企业、个人转嫁费用，不得借业务接待名义列支其他支出。

各级党组织要切实担负起党风廉政建设的主体责任和监督责任，把纪律和规矩挺在前面，确保中央八项规定精神落实到位。国资委和中央企业领导干部违反上述禁令的，一律从严从重处理，同时严肃追究领导责任。

国资委党委关于强化监督执纪问责深入纠正“四风”问题的通知

（2015 年 4 月 24 日）

各中央企业党委（党组）：

为贯彻落实中央纪委监察部召开的强化监督执纪问责深入纠正“四风”电视电话会议精神，现就有关事项通知如下：

一、要深入学习领会会议精神

各中央企业要进一步提高思想认识，结合“三严三实”专题教育工作，认真贯彻落实中央纪委监察部召开的强化监督执纪问责深入纠正“四风”电视电话会议精神，要弛而不息纠正“四风”，以作风建设的实际成效，为深化国资国企改革、促进中央企业健康发展提供有利保障。

二、要紧盯重要节点，不断发出纠正“四风”的强烈信号

今年“五一”、端午假期将至，要继续盯住具体问题，严肃查处公款吃喝、公款旅游、公款购买赠送粽子节礼等行为。要把落实中央关于厉行节约、干部住房、公车配备、国有企业负责人履职待遇和业务支出等规定情况列入监督检查重点，关注和解决变化方式违纪的“隐身衣”问题，着力解决发生在基层和职工群众身边的“四风”和腐败问题。

三、要严格监督执纪，把纪律挺在前面

要把违反中央八项规定精神和“四风”问题作为纪律审查的重点，对十八大后、八项规定出台后、群众路线教育实践活动后的顶风违纪行为，严查快处、动辄则咎，使纪律立起来、严起来、执行到位。

四、要加大问责力度，层层传导压力

要认真落实党委（党组）的主体责任和纪委（纪检组）的监督责任，特别要督促基层党委、纪委切实负起责任，抓好各项工作的落实。对工作不力、严重失职的，要严肃追究责任。要坚持“一案双查”，对出现严重顶风违纪问题，或“四风”问题禁而不绝的，要坚决严肃问责。对压案不报、有案不查、袒护包庇的，要坚决查处，决不姑息。

中共中央纪委　中共中央组织部 关于规范中管干部辞去公职或者退（离）休后担任上市公司、基金管理公司独立董事、独立监事的通知

（2008年6月25日）

各省、自治区、直辖市纪委、党委组织部，中央和国家机关各部委纪检组（纪委）、组织人事部门，中央纪委各派驻纪检组，中央直属机关纪工委，中央国家机关纪工委，军委纪委：

为规范中管干部辞去公职或者退（离）休后担任上市公司、基金管理公司独立董事、独立监事的行为，鼓励其发挥个人专长，参与社会发展，同时，防止其可能利用原有职权或者地位形成的便利条件谋取不正当利益，根据《中华人民共和国公务员法》和有关文件精神，现对规范中管干部辞去公职或者退（离）休后担任上市公司、基金管理公司独立董事、独立监事的行为通知如下：

一、中管干部辞去公职或者退（离）休后，因其原有职权或者地位在一定时间内仍有较大影响，对其担任上市公司、基金管理公司独立董事、独立监事的行为必须严格限制。

二、中管干部辞去公职或者退（离）休后三年内，不得到与本人原工作业务直接相关的上市公司、基金管理公司担任独立董事、独立监事，不得从事与本人原工作业务直接相关的营利性活动。中管干部辞去公职或者退（离）休后可以到与本人原工作业务不直接相关的上市公司、基金管理公司担任独立董事、独立监事。

三、中管干部辞去公职或者退（离）休后三年内按照规定担任上市公司、基金管理公司独立董事、独立监事的，必须由拟聘任独立董事、独立监事的公司征得该干部原所在单位党组（党委）同意，并由该干部原所在单位

党组（党委）征求中央纪委、中央组织部意见后，再由拟聘任独立董事、独立监事的公司正式任命。

中管干部辞去公职或者退（离）休三年后担任上市公司、基金管理公司独立董事、独立监事的，应由本人向其所在单位党组（党委）报告，并由其所在单位党组（党委）向中央组织部备案，同时抄报中央纪委。

四、中管干部辞去公职后担任上市公司、基金管理公司独立董事、独立监事的，可以领取相应报酬，具体数额应当由其所在的上市公司、基金管理公司董事会制订预案，股东大会审议通过，并在公司年报中进行披露。

五、中管干部退（离）休后担任上市公司、基金管理公司独立董事、独立监事的，不得领取报酬、津贴和获取其他额外利益。所在的上市公司、基金管理公司可按照有关规定，报销其工作费用。

六、中管干部辞去公职或者退（离）休后三年内，已担任与本人原工作业务直接相关的上市公司、基金管理公司独立董事、独立监事的，应辞去所担任的独立董事、独立监事。中管干部辞去公职或者退（离）休后三年内现已担任与本人原工作业务不直接相关的上市公司、基金管理公司独立董事、独立监事，但未履行本通知规定程序的，要抓紧履行相应程序。

七、本通知自发布之日起施行。中央纪委、中央组织部已经发布的有关规定与本通知不一致的，依据本通知执行。

八、其他党员领导干部辞去公职或者退（离）休后担任上市公司、基金管理公司独立董事、独立监事的，按照本通知执行。

九、各地区各部门于2008年年底前将执行本通知的情况以书面形式分别报告中央纪委和中央组织部。

三

企业法律与管理制度

（一）企业法律

中华人民共和国公司法

（1993 年 12 月 29 日第八届全国人民代表大会常务委员会第五次会议通过　2023 年 12 月 29 日第十四届全国人民代表大会常务委员会第七次会议第二次修订）

第一章　总　　则

第一条　为了规范公司的组织和行为，保护公司、股东、职工和债权人的合法权益，完善中国特色现代企业制度，弘扬企业家精神，维护社会经济秩序，促进社会主义市场经济的发展，根据宪法，制定本法。

第二条　本法所称公司，是指依照本法在中华人民共和国境内设立的有限责任公司和股份有限公司。

第三条　公司是企业法人，有独立的法人财产，享有法人财产权。公司以其全部财产对公司的债务承担责任。

公司的合法权益受法律保护，不受侵犯。

第四条　有限责任公司的股东以其认缴的出资额为限对公司承担责任；股份有限公司的股东以其认购的股份为限对公司承担责任。

公司股东对公司依法享有资产收益、参与重大决策和选择管理者等权利。

第五条　设立公司应当依法制定公司章程。公司章程对公司、股东、董事、监事、高级管理人员具有约束力。

第六条　公司应当有自己的名称。公司名称应当符合国家有关规定。

公司的名称权受法律保护。

第七条　依照本法设立的有限责任公司，应当在公司名称中标明有限责任公司或者有限公司字样。

依照本法设立的股份有限公司，应当在公司名称中标明股份有限公司或者股份公司字样。

第八条　公司以其主要办事机构所在地为住所。

第九条 公司的经营范围由公司章程规定。公司可以修改公司章程，变更经营范围。

公司的经营范围中属于法律、行政法规规定须经批准的项目，应当依法经过批准。

第十条 公司的法定代表人按照公司章程的规定，由代表公司执行公司事务的董事或者经理担任。

担任法定代表人的董事或者经理辞任的，视为同时辞去法定代表人。

法定代表人辞任的，公司应当在法定代表人辞任之日起三十日内确定新的法定代表人。

第十一条 法定代表人以公司名义从事的民事活动，其法律后果由公司承受。

公司章程或者股东会对法定代表人职权的限制，不得对抗善意相对人。

法定代表人因执行职务造成他人损害的，由公司承担民事责任。公司承担民事责任后，依照法律或者公司章程的规定，可以向有过错的法定代表人追偿。

第十二条 有限责任公司变更为股份有限公司，应当符合本法规定的股份有限公司的条件。股份有限公司变更为有限责任公司，应当符合本法规定的有限责任公司的条件。

有限责任公司变更为股份有限公司的，或者股份有限公司变更为有限责任公司的，公司变更前的债权、债务由变更后的公司承继。

第十三条 公司可以设立子公司。子公司具有法人资格，依法独立承担民事责任。

公司可以设立分公司。分公司不具有法人资格，其民事责任由公司承担。

第十四条 公司可以向其他企业投资。

法律规定公司不得成为对所投资企业的债务承担连带责任的出资人的，从其规定。

第十五条 公司向其他企业投资或者为他人提供担保，按照公司章程的规定，由董事会或者股东会决议；公司章程对投资或者担保的总额及单项投资或者担保的数额有限额规定的，不得超过规定的限额。

公司为公司股东或者实际控制人提供担保的，应当经股东会决议。

前款规定的股东或者受前款规定的实际控制人支配的股东，不得参加前款规定事项的表决。该项表决由出席会议的其他股东所持表决权的过半数通过。

第十六条 公司应当保护职工的合法权益，依法与职工签订劳动合同，参加社会保险，加强劳动保护，实现安全生产。

公司应当采用多种形式，加强公司职工的职业教育和岗位培训，提高职工素质。

第十七条 公司职工依照《中华人民共和国工会法》组织工会，开展工会活动，维护职工合法权益。公司应当为本公司工会提供必要的活动条件。公司工会代表职工就职工的劳动报酬、工作时间、休息休假、劳动安全卫生和保险福利等事项依法与公司签订集体合同。

公司依照宪法和有关法律的规定，建立健全以职工代表大会为基本形式的民主管理制度，通过职工代表大会或者其他形式，实行民主管理。

公司研究决定改制、解散、申请破产以及经营方面的重大问题、制定重要的规章制度时，应当听取公司工会的意见，并通过职工代表大会或者其他形式听取职工的意见和建议。

第十八条 在公司中，根据中国共产党章程的规定，设立中国共产党的组织，开展党的活动。公司应当为党组织的活动提供必要条件。

第十九条 公司从事经营活动，应当遵守法律法规，遵守社会公德、商业道德，诚实守信，接受政府和社会公众的监督。

第二十条 公司从事经营活动，应当充分考虑公司职工、消费者等利益相关者的利益以及生态环境保护等社会公共利益，承担社会责任。

国家鼓励公司参与社会公益活动，公布社会责任报告。

第二十一条 公司股东应当遵守法律、行政法规和公司章程，依法行使股东权利，不得滥用股东权利损害公司或者其他股东的利益。

公司股东滥用股东权利给公司或者其他股东造成损失的，应当承担赔偿责任。

第二十二条 公司的控股股东、实际控制人、董事、监事、高级管理人员不得利用关联关系损害公司利益。

违反前款规定，给公司造成损失的，应当承担赔偿责任。

第二十三条 公司股东滥用公司法人独立地位和股东有限责任，逃避债务，严重损害公司债权人利益的，应当对公司债务承担连带责任。

股东利用其控制的两个以上公司实施前款规定行为的，各公司应当对任一公司的债务承担连带责任。

只有一个股东的公司，股东不能证明公司财产独立于股东自己的财产的，应当对公司债务承担连带责任。

第二十四条 公司股东会、董事会、监事会召开会议和表决可以采用电子通信方式，公司章程另有规定的除外。

第二十五条 公司股东会、董事会的决议内容违反法律、行政法规的无效。

第二十六条 公司股东会、董事会的会议召集程序、表决方式违反法律、行政法规或者公司章程，或者决议内容违反公司章程的，股东自决议作出之日起六十日内，可以请求人民法院撤销。但是，股东会、董事会的会议召集程序或者表决方式仅有轻微瑕疵，对决议未产生实质影响的除外。

未被通知参加股东会会议的股东自知道或者应当知道股东会决议作出之日起六十日内，可以请求人民法院撤销；自决议作出之日起一年内没有行使撤销权的，撤销权消灭。

第二十七条 有下列情形之一的，公司股东会、董事会的决议不成立：

（一）未召开股东会、董事会会议作出决议；

（二）股东会、董事会会议未对决议事项进行表决；

（三）出席会议的人数或者所持表决权数未达到本法或者公司章程规定的人数或者所持表决权数；

（四）同意决议事项的人数或者所持表决权数未达到本法或者公司章程规定的人数或者所持表决权数。

第二十八条 公司股东会、董事会决议被人民法院宣告无效、撤销或者确认不成立的，公司应当向公司登记机关申请撤销根据该决议已办理的登记。

股东会、董事会决议被人民法院宣告无效、撤销或者确认不成立的，公司根据该决议与善意相对人形成的民事法律关系不受影响。

第二章　公司登记

第二十九条 设立公司，应当依法向公司登记机关申请设立登记。

法律、行政法规规定设立公司必须报经批准的，应当在公司登记前依法办理批准手续。

第三十条 申请设立公司，应当提交设立登记申请书、公司章程等文件，提交的相关材料应当真实、合法和有效。

申请材料不齐全或者不符合法定形式的，公司登记机关应当一次性告知需要补正的材料。

第三十一条 申请设立公司，符合本法规定的设立条件的，由公司登记机关分别登记为有限责任公司或者股份有限公司；不符合本法规定的设立条件的，不得登记为有限责任公司或者股份有限公司。

第三十二条 公司登记事项包括：

（一）名称；

（二）住所；

（三）注册资本；

（四）经营范围；

（五）法定代表人的姓名；

（六）有限责任公司股东、股份有限公司发起人的姓名或者名称。

公司登记机关应当将前款规定的公司登记事项通过国家企业信用信息公示系统向社会公示。

第三十三条 依法设立的公司，由公司登记机关发给公司营业执照。公司营业执照签发日期为公司成立日期。

公司营业执照应当载明公司的名称、住所、注册资本、经营范围、法定代表人姓名等事项。

公司登记机关可以发给电子营业执照。电子营业执照与纸质营业执照具有同等法律效力。

第三十四条 公司登记事项发生变更的，应当依法办理变更登记。

公司登记事项未经登记或者未经变更登记，不得对抗善意相对人。

第三十五条 公司申请变更登记，应当向公司登记机关提交公司法定代表人签署的变更登记申请书、依法作出的变更决议或者决定等文件。

公司变更登记事项涉及修改公司章程的，应当提交修改后的公司章程。

公司变更法定代表人的，变更登记申请书由变更后的法定代表人签署。

第三十六条 公司营业执照记载的事项发生变更的，公司办理变更登记后，由公司登记机关换发营业执照。

第三十七条 公司因解散、被宣告破产或者其他法定事由需要终止的，应当依法向公司登记机关申请注销登记，由公司登记机关公告公司终止。

第三十八条 公司设立分公司，应当向公司登记机关申请登记，领取营业执照。

第三十九条 虚报注册资本、提交虚假材料或者采取其他欺诈手段隐瞒重要事实取得公司设立登记的，公司登记机关应当依照法律、行政法规的规定予以撤销。

第四十条 公司应当按照规定通过国家企业信用信息公示系统公示下列事项：

（一）有限责任公司股东认缴和实缴的出资额、出资方式和出资日期，股份有限公司发起人认购的股份数；

（二）有限责任公司股东、股份有限公司发起人的股权、股份变更信息；

（三）行政许可取得、变更、注销等信息；

（四）法律、行政法规规定的其他信息。

公司应当确保前款公示信息真实、准确、完整。

第四十一条 公司登记机关应当优化公司登记办理流程，提高公司登记效率，加强信息化建设，推行网上办理等便捷方式，提升公司登记便利化水平。

国务院市场监督管理部门根据本法和有关法律、行政法规的规定，制定公司登记注册的具体办法。

第三章　有限责任公司的设立和组织机构

第一节　设　　立

第四十二条 有限责任公司由一个以上五十个以下股东出资设立。

第四十三条 有限责任公司设立时的股东可以签订设立协议，明确各自在公司设立过程中的权利和义务。

第四十四条 有限责任公司设立时的股东为设立公司从事的民事活动，其法律后果由公司承受。

公司未成立的，其法律后果由公司设立时的股东承受；设立时的股东为二人以上的，享有连带债权，承担连带债务。

设立时的股东为设立公司以自己的名义从事民事活动产生的民事责任，第三人有权选择请求公司或者公司设立时的股东承担。

设立时的股东因履行公司设立职责造成他人损害的，公司或者无过错的股东承担赔偿责任后，可以向有过错的股东追偿。

第四十五条　设立有限责任公司，应当由股东共同制定公司章程。

第四十六条　有限责任公司章程应当载明下列事项：

（一）公司名称和住所；

（二）公司经营范围；

（三）公司注册资本；

（四）股东的姓名或者名称；

（五）股东的出资额、出资方式和出资日期；

（六）公司的机构及其产生办法、职权、议事规则；

（七）公司法定代表人的产生、变更办法；

（八）股东会认为需要规定的其他事项。

股东应当在公司章程上签名或者盖章。

第四十七条　有限责任公司的注册资本为在公司登记机关登记的全体股东认缴的出资额。全体股东认缴的出资额由股东按照公司章程的规定自公司成立之日起五年内缴足。

法律、行政法规以及国务院决定对有限责任公司注册资本实缴、注册资本最低限额、股东出资期限另有规定的，从其规定。

第四十八条　股东可以用货币出资，也可以用实物、知识产权、土地使用权、股权、债权等可以用货币估价并可以依法转让的非货币财产作价出资；但是，法律、行政法规规定不得作为出资的财产除外。

对作为出资的非货币财产应当评估作价，核实财产，不得高估或者低估作价。法律、行政法规对评估作价有规定的，从其规定。

第四十九条　股东应当按期足额缴纳公司章程规定的各自所认缴的出资额。

股东以货币出资的，应当将货币出资足额存入有限责任公司在银行开设的账户；以非货币财产出资的，应当依法办理其财产权的转移手续。

股东未按期足额缴纳出资的，除应当向公司足额缴纳外，还应当对给公司造成的损失承担赔偿责任。

第五十条　有限责任公司设立时，股东未按照公司章程规定实际缴纳出资，或者实际出资的非货币财产的实际价额显著低于所认缴的出资额的，设立时的其他股东与该股东在出资不足的范围内承担连带责任。

第五十一条　有限责任公司成立后，董事会应当对股东的出资情况进行核查，发现股东未按期足额缴纳公司章程规定的出资的，应当由公司向该股东发出书面催缴书，催缴出资。

未及时履行前款规定的义务，给公司造成损失的，负有责任的董事应当承担赔偿责任。

第五十二条 股东未按照公司章程规定的出资日期缴纳出资，公司依照前条第一款规定发出书面催缴书催缴出资的，可以载明缴纳出资的宽限期；宽限期自公司发出催缴书之日起，不得少于六十日。宽限期届满，股东仍未履行出资义务的，公司经董事会决议可以向该股东发出失权通知，通知应当以书面形式发出。自通知发出之日起，该股东丧失其未缴纳出资的股权。

依照前款规定丧失的股权应当依法转让，或者相应减少注册资本并注销该股权；六个月内未转让或者注销的，由公司其他股东按照其出资比例足额缴纳相应出资。

股东对失权有异议的，应当自接到失权通知之日起三十日内，向人民法院提起诉讼。

第五十三条 公司成立后，股东不得抽逃出资。

违反前款规定的，股东应当返还抽逃的出资；给公司造成损失的，负有责任的董事、监事、高级管理人员应当与该股东承担连带赔偿责任。

第五十四条 公司不能清偿到期债务的，公司或者已到期债权的债权人有权要求已认缴出资但未届出资期限的股东提前缴纳出资。

第五十五条 有限责任公司成立后，应当向股东签发出资证明书，记载下列事项：

（一）公司名称；

（二）公司成立日期；

（三）公司注册资本；

（四）股东的姓名或者名称、认缴和实缴的出资额、出资方式和出资日期；

（五）出资证明书的编号和核发日期。

出资证明书由法定代表人签名，并由公司盖章。

第五十六条 有限责任公司应当置备股东名册，记载下列事项：

（一）股东的姓名或者名称及住所；

（二）股东认缴和实缴的出资额、出资方式和出资日期；

（三）出资证明书编号；

（四）取得和丧失股东资格的日期。

记载于股东名册的股东，可以依股东名册主张行使股东权利。

第五十七条 股东有权查阅、复制公司章程、股东名册、股东会会议记录、董事会会议决议、监事会会议决议和财务会计报告。

股东可以要求查阅公司会计账簿、会计凭证。股东要求查阅公司会计账簿、会计凭证的，应当向公司提出书面请求，说明目的。公司有合理根据认为股东查阅会计账簿、会计凭证有不正当目的，可能损害公司合法利益的，可以拒绝提供查阅，并应当自股东提出书面请求之日起十五日内书面答复股东并说明理由。公司拒绝提供查阅的，股东可以向人民法院提起诉讼。

股东查阅前款规定的材料，可以委托会计师事务所、律师事务所等中介机构进行。

股东及其委托的会计师事务所、律师事务所等中介机构查阅、复制有关材料，应当遵守有关保护国家秘密、商业秘密、个人隐私、个人信息等法律、行政法规的规定。

股东要求查阅、复制公司全资子公司相关材料的，适用前四款的规定。

第二节 组织机构

第五十八条 有限责任公司股东会由全体股东组成。股东会是公司的权力机构，依照本法行使职权。

第五十九条 股东会行使下列职权：

（一）选举和更换董事、监事，决定有关董事、监事的报酬事项；

（二）审议批准董事会的报告；

（三）审议批准监事会的报告；

（四）审议批准公司的利润分配方案和弥补亏损方案；

（五）对公司增加或者减少注册资本作出决议；

（六）对发行公司债券作出决议；

（七）对公司合并、分立、解散、清算或者变更公司形式作出决议；

（八）修改公司章程；

（九）公司章程规定的其他职权。

股东会可以授权董事会对发行公司债券作出决议。

对本条第一款所列事项股东以书面形式一致表示同意的，可以不召开股东会会议，直接作出决定，并由全体股东在决定文件上签名或者盖章。

第六十条 只有一个股东的有限责任公司不设股东会。股东作出前条第一款所列事项的决定时，应当采用书面形式，并由股东签名或者盖章后置备于公司。

第六十一条 首次股东会会议由出资最多的股东召集和主持，依照本法规定行使职权。

第六十二条 股东会会议分为定期会议和临时会议。

定期会议应当按照公司章程的规定按时召开。代表十分之一以上表决权的股东、三分之一以上的董事或者监事会提议召开临时会议的，应当召开临时会议。

第六十三条 股东会会议由董事会召集，董事长主持；董事长不能履行职务或者不履行职务的，由副董事长主持；副董事长不能履行职务或者不履行职务的，由过半数的董事共同推举一名董事主持。

董事会不能履行或者不履行召集股东会会议职责的，由监事会召集和主持；监事会不召集和主持的，代表十分之一以上表决权的股东可以自行召集和主持。

第六十四条 召开股东会会议，应当于会议召开十五日前通知全体股东；但是，公司章程另有规定或者全体股东另有约定的除外。

股东会应当对所议事项的决定作成会议记录，出席会议的股东应当在会议记录上签名或者盖章。

第六十五条 股东会会议由股东按照出资比例行使表决权；但是，公司章程另有规定的除外。

第六十六条 股东会的议事方式和表决程序，除本法有规定的外，由公司章程规定。

股东会作出决议，应当经代表过半数表决权的股东通过。

股东会作出修改公司章程、增加或者减少注册资本的决议，以及公司合并、分立、解散或者变更公司形式的决议，应当经代表三分之二以上表决权的股东通过。

第六十七条 有限责任公司设董事会，本法第七十五条另有规定的除外。

董事会行使下列职权：

（一）召集股东会会议，并向股东会报告工作；

（二）执行股东会的决议；

（三）决定公司的经营计划和投资方案；

（四）制订公司的利润分配方案和弥补亏损方案；

（五）制订公司增加或者减少注册资本以及发行公司债券的方案；

（六）制订公司合并、分立、解散或者变更公司形式的方案；

（七）决定公司内部管理机构的设置；

（八）决定聘任或者解聘公司经理及其报酬事项，并根据经理的提名决定聘任或者解聘公司副经理、财务负责人及其报酬事项；

（九）制定公司的基本管理制度；

（十）公司章程规定或者股东会授予的其他职权。

公司章程对董事会职权的限制不得对抗善意相对人。

第六十八条 有限责任公司董事会成员为三人以上，其成员中可以有公司职工代表。职工人数三百人以上的有限责任公司，除依法设监事会并有公司职工代表的外，其董事会成员中应当有公司职工代表。董事会中的职工代表由公司职工通过职工代表大会、职工大会或者其他形式民主选举产生。

董事会设董事长一人，可以设副董事长。董事长、副董事长的产生办法由公司章程规定。

第六十九条 有限责任公司可以按照公司章程的规定在董事会中设置由董事组成的审计委员会，行使本法规定的监事会的职权，不设监事会或者监事。公司董事会成员中的职工代表可以成为审计委员会成员。

第七十条 董事任期由公司章程规定，但每届任期不得超过三年。董事任期届满，连选可以连任。

董事任期届满未及时改选，或者董事在任期内辞任导致董事会成员低于法定人数的，在改选出的董事就任前，原董事仍应当依照法律、行政法规和公司章程的规定，履行董事职务。

董事辞任的，应当以书面形式通知公司，公司收到通知之日辞任生效，但存在前款规定情形的，董事应当继续履行职务。

第七十一条 股东会可以决议解任董事，决议作出之日解任生效。

无正当理由，在任期届满前解任董事的，该董事可以要求公司予以赔偿。

第七十二条 董事会会议由董事长召集和主持；董事长不能履行职务或者不履行职务的，由副董事长召集和主持；副董事长不能履行职务或者不履行职务的，由过半数的董事共同推举一名董事召集和主持。

第七十三条 董事会的议事方式和表决程序，除本法有规定的外，由公司章程规定。

董事会会议应当有过半数的董事出席方可举行。董事会作出决议，应当经全体董事的过半数通过。

董事会决议的表决，应当一人一票。

董事会应当对所议事项的决定作成会议记录，出席会议的董事应当在会议记录上签名。

第七十四条 有限责任公司可以设经理，由董事会决定聘任或者解聘。

经理对董事会负责，根据公司章程的规定或者董事会的授权行使职权。经理列席董事会会议。

第七十五条 规模较小或者股东人数较少的有限责任公司，可以不设董事会，设一名董事，行使本法规定的董事会的职权。该董事可以兼任公司经理。

第七十六条 有限责任公司设监事会，本法第六十九条、第八十三条另有规定的除外。

监事会成员为三人以上。监事会成员应当包括股东代表和适当比例的公司职工代表，其中职工代表的比例不得低于三分之一，具体比例由公司章程规定。监事会中的职工代表由公司职工通过职工代表大会、职工大会或者其他形式民主选举产生。

监事会设主席一人，由全体监事过半数选举产生。监事会主席召集和主持监事会会议；监事会主席不能履行职务或者不履行职务的，由过半数的监事共同推举一名监事召集和主持监事会会议。

董事、高级管理人员不得兼任监事。

第七十七条 监事的任期每届为三年。监事任期届满，连选可以连任。

监事任期届满未及时改选，或者监事在任期内辞任导致监事会成员低于法定人数的，在改选出的监事就任前，原监事仍应当依照法律、行政法规和公司章程的规定，履行监事职务。

第七十八条 监事会行使下列职权：

（一）检查公司财务；

（二）对董事、高级管理人员执行职务的行为进行监督，对违反法律、行政法规、公司章程或者股东会决议的董事、高级管理人员提出解任的建议；

（三）当董事、高级管理人员的行为损害公司的利益时，要求董事、高级管理人员予以纠正；

（四）提议召开临时股东会会议，在董事会不履行本法规定的召集和主持股东会会议职责时召集和主持股东会会议；

（五）向股东会会议提出提案；

（六）依照本法第一百八十九条的规定，对董事、高级管理人员提起诉讼；

（七）公司章程规定的其他职权。

第七十九条　监事可以列席董事会会议，并对董事会决议事项提出质询或者建议。

监事会发现公司经营情况异常，可以进行调查；必要时，可以聘请会计师事务所等协助其工作，费用由公司承担。

第八十条　监事会可以要求董事、高级管理人员提交执行职务的报告。

董事、高级管理人员应当如实向监事会提供有关情况和资料，不得妨碍监事会或者监事行使职权。

第八十一条　监事会每年度至少召开一次会议，监事可以提议召开临时监事会会议。

监事会的议事方式和表决程序，除本法有规定的外，由公司章程规定。

监事会决议应当经全体监事的过半数通过。

监事会决议的表决，应当一人一票。

监事会应当对所议事项的决定作成会议记录，出席会议的监事应当在会议记录上签名。

第八十二条　监事会行使职权所必需的费用，由公司承担。

第八十三条　规模较小或者股东人数较少的有限责任公司，可以不设监事会，设一名监事，行使本法规定的监事会的职权；经全体股东一致同意，也可以不设监事。

第四章　有限责任公司的股权转让

第八十四条　有限责任公司的股东之间可以相互转让其全部或者部分股权。

股东向股东以外的人转让股权的，应当将股权转让的数量、价格、支付方式和期限等事项书面通知其他股东，其他股东在同等条件下有优先购买权。股东自接到书面通知之日起三十日内未答复的，视为放弃优先购买权。

两个以上股东行使优先购买权的，协商确定各自的购买比例；协商不成的，按照转让时各自的出资比例行使优先购买权。

公司章程对股权转让另有规定的，从其规定。

第八十五条 人民法院依照法律规定的强制执行程序转让股东的股权时，应当通知公司及全体股东，其他股东在同等条件下有优先购买权。其他股东自人民法院通知之日起满二十日不行使优先购买权的，视为放弃优先购买权。

第八十六条 股东转让股权的，应当书面通知公司，请求变更股东名册；需要办理变更登记的，并请求公司向公司登记机关办理变更登记。公司拒绝或者在合理期限内不予答复的，转让人、受让人可以依法向人民法院提起诉讼。

股权转让的，受让人自记载于股东名册时起可以向公司主张行使股东权利。

第八十七条 依照本法转让股权后，公司应当及时注销原股东的出资证明书，向新股东签发出资证明书，并相应修改公司章程和股东名册中有关股东及其出资额的记载。对公司章程的该项修改不需再由股东会表决。

第八十八条 股东转让已认缴出资但未届出资期限的股权的，由受让人承担缴纳该出资的义务；受让人未按期足额缴纳出资的，转让人对受让人未按期缴纳的出资承担补充责任。

未按照公司章程规定的出资日期缴纳出资或者作为出资的非货币财产的实际价额显著低于所认缴的出资额的股东转让股权的，转让人与受让人在出资不足的范围内承担连带责任；受让人不知道且不应当知道存在上述情形的，由转让人承担责任。

第八十九条 有下列情形之一的，对股东会该项决议投反对票的股东可以请求公司按照合理的价格收购其股权：

（一）公司连续五年不向股东分配利润，而公司该五年连续盈利，并且符合本法规定的分配利润条件；

（二）公司合并、分立、转让主要财产；

（三）公司章程规定的营业期限届满或者章程规定的其他解散事由出现，股东会通过决议修改章程使公司存续。

自股东会决议作出之日起六十日内，股东与公司不能达成股权收购协议的，股东可以自股东会决议作出之日起九十日内向人民法院提起诉讼。

公司的控股股东滥用股东权利，严重损害公司或者其他股东利益的，其他股东有权请求公司按照合理的价格收购其股权。

公司因本条第一款、第三款规定的情形收购的本公司股权，应当在六个月内依法转让或者注销。

第九十条 自然人股东死亡后，其合法继承人可以继承股东资格；但是，公司章程另有规定的除外。

第五章 股份有限公司的设立和组织机构

第一节 设 立

第九十一条 设立股份有限公司，可以采取发起设立或者募集设立的方式。

发起设立，是指由发起人认购设立公司时应发行的全部股份而设立公司。

募集设立，是指由发起人认购设立公司时应发行股份的一部分，其余股份向特定对象募集或者向社会公开募集而设立公司。

第九十二条 设立股份有限公司，应当有一人以上二百人以下为发起人，其中应当有半数以上的发起人在中华人民共和国境内有住所。

第九十三条 股份有限公司发起人承担公司筹办事务。

发起人应当签订发起人协议，明确各自在公司设立过程中的权利和义务。

第九十四条 设立股份有限公司，应当由发起人共同制订公司章程。

第九十五条 股份有限公司章程应当载明下列事项：

（一）公司名称和住所；

（二）公司经营范围；

（三）公司设立方式；

（四）公司注册资本、已发行的股份数和设立时发行的股份数，面额股的每股金额；

（五）发行类别股的，每一类别股的股份数及其权利和义务；

（六）发起人的姓名或者名称、认购的股份数、出资方式；

（七）董事会的组成、职权和议事规则；

（八）公司法定代表人的产生、变更办法；

（九）监事会的组成、职权和议事规则；

（十）公司利润分配办法；

（十一）公司的解散事由与清算办法；

（十二）公司的通知和公告办法；

（十三）股东会认为需要规定的其他事项。

第九十六条 股份有限公司的注册资本为在公司登记机关登记的已发行股份的股本总额。在发起人认购的股份缴足前，不得向他人募集股份。

法律、行政法规以及国务院决定对股份有限公司注册资本最低限额另有规定的，从其规定。

第九十七条 以发起设立方式设立股份有限公司的，发起人应当认足公司章程规定的公司设立时应发行的股份。

以募集设立方式设立股份有限公司的，发起人认购的股份不得少于公司章程规定的公司设立时应发行股份总数的百分之三十五；但是，法律、行政法规另有规定的，从其规定。

第九十八条 发起人应当在公司成立前按照其认购的股份全额缴纳股款。

发起人的出资，适用本法第四十八条、第四十九条第二款关于有限责任公司股东出资的规定。

第九十九条 发起人不按照其认购的股份缴纳股款，或者作为出资的非货币财产的实际价额显著低于所认购的股份的，其他发起人与该发起人在出资不足的范围内承担连带责任。

第一百条 发起人向社会公开募集股份，应当公告招股说明书，并制作认股书。认股书应当载明本法第一百五十四条第二款、第三款所列事项，由认股人填写认购的股份数、金额、住所，并签名或者盖章。认股人应当按照所认购股份足额缴纳股款。

第一百零一条 向社会公开募集股份的股款缴足后，应当经依法设立的验资机构验资并出具证明。

第一百零二条 股份有限公司应当制作股东名册并置备于公司。股东名册应当记载下列事项：

（一）股东的姓名或者名称及住所；

（二）各股东所认购的股份种类及股份数；

（三）发行纸面形式的股票的，股票的编号；

（四）各股东取得股份的日期。

第一百零三条 募集设立股份有限公司的发起人应当自公司设立时应发行股份的股款缴足之日起三十日内召开公司成立大会。发起人应当在成立大会召开十五日前将会议日期通知各认股人或者予以公告。成立大会应当有持有表决权过半数的认股人出席，方可举行。

以发起设立方式设立股份有限公司成立大会的召开和表决程序由公司章程或者发起人协议规定。

第一百零四条 公司成立大会行使下列职权：

（一）审议发起人关于公司筹办情况的报告；

（二）通过公司章程；

（三）选举董事、监事；

（四）对公司的设立费用进行审核；

（五）对发起人非货币财产出资的作价进行审核；

（六）发生不可抗力或者经营条件发生重大变化直接影响公司设立的，可以作出不设立公司的决议。

成立大会对前款所列事项作出决议，应当经出席会议的认股人所持表决权过半数通过。

第一百零五条 公司设立时应发行的股份未募足，或者发行股份的股款缴足后，发起人在三十日内未召开成立大会的，认股人可以按照所缴股款并加算银行同期存款利息，要求发起人返还。

发起人、认股人缴纳股款或者交付非货币财产出资后，除未按期募足股份、发起人未按期召开成立大会或者成立大会决议不设立公司的情形外，不得抽回其股本。

第一百零六条 董事会应当授权代表，于公司成立大会结束后三十日内向公司登记机关申请设立登记。

第一百零七条 本法第四十四条、第四十九条第三款、第五十一条、第五十二条、第五十三条的规定，适用于股份有限公司。

第一百零八条 有限责任公司变更为股份有限公司时，折合的实收股本总额不得高于公司净资产额。有限责任公司变更为股份有限公司，为增加注册资本公开发行股份时，应当依法办理。

第一百零九条 股份有限公司应当将公司章程、股东名册、股东会会议记录、董事会会议记录、监事会会议记录、财务会计报告、债券持有人名册置备于本公司。

第一百一十条　股东有权查阅、复制公司章程、股东名册、股东会会议记录、董事会会议决议、监事会会议决议、财务会计报告，对公司的经营提出建议或者质询。

连续一百八十日以上单独或者合计持有公司百分之三以上股份的股东要求查阅公司的会计账簿、会计凭证的，适用本法第五十七条第二款、第三款、第四款的规定。公司章程对持股比例有较低规定的，从其规定。

股东要求查阅、复制公司全资子公司相关材料的，适用前两款的规定。

上市公司股东查阅、复制相关材料的，应当遵守《中华人民共和国证券法》等法律、行政法规的规定。

第二节　股东会

第一百一十一条　股份有限公司股东会由全体股东组成。股东会是公司的权力机构，依照本法行使职权。

第一百一十二条　本法第五十九条第一款、第二款关于有限责任公司股东会职权的规定，适用于股份有限公司股东会。

本法第六十条关于只有一个股东的有限责任公司不设股东会的规定，适用于只有一个股东的股份有限公司。

第一百一十三条　股东会应当每年召开一次年会。有下列情形之一的，应当在两个月内召开临时股东会会议：

（一）董事人数不足本法规定人数或者公司章程所定人数的三分之二时；

（二）公司未弥补的亏损达股本总额三分之一时；

（三）单独或者合计持有公司百分之十以上股份的股东请求时；

（四）董事会认为必要时；

（五）监事会提议召开时；

（六）公司章程规定的其他情形。

第一百一十四条　股东会会议由董事会召集，董事长主持；董事长不能履行职务或者不履行职务的，由副董事长主持；副董事长不能履行职务或者不履行职务的，由过半数的董事共同推举一名董事主持。

董事会不能履行或者不履行召集股东会会议职责的，监事会应当及时召集和主持；监事会不召集和主持的，连续九十日以上单独或者合计持有公司百分之十以上股份的股东可以自行召集和主持。

单独或者合计持有公司百分之十以上股份的股东请求召开临时股东会会议的，董事会、监事会应当在收到请求之日起十日内作出是否召开临时股东会会议的决定，并书面答复股东。

第一百一十五条 召开股东会会议，应当将会议召开的时间、地点和审议的事项于会议召开二十日前通知各股东；临时股东会会议应当于会议召开十五日前通知各股东。

单独或者合计持有公司百分之一以上股份的股东，可以在股东会会议召开十日前提出临时提案并书面提交董事会。临时提案应当有明确议题和具体决议事项。董事会应当在收到提案后二日内通知其他股东，并将该临时提案提交股东会审议；但临时提案违反法律、行政法规或者公司章程的规定，或者不属于股东会职权范围的除外。公司不得提高提出临时提案股东的持股比例。

公开发行股份的公司，应当以公告方式作出前两款规定的通知。

股东会不得对通知中未列明的事项作出决议。

第一百一十六条 股东出席股东会会议，所持每一股份有一表决权，类别股股东除外。公司持有的本公司股份没有表决权。

股东会作出决议，应当经出席会议的股东所持表决权过半数通过。

股东会作出修改公司章程、增加或者减少注册资本的决议，以及公司合并、分立、解散或者变更公司形式的决议，应当经出席会议的股东所持表决权的三分之二以上通过。

第一百一十七条 股东会选举董事、监事，可以按照公司章程的规定或者股东会的决议，实行累积投票制。

本法所称累积投票制，是指股东会选举董事或者监事时，每一股份拥有与应选董事或者监事人数相同的表决权，股东拥有的表决权可以集中使用。

第一百一十八条 股东委托代理人出席股东会会议的，应当明确代理人代理的事项、权限和期限；代理人应当向公司提交股东授权委托书，并在授权范围内行使表决权。

第一百一十九条 股东会应当对所议事项的决定作成会议记录，主持人、出席会议的董事应当在会议记录上签名。会议记录应当与出席股东的签名册及代理出席的委托书一并保存。

第三节 董事会、经理

第一百二十条 股份有限公司设董事会，本法第一百二十八条另有规定的除外。

本法第六十七条、第六十八条第一款、第七十条、第七十一条的规定，适用于股份有限公司。

第一百二十一条 股份有限公司可以按照公司章程的规定在董事会中设置由董事组成的审计委员会，行使本法规定的监事会的职权，不设监事会或者监事。

审计委员会成员为三名以上，过半数成员不得在公司担任除董事以外的其他职务，且不得与公司存在任何可能影响其独立客观判断的关系。公司董事会成员中的职工代表可以成为审计委员会成员。

审计委员会作出决议，应当经审计委员会成员的过半数通过。

审计委员会决议的表决，应当一人一票。

审计委员会的议事方式和表决程序，除本法有规定的外，由公司章程规定。

公司可以按照公司章程的规定在董事会中设置其他委员会。

第一百二十二条 董事会设董事长一人，可以设副董事长。董事长和副董事长由董事会以全体董事的过半数选举产生。

董事长召集和主持董事会会议，检查董事会决议的实施情况。副董事长协助董事长工作，董事长不能履行职务或者不履行职务的，由副董事长履行职务；副董事长不能履行职务或者不履行职务的，由过半数的董事共同推举一名董事履行职务。

第一百二十三条 董事会每年度至少召开两次会议，每次会议应当于会议召开十日前通知全体董事和监事。

代表十分之一以上表决权的股东、三分之一以上董事或者监事会，可以提议召开临时董事会会议。董事长应当自接到提议后十日内，召集和主持董事会会议。

董事会召开临时会议，可以另定召集董事会的通知方式和通知时限。

第一百二十四条 董事会会议应当有过半数的董事出席方可举行。董事会作出决议，应当经全体董事的过半数通过。

董事会决议的表决，应当一人一票。

董事会应当对所议事项的决定作成会议记录，出席会议的董事应当在会议记录上签名。

第一百二十五条 董事会会议，应当由董事本人出席；董事因故不能出席，可以书面委托其他董事代为出席，委托书应当载明授权范围。

董事应当对董事会的决议承担责任。董事会的决议违反法律、行政法规或者公司章程、股东会决议，给公司造成严重损失的，参与决议的董事对公司负赔偿责任；经证明在表决时曾表明异议并记载于会议记录的，该董事可以免除责任。

第一百二十六条 股份有限公司设经理，由董事会决定聘任或者解聘。

经理对董事会负责，根据公司章程的规定或者董事会的授权行使职权。经理列席董事会会议。

第一百二十七条 公司董事会可以决定由董事会成员兼任经理。

第一百二十八条 规模较小或者股东人数较少的股份有限公司，可以不设董事会，设一名董事，行使本法规定的董事会的职权。该董事可以兼任公司经理。

第一百二十九条 公司应当定期向股东披露董事、监事、高级管理人员从公司获得报酬的情况。

第四节　监事会

第一百三十条 股份有限公司设监事会，本法第一百二十一条第一款、第一百三十三条另有规定的除外。

监事会成员为三人以上。监事会成员应当包括股东代表和适当比例的公司职工代表，其中职工代表的比例不得低于三分之一，具体比例由公司章程规定。监事会中的职工代表由公司职工通过职工代表大会、职工大会或者其他形式民主选举产生。

监事会设主席一人，可以设副主席。监事会主席和副主席由全体监事过半数选举产生。监事会主席召集和主持监事会会议；监事会主席不能履行职务或者不履行职务的，由监事会副主席召集和主持监事会会议；监事会副主席不能履行职务或者不履行职务的，由过半数的监事共同推举一名监事召集和主持监事会会议。

董事、高级管理人员不得兼任监事。

本法第七十七条关于有限责任公司监事任期的规定，适用于股份有限公司监事。

第一百三十一条 本法第七十八条至第八十条的规定，适用于股份有限公司监事会。

监事会行使职权所必需的费用，由公司承担。

第一百三十二条 监事会每六个月至少召开一次会议。监事可以提议召开临时监事会会议。

监事会的议事方式和表决程序，除本法有规定的外，由公司章程规定。

监事会决议应当经全体监事的过半数通过。

监事会决议的表决，应当一人一票。

监事会应当对所议事项的决定作成会议记录，出席会议的监事应当在会议记录上签名。

第一百三十三条 规模较小或者股东人数较少的股份有限公司，可以不设监事会，设一名监事，行使本法规定的监事会的职权。

第五节 上市公司组织机构的特别规定

第一百三十四条 本法所称上市公司，是指其股票在证券交易所上市交易的股份有限公司。

第一百三十五条 上市公司在一年内购买、出售重大资产或者向他人提供担保的金额超过公司资产总额百分之三十的，应当由股东会作出决议，并经出席会议的股东所持表决权的三分之二以上通过。

第一百三十六条 上市公司设独立董事，具体管理办法由国务院证券监督管理机构规定。

上市公司的公司章程除载明本法第九十五条规定的事项外，还应当依照法律、行政法规的规定载明董事会专门委员会的组成、职权以及董事、监事、高级管理人员薪酬考核机制等事项。

第一百三十七条 上市公司在董事会中设置审计委员会的，董事会对下列事项作出决议前应当经审计委员会全体成员过半数通过：

（一）聘用、解聘承办公司审计业务的会计师事务所；

（二）聘任、解聘财务负责人；

（三）披露财务会计报告；

（四）国务院证券监督管理机构规定的其他事项。

第一百三十八条 上市公司设董事会秘书，负责公司股东会和董事会会议的筹备、文件保管以及公司股东资料的管理，办理信息披露事务等事宜。

第一百三十九条 上市公司董事与董事会会议决议事项所涉及的企业或者个人有关联关系的，该董事应当及时向董事会书面报告。有关联关系的董事不得对该项决议行使表决权，也不得代理其他董事行使表决权。该董事会会议由过半数的无关联关系董事出席即可举行，董事会会议所作决议须经无关联关系董事过半数通过。出席董事会会议的无关联关系董事人数不足三人的，应当将该事项提交上市公司股东会审议。

第一百四十条 上市公司应当依法披露股东、实际控制人的信息，相关信息应当真实、准确、完整。

禁止违反法律、行政法规的规定代持上市公司股票。

第一百四十一条 上市公司控股子公司不得取得该上市公司的股份。

上市公司控股子公司因公司合并、质权行使等原因持有上市公司股份的，不得行使所持股份对应的表决权，并应当及时处分相关上市公司股份。

第六章 股份有限公司的股份发行和转让

第一节 股份发行

第一百四十二条 公司的资本划分为股份。公司的全部股份，根据公司章程的规定择一采用面额股或者无面额股。采用面额股的，每一股的金额相等。

公司可以根据公司章程的规定将已发行的面额股全部转换为无面额股或者将无面额股全部转换为面额股。

采用无面额股的，应当将发行股份所得股款的二分之一以上计入注册资本。

第一百四十三条 股份的发行，实行公平、公正的原则，同类别的每一股份应当具有同等权利。

同次发行的同类别股份，每股的发行条件和价格应当相同；认购人所认购的股份，每股应当支付相同价额。

第一百四十四条 公司可以按照公司章程的规定发行下列与普通股权利不同的类别股：

（一）优先或者劣后分配利润或者剩余财产的股份；

（二）每一股的表决权数多于或者少于普通股的股份；

（三）转让须经公司同意等转让受限的股份；

（四）国务院规定的其他类别股。

公开发行股份的公司不得发行前款第二项、第三项规定的类别股；公开发行前已发行的除外。

公司发行本条第一款第二项规定的类别股的，对于监事或者审计委员会成员的选举和更换，类别股与普通股每一股的表决权数相同。

第一百四十五条 发行类别股的公司，应当在公司章程中载明以下事项：

（一）类别股分配利润或者剩余财产的顺序；

（二）类别股的表决权数；

（三）类别股的转让限制；

（四）保护中小股东权益的措施；

（五）股东会认为需要规定的其他事项。

第一百四十六条 发行类别股的公司，有本法第一百一十六条第三款规定的事项等可能影响类别股股东权利的，除应当依照第一百一十六条第三款的规定经股东会决议外，还应当经出席类别股股东会议的股东所持表决权的三分之二以上通过。

公司章程可以对需经类别股股东会议决议的其他事项作出规定。

第一百四十七条 公司的股份采取股票的形式。股票是公司签发的证明股东所持股份的凭证。

公司发行的股票，应当为记名股票。

第一百四十八条 面额股股票的发行价格可以按票面金额，也可以超过票面金额，但不得低于票面金额。

第一百四十九条 股票采用纸面形式或者国务院证券监督管理机构规定的其他形式。

股票采用纸面形式的，应当载明下列主要事项：

（一）公司名称；

（二）公司成立日期或者股票发行的时间；

（三）股票种类、票面金额及代表的股份数，发行无面额股的，股票代表的股份数。

股票采用纸面形式的，还应当载明股票的编号，由法定代表人签名，公司盖章。

发起人股票采用纸面形式的，应当标明发起人股票字样。

第一百五十条 股份有限公司成立后，即向股东正式交付股票。公司成立前不得向股东交付股票。

第一百五十一条 公司发行新股，股东会应当对下列事项作出决议：

（一）新股种类及数额；

（二）新股发行价格；

（三）新股发行的起止日期；

（四）向原有股东发行新股的种类及数额；

（五）发行无面额股的，新股发行所得股款计入注册资本的金额。

公司发行新股，可以根据公司经营情况和财务状况，确定其作价方案。

第一百五十二条 公司章程或者股东会可以授权董事会在三年内决定发行不超过已发行股份百分之五十的股份。但以非货币财产作价出资的应当经股东会决议。

董事会依照前款规定决定发行股份导致公司注册资本、已发行股份数发生变化的，对公司章程该项记载事项的修改不需再由股东会表决。

第一百五十三条 公司章程或者股东会授权董事会决定发行新股的，董事会决议应当经全体董事三分之二以上通过。

第一百五十四条 公司向社会公开募集股份，应当经国务院证券监督管理机构注册，公告招股说明书。

招股说明书应当附有公司章程，并载明下列事项：

（一）发行的股份总数；

（二）面额股的票面金额和发行价格或者无面额股的发行价格；

（三）募集资金的用途；

（四）认股人的权利和义务；

（五）股份种类及其权利和义务；

（六）本次募股的起止日期及逾期未募足时认股人可以撤回所认股份的说明。

公司设立时发行股份的，还应当载明发起人认购的股份数。

第一百五十五条 公司向社会公开募集股份，应当由依法设立的证券公司承销，签订承销协议。

第一百五十六条 公司向社会公开募集股份，应当同银行签订代收股款协议。

代收股款的银行应当按照协议代收和保存股款，向缴纳股款的认股人出具收款单据，并负有向有关部门出具收款证明的义务。

公司发行股份募足股款后，应予公告。

第二节　股份转让

第一百五十七条　股份有限公司的股东持有的股份可以向其他股东转让，也可以向股东以外的人转让；公司章程对股份转让有限制的，其转让按照公司章程的规定进行。

第一百五十八条　股东转让其股份，应当在依法设立的证券交易场所进行或者按照国务院规定的其他方式进行。

第一百五十九条　股票的转让，由股东以背书方式或者法律、行政法规规定的其他方式进行；转让后由公司将受让人的姓名或者名称及住所记载于股东名册。

股东会会议召开前二十日内或者公司决定分配股利的基准日前五日内，不得变更股东名册。法律、行政法规或者国务院证券监督管理机构对上市公司股东名册变更另有规定的，从其规定。

第一百六十条　公司公开发行股份前已发行的股份，自公司股票在证券交易所上市交易之日起一年内不得转让。法律、行政法规或者国务院证券监督管理机构对上市公司的股东、实际控制人转让其所持有的本公司股份另有规定的，从其规定。

公司董事、监事、高级管理人员应当向公司申报所持有的本公司的股份及其变动情况，在就任时确定的任职期间每年转让的股份不得超过其所持有本公司股份总数的百分之二十五；所持本公司股份自公司股票上市交易之日起一年内不得转让。上述人员离职后半年内，不得转让其所持有的本公司股份。公司章程可以对公司董事、监事、高级管理人员转让其所持有的本公司股份作出其他限制性规定。

股份在法律、行政法规规定的限制转让期限内出质的，质权人不得在限制转让期限内行使质权。

第一百六十一条　有下列情形之一的，对股东会该项决议投反对票的股东可以请求公司按照合理的价格收购其股份，公开发行股份的公司除外：

（一）公司连续五年不向股东分配利润，而公司该五年连续盈利，并且符合本法规定的分配利润条件；

（二）公司转让主要财产；

（三）公司章程规定的营业期限届满或者章程规定的其他解散事由出现，股东会通过决议修改章程使公司存续。

自股东会决议作出之日起六十日内，股东与公司不能达成股份收购协议的，股东可以自股东会决议作出之日起九十日内向人民法院提起诉讼。

公司因本条第一款规定的情形收购的本公司股份，应当在六个月内依法转让或者注销。

第一百六十二条 公司不得收购本公司股份。但是，有下列情形之一的除外：

（一）减少公司注册资本；

（二）与持有本公司股份的其他公司合并；

（三）将股份用于员工持股计划或者股权激励；

（四）股东因对股东会作出的公司合并、分立决议持异议，要求公司收购其股份；

（五）将股份用于转换公司发行的可转换为股票的公司债券；

（六）上市公司为维护公司价值及股东权益所必需。

公司因前款第一项、第二项规定的情形收购本公司股份的，应当经股东会决议；公司因前款第三项、第五项、第六项规定的情形收购本公司股份的，可以按照公司章程或者股东会的授权，经三分之二以上董事出席的董事会会议决议。

公司依照本条第一款规定收购本公司股份后，属于第一项情形的，应当自收购之日起十日内注销；属于第二项、第四项情形的，应当在六个月内转让或者注销；属于第三项、第五项、第六项情形的，公司合计持有的本公司股份数不得超过本公司已发行股份总数的百分之十，并应当在三年内转让或者注销。

上市公司收购本公司股份的，应当依照《中华人民共和国证券法》的规定履行信息披露义务。上市公司因本条第一款第三项、第五项、第六项规定的情形收购本公司股份的，应当通过公开的集中交易方式进行。

公司不得接受本公司的股份作为质权的标的。

第一百六十三条 公司不得为他人取得本公司或者其母公司的股份提供赠与、借款、担保以及其他财务资助，公司实施员工持股计划的除外。

为公司利益，经股东会决议，或者董事会按照公司章程或者股东会的授权作出决议，公司可以为他人取得本公司或者其母公司的股份提供财务资助，但财务资助的累计总额不得超过已发行股本总额的百分之十。董事会作出决议应当经全体董事的三分之二以上通过。

违反前两款规定，给公司造成损失的，负有责任的董事、监事、高级管理人员应当承担赔偿责任。

第一百六十四条 股票被盗、遗失或者灭失，股东可以依照《中华人民共和国民事诉讼法》规定的公示催告程序，请求人民法院宣告该股票失效。人民法院宣告该股票失效后，股东可以向公司申请补发股票。

第一百六十五条 上市公司的股票，依照有关法律、行政法规及证券交易所交易规则上市交易。

第一百六十六条 上市公司应当依照法律、行政法规的规定披露相关信息。

第一百六十七条 自然人股东死亡后，其合法继承人可以继承股东资格；但是，股份转让受限的股份有限公司的章程另有规定的除外。

第七章 国家出资公司组织机构的特别规定

第一百六十八条 国家出资公司的组织机构，适用本章规定；本章没有规定的，适用本法其他规定。

本法所称国家出资公司，是指国家出资的国有独资公司、国有资本控股公司，包括国家出资的有限责任公司、股份有限公司。

第一百六十九条 国家出资公司，由国务院或者地方人民政府分别代表国家依法履行出资人职责，享有出资人权益。国务院或者地方人民政府可以授权国有资产监督管理机构或者其他部门、机构代表本级人民政府对国家出资公司履行出资人职责。

代表本级人民政府履行出资人职责的机构、部门，以下统称为履行出资人职责的机构。

第一百七十条 国家出资公司中中国共产党的组织，按照中国共产党章程的规定发挥领导作用，研究讨论公司重大经营管理事项，支持公司的组织机构依法行使职权。

第一百七十一条 国有独资公司章程由履行出资人职责的机构制定。

第一百七十二条 国有独资公司不设股东会，由履行出资人职责的机构行使股东会职权。履行出资人职责的机构可以授权公司董事会行使股东会的部分职权，但公司章程的制定和修改，公司的合并、分立、解散、申请破产，增加或者减少注册资本，分配利润，应当由履行出资人职责的机构决定。

第一百七十三条　国有独资公司的董事会依照本法规定行使职权。

国有独资公司的董事会成员中，应当过半数为外部董事，并应当有公司职工代表。

董事会成员由履行出资人职责的机构委派；但是，董事会成员中的职工代表由公司职工代表大会选举产生。

董事会设董事长一人，可以设副董事长。董事长、副董事长由履行出资人职责的机构从董事会成员中指定。

第一百七十四条　国有独资公司的经理由董事会聘任或者解聘。

经履行出资人职责的机构同意，董事会成员可以兼任经理。

第一百七十五条　国有独资公司的董事、高级管理人员，未经履行出资人职责的机构同意，不得在其他有限责任公司、股份有限公司或者其他经济组织兼职。

第一百七十六条　国有独资公司在董事会中设置由董事组成的审计委员会行使本法规定的监事会职权的，不设监事会或者监事。

第一百七十七条　国家出资公司应当依法建立健全内部监督管理和风险控制制度，加强内部合规管理。

第八章　公司董事、监事、高级管理人员的资格和义务

第一百七十八条　有下列情形之一的，不得担任公司的董事、监事、高级管理人员：

（一）无民事行为能力或者限制民事行为能力；

（二）因贪污、贿赂、侵占财产、挪用财产或者破坏社会主义市场经济秩序，被判处刑罚，或者因犯罪被剥夺政治权利，执行期满未逾五年，被宣告缓刑的，自缓刑考验期满之日起未逾二年；

（三）担任破产清算的公司、企业的董事或者厂长、经理，对该公司、企业的破产负有个人责任的，自该公司、企业破产清算完结之日起未逾三年；

（四）担任因违法被吊销营业执照、责令关闭的公司、企业的法定代表人，并负有个人责任的，自该公司、企业被吊销营业执照、责令关闭之日起未逾三年；

（五）个人因所负数额较大债务到期未清偿被人民法院列为失信被执行人。

违反前款规定选举、委派董事、监事或者聘任高级管理人员的，该选举、委派或者聘任无效。

董事、监事、高级管理人员在任职期间出现本条第一款所列情形的，公司应当解除其职务。

第一百七十九条 董事、监事、高级管理人员应当遵守法律、行政法规和公司章程。

第一百八十条 董事、监事、高级管理人员对公司负有忠实义务，应当采取措施避免自身利益与公司利益冲突，不得利用职权牟取不正当利益。

董事、监事、高级管理人员对公司负有勤勉义务，执行职务应当为公司的最大利益尽到管理者通常应有的合理注意。

公司的控股股东、实际控制人不担任公司董事但实际执行公司事务的，适用前两款规定。

第一百八十一条 董事、监事、高级管理人员不得有下列行为：

（一）侵占公司财产、挪用公司资金；

（二）将公司资金以其个人名义或者以其他个人名义开立账户存储；

（三）利用职权贿赂或者收受其他非法收入；

（四）接受他人与公司交易的佣金归为己有；

（五）擅自披露公司秘密；

（六）违反对公司忠实义务的其他行为。

第一百八十二条 董事、监事、高级管理人员，直接或者间接与本公司订立合同或者进行交易，应当就与订立合同或者进行交易有关的事项向董事会或者股东会报告，并按照公司章程的规定经董事会或者股东会决议通过。

董事、监事、高级管理人员的近亲属，董事、监事、高级管理人员或者其近亲属直接或者间接控制的企业，以及与董事、监事、高级管理人员有其他关联关系的关联人，与公司订立合同或者进行交易，适用前款规定。

第一百八十三条 董事、监事、高级管理人员，不得利用职务便利为自己或者他人谋取属于公司的商业机会。但是，有下列情形之一的除外：

（一）向董事会或者股东会报告，并按照公司章程的规定经董事会或者股东会决议通过；

（二）根据法律、行政法规或者公司章程的规定，公司不能利用该商业机会。

第一百八十四条 董事、监事、高级管理人员未向董事会或者股东会报告，并按照公司章程的规定经董事会或者股东会决议通过，不得自营或者为他人经营与其任职公司同类的业务。

第一百八十五条 董事会对本法第一百八十二条至第一百八十四条规定的事项决议时，关联董事不得参与表决，其表决权不计入表决权总数。出席董事会会议的无关联关系董事人数不足三人的，应当将该事项提交股东会审议。

第一百八十六条 董事、监事、高级管理人员违反本法第一百八十一条至第一百八十四条规定所得的收入应当归公司所有。

第一百八十七条 股东会要求董事、监事、高级管理人员列席会议的，董事、监事、高级管理人员应当列席并接受股东的质询。

第一百八十八条 董事、监事、高级管理人员执行职务违反法律、行政法规或者公司章程的规定，给公司造成损失的，应当承担赔偿责任。

第一百八十九条 董事、高级管理人员有前条规定的情形的，有限责任公司的股东、股份有限公司连续一百八十日以上单独或者合计持有公司百分之一以上股份的股东，可以书面请求监事会向人民法院提起诉讼；监事有前条规定的情形的，前述股东可以书面请求董事会向人民法院提起诉讼。

监事会或者董事会收到前款规定的股东书面请求后拒绝提起诉讼，或者自收到请求之日起三十日内未提起诉讼，或者情况紧急、不立即提起诉讼将会使公司利益受到难以弥补的损害的，前款规定的股东有权为公司利益以自己的名义直接向人民法院提起诉讼。

他人侵犯公司合法权益，给公司造成损失的，本条第一款规定的股东可以依照前两款的规定向人民法院提起诉讼。

公司全资子公司的董事、监事、高级管理人员有前条规定情形，或者他人侵犯公司全资子公司合法权益造成损失的，有限责任公司的股东、股份有限公司连续一百八十日以上单独或者合计持有公司百分之一以上股份的股东，可以依照前三款规定书面请求全资子公司的监事会、董事会向人民法院提起诉讼或者以自己的名义直接向人民法院提起诉讼。

第一百九十条 董事、高级管理人员违反法律、行政法规或者公司章程的规定，损害股东利益的，股东可以向人民法院提起诉讼。

第一百九十一条 董事、高级管理人员执行职务，给他人造成损害的，公司应当承担赔偿责任；董事、高级管理人员存在故意或者重大过失的，也应当承担赔偿责任。

第一百九十二条 公司的控股股东、实际控制人指示董事、高级管理人员从事损害公司或者股东利益的行为的，与该董事、高级管理人员承担连带责任。

第一百九十三条 公司可以在董事任职期间为董事因执行公司职务承担的赔偿责任投保责任保险。

公司为董事投保责任保险或者续保后，董事会应当向股东会报告责任保险的投保金额、承保范围及保险费率等内容。

第九章　公司债券

第一百九十四条 本法所称公司债券，是指公司发行的约定按期还本付息的有价证券。

公司债券可以公开发行，也可以非公开发行。

公司债券的发行和交易应当符合《中华人民共和国证券法》等法律、行政法规的规定。

第一百九十五条 公开发行公司债券，应当经国务院证券监督管理机构注册，公告公司债券募集办法。

公司债券募集办法应当载明下列主要事项：

（一）公司名称；

（二）债券募集资金的用途；

（三）债券总额和债券的票面金额；

（四）债券利率的确定方式；

（五）还本付息的期限和方式；

（六）债券担保情况；

（七）债券的发行价格、发行的起止日期；

（八）公司净资产额；

（九）已发行的尚未到期的公司债券总额；

（十）公司债券的承销机构。

第一百九十六条 公司以纸面形式发行公司债券的，应当在债券上载明公司名称、债券票面金额、利率、偿还期限等事项，并由法定代表人签名，公司盖章。

第一百九十七条 公司债券应当为记名债券。

第一百九十八条 公司发行公司债券应当置备公司债券持有人名册。

发行公司债券的，应当在公司债券持有人名册上载明下列事项：

（一）债券持有人的姓名或者名称及住所；

（二）债券持有人取得债券的日期及债券的编号；

（三）债券总额，债券的票面金额、利率、还本付息的期限和方式；

（四）债券的发行日期。

第一百九十九条 公司债券的登记结算机构应当建立债券登记、存管、付息、兑付等相关制度。

第二百条 公司债券可以转让，转让价格由转让人与受让人约定。

公司债券的转让应当符合法律、行政法规的规定。

第二百零一条 公司债券由债券持有人以背书方式或者法律、行政法规规定的其他方式转让；转让后由公司将受让人的姓名或者名称及住所记载于公司债券持有人名册。

第二百零二条 股份有限公司经股东会决议，或者经公司章程、股东会授权由董事会决议，可以发行可转换为股票的公司债券，并规定具体的转换办法。上市公司发行可转换为股票的公司债券，应当经国务院证券监督管理机构注册。

发行可转换为股票的公司债券，应当在债券上标明可转换公司债券字样，并在公司债券持有人名册上载明可转换公司债券的数额。

第二百零三条 发行可转换为股票的公司债券的，公司应当按照其转换办法向债券持有人换发股票，但债券持有人对转换股票或者不转换股票有选择权。法律、行政法规另有规定的除外。

第二百零四条 公开发行公司债券的，应当为同期债券持有人设立债券持有人会议，并在债券募集办法中对债券持有人会议的召集程序、会议规则和其他重要事项作出规定。债券持有人会议可以对与债券持有人有利害关系的事项作出决议。

除公司债券募集办法另有约定外，债券持有人会议决议对同期全体债券持有人发生效力。

第二百零五条 公开发行公司债券的，发行人应当为债券持有人聘请债券受托管理人，由其为债券持有人办理受领清偿、债权保全、与债券相关的诉讼以及参与债务人破产程序等事项。

第二百零六条 债券受托管理人应当勤勉尽责，公正履行受托管理职责，不得损害债券持有人利益。

受托管理人与债券持有人存在利益冲突可能损害债券持有人利益的，债券持有人会议可以决议变更债券受托管理人。

债券受托管理人违反法律、行政法规或者债券持有人会议决议，损害债券持有人利益的，应当承担赔偿责任。

第十章　公司财务、会计

第二百零七条　公司应当依照法律、行政法规和国务院财政部门的规定建立本公司的财务、会计制度。

第二百零八条　公司应当在每一会计年度终了时编制财务会计报告，并依法经会计师事务所审计。

财务会计报告应当依照法律、行政法规和国务院财政部门的规定制作。

第二百零九条　有限责任公司应当按照公司章程规定的期限将财务会计报告送交各股东。

股份有限公司的财务会计报告应当在召开股东会年会的二十日前置备于本公司，供股东查阅；公开发行股份的股份有限公司应当公告其财务会计报告。

第二百一十条　公司分配当年税后利润时，应当提取利润的百分之十列入公司法定公积金。公司法定公积金累计额为公司注册资本的百分之五十以上的，可以不再提取。

公司的法定公积金不足以弥补以前年度亏损的，在依照前款规定提取法定公积金之前，应当先用当年利润弥补亏损。

公司从税后利润中提取法定公积金后，经股东会决议，还可以从税后利润中提取任意公积金。

公司弥补亏损和提取公积金后所余税后利润，有限责任公司按照股东实缴的出资比例分配利润，全体股东约定不按照出资比例分配利润的除外；股份有限公司按照股东所持有的股份比例分配利润，公司章程另有规定的除外。

公司持有的本公司股份不得分配利润。

第二百一十一条　公司违反本法规定向股东分配利润的，股东应当将违反规定分配的利润退还公司；给公司造成损失的，股东及负有责任的董事、监事、高级管理人员应当承担赔偿责任。

第二百一十二条　股东会作出分配利润的决议的，董事会应当在股东会决议作出之日起六个月内进行分配。

第二百一十三条 公司以超过股票票面金额的发行价格发行股份所得的溢价款、发行无面额股所得股款未计入注册资本的金额以及国务院财政部门规定列入资本公积金的其他项目，应当列为公司资本公积金。

第二百一十四条 公司的公积金用于弥补公司的亏损、扩大公司生产经营或者转为增加公司注册资本。

公积金弥补公司亏损，应当先使用任意公积金和法定公积金；仍不能弥补的，可以按照规定使用资本公积金。

法定公积金转为增加注册资本时，所留存的该项公积金不得少于转增前公司注册资本的百分之二十五。

第二百一十五条 公司聘用、解聘承办公司审计业务的会计师事务所，按照公司章程的规定，由股东会、董事会或者监事会决定。

公司股东会、董事会或者监事会就解聘会计师事务所进行表决时，应当允许会计师事务所陈述意见。

第二百一十六条 公司应当向聘用的会计师事务所提供真实、完整的会计凭证、会计账簿、财务会计报告及其他会计资料，不得拒绝、隐匿、谎报。

第二百一十七条 公司除法定的会计账簿外，不得另立会计账簿。

对公司资金，不得以任何个人名义开立账户存储。

第十一章 公司合并、分立、增资、减资

第二百一十八条 公司合并可以采取吸收合并或者新设合并。

一个公司吸收其他公司为吸收合并，被吸收的公司解散。两个以上公司合并设立一个新的公司为新设合并，合并各方解散。

第二百一十九条 公司与其持股百分之九十以上的公司合并，被合并的公司不需经股东会决议，但应当通知其他股东，其他股东有权请求公司按照合理的价格收购其股权或者股份。

公司合并支付的价款不超过本公司净资产百分之十的，可以不经股东会决议；但是，公司章程另有规定的除外。

公司依照前两款规定合并不经股东会决议的，应当经董事会决议。

第二百二十条 公司合并，应当由合并各方签订合并协议，并编制资产负债表及财产清单。公司应当自作出合并决议之日起十日内通知债权人，并

于三十日内在报纸上或者国家企业信用信息公示系统公告。债权人自接到通知之日起三十日内，未接到通知的自公告之日起四十五日内，可以要求公司清偿债务或者提供相应的担保。

第二百二十一条 公司合并时，合并各方的债权、债务，应当由合并后存续的公司或者新设的公司承继。

第二百二十二条 公司分立，其财产作相应的分割。

公司分立，应当编制资产负债表及财产清单。公司应当自作出分立决议之日起十日内通知债权人，并于三十日内在报纸上或者国家企业信用信息公示系统公告。

第二百二十三条 公司分立前的债务由分立后的公司承担连带责任。但是，公司在分立前与债权人就债务清偿达成的书面协议另有约定的除外。

第二百二十四条 公司减少注册资本，应当编制资产负债表及财产清单。

公司应当自股东会作出减少注册资本决议之日起十日内通知债权人，并于三十日内在报纸上或者国家企业信用信息公示系统公告。债权人自接到通知之日起三十日内，未接到通知的自公告之日起四十五日内，有权要求公司清偿债务或者提供相应的担保。

公司减少注册资本，应当按照股东出资或者持有股份的比例相应减少出资额或者股份，法律另有规定、有限责任公司全体股东另有约定或者股份有限公司章程另有规定的除外。

第二百二十五条 公司依照本法第二百一十四条第二款的规定弥补亏损后，仍有亏损的，可以减少注册资本弥补亏损。减少注册资本弥补亏损的，公司不得向股东分配，也不得免除股东缴纳出资或者股款的义务。

依照前款规定减少注册资本的，不适用前条第二款的规定，但应当自股东会作出减少注册资本决议之日起三十日内在报纸上或者国家企业信用信息公示系统公告。

公司依照前两款的规定减少注册资本后，在法定公积金和任意公积金累计额达到公司注册资本百分之五十前，不得分配利润。

第二百二十六条 违反本法规定减少注册资本的，股东应当退还其收到的资金，减免股东出资的应当恢复原状；给公司造成损失的，股东及负有责任的董事、监事、高级管理人员应当承担赔偿责任。

第二百二十七条 有限责任公司增加注册资本时，股东在同等条件下有权优先按照实缴的出资比例认缴出资。但是，全体股东约定不按照出资比例优先认缴出资的除外。

股份有限公司为增加注册资本发行新股时，股东不享有优先认购权，公司章程另有规定或者股东会决议决定股东享有优先认购权的除外。

第二百二十八条 有限责任公司增加注册资本时，股东认缴新增资本的出资，依照本法设立有限责任公司缴纳出资的有关规定执行。

股份有限公司为增加注册资本发行新股时，股东认购新股，依照本法设立股份有限公司缴纳股款的有关规定执行。

第十二章 公司解散和清算

第二百二十九条 公司因下列原因解散：

（一）公司章程规定的营业期限届满或者公司章程规定的其他解散事由出现；

（二）股东会决议解散；

（三）因公司合并或者分立需要解散；

（四）依法被吊销营业执照、责令关闭或者被撤销；

（五）人民法院依照本法第二百三十一条的规定予以解散。

公司出现前款规定的解散事由，应当在十日内将解散事由通过国家企业信用信息公示系统予以公示。

第二百三十条 公司有前条第一款第一项、第二项情形，且尚未向股东分配财产的，可以通过修改公司章程或者经股东会决议而存续。

依照前款规定修改公司章程或者经股东会决议，有限责任公司须经持有三分之二以上表决权的股东通过，股份有限公司须经出席股东会会议的股东所持表决权的三分之二以上通过。

第二百三十一条 公司经营管理发生严重困难，继续存续会使股东利益受到重大损失，通过其他途径不能解决的，持有公司百分之十以上表决权的股东，可以请求人民法院解散公司。

第二百三十二条 公司因本法第二百二十九条第一款第一项、第二项、第四项、第五项规定而解散的，应当清算。董事为公司清算义务人，应当在解散事由出现之日起十五日内组成清算组进行清算。

清算组由董事组成，但是公司章程另有规定或者股东会决议另选他人的除外。

清算义务人未及时履行清算义务，给公司或者债权人造成损失的，应当承担赔偿责任。

第二百三十三条 公司依照前条第一款的规定应当清算，逾期不成立清算组进行清算或者成立清算组后不清算的，利害关系人可以申请人民法院指定有关人员组成清算组进行清算。人民法院应当受理该申请，并及时组织清算组进行清算。

公司因本法第二百二十九条第一款第四项的规定而解散的，作出吊销营业执照、责令关闭或者撤销决定的部门或者公司登记机关，可以申请人民法院指定有关人员组成清算组进行清算。

第二百三十四条 清算组在清算期间行使下列职权：

（一）清理公司财产，分别编制资产负债表和财产清单；

（二）通知、公告债权人；

（三）处理与清算有关的公司未了结的业务；

（四）清缴所欠税款以及清算过程中产生的税款；

（五）清理债权、债务；

（六）分配公司清偿债务后的剩余财产；

（七）代表公司参与民事诉讼活动。

第二百三十五条 清算组应当自成立之日起十日内通知债权人，并于六十日内在报纸上或者国家企业信用信息公示系统公告。债权人应当自接到通知之日起三十日内，未接到通知的自公告之日起四十五日内，向清算组申报其债权。

债权人申报债权，应当说明债权的有关事项，并提供证明材料。清算组应当对债权进行登记。

在申报债权期间，清算组不得对债权人进行清偿。

第二百三十六条 清算组在清理公司财产、编制资产负债表和财产清单后，应当制订清算方案，并报股东会或者人民法院确认。

公司财产在分别支付清算费用、职工的工资、社会保险费用和法定补偿金，缴纳所欠税款，清偿公司债务后的剩余财产，有限责任公司按照股东的出资比例分配，股份有限公司按照股东持有的股份比例分配。

清算期间，公司存续，但不得开展与清算无关的经营活动。公司财产在未依照前款规定清偿前，不得分配给股东。

第二百三十七条 清算组在清理公司财产、编制资产负债表和财产清单后，发现公司财产不足清偿债务的，应当依法向人民法院申请破产清算。

人民法院受理破产申请后，清算组应当将清算事务移交给人民法院指定的破产管理人。

第二百三十八条 清算组成员履行清算职责，负有忠实义务和勤勉义务。

清算组成员怠于履行清算职责，给公司造成损失的，应当承担赔偿责任；因故意或者重大过失给债权人造成损失的，应当承担赔偿责任。

第二百三十九条 公司清算结束后，清算组应当制作清算报告，报股东会或者人民法院确认，并报送公司登记机关，申请注销公司登记。

第二百四十条 公司在存续期间未产生债务，或者已清偿全部债务的，经全体股东承诺，可以按照规定通过简易程序注销公司登记。

通过简易程序注销公司登记，应当通过国家企业信用信息公示系统予以公告，公告期限不少于二十日。公告期限届满后，未有异议的，公司可以在二十日内向公司登记机关申请注销公司登记。

公司通过简易程序注销公司登记，股东对本条第一款规定的内容承诺不实的，应当对注销登记前的债务承担连带责任。

第二百四十一条 公司被吊销营业执照、责令关闭或者被撤销，满三年未向公司登记机关申请注销公司登记的，公司登记机关可以通过国家企业信用信息公示系统予以公告，公告期限不少于六十日。公告期限届满后，未有异议的，公司登记机关可以注销公司登记。

依照前款规定注销公司登记的，原公司股东、清算义务人的责任不受影响。

第二百四十二条 公司被依法宣告破产的，依照有关企业破产的法律实施破产清算。

第十三章 外国公司的分支机构

第二百四十三条 本法所称外国公司，是指依照外国法律在中华人民共和国境外设立的公司。

第二百四十四条 外国公司在中华人民共和国境内设立分支机构，应当向中国主管机关提出申请，并提交其公司章程、所属国的公司登记证书等有关文件，经批准后，向公司登记机关依法办理登记，领取营业执照。

外国公司分支机构的审批办法由国务院另行规定。

第二百四十五条 外国公司在中华人民共和国境内设立分支机构，应当在中华人民共和国境内指定负责该分支机构的代表人或者代理人，并向该分支机构拨付与其所从事的经营活动相适应的资金。

对外国公司分支机构的经营资金需要规定最低限额的，由国务院另行规定。

第二百四十六条 外国公司的分支机构应当在其名称中标明该外国公司的国籍及责任形式。

外国公司的分支机构应当在本机构中置备该外国公司章程。

第二百四十七条 外国公司在中华人民共和国境内设立的分支机构不具有中国法人资格。

外国公司对其分支机构在中华人民共和国境内进行经营活动承担民事责任。

第二百四十八条 经批准设立的外国公司分支机构，在中华人民共和国境内从事业务活动，应当遵守中国的法律，不得损害中国的社会公共利益，其合法权益受中国法律保护。

第二百四十九条 外国公司撤销其在中华人民共和国境内的分支机构时，应当依法清偿债务，依照本法有关公司清算程序的规定进行清算。未清偿债务之前，不得将其分支机构的财产转移至中华人民共和国境外。

第十四章 法律责任

第二百五十条 违反本法规定，虚报注册资本、提交虚假材料或者采取其他欺诈手段隐瞒重要事实取得公司登记的，由公司登记机关责令改正，对虚报注册资本的公司，处以虚报注册资本金额百分之五以上百分之十五以下的罚款；对提交虚假材料或者采取其他欺诈手段隐瞒重要事实的公司，处以五万元以上二百万元以下的罚款；情节严重的，吊销营业执照；对直接负责的主管人员和其他直接责任人员处以三万元以上三十万元以下的罚款。

第二百五十一条 公司未依照本法第四十条规定公示有关信息或者不如实公示有关信息的，由公司登记机关责令改正，可以处以一万元以上五万元以下的罚款。情节严重的，处以五万元以上二十万元以下的罚款；对直接负责的主管人员和其他直接责任人员处以一万元以上十万元以下的罚款。

第二百五十二条 公司的发起人、股东虚假出资，未交付或者未按期交付作为出资的货币或者非货币财产的，由公司登记机关责令改正，可以处以五万元以上二十万元以下的罚款；情节严重的，处以虚假出资或者未出资金额百分之五以上百分之十五以下的罚款；对直接负责的主管人员和其他直接责任人员处以一万元以上十万元以下的罚款。

第二百五十三条 公司的发起人、股东在公司成立后，抽逃其出资的，由公司登记机关责令改正，处以所抽逃出资金额百分之五以上百分之十五以下的罚款；对直接负责的主管人员和其他直接责任人员处以三万元以上三十万元以下的罚款。

第二百五十四条 有下列行为之一的，由县级以上人民政府财政部门依照《中华人民共和国会计法》等法律、行政法规的规定处罚：

（一）在法定的会计账簿以外另立会计账簿；

（二）提供存在虚假记载或者隐瞒重要事实的财务会计报告。

第二百五十五条 公司在合并、分立、减少注册资本或者进行清算时，不依照本法规定通知或者公告债权人的，由公司登记机关责令改正，对公司处以一万元以上十万元以下的罚款。

第二百五十六条 公司在进行清算时，隐匿财产，对资产负债表或者财产清单作虚假记载，或者在未清偿债务前分配公司财产的，由公司登记机关责令改正，对公司处以隐匿财产或者未清偿债务前分配公司财产金额百分之五以上百分之十以下的罚款；对直接负责的主管人员和其他直接责任人员处以一万元以上十万元以下的罚款。

第二百五十七条 承担资产评估、验资或者验证的机构提供虚假材料或者提供有重大遗漏的报告的，由有关部门依照《中华人民共和国资产评估法》、《中华人民共和国注册会计师法》等法律、行政法规的规定处罚。

承担资产评估、验资或者验证的机构因其出具的评估结果、验资或者验证证明不实，给公司债权人造成损失的，除能够证明自己没有过错的外，在其评估或者证明不实的金额范围内承担赔偿责任。

第二百五十八条 公司登记机关违反法律、行政法规规定未履行职责或者履行职责不当的，对负有责任的领导人员和直接责任人员依法给予政务处分。

第二百五十九条 未依法登记为有限责任公司或者股份有限公司，而冒用有限责任公司或者股份有限公司名义的，或者未依法登记为有限责任公司或者股份有限公司的分公司，而冒用有限责任公司或者股份有限公司的分公司名义的，由公司登记机关责令改正或者予以取缔，可以并处十万元以下的罚款。

第二百六十条 公司成立后无正当理由超过六个月未开业的，或者开业后自行停业连续六个月以上的，公司登记机关可以吊销营业执照，但公司依法办理歇业的除外。

公司登记事项发生变更时，未依照本法规定办理有关变更登记的，由公司登记机关责令限期登记；逾期不登记的，处以一万元以上十万元以下的罚款。

第二百六十一条 外国公司违反本法规定，擅自在中华人民共和国境内设立分支机构的，由公司登记机关责令改正或者关闭，可以并处五万元以上二十万元以下的罚款。

第二百六十二条 利用公司名义从事危害国家安全、社会公共利益的严重违法行为的，吊销营业执照。

第二百六十三条 公司违反本法规定，应当承担民事赔偿责任和缴纳罚款、罚金的，其财产不足以支付时，先承担民事赔偿责任。

第二百六十四条 违反本法规定，构成犯罪的，依法追究刑事责任。

第十五章 附 则

第二百六十五条 本法下列用语的含义：

（一）高级管理人员，是指公司的经理、副经理、财务负责人，上市公司董事会秘书和公司章程规定的其他人员。

（二）控股股东，是指其出资额占有限责任公司资本总额超过百分之五十或者其持有的股份占股份有限公司股本总额超过百分之五十的股东；出资额或者持有股份的比例虽然低于百分之五十，但依其出资额或者持有的股份所享有的表决权已足以对股东会的决议产生重大影响的股东。

（三）实际控制人，是指通过投资关系、协议或者其他安排，能够实际支配公司行为的人。

（四）关联关系，是指公司控股股东、实际控制人、董事、监事、高级管理人员与其直接或者间接控制的企业之间的关系，以及可能导致公司利益转移的其他关系。但是，国家控股的企业之间不仅因为同受国家控股而具有关联关系。

第二百六十六条 本法自 2024 年 7 月 1 日起施行。

本法施行前已登记设立的公司，出资期限超过本法规定的期限的，除法律、行政法规或者国务院另有规定外，应当逐步调整至本法规定的期限以内；对于出资期限、出资额明显异常的，公司登记机关可以依法要求其及时调整。具体实施办法由国务院规定。

中华人民共和国企业国有资产法

（2008年10月28日第十一届全国人民代表大会常务委员会第五次会议通过　2008年10月28日中华人民共和国主席令第5号公布）

第一章　总　　则

第一条　为了维护国家基本经济制度，巩固和发展国有经济，加强对国有资产的保护，发挥国有经济在国民经济中的主导作用，促进社会主义市场经济发展，制定本法。

第二条　本法所称企业国有资产（以下称国有资产），是指国家对企业各种形式的出资所形成的权益。

第三条　国有资产属于国家所有即全民所有。国务院代表国家行使国有资产所有权。

第四条　国务院和地方人民政府依照法律、行政法规的规定，分别代表国家对国家出资企业履行出资人职责，享有出资人权益。

国务院确定的关系国民经济命脉和国家安全的大型国家出资企业，重要基础设施和重要自然资源等领域的国家出资企业，由国务院代表国家履行出资人职责。其他的国家出资企业，由地方人民政府代表国家履行出资人职责。

第五条　本法所称国家出资企业，是指国家出资的国有独资企业、国有独资公司，以及国有资本控股公司、国有资本参股公司。

第六条　国务院和地方人民政府应当按照政企分开、社会公共管理职能与国有资产出资人职能分开、不干预企业依法自主经营的原则，依法履行出资人职责。

第七条　国家采取措施，推动国有资本向关系国民经济命脉和国家安全的重要行业和关键领域集中，优化国有经济布局和结构，推进国有企业的改革和发展，提高国有经济的整体素质，增强国有经济的控制力、影响力。

第八条 国家建立健全与社会主义市场经济发展要求相适应的国有资产管理与监督体制，建立健全国有资产保值增值考核和责任追究制度，落实国有资产保值增值责任。

第九条 国家建立健全国有资产基础管理制度。具体办法按照国务院的规定制定。

第十条 国有资产受法律保护，任何单位和个人不得侵害。

第二章　履行出资人职责的机构

第十一条 国务院国有资产监督管理机构和地方人民政府按照国务院的规定设立的国有资产监督管理机构，根据本级人民政府的授权，代表本级人民政府对国家出资企业履行出资人职责。

国务院和地方人民政府根据需要，可以授权其他部门、机构代表本级人民政府对国家出资企业履行出资人职责。

代表本级人民政府履行出资人职责的机构、部门，以下统称履行出资人职责的机构。

第十二条 履行出资人职责的机构代表本级人民政府对国家出资企业依法享有资产收益、参与重大决策和选择管理者等出资人权利。

履行出资人职责的机构依照法律、行政法规的规定，制定或者参与制定国家出资企业的章程。

履行出资人职责的机构对法律、行政法规和本级人民政府规定须经本级人民政府批准的履行出资人职责的重大事项，应当报请本级人民政府批准。

第十三条 履行出资人职责的机构委派的股东代表参加国有资本控股公司、国有资本参股公司召开的股东会会议、股东大会会议，应当按照委派机构的指示提出提案、发表意见、行使表决权，并将其履行职责的情况和结果及时报告委派机构。

第十四条 履行出资人职责的机构应当依照法律、行政法规以及企业章程履行出资人职责，保障出资人权益，防止国有资产损失。

履行出资人职责的机构应当维护企业作为市场主体依法享有的权利，除依法履行出资人职责外，不得干预企业经营活动。

第十五条 履行出资人职责的机构对本级人民政府负责，向本级人民政府报告履行出资人职责的情况，接受本级人民政府的监督和考核，对国有资产的保值增值负责。

履行出资人职责的机构应当按照国家有关规定，定期向本级人民政府报告有关国有资产总量、结构、变动、收益等汇总分析的情况。

第三章　国家出资企业

第十六条　国家出资企业对其动产、不动产和其他财产依照法律、行政法规以及企业章程享有占有、使用、收益和处分的权利。

国家出资企业依法享有的经营自主权和其他合法权益受法律保护。

第十七条　国家出资企业从事经营活动，应当遵守法律、行政法规，加强经营管理，提高经济效益，接受人民政府及其有关部门、机构依法实施的管理和监督，接受社会公众的监督，承担社会责任，对出资人负责。

国家出资企业应当依法建立和完善法人治理结构，建立健全内部监督管理和风险控制制度。

第十八条　国家出资企业应当依照法律、行政法规和国务院财政部门的规定，建立健全财务、会计制度，设置会计账簿，进行会计核算，依照法律、行政法规以及企业章程的规定向出资人提供真实、完整的财务、会计信息。

国家出资企业应当依照法律、行政法规以及企业章程的规定，向出资人分配利润。

第十九条　国有独资公司、国有资本控股公司和国有资本参股公司依照《中华人民共和国公司法》的规定设立监事会。国有独资企业由履行出资人职责的机构按照国务院的规定委派监事组成监事会。

国家出资企业的监事会依照法律、行政法规以及企业章程的规定，对董事、高级管理人员执行职务的行为进行监督，对企业财务进行监督检查。

第二十条　国家出资企业依照法律规定，通过职工代表大会或者其他形式，实行民主管理。

第二十一条　国家出资企业对其所出资企业依法享有资产收益、参与重大决策和选择管理者等出资人权利。

国家出资企业对其所出资企业，应当依照法律、行政法规的规定，通过制定或者参与制定所出资企业的章程，建立权责明确、有效制衡的企业内部监督管理和风险控制制度，维护其出资人权益。

第四章　国家出资企业管理者的选择与考核

第二十二条　履行出资人职责的机构依照法律、行政法规以及企业章程的规定，任免或者建议任免国家出资企业的下列人员：

（一）任免国有独资企业的经理、副经理、财务负责人和其他高级管理人员；

（二）任免国有独资公司的董事长、副董事长、董事、监事会主席和监事；

（三）向国有资本控股公司、国有资本参股公司的股东会、股东大会提出董事、监事人选。

国家出资企业中应当由职工代表出任的董事、监事，依照有关法律、行政法规的规定由职工民主选举产生。

第二十三条 履行出资人职责的机构任命或者建议任命的董事、监事、高级管理人员，应当具备下列条件：

（一）有良好的品行；

（二）有符合职位要求的专业知识和工作能力；

（三）有能够正常履行职责的身体条件；

（四）法律、行政法规规定的其他条件。

董事、监事、高级管理人员在任职期间出现不符合前款规定情形或者出现《中华人民共和国公司法》规定的不得担任公司董事、监事、高级管理人员情形的，履行出资人职责的机构应当依法予以免职或者提出免职建议。

第二十四条 履行出资人职责的机构对拟任命或者建议任命的董事、监事、高级管理人员的人选，应当按照规定的条件和程序进行考察。考察合格的，按照规定的权限和程序任命或者建议任命。

第二十五条 未经履行出资人职责的机构同意，国有独资企业、国有独资公司的董事、高级管理人员不得在其他企业兼职。未经股东会、股东大会同意，国有资本控股公司、国有资本参股公司的董事、高级管理人员不得在经营同类业务的其他企业兼职。

未经履行出资人职责的机构同意，国有独资公司的董事长不得兼任经理。未经股东会、股东大会同意，国有资本控股公司的董事长不得兼任经理。

董事、高级管理人员不得兼任监事。

第二十六条 国家出资企业的董事、监事、高级管理人员，应当遵守法律、行政法规以及企业章程，对企业负有忠实义务和勤勉义务，不得利用职权收受贿赂或者取得其他非法收入和不当利益，不得侵占、挪用企业资产，不得超越职权或者违反程序决定企业重大事项，不得有其他侵害国有资产出资人权益的行为。

第二十七条 国家建立国家出资企业管理者经营业绩考核制度。履行出资人职责的机构应当对其任命的企业管理者进行年度和任期考核，并依据考核结果决定对企业管理者的奖惩。

履行出资人职责的机构应当按照国家有关规定，确定其任命的国家出资企业管理者的薪酬标准。

第二十八条 国有独资企业、国有独资公司和国有资本控股公司的主要负责人，应当接受依法进行的任期经济责任审计。

第二十九条 本法第二十二条第一款第一项、第二项规定的企业管理者，国务院和地方人民政府规定由本级人民政府任免的，依照其规定。履行出资人职责的机构依照本章规定对上述企业管理者进行考核、奖惩并确定其薪酬标准。

第五章 关系国有资产出资人权益的重大事项

第一节 一般规定

第三十条 国家出资企业合并、分立、改制、上市，增加或者减少注册资本，发行债券，进行重大投资，为他人提供大额担保，转让重大财产，进行大额捐赠，分配利润，以及解散、申请破产等重大事项，应当遵守法律、行政法规以及企业章程的规定，不得损害出资人和债权人的权益。

第三十一条 国有独资企业、国有独资公司合并、分立，增加或者减少注册资本，发行债券，分配利润，以及解散、申请破产，由履行出资人职责的机构决定。

第三十二条 国有独资企业、国有独资公司有本法第三十条所列事项的，除依照本法第三十一条和有关法律、行政法规以及企业章程的规定，由履行出资人职责的机构决定的以外，国有独资企业由企业负责人集体讨论决定，国有独资公司由董事会决定。

第三十三条 国有资本控股公司、国有资本参股公司有本法第三十条所列事项的，依照法律、行政法规以及公司章程的规定，由公司股东会、股东大会或者董事会决定。由股东会、股东大会决定的，履行出资人职责的机构委派的股东代表应当依照本法第十三条的规定行使权利。

第三十四条 重要的国有独资企业、国有独资公司、国有资本控股公司的合并、分立、解散、申请破产以及法律、行政法规和本级人民政府规定应当由履行出资人职责的机构报经本级人民政府批准的重大事项，履行出资人职责的机构在作出决定或者向其委派参加国有资本控股公司股东会会议、股东大会会议的股东代表作出指示前，应当报请本级人民政府批准。

本法所称的重要的国有独资企业、国有独资公司和国有资本控股公司，按照国务院的规定确定。

第三十五条 国家出资企业发行债券、投资等事项，有关法律、行政法规规定应当报经人民政府或者人民政府有关部门、机构批准、核准或者备案的，依照其规定。

第三十六条 国家出资企业投资应当符合国家产业政策，并按照国家规定进行可行性研究；与他人交易应当公平、有偿，取得合理对价。

第三十七条 国家出资企业的合并、分立、改制、解散、申请破产等重大事项，应当听取企业工会的意见，并通过职工代表大会或者其他形式听取职工的意见和建议。

第三十八条 国有独资企业、国有独资公司、国有资本控股公司对其所出资企业的重大事项参照本章规定履行出资人职责。具体办法由国务院规定。

第二节 企业改制

第三十九条 本法所称企业改制是指：

（一）国有独资企业改为国有独资公司；

（二）国有独资企业、国有独资公司改为国有资本控股公司或者非国有资本控股公司；

（三）国有资本控股公司改为非国有资本控股公司。

第四十条 企业改制应当依照法定程序，由履行出资人职责的机构决定或者由公司股东会、股东大会决定。

重要的国有独资企业、国有独资公司、国有资本控股公司的改制，履行出资人职责的机构在作出决定或者向其委派参加国有资本控股公司股东会会议、股东大会会议的股东代表作出指示前，应当将改制方案报请本级人民政府批准。

第四十一条 企业改制应当制定改制方案，载明改制后的企业组织形式、企业资产和债权债务处理方案、股权变动方案、改制的操作程序、资产评估和财务审计等中介机构的选聘等事项。

企业改制涉及重新安置企业职工的，还应当制定职工安置方案，并经职工代表大会或者职工大会审议通过。

第四十二条 企业改制应当按照规定进行清产核资、财务审计、资产评估，准确界定和核实资产，客观、公正地确定资产的价值。

企业改制涉及以企业的实物、知识产权、土地使用权等非货币财产折算为国有资本出资或者股份的，应当按照规定对折价财产进行评估，以评估确认价格作为确定国有资本出资额或者股份数额的依据。不得将财产低价折股或者有其他损害出资人权益的行为。

第三节 与关联方的交易

第四十三条 国家出资企业的关联方不得利用与国家出资企业之间的交易，谋取不当利益，损害国家出资企业利益。

本法所称关联方，是指本企业的董事、监事、高级管理人员及其近亲属，以及这些人员所有或者实际控制的企业。

第四十四条 国有独资企业、国有独资公司、国有资本控股公司不得无偿向关联方提供资金、商品、服务或者其他资产，不得以不公平的价格与关联方进行交易。

第四十五条 未经履行出资人职责的机构同意，国有独资企业、国有独资公司不得有下列行为：

（一）与关联方订立财产转让、借款的协议；

（二）为关联方提供担保；

（三）与关联方共同出资设立企业，或者向董事、监事、高级管理人员或者其近亲属所有或者实际控制的企业投资。

第四十六条 国有资本控股公司、国有资本参股公司与关联方的交易，依照《中华人民共和国公司法》和有关行政法规以及公司章程的规定，由公司股东会、股东大会或者董事会决定。由公司股东会、股东大会决定的，履行出资人职责的机构委派的股东代表，应当依照本法第十三条的规定行使权利。

公司董事会对公司与关联方的交易作出决议时，该交易涉及的董事不得行使表决权，也不得代理其他董事行使表决权。

第四节　资产评估

第四十七条　国有独资企业、国有独资公司和国有资本控股公司合并、分立、改制，转让重大财产，以非货币财产对外投资，清算或者有法律、行政法规以及企业章程规定应当进行资产评估的其他情形的，应当按照规定对有关资产进行评估。

第四十八条　国有独资企业、国有独资公司和国有资本控股公司应当委托依法设立的符合条件的资产评估机构进行资产评估；涉及应当报经履行出资人职责的机构决定的事项的，应当将委托资产评估机构的情况向履行出资人职责的机构报告。

第四十九条　国有独资企业、国有独资公司、国有资本控股公司及其董事、监事、高级管理人员应当向资产评估机构如实提供有关情况和资料，不得与资产评估机构串通评估作价。

第五十条　资产评估机构及其工作人员受托评估有关资产，应当遵守法律、行政法规以及评估执业准则，独立、客观、公正地对受托评估的资产进行评估。资产评估机构应当对其出具的评估报告负责。

第五节　国有资产转让

第五十一条　本法所称国有资产转让，是指依法将国家对企业的出资所形成的权益转移给其他单位或者个人的行为；按照国家规定无偿划转国有资产的除外。

第五十二条　国有资产转让应当有利于国有经济布局和结构的战略性调整，防止国有资产损失，不得损害交易各方的合法权益。

第五十三条　国有资产转让由履行出资人职责的机构决定。履行出资人职责的机构决定转让全部国有资产的，或者转让部分国有资产致使国家对该企业不再具有控股地位的，应当报请本级人民政府批准。

第五十四条　国有资产转让应当遵循等价有偿和公开、公平、公正的原则。

除按照国家规定可以直接协议转让的以外，国有资产转让应当在依法设立的产权交易场所公开进行。转让方应当如实披露有关信息，征集受让方；征集产生的受让方为两个以上的，转让应当采用公开竞价的交易方式。

转让上市交易的股份依照《中华人民共和国证券法》的规定进行。

第五十五条 国有资产转让应当以依法评估的、经履行出资人职责的机构认可或者由履行出资人职责的机构报经本级人民政府核准的价格为依据，合理确定最低转让价格。

第五十六条 法律、行政法规或者国务院国有资产监督管理机构规定可以向本企业的董事、监事、高级管理人员或者其近亲属，或者这些人员所有或者实际控制的企业转让的国有资产，在转让时，上述人员或者企业参与受让的，应当与其他受让参与者平等竞买；转让方应当按照国家有关规定，如实披露有关信息；相关的董事、监事和高级管理人员不得参与转让方案的制定和组织实施的各项工作。

第五十七条 国有资产向境外投资者转让的，应当遵守国家有关规定，不得危害国家安全和社会公共利益。

第六章 国有资本经营预算

第五十八条 国家建立健全国有资本经营预算制度，对取得的国有资本收入及其支出实行预算管理。

第五十九条 国家取得的下列国有资本收入，以及下列收入的支出，应当编制国有资本经营预算：

（一）从国家出资企业分得的利润；

（二）国有资产转让收入；

（三）从国家出资企业取得的清算收入；

（四）其他国有资本收入。

第六十条 国有资本经营预算按年度单独编制，纳入本级人民政府预算，报本级人民代表大会批准。

国有资本经营预算支出按照当年预算收入规模安排，不列赤字。

第六十一条 国务院和有关地方人民政府财政部门负责国有资本经营预算草案的编制工作，履行出资人职责的机构向财政部门提出由其履行出资人职责的国有资本经营预算建议草案。

第六十二条 国有资本经营预算管理的具体办法和实施步骤，由国务院规定，报全国人民代表大会常务委员会备案。

第七章 国有资产监督

第六十三条 各级人民代表大会常务委员会通过听取和审议本级人民政

府履行出资人职责的情况和国有资产监督管理情况的专项工作报告，组织对本法实施情况的执法检查等，依法行使监督职权。

第六十四条 国务院和地方人民政府应当对其授权履行出资人职责的机构履行职责的情况进行监督。

第六十五条 国务院和地方人民政府审计机关依照《中华人民共和国审计法》的规定，对国有资本经营预算的执行情况和属于审计监督对象的国家出资企业进行审计监督。

第六十六条 国务院和地方人民政府应当依法向社会公布国有资产状况和国有资产监督管理工作情况，接受社会公众的监督。

任何单位和个人有权对造成国有资产损失的行为进行检举和控告。

第六十七条 履行出资人职责的机构根据需要，可以委托会计师事务所对国有独资企业、国有独资公司的年度财务会计报告进行审计，或者通过国有资本控股公司的股东会、股东大会决议，由国有资本控股公司聘请会计师事务所对公司的年度财务会计报告进行审计，维护出资人权益。

第八章 法律责任

第六十八条 履行出资人职责的机构有下列行为之一的，对其直接负责的主管人员和其他直接责任人员依法给予处分：

（一）不按照法定的任职条件，任命或者建议任命国家出资企业管理者的；

（二）侵占、截留、挪用国家出资企业的资金或者应当上缴的国有资本收入的；

（三）违反法定的权限、程序，决定国家出资企业重大事项，造成国有资产损失的；

（四）有其他不依法履行出资人职责的行为，造成国有资产损失的。

第六十九条 履行出资人职责的机构的工作人员玩忽职守、滥用职权、徇私舞弊，尚不构成犯罪的，依法给予处分。

第七十条 履行出资人职责的机构委派的股东代表未按照委派机构的指示履行职责，造成国有资产损失的，依法承担赔偿责任；属于国家工作人员的，并依法给予处分。

第七十一条 国家出资企业的董事、监事、高级管理人员有下列行为之一，造成国有资产损失的，依法承担赔偿责任；属于国家工作人员的，并依法给予处分：

（一）利用职权收受贿赂或者取得其他非法收入和不当利益的；

（二）侵占、挪用企业资产的；

（三）在企业改制、财产转让等过程中，违反法律、行政法规和公平交易规则，将企业财产低价转让、低价折股的；

（四）违反本法规定与本企业进行交易的；

（五）不如实向资产评估机构、会计师事务所提供有关情况和资料，或者与资产评估机构、会计师事务所串通出具虚假资产评估报告、审计报告的；

（六）违反法律、行政法规和企业章程规定的决策程序，决定企业重大事项的；

（七）有其他违反法律、行政法规和企业章程执行职务行为的。

国家出资企业的董事、监事、高级管理人员因前款所列行为取得的收入，依法予以追缴或者归国家出资企业所有。

履行出资人职责的机构任命或者建议任命的董事、监事、高级管理人员有本条第一款所列行为之一，造成国有资产重大损失的，由履行出资人职责的机构依法予以免职或者提出免职建议。

第七十二条 在涉及关联方交易、国有资产转让等交易活动中，当事人恶意串通，损害国有资产权益的，该交易行为无效。

第七十三条 国有独资企业、国有独资公司、国有资本控股公司的董事、监事、高级管理人员违反本法规定，造成国有资产重大损失，被免职的，自免职之日起五年内不得担任国有独资企业、国有独资公司、国有资本控股公司的董事、监事、高级管理人员；造成国有资产特别重大损失，或者因贪污、贿赂、侵占财产、挪用财产或者破坏社会主义市场经济秩序被判处刑罚的，终身不得担任国有独资企业、国有独资公司、国有资本控股公司的董事、监事、高级管理人员。

第七十四条 接受委托对国家出资企业进行资产评估、财务审计的资产评估机构、会计师事务所违反法律、行政法规的规定和执业准则，出具虚假的资产评估报告或者审计报告的，依照有关法律、行政法规的规定追究法律责任。

第七十五条 违反本法规定，构成犯罪的，依法追究刑事责任。

第九章 附 则

第七十六条 金融企业国有资产的管理与监督，法律、行政法规另有规定的，依照其规定。

第七十七条 本法自 2009 年 5 月 1 日起施行。

（二）企业制度与法人治理

中央企业主要负责人履行推进法治建设第一责任人职责规定

（2017 年 7 月 20 日）

第一条 为贯彻落实党中央关于全面依法治国的战略部署，增强中央企业主要负责人的法治意识，进一步推动法治央企建设，保障中央企业深化改革、健康发展，根据《党政主要负责人履行推进法治建设第一责任人职责规定》，结合中央企业实际，制定本规定。

第二条 本规定所称的中央企业主要负责人是指国务院国资委履行出资人职责的企业党委（党组）书记、董事长、总经理（总裁、院长、局长、主任）。

第三条 中央企业主要负责人履行推进法治建设第一责任人职责，必须坚持党的领导，充分发挥党委（党组）的领导核心和政治核心作用；坚持统筹协调，做到依法治理、依法经营、依法管理共同推进，法治体系、法治能力、法治文化一体建设；坚持权责一致，确保有权必有责、有责要担当、失责必追究；坚持以身作则、以上率下，带头尊法学法守法用法。

第四条 中央企业主要负责人作为推进法治建设的第一责任人，应当切实履行依法治企重要组织者、推动者和实践者的职责，贯彻党中央关于法治建设的重大决策部署，认真落实国务院国资委关于法治建设的各项要求，自觉运用法治思维和法治方式深化改革、推动发展、化解矛盾、维护稳定，把法治建设纳入全局工作统筹谋划，对重要工作亲自部署、重大问题亲自过问、重点环节亲自协调、重要任务亲自督办，把各项工作纳入法治化轨道。

第五条 党委（党组）书记在推进法治建设中应当履行以下主要职责：

（一）促进党委（党组）充分发挥把方向、管大局、保落实的重要作用，成立法治建设领导机构，及时研究解决有关重大问题，督促企业领导班子其他成员和下级企业主要负责人依法履职，确保全面依法治国战略在本企业得到贯彻落实；

（二）落实全面从严治党、依规治党要求，加强制度建设，提高党内法规制度执行力；

（三）严格依法依规决策，落实党委（党组）议事规则和决策机制，认真执行“三重一大”等重大决策制度，党委（党组）研究讨论事项涉及法律问题的，应当要求总法律顾问列席会议，加强对党委（党组）文件、重大决策的合法合规性审查；

（四）坚持重视法治素养和法治能力的用人导向，完善企业领导班子知识结构，相同条件下，优先提拔使用法治素养好、依法办事能力强的干部；

（五）落实企业法律顾问制度，加强企业法律顾问队伍建设和人才培养，推动完善法律管理组织体系，支持总法律顾问和法律事务机构依法依规履行职能、开展工作；

（六）深入推进法治宣传教育，定期组织党委（党组）中心组开展法治学习，推动企业形成浓厚的法治氛围。

第六条 董事长在推进法治建设中应当履行以下主要职责：

（一）推动依法完善公司章程，合理配置权利义务，完善议事规则和决策机制，在董事会有关专门委员会中明确推进法治建设职责，并将依法治企要求写入公司章程；

（二）促进将法治建设纳入企业发展规划和年度工作计划，与改革发展重点任务同部署、同推进、同督促、同考核、同奖惩；

（三）组织研究部署法治建设总体规划，加强指导督促，为推进法治建设提供保障、创造条件；

（四）定期听取法治建设进展情况报告，并将其纳入董事会年度工作报告；

（五）带头依法依规决策，董事会审议事项涉及法律问题的，应当要求总法律顾问列席会议并听取法律意见；

（六）推动建立健全企业法律顾问制度，落实总法律顾问可由董事会聘任的相关规定，设立与经营规模和业务需要相适应的法律事务机构，促进企业法律顾问队伍建设。

未设立董事会的中央企业，董事长推进法治建设第一责任人的相关职责由总经理履行。

第七条 总经理在推进法治建设中应当履行以下主要职责：

（一）加强对法治建设的组织推动，根据董事会审议通过的法治建设总体规划，研究制定年度工作计划，切实抓好组织落实；

（二）依法建立健全经营管理制度，确保企业各项活动有章可循；

（三）督促经理层其他成员和各职能部门负责人依法经营管理，加强内部监督检查，纠正违法违规经营管理行为；

（四）推动法律管理与企业经营管理深度融合，充分发挥总法律顾问和法律事务机构作用，不断健全法律风险防范机制和内部控制体系，严格落实规章制度、重大决策、经济合同法律审核制度，加强合规管理和法律监督；

（五）完善法律顾问日常管理、业务培训、考评奖惩等工作机制，拓宽职业发展通道，并为其履职提供必要条件；

（六）组织实施普法规划，强化法治宣传教育，大力提升全员法治意识，努力打造法治文化。

第八条 中央企业主要负责人应当将履行推进法治建设第一责任人职责情况列入年终述职内容，对本单位及子企业推进法治建设情况开展定期检查和专项督查，并可以将其纳入经营业绩考核。

第九条 中央企业党委（党组）应当将子企业主要负责人履行推进法治建设第一责任人职责情况纳入领导人员综合考核评价指标体系，作为考察使用干部、推进干部能上能下的重要依据。

第十条 中央企业主要负责人不履行或者不正确履行推进法治建设第一责任人职责的，应当依照有关党内法规、国家法律法规和相关规定予以问责。

第十一条 中央企业应当根据本规定，结合企业实际，研究制定具体实施办法。

第十二条 本规定由国务院国资委负责解释。

第十三条 本规定自印发之日起施行。

国务院办公厅关于进一步完善国有企业法人治理结构的指导意见

（2017年4月24日）

各省、自治区、直辖市人民政府，国务院各部委、各直属机构：

完善国有企业法人治理结构是全面推进依法治企、推进国家治理体系和治理能力现代化的内在要求，是新一轮国有企业改革的重要任务。当前，多数国有企业已初步建立现代企业制度，但从实践情况看，现代企业制度仍不完善，部分企业尚未形成有效的法人治理结构，权责不清、约束不够、缺乏制衡等问题较为突出，一些董事会形同虚设，未能发挥应有作用。根据《中共中央 国务院关于深化国有企业改革的指导意见》等文件精神，为改进国有企业法人治理结构，完善国有企业现代企业制度，经国务院同意，现提出以下意见：

一、总体要求

（一）指导思想。

全面贯彻党的十八大和十八届三中、四中、五中、六中全会精神，深入贯彻习近平总书记系列重要讲话精神和治国理政新理念新思想新战略，认真落实党中央、国务院决策部署，统筹推进“五位一体”总体布局和协调推进“四个全面”战略布局，牢固树立和贯彻落实创新、协调、绿色、开放、共享的发展理念，从国有企业实际情况出发，以建立健全产权清晰、权责明确、政企分开、管理科学的现代企业制度为方向，积极适应国有企业改革的新形势新要求，坚持党的领导、加强党的建设，完善体制机制，依法规范权责，根据功能分类，把握重点，进一步健全各司其职、各负其责、协调运转、有效制衡的国有企业法人治理结构。

（二）基本原则。

1. 坚持深化改革。尊重企业市场主体地位，遵循市场经济规律和企业发展规律，以规范决策机制和完善制衡机制为重点，坚持激励机制与约束机制相结合，体现效率原则与公平原则，充分调动企业家积极性，提升企业的市场化、现代化经营水平。

2. 坚持党的领导。落实全面从严治党战略部署，把加强党的领导和完善公司治理统一起来，明确国有企业党组织在法人治理结构中的法定地位，发挥国有企业党组织的领导核心和政治核心作用，保证党组织把方向、管大局、保落实。坚持党管干部原则与董事会依法选择经营管理者、经营管理者依法行使用人权相结合，积极探索有效实现形式，完善反腐倡廉制度体系。

3. 坚持依法治企。依据《中华人民共和国公司法》《中华人民共和国企业国有资产法》等法律法规，以公司章程为行为准则，规范权责定位和行权方式；法无授权，任何政府部门和机构不得干预企业正常生产经营活动，实现深化改革与依法治企的有机统一。

4. 坚持权责对等。坚持权利义务责任相统一，规范权力运行、强化权利责任对等，改革国有资本授权经营体制，深化权力运行和监督机制改革，构建符合国情的监管体系，完善履职评价和责任追究机制，对失职、渎职行为严格追责，建立决策、执行和监督环节的终身责任追究制度。

（三）主要目标。

2017 年年底前，国有企业公司制改革基本完成。到 2020 年，党组织在国有企业法人治理结构中的法定地位更加牢固，充分发挥公司章程在企业治理中的基础作用，国有独资、全资公司全面建立外部董事占多数的董事会，国有控股企业实行外部董事派出制度，完成外派监事会改革；充分发挥企业家作用，造就一大批政治坚定、善于经营、充满活力的董事长和职业经理人，培育一支德才兼备、业务精通、勇于担当的董事、监事队伍；党风廉政建设主体责任和监督责任全面落实，企业民主监督和管理明显改善；遵循市场经济规律和企业发展规律，使国有企业成为依法自主经营、自负盈亏、自担风险、自我约束、自我发展的市场主体。

二、规范主体权责

健全以公司章程为核心的企业制度体系，充分发挥公司章程在企业治理中的基础作用，依照法律法规和公司章程，严格规范履行出资人职责的机构（以下简称出资人机构）、股东会（包括股东大会，下同）、董事会、经理层、监事会、党组织和职工代表大会的权责，强化权利责任对等，保障有效履职，完善符合市场经济规律和我国国情的国有企业法人治理结构，进一步提升国有企业运行效率。

（一）理顺出资人职责，转变监管方式。

1. 股东会是公司的权力机构。股东会主要依据法律法规和公司章程，通过委派或更换董事、监事（不含职工代表），审核批准董事会、监事会年度工作报告，批准公司财务预决算、利润分配方案等方式，对董事会、监事会以及董事、监事的履职情况进行评价和监督。出资人机构根据本级人民政府授权对国家出资企业依法享有股东权利。

2. 国有独资公司不设股东会，由出资人机构依法行使股东会职权。以管资本为主改革国有资本授权经营体制，对直接出资的国有独资公司，出资人机构重点管好国有资本布局、规范资本运作、强化资本约束、提高资本回报、维护资本安全。对国有全资公司、国有控股企业，出资人机构主要依据股权份额通过参加股东会议、审核需由股东决定的事项、与其他股东协商作出决议等方式履行职责，除法律法规或公司章程另有规定外，不得干预企业自主经营活动。

3. 出资人机构依据法律法规和公司章程规定行使股东权利、履行股东义务，有关监管内容应依法纳入公司章程。按照以管资本为主的要求，出资人机构要转变工作职能、改进工作方式，加强公司章程管理，清理有关规章、规范性文件，研究提出出资人机构审批事项清单，建立对董事会重大决策的合规性审查机制，制定监事会建设、责任追究等具体措施，适时制定国有资本优先股和国家特殊管理股管理办法。

（二）加强董事会建设，落实董事会职权。

1. 董事会是公司的决策机构，要对股东会负责，执行股东会决定，依照法定程序和公司章程授权决定公司重大事项，接受股东会、监事会监督，认真履行决策把关、内部管理、防范风险、深化改革等职责。国有独资公司要依法落实和维护董事会行使重大决策、选人用人、薪酬分配等权利，增强董事会的独立性和权威性，落实董事会年度工作报告制度；董事会应与党组织充分沟通，有序开展国有独资公司董事会选聘经理层试点，加强对经理层的管理和监督。

2. 优化董事会组成结构。国有独资、全资公司的董事长、总经理原则上分设，应均为内部执行董事，定期向董事会报告工作。国有独资公司的董事长作为企业法定代表人，对企业改革发展负首要责任，要及时向董事会和国有股东报告重大经营问题和经营风险。国有独资公司的董事对出资人机构负责，接受出资人机构指导，其中外部董事人选由出资人机构商有关部门提名，并按照法定程序任命。国有全资公司、国有控股企业的董事由相关股东依据股权份额推荐派出，由股东会选举或更换，国有股东派出的董事要积极维护国有资本权益；国有全资公司的外部董事人选由控股股东商其他股东推荐，由股东会选举或更换；国有控股企业应有一定比例的外部董事，由股东会选举或更换。

3. 规范董事会议事规则。董事会要严格实行集体审议、独立表决、个人负责的决策制度，平等充分发表意见，一人一票表决，建立规范透明的重大事项信息公开和对外披露制度，保障董事会会议记录和提案资料的完整性，建立董事会决议跟踪落实以及后评估制度，做好与其他治理主体的联系沟通。董事会应当设立提名委员会、薪酬与考核委员会、审计委员会等专门委员会，为董事会决策提供咨询，其中薪酬与考核委员会、审计委员会应由外部董事组成。改进董事会和董事评价办法，完善年度和任期考核制度，逐步形成符合企业特点的考核评价体系及激励机制。

4. 加强董事队伍建设。开展董事任前和任期培训，做好董事派出和任期管理工作。建立完善外部董事选聘和管理制度，严格资格认定和考试考察程序，拓宽外部董事来源渠道，扩大专职外部董事队伍，选聘一批现职国有企业负责人转任专职外部董事，定期报告外部董事履职情况。国有独资公司要健全外部董事召集人制度，召集人由外部董事定期推选产生。外部董事要与出资人机构加强沟通。

（三）维护经营自主权，激发经理层活力。

1. 经理层是公司的执行机构，依法由董事会聘任或解聘，接受董事会管理和监事会监督。总经理对董事会负责，依法行使管理生产经营、组织实施董事会决议等职权，向董事会报告工作，董事会闭会期间向董事长报告工作。

2. 建立规范的经理层授权管理制度，对经理层成员实行与选任方式相匹配、与企业功能性质相适应、与经营业绩相挂钩的差异化薪酬分配制度，国有独资公司经理层逐步实行任期制和契约化管理。根据企业产权结构、市场化程度等不同情况，有序推进职业经理人制度建设，逐步扩大职业经理人队伍，有序实行市场化薪酬，探索完善中长期激励机制，研究出台相关指导意见。国有独资公司要积极探索推行职业经理人制度，实行内部培养和外部引进相结合，畅通企业经理层成员与职业经理人的身份转换通道。开展出资人机构委派国有独资公司总会计师试点。

（四）发挥监督作用，完善问责机制。

1. 监事会是公司的监督机构，依照有关法律法规和公司章程设立，对董事会、经理层成员的职务行为进行监督。要提高专职监事比例，增强监事会的独立性和权威性。对国有资产监管机构所出资企业依法实行外派监事会制度。外派监事会由政府派出，负责检查企业财务，监督企业重大决策和关键环节以及董事会、经理层履职情况，不参与、不干预企业经营管理活动。

2. 健全以职工代表大会为基本形式的企业民主管理制度，支持和保证职工代表大会依法行使职权，加强职工民主管理与监督，维护职工合法权益。国有独资、全资公司的董事会、监事会中须有职工董事和职工监事。建立国有企业重大事项信息公开和对外披露制度。

3. 强化责任意识，明确权责边界，建立与治理主体履职相适应的责任追究制度。董事、监事、经理层成员应当遵守法律法规和公司章程，对公司负有忠实义务和勤勉义务；要将其信用记录纳入全国信用信息共享平台，违约失信的按规定在“信用中国”网站公开。董事应当出席董事会会议，对董事会决议承担责任；董事会决议违反法律法规或公司章程、股东会决议，致使公司遭受严重损失的，应依法追究有关董事责任。经理层成员违反法律法规或公司章程，致使公司遭受损失的，应依法追究有关经理层成员责任。执行董事和经理层成员未及时向董事会或国有股东报告重大经营问题和经营风险的，应依法追究相关人员责任。企业党组织成员履职过程中有重大失误和失职、渎职行为的，应按照党组织有关规定严格追究责任。按照“三个区分开来”的要求，建立必要的改革容错纠错机制，激励企业领导人员干事创业。

（五）坚持党的领导，发挥政治优势。

1. 坚持党的领导、加强党的建设是国有企业的独特优势。要明确党组织在国有企业法人治理结构中的法定地位，将党建工作总体要求纳入国有企业章程，明确党组织在企业决策、执行、监督各环节的权责和工作方式，使党组织成为企业法人治理结构的有机组成部分。要充分发挥党组织的领导核心和政治核心作用，领导企业思想政治工作，支持董事会、监事会、经理层依法履行职责，保证党和国家方针政策的贯彻执行。

2. 充分发挥纪检监察、巡视、审计等监督作用，国有企业董事、监事、经理层中的党员每年要定期向党组（党委）报告个人履职和廉洁自律情况。上级党组织对国有企业纪检组组长（纪委书记）实行委派制度和定期轮岗制度，纪检组组长（纪委书记）要坚持原则、强化监督。纪检组组长（纪委书记）可列席董事会和董事会专门委员会的会议。

3. 积极探索党管干部原则与董事会选聘经营管理人员有机结合的途径和方法。坚持和完善双向进入、交叉任职的领导体制，符合条件的国有企业党组（党委）领导班子成员可以通过法定程序进入董事会、监事会、经理层，董事会、监事会、经理层成员中符合条件的党员可以依照有关规定和程序进入党组（党委）；党组（党委）书记、董事长一般由一人担任，推进中央企业党组（党委）专职副书记进入董事会。在董事会选聘经理层成员工作中，上级党组织及其组织部门、国有资产监管机构党委应当发挥确定标准、规范程序、参与考察、推荐人选等作用。积极探索董事会通过差额方式选聘经理层成员。

三、做好组织实施

（一）及时总结经验，分层有序实施。

在国有企业建设规范董事会试点基础上，总结经验、完善制度，国务院国资委监管的中央企业要依法改制为国有独资公司或国有控股公司，全面建立规范的董事会。国有资本投资、运营公司法人治理结构要“一企一策”地在公司章程中予以细化。其他中央企业和地方国有企业要根据自身实际，由出资人机构负责完善国有企业法人治理结构。

（二）精心规范运作，做好相互衔接。

国有企业要按照完善法人治理结构的要求，全面推进依法治企，完善公司章程，明确内部组织机构的权利、义务、责任，实现各负其责、规范运作、相互衔接、有效制衡。国务院国资委要会同有关部门和单位抓紧制定国有企业公司章程审核和批准管理办法。

金融、文化等国有企业的改革，中央另有规定的依其规定执行。

关于进一步推进国有企业贯彻落实“三重一大”决策制度的意见

（2010年6月5日）

为全面贯彻党的十七大和十七届四中全会精神，切实加强国有企业反腐倡廉建设，进一步促进国有企业领导人员廉洁从业，规范决策行为，提高决策水平，防范决策风险，保证国有企业科学发展，按照中央关于凡属重大决策、重要人事任免、重大项目安排和大额度资金运作（简称“三重一大”）事项必须由领导班子集体作出决定的要求，现就进一步推进国有企业贯彻落实“三重一大”决策制度提出如下意见。

一、指导思想和基本原则

（一）高举中国特色社会主义伟大旗帜，以邓小平理论和“三个代表”重要思想为指导，深入贯彻落实科学发展观，根据《建立健全惩治和预防腐败体系2008—2012年工作规划》部署，落实《国有企业领导人员廉洁从业若干规定》要求，以明确决策范围、规范决策程序、强化监督检查和责任追究为重点，进一步推进国有企业“三重一大”决策制度的贯彻落实。

（二）“三重一大”事项坚持集体决策原则。国有企业应当健全议事规则，明确“三重一大”事项的决策规则和程序，完善群众参与、专家咨询和集体决策相结合的决策机制。国有企业党委（党组）、董事会、未设董事会的经理班子等决策机构要依据各自的职责、权限和议事规则，集体讨论决定“三重一大”事项，防止个人或少数人专断。要坚持务实高效，保证决策的科学性；充分发扬民主，广泛听取意见，保证决策的民主性；遵守国家法律法规、党内法规和有关政策，保证决策合法合规。

二、“三重一大”事项的主要范围

（三）重大决策事项，是指依照《中华人民共和国公司法》、《中华人民共和国全民所有制工业企业法》、《中华人民共和国企业国有资产法》、《中华人民共和国商业银行法》、《中华人民共和国证券法》、《中华人民共和国保险法》以及其他有关法律法规和党内法规规定的应当由股东大会（股东会）、董事会、未设董事会的经理班子、职工代表大会和党委（党组）决定的事项。主要包括企业贯彻执行党和国家的路线方针政策、法律法规和上级重要决定的重大措施，企业发展战略、破产、改制、兼并重组、资产调整、产权转让、对外投资、利益调配、机构调整等方面的重大决策，企业党的建设和安全稳定的重大决策，以及其他重大决策事项。

（四）重要人事任免事项，是指企业直接管理的领导人员以及其他经营管理人员的职务调整事项。主要包括企业中层以上经营管理人员和下属企业、单位领导班子成员的任免、聘用、解除聘用和后备人选的确定，向控股和参股企业委派股东代表，推荐董事会、监事会成员和经理、财务负责人，以及其他重要人事任免事项。

（五）重大项目安排事项，是指对企业资产规模、资本结构、盈利能力以及生产装备、技术状况等产生重要影响的项目的设立和安排。主要包括年度投资计划，融资、担保项目，期权、期货等金融衍生业务，重要设备和技术引进，采购大宗物资和购买服务，重大工程建设项目，以及其他重大项目安排事项。

（六）大额度资金运作事项，是指超过由企业或者履行国有资产出资人职责的机构所规定的企业领导人员有权调动、使用的资金限额的资金调动和使用。主要包括年度预算内大额度资金调动和使用，超预算的资金调动和使用，对外大额捐赠、赞助，以及其他大额度资金运作事项。

三、“三重一大”事项决策的基本程序

（七）“三重一大”事项提交会议集体决策前应当认真调查研究，经过必要的研究论证程序，充分吸收各方面意见。重大投资和工程建设项目，应当事先充分听取有关专家的意见。重要人事任免，应当事先征求国有企业和履行国有资产出资人职责机构的纪检监察机构的意见。研究决定企业改制以及经营管理方面的重大问题、涉及职工切身利益的重大事项、制定重要的规章制度，应当听取企业工会的意见，并通过职工代表大会或者其他形式听取职工群众的意见和建议。

（八）决策事项应当提前告知所有参与决策人员，并为所有参与决策人员提供相关材料。必要时，可事先听取反馈意见。

（九）党委（党组）、董事会、未设董事会的经理班子应当以会议的形式，对职责权限内的“三重一大”事项作出集体决策。不得以个别征求意见等方式作出决策。紧急情况下由个人或少数人临时决定的，应在事后及时向党委（党组）、董事会或未设董事会的经理班子报告；临时决定人应当对决策情况负责，党委（党组）、董事会或未设董事会的经理班子应当在事后按程序予以追认。经董事会授权，经理班子决策“三重一大”事项的，按照本意见执行。

（十）决策会议符合规定人数方可召开。与会人员要充分讨论并分别发表意见，主要负责人应当最后发表结论性意见。会议决定多个事项时，应逐项研究决定。若存在严重分歧，一般应当推迟作出决定。

（十一）会议决定的事项、过程、参与人及其意见、结论等内容，应当完整、详细记录并存档备查。

（十二）决策作出后，企业应当及时向履行国有资产出资人职责的机构报告有关决策情况；企业负责人应当按照分工组织实施，并明确落实部门和责任人。参与决策的个人对集体决策有不同意见，可以保留或者向上级反映，但在没有作出新的决策前，不得擅自变更或者拒绝执行。如遇特殊情况需对决策内容作重大调整，应当重新按规定履行决策程序。

（十三）董事会、未设董事会的经理班子研究“三重一大”事项时，应事先与党委（党组）沟通，听取党委（党组）的意见。进入董事会、未设董事会的经理班子的党委（党组）成员，应当贯彻党组织的意见或决定。企业党组织要团结带领全体党员和广大职工群众，推动决策的实施，并对实施中发现的与党和国家方针政策、法律法规不符或脱离实际的情况及时提出意见，如得不到纠正，应当向上级反映。

（十四）建立“三重一大”事项决策的回避制度；建立对决策的考核评价和后评估制度，逐步健全决策失误纠错改正机制和责任追究制度。

四、组织实施和监督检查

（十五）国有企业党委（党组）书记、董事长、未设董事会的总经理（总裁）为本企业实施本意见的主要责任人。

（十六）国有企业应当依据本意见制定具体的实施办法，报履行国有资产出资人职责的机构审查批准。履行国有资产出资人职责的机构，在制定或审批国有企业章程时，应当根据本意见明确相关要求。

（十七）履行国有资产出资人职责的机构应当对国有企业制定的“三重一大”事项范围是否全面科学、决策程序是否严密、责任追究措施是否有效进行严格审查，予以批准的，应当在批准后监督其实施。

（十八）纪检监察机关应当督促指导履行国有资产出资人职责机构的纪检监察机构，切实加强对所管辖的国有企业贯彻落实“三重一大”决策制度情况的监督检查。

（十九）国有企业的纪检监察机构在依照《国有企业领导人员廉洁从业若干规定》的规定，结合年度考核进行监督检查，作出评估，并向企业党组织和上级纪检监察机构报告时，应当将国有企业领导人员执行“三重一大”决策制度的情况作为重点内容。

（二十）“三重一大”决策制度的执行情况，应当作为巡视、党风廉政建设责任制考核的重要内容和企业领导人员经济责任审计的重点事项；作为民主生活会、企业领导人员述职述廉的重要内容；作为厂务公开的重要内容，除按照国家法律法规和有关政策应当保密的事项外，在适当范围内公开。

（二十一）组织人事部门、履行国有资产出资人职责的机构和审计机关，应当将“三重一大”决策制度的执行情况，作为对企业领导人员考察、考核的重要内容和任免以及经济责任履行情况审计评价的重要依据。

（二十二）国有企业领导人员违反“二重一大”决策制度的，应当依照《国有企业领导人员廉洁从业若干规定》和相关法律法规给予相应的处理，违反规定获取的不正当经济利益，应当责令清退；给国有企业造成经济损失的，应当承担经济赔偿责任。

（二十三）本意见适用于国有和国有控股企业（含国有和国有控股金融机构）。

董事会试点中央企业外部董事履职行为规范

（2009 年 3 月 25 日）

董事会试点中央企业外部董事要忠实履职，严格遵守本行为规范。

1. 遵规守法，诚实信用。要模范遵守国家法律法规、社会公德和职业道德，保守国家秘密和公司商业秘密，不得对出资人和任职公司有违反忠实和诚信义务的行为。

2. 代表股东，尽职尽责。要牢固树立维护出资人权益的责任意识，自觉站在出资人立场上决策，积极为董事会运作和公司运营提供有价值的建议，不得在经理层选聘、考核和薪酬激励等方面损害出资人利益。

3. 按章办事，正确行权。要严格按照国资委的要求和公司章程等规定履职，坚持决策权与执行权分开，不得超越职权范围干预或者指挥属于经理层的事务。

4. 独立判断，敢讲真话。要按照商业判断原则独立、客观地发表意见，高度关注决策风险，不得对有损出资人或者公司合法利益的决策行为不反对、不制止。

5. 勤勉敬业，保证时间。要认真阅研会议资料，注重学习和调查研究，及时了解宏观经济形势、行业发展动态和公司运营状况，履职时间和出席董事会会议次数不得低于有关规定。

6. 加强监督，知情必报。要认真监督经理层落实董事会决议，不得向出资人瞒报、延报有损出资人利益或者公司合法权益的信息。

7. 清正廉洁，不谋私利。要廉洁自律，严格遵守国资委关于外部董事报酬、福利待遇的有关规定，不得利用职务之便谋取任何不正当利益或者在任职公司获取未经出资人批准的其他利益。

中共中央办公厅　国务院办公厅
关于在国有企业、集体企业及其控股企业深入实行厂务公开制度的通知

（2002 年 6 月 3 日）

各省、自治区、直辖市党委和人民政府，中央和国家机关各部委，军委总政治部，各人民团体：

党的十五大以来，不少地方和企业在推行厂务公开方面积极实践，取得了明显成效和成功经验。为了更好地扩大基层民主、保证人民群众直接行使民主权利，实践江泽民同志“三个代表”重要思想，落实全心全意依靠工人阶级的指导方针，巩固、深化和规范厂务公开工作，促进企业的改革、发展和稳定，经党中央、国务院领导同志同意，现就在全国国有企业、集体企业及其控股企业深入实行厂务公开制度的有关问题通知如下：

一、厂务公开的重要意义、指导原则和总体要求

广大职工依照有关法律和规定参与企业的民主决策、民主管理、民主监督，是我国企业管理的重要特色和优势。党的十五大特别是十五届四中全会以来，一批企业通过实行厂务公开，加强了企业的管理和改革，完善了职工代表大会制度，促进了基层民主政治建设，提高了企业经济效益。实践证明，实行厂务公开是实践“三个代表”重要思想的具体体现，是进一步落实党的全心全意依靠工人阶级指导方针的有效途径；是加强企业管理，建立现代企业制度，依靠职工办好企业的内在要求；是搞好群众监督，促进党风廉政建设，加强企业党组织建设、领导班子建设的有力手段。实行厂务公开，对于推进基层民主政治建设，保障和落实职工当家作主的民主权利；维护职工合法权益，建立企业稳定协调的劳动关系；密切党与企业职工群众的关系，巩固党的阶级基础和执政地位；保护、调动和发挥广大职工的主人翁积极性，增强其责任感，促进企业的改革、发展和稳定，具有重要的意义和作用。

实行厂务公开的指导原则是：

——必须坚持以邓小平理论为指导，按照“三个代表”的要求，认真贯彻党的十五大和十五届四中、五中、六中全会精神，坚定不移地贯彻落实党的全心全意依靠工人阶级的指导方针。

——必须遵循国家法律、法规和党的方针政策，实事求是、注重实效、有利于改革发展稳定和保护商业秘密。

——必须坚持党委统一领导，党政共同负责，有关方面齐抓共管，动员职工广泛参与。

——必须与企业党的建设、领导班子建设、职工队伍建设结合起来，与建立现代企业制度结合起来。

实行厂务公开的总体要求是：

1. 国有企业、集体企业及其控股的企业都要实行厂务公开。目前还没有实行的单位应尽快实行；已经实行的，要进一步深化，逐步使其内容、程序、形式规范化、制度化。

特别是生产经营困难的企业更应当实行厂务公开，动员和依靠职工群众与经营者共同把企业搞好。

2. 在厂务公开工作中，要切实做好企业领导人员和职工的思想工作。企业领导人员要提高认识，自觉地把厂务公开摆到重要工作位置，纳入现代企业管理的体制、机制和制度之中。要鼓励职工积极参与厂务公开活动，支持和监督企业经营者依法行使职权，认真行使当家作主的民主权利。要加强对职工代表的培训，不断提高他们参与民主决策、民主管理和民主监督的意识和能力。

3. 在厂务公开工作中，必须坚决防止和克服形式主义，保证公开的真实性，务求工作实效。要切实做到企业重大决策必须通过厂务公开听取职工意见，并提交职代会审议，未经职代会审议的不应实施；涉及职工切身利益的重大事项，更应向职工公开，职代会按照法律法规规定具有决定权和否决权，既未公开又未经职代会通过的有关决定视为无效；在国有和国有控股企业，经职代会民主评议和民主测评，大多数职工不拥护的企业领导人员，其上级管理部门应采取相应的组织措施；企业领导人员违反职代会决议和厂务公开的有关规定，导致矛盾激化，影响企业和社会稳定的，要实行责任追究。

二、厂务公开的主要内容

1. 企业重大决策问题。主要包括企业中长期发展规划，投资和生产经营重大决策方案，企业改革、改制方案，兼并、破产方案，重大技术改造方案，职工裁员、分流、安置方案等重大事项。

2. 企业生产经营管理方面的重要问题。主要包括年度生产经营目标及完成情况，财务预决算，企业担保，大额资金使用，工程建设项目的招投标，大宗物资采购供应，产品销售和盈亏情况，承包租赁合同执行情况，企业内部经济责任制落实情况，重要规章制度的制定等。

3. 涉及职工切身利益方面的问题。主要包括劳动法律法规的执行情况，集体合同、劳动合同的签订和履行，职工提薪晋级、工资奖金分配、奖罚与福利，职工养老、医疗、工伤、失业、生育等社会保障基金缴纳情况，职工招聘，专业技术职称的评聘，评优选先的条件、数量和结果，职工购房、售房的政策和住房公积金管理以及企业公积金和公益金的使用方案，安全生产和劳动保护措施，职工培训计划等。

4. 与企业领导班子建设和党风廉政建设密切相关的问题。主要包括民主评议企业领导人员情况，企业中层领导人员、重要岗位人员的选聘和任用情况，干部廉洁自律规定执行情况，企业业务招待费使用情况，企业领导人员工资（年薪）、奖金、兼职、补贴、住房、用车、通讯工具使用情况，以及出国出境费用支出情况等。

厂务公开的内容应根据企业的实际情况有所侧重。既要公开有关政策依据和本单位的有关规定，又要公开具体内容、标准和承办部门；既要公开办事结果，又要公开办事程序；既要公开职工的意见和建议，又要公开职工意见和建议的处理情况，使厂务公开始终在职工的广泛参与和监督下进行。要密切结合企业改革和发展的实际，及时引导厂务公开不断向企业生产经营管理的深度和广度延伸，推动企业不断健全和完善管理制度、党风廉政建设制度和职工民主管理制度。

三、厂务公开的实现形式

厂务公开的主要载体是职工代表大会。要按照有关规定，认真落实职代会的各项职权。要通过实行厂务公开，进一步完善职代会民主评议企业领导人员制度，坚持集体合同草案提交职代会讨论通过，企业业务招待费使用情况、企业领导人员廉洁自律情况、集体合同履行情况等企业重要事项向职代会报告制度，国有及国有控股的公司制企业由职代会选举职工董事、职工监事制度等，不断充实和丰富职代会的内容，提高职代会的质量和实效，落实好职工群众的知情权、审议权、通过权、决定权和评议监督权，建立符合现代企业制度要求的民主管理制度。

在职代会闭会期间，要发挥职工代表团（组）长联席会议的作用。车间、班组的内部事务也要实行公开。应依照厂务公开的规定，制定车间、班组内部事务公开的实施办法。

厂务公开的日常形式还应包括厂务公开栏、厂情发布会、党政工联席会和企业内部信息网络、广播、电视、厂报、墙报等，并可根据实际情况不断创新。同时，在公开后应注意通过意见箱、接待日、职工座谈会、举报电话等形式，了解职工的反映，不断改进工作。

四、厂务公开的组织领导

各级党委、政府及有关部门和工会组织，要充分认识实行厂务公开的重要意义，切实把这项工作摆上重要议事日程，明确目标，落实责任，有组织、有计划、有步骤地推动厂务公开工作深入健康发展。各级纪检监察机关要加强对推行厂务公开工作的监督检查，对在厂务公开中暴露出来的违法违纪问题要严肃查处。各级党委组织部门要把推行厂务公开作为企业党建工作的重要内容，将实施情况作为考核企业领导班子和领导人员的重要依据，并与奖惩任免挂钩。各级经贸委要把推行厂务公开与加强企业管理和建立现代企业制度有机结合起来，切实加以推进。各级地方工会要积极主动地承担起推行厂务公开的日常工作，并以此促进企业民主管理和工会工作。

企业实行厂务公开要在企业党委领导下进行。企业行政是实行厂务公开的主体。企业要建立由党委、行政、纪委、工会负责人组成的厂务公开领导小组，负责制定厂务公开的实施意见，审定重大公开事项，指导协调有关部门研究解决实施中的问题，做好督导考核工作，建立责任制和责任追究制度。企业工会是厂务公开领导小组的工作机构，负责日常工作。

企业应成立由纪检、工会有关人员和职工代表组成的监督小组，负责监督检查厂务公开内容是否真实、全面，公开是否及时，程序是否符合规定，职工反映的意见是否得到落实，并组织职工对厂务公开工作进行评议和监督。要制定厂务公开的监督检查办法，形成制约和激励机制。

国有、集体及其控股企业以外的其他企业，可依照法律规定，采取与本单位相适应的形式实行厂务公开，推进民主管理工作。

本通知原则上适用于教育、科技、文化、卫生、体育等事业单位。

各地区、各单位要根据本通知的要求，结合各自的实际情况，制定具体的实施意见和办法。

（三）企业内控与合规管理

中央企业合规管理办法

（2022年8月23日）

第一章 总　　则

第一条 为深入贯彻习近平法治思想，落实全面依法治国战略部署，深化法治央企建设，推动中央企业加强合规管理，切实防控风险，有力保障深化改革与高质量发展，根据《中华人民共和国公司法》《中华人民共和国企业国有资产法》等有关法律法规，制定本办法。

第二条 本办法适用于国务院国有资产监督管理委员会（以下简称国资委）根据国务院授权履行出资人职责的中央企业。

第三条 本办法所称合规，是指企业经营管理行为和员工履职行为符合国家法律法规、监管规定、行业准则和国际条约、规则，以及公司章程、相关规章制度等要求。

本办法所称合规风险，是指企业及其员工在经营管理过程中因违规行为引发法律责任、造成经济或者声誉损失以及其他负面影响的可能性。

本办法所称合规管理，是指企业以有效防控合规风险为目的，以提升依法合规经营管理水平为导向，以企业经营管理行为和员工履职行为为对象，开展的包括建立合规制度、完善运行机制、培育合规文化、强化监督问责等有组织、有计划的管理活动。

第四条 国资委负责指导、监督中央企业合规管理工作，对合规管理体系建设情况及其有效性进行考核评价，依据相关规定对违规行为开展责任追究。

第五条 中央企业合规管理工作应当遵循以下原则：

（一）坚持党的领导。充分发挥企业党委（党组）领导作用，落实全面依法治国战略部署有关要求，把党的领导贯穿合规管理全过程。

（二）坚持全面覆盖。将合规要求嵌入经营管理各领域各环节，贯穿决策、执行、监督全过程，落实到各部门、各单位和全体员工，实现多方联动、上下贯通。

（三）坚持权责清晰。按照“管业务必须管合规”要求，明确业务及职能部门、合规管理部门和监督部门职责，严格落实员工合规责任，对违规行为严肃问责。

（四）坚持务实高效。建立健全符合企业实际的合规管理体系，突出对重点领域、关键环节和重要人员的管理，充分利用大数据等信息化手段，切实提高管理效能。

第六条 中央企业应当在机构、人员、经费、技术等方面为合规管理工作提供必要条件，保障相关工作有序开展。

第二章 组织和职责

第七条 中央企业党委（党组）发挥把方向、管大局、促落实的领导作用，推动合规要求在本企业得到严格遵循和落实，不断提升依法合规经营管理水平。

中央企业应当严格遵守党内法规制度，企业党建工作机构在党委（党组）领导下，按照有关规定履行相应职责，推动相关党内法规制度有效贯彻落实。

第八条 中央企业董事会发挥定战略、作决策、防风险作用，主要履行以下职责：

（一）审议批准合规管理基本制度、体系建设方案和年度报告等。

（二）研究决定合规管理重大事项。

（三）推动完善合规管理体系并对其有效性进行评价。

（四）决定合规管理部门设置及职责。

第九条 中央企业经理层发挥谋经营、抓落实、强管理作用，主要履行以下职责：

（一）拟订合规管理体系建设方案，经董事会批准后组织实施。

（二）拟订合规管理基本制度，批准年度计划等，组织制定合规管理具体制度。

（三）组织应对重大合规风险事件。

（四）指导监督各部门和所属单位合规管理工作。

第十条 中央企业主要负责人作为推进法治建设第一责任人，应当切实履行依法合规经营管理重要组织者、推动者和实践者的职责，积极推进合规管理各项工作。

第十一条 中央企业设立合规委员会，可以与法治建设领导机构等合署办公，统筹协调合规管理工作，定期召开会议，研究解决重点难点问题。

第十二条 中央企业应当结合实际设立首席合规官，不新增领导岗位和职数，由总法律顾问兼任，对企业主要负责人负责，领导合规管理部门组织开展相关工作，指导所属单位加强合规管理。

第十三条 中央企业业务及职能部门承担合规管理主体责任，主要履行以下职责：

（一）建立健全本部门业务合规管理制度和流程，开展合规风险识别评估，编制风险清单和应对预案。

（二）定期梳理重点岗位合规风险，将合规要求纳入岗位职责。

（三）负责本部门经营管理行为的合规审查。

（四）及时报告合规风险，组织或者配合开展应对处置。

（五）组织或者配合开展违规问题调查和整改。

中央企业应当在业务及职能部门设置合规管理员，由业务骨干担任，接受合规管理部门业务指导和培训。

第十四条 中央企业合规管理部门牵头负责本企业合规管理工作，主要履行以下职责：

（一）组织起草合规管理基本制度、具体制度、年度计划和工作报告等。

（二）负责规章制度、经济合同、重大决策合规审查。

（三）组织开展合规风险识别、预警和应对处置，根据董事会授权开展合规管理体系有效性评价。

（四）受理职责范围内的违规举报，提出分类处置意见，组织或者参与对违规行为的调查。

（五）组织或者协助业务及职能部门开展合规培训，受理合规咨询，推进合规管理信息化建设。

中央企业应当配备与经营规模、业务范围、风险水平相适应的专职合规管理人员，加强业务培训，提升专业化水平。

第十五条 中央企业纪检监察机构和审计、巡视巡察、监督追责等部门依据有关规定，在职权范围内对合规要求落实情况进行监督，对违规行为进行调查，按照规定开展责任追究。

第三章　制度建设

第十六条　中央企业应当建立健全合规管理制度，根据适用范围、效力层级等，构建分级分类的合规管理制度体系。

第十七条　中央企业应当制定合规管理基本制度，明确总体目标、机构职责、运行机制、考核评价、监督问责等内容。

第十八条　中央企业应当针对反垄断、反商业贿赂、生态环保、安全生产、劳动用工、税务管理、数据保护等重点领域，以及合规风险较高的业务，制定合规管理具体制度或者专项指南。

中央企业应当针对涉外业务重要领域，根据所在国家（地区）法律法规等，结合实际制定专项合规管理制度。

第十九条　中央企业应当根据法律法规、监管政策等变化情况，及时对规章制度进行修订完善，对执行落实情况进行检查。

第四章　运行机制

第二十条　中央企业应当建立合规风险识别评估预警机制，全面梳理经营管理活动中的合规风险，建立并定期更新合规风险数据库，对风险发生的可能性、影响程度、潜在后果等进行分析，对典型性、普遍性或者可能产生严重后果的风险及时预警。

第二十一条　中央企业应当将合规审查作为必经程序嵌入经营管理流程，重大决策事项的合规审查意见应当由首席合规官签字，对决策事项的合规性提出明确意见。业务及职能部门、合规管理部门依据职责权限完善审查标准、流程、重点等，定期对审查情况开展后评估。

第二十二条　中央企业发生合规风险，相关业务及职能部门应当及时采取应对措施，并按照规定向合规管理部门报告。

中央企业因违规行为引发重大法律纠纷案件、重大行政处罚、刑事案件，或者被国际组织制裁等重大合规风险事件，造成或者可能造成企业重大资产损失或者严重不良影响的，应当由首席合规官牵头，合规管理部门统筹协调，相关部门协同配合，及时采取措施妥善应对。

中央企业发生重大合规风险事件，应当按照相关规定及时向国资委报告。

第二十三条　中央企业应当建立违规问题整改机制，通过健全规章制度、优化业务流程等，堵塞管理漏洞，提升依法合规经营管理水平。

第二十四条 中央企业应当设立违规举报平台，公布举报电话、邮箱或者信箱，相关部门按照职责权限受理违规举报，并就举报问题进行调查和处理，对造成资产损失或者严重不良后果的，移交责任追究部门；对涉嫌违纪违法的，按照规定移交纪检监察等相关部门或者机构。

中央企业应当对举报人的身份和举报事项严格保密，对举报属实的举报人可以给予适当奖励。任何单位和个人不得以任何形式对举报人进行打击报复。

第二十五条 中央企业应当完善违规行为追责问责机制，明确责任范围，细化问责标准，针对问题和线索及时开展调查，按照有关规定严肃追究违规人员责任。

中央企业应当建立所属单位经营管理和员工履职违规行为记录制度，将违规行为性质、发生次数、危害程度等作为考核评价、职级评定等工作的重要依据。

第二十六条 中央企业应当结合实际建立健全合规管理与法务管理、内部控制、风险管理等协同运作机制，加强统筹协调，避免交叉重复，提高管理效能。

第二十七条 中央企业应当定期开展合规管理体系有效性评价，针对重点业务合规管理情况适时开展专项评价，强化评价结果运用。

第二十八条 中央企业应当将合规管理作为法治建设重要内容，纳入对所属单位的考核评价。

第五章 合规文化

第二十九条 中央企业应当将合规管理纳入党委（党组）法治专题学习，推动企业领导人员强化合规意识，带头依法依规开展经营管理活动。

第三十条 中央企业应当建立常态化合规培训机制，制定年度培训计划，将合规管理作为管理人员、重点岗位人员和新入职人员培训必修内容。

第三十一条 中央企业应当加强合规宣传教育，及时发布合规手册，组织签订合规承诺，强化全员守法诚信、合规经营意识。

第三十二条 中央企业应当引导全体员工自觉践行合规理念，遵守合规要求，接受合规培训，对自身行为合规性负责，培育具有企业特色的合规文化。

第六章　信息化建设

第三十三条　中央企业应当加强合规管理信息化建设，结合实际将合规制度、典型案例、合规培训、违规行为记录等纳入信息系统。

第三十四条　中央企业应当定期梳理业务流程，查找合规风险点，运用信息化手段将合规要求和防控措施嵌入流程，针对关键节点加强合规审查，强化过程管控。

第三十五条　中央企业应当加强合规管理信息系统与财务、投资、采购等其他信息系统的互联互通，实现数据共用共享。

第三十六条　中央企业应当利用大数据等技术，加强对重点领域、关键节点的实时动态监测，实现合规风险即时预警、快速处置。

第七章　监督问责

第三十七条　中央企业违反本办法规定，因合规管理不到位引发违规行为的，国资委可以约谈相关企业并责成整改；造成损失或者不良影响的，国资委根据相关规定开展责任追究。

第三十八条　中央企业应当对在履职过程中因故意或者重大过失应当发现而未发现违规问题，或者发现违规问题存在失职渎职行为，给企业造成损失或者不良影响的单位和人员开展责任追究。

第八章　附　　则

第三十九条　中央企业应当根据本办法，结合实际制定完善合规管理制度，推动所属单位建立健全合规管理体系。

第四十条　地方国有资产监督管理机构参照本办法，指导所出资企业加强合规管理工作。

第四十一条　本办法由国资委负责解释。

第四十二条　本办法自 2022 年 10 月 1 日起施行。

中央企业节约能源与生态环境保护监督管理办法

（2022 年 6 月 29 日）

第一章 总 则

第一条 为深入贯彻习近平生态文明思想，全面落实党中央、国务院关于生态文明建设的重大决策部署，指导督促中央企业落实节约能源与生态环境保护主体责任，推动中央企业全面可持续发展，根据《中华人民共和国节约能源法》《中华人民共和国环境保护法》等有关法律法规，制定本办法。

第二条 本办法所称中央企业，是指国务院国有资产监督管理委员会（以下简称国资委）根据国务院授权履行出资人职责的国家出资企业。

第三条 国资委对中央企业节约能源与生态环境保护工作履行以下职责：

（一）指导督促中央企业履行节约能源与生态环境保护主体责任，贯彻落实节约能源与生态环境保护相关法律法规、政策和标准。

（二）指导督促中央企业建立健全节约能源与生态环境保护组织管理、统计监测和考核奖惩体系。

（三）建立健全中央企业节约能源与生态环境保护考核奖惩制度，实施年度及任期考核，将考核结果纳入中央企业负责人经营业绩考核体系。

（四）组织或参与对中央企业节约能源与生态环境保护工作的监督检查、约谈。

（五）组织对中央企业节约能源与生态环境保护工作的调研、交流、培训、宣传。

（六）配合做好中央生态环境保护督察相关工作，督促中央企业整改中央生态环境保护督察反馈的问题。

第四条 中央企业节约能源与生态环境保护工作遵循以下原则：

（一）坚持绿色低碳发展。践行绿水青山就是金山银山的理念，坚持生态优先，正确处理节能降碳、生态环境保护与企业发展的关系，构建绿色低碳循环发展体系。

（二）坚持节约优先、保护优先。坚持节约资源和保护环境的基本国策。积极建设资源节约型和环境友好型企业，推动企业产业结构调整和转型升级，促进企业可持续发展。

（三）坚持依法合规。严格遵守国家节约能源与生态环境保护法律法规和有关政策，依法接受国家和地方人民政府节约能源与生态环境保护相关部门的监督管理。

（四）坚持企业责任主体。中央企业是节约能源与生态环境保护责任主体，要严格实行党政同责、一岗双责，按照管发展、管生产、管业务必须管节约能源与生态环境保护的要求，把节约能源与生态环境保护工作贯穿生产经营的全过程。

第二章　分类管理

第五条　国资委对中央企业节约能源与生态环境保护实行动态分类监督管理，按照企业所处行业、能源消耗、主要污染物排放水平和生态环境影响程度，将中央企业划分为三类：

（一）第一类企业。主业处于石油石化、钢铁、有色金属、电力、化工、煤炭、建材、交通运输、建筑行业，且具备以下三个条件之一的：

1. 年耗能在200万吨标准煤以上。

2. 二氧化硫、氮氧化物、化学需氧量、氨氮等主要污染物排放总量位于中央企业前三分之一。

3. 对生态环境有较大影响。

（二）第二类企业。第一类企业之外具备以下两个条件之一的：

1. 年耗能在10万吨标准煤以上。

2. 二氧化硫、氮氧化物、化学需氧量、氨氮等主要污染物排放总量位于中央企业中等水平。

（三）第三类企业。除上述第一类、第二类以外的企业。

第六条　国资委根据企业能源消耗、主要污染物排放水平和生态环境影响程度等因素适时对企业类别进行调整。

第三章　基本要求

第七条　中央企业应严格遵守国家和地方人民政府节约能源与生态环境保护相关法律法规、政策和标准，自觉接受社会监督，有效控制能源消费总量，持续提升能源利用效率，减少污染物排放，控制温室气体排放。境外生产经营活动也应严格遵守所在地生态环境保护法律法规。

第八条　中央企业应积极践行绿色低碳循环发展理念，将节约能源、生态环境保护、碳达峰碳中和战略导向和目标要求纳入企业发展战略和规划，围绕主业有序发展壮大节能环保等绿色低碳产业。将节能降碳与生态环境保护资金纳入预算，保证资金足额投入。

第九条　中央企业应建立健全节约能源与生态环境保护组织管理、统计监测、考核奖惩体系。

第十条　中央企业应坚决遏制高耗能、高排放、低水平项目盲目发展，严格执行国家相关产业政策和规划。加强并购重组企业源头管理，把节约能源和生态环境保护专项尽职调查作为并购重组的前置程序。

第十一条　中央企业应对所属企业节约能源与生态环境保护工作进行监督检查，开展环境影响因素识别、风险点排查和隐患治理，防范环境污染事件。

第十二条　中央企业应积极推广应用节能低碳环保新技术、新工艺、新设备、新材料，组织开展绿色低碳技术攻关和应用。

第十三条　中央企业应发挥绿色低碳消费引领作用，强化产品全生命周期绿色管理，扩大绿色低碳产品和服务的有效供给，率先执行企业绿色采购指南，建立健全绿色采购管理制度，推进绿色供应链转型。

第十四条　中央企业应积极稳妥推进碳达峰碳中和工作，科学合理制定实施碳达峰碳中和规划和行动方案，建立完善二氧化碳排放统计核算、信息披露体系，采取有力措施控制碳排放。

第十五条　中央企业应高效开发利用化石能源，积极发展非化石能源，推进能源结构清洁化、低碳化；积极开展能效对标、能源审计、节能诊断、清洁生产审核等工作。

第十六条　中央企业生产经营活动应严格执行生态保护红线、环境质量底线、资源利用上线和环境准入负面清单要求，减少对生态环境扰动，积极开展生态修复。

第十七条 中央企业新建、改建、扩建项目应依法开展环境影响评价、节能评估、水土保持评估和竣工环境保护、水土保持设施自主验收等工作，严格遵守环保设施与主体工程同时设计、同时施工、同时投入生产和使用的有关规定。

第十八条 中央企业应严格执行国家排污许可制度，按照国家和地方人民政府要求规范危险废物的贮存、转移和处置工作。

第十九条 中央企业应自觉履行环境信息强制性披露责任，严格按照法律法规要求的内容、方式和时限如实规范披露环境信息。

第二十条 中央企业应自觉接受中央生态环境保护督察，严格按照有关规定积极配合中央生态环境保护督察工作，如实反映情况和问题，抓好整改落实，加强边督边改、督察问责和信息公开工作。

第四章 组织管理

第二十一条 中央企业应建立健全节约能源与生态环境保护领导机构，负责本企业节约能源与生态环境保护总体工作，研究决定节约能源与生态环境保护重大事项，建立工作制度。

第二十二条 中央企业应按有关要求，设置或明确与企业生产经营相适应的节约能源与生态环境保护监督管理机构，明确管理人员。机构设置、人员任职资格和配备数量，应当符合国家和行业的有关规定，并与企业的生产经营内容和性质、管理范围、管理跨度等匹配。

第二十三条 中央企业应落实节约能源与生态环境保护主体责任。企业主要负责人对本企业节约能源与生态环境保护工作负主要领导责任。分管负责人负分管领导责任。

第二十四条 中央企业应加强节约能源与生态环境保护专业队伍建设。组织开展节约能源与生态环境保护宣传和培训，提升全员意识，提高工作能力。

第五章 统计监测与报告

第二十五条 中央企业应建立自下而上、逐级把关的节约能源与生态环境保护统计报送信息系统。

第二十六条 中央企业应对各类能源消耗实行分级分类计量，合理配备和使用符合国家标准的能源计量器具。

第二十七条 中央企业应依法开展污染物排放自行监测，按照国家和地方人民政府要求建立污染物排放监测系统。加强二氧化碳统计核算能力建设，提升信息化实测水平。

第二十八条 中央企业应依法建立健全能源消耗、二氧化碳排放、污染物排放等原始记录和统计台账。

第二十九条 中央企业应严格按国家和地方人民政府规范的统计监测口径、范围、标准和方法，结合第三方检测、内部审计、外部审计等多种形式，确保能源消耗、二氧化碳排放、污染物排放等统计监测数据的真实性、准确性和完整性。

第三十条 中央企业应建立健全节约能源与生态环境保护工作报告制度。第一类、第二类企业按季度报送统计报表，第三类企业按年度报送统计报表，并报送年度总结分析报告。

第三十一条 中央企业发生突发环境事件或节能环保违法违规事件后，应按以下要求进行报告：

（一）发生突发环境事件，现场负责人应立即向本单位负责人报告，单位负责人接到报告后，应于 1 小时内向上一级单位负责人报告，并逐级报告至国资委，必要时可越级上报，每级时间间隔不得超过 2 小时。

（二）发生节能环保违法违规事件被处以罚款且单笔罚款金额在 100 万元及以上的，应在当年年度总结分析报告中向国资委报告。

（三）发生节能环保违法违规事件被责令停产整顿；责令停产、停业、关闭；暂扣、吊销许可证或行政拘留的，应在接到正式行政处罚决定书 3 日内向国资委报告。

（四）未受到行政处罚，但被中央生态环境保护督察或省部级及以上主管部门作为违法违规典型案例公开通报或发生其他重大事件的，应在接到报告后 3 日内向国资委报告。

（五）中央企业应将政府有关部门对突发环境事件和节能环保违法违规事件的有关调查情况及时报送国资委，并将整改、责任追究落实情况向国资委报告。

第六章　突发环境事件应急管理

第三十二条 中央企业应坚持预防为主、预防与应急相结合的原则开展突发环境事件应急管理工作。

第三十三条 中央企业应依法制定和完善突发环境事件应急预案，按要求报所在地生态环境主管部门备案，并定期开展应急演练。

第三十四条 中央企业应加强应急处置救援能力建设，定期进行突发环境事件应急知识和技能培训。

第三十五条 中央企业发生或者可能发生突发环境事件时，应立即启动相应级别突发环境事件应急预案。

第三十六条 中央企业在突发环境事件发生后，应开展环境应急监测，按要求执行停产、停排措施，积极配合事件调查，推动环境恢复工作。

第三十七条 中央企业应建立健全突发环境事件舆情应对工作机制。

第七章 考核与奖惩

第三十八条 国资委将中央企业节约能源与生态环境保护考核评价结果纳入中央企业负责人经营业绩考核体系。

第三十九条 国资委对中央企业节约能源与生态环境保护实行年度和任期、定量或定性考核。

第四十条 对发生突发环境事件、节能环保违法违规事件、统计数据严重不实和弄虚作假等情形的，年度考核予以扣分或降级处理。

第四十一条 中央企业应根据国家节约能源与生态环境保护有关政策、企业所处行业特点和节约能源与生态环境保护水平，对照同行业国际国内先进水平，提出科学合理的任期考核指标和目标建议值。

第四十二条 国资委对中央企业任期节约能源与生态环境保护考核指标和目标建议值进行审核，并在中央企业负责人任期经营考核责任书中明确。

第四十三条 中央企业应在考核期末对节约能源与生态环境保护考核完成情况进行总结分析，并报送国资委。国资委对考核完成情况进行考核评价。

第四十四条 对节约能源与生态环境保护取得突出成绩的，经国资委评定后对企业予以任期通报表扬。

第四十五条 中央企业应建立完善企业内部考核奖惩体系，结合国资委下达的节约能源与生态环境保护考核指标和目标，逐级分解落实相关责任；对发生造成严重不良影响的突发环境事件、节能环保违法违规事件，或存在能源消耗、污染物排放、二氧化碳排放数据弄虚作假行为的，按规定对年度考核实行扣分或降级处理；对成绩突出的单位和个人，可进行表彰奖励。

第四十六条 国资委依据本办法制定《中央企业节约能源与生态环境保护考核细则》，并根据需要进行修订。

第八章 附 则

第四十七条 本办法所指突发环境事件，依据《国家突发环境事件应急预案》确定。

第四十八条 各地区国有资产监督管理机构可以参照本办法，结合本地区实际情况制定相关规定。

第四十九条 本办法由国资委负责解释。

第五十条 本办法自 2022 年 8 月 1 日起施行。《中央企业节能减排监督管理暂行办法》（国资委令第 23 号）同时废止。

中央企业重大经营风险事件报告工作规则

（2021 年 12 月 13 日）

第一条 为规范中央企业重大经营风险事件报告工作，建立健全重大经营风险管控机制，及时采取应对措施，有效防范和化解重大经营风险，根据《关于印发〈关于加强中央企业内部控制体系建设与监督工作的实施意见〉的通知》（国资发监督规〔2019〕101 号），制定本规则。

第二条 本规则所称中央企业，是指国务院国有资产监督管理委员会（以下简称国资委）代表国务院履行出资人职责的国家出资企业（以下简称企业）。

第三条 本规则所称重大经营风险事件，是指企业在生产经营管理活动中发生的，已造成或可能造成重大资产损失或严重不良影响的各类生产经营管理风险事件。

第四条 企业是重大经营风险事件报告工作的责任主体，负责建立重大经营风险事件报告工作制度和运行机制，明确责任分工、畅通报告渠道。企业主要负责人应当对重大经营风险事件报告的真实性、及时性负责。

第五条 国资委对企业重大经营风险事件报告及处置工作实施监督管理，督促指导企业建立重大经营风险事件报告责任体系，做好重大经营风险事件的研判报送、应对处置、跟踪监测、警示通报及问责整改等工作，对于涉及违规经营投资的风险事件，按有关规定开展责任追究。

第六条 企业发生重大经营风险事件后应当快速反应、及时报告，客观准确反映风险事件情况，确保国资委及企业集团能够及时研判、有效应对、稳妥处置，并举一反三做好风险预警通报工作。

第七条 企业生产经营管理过程中，有下列风险情形之一的，应当确定为重大经营风险事件并及时报告：

（一）可能对企业资产、负债、权益和经营成果产生重大影响，影响金额占企业总资产或者净资产或者净利润10%以上，或者预计损失金额超过5000万元。

（二）可能导致企业生产经营条件和市场环境发生特别重大变化，影响企业可持续发展。

（三）因涉嫌严重违法违规被司法机关或者省级以上监管机构立案调查，或者受到重大刑事处罚、行政处罚。

（四）受到其他国家、地区或者国际组织机构管制、制裁等，对企业或者国家形象产生重大负面影响。

（五）受到国内外媒体报道，造成重大负面舆情影响。

（六）其他情形。

第八条 重大经营风险事件报告按照事件发生的不同阶段，分为首报、续报和终报等三种方式。

第九条 首报应当在事件发生后2个工作日内向国资委报告，报告内容包括：事件发生的时间、地点、现状以及可能造成的损失或影响，向企业董事会及监管部门报告情况，以及采取的紧急应对措施等情况。对于特别紧急的重大经营风险事件，应当在第一时间内以适当便捷的方式报告国资委。

第十条 续报应当在事件发生后5个工作日内向国资委报告，报告内容包括：事发单位基本情况，事件起因和性质，基本过程、发展趋势判断、风险应对处置方案、面临问题和困难及建议等情况。

对于需要长期应对处置或整改落实的，应当纳入重大经营风险事件月度或季度监测台账，跟踪监测事件处置进度，并定期报告重大经营风险事件处置进展情况。

第十一条 终报应当在事件处置或整改工作结束后10个工作日内向国资委报告，报告内容包括：事件基本情况、党委（党组）或董事会审议情况、已采取的措施及结果、涉及的金额及造成的损失及影响、存在的主要问题和困难及原因分析、问题整改情况等。涉及违规违纪违法问题的应当一并报告问责情况。

重大经营风险事件报告，应当由企业主要负责人签字并加盖企业公章后报送国资委。

第十二条 国资委根据重大经营风险事件报告质量评估情况，及时提出处理意见并反馈企业。对于重大经营风险事件报告存在质量问题的，要求企业及时进行修改或重新编制报送。

第十三条　企业在重大经营风险事件报告及处置阶段，应当视情向所属企业及时预警提示或通报重大风险事件情况，做到重大风险早发现、早预警、早处置，并认真总结经验教训，不断完善重大经营风险事件报告及应对处置工作。

第十四条　国资委对企业报送的重大经营风险事件进行初步评估，按有关职能和工作分工，由相关厅局督促指导企业做好重大经营风险事件应对工作，跟踪处置情况，加强重大经营风险管控和防范。对具有典型性、普遍性的重大经营风险事件，深入分析原因、研究管理措施，视情及时向企业预警提示或通报。

第十五条　存在以下情形之一的，国资委将印发提示函、约谈或通报，情形严重的依规追究责任：

（一）严重迟报、漏报、瞒报和谎报的。

（二）对重大经营风险事件报告工作敷衍应付，导致发生重大资产损失或严重不良后果的。

（三）重大经营风险事件应对处置不及时、措施不得力，造成重大资产损失或严重不良后果的。

（四）需要追究责任的其他情形。

第十六条　企业重大经营风险事件报告工作应当严格落实国家保密管理有关规定和要求。

第十七条　企业安全生产、节能减排、环境保护、维稳事件等相关风险事件报告工作不适用本规则。

第十八条　本规则自印发之日起施行。《关于加强重大经营风险事件报告工作有关事项的通知》（国资厅发监督〔2020〕17 号）同时废止。

关于加强中央企业资金内部控制管理有关事项的通知

（2021年3月2日）

各中央企业：

为贯彻党中央、国务院关于防范化解重大风险决策部署，落实国企改革三年行动要求，加强中央企业资金内部控制（以下简称内控）管理，进一步提升防范重大资金损失风险能力，根据《关于印发〈关于加强中央企业内部控制体系建设与监督工作的实施意见〉的通知》（国资发监督规〔2019〕101号）等规定，现就有关事项通知如下：

一、建立健全资金内控管理体制机制

近年来，一些中央企业集中出现资金管理体系不健全、制度执行不到位、支付管理不规范、信息化建设滞后等问题，个别基层单位甚至发生重大违纪违法案件，暴露出资金内控管理严重缺失。各中央企业要高度重视资金内控管理工作，以提升资金内控有效性为目标，以强化资金内控监督为抓手，以健全资金内控制度体系为保障，落实内控部门的资金内控监管责任、工作职责与权限，明确监管工作程序、标准和方式方法，构建事前有规范、事中有控制、事后有评价的工作机制，形成内控部门与业务、财务（资金）、审计等部门运转顺畅、有效监督、相互制衡的工作体系。

二、切实加强资金内控制度建设

各中央企业内控部门要在推动完善财务资金制度的基础上，结合企业行业特点、业务模式和经营规模，抓紧建立资金内控监管制度，明确资金内控监管工作原则和任务、职责权限和控制程序，细化资金内控在资金支出、审批联签、收支结算、银行账户、网银支付、票据管理、不相容岗位设置、上岗资质、定期轮岗、后续教育等关键环节的控制触发条件和控制标准、缺陷认定标准，确保内控要求嵌入到资金活动全流程。根据国家有关部门及国资委关于资金管理相关政策制度变化，以及新设立企业（项目部、分支机构）、新开办业务、资金结算方式更新等情况，及时督促、提示业务部门和财务（资金）部门制定或修订资金业务管理制度，并对资金业务制度修订情况进行检查复核，为有效防范重大资金风险提供制度保障。

三、持续强化资金内控关键环节监管

各中央企业内控部门要建立资金内控关键要素管理台账，对企业资金账户、核心岗位、上岗人员、审批权限、银行印鉴及网银U盾责任人等关键要素进行限时备案管理。持续跟踪监测预警资金内控要素异动情况，对资金内控关键要素失控、重要岗位权力制衡缺失、大额资金拨付异常等风险第一时间启动紧急应对控制措施。严格银行账户和网银监管，定期或不定期对特殊银行账户开户审批、银行印鉴及网银U盾分设管理、银行账户和网银交接程序及密码定期更换等情况进行评估，确保账户和网银安全可控。加强大额资金支付监管，从资金支付额度、支付频次、支付依据等方面研究设置控制参数，对于短期内向同一账户多次或单笔支付大额资金、预算外支出、超出预付信用敞口限额支付预付款等异常情形，通过线上信息系统推送或线下报送（未建立财务资金信息系统企业）等方式及时预警风险，纠正违规问题，消除资金风险隐患。按照不相容岗位分离、定期轮岗、人岗相适原则，对人员调动、分工调整等情形，内控部门应当出具复核意见；定期开展各级企业资金岗位任职情况巡检巡评，对资金结算中心等重点单位进行重点检查，对不符合内控要求的，应当限期整改。

四、加快推进资金内控信息化建设

各中央企业内控部门要深度参与信息化建设顶层设计，通过完善财务资金信息系统权责设置，落实对财务资金风险监督预警职责，有效发挥信息化管控的刚性约束和监督制衡作用。优化完善现有财务资金信息系统功能，将控制触发条件和控制标准、缺陷认定标准等内控要求嵌入信息系统，科学设置异常预警条件，强化资金全流程预警监控，促进资金管理活动可控制、可追溯、可检查，有效减少人为违规操控因素。尚未建立财务资金信息系统或未将相关内控要求嵌入信息系统的中央企业，要抓紧推进有关工作，并于2022年底前完成集团总部及所属二级子企业、三级及以下重要子企业财务资金信息系统内控功能建设或优化工作，实现对财务资金信息全面有效监控。加大新兴技术运用及风险防控，督促财务（资金）部门扩大中央企业银（财）企直连系统覆盖范围，对因客户指定账户等特定原因不能实现银（财）企直连的账户，研究制定替代内控措施和应急预案；定期抽查第三方支付账户监管、余额归集及对账管理情况，严控资金支付风险。

五、有效开展境外资金风险管控

各中央企业内控部门要结合所属境外单位所在国家（地区）法律法规和本企业内控管理要求，建立健全境外资金内控监管体系。完善境外资金内控监管制度，明确境外大额资金审核支付、银行账户管理、财务主管人员委派、同一境外单位任职时限、资金关键岗位设置等方面要求，细化资金内控预警触发条件，促进境外资金合规管理。加强境外资金风险防范，督促境外单位及时搜集所在国家（地区）政治、经济、社会、安全、舆情等国别风险信息，对发生外汇管制、汇率大幅波动、通货膨胀率快速攀升等情况，及时做好重大资金风险应急处置工作。加大对境外单位大额资金监督力度，对大额资金的决策程序、资金调度、资金收付渠道、资金支付联签及银行账户变动、境外项目佣金管理等情况建立备案跟踪内控机制，对出现异常情况的，及时采取应对措施，保障境外资金安全。

六、认真做好资金内控体系监督评价工作

中央企业内控工作要坚持以评促建、以评促改，规范评价方法，提升评价质量，促进资金内控体系持续优化。每年对资金内控体系有效性开展全方位、全覆盖自评工作，深入揭示风险问题，堵塞管理漏洞，建立风险管控长效机制。对新兴业务（开展三年内）、高风险业务以及风险事件频发领域至少每半年开展 1 次内控自评，评价重点包括资金管理制度建设、重要岗位权力制衡、大额资金拨付程序、网银 U 盾管理等内容。有效推进“上对下”资金内控体系监督评价工作，将资金管理制度健全性、内控体系执行有效性、关键岗位制衡性、信息系统刚性约束等作为监督评价重要内容，查找内控缺陷和风险隐患，确保集团对全部子企业每三年至少评价 1 次。加大资金内控体系监督评价结果在干部管理、考核分配等工作中的运用力度，强化问题整改工作，明确整改责任部门、责任人和完成时限，加强整改工作跟踪检查力度，持续完善资金内控体系。对因资金内控缺失、未执行资金内控制度等造成资产损失的中央企业，严肃开展责任追究工作。

各中央企业要认真落实本通知要求，结合实际，研究制定本企业资金内控监管制度，于 2021 年 7 月 30 日前报送国资委综合监督局。

各地方国资委可参照制定所监管企业资金内控管理相关制度规定。

中央企业禁入限制人员信息管理办法（试行）

（2019年12月28日）

第一章　总　　则

第一条　为规范中央企业禁入限制人员信息管理，完善违规经营投资责任追究工作制度，进一步加强国有资产监管，根据《中华人民共和国企业国有资产法》《企业国有资产监督管理暂行条例》《国务院办公厅关于建立国有企业违规经营投资责任追究制度的意见》《中央企业违规经营投资责任追究实施办法（试行）》等法律法规和文件，制定本办法。

第二条　本办法所称中央企业，是指国务院国有资产监督管理委员会（以下简称国资委）依法履行出资人职责的国家出资企业。

第三条　本办法所称禁入限制，是指国资委和中央企业根据有关规定，对相关违规经营投资责任人作出在一定时期内不得担任中央企业董事、监事、高级管理人员的处理。其中高级管理人员包括企业的经理、副经理、财务负责人、董事会秘书和公司章程规定的其他人员。

本办法所称追责部门，是指国资委和中央企业负责违规经营投资责任追究的机构或部门。

第四条　禁入限制人员信息管理应当遵循统一管理、分级负责、真实准确、依规使用的原则。

第二章　信息录入和审查

第五条　国资委和中央企业根据有关规定作出禁入限制处理，按照“谁处理、谁负责”的原则，对禁入限制人员信息的合法性、真实性、准确性负责。

第六条　国资委作出禁入限制处理的有关信息，由国资委追责部门负责录入。中央企业作出禁入限制处理的有关信息，由中央企业追责部门负责录入。中央企业各级子企业作出禁入限制处理的有关信息，由中央企业决定是否录入。

第七条 追责部门应当于禁入限制处理生效之日起10个工作日内，在履行内部审批手续后，将禁入限制人员信息采集录入到中央企业禁入限制人员信息管理系统（以下简称禁入限制系统）。

第八条 录入的禁入限制人员信息，主要包括下列内容：

（一）禁入限制人员基本情况。

（二）主要违规情形。

（三）责任认定和责任追究处理情况。

（四）处理决定。

（五）其他资料。

第九条 国资委追责部门在中央企业录入禁入限制人员信息之日后5个工作日内完成有关信息形式审查并反馈结果。

第十条 禁入限制人员禁入期届满后，国资委追责部门负责将相关信息从禁入限制系统中移出。

第三章 信息使用和反馈

第十一条 国资委和中央企业任命董事、监事、高级管理人员时，应当查询拟任人员禁入限制情况。

第十二条 中央企业的组织人事部门负责本企业及各级子企业禁入限制人员信息统一查询工作。

第十三条 国资委有关部门和中央企业组织人事部门经授权，通过姓名、性别、身份证件号码等，在禁入限制系统中查询有关人员禁入限制信息。

第十四条 禁入限制系统在线实时反馈查询结果，反馈的信息包括禁入限制人员基本情况和禁入期等。

第四章 工作职责和要求

第十五条 国资委负责禁入限制人员信息统一管理、相关制度建设和信息综合利用，以及禁入限制系统的建设、运行维护和网络安全。

第十六条 中央企业应当明确相关部门职责，制定内部管理制度，严格规范录入、查询、使用等工作。

第十七条 国资委和中央企业应当加强禁入限制人员信息保密管理，不得泄露国家秘密、商业秘密和个人隐私，不得违规向无关方提供禁入限制人员信息。

第五章 异议处理

第十八条 单位和个人对禁入限制人员信息查询结果存在异议的，可向国资委追责部门提交书面异议申请和相关证明材料。

第十九条 国资委追责部门应当自受理异议申请之日起 30 个工作日内完成复核，并将结果告知异议申请单位和个人。

第二十条 对禁入限制处理的异议不适用本办法。

第六章 责任追究

第二十一条 国资委和中央企业有关人员有下列情形之一，造成严重不良后果的，依法依规追究相应责任：

（一）未按照本办法规定录入或审查禁入限制人员信息。

（二）应查未查、故意隐匿、伪造禁入限制人员信息。

（三）违规向无关方提供禁入限制人员信息。

（四）泄露国家秘密、商业秘密或个人隐私。

（五）其他应当追责的行为。

第七章 附　　则

第二十二条 中央企业所属子企业参照本办法执行。

第二十三条 本办法由国资委负责解释。

第二十四条 本办法自 2020 年 1 月 1 日起施行。

关于加强中央企业内部控制体系建设与监督工作的实施意见

（2019年10月19日）

为深入贯彻习近平新时代中国特色社会主义思想和党的十九大精神，认真落实党中央、国务院关于防范化解重大风险和推动高质量发展的决策部署，充分发挥内部控制（以下简称内控）体系对中央企业强基固本作用，进一步提升中央企业防范化解重大风险能力，加快培育具有全球竞争力的世界一流企业，根据《中共中央 国务院关于深化国有企业改革的指导意见》、《国务院关于印发改革国有资本授权经营体制方案的通知》、《国务院办公厅关于加强和改进企业国有资产监督防止国有资产流失的意见》，制定本实施意见。

一、建立健全内控体系，进一步提升管控效能

（一）优化内控体系。建立健全以风险管理为导向、合规管理监督为重点，严格、规范、全面、有效的内控体系。进一步树立和强化管理制度化、制度流程化、流程信息化的内控理念，通过"强监管、严问责"和加强信息化管理，严格落实各项规章制度，将风险管理和合规管理要求嵌入业务流程，促使企业依法合规开展各项经营活动，实现"强内控、防风险、促合规"的管控目标，形成全面、全员、全过程、全体系的风险防控机制，切实全面提升内控体系有效性，加快实现高质量发展。

（二）强化集团管控。进一步完善企业内部管控体制机制，中央企业主要领导人员是内控体系监管工作第一责任人，负责组织领导建立健全覆盖各业务领域、部门、岗位，涵盖各级子企业全面有效的内控体系。中央企业应明确专门职能部门或机构统筹内控体系工作职责；落实各业务部门内控体系有效运行责任；企业审计部门要加强内控体系监督检查工作，准确揭示风险隐患和内控缺陷，进一步发挥查错纠弊作用，促进企业不断优化内控体系。

（三）完善管理制度。全面梳理内控、风险和合规管理相关制度，及时将法律法规等外部监管要求转化为企业内部规章制度，持续完善企业内部管理制度体系。在具体业务制度的制定、审核和修订中嵌入统一的内控体系管控要求，明确重要业务领域和关键环节的控制要求和风险应对措施。将违规经营投资责任追究内容纳入企业内部管理制度中，强化制度执行刚性约束。

（四）健全监督评价体系。统筹推进内控、风险和合规管理的监督评价工作，将风险、合规管理制度建设及实施情况纳入内控体系监督评价范畴，制定定性与定量相结合的内控缺陷认定标准、风险评估标准和合规评价标准，不断规范监督评价工作程序、标准和方式方法。

二、强化内控体系执行，提高重大风险防控能力

（五）加强重点领域日常管控。聚焦关键业务、改革重点领域、国有资本运营重要环节以及境外国有资产监管，定期梳理分析相关内控体系执行情况，认真查找制度缺失或流程缺陷，及时研究制定改进措施，确保体系完整、全面控制、执行有效。要在投资并购、改革改制重组等重大经营事项决策前开展专项风险评估，并将风险评估报告（含风险应对措施和处置预案）作为重大经营事项决策的必备支撑材料，对超出企业风险承受能力或风险应对措施不到位的决策事项不得组织实施。

（六）加强重要岗位授权管理和权力制衡。不断深化内控体系管控与各项业务工作的有机结合，以保障各项经营业务规范有序开展。按照不相容职务分离控制、授权审批控制等内控体系管控要求，严格规范重要岗位和关键人员在授权、审批、执行、报告等方面的权责，实现可行性研究与决策审批、决策审批与执行、执行与监督检查等岗位职责的分离。不断优化完善管理要求，重点强化采购、销售、投资管理、资金管理和工程项目、产权（资产）交易流转等业务领域各岗位的职责权限和审批程序，形成相互衔接、相互制衡、相互监督的内控体系工作机制。

（七）健全重大风险防控机制。积极采取措施强化企业防范化解重大风险全过程管控，加强经济运行动态、大宗商品价格以及资本市场指标变化监测，提高对经营环境变化、发展趋势的预判能力，同时结合内控体系监督评价工作中发现的经营管理缺陷和问题，综合评估企业内外部风险水平，有针对性地制定风险应对方案，并根据原有风险的变化情况及应对方案的执行效果，有效做好企业间风险隔离，防止风险由“点”扩“面”，避免发生系统性、颠覆性重大经营风险。

三、加强信息化管控，强化内控体系刚性约束

（八）提升内控体系信息化水平。各中央企业要结合国资监管信息化建设要求，加强内控信息化建设力度，进一步提升集团管控能力。内控体系建设部门要与业务部门、审计部门、信息化建设部门协同配合，推动企业“三重一大”、投资和项目管理、财务和资产、物资采购、全面风险管理、人力资源等集团管控信息系统的集成应用，逐步实现内控体系与业务信息系统互联互通、有机融合。要进一步梳理和规范业务系统的审批流程及各层级管理人员权限设置，将内控体系管控措施嵌入各类业务信息系统，确保自动识别并终止超越权限、逾越程序和审核材料不健全等行为，促使各项经营管理决策和执行活动可控制、可追溯、可检查，有效减少人为违规操纵因素。集团管控能力和信息化基础较好的企业要逐步探索利用大数据、云计算、人工智能等技术，实现内控体系实时监测、自动预警、监督评价等在线监管功能，进一步提升信息化和智能化水平。

四、加大企业监督评价力度，促进内控体系持续优化

（九）全面实施企业自评。督促所属企业每年以规范流程、消除盲区、有效运行为重点，对内控体系的有效性进行全面自评，客观、真实、准确揭示经营管理中存在的内控缺陷、风险和合规问题，形成自评报告，并经董事会或类似决策机构批准后按规定报送上级单位。

（十）加强集团监督评价。要在子企业全面自评的基础上，制定年度监督评价方案，围绕重点业务、关键环节和重要岗位，组织对所属企业内控体系有效性进行监督评价，确保每 3 年覆盖全部子企业。要将海外资产纳入监督评价范围，重点对海外项目的重大决策、重大项目安排、大额资金运作以及境外子企业公司治理等进行监督评价。

（十一）强化外部审计监督。要根据监督评价工作结果，结合自身实际情况，充分发挥外部审计的专业性和独立性，委托外部审计机构对部分子企业内控体系有效性开展专项审计，并出具内控体系审计报告。内控体系监管不到位、风险事件和合规问题频发的中央企业，必须聘请具有相应资质的社会中介机构进行审计评价，切实提升内控体系管控水平。

（十二）充分运用监督评价结果。要加大督促整改工作力度，指导所属企业明确整改责任部门、责任人和完成时限，对整改效果进行检查评价，按照内控体系一体化工作要求编制内控体系年度工作报告并及时报国资委，同时抄送企业纪委（纪检监察组）、组织人事部门等。指导所属企业建立健全

与内控体系监督评价结果挂钩的考核机制，对内控制度不健全、内控体系执行不力、瞒报漏报谎报自评结果、整改落实不到位的单位或个人，应给予考核扣分、薪酬扣减或岗位调整等处理。

五、加强出资人监督，全面提升内控体系有效性

（十三）建立出资人监督检查工作机制。加强对中央企业国有资产监管政策制度执行情况的综合检查工作，建立内控体系定期抽查评价工作制度，每年组织专门力量对中央企业经营管理重要领域和关键环节开展内控体系有效性抽查评价，发现和堵塞管理漏洞，完善相关政策制度，并加大监督检查工作结果在各项国有资产监管及干部管理工作中的运用力度。

（十四）充分发挥企业内部监督力量。通过完善公司治理，健全相关制度，整合企业内部监督力量，发挥企业董事会或委派董事决策、审核和监督职责，有效利用企业监事会、内部审计、企业内部巡视巡察等监督检查工作成果，以及出资人监管和外部审计、纪检监察、巡视反馈问题情况，不断完善企业内控体系建设。

（十五）强化整改落实工作。进一步强化对企业重大风险隐患和内控缺陷整改工作跟踪检查力度，将企业整改落实情况纳入每年内控体系抽查评价范围，完善对中央企业提示函和通报工作制度，对整改不力的印发提示函和通报，进一步落实整改责任，避免出现重复整改、形式整改等问题。

（十六）加大责任追究力度。严格按照《中央企业违规经营投资责任追究实施办法（试行）》（国资委令第 37 号）等有关规定，及时发现并移交违规违纪违法经营投资问题线索，强化监督警示震慑作用。对中央企业存在重大风险隐患、内控缺陷和合规管理等问题失察，或虽发现但没有及时报告、处理，造成重大资产损失或其他严重不良后果的，要严肃追究企业集团的管控责任；对各级子企业未按规定履行内控体系建设职责、未执行或执行不力，以及瞒报、漏报、谎报或迟报重大风险及内控缺陷事件的，坚决追责问责，层层落实内控体系监督责任，有效防止国有资产流失。

中央企业合规管理指引（试行）

（2018 年 11 月 2 日）

第一章　总　　则

第一条　为推动中央企业全面加强合规管理，加快提升依法合规经营管理水平，着力打造法治央企，保障企业持续健康发展，根据《中华人民共和国公司法》、《中华人民共和国企业国有资产法》等有关法律法规规定，制定本指引。

第二条　本指引所称中央企业，是指国务院国有资产监督管理委员会（以下简称国资委）履行出资人职责的国家出资企业。

本指引所称合规，是指中央企业及其员工的经营管理行为符合法律法规、监管规定、行业准则和企业章程、规章制度以及国际条约、规则等要求。

本指引所称合规风险，是指中央企业及其员工因不合规行为，引发法律责任、受到相关处罚、造成经济或声誉损失以及其他负面影响的可能性。

本指引所称合规管理，是指以有效防控合规风险为目的，以企业和员工经营管理行为为对象，开展包括制度制定、风险识别、合规审查、风险应对、责任追究、考核评价、合规培训等有组织、有计划的管理活动。

第三条　国资委负责指导监督中央企业合规管理工作。

第四条　中央企业应当按照以下原则加快建立健全合规管理体系：

（一）全面覆盖。坚持将合规要求覆盖各业务领域、各部门、各级子企业和分支机构、全体员工，贯穿决策、执行、监督全流程。

（二）强化责任。把加强合规管理作为企业主要负责人履行推进法治建设第一责任人职责的重要内容。建立全员合规责任制，明确管理人员和各岗位员工的合规责任并督促有效落实。

（三）协同联动。推动合规管理与法律风险防范、监察、审计、内控、风险管理等工作相统筹、相衔接，确保合规管理体系有效运行。

（四）客观独立。严格依照法律法规等规定对企业和员工行为进行客观评价和处理。合规管理牵头部门独立履行职责，不受其他部门和人员的干涉。

第二章　合规管理职责

第五条　董事会的合规管理职责主要包括：

（一）批准企业合规管理战略规划、基本制度和年度报告；

（二）推动完善合规管理体系；

（三）决定合规管理负责人的任免；

（四）决定合规管理牵头部门的设置和职能；

（五）研究决定合规管理有关重大事项；

（六）按照权限决定有关违规人员的处理事项。

第六条　监事会的合规管理职责主要包括：

（一）监督董事会的决策与流程是否合规；

（二）监督董事和高级管理人员合规管理职责履行情况；

（三）对引发重大合规风险负有主要责任的董事、高级管理人员提出罢免建议；

（四）向董事会提出撤换公司合规管理负责人的建议。

第七条　经理层的合规管理职责主要包括：

（一）根据董事会决定，建立健全合规管理组织架构；

（二）批准合规管理具体制度规定；

（三）批准合规管理计划，采取措施确保合规制度得到有效执行；

（四）明确合规管理流程，确保合规要求融入业务领域；

（五）及时制止并纠正不合规的经营行为，按照权限对违规人员进行责任追究或提出处理建议；

（六）经董事会授权的其他事项。

第八条　中央企业设立合规委员会，与企业法治建设领导小组或风险控制委员会等合署，承担合规管理的组织领导和统筹协调工作，定期召开会议，研究决定合规管理重大事项或提出意见建议，指导、监督和评价合规管理工作。

第九条　中央企业相关负责人或总法律顾问担任合规管理负责人，主要职责包括：

（一）组织制订合规管理战略规划；

（二）参与企业重大决策并提出合规意见；

（三）领导合规管理牵头部门开展工作；

（四）向董事会和总经理汇报合规管理重大事项；

（五）组织起草合规管理年度报告。

第十条 法律事务机构或其他相关机构为合规管理牵头部门，组织、协调和监督合规管理工作，为其他部门提供合规支持，主要职责包括：

（一）研究起草合规管理计划、基本制度和具体制度规定；

（二）持续关注法律法规等规则变化，组织开展合规风险识别和预警，参与企业重大事项合规审查和风险应对；

（三）组织开展合规检查与考核，对制度和流程进行合规性评价，督促违规整改和持续改进；

（四）指导所属单位合规管理工作；

（五）受理职责范围内的违规举报，组织或参与对违规事件的调查，并提出处理建议；

（六）组织或协助业务部门、人事部门开展合规培训。

第十一条 业务部门负责本领域的日常合规管理工作，按照合规要求完善业务管理制度和流程，主动开展合规风险识别和隐患排查，发布合规预警，组织合规审查，及时向合规管理牵头部门通报风险事项，妥善应对合规风险事件，做好本领域合规培训和商业伙伴合规调查等工作，组织或配合进行违规问题调查并及时整改。

监察、审计、法律、内控、风险管理、安全生产、质量环保等相关部门，在职权范围内履行合规管理职责。

第三章 合规管理重点

第十二条 中央企业应当根据外部环境变化，结合自身实际，在全面推进合规管理的基础上，突出重点领域、重点环节和重点人员，切实防范合规风险。

第十三条 加强对以下重点领域的合规管理：

（一）市场交易。完善交易管理制度，严格履行决策批准程序，建立健全自律诚信体系，突出反商业贿赂、反垄断、反不正当竞争，规范资产交易、招投标等活动。

（二）安全环保。严格执行国家安全生产、环境保护法律法规，完善企业生产规范和安全环保制度，加强监督检查，及时发现并整改违规问题。

（三）产品质量。完善质量体系，加强过程控制，严把各环节质量关，提供优质产品和服务。

（四）劳动用工。严格遵守劳动法律法规，健全完善劳动合同管理制度，规范劳动合同签订、履行、变更和解除，切实维护劳动者合法权益。

（五）财务税收。健全完善财务内部控制体系，严格执行财务事项操作和审批流程，严守财经纪律，强化依法纳税意识，严格遵守税收法律政策。

（六）知识产权。及时申请注册知识产权成果，规范实施许可和转让，加强对商业秘密和商标的保护，依法规范使用他人知识产权，防止侵权行为。

（七）商业伙伴。对重要商业伙伴开展合规调查，通过签订合规协议、要求作出合规承诺等方式促进商业伙伴行为合规。

（八）其他需要重点关注的领域。

第十四条 加强对以下重点环节的合规管理：

（一）制度制定环节。强化对规章制度、改革方案等重要文件的合规审查，确保符合法律法规、监管规定等要求。

（二）经营决策环节。严格落实“三重一大”决策制度，细化各层级决策事项和权限，加强对决策事项的合规论证把关，保障决策依法合规。

（三）生产运营环节。严格执行合规制度，加强对重点流程的监督检查，确保生产经营过程中照章办事、按章操作。

（四）其他需要重点关注的环节。

第十五条 加强对以下重点人员的合规管理：

（一）管理人员。促进管理人员切实提高合规意识，带头依法依规开展经营管理活动，认真履行承担的合规管理职责，强化考核与监督问责。

（二）重要风险岗位人员。根据合规风险评估情况明确界定重要风险岗位，有针对性加大培训力度，使重要风险岗位人员熟悉并严格遵守业务涉及的各项规定，加强监督检查和违规行为追责。

（三）海外人员。将合规培训作为海外人员任职、上岗的必备条件，确保遵守我国和所在国法律法规等相关规定。

（四）其他需要重点关注的人员。

第十六条 强化海外投资经营行为的合规管理：

（一）深入研究投资所在国法律法规及相关国际规则，全面掌握禁止性规定，明确海外投资经营行为的红线、底线。

（二）健全海外合规经营的制度、体系、流程，重视开展项目的合规论证和尽职调查，依法加强对境外机构的管控，规范经营管理行为。

（三）定期排查梳理海外投资经营业务的风险状况，重点关注重大决策、重大合同、大额资金管控和境外子企业公司治理等方面存在的合规风险，妥善处理、及时报告，防止扩大蔓延。

第四章　合规管理运行

第十七条　建立健全合规管理制度，制定全员普遍遵守的合规行为规范，针对重点领域制定专项合规管理制度，并根据法律法规变化和监管动态，及时将外部有关合规要求转化为内部规章制度。

第十八条　建立合规风险识别预警机制，全面系统梳理经营管理活动中存在的合规风险，对风险发生的可能性、影响程度、潜在后果等进行系统分析，对于典型性、普遍性和可能产生较严重后果的风险及时发布预警。

第十九条　加强合规风险应对，针对发现的风险制定预案，采取有效措施，及时应对处置。对于重大合规风险事件，合规委员会统筹领导，合规管理负责人牵头，相关部门协同配合，最大限度化解风险、降低损失。

第二十条　建立健全合规审查机制，将合规审查作为规章制度制定、重大事项决策、重要合同签订、重大项目运营等经营管理行为的必经程序，及时对不合规的内容提出修改建议，未经合规审查不得实施。

第二十一条　强化违规问责，完善违规行为处罚机制，明晰违规责任范围，细化惩处标准。畅通举报渠道，针对反映的问题和线索，及时开展调查，严肃追究违规人员责任。

第二十二条　开展合规管理评估，定期对合规管理体系的有效性进行分析，对重大或反复出现的合规风险和违规问题，深入查找根源，完善相关制度，堵塞管理漏洞，强化过程管控，持续改进提升。

第五章　合规管理保障

第二十三条　加强合规考核评价，把合规经营管理情况纳入对各部门和所属企业负责人的年度综合考核，细化评价指标。对所属单位和员工合规职责履行情况进行评价，并将结果作为员工考核、干部任用、评先选优等工作的重要依据。

第二十四条 强化合规管理信息化建设，通过信息化手段优化管理流程，记录和保存相关信息。运用大数据等工具，加强对经营管理行为依法合规情况的实时在线监控和风险分析，实现信息集成与共享。

第二十五条 建立专业化、高素质的合规管理队伍，根据业务规模、合规风险水平等因素配备合规管理人员，持续加强业务培训，提升队伍能力水平。

海外经营重要地区、重点项目应当明确合规管理机构或配备专职人员，切实防范合规风险。

第二十六条 重视合规培训，结合法治宣传教育，建立制度化、常态化培训机制，确保员工理解、遵循企业合规目标和要求。

第二十七条 积极培育合规文化，通过制定发放合规手册、签订合规承诺书等方式，强化全员安全、质量、诚信和廉洁等意识，树立依法合规、守法诚信的价值观，筑牢合规经营的思想基础。

第二十八条 建立合规报告制度，发生较大合规风险事件，合规管理牵头部门和相关部门应当及时向合规管理负责人、分管领导报告。重大合规风险事件应当向国资委和有关部门报告。

合规管理牵头部门于每年年底全面总结合规管理工作情况，起草年度报告，经董事会审议通过后及时报送国资委。

第六章 附 则

第二十九条 中央企业根据本指引，结合实际制定合规管理实施细则。

地方国有资产监督管理机构可以参照本指引，积极推进所出资企业合规管理工作。

第三十条 本指引由国资委负责解释。

第三十一条 本指引自公布之日起施行。

关于加强上市公司国有股东内幕信息管理有关问题的通知

（2011 年 10 月 28 日）

国务院各部委、各直属机构，各省、自治区、直辖市、计划单列市和新疆生产建设兵团国有资产监督管理机构，各中央企业：

为进一步加强上市公司国有股东内幕信息管理，防控内幕交易，根据《国务院办公厅转发证监会等部门关于依法打击和防控资本市场内幕交易意见的通知》（国办发〔2010〕55 号）及证券和国有资产监督管理有关法律法规的规定，现将有关问题通知如下：

一、上市公司国有股东、实际控制人应明确本单位内幕信息管理机构，负责内幕信息管理，督促、协调上市公司信息披露，配合上市公司实施内幕信息知情人登记等事项。

本通知所称上市公司国有股东，是指直接持有上市公司股份的国有及国有控股企业、有关机构、部门、事业单位等；所称上市公司实际控制人，是指虽不是公司股东，但能够实际支配公司行为的国家出资企业。

二、上市公司国有股东、实际控制人应当建立健全内幕信息管理规章制度，对涉及上市公司重大事项的决策程序、内幕信息的流转与保密、信息披露、内幕信息知情人登记等方面作出明确规定。

三、上市公司国有股东、实际控制人在涉及上市公司重大事项的策划、研究、论证、决策过程中，应当在坚持依法合规的前提下，采取必要且充分的保密措施，严格控制参与人员范围，减少信息知悉及传递环节；简化决策流程，缩短决策时间，并建立责任追究制度。有关事项的决策原则上应在相关股票停牌后或非交易时间进行。

四、上市公司国有股东、实际控制人就涉及内幕信息的相关事项决策后，应当按照相关规定及时书面通知上市公司，由上市公司依法披露。

五、在相关信息披露前，上市公司国有股东、实际控制人中的内幕信息知情人不得在公司内部网站、或以内部讲话、接受访谈、发表文章等形式将信息向外界泄露，也不得利用内幕信息为本人、亲属或他人牟利。一旦出现市场传闻或上市公司证券及其衍生品异常交易等情况，应当及时督促、配合上市公司披露或澄清相关信息。必要时，应当督促上市公司依照有关规定及时申请股票停牌。

六、上市公司国有股东、实际控制人应支持和配合上市公司按规定做好内幕信息知情人登记工作，保证内幕信息知情人登记信息的真实、准确、完整。由上市公司国有股东或实际控制人研究、发起涉及上市公司的重大事项并可能产生内幕信息时，上市公司国有股东或实际控制人应按照证券监管机构要求填写内幕信息知情人档案，及时记录重要信息，并在通知上市公司相关事项时将知情人档案一并抄送。

七、上市公司国有股东、实际控制人就涉及内幕信息的有关事项向有关政府部门、监管机构汇报、沟通时，应告知其保密义务，并将情况记录备查。

八、上市公司国有股东、实际控制人应通过多种形式，加强内幕信息管理及规范股东行为等方面的教育培训工作，强化守法合规意识。

九、国有资产监督管理机构、政府有关部门直接持有上市公司股份的，按照本通知规定执行。

十、国有资产监督管理机构、上市公司国有股东、实际控制人应依据职责分工，对泄露内幕信息或从事内幕交易的相关人员进行处分；涉嫌犯罪的，依法移送司法机关处理。

十一、本通知印发后，上市公司国有股东、实际控制人要按照国办发〔2010〕55号文件及本通知要求，对本单位内幕信息管理工作开展一次全面梳理与自查，抓紧完善制度、落实责任，并将内幕信息管理制度和负责机构及联系人报省级或省级以上人民政府国有资产监督管理机构。

（四）薪酬制度

国有企业工资内外收入监督管理规定

（2022年8月30日）

第一章　总　　则

第一条　为加强对国有企业工资内外收入的监督管理，规范国有企业工资分配秩序，根据党中央、国务院关于国有企业负责人薪酬制度和工资决定机制改革要求以及有关法律法规规定，制定本规定。

第二条　对国家出资的国有独资和国有控股企业工资内外收入的监督管理，适用本规定。

对中央和地方有关部门或机构作为实际控制人的企业工资内外收入的监督管理，参照本规定执行。

第三条　国有企业工资内外收入监督管理工作应坚持依法依规、客观公正、高效廉洁和分级监管的原则。

第四条　各级人力资源社会保障部门会同财政、国资监管等部门负责对国有企业工资内外收入情况实施监督检查等监督管理工作，及时查处工资分配违规行为。

各级履行出资人职责机构（或其他企业主管部门，下同）依据监管职责负责对所监管企业工资分配执行情况加强监督，对违规问题督促整改。

第二章　监督管理内容

第五条　国有企业工资内外收入监督管理是对国有企业执行国家关于企业工资收入分配政策情况的监督检查，重点检查国有企业负责人薪酬制度和工资决定机制改革政策执行情况。

工资内外收入具体包括工资、奖金、津贴、补贴、加班加点工资、特殊情况下支付的工资以及其他工资性收入、福利等。

第六条　国有企业负责人薪酬分配监督管理事项包括：

（一）企业负责人纳入国有企业负责人薪酬制度改革范围情况；

（二）企业负责人薪酬管理制度制定情况；

（三）企业负责人薪酬结构、水平和发放情况；

（四）企业负责人的年度和任期考核评价情况及考核结果与薪酬分配挂钩情况；

（五）企业负责人领取津补贴、奖励、福利性待遇和以现金形式发放的履职待遇等情况；

（六）离任企业负责人领取薪酬情况；

（七）企业负责人薪酬列支情况；

（八）企业负责人薪酬信息披露情况；

（九）企业负责人薪金所得税代扣代缴情况；

（十）其他应纳入监督管理的事项。

对组织任命管理企业负责人和非组织任命管理企业负责人，薪酬分配的监督管理按照相应适用的政策开展。

第七条 国有企业职工工资福利待遇监督管理事项包括：

（一）企业纳入国有企业工资决定机制改革范围情况；

（二）国家工资分配宏观指导调控政策和要求执行情况；

（三）企业内部工资分配、福利管理等制度制定情况；

（四）工资总额预算编制、清算、计提和发放等情况；

（五）津补贴、奖金、福利等管理情况；

（六）工资总额信息披露情况；

（七）工资内外收入列支情况；

（八）工资薪金所得税代扣代缴情况；

（九）其他应纳入监督管理的事项。

第三章 监督管理实施

第八条 监督管理工作采取企业自查、综合检查、重点核查等方式进行。

第九条 人力资源社会保障部门会同财政、国资监管等部门根据工作需要，定期或不定期组织履行出资人职责机构对所监管国有企业开展工资内外收入情况自查。自查工作结束后，企业应形成自查报告报送履行出资人职责机构，履行出资人职责机构汇总报送人力资源社会保障部门。

第十条 人力资源社会保障部门会同财政、国资监管等部门原则上每年应选取一定数量国有企业对其工资内外收入情况进行综合检查。履行出资人职责机构和企业应配合做好监督检查工作，按要求提供企业名单及相关信息。

人力资源社会保障部门会同财政、国资监管部门确定被检查企业时，应加强与巡视巡察、审计等部门和机构的沟通，原则上同一对象在同一年度内已接受巡视巡察、审计的，不再确定为被检查对象。

第十一条 人力资源社会保障部门应会同财政、国资监管等部门对以下情形开展重点核查：

（一）企业自查报告、备案报告、信息披露等中发现可能存在违规问题或存在虚假记载、误导性陈述或重大遗漏的；

（二）纪检监察、巡视巡察、审计或其他部门和机构移送或反映企业存在工资分配违规问题的；

（三）企业职工、社会公众和媒体举报或反映企业工资分配存在重大违规问题的；

（四）监督管理中查处的违规问题未整改到位的；

（五）其他需要核查的情形。

第十二条 人力资源社会保障部门应提前书面通知被确定为综合检查和重点核查对象的企业做好准备工作，组织被检查企业召开会议，安排部署有关监督检查工作。

人力资源社会保障部门应当在被检查企业以适当方式公布检查项目名称、检查纪律要求和举报信箱、举报电话等。

被检查企业应当按照要求提供监督检查必要的工作条件，组织专门力量配合做好监督检查工作。

第十三条 综合检查、重点核查根据工作需要可采取下列措施：

（一）到被检查企业开展现场检查；

（二）向有关人员调查、了解情况，要求其对被检查事项作出解释、说明；

（三）查阅、复制与被检查事项有关的制度、工资统计报表、财务报表、工资福利台账、会计凭证等相关材料和数据；

（四）对所属或相关企业开展必要的延伸检查或调查；

（五）其他必要的方式。

综合检查、重点核查根据工作需要可通过政府购买服务委托第三方专业机构承担现场检查工作。所需经费由各级财政部门按照规定根据工作需要统筹安排。

第十四条 被检查企业应按要求及时、准确、完整提交与监督检查内容相关的材料，主要包括：

（一）企业工资内外收入情况报告；

（二）履行出资人职责机构审核（核准）或备案的企业负责人薪酬、工资总额确定和清算方案及相关文件材料；

（三）工资内外收入的财务凭证和台账；

（四）劳动工资统计报表；

（五）财务决算报表和审计报告；

（六）巡视巡察、审计或监督检查发现问题整改情况报告及相关文件材料；

（七）企业工资福利管理相关制度文件；

（八）社会保险、住房公积金和个人所得税缴纳相关材料；

（九）其他需要提供的材料。

企业应当对所提供材料的真实性、完整性负责，不得有虚假记载、误导性陈述或者重大遗漏，并作出书面承诺。

第十五条 综合检查和重点核查过程中，应当就检查过程中发现的有关问题事实与被检查企业沟通听取意见，确认有关事实。被检查企业对监督检查中发现的违规问题，应及时主动进行整改。

第十六条 综合检查和重点核查结束后，人力资源社会保障部门应商财政、国资监管等部门根据监督检查认定的事实和问题，向被检查企业下达处理意见书，明确违规问题的处理措施、依据、整改时限和相关要求，并抄送其履行出资人职责机构。

第十七条 被检查企业应在收到处理意见书 15 个工作日内，就处理意见书指出的违规问题及提出的整改意见制定整改方案，2 个月内完成违规问题整改，并及时向人力资源社会保障部门报送整改情况报告。确因特殊情况需要延长整改时限的，经人力资源社会保障部门同意后可以适当延长。

第四章　违规处理

第十八条 对国有企业工资内外收入违规问题的处理措施包括：

（一）责令改正；

（二）追回违规所得；

（三）经济处罚；

（四）约谈；

（五）通报；

（六）移送有关部门处理。

对同一违规问题的处理，可以并用多种处理措施。对同一次监督检查中同一责任人出现多个违规问题给予经济处罚的，按照处罚的最高标准执行；对纪检监察、履行出资人职责机构等部门或机构已就工资内外收入违规问题按照国家或部门有关规定的处罚标准给予了经济处罚且企业已按要求整改到位的，就同一违规问题不再给予经济处罚。

第十九条 国有企业负责人薪酬管理出现下列违规情形的，应责令企业改正，违规或超标准领取部分应予以追回。

（一）企业负责人未按照党中央、国务院关于国有企业负责人薪酬制度改革要求纳入实施范围的；

（二）企业负责人包括离任、退休企业负责人违规领取薪酬以及津补贴、奖励、福利性待遇和以现金形式发放的履职待遇的；

（三）违规实行职业经理人薪酬制度的。

前款第二项违规情形除责令改正和追回违规所得外，应同时按照违规所得等量给予经济处罚，但最高不超过违规问题发生当年的本人绩效年薪。企业负责人在处理意见书下达前主动退回违规所得的，可视情不再予以经济处罚。

第二十条 国有企业工资总额管理出现下列情形的，应责令企业改正，违规核定或超发部分不计入工资总额预算基数，违规超发部分在下一年度工资总额中予以扣回。对违规超发金额过大，难以一次性扣回的，经同意可在3年内逐年扣回。

（一）企业未按照国务院关于国有企业工资决定机制改革要求纳入实施范围的；

（二）违反工资效益联动机制有关规定计提、发放工资总额的；

（三）集团总部职工平均工资增长幅度超过本企业全部职工平均工资增长幅度的；

（四）超履行出资人职责机构核准或备案工资总额计提、发放工资总额的；

（五）其他超提、超发工资总额的。

前款违规情形，除责令改正并予以扣回外，应视情给予相关企业负责人经济处罚。对违规核定或超发部分超过应发工资总额5%但未超过10%的，对企业主要负责人、分管负责人按不超过本人当年绩效年薪的10%给予经济处罚；违规核定或超发部分超过当年应发工资总额10%以上的，对企业主要负责人、分管负责人按违规核定或超发占应发工资总额比例的绩效年薪给予经济处罚。

第二十一条 国有企业工资分配管理存在下列情形的，应责令企业改正，建立完善有关工资内外收入管理制度，规范工资内外收入管理。

（一）企业负责人薪酬、工资总额管理和考核制度，以及内部分配和福利管理制度不健全或内容违规的；

（二）违规向企业负责人提前发放薪酬的；

（三）违规发放福利待遇或承担应由职工个人支付费用的；

（四）企业负责人薪酬、工资总额信息未按规定披露和落实厂务公开要求的；

（五）违规实行周期制工资总额管理的；

（六）工资总额预算编制、调整、清算等程序和时间等不合规的；

（七）工资性支出未纳入工资总额管理、按照企业会计准则规定应当通过应付职工薪酬核算的工资福利项目未通过应付职工薪酬核算、企业负责人薪酬未单独核算并设置明细账目的；

（八）未按规定报送企业负责人薪酬和工资总额实施情况的；

（九）企业负责人及职工工资福利收入未依法缴纳个人所得税的；

（十）其他违反工资分配法律法规和政策的。

前款第七项工资性支出未纳入工资总额管理，按规定纳入后工资总额超提超发的，按照第二十条规定处理。

第二十二条 被监督检查企业拒不配合甚至阻扰监督管理工作、拒不整改违规问题或违规情节严重的，应约谈企业负责人，并视情在一定范围内予以通报。

被监督检查企业违规行为依规依纪依法应给予相关责任人纪律处分、组织调整或组织处理、处分的，应移交有关部门进行处理；构成犯罪的，依法追究刑事责任。

第二十三条 国有企业负责人授意、指使、纵容、强令、包庇下属人员实施违规行为的，对有关企业负责人应按照第十八条有关处理措施从重或加重处理。

第二十四条　履行国有企业工资内外收入监督管理职责部门或机构、履行出资人职责机构的工作人员应当依法依规、客观公正开展工作，严格遵守廉洁自律和保密有关规定。对于未依法依规履行职责，玩忽职守、徇私枉法或者泄露检查中知晓的国家秘密和商业秘密、个人信息的，依规依纪依法追究责任。

第五章　检查结果运用

第二十五条　监督检查工作结束后，人力资源社会保障部门应视情向同级财政、国资监管以及相关部门、有关国有企业通报监督检查情况，并报送上一级人力资源社会保障部门。

对国有企业工资分配违规问题的处理意见书，人力资源社会保障部门应抄送组织、纪检监察、巡视巡察、审计、国资监管、税务等部门和机构。

对企业连续三次在监督检查过程中未发现任何违规问题的，在一定时期内可免于综合检查。

第二十六条　履行出资人职责机构应根据监督检查处理意见，督促违规企业进行整改。对存在严重违规情形的国有企业，履行出资人职责机构对其至少三年内不得实行工资总额备案制管理。

第二十七条　国有企业对违规情形中的相关责任人，除按照第二十二条第二款依规依纪依法追究责任外，还应视情节轻重按照管理权限和企业规章制度给予批评教育、内部通报、扣减薪酬等处理。

第二十八条　人力资源社会保障部门应会同组织、纪检监察、巡视巡察、财政、审计、国资监管、税务等部门和机构建立信息沟通、线索移交、成果共享机制，推动建设信息化工作平台，提高监督效能，形成监督合力。

纪检监察、巡视巡察、审计等部门和机构移送或反映国有企业工资分配违规问题相关线索的，人力资源社会保障部门应会同财政、国资监管等部门及时予以核查处理，并按规定将调查处理结果反馈给相关部门。

第六章　附　　则

第二十九条　各省、自治区、直辖市及新疆生产建设兵团人力资源社会保障厅（局）应会同财政厅（局）、国资委等部门按照本规定做好国有企业工资内外收入监督管理工作。各地区可结合本地实际，依据本规定制定具体实施办法。

第三十条 本规定自印发之日起施行。《劳动部、财政部、审计署关于颁发〈国有企业工资内外收入监督检查实施办法〉的通知》（劳部发〔1995〕218号）同时废止。

国资委履行出资人职责的多元投资主体公司利润分配管理暂行办法

（2021 年 1 月 14 日）

第一章　总　　则

第一条　为进一步加强多元投资主体公司利润分配管理，根据《中华人民共和国公司法》（以下简称《公司法》）、《中华人民共和国企业国有资产法》和《关于印发〈国资委履行多元投资主体公司股东职责暂行办法〉的通知》（国资发资本〔2018〕97 号）等有关法律法规和规定，制定本办法。

第二条　本办法所称多元投资主体公司是指国务院授权国资委履行出资人职责的股权多元化公司（以下简称公司）。

第三条　本办法所称利润分配，是指公司对所实现的可供分配利润向公司股东进行分配的行为。

第四条　公司利润分配应当坚持以下原则：

（一）坚持依法合规。制定利润分配方案应当按照《公司法》和公司章程的规定，严格履行股东会（含股东大会，下同）审议等法定决策程序，公司股东按照实缴的出资比例或者全体股东约定的比例依法分取红利。

（二）坚持统筹兼顾。公司实现的可供分配利润，除满足正常生产经营和适当的投资发展需求外，应当积极回报股东；同时要兼顾公司长远发展，不能因过度分配利润而影响公司持续经营能力。

（三）坚持市场化分红。适应多元股东治理特点，建立健全市场化分红机制，充分考虑公司发展内外部环境，结合公司实际，一企一策进行利润分配。

（四）坚持股东协商。建立股东之间常态化沟通机制，发挥多元股东协商的积极作用，通过股东会共同决定公司利润分配方案。

第二章　利润分配的一般要求

第五条　公司应当积极为股东创造价值，提供长期稳定回报，并结合实际制定中长期股东回报规划。

第六条　公司利润分配以上一年度经审计的合并财务会计报告归属于母公司所有者的净利润为基础，依法先用于弥补亏损和提取公积金后，再向股东分配。

第七条　公司利润分配的决策程序和表决机制应当在公司章程、股东会议事规则和董事会议事规则中明确，经股东会审议通过后实施。

第八条　公司利润分配按年度组织实施，一般不采取中期分红。

第九条　公司利润分配一般采取现金分红形式。

第十条　公司发行优先股的，按有关规定执行。

第十一条　公司按照国务院有关规定向社保基金会划转股权的，社保基金会按规定获取分红。

第三章　利润分配方案制定

第十二条　公司董事会应当结合公司实际，于年度合并财务会计报告经中介机构审计后一个月内研究提出利润分配草案。

第十三条　公司董事会研究提出利润分配草案后，应当与相关股东充分沟通，征求相关股东意见。

第十四条　根据股东意见，公司董事会对利润分配草案进行修改完善，并审议通过后，形成利润分配方案。

第十五条　公司利润分配方案提交股东会审议时，应当按规定程序提前向股东发出会议通知和议案材料。议案材料应当包括以下内容：

（一）公司基本生产经营情况、财务状况、投资计划等。

（二）利润分配的具体方案，包括公司弥补亏损、提取公积金和向股东分配利润情况，留存未分配利润的使用计划，以及提出利润分配方案的主要考虑。

（三）公司对所出资企业的利润分配情况。

（四）其他需说明的情况。

第十六条　国资委收到公司利润分配方案的议案材料后，由相关职能厅局研究提出意见，履行内部程序，形成国资委的利润分配意见。

第十七条 国资委研究提出利润分配意见时，综合考虑以下因素：

（一）国有资本布局结构调整的总体要求。

（二）公司所处行业特点、功能分类、发展阶段，公司战略规划、投资需求、财务状况及累积未分配利润余额，公司因会计政策调整、差错更正等造成期初未分配利润重大调整等情况。

（三）参考同行业中央企业及上市公司利润分配水平。

（四）有关股东和公司董事会的意见。

（五）其他因素。

第十八条 股东会审议利润分配方案时，公司董事会应当一并报告中长期股东回报规划的制定与实施情况。国资委按规定委派股东代表参加会议、发表意见、行使表决权。

第十九条 股东会按照相关决策程序和表决机制审议批准利润分配方案后，应当形成股东会决议及会议记录。

第二十条 股东会审议利润分配方案，一般应当采取现场会议方式；经股东协商一致，也可以采取书面传签方式。股东会采取书面传签方式的，国资委履行内部程序后，报主要负责同志签署决议。

第二十一条 依据《公司法》有关规定，代表十分之一以上表决权的股东可以通过提议召开临时股东会会议等方式，直接提出利润分配方案的议案提交股东会审议。

第二十二条 公司利润分配方案一般应当于每年9月底之前完成股东会审议程序。

第四章 利润分配执行和监督

第二十三条 公司股东会审议批准的利润分配方案和作出的会议决议具有法律效力，公司一般应当于股东会作出决议之后两个月内向相关股东实施分红。

第二十四条 根据股东会审议批准的利润分配方案，对于国资委享有的分红，公司按有关规定上交国有股股利、股息；涉及向社保基金会分红的，公司按有关规定汇入社保基金会账户。

第二十五条 公司利润分配方案实施后，应当及时规范进行相应账务处理，并书面报告国资委。

第二十六条 国资委根据国务院授权，根据有关法律法规对公司履行出资人职责，通过委派股东代表、董事参加股东会、董事会等方式，加强公司利润分配监督管理工作。

第二十七条 国资委对公司利润分配监督管理工作中的重大事项，按程序提请党委会议、委务会议研究决定。

第二十八条 公司应当按市场化原则加强对所出资企业的利润分配管理，建立健全管理制度，规范所出资企业对集团总部的现金分红，增强集团总部资本调配能力，发挥好利润分配的调节作用，积极推动国有资本布局优化和结构调整。

第二十九条 公司利润分配工作中，有违法违规行为的，依法依规追究有关人员责任。

第五章 附 则

第三十条 本办法由国资委负责解释。

第三十一条 本办法自印发之日起施行。

中央企业工资总额管理办法

（2018 年 12 月 27 日）

第一章　总　　则

第一条　为建立健全与劳动力市场基本适应、与企业经济效益和劳动生产率挂钩的工资决定和正常增长机制，增强企业活力和竞争力，促进企业实现高质量发展，推动国有资本做强做优做大，根据《中华人民共和国企业国有资产法》、《企业国有资产监督管理暂行条例》、《中共中央　国务院关于深化国有企业改革的指导意见》、《国务院关于改革国有企业工资决定机制的意见》和国家有关收入分配政策规定，制定本办法。

第二条　本办法所称中央企业是指国务院国有资产监督管理委员会（以下简称国资委）履行出资人职责的企业。

第三条　本办法所称工资总额，是指由企业在一个会计年度内直接支付给与本企业建立劳动关系的全部职工的劳动报酬总额，包括工资、奖金、津贴、补贴、加班加点工资、特殊情况下支付的工资等。

第四条　中央企业工资总额实行预算管理。企业每年度围绕发展战略，按照国家工资收入分配宏观政策要求，依据生产经营目标、经济效益情况和人力资源管理要求，对工资总额的确定、发放和职工工资水平的调整，作出预算安排，并且进行有效控制和监督。

第五条　工资总额管理应当遵循以下原则：

（一）坚持市场化改革方向。实行与社会主义市场经济相适应的企业工资分配制度，发挥市场在资源配置中的决定性作用，逐步实现中央企业职工工资水平与劳动力市场价位相适应。

（二）坚持效益导向原则。按照质量第一、效益优先的要求，职工工资水平的确定以及增长应当与企业经济效益和劳动生产率的提高相联系，切实实现职工工资能增能减，充分调动职工创效主动性和积极性，不断优化人工成本投入产出效率，持续增强企业活力。

（三）坚持分级管理。完善出资人依法调控与企业自主分配相结合的中央企业工资总额分级管理体制，国资委以管资本为主调控中央企业工资分配总体水平，企业依法依规自主决定内部薪酬分配。

（四）坚持分类管理。根据中央企业功能定位、行业特点，分类实行差异化的工资总额管理方式和决定机制，引导中央企业落实国有资产保值增值责任，发挥在国民经济和社会发展中的骨干作用。

第二章　工资总额分级管理

第六条　国资委依据有关法律法规履行出资人职责，制定中央企业工资总额管理制度，根据企业功能定位、公司治理、人力资源管理市场化程度等情况，对企业工资总额预算实行备案制或者核准制管理。

第七条　实行工资总额预算备案制管理的中央企业，根据国资委管理制度和调控要求，结合实际制定本企业工资总额管理办法，报经国资委同意后，依照办法科学编制职工年度工资总额预算方案并组织实施，国资委对其年度工资总额预算进行备案管理。

第八条　实行工资总额预算核准制管理的中央企业，根据国资委有关制度要求，科学编制职工年度工资总额预算方案，报国资委核准后实施。

第九条　工资总额预算经国资委备案或者核准后，由中央企业根据所属企业功能定位、行业特点和经营性质，按照内部绩效考核和薪酬分配制度要求，完善本企业工资总额预算管理体系，并且组织开展预算编制、执行以及内部监督、评价工作。

第十条　中央企业工资总额预算一般按照单一会计年度进行管理。对行业周期性特征明显、经济效益年度间波动较大或者存在其他特殊情况的企业，工资总额预算可以探索按周期进行管理，周期最长不超过三年，周期内的工资总额增长应当符合工资与效益联动的要求。

第三章　工资总额分类管理

第十一条　主业处于充分竞争行业和领域的商业类中央企业原则上实行工资总额预算备案制管理。职工工资总额主要与企业利润总额、净利润、经济增加值、净资产增长率、净资产收益率等反映经济效益、国有资本保值增值和市场竞争能力的指标挂钩。职工工资水平根据企业经济效益和市场竞争力，结合市场或者行业对标科学合理确定。

第十二条 主业处于关系国家安全、国民经济命脉的重要行业和关键领域、主要承担重大专项任务的商业类中央企业原则上实行工资总额预算核准制管理。职工工资总额在主要与反映经济效益和国有资本保值增值指标挂钩的同时，可以根据实际增加营业收入、任务完成率等体现服务国家战略、保障国家安全和国民经济运行、发展前瞻性战略性产业以及完成特殊任务等情况的指标。职工工资水平根据企业在国民经济中的作用、贡献和经济效益，结合所处行业职工平均工资水平等因素合理确定。

上述企业中，法人治理结构健全、三项制度改革到位、收入分配管理规范的，经国资委同意后，工资总额预算可以探索实行备案制管理。

第十三条 公益类中央企业实行工资总额预算核准制管理。职工工资总额主要与反映成本控制、产品服务质量、营运效率和保障能力等情况的指标挂钩，兼顾体现经济效益和国有资本保值增值情况的指标。职工工资水平根据公益性业务的质量和企业经济效益状况，结合收入分配现状、所处行业平均工资等因素合理确定。

第十四条 开展国有资本投资、运营公司或者混合所有制改革等试点的中央企业，按照国家收入分配政策要求，根据改革推进情况，经国资委同意，可以探索实行更加灵活高效的工资总额管理方式。

第四章 工资总额决定机制

第十五条 中央企业以上年度工资总额清算额为基础，根据企业功能定位以及当年经济效益和劳动生产率的预算情况，参考劳动力市场价位，分类确定决定机制，合理编制年度工资总额预算。

第十六条 工资总额预算与利润总额等经济效益指标的业绩考核目标值挂钩，并且根据目标值的先进程度（一般设置为三档）确定不同的预算水平。

（一）企业经济效益增长，目标值为第一档的，工资总额增长可以与经济效益增幅保持同步；目标值为第二档的，工资总额增长应当低于经济效益增幅。

（二）企业经济效益下降，目标值为第二档的，工资总额可以适度少降；目标值为第三档的，工资总额应当下降。

（三）企业受政策调整、不可抗力等非经营性因素影响的，可以合理调整工资总额预算。

（四）企业未实现国有资产保值增值的，工资总额不得增长或者适度下降。

第十七条 工资总额预算在按照经济效益决定的基础上，还应当根据劳动生产率、人工成本投入产出效率的对标情况合理调整。企业当年经济效益增长但劳动生产率未提高的，工资总额应当适当少增。企业劳动生产率以及其他人工成本投入产出指标与同行业水平对标差距较大的，应当合理控制工资总额预算。

第十八条 主业处于关系国家安全、国民经济命脉的重要行业和关键领域、主要承担重大专项任务的商业类中央企业和公益类中央企业可以探索将工资总额划分为保障性和效益性工资总额两部分，国资委根据企业功能定位、行业特点等情况，合理确定其保障性和效益性工资总额比重，比重原则上三年内保持不变。

（一）保障性工资总额的增长主要根据企业所承担的重大专项任务、公益性业务、营业收入等指标完成情况，结合居民消费价格指数以及企业职工工资水平对标情况综合确定，原则上不超过挂钩指标增长幅度。

（二）效益性工资总额增长原则上参照本办法第十六、十七条确定。

第十九条 工资总额在预算范围不发生变化的情况下，原则上增人不增工资总额、减人不减工资总额，但发生兼并重组、新设企业或者机构等情况的，可以合理增加或者减少工资总额。

第二十条 国资委按照国家有关部门发布的工资指导线、非竞争类国有企业职工平均工资调控水平和工资增长调控目标，根据中央企业职工工资分配现状，适度调控部分企业工资总额增幅。

对中央企业承担重大专项任务、重大科技创新项目等特殊事项的，国资委合理认定后，予以适度支持。

第二十一条 中央企业应当制定完善集团总部职工工资总额管理制度，根据人员结构及工资水平的对标情况，总部职工平均工资增幅原则上在低于当年集团职工平均工资增幅的范围内合理确定。

第五章 工资总额管理程序

第二十二条 中央企业应当按照国家收入分配政策规定和国资委有关要求编制工资总额预算。工资总额预算方案履行企业内部决策程序后，于每年一季度报国资委备案或者核准。

第二十三条 国资委建立中央企业工资总额预算动态监控制度，对中央企业工资总额发放情况、人工成本投入产出等主要指标执行情况进行跟踪监测，定期发布监测结果，督促中央企业加强预算执行情况的监督和控制。

第二十四条 中央企业应当严格执行经国资委备案或者核准的工资总额预算方案，在执行过程中出现以下情形之一，导致预算编制基础发生重大变化的，可以申请对工资总额预算进行调整：

（一）国家宏观经济政策发生重大调整。

（二）市场环境发生重大变化。

（三）企业发生分立、合并等重大资产重组行为。

（四）其他特殊情况。

第二十五条 中央企业工资总额预算调整情况经履行企业内部决策程序后，于每年10月报国资委复核或者重新备案。

第二十六条 中央企业应当于每年4月向国资委提交上年工资总额预算执行情况报告，国资委依据经审计的财务决算数据，参考企业经营业绩考核目标完成情况，对中央企业工资总额预算执行情况、执行国家有关收入分配政策等情况进行清算评价，并且出具清算评价意见。

第六章 企业内部分配管理

第二十七条 中央企业应当按照国家有关政策要求以及本办法规定，持续深化企业内部收入分配制度改革，不断完善职工工资能增能减机制。

第二十八条 中央企业应当建立健全职工薪酬市场对标体系，构建以岗位价值为基础、以绩效贡献为依据的薪酬管理制度，坚持按岗定薪、岗变薪变，强化全员业绩考核，合理确定各类人员薪酬水平，逐步提高关键岗位的薪酬市场竞争力，调整不合理收入分配差距。

第二十九条 坚持短期与中长期激励相结合，按照国家有关政策，对符合条件的核心骨干人才实行股权激励和分红激励等中长期激励措施。

第三十条 严格清理规范工资外收入，企业所有工资性支出应当按照有关财务会计制度规定，全部纳入工资总额核算，不得在工资总额之外列支任何工资性支出。

第三十一条 规范职工福利保障管理，严格执行国家关于社会保险、住房公积金、企业年金、福利费等政策规定，不得超标准、超范围列支。企业效益下降的，应当严格控制职工福利费支出。

第三十二条 加强企业人工成本监测预警，建立全口径人工成本预算管理制度，严格控制人工成本不合理增长，不断提高人工成本投入产出效率。

第三十三条 健全完善企业内部监督机制，企业内部收入分配制度、中长期激励计划以及实施方案等关系职工切身利益的重大分配事项应当履行必要的决策程序和民主程序。中央企业集团总部要将所属企业薪酬福利管理作为财务管理和年度审计的重要内容。

第七章 工资总额监督检查

第三十四条 中央企业不得违反规定超提、超发工资总额。出现超提、超发行为的企业，应当清退并且进行相关账务处理，国资委相应核减企业下一年度工资总额基数，并且根据有关规定对相关责任人进行处理。

第三十五条 国资委对中央企业工资总额管理情况进行监督检查，对于履行主体责任不到位、工资增长与经济效益严重不匹配、内部收入分配管理不规范、收入分配关系明显不合理的企业，国资委将对其工资总额预算从严调控。

第三十六条 实行工资总额预算备案制管理的中央企业，出现违反国家工资总额管理有关规定的，国资委将责成企业进行整改，情节严重的，除按规定进行处理外，将其工资总额预算由备案制管理调整为核准制管理。

第三十七条 国资委将中央企业工资总额管理情况纳入出资人监管以及纪检监察、巡视等监督检查工作范围，必要时委托专门机构进行检查。对工资总额管理过程中弄虚作假以及其他严重违反收入分配政策规定的企业，国资委将视情况对企业采取相应处罚措施，并且根据有关规定对相关责任人进行处理。

第三十八条 中央企业应当依照法定程序决定工资分配事项，加强对工资分配决议执行情况的监督。职工工资收入分配情况应当作为厂务公开的重要内容，定期向职工公开，接受职工监督。

第三十九条 国资委、中央企业每年定期将企业工资总额和职工平均工资水平等相关信息向社会披露，接受社会公众监督。

第八章 附 则

第四十条 本办法由国资委负责解释，具体实施方案另行制定。

第四十一条 本办法自 2019 年 1 月 1 日起施行。《关于印发〈中央企业工资总额预算管理暂行办法〉的通知》（国资发分配〔2010〕72号）、《关于印发〈中央企业工资总额预算管理暂行办法实施细则〉的通知》（国资发分配〔2012〕146号）同时废止。

关于中央企业规范实施企业年金的意见

（2018 年 8 月 3 日）

各中央企业：

建立和完善企业年金，是贯彻落实党的十九大提出的在发展中保障和改善民生的重要举措，既有利于完善企业薪酬福利体系，增强企业对人才的吸引力，又有利于更好保障职工退休后的生活，稳定职工队伍，是一项关系职工切身利益和企业长远发展的制度安排。近年来，中央企业积极探索实施企业年金，完善薪酬福利保障体系，对调动广大职工积极性，增强企业活力和竞争力，促进国有资产保值增值发挥了重要作用。为更好指导中央企业建立和规范实施企业年金，根据《中共中央 国务院关于深化国有企业改革的指导意见》（中发〔2015〕22 号）、《国务院办公厅关于转发国务院国资委以管资本为主推进职能转变方案的通知》（国办发〔2017〕38 号）、《企业年金办法》（人力资源社会保障部 财政部令第 36 号），提出以下意见。

一、总体要求

（一）指导思想

以习近平新时代中国特色社会主义思想为指导，全面贯彻党的十九大精神，认真落实党中央、国务院决策部署，按照深化国有企业改革、完善养老保险体系的要求，以增强中央企业活力、提高职工薪酬福利竞争力为中心，既尽力而为，又量力而行，建立更加充实、更有保障、更可持续的企业年金制度规范和管理运营体系，进一步提升职工获得感、幸福感、安全感，促进收入分配更合理、更有序。

（二）基本原则

——坚持统筹规划、整体设计。中央企业应当根据经营发展战略规划、人力资源策略以及内部薪酬分配制度改革的需要，将企业年金纳入薪酬福利体系统筹规划，整体设计企业年金方案，根据实际情况因企施策，分步实施。

——坚持保障适度、持续发展。实施企业年金应当正确处理国家、企业、职工三者的利益关系，充分考虑企业人工成本承受能力，合理确定与企业发展阶段相适应的保障水平，确保企业持续健康发展。

——坚持自主建立、突出重点。鼓励中央企业在集体协商的基础上自主建立企业年金，企业年金待遇水平应当与企业效益及职工个人贡献挂钩，对关系企业长期发展的核心骨干人才可以适度倾斜。

——坚持分级管理、权责清晰。健全企业年金分级管理制度，国资委以管资本为主完善企业年金制度规范并加强监督，中央企业集团公司依法依规负责企业年金的实施和管理运营，切实承担企业年金管理的主体责任。

二、明确企业年金实施条件

（三）具备相应的经济能力。中央企业实施企业年金应当以合并报表盈利、实现国有资产保值增值为前提，因经营性原因导致合并报表亏损或未实现国有资产保值增值的，集团总部以及亏损或未实现国有资产保值增值的所属企业，应当暂缓实施企业年金。

（四）人工成本承受能力较强。中央企业应当具有持续的企业年金缴费能力，年金缴费水平应当与企业人工成本承受能力相适应。人工成本投入产出效率在行业内处于较低水平的企业，应当暂缓实施企业年金。

（五）基础管理健全规范。中央企业应当建立完善的法人治理结构和有效的决策、监督制度，集体协商机制规范健全，企业和职工依法参加基本养老保险并履行缴费义务。

中央企业集团公司可以根据所属企业实际情况，对上述条款进行细化，提出切实可行的具体实施条件和要求。

三、科学设计企业年金方案

（六）合理确定缴费水平。企业年金所需费用由企业和职工个人共同缴纳，企业缴费每年最高不超过本企业职工工资总额的8%；职工个人缴费不低于企业为其缴费的四分之一，以后年度逐步提高，最终与企业缴费相协调；企业和职工个人缴费合计每年最高不超过本企业职工工资总额的12%。

中央企业应当根据发展阶段与经济效益状况，结合企业人工成本投入产出效率及经营业绩考核情况，动态调整企业缴费水平。因经营性原因导致合并报表亏损或未能实现国有资产保值增值的，集团总部以及亏损或未实现国有资产保值增值的所属企业应当中止缴费，其余所属企业由中央企业集团公司根据实际情况调整确定缴费比例，合理控制人工成本。

中止缴费的情况消失后，企业恢复缴费，并可以根据国家有关规定，按照中止缴费时的企业年金方案予以补缴。补缴的金额和年限应当根据恢复缴费年度的效益状况、人工成本承受能力以及中止缴费时间等因素合理确定，不得超过实际中止缴费的金额和年限，补缴不得影响企业当期及未来持续稳定发展。

（七）适度拉开分配差距。企业年金基金采用个人账户方式进行管理。企业缴费划入个人账户金额原则上根据职工的岗位责任、工作年限、考核结果等因素综合确定。鼓励企业缴费根据职工贡献适当向关键岗位和优秀人才倾斜。

企业应当合理确定当期缴费计入职工个人账户的最高额与平均额的差距，最高不超过 5 倍。平均额的计算口径一般按照中央企业集团所有参与年金计划单位的总体平均水平确定，确有需要的，集团总部平均额可以按照所在城市的全部所属法人单位平均水平确定，其他所属企业可以按照独立法人单位确定。

（八）合理界定归属条件。企业年金个人账户中企业缴费及其投资收益，应当根据职工工作年限决定归属个人比例，并随着职工在本企业工作年限的增加逐步归属于职工个人，完全归属于职工个人的期限最长不超过 8 年。

（九）平稳衔接各类人员待遇。中央企业实施企业年金，要统筹做好与其他养老福利保险制度的衔接，兼顾企业年金实施前后退休人员福利保障水平。对于实施企业年金前已退休的人员，由企业发放的基本养老统筹外项目的水平原则上不再提高。对于实施企业年金后退休的人员，企业不得在基本养老保险统筹和企业年金之外，再支付任何养老性质的统筹外费用和补贴。

职工个人账户中企业缴费部分低于实施企业年金前基本养老统筹外项目水平的，可在企业年金方案中设计过渡期补偿缴费，补偿缴费的测算应当客观合理，量力而行，充分考虑各类人员薪酬福利保障水平的总体平衡。补偿缴费可以采取加速积累或一次性补偿的方式予以解决，过渡期原则上不超过 10 年，补偿缴费原则上不得一次性领取。使用工资结余进行过渡期缴费的，应当符合国家有关部门相关政策规定，并在企业年金方案中专项说明。

四、规范企业年金运营管理

（十）公开选择管理机构。中央企业应当按照公开、公平、公正的原则，采用市场化的方式，履行规范的程序，择优选择经国家有关监管部门认定的机构管理运营企业年金基金，并严格按照有关政策规定，明确企业年金基金各管理运营主体的职责及运作规则。

（十一）严格考核服务质量。中央企业应当代表委托人对受托人进行考核评价，并通过受托人对其他管理机构建立动态的考核评价机制，对管理机构的业绩进行评价，根据评价结果调整管理机构，确保各类管理机构恪尽职守，履行诚实、信用、谨慎、勤勉的义务。

（十二）全面管控运营风险。中央企业应当加强企业年金基金监管和规范运营，保障企业年金资产的安全运行。企业年金基金投资管理应当遵循谨慎、分散风险的原则，充分考虑企业年金基金财产的安全性、收益性和流动性，实行专业化管理，并建立企业年金基金定期报告和信息披露制度。

五、加强企业年金组织保障

（十三）加强组织领导。实施企业年金的中央企业应当成立由职工代表和相关部门组成的企业年金管理委员会，加强对所属企业实施企业年金的组织领导，促进企业年金稳步健康发展。企业可以选择法人受托机构或者成立企业年金理事会作为受托人，选择企业年金理事会受托方式的，企业年金理事会应当符合国家有关规范要求，并建立和完善内部稽核监控制度、风险控制制度以及选择、监督、评估、更换账户管理人、托管人、投资管理人的制度和流程，切实承担好受托管理职责，不得从事任何形式的营业性活动，不得从企业年金基金财产中提取管理费用。

（十四）落实监管责任。中央企业集团公司应当切实承担企业年金管理的主体责任，停止实施其他各类补充养老保险计划，确保企业年金管理符合国家政策法规要求。所属企业可以根据集团整体方案结合自身实际和行业特点制订具体年金实施方案，经中央企业集团公司审批同意后履行相应程序执行。国资委对中央企业规范实施年金情况进行指导和监督，中央企业违规实施企业年金的，国资委将责成企业进行整改，并且根据有关规定对相关责任人进行处理。

（十五）建立报告制度。中央企业按照国家政策规定和本意见要求制定或调整企业年金方案的，应当将年金方案报送国资委备案，并将备案后的方案按规定报送人力资源社会保障部。企业年金年度实施情况应当于次年4月

30 日前向国资委报告。

六、本意见印发之日起，《关于中央企业试行企业年金制度的指导意见》(国资发分配〔2005〕135 号)、《关于中央企业试行企业年金制度有关问题的通知》(国资发分配〔2007〕152 号）废止。

中央企业专职外部董事薪酬管理暂行办法

（2017 年 11 月 28 日）

第一章 总 则

第一条 为贯彻《中共中央 国务院关于深化国有企业改革的指导意见》（中发〔2015〕22 号）和深化中央企业负责人薪酬制度改革精神，推进中央企业建设规范董事会工作，加强专职外部董事薪酬管理，根据《中华人民共和国公司法》《中华人民共和国企业国有资产法》《企业国有资产监督管理暂行条例》和中央企业专职外部董事有关管理办法等法律法规和规范性文件，制定本办法。

第二条 本办法适用于国务院国有资产监督管理委员会（以下简称国资委）任命或聘任的专职外部董事的薪酬管理。

第三条 国资委决定专职外部董事薪酬有关事项，委托有关机构（以下称受委托机构）负责专职外部董事薪酬的发放及管理。

第四条 专职外部董事薪酬由年度薪酬和任期激励收入构成。

第五条 专职外部董事薪酬管理遵循以下原则：

（一）坚持与中央企业负责人薪酬制度改革精神相一致。参照中央企业负责人薪酬管理制度，根据专职外部董事管理实际，合理确定薪酬结构和水平，构建科学的薪酬确定机制。

（二）坚持责、权、利相统一。依据专职外部董事职责特点，将薪酬与履职评价结果、岗位责任和贡献紧密挂钩，实现有效的激励约束。

（三）坚持与完善中央企业法人治理结构相适应。深入推进董事会建设，强化专职外部董事依法履职责任，推动中央企业建立健全中国特色现代国有企业制度。

（四）坚持短期激励与中长期激励相结合。注重专职外部董事当期收入与任期收入的有效平衡，调动专职外部董事履职的积极性，促进专职外部董事队伍的建设和稳定。

第二章　年度薪酬

第六条　专职外部董事年度薪酬由基本年薪和评价年薪构成。

第七条　基本年薪是专职外部董事的年度基本收入，根据上年度中央企业在岗职工平均工资的2倍确定，原则上每年核定一次，按月支付。上年度中央企业在岗职工平均工资以人力资源社会保障部发布的数据为准。

第八条　评价年薪是与专职外部董事年度评价结果相联系的收入，以基本年薪为基数，根据专职外部董事年度履职评价结果、任职企业负责人经营业绩考核结果并结合评价年薪调节系数确定。

第九条　专职外部董事评价年薪核定公式如下：

评价年薪=基本年薪×年度综合评价系数×评价年薪调节系数。

（一）年度综合评价系数依据专职外部董事在各任职企业年度评价结果和国资委对各任职企业负责人年度经营业绩考核结果综合确定，最高不超过2.0。

年度综合评价系数=Σ（专职外部董事在任职企业的年度评价系数×80%+任职企业负责人年度考核评价系数×20%）/任职企业户数。其中：

专职外部董事在任职企业年度履职评价结果为优秀的，年度评价系数为2.0；

专职外部董事在任职企业年度履职评价结果为良好的，年度评价系数为1.5；

专职外部董事在任职企业年度履职评价结果为基本称职的，年度评价系数为1.0；

专职外部董事在任职企业年度履职评价结果为不称职的，年度评价系数为0。

任职企业负责人年度考核评价系数按照中央企业负责人经营业绩考核实施方案有关规定执行。

（二）评价年薪调节系数根据专职外部董事任职企业户数、专职外部董事在董事会或者董事会专门委员会任职岗位等因素确定，最高不超过1.5。

评价年薪调节系数=任职户数系数×任职岗位系数×调控系数。

1. 任职户数系数依据专职外部董事任职企业户数确定。

专职外部董事在1户企业任职的，任职户数系数为0.8；

专职外部董事在 2 户企业任职的，任职户数系数为 1.0；

专职外部董事在 3 户企业任职的，任职户数系数为 1.2。

2. 任职岗位系数依据专职外部董事在董事会或者董事会专门委员会任职情况确定。

任职岗位系数 = Σ专职外部董事任职岗位系数/任职企业户数。

担任中央企业外部董事召集人的，任职岗位系数为 1.1；

担任董事会专门委员会主任的，任职岗位系数为 1.05；

其他外部董事，任职岗位系数为 1.0。

3. 调控系数原则上为 1.0，国资委根据中央企业负责人薪酬调控政策、专职外部董事管理要求等，可适当调整。

第十条 专职外部董事在任职企业年度履职评价结果均为不称职的，不得领取评价年薪。

第三章 任期激励收入

第十一条 任期激励收入是与专职外部董事任期评价结果相联系的收入。

第十二条 任期激励收入在不超过专职外部董事任期内年度薪酬总水平的 30%以内确定，一次性支付。

第十三条 专职外部董事任期激励收入核定公式如下：

任期激励收入 = 30%×任期内年度薪酬总水平×专职外部董事任期激励系数。其中，

专职外部董事任期评价结果为优秀的，任期激励系数为 1.0；

专职外部董事任期评价结果为良好的，任期激励系数为 0.8；

专职外部董事任期评价结果为基本称职的，任期激励系数为 0.6；

专职外部董事任期评价结果为不称职的，任期激励系数为 0。

第十四条 专职外部董事因非本人原因任期未满的，根据专职外部董事实际任职时间及评价结果核定任期激励收入。因本人原因三年任期未满的，不得实行任期激励。

第四章 福利性待遇

第十五条 专职外部董事按照国家有关规定参加基本养老保险、基本医疗保险等基本社会保险以及缴存住房公积金。专职外部董事的各项基本社会

保险和住房公积金缴费，应当由个人承担的部分，由受委托机构从其基本年薪中代扣代缴；应当由单位承担的部分，由受委托机构支付。

第十六条 受委托机构为专职外部董事缴存住房公积金比例最高不得超过缴存基数的12%，缴存基数最高不得超过受委托机构所在地统计部门公布的上一年度职工月平均工资的3倍。

第十七条 受委托机构按照国家有关规定为专职外部董事建立企业年金的，其年金缴费比例不得超过国家统一规定的标准，符合国资委有关要求。

第十八条 受委托机构按照国家规定为专职外部董事建立补充医疗保险的，其缴费比例不得超过国家统一规定的标准，专职外部董事补充医疗保险待遇按规定执行。

第十九条 受委托机构不得为专职外部董事购买商业性补充养老保险。

第二十条 专职外部董事享受的符合国家规定的企业年金、补充医疗保险和住房公积金等福利待遇，一并纳入薪酬体系统筹管理。

第五章 管理与监督

第二十一条 受委托机构要严格按照国资委核定的薪酬方案兑现专职外部董事薪酬。薪酬方案经国资委核定后，统一抄送外派监事会。

第二十二条 受委托机构根据有关规定对专职外部董事评价年薪按照一定标准实施预发。专职外部董事年度评价结果确定后，受委托机构根据国资委核定的评价年薪进行清算。

第二十三条 自国资委向受委托机构下发专职外部董事任职文件之月起，至专职外部董事受聘到中央企业任职前，专职外部董事除领取基本年薪外，按照基本年薪的1倍标准核定评价年薪。

第二十四条 专职外部董事因工作需要发生岗位变动的，工资关系不再保留在受委托机构，应当自下发职务调整文件次月起，将工资关系转出至其他单位，除按当年实际工作月数计提的薪酬外，不得继续在受委托机构领取薪酬。

第二十五条 专职外部董事退休后，自下发职务调整文件次月起，按规定领取养老金，除按当年实际工作月数计提的评价年薪、任期激励收入外，不得继续在受委托机构领取薪酬。

第二十六条 专职外部董事发生岗位变动或退休的，其任期激励收入应当待任期评价结果确定后兑现。

第二十七条 专职外部董事的薪酬为税前收入，应当依法缴纳个人所得税。受委托机构应当依法为专职外部董事代扣代缴个人所得税。

第二十八条 受委托机构应当根据《中央企业负责人履职待遇、业务支出管理办法》和国资委有关要求，结合专职外部董事履职特点，制定专职外部董事履职待遇、业务支出管理办法，报国资委备案后实施，并负责日常管理。任职企业应当为专职外部董事提供必要的工作条件，但是不得向其支付任何货币性收入。

第二十九条 受委托机构按照中央企业公务用车制度改革精神，根据专职外部董事履职和公务活动需要，合理确定专职外部董事公务交通保障方式。

采取配备公务用车方式的，要严格执行中央及国资委关于公务用车配备的有关规定，车辆由受委托机构集中统一管理，不得发放任何形式的公务交通补贴。

采取发放公务交通补贴方式的，取消配备公务用车，公务交通补贴标准报国资委备案后执行。

第三十条 受委托机构应当设置专职外部董事薪酬、福利待遇、履职待遇及业务支出管理台账，在财务统计中单列科目、单独核算。

第三十一条 受委托机构对专职外部董事薪酬和履职待遇、业务支出等实行预算管理。每年根据有关规定制订专职外部董事薪酬和履职待遇、业务支出方案，报国资委审核批准。报送的方案应当包括以下主要内容：

（一）专职外部董事的任职情况；

（二）专职外部董事的年度薪酬兑现方案；

（三）专职外部董事的任期激励收入兑现方案；

（四）专职外部董事的福利保障方案；

（五）专职外部董事的履职待遇、业务支出预算方案；

（六）国资委要求的其他材料。

第三十二条 专职外部董事离任后，其薪酬方案和薪酬兑现的原始资料至少保存 15 年。

第三十三条 受委托机构不得在国资委核定的薪酬方案之外，向专职外部董事支付其他任何名义和形式的货币性收入。

第三十四条 专职外部董事应当遵守国有企业领导人员廉洁从业的有关规定。专职外部董事不得接受任职企业、任职企业所出资企业以及其他单位给予的收入、福利等任何形式的物质性利益，不得让任职企业或者与任职企业有业务往来的单位承担应当由个人负担的任何费用，不得接受任职企业以及与任职企业有业务往来的单位的馈赠。

第三十五条 专职外部董事违反国家有关法律法规及政策规定的，按照有关规定给予纪律处分、组织处理、禁入限制和经济处罚，并追回违规所得收入。专职外部董事因违纪违规受到党纪政纪处分的，参照国资委关于受党纪政纪处分的中央企业负责人薪酬扣减有关规定执行。

第三十六条 国资委加强对专职外部董事薪酬情况的监督检查，将专职外部董事薪酬、福利等情况纳入外派监事会、审计和巡视等监督检查范围。对在专职外部董事薪酬管理过程中存在弄虚作假、违法违规等行为的，将严肃追究相关人员责任。

第六章　附　　则

第三十七条 受委托机构应当按照本办法要求，完善专职外部董事薪酬管理及履职待遇、业务支出工作制度和程序，规范管理。

第三十八条 本办法自印发之日起施行。《关于印发〈建设规范董事会中央企业专职外部董事薪酬管理暂行办法〉的通知》（国资发分配〔2011〕134号）同时废止。

中央科技型企业实施分红激励工作指引

（2017年8月25日）

第一章　总　　则

第一条　为推动中央企业加快实施创新驱动发展战略，进一步落实《国有科技型企业股权和分红激励暂行办法》（财资〔2016〕4号）要求，建立完善有利于自主创新和科技成果转化的分红激励机制，调动技术、管理人员的积极性和创造性，根据中央企业科技创新激励工作部署和《关于做好中央科技型企业股权和分红激励工作的通知》（国资发分配〔2016〕274号）规定，制订本指引。

第二条　本指引适用于国务院国有资产监督管理委员会（以下简称国资委）履行出资人职责的中央企业及所属控股（含实际控制）未上市科技企业（以下简称中央科技型企业，含全国中小企业股份转让系统挂牌企业）。上述企业应当具有公司法人资格并在中国境内注册，具体包括以下几种类型：

（一）国家认定的高新技术企业。

（二）转制院所企业。

（三）中央企业所属高等院校和科研院所投资的科技企业。

（四）国家和省级认定的科技服务机构。

第三条　本指引用于指导中央科技型企业的国有控股股东依法履行出资人职责，按照本指引及相关规定要求，指导所属科技型企业科学制订分红激励计划、规范履行决策程序，做好分红激励计划的实施管理工作。

第二章　方案的制订

第一节　激励方式

第四条　分红激励包括岗位分红激励和项目收益分红激励两种方式。

（一）岗位分红激励，是指企业实施科技创新和成果产业化，以企业经营收益为标的，按照相应岗位在科技成果产业化中的重要性和贡献，确定激励总额和不同岗位的分红标准，并对激励对象实施激励的行为。

（二）项目收益分红激励，是指企业通过成果转让（许可）、作价投资、自行或合作实施等方式进行职务科技成果转化，以形成的收益为标的，采取项目收益分成方式对激励对象实施激励的行为。

第五条 中央科技型企业应当结合自身实际，科学选择分红激励方式。原则上同一企业应当采取一种分红方式，对同一激励对象就同一职务科技成果或产业化项目，给予一次激励。

第二节 实施条件

第六条 实施分红激励的中央科技型企业应当制定明确的发展战略，主业突出、成长性好。内部治理结构健全并有效运转，管理制度完善，人事、劳动、分配制度改革取得积极进展。具有发展所需的关键技术、自主知识产权和持续创新能力。

第七条 实施分红激励的中央科技型企业年度财务会计报告必须经过中介机构依法审计，且激励方案制订近 3 年（以下简称近 3 年）没有发生财务、税收等方面违法违规行为，未出现重大收入分配违规违纪事项。

第八条 实施分红激励的中央科技型企业原则上应当成立满 3 年。除本指引第二条第（四）类企业外，其他企业近 3 年研发费用占当年营业收入均应当在 3%以上，激励方案制订的上一年度企业研发人员占职工总数（以上人数均按平均数统计）应当在 10%以上，相关数据原则上应当以企业年度财务会计报告为依据。对成立不满 3 年的初创企业，可以实际经营年限计算。

第九条 对于本指引第二条第（四）类企业，成立应当满 3 年，且近 3 年科技服务性收入不低于当年企业营业收入的 60%。科技服务性收入是指国有科技型服务机构营业收入中属于研究开发及其服务、技术转移服务、检验检测认证服务、创业孵化服务、知识产权服务、科技咨询服务、科技金融服务、科学技术普及服务等收入。

第十条 中央科技型企业实施岗位分红激励，除满足以上条件外，企业还应当建立规范的岗位管理和评估体系，岗位序列清晰、岗位价值明确。企业近 3 年税后利润累计形成的净资产增值额应当占企业近 3 年年初净资产总额的10%以上，且实施激励当年年初未分配利润为正数。成立不满3年的，不得采取岗位分红的激励方式。

近3年税后利润累计形成的净资产增值额，是指激励方案制订上年末账面净资产相对于近3年首年初账面净资产的增加值，不包括财政及企业股东以各种方式投资或补助形成的净资产和已经向股东分配的利润。

第十一条 中央科技型企业实施项目收益分红激励，除满足第六条至第九条规定外，企业还应当建立规范的项目管理和收益评估制度。项目资产、人员边界清晰，核算独立、收支明确。

第十二条 以下类型中央科技型企业或职务科技成果转化项目可以优先开展分红激励：

（一）符合《“十三五”国家科技创新规划》战略布局和中央企业“十三五”科技创新研发方向，承担国家科技创新重大专项、重大工程、国家重点研发计划的。

（二）收入和利润来源于所在中央企业外部市场占比较高的。

（三）符合所在中央企业主业发展方向的。

（四）自主创新能力较强、成果技术水平较高、市场前景较好的。

第三节 激励对象

第十三条 企业应当综合考虑职工岗位价值、实际贡献、承担风险和服务年限等因素确定分红激励对象，激励对象应当与本企业签订劳动合同，具体包括：

（一）在科技创新和成果转化过程中发挥重要作用的技术人员，包括关键职务科技成果的主要完成人、重大开发项目的负责人、对主导产品或者核心技术及工艺流程做出重大创新或者改进的主要技术人员。

（二）主持企业全面生产经营工作的高级管理人员，负责企业主要产品（服务）生产经营的中、高级经营管理人员。

（三）通过省、部级及以上人才计划引进的重要技术人才和经营管理人才。

第十四条 岗位分红激励对象应当通过公开招聘、企业内部竞争上岗或者其他市场化方式产生，且应当在该岗位连续工作1年以上。每次激励人数不得超过企业在岗职工总数的30%。

第十五条 项目收益分红激励对象应当由企业和项目组共同确定，激励对象名单应当随同激励方案一并听取职工意见和建议。

第十六条 中央科技型企业不得面向全体员工实施分红激励，不得把以下人员确定为激励对象：

（一）未与企业签订劳动合同的人员，包括事业编制人员以及人事代理、劳务派遣、劳务外包等其他人员。

（二）企业监事（包括职工监事）、独立董事。

（三）与企业科技创新和成果转化无直接关联的管理人员。

（四）有关政策法规明确不得成为激励对象的人员。

第四节 激励额度

第十七条 中央科技型企业应当以推动科技成果转化、提升企业经营效益为目标，坚持增量激励、效益导向的原则，统筹考虑企业经营发展战略、自身效益状况以及人工成本承受能力等因素合理确定分红激励额度。

第十八条 实施岗位分红激励的企业，应当以反映企业盈利能力或价值创造的绝对指标（如税后利润、税后利润增加值、经济增加值、经济增加改善值等）作为提取基数，科学设计计提模式，合理确定提取比例。年度分红激励总额不得高于当年税后利润的15%，并统筹好与当期工资总额和效益增量的比例关系，避免因实施分红激励出现工资效益不匹配问题。

第十九条 实施岗位分红激励的企业，应当按照岗位在科技成果产业化中的重要性以及激励对象个人的贡献情况，确定不同岗位激励对象的分红标准。激励对象个人年度分红所得不得高于其年度薪酬总额（不含分红所得）的2/3。同一企业内激励对象个人最高和最低激励额度的倍数设定应当充分考虑岗位价值评估结果，并且根据个人贡献、企业内部收入分配关系等因素综合确定。

第二十条 实施项目收益分红的企业，应当在职务科技成果完成、转化后，按照与重要技术人员约定或企业有关规定，合理确定激励额度（包括提取模式、比例等）和执行时限。不同的科技成果转化方式，可以按照以下原则确定有关事项：

（一）将该项职务科技成果转让、许可给他人实施的，以该项科技成果转让净收入或许可净收入作为提取基数，按约定或规定比例提取激励额度，原则上一次性激励到位。

（二）利用该项职务科技成果作价投资，以科技成果作价入股的股份

（或出资比例）形成的投资收益作为提取基数的，按照约定或规定比例提取激励额度，原则上有效期不得超过 5 年；以职务科技成果作价入股形成的股份（或出资比例）作为提取基数的，应当按照股权激励有关规定约定相应激励额度、比例和其他事项。

（三）将该项职务科技成果自行实施或者与他人合作实施的，应当在实施转化成功投产后连续 3 至 5 年，按照约定或规定比例每年从实施该项科技成果的营业利润中提取激励额度。

转让、许可净收入是指企业取得的科技成果转让、许可收入扣除相关税费和企业为该项科技成果投入的全部研发费用及维护、维权费用后的金额。企业将同一项科技成果使用权向多个单位或者个人转让、许可的，转让、许可收入应当合并计算。

第二十一条 实施项目收益分红激励的企业，应当把握好项目投入产出与收益分配的关系，按照以下原则对激励额度和水平进行约定：

（一）总体激励额度应当结合项目来源、项目级别、项目规模、发展阶段以及创新贡献等因素约定。对于国家立项、创新贡献较大的项目可以适当加大激励力度。对于项目所在企业成立时间不满 3 年或实施当年未盈利的，应当结合项目收益情况控制总体额度，或采取分批分次的方式兑现。

（二）个人激励水平应当结合激励对象人数、薪酬水平、市场对标等因素，根据激励对象个人在职务成果完成和转化过程中的贡献以及绩效考核结果约定。对于关键科研任务、重大开发项目、主导产品或核心技术的主要完成人、负责人等可以适当提高分配比例。对于个人收入明显高于市场水平或同时参与多个项目激励的人员应当合理控制个人激励标准或项目分红总收入。

第二十二条 中央科技型企业制定项目收益分红激励相关规定应当充分听取技术人员的意见，有关规定或约定事项应当在本企业公开。出现实施激励当年项目所在企业处于亏损状态、项目分红激励总额偏大、单个激励对象水平偏高等特殊情况的，应当向中央企业集团公司报备。

第二十三条 中央科技型企业未建立有效规定或未及时与重要技术人员约定的，按照《中华人民共和国促进科技成果转化法》等国家有关制度执行，并在激励方案有效期内制定相关制度，在实施下一期项目分红激励计划时从其约定。

第五节　考核要求

第二十四条　岗位分红激励方案有效期原则上不超过 3 年（自制订方案当年起）。中央科技型企业应当建立完善的业绩考核体系和考核办法，在激励方案中明确除净利润增长率应当高于企业实施岗位分红激励近 3 年平均增长水平（复合增长率）的要求外，还应当结合企业经营特点、发展阶段以及科技创新等情况，从以下维度综合确定年度考核指标（原则上三类指标至少各选一个）：

（一）财务类指标，如净利润增长率（必选）、净资产收益率、主营业务收入增长率等。

（二）科技创新类指标，如科技创新收入增长率、科技创新收入占营业收入比重、新增（成果转化）合同额增长率、专利数量等。

（三）管理类指标，如核心人才保留率、劳动生产率、成本费用占营业收入比重等。

第二十五条　对于处于初创阶段等特殊情况的企业，根据企业功能定位、发展前景等因素，合理设置考核指标，可以管理类、科技创新类指标为主，体现初创阶段的发展导向。

第二十六条　项目收益分红激励方案有效期应当结合职务科技成果转化方式合理确定。其中，以职务科技成果作价投资、自行实施或者与他人合作实施方式开展项目收益分红激励的，应当结合企业科技创新以及项目实施情况，从以下维度约定年度考核指标（原则上三类指标至少各选一个）：

（一）项目财务类指标，如项目收入增长率、项目投资回报率、项目净利润增长率等。

（二）项目创新类指标，如项目专利和知识产权数量、项目获奖情况等。

（三）项目管理类指标，如项目研发费用占营业收入比重、新增项目合同数（额）增长率、合同履约率等。

以职务科技成果转让、许可给他人实施的，若不采取一次性激励的方式，原则上也应当按照以上要求制定激励有效期内的考核办法。

第二十七条　中央科技型企业以自身历史业绩水平纵向比较为主，鼓励具备条件的企业（或项目）采取与同行业或对标企业业绩横向对标的方式，综合确定考核目标水平。

（一）在激励方案中应当载明考核目标的确定方式，选择企业对标的，应当说明对标企业的选取原则。

（二）考核目标水平设置应当结合企业经营状况、行业周期以及科技发展规划等因素综合确定。原则上相关指标不低于上一年度实际业绩水平或本企业近 3 年平均业绩水平（实施岗位分红的，年度净利润增长率指标必须高于近 3 年平均增长水平）。引入行业对标的，相关指标应当不低于同行业平均（或对标企业 50 分位值）业绩水平。

第二十八条 中央科技型企业应当建立健全与分红激励配套的员工绩效考核评价体系，全面、客观、准确地评价激励对象业绩贡献。

第二十九条 中央科技型企业（科技成果转化项目）的考核结果应当与分红激励总额度挂钩，个人绩效考核评价结果应当应用于个人分红激励兑现。

第三十条 中央科技型企业实施分红激励，应当重点加强对财务类指标的考核，岗位分红激励年度净利润增长率低于近 3 年平均增长水平的，应当终止实施方案；项目收益分红激励财务类指标未达到考核目标的，原则上应当终止实施方案。其他指标未达到考核目标的，应当按照约定或规定扣减额度或终止实施方案。

第三十一条 激励对象未达到个人年度绩效考核要求的，应当按规定或约定扣减、暂缓或停止分红激励。

第六节 财务及工资管理

第三十二条 中央科技型企业实施分红激励应当严格执行财务会计及税收处理等有关规定。激励方案涉及的财务数据和资产评估结果，应当经具有相关资质的会计师事务所审计和资产评估机构评估，并按有关规定办理核准或备案手续。

第三十三条 中央企业集团公司应当将所属科技型企业分红激励计划纳入工资总额预算管理。按照有关规定申报年度分红激励预算，结合企业生产经营和科技创新实施情况进行预算调整，并根据财务决算结果兑现激励额度、开展预算执行情况清算评价工作。

第三十四条 分红激励所需支出应当计入本企业工资总额，实行单列管理，不纳入本企业工资总额基数，不作为企业职工教育经费、工会经费、社会保险费、补充养老及补充医疗保险费、住房公积金等的计提依据。

第三章　组织与实施

第三十五条　中央企业集团公司应当按照国家有关规定和本指引要求，制定分红激励相关管理制度，明确实施主体、主要职责、决策程序和工作流程等。制订总体工作方案和推进计划，统筹规划所属科技型企业分红激励工作，并在实施前向国资委报告。

第三十六条　纳入总体工作方案和推进计划的中央科技型企业，由本企业总经理班子或者董事会（以下简称内部决策机构）制订分红激励具体方案。

第三十七条　中央科技型企业内部决策机构制订激励方案时，应当通过职工代表大会或者其他形式充分听取职工的意见和建议，并将激励方案及听取职工意见情况报中央企业集团公司批准和备案。

第三十八条　中央企业集团公司主要从实施条件、实施程序以及实施方案的合法、合规性等方面对所属科技型企业分红激励方案进行评审。并自受理方案之日起 20 个工作日内，提出书面审定意见。

第三十九条　中央科技型企业分红激励方案经审核同意后，提交本企业股东（大）会审议。

第四十条　除国家另有规定外，中央科技型企业应当在股东（大）会审议通过激励方案后 5 个工作日内，将决议、批准文件以及审议通过的激励方案报中央企业集团公司备案，并按照方案实施激励。未设立股东（大）会的企业，按照中央企业集团公司批准的方案实施。

第四十一条　中央科技型企业内部决策机构在召开股东（大）会前撤销分红激励计划或者股东（大）会审议未通过分红激励计划的，应当向中央企业集团公司提交撤销原分红激励计划审核（备案）的报告，且原则上当年不再提交有关激励计划。

第四十二条　国资委对中央企业总体分红激励工作给予政策指导。中央企业整体作为科技型企业实施分红激励的，应当由内部决策机构制订实施方案，并经相关民主程序听取职工意见后，报国资委批准后实施。

第四章　管理与监督

第四十三条　中央科技型企业因出现特殊情形需要调整激励方案的（如激励对象范围变化、单个对象激励水平变化等情况），应当重新履行内部审议和外部审核程序。出现以下情形的，应当终止实施分红激励方案，再次实施的，按照规定重新申报审核：

（一）激励方案发生重大调整的（如激励方式变化、业绩考核指标调整等情况）。

（二）分红激励考核指标未达标，根据约定或规定应当终止方案实施的。

（三）会计师事务所、资产评估机构、法律事务机构等第三方中介组织对激励方案涉及的数据、结果等事项出具否定意见的。

（四）企业股权或产权结构发生重大变化，导致激励方案无法实施的。

（五）其他需要终止方案实施的情形。

终止激励方案，企业内部决策机构应当向中央企业集团公司报告并向股东（大）会说明情况。

第四十四条 激励对象因辞职、调动、免职、退休、死亡、丧失民事行为能力、违法违规等原因与企业解除或者终止劳动关系的，应当终止其分红激励资格。

第四十五条 中央企业集团公司应当严格审核所属科技型企业的分红激励方案，必要时可以要求企业法律事务机构或者外聘律师对激励方案出具法律意见书。

第四十六条 中央企业集团公司应当遵守法律法规和有关制度规定，建立对所属科技型企业分红激励工作的考核评价机制，并依据考核结果对激励方案实施动态管理。

第四十七条 中央企业集团公司应当建立分红激励工作定期报告制度，并于每年 2 月底前将上一年度实施分红激励的总体情况报送国资委。

第四十八条 国资委将中央科技型企业分红激励工作纳入收入分配监督检查事项范围，采取抽查和专项检查等方式，对企业实施情况进行监督评估。对违反法律法规及政策规定、损害国有资产权益的企业，国资委将责令调整或终止方案，并追究相关企业和人员责任。

第四十九条 按照《中关村国家自主创新示范区企业股权和分红激励实施办法》（财企〔2010〕8 号）和《关于在部分中央企业开展分红权激励试点工作的通知》（国资发改革〔2010〕148 号）规定，已经国资委批准的分红激励方案可继续执行，实施期满后，新的激励方案统一按照国家有关规定和本指引执行。

第五十条 全民所有制中央科技型企业应当积极按照国家有关规定，推动公司制改革，在不断提升内部管理水平和健全完善制度体系的基础上，实施分红激励。

附件：1. 实施分红激励申报审核流程图（略）
2. 分红激励方案要点（略）
3. 实施分红激励申报材料（略）
4. 中央企业分红激励总体工作方案要点（略）
5. 中央企业分红激励年度实施工作总结要点（略）
6. 中央企业分红激励年度实施情况汇总表（略）

关于进一步深化中央企业劳动用工和收入分配制度改革的指导意见

（2016 年 6 月 14 日）

各中央企业：

为深入贯彻党的十八大和十八届三中、四中、五中全会精神，落实《中共中央　国务院关于深化国有企业改革的指导意见》（中发〔2015〕22 号）的要求，进一步深化中央企业劳动用工和收入分配制度改革，构建市场化劳动用工和收入分配机制，实现企业内部管理人员能上能下、员工能进能出、收入能增能减，增强中央企业活力和竞争力，现提出以下指导意见。

一、统一思想，充分认识深化劳动用工和收入分配制度改革的重要性和紧迫性

深化劳动用工和收入分配制度改革是全面深化国有企业改革的重要内容，是开展供给侧结构性改革，促进企业瘦身健体、提质增效的重要举措，是增强中央企业活力和竞争力的迫切需要。近年来，中央企业在深化改革过程中，不断完善劳动用工和收入分配制度，积极探索和实践，取得了一定成效，但是随着改革的不断深入，中央企业用工分配管理方面存在的体制机制僵化问题没有得到根本性改变，部分企业内部改革不到位，市场化选人用人机制还未真正形成，激励约束机制还不健全，内部管理人员能上不能下、员工能进不能出、收入能增不能减等问题仍然存在。当前，解决这些问题的关键是要坚持问题导向，切实推进企业内部机制转换，进一步深化中央企业劳动用工和收入分配制度改革，促进企业持续健康发展。

中央企业深化劳动用工和收入分配制度改革的核心任务是，建立与社会主义市场经济相适应、与企业功能定位相配套的市场化劳动用工和收入分配管理体系，构建形成企业内部管理人员能上能下、员工能进能出、收入能增能减的机制，用工结构更加优化，人员配置更加高效，激励约束机制更加健全，收入分配秩序更加规范，企业市场化程度显著提高，为做强做优做大中央企业提供保障。

二、强化任职条件和考核评价，实现管理人员能上能下

（一）完善以岗位职责和任职条件为核心的管理人员职级体系。中央企业要建立健全管理人员岗位体系，明确各层级管理岗位职责和任职条件，合理使用不同层次人才。不断完善管理人员职业发展通道，为管理人员能上能下搭建平台。按照集团化管控、专业化管理、集约化运营的要求，科学调整组织结构，合理设置内设机构和配置管理人员，提高管理效率。

（二）健全以综合考核评价为基础的管理人员选拔任用机制。中央企业应当建立管理人员综合考核评价体系，以综合考核评价为基础，通过竞争上岗、公开选聘等多种方式，公开、公平、公正地选拔优秀管理人员。强化管理人员考核评价的日常监督管理，将考核评价结果与职务升降、薪酬调整紧密挂钩。对于经考核评价不能胜任工作的，应当调整岗位、降职降薪，真正做到管理人员能上能下。

（三）探索推行职业经理人制度。中央企业要扩大选人用人视野，合理增加企业内部管理人员市场化选聘比例。对市场化选聘的职业经理人，要签订聘任和绩效协议，明确聘任期限和业绩目标要求，建立与业绩考核紧密挂钩的激励约束和引进退出机制，实现选聘市场化、管理契约化、退出制度化。

三、加强劳动用工契约化管理，实现员工能进能出

（一）全面推行公开招聘制度。中央企业要按照公开、公正、竞争、择优的原则，公开招录企业员工。要制订公开招聘办法，面向社会公开招聘，做到信息公开、过程公开和结果公开。招聘信息应当面向社会公开发布，不得设置歧视性录用条件，不得降低条件定向招录本企业员工亲属。拟录用人员有关信息应当通过适当形式在一定范围内公示，确保公开招聘工作的公平、公正，提高员工招聘质量。国家法律法规政策另有规定的，从其规定。

（二）加强劳动合同管理。中央企业应当打破身份界限，建立健全以合同管理为核心、以岗位管理为基础的市场化用工制度。要依法与员工签订劳动合同，做到劳动合同应签尽签。强化劳动合同对实现员工能进能出的重要作用，细化劳动合同期限、工作内容、劳动纪律、绩效要求以及续签、解除合同条件等条款，明确双方的权利义务。要依法规范使用劳动合同制、劳务派遣等各类用工，完善管理制度，履行法定程序，确保用工管理依法合规。

（三）构建员工正常流动机制。中央企业应当根据企业战略规划和生产经营需要，合理控制用工总量，优化人员结构，构建员工正常流动机制。要建立企业内部人力资源市场，盘活人力资源存量，提高人力资源使用效率。要畅通员工退出渠道，细化员工行为规范、劳动纪律和奖惩标准，明确劳动合同期满续签标准和员工不胜任岗位要求的认定标准。对违法违规、违反企业规章制度或不胜任岗位要求等符合解聘条件的员工，要严格履行法律法规要求的相关程序，依法解除劳动合同。

四、推进收入分配市场化改革，实现收入能增能减

（一）加强工资总额能增能减机制建设。不断完善与财务预算和业绩考核目标挂钩的工资总额预算管理办法，健全工资效益同向联动机制，切实做到工资总额与企业效益紧密挂钩。强化全口径人工成本预算管理制度体系，逐步将工资总额以外的其他人工成本项目纳入预算管理范围，严格控制人工成本不合理增长，不断提高人工成本投入产出效率。

（二）推进与效益紧密挂钩的内部薪酬制度改革。中央企业应当根据企业实际，实行与社会主义市场经济相适应的薪酬分配制度，建立健全与劳动力市场基本适应、与企业经济效益和劳动生产力挂钩的工资决定和正常增长机制，优化薪酬结构，合理拉开收入分配差距。推进全员绩效考核，根据劳动力市场价位、人工成本承受能力、岗位价值评估和员工个人能力等因素合理确定员工薪酬，同时要与企业效益、个人绩效紧密挂钩。原则上，企业效益下降或个人绩效考核不达标时，员工薪酬应当相应下降，确保收入能增能减。要建立员工薪酬市场对标机制，结合企业薪酬战略和人工成本承受能力，逐步提高核心骨干员工薪酬的市场竞争力，同时调整不合理的偏高、过高收入，做到薪酬水平该高的高，该低的低。

（三）规范员工福利保障制度。中央企业应当结合自身实际，统筹规范所属企业福利保障制度，加强福利项目和费用管理，严格清理规范工资外收入。社会保险、住房公积金、企业年金、福利费等国家和地方有明确政策规定的，要严格执行相关规定，不得超标准列支。已经建立企业年金制度的企业，不得提高建立年金制度前已退休人员统筹外补贴水平和临近退休人员的企业年金补偿标准。企业效益下降的，福利费不得增长，企业年金缴费标准可以适当降低；企业出现亏损的，企业年金应当暂停缴费。

五、统筹规划，积极稳妥推进中央企业劳动用工和收入分配制度改革

（一）加强组织领导。中央企业要高度重视新形势下深化劳动用工和收入分配制度改革工作，充分发挥企业党组织的政治核心作用和党员干部的先锋模范作用，发挥工会依法维护劳动者合法权益的桥梁纽带作用，切实加强组织领导。成立专项领导小组，明确主要负责人是第一责任人，建立工作制度和运行机制，以上率下切实推进改革。主动加强与地方政府和相关部门的沟通联系，为改革创造良好的环境和氛围。

（二）精心组织实施。中央企业要制订符合企业实际的深化用工分配制度改革方案，明确分阶段目标任务，提出具体改革办法和措施，完善相关配套文件。强化人力资源信息化建设、对标管理等基础工作，建立社会风险、舆情风险、法律风险评估机制。加强对所属企业的督促指导，强化企业用工分配责权利的统一，逐级落实管理责任。统筹协调与其他各项改革的关系，同步推进，重点突破，务求实效。

（三）稳步推进改革。中央企业劳动用工和收入分配制度改革关系到员工的切身利益，在推动改革的过程中要处理好改革发展与稳定的关系。加强政策宣传和培训，引导全体员工形成改革共识，积极参与改革。要开展深入细致的思想工作，发动员工、依靠员工，形成改革合力。涉及员工利益的改革方案，应当依法履行内部民主程序。妥善解决改革过程中遇到的突出问题，积极履行社会责任，切实保障员工的合法权益，确保企业和社会和谐稳定。

中央企业推进劳动用工和收入分配制度改革的工作进展情况，要及时报送国资委。国资委将加强对企业推进改革的监督指导，及时总结企业的做法和成效，推广典型经验，引导中央企业锐意改革，务求实效，助推中央企业提质增效。

中央企业负责人履职待遇、业务支出管理办法

（2015年1月13日）

第一章　总　　则

第一条　为贯彻落实党的十八届三中全会和四中全会精神，合理确定并严格规范中央企业负责人履职待遇、业务支出，根据《中华人民共和国企业国有资产法》、《中共中央办公厅　国务院办公厅印发〈关于合理确定并严格规范中央企业负责人履职待遇、业务支出的意见〉的通知》（中办发〔2014〕51号，以下简称《意见》）等法律法规和相关规定，制定本办法。

第二条　本办法所称中央企业负责人是指经国务院授权由国务院国有资产监督管理委员会（以下简称国资委）履行出资人职责的国家出资企业（以下简称企业）的下列人员：

（一）设立董事会企业的董事长、副董事长、董事（不含外部董事、职工董事），总经理（总裁）、副总经理（副总裁）、总会计师。

（二）未设立董事会企业的总经理（总裁、院长、局长、主任）、副总经理（副总裁、副院长、副局长、副主任）、总会计师。

（三）企业的党委（党组）书记、副书记、党委常委（党组成员），纪委书记（纪检组组长）。

第三条　本办法所称履职待遇是指为企业负责人履行工作职责提供的工作保障和条件，主要包括公务用车、办公用房、培训等。业务支出是指企业负责人在生产经营活动中因履行工作职责所发生的费用支出，主要包括业务招待、国内差旅、因公临时出国（境）、通信等方面的支出。

第四条　国资委对企业负责人履职待遇、业务支出实施指导监督。企业对各级所出资企业负责人履职待遇、业务支出实施监督管理。企业主要负责人对本企业履职待遇、业务支出管理工作负主要责任，分管负责人和总会计师负分管责任。

第五条　合理确定并严格规范企业负责人履职待遇、业务支出应当坚持以下基本原则：

（一）坚持依法依规。根据国家法律法规和相关规定，结合企业生产经营实际，坚决杜绝企业承担个人消费支出的行为。

（二）坚持廉洁节俭。反对讲排场、比阔气，反对铺张浪费，坚决抵制享乐主义和奢靡之风。

（三）坚持规范透明。通过完善制度、预算管理、加强监督，建立健全严格规范、公开透明的企业负责人履职待遇、业务支出管理制度体系。

第二章　履职待遇

第六条　企业应当合理配置、有效使用企业公务用车资源，规范企业负责人公务用车配备、运行管理和处置，保障企业负责人公务出行，降低公务用车成本。

第七条　企业负责人按照 1 人 1 车或者多人 1 车配备（包括购置、租赁等）公务用车。企业采取统一调度等方式保障企业负责人公务活动用车的，属于为企业负责人配备公务用车。

第八条　企业主要负责人公务用车配备标准为排气量 2.5 升（含）以下、购车价格（不含车辆购置税，下同）38 万元以内，企业其他负责人公务用车配备标准为排气量 2.0 升（含）以下、购车价格 28 万元以内。企业负责人公务用车使用年限超过 8 年已不能正常使用的，或者车辆安全状况、排放要求等不符合有关标准要求的，可以更新。企业负责人公务用车的报废和出售等处置，应当按照国有企业资产处置有关规定执行。

第九条　企业负责人新配备或者更新公务用车要严格执行配备标准，选用国产汽车，优先选用新能源汽车，不得增加高档配置或者豪华内饰。企业负责人已购置使用的公务用车超过规定配备标准的，在未达到更新或者报废条件情况下，可以继续使用；已租赁使用的公务用车超过配备标准的，应当按规定配备标准重新租赁。

企业由于非政策性因素发生亏损或者处于被托管、重组脱困，以及拖欠职工工资、社会保险费用期间，不得为企业负责人购置、租赁、更新公务用车。企业不得以任何方式换用、借用、占用所出资企业或者其他有利益关系单位和个人的车辆供企业负责人使用。

第十条　企业负责人公务用车的保养、维修费用，以及日常使用所发生的保险费、年检费、车船使用税、燃油费、停车及过路桥费等各种运行费用，实行单车核算，在预算额度内按照财务制度严格规范执行。

企业负责人不得因私使用公务用车。企业负责人本人提出自行驾驶公务用车的，企业应当根据道路交通安全有关法律和行政法规，制订企业负责人自行驾驶公务用车管理办法，加强对企业负责人自行驾驶公务用车的管理，不得为企业负责人发放自行驾驶公务用车的补贴。

第十一条 企业实行公务用车制度改革的，要按照中央企业公务用车制度改革方案的要求，合理确定企业负责人公务交通补贴标准。具体办法另行制定。企业不得同时为企业负责人配备公务用车和发放公务交通补贴。

市场化选聘的企业负责人，其薪酬体系中已包括公务交通补贴的，不再配备公务用车，不再报销公务用车费用或者另行发放公务交通补贴。

第十二条 企业应当按照庄重、朴素、经济、适用和资源节约的原则建设办公用房，严禁超标准新建办公用房，严禁豪华装修。要公平配置、集约使用办公用房资源。企业负责人原则上配置使用一处办公用房，确因异地工作需要另行配置办公用房的，应当严格履行企业内部审核程序。

第十三条 企业主要负责人办公室（含休息室、卫生间，下同）使用面积标准不超过80平方米，企业其他负责人办公室使用面积标准不超过60平方米。不得长期租用宾馆、酒店房间作为办公用房。

第十四条 企业负责人新配置办公用房要严格执行配置标准。现有的办公室超过规定面积标准的，一般采取调换或者合用方式解决；必须采取工程改造方式的，如受现有建筑结构布局、线路和消防、空调等设施设备客观条件限制，待办公用房维修改造或者领导干部职务变动调换办公室时解决，不应造成新的浪费。

第十五条 企业负责人办公用房因使用时间较长、设施设备老化、功能不全，不能满足办公需求的，可以进行维修改造。办公用房维修改造应当以消除安全隐患、恢复和完善使用功能、降低能源资源消耗为重点，严格执行维修改造标准。

第十六条 企业要围绕提高企业负责人政治和专业素质、创新和经营管理能力开展必要的培训。企业负责人参加各种学历教育以及为取得学位而参加在职教育的费用必须由个人承担。

第十七条 企业负责人参加出国培训应当严格执行国家有关出国（境）培训管理规定，不得参加无实质需要的国外培训。

第三章　业务支出

第十八条　业务招待是指企业负责人为企业生产经营业务的需要，招待客户、合资合作方以及其他外部关系人员的活动。业务招待主要分为商务、外事、其他公务招待活动等。

第十九条　企业负责人开展商务和外事招待活动，宴请标准每次人均不得超过600元（含酒水、饮料，下同），赠送纪念品标准每次人均不得超过600元。企业要根据企业负责人业务招待活动内容和招待对象，在控制标准内，分档确定商务和外事招待活动的宴请、赠送纪念品的标准。其他公务招待活动参照党政机关公务接待标准执行，不得赠送纪念品。

第二十条　企业要明确业务招待活动的审批、报销等程序。对企业负责人每次业务招待活动实行招待费用总额和人均费用双控管理，严格控制陪同人数。

第二十一条　企业负责人进行业务招待活动，由企业相关部门编制预算并组织安排，应当首选本企业食堂或者协议酒店等，严格执行相关制度和标准。外事招待工作应当遵循服务外交、友好对等、务实节俭原则，从严控制招待费用支出。

第二十二条　企业负责人业务招待活动赠送纪念品，应当符合有关法律法规要求，以宣传企业形象、展示企业文化为主要内容，严禁赠送现金和购物卡、消费卡、商业预付卡等各种有价证券、支付凭证以及贵重物品等。企业应当建立纪念品订购、领用等审批程序。

第二十三条　企业负责人进行业务招待所发生的费用应当由相关部门及时结算。业务招待费用报销应当提供内部审核流程、发票以及招待清单，如实反映招待对象、业务招待活动内容、招待费用等情况，不得将业务招待费用以会议、培训、调研等费用的名义虚列、隐匿。

第二十四条　企业应当根据国家有关规定和财务会计制度，结合生产经营实际和实施国际化经营的需要，合理确定企业负责人国内差旅和因公临时出国（境）乘坐交通工具的类型和等级，以及住宿、就餐等标准。除特殊情况外，不得乘坐民航包机或私人、企业和外国航空公司包机，不得租用商务机。

第二十五条　严禁企业负责人无明确公务目的的国内差旅活动，从严控制国内差旅随行人员。企业应当保障企业负责人处理本企业及其所出资企业境外经营管理业务的出国（境）活动，不得安排照顾性、无实质内容的一般性出访和考察性出访，不得安排与企业负责人因公临时出国（境）任务无关的人员随行。

第二十六条 企业负责人应当严格执行因公临时出国（境）管理制度和任务安排，不得以任何理由绕道旅行，或者以过境名义变相增加出访国家和地区，不得无故延长因公临时出国（境）时间。企业要严格规范国（境）外接待工作，严禁超标准接待。严禁用公款或者变相用公款在国内和出国（境）旅游。

第二十七条 企业负责人应当严格按规定开支国内差旅费用，严格遵守因公临时出国（境）经费预算、支出、使用、核算等财务制度，不得铺张浪费。

第二十八条 加强企业负责人从事公务活动所发生移动通信费用和住宅通信费用的管理。参考电信市场资费标准，根据企业负责人岗位要求和履职需要，合理确定通信费用年度预算控制额度，在预算额度内按照财务制度严格规范执行，不得以任何名目为企业负责人发放通信补贴。

市场化选聘的企业负责人，其薪酬体系中已包括通信补贴的，不再报销通信费用或者另行发放通信补贴。

第四章 预算管理

第二十九条 预算管理是指企业按照企业财务预算的相关规定，根据企业生产经营实际，结合企业负责人履行工作职责需求，对企业负责人履职待遇、业务支出年度费用水平的预计安排、控制监督。

第三十条 企业应当对企业负责人履职待遇、业务支出实施预算管理，按年度、项目、人员编制预算，并报国资委备案，同时抄送派驻本企业监事会。

第三十一条 企业负责人履职待遇、业务支出年度预算编制应当综合考虑上年度预算编制和执行情况，与企业当年生产经营实际需要相匹配，履行企业内部预算管理程序审议后执行。如预算有重大调整，应当重新履行相应程序。

第三十二条 企业应当严格控制预算内企业负责人各项履职待遇、业务支出，预算外支出未履行相应程序前不得列支。企业应当建立预算动态监控机制，监测分析预算执行情况，及时纠正预算编制和执行中存在的问题，提高预算的全面性、准确性，增强预算执行的严肃性。

第五章　监督管理

第三十三条　除按照《意见》和本办法所规定的保障企业负责人履职待遇和业务支出外，严禁以下用公款为企业负责人支付个人支出的行为：

（一）按照职务为企业负责人个人设置定额消费。

（二）为企业负责人办理理疗保健卡、运动健身卡、会所和俱乐部会员卡、高尔夫球卡等各种消费卡。

（三）为企业负责人购买百科全书、中外名著、古籍文献等与工作无关的装饰性图书。

（四）支付企业负责人履行工作职责以外的、应当由个人承担的消费娱乐活动、宴请、赠送礼品及培训等各种费用。

（五）支付企业负责人与企业经营管理无关的各种消费支出。

（六）向所出资企业和其他有利益关系的单位转移各种企业负责人个人费用支出。

第三十四条　企业负责人退休或者调离本企业后，企业不得继续为其提供履职待遇、业务支出，企业负责人应当及时腾退配置使用的办公用房和公务用车等。

第三十五条　企业不得向所出资企业或者其他有利益关系单位转嫁企业负责人履职待遇、业务支出。

企业负责人在所出资企业兼任董事长、总经理等职务，并且主要工作职责在所兼职企业的，可以执行集团公司负责人履职待遇、业务支出标准，按照“费用跟事走”的原则，分别在集团总部、所兼职企业报销和列支，同一费用不得在集团总部和所兼职企业重复报销和列支。

第三十六条　企业应当根据《意见》和本办法，制定本企业负责人履职待遇、业务支出管理制度，报国资委备案，同时抄送派驻本企业监事会。

第三十七条　企业负责人履职待遇、业务支出管理制度、年度预算及执行情况要作为厂务公开的内容，通过职工代表大会等形式定期公开，接受职工监督。

第三十八条　企业负责人应当严格执行履职待遇、业务支出管理相关规定，将个人履职待遇、业务支出情况和年度预算及执行情况等，作为民主生活会、年度述职述廉的重要内容，接受监督和民主评议。

第三十九条 企业内部财务、审计、纪检监察等部门应当切实履行工作职责，完善内部控制体系，加强企业负责人履职待遇、业务支出管理和监督，完善内部监督机制。

第四十条 企业负责人履职待遇、业务支出情况纳入外派监事会监督检查工作内容、巡视组巡视工作内容，以及企业负责人经济责任审计范围。

企业应当积极配合外派监事会、巡视、审计以及有关监管机构的监督检查，积极接受社会监督，及时对监督检查中发现的问题进行纠正和整改。

第四十一条 国资委建立中央企业负责人履职待遇、业务支出管理工作责任追究制度。对违反或未正确履行本办法管理要求的中央企业，对负有领导责任的主要负责人或者有关企业负责人追究责任。

第四十二条 企业负责人违反履职待遇、业务支出管理相关规定，依据有关规定，视情节轻重，由有关机构按照管理权限分别给予警示谈话、调离岗位、降职、免职处理，并相应扣减25%、50%、75%、100%的当年绩效年薪。涉嫌违纪的，移送纪检监察机构处理；涉嫌犯罪的，依法移送司法机关处理。

第四十三条 企业负责人违反本办法获得的经济利益，应当予以收缴或者纠正；用公款支付、报销应由个人支付的费用，应当责令退赔；给企业造成经济损失的，应当依据国家或者企业的有关规定承担经济赔偿责任。

第六章 附　　则

第四十四条 建设规范董事会中央企业，企业董事会应当按照《意见》和本办法的要求，建立和完善董事和高级管理人员履职待遇、业务支出管理制度，切实规范管理。专职外部董事履职待遇、业务支出管理办法另行制定。

第四十五条 企业应当依法履行出资人职责，根据本办法的要求并结合生产经营实际，制定集团总部相关人员和所出资企业负责人履职待遇、业务支出管理制度，指导监督所出资企业逐级落实监管责任，逐级健全管理制度、实施预算管理、推进公开透明，全面规范企业履职待遇、业务支出管理。

第四十六条 本办法自印发之日起施行。《关于规范中央企业负责人职务消费的指导意见》（国资发分配〔2006〕69号）、《中央企业负责人职务消费管理暂行规定》（国资发分配〔2011〕159号）同时废止。

董事会试点中央企业董事报酬及待遇管理暂行办法

（2009年6月25日）

第一条 为推进中央企业董事会试点工作，加强董事会试点中央企业董事报酬及待遇管理，根据《中华人民共和国公司法》、《中华人民共和国企业国有资产法》、《企业国有资产监督管理暂行条例》、《关于中央企业建立和完善国有独资公司董事会试点工作的通知》（国资发改革〔2004〕229号）等有关规定，制定本办法。

第二条 本办法适用于在国务院国有资产监督管理委员会（以下简称国资委）履行出资人职责的国有独资公司董事会试点中央企业（以下简称公司）中任职的外部董事、非外部董事（不含职工董事）。专职外部董事薪酬管理办法另行制定。

第三条 公司董事报酬及待遇由国资委决定。

第四条 外部董事年度报酬由年度基本报酬、董事会会议津贴和董事会专门委员会会议津贴等构成。

（一）外部董事年度基本报酬和会议津贴标准（见附件）由国资委确定。担任董事长、副董事长、董事会专门委员会召集人的外部董事，其年度基本报酬标准适当高于其他外部董事。

（二）外部董事在同一公司董事会担任不同职务时，按照其中一个较高职务领取年度基本报酬。

（三）外部董事除年度报酬及经国资委同意领取的报酬外，不得接受所任职公司支付的其他任何形式的收入或者福利。

第五条 非外部董事担任的董事长，其年度报酬每年由国资委根据其在本公司和其他公司董事会的任职情况确定。在本公司领取的年度薪酬，按照本公司高级管理人员薪酬管理办法执行延期支付制度。

（一）不在其他公司董事会任职的董事长，其年度报酬按照本公司总经理当年年度薪酬水平确定。

（二）同时在其他公司董事会任职的董事长，其年度报酬由在本公司领取的年度报酬和在其他公司领取的外部董事年度报酬两部分组成。两部分报酬总额参照本公司总经理的当年年度薪酬水平确定。

第六条 担任高级管理人员职务的非外部董事，其年度报酬依据本公司董事会对高级管理人员经营业绩考核和薪酬管理办法确定。

担任党组织负责人但不担任高级管理人员职务的非外部董事，其年度报酬比照本公司高级管理人员薪酬管理办法确定。

第七条 不担任高级管理人员和党组织负责人职务的非外部董事，其年度报酬比照第五条进行管理。在本企业领取的年度报酬比照本企业副总经理当年平均年度薪酬水平确定，并执行相应的延期支付制度。

第八条 非外部董事参加董事会和董事会专门委员会会议，不得领取董事会和专门委员会会议津贴。

第九条 非外部董事在任职公司所出资企业兼职的，不得在兼职企业领取年度报酬和其他任何形式的收入或者福利。

第十条 非外部董事可以参加本公司及任职的所出资企业的中长期激励计划，但只能参与一家企业中长期激励计划。

第十一条 公司应当为外部董事履职提供必要条件，并对其履职所发生的费用实行预算管理。

（一）公司应当为外部董事提供必要的办公场所和办公设施，保证工作用车。除董事长、副董事长外，其他外部董事不提供单间专用办公室，不配备专车。

（二）外部董事履行职务时所需办公费用，按照任职企业高级管理人员标准执行，实报实销。

（三）外部董事履行职务时，交通、住宿等差旅标准按照任职企业高级管理人员待遇执行。外部董事任职前享受待遇高于公司高级管理人员的，可以执行原待遇标准。

第十二条 同时在两家及两家以上公司董事会任职的董事，可以分别按照其任职，获得相应的董事报酬，享受相应的待遇。

第十三条 职工董事报酬依据其任职公司薪酬管理制度以及本人任职岗位确定。对因履行董事职责而减少正常收入的，由公司给予相应的补偿。具体补偿办法由公司职工代表大会或者职工大会提出，经公司董事会批准后执行。职工董事参加董事会和董事会专门委员会会议，不领取董事会和专门委员会会议津贴。公司应当为职工董事履行董事职责提供必要的条件。职工董事履行职务时，差旅、办公等有关待遇参照其他董事执行。

第十四条 非外部董事、职工董事不应当参与涉及本人薪酬及相关事项的决定过程。

第十五条 董事报酬为税前收入，应当依法交纳个人所得税。

第十六条 公司外部董事及董事长报酬由国资委支付。具体支付办法（另行制订）出台前，暂由其任职公司支付。非外部董事（不含董事长）报酬由其任职公司支付。

第十七条 公司董事会每年向国资委报告年度工作时，应当报告上年度本公司支付董事报酬及待遇情况。

第十八条 董事不得在国资委核定的报酬、津贴之外接受其他任何收入，不得让所任职公司或者与所任职公司有业务往来的企业承担应当由个人负担的费用，不得接受所任职公司以及与所任职公司有业务往来的企业的馈赠。

第十九条 董事违反本办法规定的，应当归还所接受的各种收入、福利和馈赠，补交应当由个人承担的费用。

第二十条 本办法自公布之日起施行。

关于规范国有控股上市公司实施股权激励制度有关问题的通知

（2008年10月21日）

各省、自治区、直辖市及计划单列市和新疆生产建设兵团国资委、财政厅（局），各中央企业：

国资委、财政部《关于印发〈国有控股上市公司（境外）实施股权激励试行办法〉的通知》（国资发分配〔2006〕8号）和《关于印发〈国有控股上市公司（境内）实施股权激励试行办法〉的通知》（国资发分配〔2006〕175号）印发后，境内、外国有控股上市公司（以下简称上市公司）积极探索试行股权激励制度。由于上市公司外部市场环境和内部运行机制尚不健全，公司治理结构有待完善，股权激励制度尚处于试点阶段，为进一步规范实施股权激励，现就有关问题通知如下：

一、严格股权激励的实施条件，加快完善公司法人治理结构

上市公司国有控股股东必须切实履行出资人职责，并按照国资发分配〔2006〕8号、国资发分配〔2006〕175号文件的要求，建立规范的法人治理结构。上市公司在达到外部董事（包括独立董事）占董事会成员一半以上、薪酬委员会全部由外部董事组成的要求之后，要进一步优化董事会的结构，健全通过股东大会选举和更换董事的制度，按专业化、职业化、市场化的原则确定董事会成员人选，逐步减少国有控股股东的负责人、高级管理人员及其他人员担任上市公司董事的数量，增加董事会中由国有资产出资人代表提名的、由公司控股股东以外人员任职的外部董事或独立董事数量，督促董事提高履职能力，恪守职业操守，使董事会真正成为各类股东利益的代表和重大决策的主体，董事会选聘、考核、激励高级管理人员的职能必须到位。

二、完善股权激励业绩考核体系，科学设置业绩指标和水平

（一）上市公司实施股权激励，应建立完善的业绩考核体系和考核办法。业绩考核指标应包含反映股东回报和公司价值创造等综合性指标，如净资产收益率（ROE）、经济增加值（EVA）、每股收益等；反映公司赢利能力及市场价值等成长性指标，如净利润增长率、主营业务收入增长率、公司总市值增长率等；反映企业收益质量的指标，如主营业务利润占利润总额比重、现金营运指数等。上述三类业绩考核指标原则上至少各选一个。相关业绩考核指标的计算应符合现行会计准则等相关要求。

（二）上市公司实施股权激励，其授予和行使（指股票期权和股票增值权的行权或限制性股票的解锁，下同）环节均应设置应达到的业绩目标，业绩目标的设定应具有前瞻性和挑战性，并切实以业绩考核指标完成情况作为股权激励实施的条件。

1. 上市公司授予激励对象股权时的业绩目标水平，应不低于公司近 3 年平均业绩水平及同行业（或选取的同行业境内、外对标企业，行业参照证券监管部门的行业分类标准确定，下同）平均业绩（或对标企业 50 分位值）水平。

2. 上市公司激励对象行使权利时的业绩目标水平，应结合上市公司所处行业特点和自身战略发展定位，在授予时业绩水平的基础上有所提高，并不得低于公司同行业平均业绩（或对标企业 75 分位值）水平。凡低于同行业平均业绩（或对标企业 75 分位值）水平以下的不得行使。

（三）完善上市公司股权激励对象业绩考核体系，切实将股权的授予、行使与激励对象业绩考核结果紧密挂钩，并根据业绩考核结果分档确定不同的股权行使比例。

（四）对科技类上市公司实施股权激励的业绩指标，可以根据企业所处行业的特点及成长规律等实际情况，确定授予和行使的业绩指标及其目标水平。

（五）对国有经济占控制地位的、关系国民经济命脉和国家安全的行业以及依法实行专营专卖的行业，相关企业的业绩指标，应通过设定经营难度系数等方式，剔除价格调整、宏观调控等政策因素对业绩的影响。

三、合理控制股权激励收益水平，实行股权激励收益与业绩指标增长挂钩浮动

按照上市公司股价与其经营业绩相关联、激励对象股权激励收益增长与公司经营业绩增长相匹配的原则，实行股权激励收益兑现与业绩考核指标完成情况挂钩的办法。即在达到实施股权激励业绩考核目标要求的基础上，以期初计划核定的股权激励预期收益为基础，按照股权行使时间限制表，综合上市公司业绩和股票价格增长情况，对股权激励收益增幅进行合理调控。具体方法如下：

（一）对股权激励收益在计划期初核定收益水平以内且达到考核标准的，可按计划予以行权。

（二）对行权有效期内股票价格偏高，致使股票期权（或股票增值权）的实际行权收益超出计划核定的预期收益水平的上市公司，根据业绩考核指标完成情况和股票价格增长情况合理控制股权激励实际收益水平。即在行权有效期内，激励对象股权激励收益占本期股票期权（或股票增值权）授予时薪酬总水平（含股权激励收益，下同）的最高比重，境内上市公司及境外 H 股公司原则上不得超过 40%，境外红筹股公司原则上不得超过 50%。股权激励实际收益超出上述比重的，尚未行权的股票期权（或股票增值权）不再行使或将行权收益上交公司。

（三）上述条款应在上市公司股权激励管理办法或股权授予协议上予以载明。随着资本市场的逐步完善以及上市公司市场化程度和竞争性的不断提高，将逐步取消股权激励收益水平限制。

四、进一步强化股权激励计划的管理，科学规范实施股权激励

（一）完善限制性股票授予方式，以业绩考核结果确定限制性股票的授予水平。

1. 上市公司应以严格的业绩考核作为实施限制性股票激励计划的前提条件。上市公司授予限制性股票时的业绩目标应不低于下列业绩水平的高者：公司前 3 年平均业绩水平；公司上一年度实际业绩水平；公司同行业平均业绩（或对标企业 50 分位值）水平。

2. 强化对限制性股票激励对象的约束。限制性股票激励的重点应限于对公司未来发展有直接影响的高级管理人员。限制性股票的来源及价格的确定应符合证券监管部门的相关规定，且股权激励对象个人出资水平不得低于按证券监管规定确定的限制性股票价格的 50%。

3. 限制性股票收益（不含个人出资部分的收益）的增长幅度不得高于业绩指标的增长幅度（以业绩目标为基础）。

（二）严格股权激励对象范围，规范股权激励对象离职、退休等行为的处理方法。

上市公司股权激励的重点应是对公司经营业绩和未来发展有直接影响的高级管理人员和核心技术骨干，不得随意扩大范围。未在上市公司任职、不属于上市公司的人员（包括控股股东公司的员工）不得参与上市公司股权激励计划。境内、境外上市公司监事不得成为股权激励的对象。

股权激励对象正常调动、退休、死亡、丧失民事行为能力时，授予的股权当年已达到可行使时间限制和业绩考核条件的，可行使的部分可在离职之日起的半年内行使，尚未达到可行使时间限制和业绩考核条件的不再行使。股权激励对象辞职、被解雇时，尚未行使的股权不再行使。

（三）规范股权激励公允价值计算参数，合理确定股权激励预期收益。

对实行股票期权（或股票增值权）激励方式的，上市公司应根据企业会计准则等有关规定，结合国际通行做法，选取适当的期权定价模型进行合理估值。其相关参数的选择或计算应科学合理。

对实行限制性股票激励方式的，在核定股权激励预期收益时，除考虑限制性股票赠与部分价值外，还应参考期权估值办法考虑赠与部分未来增值收益。

（四）规范上市公司配股、送股、分红后股权激励授予数量的处理。

上市公司因发行新股、转增股本、合并、分立、回购等原因导致总股本发生变动或其他原因需要调整股权授予数量或行权价格的，应重新报国有资产监管机构备案后由股东大会或授权董事会决定。对于其他原因调整股票期权（或股票增值权）授予数量、行权价格或其他条款的，应由董事会审议后经股东大会批准；同时，上市公司应聘请律师就上述调整是否符合国家相关法律法规、公司章程以及股权激励计划规定出具专业意见。

（五）规范履行相应程序，建立社会监督和专家评审工作机制。

建立上市公司国有控股股东与国有资产监管机构沟通协调机制。上市公司国有控股股东在上市公司董事会审议其股权激励计划之前，应与国有资产监管机构进行沟通协调，并应在上市公司股东大会审议公司股权激励计划之前，将上市公司董事会审议通过的股权激励计划及相应的管理考核办法等材料报国有资产监管机构审核，经股东大会审议通过后实施。

建立社会监督和专家评审工作机制。上市公司董事会审议通过的股权激励计划草案除按证券监管部门的要求予以公告外，同时还应在国有资产监管机构网站上予以公告，接受社会公众的监督和评议。同时国有资产监管机构将组织有关专家对上市公司股权激励方案进行评审。社会公众的监督、评议意见与专家的评审意见，将作为国有资产监管机构审核股权激励计划的重要依据。

建立中介服务机构专业监督机制。为上市公司拟订股权激励计划的中介咨询机构，应对股权激励计划的规范性、合规性、是否有利于上市公司的持续发展、以及对股东利益的影响发表专业意见。

（六）规范国有控股股东行为，完善股权激励报告、监督制度。

国有控股股东应增强法制观念和诚信意识，带头遵守法律法规，规范执行国家政策，维护出资人利益。

国有控股股东应按照国资发分配〔2006〕8号、国资发分配〔2006〕175号文件及本通知的要求，完善股权激励报告制度。国有控股股东向国有资产监管机构报送上市公司股东大会审议通过的股权激励计划时，应同时抄送财政部门。国有控股股东应当及时将股权激励计划的实施进展情况以及激励对象年度行使情况等报国有资产监管机构备案；国有控股股东有监事会的，应同时报送公司控股企业监事会。

国有控股股东应监督上市公司按照《企业财务通则》和企业会计准则的规定，为股权激励的实施提供良好的财务管理和会计核算基础。

国有资产监管机构将对上市公司股权激励的实施进展情况，包括公司的改革发展、业绩指标完成情况以及激励对象薪酬水平、股权行使及其股权激励收益、绩效考核等信息实行动态管理和对外披露。

在境外和境内同时上市的公司，原则上应当执行国资发分配〔2006〕175号文件。公司高级管理人员和管理技术骨干应在同一个资本市场（境外或境内）实施股权激励。

对本通知印发之前已经实施股权激励的国有控股上市公司，其国有控股股东应按照本通知要求，督促和要求上市公司对股权激励计划进行修订完善并报国资委备案，经股东大会（或董事会）审议通过后实施。

关于整体上市中央企业董事及高管人员薪酬管理的意见

（2008年9月16日）

各中央企业：

为规范整体上市中央企业董事及高级管理人员（以下简称高管人员）薪酬管理工作，切实履行出资人职责，现就有关问题提出如下意见。

一、董事及高管人员薪酬管理的原则

（一）依法管理的原则。根据《中华人民共和国公司法》，中央企业整体上市后股份公司（以下简称上市公司）董事报酬由股东大会审议决定，高管人员薪酬由董事会审议决定。国有控股股东根据本意见依法行使股东权利。

（二）管资产与管人、管事相结合的原则。由中央和国资委提名的上市公司董事及高管人员，其薪酬管理应与国资委对中央企业负责人薪酬管理的政策保持一致。由上市公司董事会自主选择聘任的高管人员，未纳入中央企业负责人管理范围的，其薪酬管理由董事会参照国资委薪酬管理办法自主确定。

二、董事报酬管理

上市公司国有控股股东按以下原则，分类提出董事报酬方案，在股东大会召开前，以书面形式与国资委沟通一致后，提交股东大会审议决定。

（一）由上市公司及其国有控股股东以外人员担任的董事，其报酬参照国资委关于董事会试点企业外部董事报酬确定的原则及标准，按法定程序决定。

（二）由上市公司高管人员兼任的董事，不以董事职务取得报酬，按其在管理层的任职取得薪酬。

（三）由上市公司控股股东负责人兼任的董事，不以董事职务取得报酬，由国资委根据《中央企业负责人薪酬管理暂行办法》等有关规定确定其担任控股股东负责人的薪酬事项。

三、高管人员薪酬管理

（一）纳入国资委董事会试点的整体改制上市公司，外部董事超过董事会全体成员半数的，由董事会参照国资委关于董事会试点企业高级管理人员薪酬管理的相关指导意见，对上市公司高管人员薪酬进行管理。

（二）未纳入国资委董事会试点或外部董事未超过董事会全体成员半数的整体改制上市公司，其高管人员薪酬事项由国有控股股东根据《中央企业负责人薪酬管理办法》等有关规定提出方案，报国资委审核批准后，提交董事会审议决定，国有控股股东提名的董事应根据国资委批复意见履行职责。

国有控股上市公司（境内）实施股权激励试行办法

（2006 年 9 月 30 日）

第一章　总　　则

第一条　为指导国有控股上市公司（境内）规范实施股权激励制度，建立健全激励与约束相结合的中长期激励机制，进一步完善公司法人治理结构，依据《中华人民共和国公司法》、《中华人民共和国证券法》、《企业国有资产监督管理暂行条例》等有关法律、行政法规的规定，制定本办法。

第二条　本办法适用于股票在中华人民共和国境内上市的国有控股上市公司（以下简称上市公司）。

第三条　本办法主要用于指导上市公司国有控股股东依法履行相关职责，按本办法要求申报上市公司股权激励计划，并按履行国有资产出资人职责的机构或部门意见，审议表决上市公司股权激励计划。

第四条　本办法所称股权激励，主要是指上市公司以本公司股票为标的，对公司高级管理等人员实施的中长期激励。

第五条　实施股权激励的上市公司应具备以下条件：

（一）公司治理结构规范，股东会、董事会、经理层组织健全，职责明确。外部董事（含独立董事，下同）占董事会成员半数以上；

（二）薪酬委员会由外部董事构成，且薪酬委员会制度健全，议事规则完善，运行规范；

（三）内部控制制度和绩效考核体系健全，基础管理制度规范，建立了符合市场经济和现代企业制度要求的劳动用工、薪酬福利制度及绩效考核体系；

（四）发展战略明确，资产质量和财务状况良好，经营业绩稳健；近三年无财务违法违规行为和不良记录；

（五）证券监管部门规定的其他条件。

第六条　实施股权激励应遵循以下原则：

（一）坚持激励与约束相结合，风险与收益相对称，强化对上市公司管理层的激励力度；

（二）坚持股东利益、公司利益和管理层利益相一致，有利于促进国有资本保值增值，有利于维护中小股东利益，有利于上市公司的可持续发展；

（三）坚持依法规范，公开透明，遵循相关法律法规和公司章程规定；

（四）坚持从实际出发，审慎起步，循序渐进，不断完善。

第二章 股权激励计划的拟订

第七条 股权激励计划应包括股权激励方式、激励对象、激励条件、授予数量、授予价格及其确定的方式、行权时间限制或解锁期限等主要内容。

第八条 股权激励的方式包括股票期权、限制性股票以及法律、行政法规允许的其他方式。上市公司应以期权激励机制为导向，根据实施股权激励的目的，结合本行业及本公司的特点确定股权激励的方式。

第九条 实施股权激励计划所需标的股票来源，可以根据本公司实际情况，通过向激励对象发行股份、回购本公司股份及法律、行政法规允许的其他方式确定，不得由单一国有股股东支付或擅自无偿量化国有股权。

第十条 实施股权激励计划应当以绩效考核指标完成情况为条件，建立健全绩效考核体系和考核办法。绩效考核目标应由股东大会确定。

第十一条 股权激励对象原则上限于上市公司董事、高级管理人员以及对上市公司整体业绩和持续发展有直接影响的核心技术人员和管理骨干。

上市公司监事、独立董事以及由上市公司控股公司以外的人员担任的外部董事，暂不纳入股权激励计划。

证券监管部门规定的不得成为激励对象的人员，不得参与股权激励计划。

第十二条 实施股权激励的核心技术人员和管理骨干，应根据上市公司发展的需要及各类人员的岗位职责、绩效考核等相关情况综合确定，并须在股权激励计划中就确定依据、激励条件、授予范围及数量等情况作出说明。

第十三条 上市公司母公司（控股公司）的负责人在上市公司担任职务的，可参加股权激励计划，但只能参与一家上市公司的股权激励计划。

在股权授予日，任何持有上市公司5%以上有表决权的股份的人员，未经股东大会批准，不得参加股权激励计划。

第十四条 在股权激励计划有效期内授予的股权总量，应结合上市公司股本规模的大小和股权激励对象的范围、股权激励水平等因素，在0.1%—

10%之间合理确定。但上市公司全部有效的股权激励计划所涉及的标的股票总数累计不得超过公司股本总额的10%。

上市公司首次实施股权激励计划授予的股权数量原则上应控制在上市公司股本总额的1%以内。

第十五条 上市公司任何一名激励对象通过全部有效的股权激励计划获授的本公司股权，累计不得超过公司股本总额的1%，经股东大会特别决议批准的除外。

第十六条 授予高级管理人员的股权数量按下列办法确定：

（一）在股权激励计划有效期内，高级管理人员个人股权激励预期收益水平，应控制在其薪酬总水平（含预期的期权或股权收益）的30%以内。高级管理人员薪酬总水平应参照国有资产监督管理机构或部门的原则规定，依据上市公司绩效考核与薪酬管理办法确定。

（二）参照国际通行的期权定价模型或股票公平市场价，科学合理测算股票期权的预期价值或限制性股票的预期收益。

按照上述办法预测的股权激励收益和股权授予价格（行权价格），确定高级管理人员股权授予数量。

第十七条 授予董事、核心技术人员和管理骨干的股权数量比照高级管理人员的办法确定。各激励对象薪酬总水平和预期股权激励收益占薪酬总水平的比例应根据上市公司岗位分析、岗位测评和岗位职责按岗位序列确定。

第十八条 根据公平市场价原则，确定股权的授予价格（行权价格）。

（一）上市公司股权的授予价格应不低于下列价格较高者：

1. 股权激励计划草案摘要公布前一个交易日的公司标的股票收盘价；

2. 股权激励计划草案摘要公布前30个交易日内的公司标的股票平均收盘价。

（二）上市公司首次公开发行股票时拟实施的股权激励计划，其股权的授予价格在上市公司首次公开发行上市满30个交易日以后，依据上述原则规定的市场价格确定。

第十九条 股权激励计划的有效期自股东大会通过之日起计算，一般不超过10年。股权激励计划有效期满，上市公司不得依据此计划再授予任何股权。

第二十条 在股权激励计划有效期内，应采取分次实施的方式，每期股权授予方案的间隔期应在一个完整的会计年度以上。

第二十一条　在股权激励计划有效期内，每期授予的股票期权，均应设置行权限制期和行权有效期，并按设定的时间表分批行权：

（一）行权限制期为股权自授予日（授权日）至股权生效日（可行权日）止的期限。行权限制期原则上不得少于 2 年，在限制期内不可以行权。

（二）行权有效期为股权生效日至股权失效日止的期限，由上市公司根据实际确定，但不得低于 3 年。在行权有效期内原则上采取匀速分批行权办法。超过行权有效期的，其权利自动失效，并不可追溯行使。

第二十二条　在股权激励计划有效期内，每期授予的限制性股票，其禁售期不得低于 2 年。禁售期满，根据股权激励计划和业绩目标完成情况确定激励对象可解锁（转让、出售）的股票数量。解锁期不得低于 3 年，在解锁期内原则上采取匀速解锁办法。

第二十三条　高级管理人员转让、出售其通过股权激励计划所得的股票，应符合有关法律、行政法规的相关规定。

第二十四条　在董事会讨论审批或公告公司定期业绩报告等影响股票价格的敏感事项发生时不得授予股权或行权。

第三章　股权激励计划的申报

第二十五条　上市公司国有控股股东在股东大会审议批准股权激励计划之前，应将上市公司拟实施的股权激励计划报履行国有资产出资人职责的机构或部门审核（控股股东为集团公司的由集团公司申报），经审核同意后提请股东大会审议。

第二十六条　国有控股股东申报的股权激励报告应包括以下内容：

（一）上市公司简要情况，包括公司薪酬管理制度、薪酬水平等情况；

（二）股权激励计划和股权激励管理办法等应由股东大会审议的事项及其相关说明；

（三）选择的期权定价模型及股票期权的公平市场价值的测算、限制性股票的预期收益等情况的说明；

（四）上市公司绩效考核评价制度及发展战略和实施计划的说明等。绩效考核评价制度应当包括岗位职责核定、绩效考核评价指标和标准、年度及任期绩效考核目标、考核评价程序以及根据绩效考核评价办法对高管人员股权的授予和行权的相关规定。

第二十七条　国有控股股东应将上市公司按股权激励计划实施的分期股

权激励方案，事前报履行国有资产出资人职责的机构或部门备案。

第二十八条 国有控股股东在下列情况下应按本办法规定重新履行申报审核程序：

（一）上市公司终止股权激励计划并实施新计划或变更股权激励计划相关事项的；

（二）上市公司因发行新股、转增股本、合并、分立、回购等原因导致总股本发生变动或其他原因需要调整股权激励对象范围、授予数量等股权激励计划主要内容的。

第二十九条 股权激励计划应就公司控制权变更、合并、分立，以及激励对象辞职、调动、被解雇、退休、死亡、丧失民事行为能力等事项发生时的股权处理依法作出行权加速、终止等相应规定。

第四章 股权激励计划的考核、管理

第三十条 国有控股股东应依法行使股东权利，要求和督促上市公司制定严格的股权激励管理办法，并建立与之相适应的绩效考核评价制度，以绩效考核指标完成情况为基础对股权激励计划实施动态管理。

第三十一条 按照上市公司股权激励管理办法和绩效考核评价办法确定对激励对象股权的授予、行权或解锁。

对已经授予的股票期权，在行权时可根据年度绩效考核情况进行动态调整。

对已经授予的限制性股票，在解锁时可根据年度绩效考核情况确定可解锁的股票数量，在设定的解锁期内未能解锁，上市公司应收回或以激励对象购买时的价格回购已授予的限制性股票。

第三十二条 参与上市公司股权激励计划的上市公司母公司（控股公司）的负责人，其股权激励计划的实施应符合《中央企业负责人经营业绩考核暂行办法》或相应国有资产监管机构或部门的有关规定。

第三十三条 授予董事、高级管理人员的股权，应根据任期考核或经济责任审计结果行权或兑现。授予的股票期权，应有不低于授予总量的20%留至任职（或任期）考核合格后行权；授予的限制性股票，应将不低于20%的部分锁定至任职（或任期）期满后兑现。

第三十四条 国有控股股东应依法行使股东权利，要求上市公司在发生以下情形之一时，中止实施股权激励计划，自发生之日起一年内不得向激励对象授予新的股权，激励对象也不得根据股权激励计划行使权利或获得收益：

（一）企业年度绩效考核达不到股权激励计划规定的绩效考核标准；

（二）国有资产监督管理机构或部门、监事会或审计部门对上市公司业绩或年度财务会计报告提出重大异议；

（三）发生重大违规行为，受到证券监管及其他有关部门处罚。

第三十五条 股权激励对象有以下情形之一的，上市公司国有控股股东应依法行使股东权利，提出终止授予新的股权并取消其行权资格：

（一）违反国家有关法律法规、上市公司章程规定的；

（二）任职期间，由于受贿索贿、贪污盗窃、泄露上市公司经营和技术秘密、实施关联交易损害上市公司利益、声誉和对上市公司形象有重大负面影响等违法违纪行为，给上市公司造成损失的。

第三十六条 实施股权激励计划的财务、会计处理及其税收等问题，按国家有关法律、行政法规、财务制度、会计准则、税务制度规定执行。

上市公司不得为激励对象按照股权激励计划获取有关权益提供贷款以及其他任何形式的财务资助，包括为其贷款提供担保。

第三十七条 国有控股股东应按照有关规定和本办法的要求，督促和要求上市公司严格履行信息披露义务，及时披露股权激励计划及董事、高级管理人员薪酬管理等相关信息。

第三十八条 国有控股股东应在上市公司年度报告披露后 5 个工作日内将以下情况报履行国有资产出资人职责的机构或部门备案：

（一）公司股权激励计划的授予、行权或解锁等情况；

（二）公司董事、高级管理等人员持有股权的数量、期限、本年度已经行权（或解锁）和未行权（或解锁）的情况及其所持股权数量与期初所持数量的变动情况；

（三）公司实施股权激励绩效考核情况、实施股权激励对公司费用及利润的影响等。

第五章 附 则

第三十九条 上市公司股权激励的实施程序和信息披露、监管和处罚应符合中国证监会《上市公司股权激励管理办法》（试行）的有关规定。上市公司股权激励计划应经履行国有资产出资人职责的机构或部门审核同意后，报中国证监会备案以及在相关机构办理信息披露、登记结算等事宜。

第四十条 本办法下列用语的含义：

（一）国有控股上市公司，是指政府或国有企业（单位）拥有50%以上股本，以及持有股份的比例虽然不足50%，但拥有实际控制权或依其持有的股份已足以对股东大会的决议产生重大影响的上市公司。

其中控制权，是指根据公司章程或协议，能够控制企业的财务和经营决策。

（二）股票期权，是指上市公司授予激励对象在未来一定期限内以预先确定的价格和条件购买本公司一定数量股票的权利。激励对象有权行使这种权利，也有权放弃这种权利，但不得用于转让、质押或者偿还债务。

（三）限制性股票，是指上市公司按照预先确定的条件授予激励对象一定数量的本公司股票，激励对象只有在工作年限或业绩目标符合股权激励计划规定条件的，才可出售限制性股票并从中获益。

（四）高级管理人员，是指对公司决策、经营、管理负有领导职责的人员，包括经理、副经理、财务负责人（或其他履行上述职责的人员）、董事会秘书和公司章程规定的其他人员。

（五）外部董事，是指由国有控股股东依法提名推荐、由任职公司或控股公司以外的人员（非本公司或控股公司员工的外部人员）担任的董事。对主体业务全部或大部分进入上市公司的企业，其外部董事应为任职公司或控股公司以外的人员；对非主业部分进入上市公司或只有一部分主业进入上市公司的子公司，以及二级以下的上市公司，其外部董事应为任职公司以外的人员。

外部董事不在公司担任除董事和董事会专门委员会有关职务外的其他职务，不负责执行层的事务，与其担任董事的公司不存在可能影响其公正履行外部董事职务的关系。

外部董事含独立董事。独立董事是指与所受聘的公司及其主要股东没有任何经济上的利益关系且不在上市公司担任除独立董事外的其他任何职务。

（六）股权激励预期收益，是指实行股票期权的预期收益为股票期权的预期价值，单位期权的预期价值参照国际通行的期权定价模型进行测算；实行限制性股票的预期收益为获授的限制性股票的价值，单位限制性股票的价值为其授予价格扣除激励对象的购买价格。

第四十一条 本办法自印发之日起施行。

国有控股上市公司（境外）实施股权激励试行办法

（2006年1月27日）

第一章　总　　则

第一条　为指导国有控股上市公司（境外）依法实施股权激励，建立中长期激励机制，根据《中华人民共和国公司法》、《企业国有资产监督管理暂行条例》等法律、行政法规，制定本办法。

第二条　本办法适用于中央非金融企业改制重组境外上市的国有控股上市公司（以下简称上市公司）。

第三条　本办法所称股权激励主要指股票期权、股票增值权等股权激励方式。

股票期权是指上市公司授予激励对象在未来一定期限内以预先确定的价格和条件购买本公司一定数量股票的权利。股票期权原则上适用于境外注册、国有控股的境外上市公司。股权激励对象有权行使该项权利，也有权放弃该项权利。股票期权不得转让和用于担保、偿还债务等。

股票增值权是指上市公司授予激励对象在一定的时期和条件下，获得规定数量的股票价格上升所带来的收益的权利。股票增值权主要适用于发行境外上市外资股的公司。股权激励对象不拥有这些股票的所有权，也不拥有股东表决权、配股权。股票增值权不能转让和用于担保、偿还债务等。

上市公司还可根据本行业和企业特点，借鉴国际通行做法，探索实行其他中长期激励方式，如限制性股票、业绩股票等。

第四条　实施股权激励应具备以下条件：

（一）公司治理结构规范，股东会、董事会、监事会、经理层各负其责，协调运转，有效制衡。董事会中有3名以上独立董事并能有效履行职责；

（二）公司发展战略目标和实施计划明确，持续发展能力良好；

（三）公司业绩考核体系健全、基础管理制度规范，进行了劳动、用工、薪酬制度改革。

第五条 实施股权激励应遵循以下原则：

（一）坚持股东利益、公司利益和管理层利益相一致，有利于促进国有资本保值增值和上市公司的可持续发展；

（二）坚持激励与约束相结合，风险与收益相对称，适度强化对管理层的激励力度；

（三）坚持依法规范，公开透明，遵循境内外相关法律法规和境外上市地上市规则要求；

（四）坚持从实际出发，循序渐进，逐步完善。

第二章 股权激励计划的拟订

第六条 股权激励计划应包括激励方式、激励对象、授予数量、行权价格及行权价格的确定方式、行权期限等内容。

第七条 股权激励对象原则上限于上市公司董事、高级管理人员（以下简称高管人员）以及对上市公司整体业绩和持续发展有直接影响的核心技术人才和管理骨干，股权激励的重点是上市公司的高管人员。

本办法所称上市公司董事包括执行董事、非执行董事。独立非执行董事不参与上市公司股权激励计划。

本办法所称上市公司高管人员是指对公司决策、经营、管理负有领导职责的人员，包括总经理、副总经理、公司财务负责人（包括其他履行上述职责的人员）、董事会秘书和公司章程规定的其他人员。

上市公司核心技术人才、管理骨干由公司董事会根据其对上市公司发展的重要性和贡献等情况确定。高新技术企业可结合行业特点和高科技人才构成情况界定核心技术人才的激励范围，但须就确定依据、授予范围及数量等情况作出说明。

在股权授予日，任何持有上市公司5%以上有表决权的股份的人员，未经股东大会批准，不得参加股权激励计划。

第八条 上市公司母公司（控股公司）负责人在上市公司任职的，可参与股权激励计划，但只能参与一家上市公司的股权激励计划。

第九条 在股权激励计划有效期内授予的股权总量，应结合上市公司股本规模和股权激励对象的范围、薪酬结构及中长期激励预期收益水平合理确定。

（一）在股权激励计划有效期内授予的股权总量累计不得超过公司股本总额的10%。

（二）首次股权授予数量应控制在上市公司股本总额的1%以内。

第十条 在股权激励计划有效期内任何12个月期间授予任一人员的股权（包括已行使的和未行使的股权）超过上市公司发行总股本1%的，上市公司不再授予其股权。

第十一条 授予高管人员的股权数量按下列办法确定：

（一）在股权激励计划有效期内，高管人员预期股权激励收益水平原则上应控制在其薪酬总水平的40%以内。高管人员薪酬总水平应根据本公司业绩考核与薪酬管理办法，并参考境内外同类人员薪酬市场价位、本公司员工平均收入水平等因素综合确定。各高管人员薪酬总水平和预期股权收益占薪酬总水平的比例应根据上市公司岗位分析、岗位测评、岗位职责按岗位序列确定；

（二）按照国际通行的期权定价模型，计算股票期权或股票增值权的公平市场价值，确定每股股权激励预期收益；

（三）按照上述原则和股权授予价格（行权价格），确定高管人员股权授予的数量。

第十二条 股权的授予价格根据公平市场价原则，按境外上市规则及本办法的有关规定确定。

上市公司首次公开发行上市时实施股权激励计划的，其股权的授予价格按上市公司首次公开发行上市满30个交易日以后，依据境外上市规则规定的公平市场价格确定。

上市公司上市后实施的股权激励计划，其股权的授予价格不得低于授予日的收盘价或前5个交易日的平均收盘价，并不再予以折扣。

第十三条 上市公司因发行新股、转增股本、合并、分立等原因导致总股本发生变动或其他原因需要调整行权价格或股权授予数量的，可以按照股权激励计划规定的原则和方式进行调整，但应由公司董事会做出决议并经公司股东大会审议批准。

第十四条 股权激励计划有效期一般不超过10年，自股东大会通过股权激励计划之日起计算。

第十五条 在股权激励计划有效期内，每一次股权激励计划的授予间隔期应在一个完整的会计年度以上，原则上每两年授予一次。

第十六条 行权限制期为股权授予日至股权生效日的期限。股权限制期原则上定为两年，在限制期内不得行权。

第十七条 行权有效期为股权限制期满后至股权终止日的时间，由上市公司根据实际情况确定，原则上不得低于 3 年。在行权有效期内原则上采取匀速分批行权办法，或按照符合境外上市规则要求的办法行权。超过行权有效期的，其权利自动失效，并不可追溯行使。

第十八条 上市公司不得在董事会讨论审批或公告公司年度、半年度、季度业绩报告等影响股票价格的敏感事项发生时授予股权或行权。

第三章 股权激励计划的审核

第十九条 国有控股股东代表在股东大会审议批准上市公司拟实施的股权激励计划之前，应将拟实施的股权激励计划及管理办法报履行国有资产出资人职责的机构或部门审核，并根据其审核意见在股东大会行使表决权。

第二十条 国有控股股东代表申报的股权激励计划报告应包括以下内容：

（一）上市公司的简要情况；

（二）上市公司股权激励计划方案和股权激励管理办法。主要应载明以下内容：股权授予的人员范围、授予数量、授予价格和行权时间的确定、权利的变更及丧失，以及股权激励计划的管理、监督等；选择的期权定价模型及股票期权或股票增值权预期收益的测算等情况的说明。

（三）上市公司绩效考核评价制度和股权激励计划实施的说明。绩效考核评价制度应当包括岗位职责核定、绩效考核评价指标和标准、年度及任期绩效责任目标、考核评价程序等内容。

（四）上市公司实施股权激励计划的组织领导和工作方案。

第二十一条 上市公司按批准的股权激励计划实施的分期股权授予方案，国有控股股东代表应当报履行国有资产出资人职责的机构或部门备案。其中因实施股权激励计划而增发股票及调整股权授予范围、超出首次股权授予规模等，应按本办法规定履行相应申报程序。

第二十二条 上市公司终止股权激励计划并实施新计划，国有控股股东代表应按照本办法规定重新履行申报程序。原股权激励计划终止后，不得根据已终止的计划再授予股权。

第四章　股权激励计划的管理

第二十三条　国有控股股东代表应要求和督促上市公司制定严格的股权激励管理办法，建立规范的绩效考核评价制度；按照上市公司股权激励管理办法和绩效考核评价办法确定对高管人员股权的授予和行权；对已经授予的股权数量在行权时可根据年度业绩考核情况进行动态调整。

第二十四条　股权激励对象应承担行权时所发生的费用，并依法纳税。上市公司不得对股权激励对象行权提供任何财务资助。

第二十五条　股权激励对象因辞职、调动、被解雇、退休、死亡、丧失行为能力等原因终止服务时，其股权的行使应作相应调整，采取行权加速、终止等处理方式。

第二十六条　参与上市公司股权激励计划的上市公司母公司（控股公司）的负责人，其股权激励计划的实施应符合《中央企业负责人经营业绩考核暂行办法》（国资委令第 2 号）的有关规定。上市公司或其母公司（控股公司）为中央金融企业的，企业负责人股权激励计划的实施应符合财政部有关国有金融企业绩效考核的规定。

第二十七条　上市公司高管人员的股票期权应保留一定比例在任职期满后根据任期考核结果行权，任职（或任期）期满后的行权比例不得低于授权总量的 20%；对授予的股票增值权，其行权所获得的现金收益需进入上市公司为股权激励对象开设的账户，账户中的现金收益应有不低于 20%的部分至任职（或任期）期满考核合格后方可提取。

第二十八条　有以下情形之一的，当年年度可行权部分应予取消：

（一）上市公司年度绩效考核达不到股权激励计划规定的业绩考核标准的；

（二）年度财务报告被注册会计师出具否定意见或无法表示意见的；

（三）监事会或审计部门对上市公司业绩或年度财务报告提出重大异议的。

第二十九条　股权激励对象有以下情形之一的，应取消其行权资格：

（一）严重失职、渎职的；

（二）违反国家有关法律法规、上市公司章程规定的；

（三）上市公司有足够的证据证明股权持有者在任职期间，由于受贿索贿、贪污盗窃、泄露上市公司经营和技术秘密、实施关联交易损害上市公司利益、声誉和对上市公司形象有重大负面影响的行为，给上市公司造成损失的。

第三十条 国有控股股东代表应要求和督促上市公司在实施股权激励计划的财务、会计处理及其税收等方面严格执行境内外有关法律法规、财务制度、会计准则、税务制度和上市规则。

第三十一条 国有控股股东代表应将下列事项在上市公司年度报告披露后10日内报履行国有资产出资人职责的机构或部门备案：

（一）公司股权激励计划的授予和行使情况；

（二）公司董事、高管人员持有股权的数量、期限、本年度已经行权和未行权的情况及其所持股权数量与期初所持数量的对比情况；

（三）公司实施股权激励绩效考核情况及实施股权激励对公司费用及利润的影响情况等。

第五章　附　　则

第三十二条 中央金融企业、地方国有或国有控股企业改制重组境外上市的公司比照本办法执行。

第三十三条 原经批准已实施股权激励计划的上市公司，在按原计划分期实施或拟订新计划时应按照本办法的规定执行。

第三十四条 本办法自2006年3月1日起施行。

四

国有资产监督管理

（一）监督管理

关于加强中央企业商誉管理的通知

（2022 年 5 月 24 日）

各中央企业：

近年来，随着中央企业投资并购不断增加，形成的商誉规模大幅增长。但在日常工作中我们发现，部分企业存在高溢价、高商誉、高减值的连锁风险，以及商誉初始金额确认不准确、减值测试不规范、信息披露不充分等问题。为加强中央企业商誉管理，夯实财务会计信息质量，有效防范化解风险，推动企业高质量发展，实现国有资产保值增值，现将有关事项通知如下：

一、高度重视商誉管理，维护国有资产安全

本通知所指商誉，是指企业在对外并购中形成，合并成本超过被并购企业可辨认净资产公允价值份额且单项入账的资产。过高的商誉预示可能存在较大的减值风险，如果管理不当将对企业权益、会计信息质量产生重大影响，还会加剧企业经营业绩的波动，影响企业平稳运行。

各中央企业要正确认识、高度重视商誉管理的重要性，切实落实主体责任，不断提升全链条、全周期的商誉管理能力，特别要将境外项目以及溢价率（即支付对价/经备案的收购股份对应评估价值-1）高于两年内可比行业或企业平均水平 50%以上的项目（以下称高溢价项目）作为管理重点，实施从严管控，及时化解高商誉潜在风险，切实夯实资产质量，维护国有资产安全。

二、切实加强源头管控，防范商誉虚增风险

（一）进一步规范投前管理，严控定价风险。

并购投资是商誉的源头。中央企业要按照《中央企业投资监督管理办法》（国资委令第 34 号）及实施细则有关要求，加强并购投资的源头管理，确保并购项目与发展战略相一致、与年度预算相衔接、与投资能力相匹配。要秉持谨慎性原则扎实开展并购前可研论证和尽职调查，充分获取被并购方的财务和非财务、内部和外部信息，全面了解标的企业的行业背景、财务状况、未来盈利能力、管理团队水平等情况。要规范实施资产评估，严格履行评估工作程序；敦促评估机构结合行业发展趋势审慎开展业绩预测，合理选用评估方法；对不同方法评估值差异较大的项目，要重新论证业绩预测、折现率、可比对象等关键要素的科学合理性。要重点关注评估增值和收购溢价，对其必要性、合理性进行充分论证，对高溢价项目要按照企业现有决策权限至少上提内部一个层级进行决策，实施从严审查，防止溢价过高虚增商誉规模，从源头降低对企业资产结构和财务状况的潜在影响。

（二）进一步规范运营管理，严控业绩风险。

中央企业要合理规范运用业绩承诺、对价分期递延支付等手段对并购项目建立业绩保险、惩罚和激励机制，保障并购项目长期盈利能力。要加强对并购企业的管理，按照投资预设的发展目标、经营方针和战略规划加强协同整合，强化运行情况的跟踪分析和投后评价，提前预判、及时化解各类经营风险，持续提升其成长性和盈利能力。要充分发挥相关企业核心竞争力的增益效应，把并购商誉转化为企业现实的发展能力，对未达到投资预期的并购项目要研究制定针对性的改进提升措施或项目退出安排，从根本上防范商誉减值风险。

三、规范商誉计量管理，夯实会计信息质量

（一）严格商誉初始确认。

商誉初始确认计量是后续会计处理的基础。中央企业应当严格根据《企业会计准则》将合并成本在并购日资产负债中（有形资产、无形资产、确认负债、或有负债）进行合理分配，确实不可分配的部分才可确认为商誉。应当充分识别被并购企业专利权、非专利技术、特定客户关系、商标权、著作权、土地使用权、特许权等符合可辨认性标准的无形资产，不得将其确认为商誉。商誉应当在购买日分摊至相关资产组，认定资产组要以独立产生现金流入为主要依据，不应包括与商誉无关的资产及负债，后续会计期间应当保持一致、不得随意变更；确因业务重组、整合等原因发生变化，需及时将商誉账面价值重新分摊至受影响的资产组，并提供充分的理由及依据。后续发现商誉初始确认计量、资产组认定或商誉分摊出现差错，应当及时进行账务调整处理。

（二）严格商誉减值测试。

商誉减值测试是商誉管理的重点。中央企业应当梳理、明确商誉减值迹象的具体情形，包括但不限于现金流和效益持续恶化或明显低于预期、主要产品技术升级迭代、行业环境或产业政策发生根本改变、所在国别地区宏观环境风险突出等。要加强对减值迹象的动态跟踪监控，严格按照会计准则要求，在减值迹象出现时及时进行减值测试，每年年度终了应当集中对商誉进行减值测试。要重点关注减值迹象对未来现金净流量、折现率、预测期等关键参数的影响，合理确定可收回金额，必要时可聘请相关专家或独立第三方参与减值测试；对于连续3年出现减值迹象但测试结果未显示发生减值的要重新审视关键参数的合理性。要合理区分并分别处理商誉减值事项和并购重组相关方的业绩补偿事项，不得以存在业绩补偿承诺为由不进行商誉减值测试。

（三）严格商誉信息披露。

商誉信息披露是商誉管理的重要内容。中央企业应当按照会计准则要求规范披露所有与商誉减值有关的重要有用信息，不断提高完整性、真实性和可比性，严禁出现虚假、误导性陈述或重大遗漏等情形。要全面反映商誉所在资产组的相关信息，资产组构成发生变化应当充分披露导致其变化的事实与依据。要全面反映商誉对应资产组并购预期实现情况，以及减值测试的关键参数、过程与方法，与以前年度不一致的应当说明存在的差异及原因。

（四）严格商誉终止确认。

商誉终止确认是商誉全生命周期管理的最后环节。根据《企业会计准则》相关规定，对并购子企业或项目整体进行再转让的，应当及时将商誉一同转让；对资产组进行再转让的应当确认转让损益，并终止确认该资产组对应商誉；对并购子企业由于设计寿命到期、政府主管部门不再授权等原因停止生产经营，需要提前判断资产组预期现金流入，及时计提减值损失，到期退出后及时终止确认商誉。

四、持续完善长效机制，落实商誉管理责任

（一）加快制度机制建设。

制度机制是规范商誉管理的保障。中央企业要制定并不断完善商誉管理专门制度，明确商誉管理各环节责任部门，探索建立涵盖规划、投资、运营、财务、审计等部门的商誉协同管理机制，细化操作流程以及关键管控点，形成贯穿于投资前、中、后全过程的具体操作规范指引，特别是要结合自身实际和所在行业特点明确商誉减值迹象和减值测试的触发条件，降低自由裁量空间，避免减值测试流于形式。要加强商誉相关内容培训，切实提高商誉管理的能力和水平。

（二）加强中介服务支撑。

中央企业可以借助中介机构的力量和专业优势，有效识别和管控商誉风险。开展并购交易时应当充分利用独立、客观、公正的第三方评估机构确保交易价格的公允性，合理控制商誉规模。需借助中介机构开展商誉减值测试时，应当聘请有胜任能力的中介机构对商誉实施充分的风险评估、控制测试、实质性测试等程序，审核商誉减值的假设、参数和测试模型的合理性，杜绝滥用会计估计甚至违反会计准则的行为。要明确区分中央企业自身和中介机构在商誉管理方面的责任。要督促中介机构规范执业、勤勉尽责，中央企业如发现中介机构存在违规执业行为，要及时采取法律手段维护合法权益。

（三）加大监督检查力度。

加强监督检查是防范化解商誉风险的关键。中央企业应对商誉管理涉及投资并购、生产运营、会计核算等全过程开展审计监督，重点关注高溢价和高减值项目，及时发现管理漏洞和违规问题，重大资产损失及损失风险应按照有关规定及时向国资委报告。要高度重视外部审计监管机构对商誉管理特别是商誉减值及减值风险的审计检查意见，要强化整改落实，不断规范经营管理，夯实资产质量。对违规造成国有资产损失、会计信息失真等严重不良后果的问题，国资委将依据有关规定严肃开展专项调查和责任追究工作，涉嫌违纪违法的，依法依规移送有关部门处理。

关于加强地方国有企业债务风险管控工作的指导意见

（2021 年 2 月 28 日）

为贯彻落实国务院金融稳定发展委员会工作要求，指导地方国资委进一步加强国有企业债务风险管控工作，有效防范化解企业重大债务风险，坚决守住不引发区域性、系统性金融风险的底线，现提出以下意见：

一、充分认识当前加强国有企业债务风险管控的重要性

加强国有企业债务风险管控，是贯彻落实党中央、国务院决策部署，打好防范化解重大风险攻坚战的重要举措；是维护金融市场稳定和地区经济平稳运行的客观需要；是落实国企改革三年行动，推动国有企业加快实现高质量发展的内在要求。各地方国资委要进一步提高政治站位，增强责任意识，充分认识当前加强地方国有企业债务风险管控的重要性、紧迫性，督促指导地方国有企业严格落实主体责任，切实增强底线思维和风险意识，依法合规开展债务融资和风险处置，严格遵守资本市场规则和监管要求，按期做好债务资金兑付，不得恶意逃废债，努力维护国有企业良好市场信誉和金融市场稳定。

二、完善债务风险监测预警机制，精准识别高风险企业

各地方国资委要加快建立健全地方国有企业债务风险监测预警机制，完善重点债务风险指标监测台账，逐月跟踪分析，充分利用信息化手段加强对各级企业债务风险的动态监测，做到早识别、早预警、早应对。可参照中央企业债务风险量化评估体系，结合地方实际情况，探索建立地方国有企业债务风险量化评估机制，综合债务水平、负债结构、盈利能力、现金保障、资产质量和隐性债务等，对企业债务风险进行精准识别，将债务风险突出的企业纳入重点管控范围，采取特别管控措施，督促企业“一企一策”制定债务风险处置工作方案，确保稳妥化解债务风险。

三、分类管控资产负债率，保持合理债务水平

各地方国资委可参照中央企业资产负债率行业警戒线和管控线进行分类

管控，对高负债企业实施负债规模和资产负债率双约束，“一企一策”确定管控目标，指导企业通过控投资、压负债、增积累、引战投、债转股等方式多措并举降杠杆减负债，推动高负债企业资产负债率尽快回归合理水平。督促指导企业转变过度依赖举债投资做大规模的发展理念，根据财务承受能力科学确定投资规模，从源头上防范债务风险。加强对企业隐性债务的管控，严控资产出表、表外融资等行为，指导企业合理使用权益类融资工具，对永续债券、永续保险、永续信托等权益类永续债和并表基金产品余额占净资产的比例进行限制，严格对外担保管理，对有产权关系的企业按股比提供担保，原则上不对无产权关系的企业提供担保，严控企业相互担保等捆绑式融资行为，防止债务风险交叉传导。规范平台公司重大项目的投融资管理，严控缺乏交易实质的变相融资行为。

四、开展债券全生命周期管理，重点防控债券违约

各地方国资委要把防范地方国有企业债券违约，作为债务风险管控的重中之重。探索实施债券发行年度计划管理，严格审核纳入债务风险重点管控范围企业的发行方案，严禁欺诈发行债券、虚假披露信息、操纵市场价格等违法违规行为，指导地方国有企业严格限定所属子企业债券发行条件。可参照中央企业债券发行管理有关规定，对纳入债务风险重点管控范围的企业实行比例限制，引导企业做好融资结构与资金安全的平衡、偿债时间与现金流量的匹配。将企业发债品种、规模、期限、用途、还款等关键信息纳入债务风险监测预警机制并实施滚动监测，重点关注信用评级低、集中到期债券规模大、现金流紧张、经营严重亏损企业的债券违约风险，督促指导企业提前做好兑付资金接续安排。对于按期兑付确有困难的，各地方国资委要指导企业提前与债券持有人沟通确定处置方案，通过债券展期、置换等方式主动化解风险，也可借鉴央企信用保障基金模式，按照市场化、法治化方式妥善化解风险。

五、依法处置债券违约风险，严禁恶意逃废债行为

对于已经发生债券违约的，各地方国资委要及时报告本级人民政府，在地方政府的统一领导下，切实履行属地责任，指导违约企业按照市场化、法治化、国际化原则妥善做好风险处置，通过盘活土地、出售股权等方式补充资金，积极主动与各方债权人沟通协调，努力达成和解方案，同时要努力挽回市场信心，防止发生风险踩踏和外溢。对于已无力化解风险、确需破产的，要督促企业依法合规履行破产程序，强化信息披露管理，及时、准确披露股东或实际控制人变更、资产划转、新增大额债务等重大事项，保障债权人、投资人合法利益。

六、规范债务资金用途，确保投入主业实业

各地方国资委要加强地方国有企业债务融资资金用途管控，督促企业将筹集的资金及时高效投放到战略安全、产业引领、国计民生、公共服务等关键领域和重要行业，原则上要确保投资项目的回报率高于资金成本，切实发挥资本市场服务实体经济的功能作用。督促企业严格执行国家金融监管政策，按照融资协议约定的用途安排资金，突出主业、聚焦实业，严禁过度融资形成资金无效淤积，严禁资金空转、脱实向虚，严禁挪用资金、违规套利。探索对企业重大资金支出开展动态监控，有效防范资金使用风险。

七、全面推动国企深化改革，有效增强抗风险能力

各地方国资委要坚决贯彻落实国企改革三年行动要求，立足地方国有企业债务风险管控长效机制建设，督促指导企业通过全面深化改革破解风险难题。通过加强“两金”管控、亏损企业治理、低效无效资产处置、非主业非优势企业（业务）剥离等措施，提高企业资产质量和运行效率。严控低毛利贸易、金融衍生、PPP等高风险业务，严禁融资性贸易和“空转”“走单”等虚假贸易业务，管住生产经营重大风险点。加快推进国有经济布局优化和结构调整，加速数字化、网络化、智能化转型升级，加快发展新技术、新模式、新业态，不断增强自主创新能力、市场核心竞争力和抗风险能力。

八、发挥监管合力，完善国有企业债务风险管控工作体系

各地方国资委要把加强地方国有企业债务风险管控作为一项系统性工程，从投资规划、财务监管、考核分配、资本预算、产权管理、内控管理、监督追责和干部任免等国资监管的各个环节综合施策，完善监管体系，发挥监管合力，筑牢风险底线。加强与当地人民银行分支机构和证监局等部门的合作，推动债务风险信息共享，共同预警防范企业重大债务风险。国务院国资委将按照推动构建国资监管大格局的要求，督促指导地方加强地方国有企业债务风险管控，加快建立工作联系机制、日常监测机制、风险评估指导机制和重大风险报告机制。

各省级国资委要按照本通知要求督促指导地市和区县级国资监管机构做好监管企业债务风险管控工作。

上市公司国有股权监督管理办法

（2018 年 5 月 16 日）

第一章　总　　则

第一条　为规范上市公司国有股权变动行为，推动国有资源优化配置，平等保护各类投资者合法权益，防止国有资产流失，根据《中华人民共和国公司法》、《中华人民共和国证券法》、《中华人民共和国企业国有资产法》、《企业国有资产监督管理暂行条例》等法律法规，制定本办法。

第二条　本办法所称上市公司国有股权变动行为，是指上市公司国有股权持股主体、数量或比例等发生变化的行为，具体包括：国有股东所持上市公司股份通过证券交易系统转让、公开征集转让、非公开协议转让、无偿划转、间接转让、国有股东发行可交换公司债券；国有股东通过证券交易系统增持、协议受让、间接受让、要约收购上市公司股份和认购上市公司发行股票；国有股东所控股上市公司吸收合并、发行证券；国有股东与上市公司进行资产重组等行为。

第三条　本办法所称国有股东是指符合以下情形之一的企业和单位，其证券账户标注“SS”：

（一）政府部门、机构、事业单位、境内国有独资或全资企业；

（二）第一款中所述单位或企业独家持股比例超过 50%，或合计持股比例超过 50%，且其中之一为第一大股东的境内企业；

（三）第二款中所述企业直接或间接持股的各级境内独资或全资企业。

第四条　上市公司国有股权变动行为应坚持公开、公平、公正原则，遵守国家有关法律、行政法规和规章制度规定，符合国家产业政策和国有经济布局结构调整方向，有利于国有资本保值增值，提高企业核心竞争力。

第五条　上市公司国有股权变动涉及的股份应当权属清晰，不存在受法律法规规定限制的情形。

第六条　上市公司国有股权变动的监督管理由省级以上国有资产监督管

理机构负责。省级国有资产监督管理机构报经省级人民政府同意，可以将地市级以下有关上市公司国有股权变动的监督管理交由地市级国有资产监督管理机构负责。省级国有资产监督管理机构需建立相应的监督检查工作机制。

上市公司国有股权变动涉及政府社会公共管理事项的，应当依法报政府有关部门审核。受让方为境外投资者的，应当符合外商投资产业指导目录或负面清单管理的要求，以及外商投资安全审查的规定，涉及该类情形的，各审核主体在接到相关申请后，应就转让行为是否符合吸收外商投资政策向同级商务部门征求意见，具体申报程序由省级以上国有资产监督管理机构商同级商务部门按《关于上市公司国有股向外国投资者及外商投资企业转让申报程序有关问题的通知》（商资字〔2004〕1号）确定的原则制定。

按照法律、行政法规和本级人民政府有关规定，须经本级人民政府批准的上市公司国有股权变动事项，国有资产监督管理机构应当履行报批程序。

第七条　国家出资企业负责管理以下事项：

（一）国有股东通过证券交易系统转让所持上市公司股份，未达到本办法第十二条规定的比例或数量的事项；

（二）国有股东所持上市公司股份在本企业集团内部进行的无偿划转、非公开协议转让事项；

（三）国有控股股东所持上市公司股份公开征集转让、发行可交换公司债券及所控股上市公司发行证券，未导致其持股比例低于合理持股比例的事项；国有参股股东所持上市公司股份公开征集转让、发行可交换公司债券事项；

（四）国有股东通过证券交易系统增持、协议受让、认购上市公司发行股票等未导致上市公司控股权转移的事项；

（五）国有股东与所控股上市公司进行资产重组，不属于中国证监会规定的重大资产重组范围的事项。

第八条　国有控股股东的合理持股比例（与国有控股股东属于同一控制人的，其所持股份的比例应合并计算）由国家出资企业研究确定，并报国有资产监督管理机构备案。

确定合理持股比例的具体办法由省级以上国有资产监督管理机构另行制定。

第九条　国有股东所持上市公司股份变动应在作充分可行性研究的基础上制定方案，严格履行决策、审批程序，规范操作，按照证券监管的相关规定履行信息披露等义务。在上市公司国有股权变动信息披露前，各关联方要严格遵守保密规定。违反保密规定的，应依法依规追究相关人员责任。

第十条 上市公司国有股权变动应当根据证券市场公开交易价格、可比公司股票交易价格、每股净资产值等因素合理定价。

第十一条 国有资产监督管理机构通过上市公司国有股权管理信息系统（以下简称管理信息系统）对上市公司国有股权变动实施统一监管。

国家出资企业应通过管理信息系统，及时、完整、准确将所持上市公司股份变动情况报送国有资产监督管理机构。

其中，按照本办法规定由国家出资企业审核批准的变动事项须通过管理信息系统作备案管理，并取得统一编号的备案表。

第二章 国有股东所持上市公司股份通过证券交易系统转让

第十二条 国有股东通过证券交易系统转让上市公司股份，按照国家出资企业内部决策程序决定，有以下情形之一的，应报国有资产监督管理机构审核批准：

（一）国有控股股东转让上市公司股份可能导致持股比例低于合理持股比例的；

（二）总股本不超过10亿股的上市公司，国有控股股东拟于一个会计年度内累计净转让（累计转让股份扣除累计增持股份后的余额，下同）达到总股本5%及以上的；总股本超过10亿股的上市公司，国有控股股东拟于一个会计年度内累计净转让数量达到5000万股及以上的；

（三）国有参股股东拟于一个会计年度内累计净转让达到上市公司总股本5%及以上的。

第十三条 国家出资企业、国有资产监督管理机构决定或批准国有股东通过证券交易系统转让上市公司股份时，应当审核以下文件：

（一）国有股东转让上市公司股份的内部决策文件；

（二）国有股东转让上市公司股份方案，内容包括但不限于：转让的必要性，国有股东及上市公司基本情况、主要财务数据，拟转让股份权属情况，转让底价及确定依据，转让数量、转让时限等；

（三）上市公司股份转让的可行性研究报告；

（四）国家出资企业、国有资产监督管理机构认为必要的其他文件。

第三章　国有股东所持上市公司股份公开征集转让

第十四条　公开征集转让是指国有股东依法公开披露信息，征集受让方转让上市公司股份的行为。

第十五条　国有股东拟公开征集转让上市公司股份的，在履行内部决策程序后，应书面告知上市公司，由上市公司依法披露，进行提示性公告。国有控股股东公开征集转让上市公司股份可能导致上市公司控股权转移的，应当一并通知上市公司申请停牌。

第十六条　上市公司发布提示性公告后，国有股东应及时将转让方案、可行性研究报告、内部决策文件、拟发布的公开征集信息等内容通过管理信息系统报送国有资产监督管理机构。

第十七条　公开征集信息内容包括但不限于：拟转让股份权属情况、数量，受让方应当具备的资格条件，受让方的选择规则，公开征集期限等。

公开征集信息对受让方的资格条件不得设定指向性或违反公平竞争要求的条款，公开征集期限不得少于10个交易日。

第十八条　国有资产监督管理机构通过管理信息系统对公开征集转让事项出具意见。国有股东在获得国有资产监督管理机构同意意见后书面通知上市公司发布公开征集信息。

第十九条　国有股东收到拟受让方提交的受让申请及受让方案后，应当成立由内部职能部门人员以及法律、财务等独立外部专家组成的工作小组，严格按照已公告的规则选择确定受让方。

第二十条　公开征集转让可能导致上市公司控股权转移的，国有股东应当聘请具有上市公司并购重组财务顾问业务资格的证券公司、证券投资咨询机构或者其他符合条件的财务顾问机构担任财务顾问（以下简称财务顾问）。财务顾问应当具有良好的信誉，近三年内无重大违法违规记录，且与受让方不存在利益关联。

第二十一条　财务顾问应当勤勉尽责，遵守行业规范和职业道德，对上市公司股份的转让方式、转让价格、股份转让对国有股东和上市公司的影响等方面出具专业意见；并对拟受让方进行尽职调查，出具尽职调查报告。尽职调查应当包括但不限于以下内容：

（一）拟受让方受让股份的目的；

（二）拟受让方的经营情况、财务状况、资金实力及是否有重大违法违规记录和不良诚信记录；

（三）拟受让方是否具有及时足额支付转让价款的能力、受让资金的来源及合法性；

（四）拟受让方是否具有促进上市公司持续发展和改善上市公司法人治理结构的能力。

第二十二条 国有股东确定受让方后，应当及时与受让方签订股份转让协议。股份转让协议应当包括但不限于以下内容：

（一）转让方、上市公司、拟受让方的名称、法定代表人及住所；

（二）转让方持股数量、拟转让股份数量及价格；

（三）转让方、受让方的权利和义务；

（四）股份转让价款支付方式及期限；

（五）股份登记过户的条件；

（六）协议生效、变更和解除条件、争议解决方式、违约责任等。

第二十三条 国有股东公开征集转让上市公司股份的价格不得低于下列两者之中的较高者：

（一）提示性公告日前30个交易日的每日加权平均价格的算术平均值；

（二）最近一个会计年度上市公司经审计的每股净资产值。

第二十四条 国有股东与受让方签订协议后，属于本办法第七条规定情形的，由国家出资企业审核批准，其他情形由国有资产监督管理机构审核批准。

第二十五条 国家出资企业、国有资产监督管理机构批准国有股东所持上市公司股份公开征集转让时，应当审核以下文件：

（一）受让方的征集及选择情况；

（二）国有股东基本情况、受让方基本情况及上一年度经审计的财务会计报告；

（三）股份转让协议及股份转让价格的定价说明；

（四）受让方与国有股东、上市公司之间在最近12个月内股权转让、资产置换、投资等重大情况及债权债务情况；

（五）律师事务所出具的法律意见书；

（六）财务顾问出具的尽职调查报告（适用于上市公司控股权转移的）；

（七）国家出资企业、国有资产监督管理机构认为必要的其他文件。

第二十六条 国有股东应在股份转让协议签订后5个工作日内收取不低于转让价款30%的保证金，其余价款应在股份过户前全部结清。在全部转让价款支付完毕或交由转让双方共同认可的第三方妥善保管前，不得办理股份过户登记手续。

第二十七条 国有资产监督管理机构关于国有股东公开征集转让上市公司股份的批准文件或国有资产监督管理机构、管理信息系统出具的统一编号的备案表和全部转让价款支付凭证是证券交易所、中国证券登记结算有限责任公司办理上市公司股份过户登记手续的必备文件。

上市公司股份过户前，原则上受让方人员不能提前进入上市公司董事会和经理层，不得干预上市公司正常生产经营。

第四章 国有股东所持上市公司股份非公开协议转让

第二十八条 非公开协议转让是指不公开征集受让方，通过直接签订协议转让上市公司股份的行为。

第二十九条 符合以下情形之一的，国有股东可以非公开协议转让上市公司股份：

（一）上市公司连续两年亏损并存在退市风险或严重财务危机，受让方提出重大资产重组计划及具体时间表的；

（二）企业主业处于关系国家安全、国民经济命脉的重要行业和关键领域，主要承担重大专项任务，对受让方有特殊要求的；

（三）为实施国有资源整合或资产重组，在国有股东、潜在国有股东（经本次国有资源整合或资产重组后成为上市公司国有股东的，以下统称国有股东）之间转让的；

（四）上市公司回购股份涉及国有股东所持股份的；

（五）国有股东因接受要约收购方式转让其所持上市公司股份的；

（六）国有股东因解散、破产、减资、被依法责令关闭等原因转让其所持上市公司股份的；

（七）国有股东以所持上市公司股份出资的。

第三十条 国有股东在履行内部决策程序后，应当及时与受让方签订股份转让协议。涉及上市公司控股权转移的，在转让协议签订前，应按本办法第二十条、第二十一条规定聘请财务顾问，对拟受让方进行尽职调查，出具尽职调查报告。

第三十一条 国有股东与受让方签订协议后，属于本办法第七条规定情形的，由国家出资企业审核批准，其他情形由国有资产监督管理机构审核批准。

第三十二条 国有股东非公开协议转让上市公司股份的价格不得低于下列两者之中的较高者：

（一）提示性公告日前 30 个交易日的每日加权平均价格的算术平均值；

（二）最近一个会计年度上市公司经审计的每股净资产值。

第三十三条 国有股东非公开协议转让上市公司股份存在下列特殊情形的，可按以下原则确定股份转让价格：

（一）国有股东为实施资源整合或重组上市公司，并在其所持上市公司股份转让完成后全部回购上市公司主业资产的，股份转让价格由国有股东根据中介机构出具的该上市公司股票价格的合理估值结果确定；

（二）为实施国有资源整合或资产重组，在国有股东之间转让且上市公司中的国有权益并不因此减少的，股份转让价格应当根据上市公司股票的每股净资产值、净资产收益率、合理的市盈率等因素合理确定。

第三十四条 国家出资企业、国有资产监督管理机构批准国有股东非公开协议转让上市公司股份时，应当审核以下文件：

（一）国有股东转让上市公司股份的决策文件；

（二）国有股东转让上市公司股份的方案，内容包括但不限于：不公开征集受让方的原因，转让价格及确定依据，转让的数量，转让收入的使用计划等；

（三）国有股东基本情况、受让方基本情况及上一年度经审计的财务会计报告；

（四）可行性研究报告；

（五）股份转让协议；

（六）以非货币资产支付的说明；

（七）拟受让方与国有股东、上市公司之间在最近 12 个月内股权转让、资产置换、投资等重大情况及债权债务情况；

（八）律师事务所出具的法律意见书；

（九）财务顾问出具的尽职调查报告（适用于上市公司控股权转移的）；

（十）国家出资企业、国有资产监督管理机构认为必要的其他文件。

第三十五条 以现金支付股份转让价款的，转让价款收取按照本办法第二十六条规定办理；以非货币资产支付股份转让价款的，应当符合国家相关规定。

第三十六条 国有资产监督管理机构关于国有股东非公开协议转让上市公司股份的批准文件或国有资产监督管理机构、管理信息系统出具的统一编号的备案表和全部转让价款支付凭证（包括非货币资产的交割凭证）是证券交易所、中国证券登记结算有限责任公司办理上市公司股份过户登记手续的必备文件。

第五章 国有股东所持上市公司股份无偿划转

第三十七条 政府部门、机构、事业单位、国有独资或全资企业之间可以依法无偿划转所持上市公司股份。

第三十八条 国有股东所持上市公司股份无偿划转属于本办法第七条规定情形的，由国家出资企业审核批准，其他情形由国有资产监督管理机构审核批准。

第三十九条 国家出资企业、国有资产监督管理机构批准国有股东所持上市公司股份无偿划转时，应当审核以下文件：

（一）国有股东无偿划转上市公司股份的内部决策文件；

（二）国有股东无偿划转上市公司股份的方案和可行性研究报告；

（三）上市公司股份无偿划转协议；

（四）划转双方基本情况、上一年度经审计的财务会计报告；

（五）划出方债务处置方案及或有负债的解决方案，及主要债权人对无偿划转的无异议函；

（六）划入方未来12个月内对上市公司的重组计划或未来三年发展规划（适用于上市公司控股权转移的）；

（七）律师事务所出具的法律意见书；

（八）国家出资企业、国有资产监督管理机构认为必要的其他文件。

第四十条 国有资产监督管理机构关于国有股东无偿划转上市公司股份的批准文件或国有资产监督管理机构、管理信息系统出具的统一编号的备案表是证券交易所、中国证券登记结算有限责任公司办理股份过户登记手续的必备文件。

第六章 国有股东所持上市公司股份间接转让

第四十一条 本办法所称国有股东所持上市公司股份间接转让是指因国有产权转让或增资扩股等原因导致国有股东不再符合本办法第三条规定情形

的行为。

第四十二条 国有股东拟间接转让上市公司股份的，履行内部决策程序后，应书面通知上市公司进行信息披露，涉及国有控股股东的，应当一并通知上市公司申请停牌。

第四十三条 国有股东所持上市公司股份间接转让应当按照本办法第二十三条规定确定其所持上市公司股份价值，上市公司股份价值确定的基准日应与国有股东资产评估的基准日一致，且与国有股东产权直接持有单位对该产权变动决策的日期相差不得超过一个月。

国有产权转让或增资扩股到产权交易机构挂牌时，因上市公司股价发生大幅变化等原因，导致资产评估报告的结论已不能反映交易标的真实价值的，原决策机构应对间接转让行为重新审议。

第四十四条 国有控股股东所持上市公司股份间接转让，应当按本办法第二十条、第二十一条规定聘请财务顾问，对国有产权拟受让方或投资人进行尽职调查，并出具尽职调查报告。

第四十五条 国有股东所持上市公司股份间接转让的，国有股东应在产权转让或增资扩股协议签订后，产权交易机构出具交易凭证前报国有资产监督管理机构审核批准。

第四十六条 国有资产监督管理机构批准国有股东所持上市公司股份间接转让时，应当审核以下文件：

（一）产权转让或增资扩股决策文件、资产评估结果核准、备案文件及可行性研究报告；

（二）经批准的产权转让或增资扩股方案；

（三）受让方或投资人征集、选择情况；

（四）国有产权转让协议或增资扩股协议；

（五）国有股东资产作价金额，包括国有股东所持上市公司股份的作价说明；

（六）受让方或投资人基本情况及上一年度经审计的财务会计报告；

（七）财务顾问出具的尽职调查报告（适用于国有控股股东国有产权变动的）；

（八）律师事务所出具的法律意见书；

（九）国有资产监督管理机构认为必要的其他文件。

第四十七条 国有股东产权转让或增资扩股未构成间接转让的，其资产评估涉及上市公司股份作价按照本办法第四十三条规定确定。

第七章　国有股东发行可交换公司债券

第四十八条　本办法所称国有股东发行可交换公司债券，是指上市公司国有股东依法发行、在一定期限内依据约定条件可以交换成该股东所持特定上市公司股份的公司债券的行为。

第四十九条　国有股东发行的可交换公司债券交换为上市公司每股股份的价格，应不低于债券募集说明书公告日前 1 个交易日、前 20 个交易日、前 30 个交易日该上市公司股票均价中的最高者。

第五十条　国有股东发行的可交换公司债券，其利率应当在参照同期银行贷款利率、银行票据利率、同行业其他企业发行的债券利率，以及标的公司股票每股交换价格、上市公司未来发展前景等因素的前提下，通过市场询价合理确定。

第五十一条　国有股东发行可交换公司债券属于本办法第七条规定情形的，由国家出资企业审核批准，其他情形由国有资产监督管理机构审核批准。

第五十二条　国家出资企业、国有资产监督管理机构批准国有股东发行可交换公司债券时，应当审核以下文件：

（一）国有股东发行可交换公司债券的内部决策文件；

（二）国有股东发行可交换公司债券的方案，内容包括但不限于：国有股东、上市公司基本情况及主要财务数据，预备用于交换的股份数量及保证方式，风险评估论证情况、偿本付息及应对债务风险的具体方案，对国有股东控股地位影响的分析等；

（三）可行性研究报告；

（四）律师事务所出具的法律意见书；

（五）国家出资企业、国有资产监督管理机构认为必要的其他文件。

第八章　国有股东受让上市公司股份

第五十三条　本办法所称国有股东受让上市公司股份行为主要包括国有股东通过证券交易系统增持、协议受让、间接受让、要约收购上市公司股份和认购上市公司发行股票等。

第五十四条　国有股东受让上市公司股份属于本办法第七条规定情形

的，由国家出资企业审核批准，其他情形由国有资产监督管理机构审核批准。

第五十五条 国家出资企业、国有资产监督管理机构批准国有股东受让上市公司股份时，应当审核以下文件：

（一）国有股东受让上市公司股份的内部决策文件；

（二）国有股东受让上市公司股份方案，内容包括但不限于：国有股东及上市公司的基本情况、主要财务数据、价格上限及确定依据、数量及受让时限等；

（三）可行性研究报告；

（四）股份转让协议（适用于协议受让的）、产权转让或增资扩股协议（适用于间接受让的）；

（五）财务顾问出具的尽职调查报告和上市公司估值报告（适用于取得控股权的）；

（六）律师事务所出具的法律意见书；

（七）国家出资企业、国有资产监督管理机构认为必要的其他文件。

第五十六条 国有股东将其持有的可转换公司债券或可交换公司债券转换、交换成上市公司股票的，通过司法机关强制执行手续取得上市公司股份的，按照相关法律、行政法规及规章制度的规定办理，并在上述行为完成后10个工作日内将相关情况通过管理信息系统按程序报告国有资产监督管理机构。

第九章 国有股东所控股上市公司吸收合并

第五十七条 本办法所称国有股东所控股上市公司吸收合并，是指国有控股上市公司之间或国有控股上市公司与非国有控股上市公司之间的吸收合并。

第五十八条 国有股东所控股上市公司应当聘请财务顾问，对吸收合并的双方进行尽职调查和内部核查，并出具专业意见。

第五十九条 国有股东应指导上市公司根据股票交易价格，并参考可比交易案例，合理确定上市公司换股价格。

第六十条 国有股东应当在上市公司董事会审议吸收合并方案前，将该方案报国有资产监督管理机构审核批准。

第六十一条 国有资产监督管理机构批准国有股东所控股上市公司吸收

合并时，应当审核以下文件：

（一）国家出资企业、国有股东的内部决策文件；

（二）国有股东所控股上市公司吸收合并的方案，内容包括但不限于：国有控股股东及上市公司基本情况、换股价格的确定依据、现金选择权安排、吸收合并后的股权结构、债务处置、职工安置、市场应对预案等；

（三）可行性研究报告；

（四）律师事务所出具的法律意见书；

（五）国有资产监督管理机构认为必要的其他文件。

第十章　国有股东所控股上市公司发行证券

第六十二条　本办法所称国有股东所控股上市公司发行证券包括上市公司采用公开方式向原股东配售股份、向不特定对象公开募集股份、采用非公开方式向特定对象发行股份以及发行可转换公司债券等行为。

第六十三条　国有股东所控股上市公司发行证券，应当在股东大会召开前取得批准。属于本办法第七条规定情形的，由国家出资企业审核批准，其他情形报国有资产监督管理机构审核批准。

第六十四条　国家出资企业、国有资产监管机构批准国有股东所控股上市公司发行证券时，应当审核以下文件：

（一）上市公司董事会决议；

（二）国有股东所控股上市公司发行证券的方案，内容包括但不限于：相关国有股东、上市公司基本情况，发行方式、数量、价格，募集资金用途，对国有股东控股地位影响的分析，发行可转换公司债券的风险评估论证情况、偿本付息及应对债务风险的具体方案等；

（三）可行性研究报告；

（四）律师事务所出具的法律意见书；

（五）国家出资企业、国有资产监督管理机构认为必要的其他文件。

第十一章　国有股东与上市公司进行资产重组

第六十五条　本办法所称国有股东与上市公司进行资产重组是指国有股东向上市公司注入、购买或置换资产并涉及国有股东所持上市公司股份发生变化的情形。

第六十六条　国有股东就资产重组事项进行内部决策后，应书面通知上市公司，由上市公司依法披露，并申请股票停牌。在上市公司董事会审议资产重组方案前，应当将可行性研究报告报国家出资企业、国有资产监督管理机构预审核，并由国有资产监督管理机构通过管理信息系统出具意见。

第六十七条 国有股东与上市公司进行资产重组方案经上市公司董事会审议通过后，应当在上市公司股东大会召开前获得相应批准。属于本办法第七条规定情形的，由国家出资企业审核批准，其他情形由国有资产监督管理机构审核批准。

第六十八条 国家出资企业、国有资产监督管理机构批准国有股东与上市公司进行资产重组时，应当审核以下文件：

（一）国有股东决策文件和上市公司董事会决议；

（二）资产重组的方案，内容包括但不限于：资产重组的原因及目的，涉及标的资产范围、业务情况及近三年损益情况、未来盈利预测及其依据，相关资产作价的说明，资产重组对国有股东及上市公司权益、盈利水平和未来发展的影响等；

（三）资产重组涉及相关资产的评估备案表或核准文件；

（四）律师事务所出具的法律意见书；

（五）国家出资企业、国有资产监督管理机构认为必要的其他文件。

第六十九条 国有股东参股的非上市企业参与非国有控股上市公司的资产重组事项由国家出资企业按照内部决策程序自主决定。

第十二章 法律责任

第七十条 在上市公司国有股权变动中，相关方有下列行为之一的，国有资产监督管理机构或国家出资企业应要求终止上市公司股权变动行为，必要时应向人民法院提起诉讼：

（一）不履行相应的内部决策程序、批准程序或者超越权限，擅自变动上市公司国有股权的；

（二）向中介机构提供虚假资料，导致审计、评估结果失真，造成国有资产损失的；

（三）相关方恶意串通，签订显失公平的协议，造成国有资产损失的；

（四）相关方采取欺诈、隐瞒等手段变动上市公司国有股权，造成国有资产损失的；

（五）相关方未在约定期限内履行承诺义务的；

（六）违反上市公司信息披露规定，涉嫌内幕交易的。

第七十一条 违反有关法律、法规或本办法的规定变动上市公司国有股权并造成国有资产损失的，国有资产监督管理机构可以责令国有股东采取措施限期纠正；国有股东、上市公司负有直接责任的主管人员和其他直接责任人员，由国有资产监督管理机构或者相关企业按照权限给予纪律处分，造成国有资产损失的，应负赔偿责任；涉嫌犯罪的，依法移送司法机关处理。

第七十二条 社会中介机构在上市公司国有股权变动的审计、评估、咨询和法律等服务中违规执业的，由国有资产监督管理机构将有关情况通报其行业主管部门，建议给予相应处罚；情节严重的，国有股东三年内不得再委托其开展相关业务。

第七十三条 上市公司国有股权变动批准机构及其有关人员违反有关法律、法规或本办法的规定，擅自批准或者在批准中以权谋私，造成国有资产损失的，由有关部门按照权限给予纪律处分；涉嫌犯罪的，依法移送司法机关处理。

国有资产监督管理机构违反有关法律、法规或本办法的规定审核批准上市公司国有股权变动并造成国有资产损失的，对直接负责的主管人员和其他责任人员给予纪律处分；涉嫌犯罪的，依法移送司法机关处理。

第十三章　附　　则

第七十四条 不符合本办法规定的国有股东标准，但政府部门、机构、事业单位和国有独资或全资企业通过投资关系、协议或者其他安排，能够实际支配其行为的境内外企业，证券账户标注为“CS”，所持上市公司股权变动行为参照本办法管理。

第七十五条 政府部门、机构、事业单位及其所属企业持有的上市公司国有股权变动行为，按照现行监管体制，比照本办法管理。

第七十六条 金融、文化类上市公司国有股权的监督管理，国家另有规定的，依照其规定。

第七十七条 国有或国有控股的专门从事证券业务的证券公司及基金管理公司转让、受让上市公司股份的监督管理按照相关规定办理。

第七十八条 国有出资的有限合伙企业不作国有股东认定，其所持上市公司股份的监督管理另行规定。

第七十九条 本办法自 2018 年 7 月 1 日起施行。

中央文化企业国有资产监督管理暂行办法

（2017年1月22日）

第一章　总　　则

第一条　为加强中央文化企业国有资产监督管理，推动中央文化企业改革发展，根据《中华人民共和国企业国有资产法》《中华人民共和国公司法》等法律法规及有关规定制定本办法。

第二条　中央文化企业国有资产是指国家对中央文化企业各种形式的出资所形成的权益，以及依法被认定为国家所有的其他权益。

第三条　本办法所称中央文化企业包括国有独资企业、国有独资公司以及国有资本控股公司。

第四条　建立党委和政府监管有机结合、中宣部有效主导、财政部代表国务院有效履行出资人职责的中央文化企业国有资产监督管理工作机制，中宣部、财政部切实加强对中央文化企业国有资产监管工作的领导，推动实现管人管事管资产管导向相统一。

第五条　中央文化企业国有资产监督管理部门加快推动中央文化企业深化改革，实现政企分开，建立健全有文化特色的现代企业制度，依法行使企业法人财产权和经营自主权，成为合格的市场主体。

第六条　中央文化企业自觉接受中央文化企业国有资产监督管理部门依法依规实施的管理和监督，接受社会公众的监督，勇于承担社会责任，始终把社会效益放在首位，努力实现社会效益和经济效益相统一。

第二章　中央文化企业国有资产基础管理

第七条　财政部负责研究制定中央文化企业国有资产基础管理相关制度，对中央文化企业国有资产产权界定、产权登记、资产评估、清产核资、资产统计、财务等进行监督管理。

第八条 财政部负责加强中央文化企业国有资本经营预算管理，优化国有资本配置，通过国有资本金注入，发挥国有资本引导作用，推进企业转型升级，促进文化产业布局优化。

第九条 财政部加强中央文化企业国有资产产权交易监督管理，促进国有资产合理流动，防止国有资产损失。

第十条 主管部门负责监督中央文化企业执行国有资产基础管理制度，并对相关事项实施具体管理。

第十一条 中央文化企业依照相关规定定期向中宣部和行业管理部门报告社会效益情况，向财政部报告财务状况、生产经营状况和国有资产保值增值状况。

第十二条 中央文化企业依照国家有关规定建立健全财务、审计、企业法律顾问和职工民主监督等制度，加强内部监督和风险控制。

第十三条 中央文化企业切实做好著作权等无形资产的管理和运营工作，提高企业核心竞争力。

第三章 中央文化企业重大事项管理

第十四条 中央文化企业发展战略规划须充分体现国家文化发展战略和规划，符合国民经济和社会发展规划，征求行业管理部门意见，经中宣部、财政部同意后实施。

第十五条 中央文化企业章程制定和修改、注册资本增减、重组整合、破产解散、改制上市、国有产权转让、无偿划转、组建集团、发行债券、法定代表人变更等重大资产变动事项，须报经主管部门审核同意后报财政部审批。涉及重组整合、股改上市、重大投融资活动、法定代表人变更等事项，须报中宣部同意。

第十六条 主管部门根据职责对中央文化企业的国有文化资产重大事项实施具体管理，建立中央文化企业重大决策失误的责任追究制度。

第十七条 中央文化企业应当建立健全重大事项管理制度和内部决策机制。企业党委（党组）会、董事会、未设董事会的经理班子等决策机构依据各自的职责、权限和议事规则，讨论决定涉及内容导向管理的重大事项及企业运营与发展的重大决策、重要人事任免、重大项目安排、大额度资金使用等事项。

第四章　中央文化企业负责人管理

第十八条　中央确定组建的大型文化企业集团公司主要负责人，由中宣部会同相关部门进行考察并提出任免建议，按照干部管理权限和程序履行审批手续；中央确定组建的大型文化企业集团公司其他负责人和其他中央文化企业负责人管理，暂维持现行体制不变，主管部门任免前，须征得中宣部、财政部同意。

第十九条　公司制中央文化企业中非职工代表出任的董事、监事，由财政部会同主管部门依照法律、行政法规及企业章程委派。

第二十条　主管部门组织实施由其任命的企业负责人年度和任期考核，建立健全企业负责人经济责任审计制度，中宣部、财政部根据国家有关规定对考核进行指导和监督。

第五章　附　　则

第二十一条　中央文化企业国有资产监督管理部门对国有参股文化企业国有资产的监督管理，以管资本为主，相关具体管理事项参照本办法执行。

第二十二条　违反本办法相关规定的，依法依规依纪严肃处理。本办法由中宣部、财政部负责解释。

第二十三条　本办法自发布之日起施行。

中央企业境外国有产权管理暂行办法

（2011 年 6 月 14 日）

第一条 为加强和规范中央企业境外国有产权管理，根据《中华人民共和国企业国有资产法》、《企业国有资产监督管理暂行条例》（国务院令第 378 号）和国家有关法律、行政法规的规定，制定本办法。

第二条 国务院国有资产监督管理委员会（以下简称国资委）履行出资人职责的企业（以下简称中央企业）及其各级独资、控股子企业（以下简称各级子企业）持有的境外国有产权管理适用本办法。国家法律、行政法规另有规定的，从其规定。

本办法所称境外国有产权是指中央企业及其各级子企业以各种形式对境外企业出资所形成的权益。

前款所称境外企业，是指中央企业及其各级子企业在我国境外以及香港特别行政区、澳门特别行政区和台湾地区依据当地法律出资设立的企业。

第三条 中央企业是其境外国有产权管理的责任主体，应当依照我国法律、行政法规建立健全境外国有产权管理制度，同时遵守境外注册地和上市地的相关法律规定，规范境外国有产权管理行为。

第四条 中央企业应当完善境外企业治理结构，强化境外企业章程管理，优化境外国有产权配置，保障境外国有产权安全。

第五条 中央企业及其各级子企业独资或者控股的境外企业所持有的境内国有产权的管理，比照国资委境内国有产权管理的相关规定执行。

第六条 境外国有产权应当由中央企业或者其各级子企业持有。境外企业注册地相关法律规定须以个人名义持有的，应当统一由中央企业依据有关规定决定或者批准，依法办理委托出资等保全国有产权的法律手续，并以书面形式报告国资委。

第七条 中央企业应当加强对离岸公司等特殊目的公司的管理。因重组、上市、转让或者经营管理需要设立特殊目的公司的，应当由中央企业决定或者批准并以书面形式报告国资委。已无存续必要的特殊目的公司，应当及时依法予以注销。

第八条 中央企业及其各级子企业发生以下事项时，应当由中央企业统一向国资委申办产权登记：

（一）以投资、分立、合并等方式新设境外企业，或者以收购、投资入股等方式首次取得境外企业产权的。

（二）境外企业名称、注册地、注册资本、主营业务范围等企业基本信息发生改变，或者因企业出资人、出资额、出资比例等变化导致境外企业产权状况发生改变的。

（三）境外企业解散、破产，或者因产权转让、减资等原因不再保留国有产权的。

（四）其他需要办理产权登记的情形。

第九条 中央企业及其各级子企业以其拥有的境内国有产权向境外企业注资或者转让，或者以其拥有的境外国有产权向境内企业注资或者转让，应当依照《企业国有资产评估管理暂行办法》（国资委令第12号）等相关规定，聘请具有相应资质的境内评估机构对标的物进行评估，并办理评估备案或者核准。

第十条 中央企业及其各级子企业独资或者控股的境外企业在境外发生转让或者受让产权、以非货币资产出资、非上市公司国有股东股权比例变动、合并分立、解散清算等经济行为时，应当聘请具有相应资质、专业经验和良好信誉的专业机构对标的物进行评估或者估值，评估项目或者估值情况应当由中央企业备案；涉及中央企业重要子企业由国有独资转为绝对控股、绝对控股转为相对控股或者失去控股地位等经济行为的，评估项目或者估值情况应当报国资委备案或者核准。

中央企业及其各级子企业独资或者控股的境外企业在进行与评估或者估值相应的经济行为时，其交易对价应当以经备案的评估或者估值结果为基准。

第十一条 境外国有产权转让等涉及国有产权变动的事项，由中央企业决定或者批准，并按国家有关法律和法规办理相关手续。其中，中央企业重要子企业由国有独资转为绝对控股、绝对控股转为相对控股或者失去控股地位的，应当报国资委审核同意。

第十二条 中央企业及其各级子企业转让境外国有产权，要多方比选意向受让方。具备条件的，应当公开征集意向受让方并竞价转让，或者进入中央企业国有产权转让交易试点机构挂牌交易。

第十三条 中央企业在本企业内部实施资产重组，转让方为中央企业及其直接或者间接全资拥有的境外企业，受让方为中央企业及其直接或者间接全资拥有的境内外企业的，转让价格可以以评估或者审计确认的净资产值为底价确定。

第十四条 境外国有产权转让价款应当按照产权转让合同约定支付，原则上应当一次付清。确需采取分期付款的，受让方须提供合法的担保。

第十五条 中央企业及其各级子企业独资或者控股的境外企业在境外首次公开发行股票，或者中央企业及其各级子企业所持有的境外注册并上市公司的股份发生变动的，由中央企业按照证券监管法律、法规决定或者批准，并将有关情况以书面形式报告国资委。境外注册并上市公司属于中央企业重要子企业的，上述事项应当由中央企业按照《国有股东转让所持上市公司股份管理暂行办法》（国资委令第 19 号）等相关规定报国资委审核同意或者备案。

第十六条 中央企业应当按照本办法落实境外国有产权管理工作责任，完善档案管理，并及时将本企业境外国有产权管理制度、负责机构等相关情况以书面形式报告国资委。

第十七条 中央企业应当每年对各级子企业执行本办法的情况进行监督检查，并及时将检查情况以书面形式报告国资委。

国资委对中央企业境外国有产权管理情况进行不定期抽查。

第十八条 中央企业及其各级子企业有关责任人员违反国家法律、法规和本办法规定，未履行对境外国有产权的监管责任，导致国有资产损失的，由有关部门按照干部管理权限和有关法律法规给予处分；涉嫌犯罪的，依法移交司法机关处理。

第十九条 地方国有资产监督管理机构可以参照本办法制定所出资企业境外国有产权管理制度。

第二十条 本办法自 2011 年 7 月 1 日起施行。

企业国有资产监督管理暂行条例

（2003 年 5 月 27 日中华人民共和国国务院令第 378 号公布 根据2019 年 3 月 2 日《国务院关于修改部分行政法规的决定》修订）

第一章　总　　则

第一条　为建立适应社会主义市场经济需要的国有资产监督管理体制，进一步搞好国有企业，推动国有经济布局和结构的战略性调整，发展和壮大国有经济，实现国有资产保值增值，制定本条例。

第二条　国有及国有控股企业、国有参股企业中的国有资产的监督管理，适用本条例。

金融机构中的国有资产的监督管理，不适用本条例。

第三条　本条例所称企业国有资产，是指国家对企业各种形式的投资和投资所形成的权益，以及依法认定为国家所有的其他权益。

第四条　企业国有资产属于国家所有。国家实行由国务院和地方人民政府分别代表国家履行出资人职责，享有所有者权益，权利、义务和责任相统一，管资产和管人、管事相结合的国有资产管理体制。

第五条　国务院代表国家对关系国民经济命脉和国家安全的大型国有及国有控股、国有参股企业，重要基础设施和重要自然资源等领域的国有及国有控股、国有参股企业，履行出资人职责。国务院履行出资人职责的企业，由国务院确定、公布。

省、自治区、直辖市人民政府和设区的市、自治州级人民政府分别代表国家对由国务院履行出资人职责以外的国有及国有控股、国有参股企业，履行出资人职责。其中，省、自治区、直辖市人民政府履行出资人职责的国有及国有控股、国有参股企业，由省、自治区、直辖市人民政府确定、公布，并报国务院国有资产监督管理机构备案；其他由设区的市、自治州级人民政府履行出资人职责的国有及国有控股、国有参股企业，由设区的市、自治州级人民政府确定、公布，并报省、自治区、直辖市人民政府国有资产监督管理机构备案。

国务院，省、自治区、直辖市人民政府，设区的市、自治州级人民政府履行出资人职责的企业，以下统称所出资企业。

第六条 国务院，省、自治区、直辖市人民政府，设区的市、自治州级人民政府，分别设立国有资产监督管理机构。国有资产监督管理机构根据授权，依法履行出资人职责，依法对企业国有资产进行监督管理。

企业国有资产较少的设区的市、自治州，经省、自治区、直辖市人民政府批准，可以不单独设立国有资产监督管理机构。

第七条 各级人民政府应当严格执行国有资产管理法律、法规，坚持政府的社会公共管理职能与国有资产出资人职能分开，坚持政企分开，实行所有权与经营权分离。

国有资产监督管理机构不行使政府的社会公共管理职能，政府其他机构、部门不履行企业国有资产出资人职责。

第八条 国有资产监督管理机构应当依照本条例和其他有关法律、行政法规的规定，建立健全内部监督制度，严格执行法律、行政法规。

第九条 发生战争、严重自然灾害或者其他重大、紧急情况时，国家可以依法统一调用、处置企业国有资产。

第十条 所出资企业及其投资设立的企业，享有有关法律、行政法规规定的企业经营自主权。

国有资产监督管理机构应当支持企业依法自主经营，除履行出资人职责以外，不得干预企业的生产经营活动。

第十一条 所出资企业应当努力提高经济效益，对其经营管理的企业国有资产承担保值增值责任。

所出资企业应当接受国有资产监督管理机构依法实施的监督管理，不得损害企业国有资产所有者和其他出资人的合法权益。

第二章 国有资产监督管理机构

第十二条 国务院国有资产监督管理机构是代表国务院履行出资人职责、负责监督管理企业国有资产的直属特设机构。

省、自治区、直辖市人民政府国有资产监督管理机构，设区的市、自治州级人民政府国有资产监督管理机构是代表本级政府履行出资人职责、负责监督管理企业国有资产的直属特设机构。

上级政府国有资产监督管理机构依法对下级政府的国有资产监督管理工作进行指导和监督。

第十三条 国有资产监督管理机构的主要职责是：

（一）依照《中华人民共和国公司法》等法律、法规，对所出资企业履行出资人职责，维护所有者权益；

（二）指导推进国有及国有控股企业的改革和重组；

（三）依照规定向所出资企业派出监事会；

（四）依照法定程序对所出资企业的企业负责人进行任免、考核，并根据考核结果对其进行奖惩；

（五）通过统计、稽核等方式对企业国有资产的保值增值情况进行监管；

（六）履行出资人的其他职责和承办本级政府交办的其他事项。

国务院国有资产监督管理机构除前款规定职责外，可以制定企业国有资产监督管理的规章、制度。

第十四条 国有资产监督管理机构的主要义务是：

（一）推进国有资产合理流动和优化配置，推动国有经济布局和结构的调整；

（二）保持和提高关系国民经济命脉和国家安全领域国有经济的控制力和竞争力，提高国有经济的整体素质；

（三）探索有效的企业国有资产经营体制和方式，加强企业国有资产监督管理工作，促进企业国有资产保值增值，防止企业国有资产流失；

（四）指导和促进国有及国有控股企业建立现代企业制度，完善法人治理结构，推进管理现代化；

（五）尊重、维护国有及国有控股企业经营自主权，依法维护企业合法权益，促进企业依法经营管理，增强企业竞争力；

（六）指导和协调解决国有及国有控股企业改革与发展中的困难和问题。

第十五条 国有资产监督管理机构应当向本级政府报告企业国有资产监督管理工作、国有资产保值增值状况和其他重大事项。

第三章 企业负责人管理

第十六条 国有资产监督管理机构应当建立健全适应现代企业制度要求的企业负责人的选用机制和激励约束机制。

第十七条 国有资产监督管理机构依照有关规定，任免或者建议任免所出资企业的企业负责人：

（一）任免国有独资企业的总经理、副总经理、总会计师及其他企业负责人；

（二）任免国有独资公司的董事长、副董事长、董事，并向其提出总经理、副总经理、总会计师等的任免建议；

（三）依照公司章程，提出向国有控股的公司派出的董事、监事人选，推荐国有控股的公司的董事长、副董事长和监事会主席人选，并向其提出总经理、副总经理、总会计师人选的建议；

（四）依照公司章程，提出向国有参股的公司派出的董事、监事人选。

国务院，省、自治区、直辖市人民政府，设区的市、自治州级人民政府，对所出资企业的企业负责人的任免另有规定的，按照有关规定执行。

第十八条 国有资产监督管理机构应当建立企业负责人经营业绩考核制度，与其任命的企业负责人签订业绩合同，根据业绩合同对企业负责人进行年度考核和任期考核。

第十九条 国有资产监督管理机构应当依照有关规定，确定所出资企业中的国有独资企业、国有独资公司的企业负责人的薪酬；依据考核结果，决定其向所出资企业派出的企业负责人的奖惩。

第四章 企业重大事项管理

第二十条 国有资产监督管理机构负责指导国有及国有控股企业建立现代企业制度，审核批准其所出资企业中的国有独资企业、国有独资公司的重组、股份制改造方案和所出资企业中的国有独资公司的章程。

第二十一条 国有资产监督管理机构依照法定程序决定其所出资企业中的国有独资企业、国有独资公司的分立、合并、破产、解散、增减资本、发行公司债券等重大事项。其中，重要的国有独资企业、国有独资公司分立、合并、破产、解散的，应当由国有资产监督管理机构审核后，报本级人民政府批准。

国有资产监督管理机构依照法定程序审核、决定国防科技工业领域其所出资企业中的国有独资企业、国有独资公司的有关重大事项时，按照国家有关法律、规定执行。

第二十二条 国有资产监督管理机构依照公司法的规定，派出股东代表、董事，参加国有控股的公司、国有参股的公司的股东会、董事会。

国有控股的公司、国有参股的公司的股东会、董事会决定公司的分立、合并、破产、解散、增减资本、发行公司债券、任免企业负责人等重大事项时，国有资产监督管理机构派出的股东代表、董事，应当按照国有资产监督管理机构的指示发表意见、行使表决权。

国有资产监督管理机构派出的股东代表、董事，应当将其履行职责的有关情况及时向国有资产监督管理机构报告。

第二十三条 国有资产监督管理机构决定其所出资企业的国有股权转让。其中，转让全部国有股权或者转让部分国有股权致使国家不再拥有控股地位的，报本级人民政府批准。

第二十四条 所出资企业投资设立的重要子企业的重大事项，需由所出资企业报国有资产监督管理机构批准的，管理办法由国务院国有资产监督管理机构另行制定，报国务院批准。

第二十五条 国有资产监督管理机构依照国家有关规定组织协调所出资企业中的国有独资企业、国有独资公司的兼并破产工作，并配合有关部门做好企业下岗职工安置等工作。

第二十六条 国有资产监督管理机构依照国家有关规定拟订所出资企业收入分配制度改革的指导意见，调控所出资企业工资分配的总体水平。

第二十七条 根据《国务院关于废止和修改部分行政法规的决定》(2011 年 1 月 8 日) 删去此条。

第二十八条 国有资产监督管理机构可以对所出资企业中具备条件的国有独资企业、国有独资公司进行国有资产授权经营。

被授权的国有独资企业、国有独资公司对其全资、控股、参股企业中国家投资形成的国有资产依法进行经营、管理和监督。

第二十九条 被授权的国有独资企业、国有独资公司应当建立和完善规范的现代企业制度，并承担企业国有资产的保值增值责任。

第五章　企业国有资产管理

第三十条 国有资产监督管理机构依照国家有关规定，负责企业国有资产的产权界定、产权登记、资产评估监管、清产核资、资产统计、综合评价等基础管理工作。

国有资产监督管理机构协调其所出资企业之间的企业国有资产产权纠纷。

第三十一条 国有资产监督管理机构应当建立企业国有资产产权交易监督管理制度，加强企业国有资产产权交易的监督管理，促进企业国有资产的合理流动，防止企业国有资产流失。

第三十二条 国有资产监督管理机构对其所出资企业的企业国有资产收益依法履行出资人职责；对其所出资企业的重大投融资规划、发展战略和规划，依照国家发展规划和产业政策履行出资人职责。

第三十三条 所出资企业中的国有独资企业、国有独资公司的重大资产处置，需由国有资产监督管理机构批准的，依照有关规定执行。

第六章 企业国有资产监督

第三十四条 国有资产监督管理机构依法对所出资企业财务进行监督，建立和完善国有资产保值增值指标体系，维护国有资产出资人的权益。

第三十五条 国有及国有控股企业应当加强内部监督和风险控制，依照国家有关规定建立健全财务、审计、企业法律顾问和职工民主监督等制度。

第三十六条 所出资企业中的国有独资企业、国有独资公司应当按照规定定期向国有资产监督管理机构报告财务状况、生产经营状况和国有资产保值增值状况。

第七章 法律责任

第三十七条 国有资产监督管理机构不按规定任免或者建议任免所出资企业的企业负责人，或者违法干预所出资企业的生产经营活动，侵犯其合法权益，造成企业国有资产损失或者其他严重后果的，对直接负责的主管人员和其他直接责任人员依法给予行政处分；构成犯罪的，依法追究刑事责任。

第三十八条 所出资企业中的国有独资企业、国有独资公司未按照规定向国有资产监督管理机构报告财务状况、生产经营状况和国有资产保值增值状况的，予以警告；情节严重的，对直接负责的主管人员和其他直接责任人员依法给予纪律处分。

第三十九条 国有及国有控股企业的企业负责人滥用职权、玩忽职守，造成企业国有资产损失的，应负赔偿责任，并对其依法给予纪律处分；构成犯罪的，依法追究刑事责任。

第四十条 对企业国有资产损失负有责任受到撤职以上纪律处分的国有及国有控股企业的企业负责人，5 年内不得担任任何国有及国有控股企业的企业负责人；造成企业国有资产重大损失或者被判处刑罚的，终身不得担任任何国有及国有控股企业的企业负责人。

第八章　附　　则

第四十一条　国有及国有控股企业、国有参股企业的组织形式、组织机构、权利和义务等，依照《中华人民共和国公司法》等法律、行政法规和本条例的规定执行。

第四十二条　国有及国有控股企业、国有参股企业中中国共产党基层组织建设、社会主义精神文明建设和党风廉政建设，依照《中国共产党章程》和有关规定执行。

国有及国有控股企业、国有参股企业中工会组织依照《中华人民共和国工会法》和《中国工会章程》的有关规定执行。

第四十三条　国务院国有资产监督管理机构，省、自治区、直辖市人民政府可以依据本条例制定实施办法。

第四十四条　本条例施行前制定的有关企业国有资产监督管理的行政法规与本条例不一致的，依照本条例的规定执行。

第四十五条　政企尚未分开的单位，应当按照国务院的规定，加快改革，实现政企分开。政企分开后的企业，由国有资产监督管理机构依法履行出资人职责，依法对企业国有资产进行监督管理。

第四十六条　本条例自公布之日起施行。

（二）登记管理

企业名称登记管理规定

（2020 年 12 月 14 日修订）

第一条 为了规范企业名称登记管理，保护企业的合法权益，维护社会经济秩序，优化营商环境，制定本规定。

第二条 县级以上人民政府市场监督管理部门（以下统称企业登记机关）负责中国境内设立企业的企业名称登记管理。

国务院市场监督管理部门主管全国企业名称登记管理工作，负责制定企业名称登记管理的具体规范。

省、自治区、直辖市人民政府市场监督管理部门负责建立本行政区域统一的企业名称申报系统和企业名称数据库，并向社会开放。

第三条 企业登记机关应当不断提升企业名称登记管理规范化、便利化水平，为企业和群众提供高效、便捷的服务。

第四条 企业只能登记一个企业名称，企业名称受法律保护。

第五条 企业名称应当使用规范汉字。民族自治地方的企业名称可以同时使用本民族自治地方通用的民族文字。

第六条 企业名称由行政区划名称、字号、行业或者经营特点、组织形式组成。跨省、自治区、直辖市经营的企业，其名称可以不含行政区划名称；跨行业综合经营的企业，其名称可以不含行业或者经营特点。

第七条 企业名称中的行政区划名称应当是企业所在地的县级以上地方行政区划名称。市辖区名称在企业名称中使用时应当同时冠以其所属的设区的市的行政区划名称。开发区、垦区等区域名称在企业名称中使用时应当与行政区划名称连用，不得单独使用。

第八条 企业名称中的字号应当由两个以上汉字组成。

县级以上地方行政区划名称、行业或者经营特点不得作为字号，另有含义的除外。

第九条 企业名称中的行业或者经营特点应当根据企业的主营业务和国

民经济行业分类标准标明。国民经济行业分类标准中没有规定的，可以参照行业习惯或者专业文献等表述。

第十条 企业应当根据其组织结构或者责任形式，依法在企业名称中标明组织形式。

第十一条 企业名称不得有下列情形：

（一）损害国家尊严或者利益；

（二）损害社会公共利益或者妨碍社会公共秩序；

（三）使用或者变相使用政党、党政军机关、群团组织名称及其简称、特定称谓和部队番号；

（四）使用外国国家（地区）、国际组织名称及其通用简称、特定称谓；

（五）含有淫秽、色情、赌博、迷信、恐怖、暴力的内容；

（六）含有民族、种族、宗教、性别歧视的内容；

（七）违背公序良俗或者可能有其他不良影响；

（八）可能使公众受骗或者产生误解；

（九）法律、行政法规以及国家规定禁止的其他情形。

第十二条 企业名称冠以“中国”、“中华”、“中央”、“全国”、“国家”等字词，应当按照有关规定从严审核，并报国务院批准。国务院市场监督管理部门负责制定具体管理办法。

企业名称中间含有“中国”、“中华”、“全国”、“国家”等字词的，该字词应当是行业限定语。

使用外国投资者字号的外商独资或者控股的外商投资企业，企业名称中可以含有“（中国）”字样。

第十三条 企业分支机构名称应当冠以其所从属企业的名称，并缀以“分公司”、“分厂”、“分店”等字词。境外企业分支机构还应当在名称中标明该企业的国籍及责任形式。

第十四条 企业集团名称应当与控股企业名称的行政区划名称、字号、行业或者经营特点一致。控股企业可以在其名称的组织形式之前使用“集团”或者“（集团）”字样。

第十五条 有投资关系或者经过授权的企业，其名称中可以含有另一个企业的名称或者其他法人、非法人组织的名称。

第十六条 企业名称由申请人自主申报。

申请人可以通过企业名称申报系统或者在企业登记机关服务窗口提交有

关信息和材料，对拟定的企业名称进行查询、比对和筛选，选取符合本规定要求的企业名称。

申请人提交的信息和材料应当真实、准确、完整，并承诺因其企业名称与他人企业名称近似侵犯他人合法权益的，依法承担法律责任。

第十七条 在同一企业登记机关，申请人拟定的企业名称中的字号不得与下列同行业或者不使用行业、经营特点表述的企业名称中的字号相同：

（一）已经登记或者在保留期内的企业名称，有投资关系的除外；

（二）已经注销或者变更登记未满 1 年的原企业名称，有投资关系或者受让企业名称的除外；

（三）被撤销设立登记或者被撤销变更登记未满 1 年的原企业名称，有投资关系的除外。

第十八条 企业登记机关对通过企业名称申报系统提交完成的企业名称予以保留，保留期为 2 个月。设立企业依法应当报经批准或者企业经营范围中有在登记前须经批准的项目的，保留期为 1 年。

申请人应当在保留期届满前办理企业登记。

第十九条 企业名称转让或者授权他人使用的，相关企业应当依法通过国家企业信用信息公示系统向社会公示。

第二十条 企业登记机关在办理企业登记时，发现企业名称不符合本规定的，不予登记并书面说明理由。

企业登记机关发现已经登记的企业名称不符合本规定的，应当及时纠正。其他单位或者个人认为已经登记的企业名称不符合本规定的，可以请求企业登记机关予以纠正。

第二十一条 企业认为其他企业名称侵犯本企业名称合法权益的，可以向人民法院起诉或者请求为涉嫌侵权企业办理登记的企业登记机关处理。

企业登记机关受理申请后，可以进行调解；调解不成的，企业登记机关应当自受理之日起 3 个月内作出行政裁决。

第二十二条 利用企业名称实施不正当竞争等行为的，依照有关法律、行政法规的规定处理。

第二十三条 使用企业名称应当遵守法律法规，诚实守信，不得损害他人合法权益。

人民法院或者企业登记机关依法认定企业名称应当停止使用的，企业应当自收到人民法院生效的法律文书或者企业登记机关的处理决定之日起 30

日内办理企业名称变更登记。名称变更前，由企业登记机关以统一社会信用代码代替其名称。企业逾期未办理变更登记的，企业登记机关将其列入经营异常名录；完成变更登记后，企业登记机关将其移出经营异常名录。

第二十四条 申请人登记或者使用企业名称违反本规定的，依照企业登记相关法律、行政法规的规定予以处罚。

企业登记机关对不符合本规定的企业名称予以登记，或者对符合本规定的企业名称不予登记的，对直接负责的主管人员和其他直接责任人员，依法给予行政处分。

第二十五条 农民专业合作社和个体工商户的名称登记管理，参照本规定执行。

第二十六条 本规定自 2021 年 3 月 1 日起施行。

企业名称登记管理规定实施办法

（2023 年 8 月 29 日）

第一章　总　　则

第一条　为了规范企业名称登记管理，保护企业的合法权益，维护社会经济秩序，优化营商环境，根据《企业名称登记管理规定》、《中华人民共和国市场主体登记管理条例》等有关法律、行政法规，制定本办法。

第二条　本办法适用于在中国境内依法需要办理登记的企业，包括公司、非公司企业法人、合伙企业、个人独资企业和上述企业分支机构，以及外国公司分支机构等。

第三条　企业名称登记管理应当遵循依法合规、规范统一、公开透明、便捷高效的原则。

企业名称的申报和使用应当坚持诚实信用，尊重在先合法权利，避免混淆。

第四条　国家市场监督管理总局主管全国企业名称登记管理工作，负责制定企业名称禁限用规则、相同相近比对规则等企业名称登记管理的具体规范；负责建立、管理和维护全国企业名称规范管理系统和国家市场监督管理总局企业名称申报系统。

第五条　各省、自治区、直辖市人民政府市场监督管理部门（以下统称省级企业登记机关）负责建立、管理和维护本行政区域内的企业名称申报系统，并与全国企业名称规范管理系统、国家市场监督管理总局企业名称申报系统对接。

县级以上地方企业登记机关负责本行政区域内的企业名称登记管理工作，处理企业名称争议，规范企业名称登记管理秩序。

第六条　国家市场监督管理总局可以根据工作需要，授权省级企业登记机关从事不含行政区划名称的企业名称登记管理工作，提供高质量的企业名称申报服务。

国家市场监督管理总局建立抽查制度，加强对前款工作的监督检查。

第二章　企业名称规范

第七条　企业名称应当使用规范汉字。

企业需将企业名称译成外文使用的，应当依据相关外文翻译原则进行翻译使用，不得违反法律法规规定。

第八条　企业名称一般应当由行政区划名称、字号、行业或者经营特点、组织形式组成，并依次排列。法律、行政法规和本办法另有规定的除外。

第九条　企业名称中的行政区划名称应当是企业所在地的县级以上地方行政区划名称。

根据商业惯例等实际需要，企业名称中的行政区划名称置于字号之后、组织形式之前的，应当加注括号。

第十条　企业名称中的字号应当具有显著性，由两个以上汉字组成，可以是字、词或者其组合。

县级以上地方行政区划名称、行业或者经营特点用语等具有其他含义，且社会公众可以明确识别，不会认为与地名、行业或者经营特点有特定联系的，可以作为字号或者字号的组成部分。

自然人投资人的姓名可以作为字号。

第十一条　企业名称中的行业或者经营特点用语应当根据企业的主营业务和国民经济行业分类标准确定。国民经济行业分类标准中没有规定的，可以参照行业习惯或者专业文献等表述。

企业为表明主营业务的具体特性，将县级以上地方行政区划名称作为企业名称中的行业或者经营特点的组成部分的，应当参照行业习惯或者有专业文献依据。

第十二条　企业应当依法在名称中标明与组织结构或者责任形式一致的组织形式用语，不得使用可能使公众误以为是其他组织形式的字样。

（一）公司应当在名称中标明“有限责任公司”、“有限公司”或者“股份有限公司”、“股份公司”字样；

（二）合伙企业应当在名称中标明“（普通合伙）”、“（特殊普通合伙）”、“（有限合伙）”字样；

（三）个人独资企业应当在名称中标明“（个人独资）”字样。

第十三条 企业分支机构名称应当冠以其所从属企业的名称，缀以“分公司”、“分厂”、“分店”等字词，并在名称中标明该分支机构的行业和所在地行政区划名称或者地名等，其行业或者所在地行政区划名称与所从属企业一致的，可以不再标明。

第十四条 企业名称冠以“中国”、“中华”、“中央”、“全国”、“国家”等字词的，国家市场监督管理总局应当按照法律法规相关规定从严审核，提出审核意见并报国务院批准。

企业名称中间含有“中国”、“中华”、“全国”、“国家”等字词的，该字词应当是行业限定语。

第十五条 外商投资企业名称中含有“（中国）”字样的，其字号应当与企业的外国投资者名称或者字号翻译内容保持一致，并符合法律法规规定。

第十六条 企业名称应当符合《企业名称登记管理规定》第十一条规定，不得存在下列情形：

（一）使用与国家重大战略政策相关的文字，使公众误认为与国家出资、政府信用等有关联关系；

（二）使用“国家级”、“最高级”、“最佳”等带有误导性的文字；

（三）使用与同行业在先有一定影响的他人名称（包括简称、字号等）相同或者近似的文字；

（四）使用明示或者暗示为非营利性组织的文字；

（五）法律、行政法规和本办法禁止的其他情形。

第十七条 已经登记的企业法人控股 3 家以上企业法人的，可以在企业名称的组织形式之前使用“集团”或者“（集团）”字样。

企业集团名称应当在企业集团母公司办理变更登记时一并提出。

第十八条 企业集团名称应当与企业集团母公司名称的行政区划名称、字号、行业或者经营特点保持一致。

经企业集团母公司授权的子公司、参股公司，其名称可以冠以企业集团名称。

企业集团母公司应当将企业集团名称以及集团成员信息通过国家企业信用信息公示系统向社会公示。

第十九条 已经登记的企业法人，在 3 个以上省级行政区域内投资设立字号与本企业字号相同且经营 1 年以上的公司，或者符合法律、行政法规、国家市场监督管理总局规定的其他情形，其名称可以不含行政区划名称。

除有投资关系外，前款企业名称应当同时与企业所在地设区的市级行政区域内已经登记的或者在保留期内的同行业企业名称字号不相同。

第二十条 已经登记的跨5个以上国民经济行业门类综合经营的企业法人，投资设立3个以上与本企业字号相同且经营1年以上的公司，同时各公司的行业或者经营特点分别属于国民经济行业不同门类，其名称可以不含行业或者经营特点。除有投资关系外，该企业名称应当同时与企业所在地同一行政区域内已经登记的或者在保留期内的企业名称字号不相同。

前款企业名称不含行政区划名称的，除有投资关系外，还应当同时与企业所在地省级行政区域内已经登记的或者在保留期内的企业名称字号不相同。

第三章 企业名称自主申报服务

第二十一条 企业名称由申请人自主申报。

申请人可以通过企业名称申报系统或者在企业登记机关服务窗口提交有关信息和材料，包括全体投资人确认的企业名称、住所、投资人名称或者姓名等。申请人应当对提交材料的真实性、合法性和有效性负责。

企业名称申报系统对申请人提交的企业名称进行自动比对，依据企业名称禁限用规则、相同相近比对规则等作出禁限用说明或者风险提示。企业名称不含行政区划名称以及属于《企业名称登记管理规定》第十二条规定情形的，申请人应当同时在国家市场监督管理总局企业名称申报系统和企业名称数据库中进行查询、比对和筛选。

第二十二条 申请人根据查询、比对和筛选的结果，选取符合要求的企业名称，并承诺因其企业名称与他人企业名称近似侵犯他人合法权益的，依法承担法律责任。

第二十三条 申报企业名称，不得有下列行为：

（一）不以自行使用为目的，恶意囤积企业名称，占用名称资源等，损害社会公共利益或者妨碍社会公共秩序；

（二）提交虚假材料或者采取其他欺诈手段进行企业名称自主申报；

（三）故意申报与他人在先具有一定影响的名称（包括简称、字号等）近似的企业名称；

（四）故意申报法律、行政法规和本办法禁止的企业名称。

第二十四条　《企业名称登记管理规定》第十七条所称申请人拟定的企业名称中的字号与同行业或者不使用行业、经营特点表述的企业名称中的字号相同的情形包括：

（一）企业名称中的字号相同，行政区划名称、字号、行业或者经营特点、组织形式的排列顺序不同但文字相同；

（二）企业名称中的字号相同，行政区划名称或者组织形式不同，但行业或者经营特点相同；

（三）企业名称中的字号相同，行业或者经营特点表述不同但实质内容相同。

第二十五条　企业登记机关对通过企业名称申报系统提交完成的企业名称予以保留，保留期为 2 个月。设立企业依法应当报经批准或者企业经营范围中有在登记前须经批准的项目的，保留期为 1 年。

企业登记机关可以依申请向申请人出具名称保留告知书。

申请人应当在保留期届满前办理企业登记。保留期内的企业名称不得用于经营活动。

第二十六条　企业登记机关在办理企业登记时，发现保留期内的名称不符合企业名称登记管理相关规定的，不予登记并书面说明理由。

第四章　企业名称使用和监督管理

第二十七条　使用企业名称应当遵守法律法规规定，不得以模仿、混淆等方式侵犯他人在先合法权益。

第二十八条　企业的印章、银行账户等所使用的企业名称，应当与其营业执照上的企业名称相同。

法律文书使用企业名称，应当与该企业营业执照上的企业名称相同。

第二十九条　企业名称可以依法转让。企业名称的转让方与受让方应当签订书面合同，依法向企业登记机关办理企业名称变更登记，并由企业登记机关通过国家企业信用信息公示系统向社会公示企业名称转让信息。

第三十条　企业授权使用企业名称的，不得损害他人合法权益。

企业名称的授权方与使用方应当分别将企业名称授权使用信息通过国家企业信用信息公示系统向社会公示。

第三十一条　企业登记机关发现已经登记的企业名称不符合企业名称登记管理相关规定的，应当依法及时纠正，责令企业变更名称。对不立即变更可能严重损害社会公共利益或者产生不良社会影响的企业名称，经企业登记机关主要负责人批准，可以用统一社会信用代码代替。

上级企业登记机关可以纠正下级企业登记机关已经登记的不符合企业名称登记管理相关规定的企业名称。

其他单位或者个人认为已经登记的企业名称不符合企业名称登记管理相关规定的，可以请求企业登记机关予以纠正。

第三十二条 企业应当自收到企业登记机关的纠正决定之日起30日内办理企业名称变更登记。企业名称变更前，由企业登记机关在国家企业信用信息公示系统和电子营业执照中以统一社会信用代码代替其企业名称。

企业逾期未办理变更登记的，企业登记机关将其列入经营异常名录；完成变更登记后，企业可以依法向企业登记机关申请将其移出经营异常名录。

第三十三条 省级企业登记机关在企业名称登记管理工作中发现下列情形，应当及时向国家市场监督管理总局报告，国家市场监督管理总局根据具体情况进行处理：

（一）发现将损害国家利益、社会公共利益，妨害社会公共秩序，或者有其他不良影响的文字作为名称字号申报，需要将相关字词纳入企业名称禁限用管理的；

（二）发现在全国范围内有一定影响的企业名称（包括简称、字号等）被他人擅自使用，误导公众，需要将该企业名称纳入企业名称禁限用管理的；

（三）发现将其他属于《企业名称登记管理规定》第十一条规定禁止情形的文字作为名称字号申报，需要将相关字词纳入企业名称禁限用管理的；

（四）需要在全国范围内统一争议裁决标准的企业名称争议；

（五）在全国范围内产生重大影响的企业名称登记管理工作；

（六）其他应当报告的情形。

第五章　企业名称争议裁决

第三十四条 企业认为其他企业名称侵犯本企业名称合法权益的，可以向人民法院起诉或者请求为涉嫌侵权企业办理登记的企业登记机关处理。

第三十五条 企业登记机关负责企业名称争议裁决工作，应当根据工作需要依法配备符合条件的裁决人员，为企业名称争议裁决提供保障。

第三十六条 提出企业名称争议申请，应当有具体的请求、事实、理由、法律依据和证据，并提交以下材料：

（一）企业名称争议裁决申请书；

（二）被申请人企业名称侵犯申请人企业名称合法权益的证据材料；

（三）申请人主体资格文件，委托代理的，还应当提交委托书和被委托人主体资格文件或者自然人身份证件；

（四）其他与企业名称争议有关的材料。

第三十七条 企业登记机关应当自收到申请之日起 5 个工作日内对申请材料进行审查，作出是否受理的决定，并书面通知申请人；对申请材料不符合要求的，应当一次性告知申请人需要补正的全部内容。申请人应当自收到补正通知之日起 5 个工作日内补正。

第三十八条 有下列情形之一的，企业登记机关依法不予受理并说明理由：

（一）争议不属于本机关管辖；

（二）无明确的争议事实、理由、法律依据和证据；

（三）申请人未在规定时限内补正，或者申请材料经补正后仍不符合要求；

（四）人民法院已经受理申请人的企业名称争议诉讼请求或者作出裁判；

（五）申请人经调解达成协议后，再以相同的理由提出企业名称争议申请；

（六）企业登记机关已经作出不予受理申请决定或者已经作出行政裁决后，同一申请人以相同的事实、理由、法律依据针对同一个企业名称再次提出争议申请；

（七）企业名称争议一方或者双方已经注销；

（八）依法不予受理的其他情形。

第三十九条 企业登记机关应当自决定受理之日起 5 个工作日内将申请书和相关证据材料副本随同答辩告知书发送被申请人。

被申请人应当自收到上述材料之日起 10 个工作日内提交答辩书和相关证据材料。

企业登记机关应当自收到被申请人提交的材料之日起 5 个工作日内将其发送给申请人。

被申请人逾期未提交答辩书和相关证据材料的，不影响企业登记机关的裁决。

第四十条 经双方当事人同意，企业登记机关可以对企业名称争议进行调解。

调解达成协议的，企业登记机关应当制作调解书，当事人应当履行。调解不成的，企业登记机关应当自受理之日起 3 个月内作出行政裁决。

第四十一条 企业登记机关对企业名称争议进行审查时，依法综合考虑以下因素：

（一）争议双方企业的主营业务；

（二）争议双方企业名称的显著性、独创性；

（三）争议双方企业名称的持续使用时间以及相关公众知悉程度；

（四）争议双方在进行企业名称申报时作出的依法承担法律责任的承诺；

（五）争议企业名称是否造成相关公众的混淆误认；

（六）争议企业名称是否利用或者损害他人商誉；

（七）企业登记机关认为应当考虑的其他因素。

企业登记机关必要时可以向有关组织和人员调查了解情况。

第四十二条 企业登记机关经审查，认为当事人构成侵犯他人企业名称合法权益的，应当制作企业名称争议行政裁决书，送达双方当事人，并责令侵权人停止使用被争议企业名称；争议理由不成立的，依法驳回争议申请。

第四十三条 企业被裁决停止使用企业名称的，应当自收到争议裁决之日起 30 日内办理企业名称变更登记。企业名称变更前，由企业登记机关在国家企业信用信息公示系统和电子营业执照中以统一社会信用代码代替其企业名称。

企业逾期未办理变更登记的，企业登记机关将其列入经营异常名录；完成变更登记后，企业可以依法向企业登记机关申请将其移出经营异常名录。

第四十四条 争议企业名称权利的确定必须以人民法院正在审理或者行政机关正在处理的其他案件结果为依据的，应当中止审查，并告知争议双方。

在企业名称争议裁决期间，就争议企业名称发生诉讼的，当事人应当及时告知企业登记机关。

在企业名称争议裁决期间，企业名称争议一方或者双方注销，或者存在法律法规规定的其他情形的，企业登记机关应当作出终止裁决的决定。

第四十五条 争议裁决作出前，申请人可以书面向企业登记机关要求撤回申请并说明理由。企业登记机关认为可以撤回的，终止争议审查程序，并告知争议双方。

第四十六条　对于事实清楚、争议不大、案情简单的企业名称争议，企业登记机关可以依照有关规定适用简易裁决程序。

第四十七条　当事人对企业名称争议裁决不服的，可以依法申请行政复议或者向人民法院提起诉讼。

第六章　法律责任

第四十八条　申报企业名称，违反本办法第二十三条第（一）、（二）项规定的，由企业登记机关责令改正；拒不改正的，处1万元以上10万元以下的罚款。法律、行政法规另有规定的，依照其规定。

申报企业名称，违反本办法第二十三条第（三）、（四）项规定，严重扰乱企业名称登记管理秩序，产生不良社会影响的，由企业登记机关处1万元以上10万元以下的罚款。

第四十九条　利用企业名称实施不正当竞争等行为的，依照有关法律、行政法规的规定处理。

违反本办法规定，使用企业名称，损害他人合法权益，企业逾期未依法办理变更登记的，由企业登记机关依照《中华人民共和国市场主体登记管理条例》第四十六条规定予以处罚。

第五十条　企业登记机关应当健全内部监督制度，对从事企业名称登记管理工作的人员执行法律法规和遵守纪律的情况加强监督。

从事企业名称登记管理工作的人员应当依法履职，廉洁自律，不得从事相关代理业务或者违反规定从事、参与营利性活动。

企业登记机关对不符合规定的企业名称予以登记，或者对符合规定的企业名称不予登记的，对直接负责的主管人员和其他直接责任人员，依法给予行政处分。

第五十一条　从事企业名称登记管理工作的人员滥用职权、玩忽职守、徇私舞弊，牟取不正当利益的，应当依照有关规定将相关线索移送纪检监察机关处理；构成犯罪的，依法追究刑事责任。

第七章　附　　则

第五十二条　本办法所称的企业集团，由其母公司、子公司、参股公司以及其他成员单位组成。母公司是依法登记注册，取得企业法人资格的控股企业；子公司是母公司拥有全部股权或者控股权的企业法人；参股公司是母公司拥有部分股权但是没有控股权的企业法人。

第五十三条 个体工商户和农民专业合作社的名称登记管理，参照本办法执行。

个体工商户使用名称的，应当在名称中标明“（个体工商户）”字样，其名称中的行政区划名称应当是其所在地县级行政区划名称，可以缀以个体工商户所在地的乡镇、街道或者行政村、社区、市场等名称。

农民专业合作社（联合社）应当在名称中标明“专业合作社”或者“专业合作社联合社”字样。

第五十四条 省级企业登记机关可以根据本行政区域实际情况，按照本办法对本行政区域内企业、个体工商户、农民专业合作社的违规名称纠正、名称争议裁决等名称登记管理工作制定实施细则。

第五十五条 本办法自 2023 年 10 月 1 日起施行。2004 年 6 月 14 日原国家工商行政管理总局令第 10 号公布的《企业名称登记管理实施办法》、2008 年 12 月 31 日原国家工商行政管理总局令第 38 号公布的《个体工商户名称登记管理办法》同时废止。

国家出资企业产权登记管理暂行办法

（2012 年 4 月 20 日）

第一章　总　　则

第一条　为了加强国家出资企业产权登记管理，及时、真实、动态、全面反映企业产权状况，根据《中华人民共和国企业国有资产法》、《企业国有资产监督管理暂行条例》（国务院令第 378 号）等法律和行政法规，制定本办法。

第二条　本办法所称国家出资企业产权登记（以下简称产权登记），是指国有资产监督管理机构对本级人民政府授权管理的国家出资企业的产权及其分布状况进行登记管理的行为。

第三条　国家出资企业、国家出资企业（不含国有资本参股公司）拥有实际控制权的境内外各级企业及其投资参股企业（以下统称企业），应当纳入产权登记范围。国家出资企业所属事业单位视为其子企业进行产权登记。

前款所称拥有实际控制权，是指国家出资企业直接或者间接合计持股比例超过 50%，或者持股比例虽然未超过 50%，但为第一大股东，并通过股东协议、公司章程、董事会决议或者其他协议安排能够实际支配企业行为的情形。

第四条　本办法所指出资人分为以下五类：

（一）履行出资人职责的机构；

（二）履行出资人职责的机构、国有独资企业、国有独资公司单独或者共同出资设立的企业；

（三）以上两类出资人直接或者间接合计持股比例超过 50% 不足 100% 的企业；

（四）以上三类出资人直接或者间接合计持股比例未超过 50% 但为第一大股东，并通过股东协议、公司章程、董事会决议或者其他协议安排能够实际支配企业行为的企业；

（五）以上四类出资人以外的企业、自然人或者其他经济组织。

以上（二）、（三）、（四）类出资人统称为履行出资人职责的企业。

第五条 企业为交易目的持有的下列股权不进行产权登记：

（一）为了赚取差价从二级市场购入的上市公司股权；

（二）为了近期内（一年以内）出售而持有的其他股权。

第六条 办理产权登记的企业应当权属清晰。存在产权纠纷的企业，应当在及时处理产权纠纷后申请办理产权登记。

第七条 各级国有资产监督管理机构分别负责本级人民政府授权管理的国家出资企业的产权登记管理。国务院国有资产监督管理机构对地方国有资产监督管理机构的产权登记工作进行指导和监督。

第八条 国家出资企业负责对其履行出资人职责的企业的产权登记工作进行管理，并向国有资产监督管理机构申请办理企业产权登记。

第九条 各级国有资产监督管理机构、国家出资企业应当定期对产权登记数据进行汇总分析。

省级国有资产监督管理机构应当于每年 1 月 31 日前，将本地区上年度企业产权登记数据汇总分析后，报国务院国有资产监督管理机构。

第二章 产权登记类型

第十条 产权登记分为占有产权登记、变动产权登记和注销产权登记。

第十一条 履行出资人职责的机构和履行出资人职责的企业有下列情形之一的，应当办理占有产权登记：

（一）因投资、分立、合并而新设企业的；

（二）因收购、投资入股而首次取得企业股权的；

（三）其他应当办理占有产权登记的情形。

第十二条 占有产权登记应包括下列内容：

（一）企业出资人及出资人类别、出资额、出资形式；

（二）企业注册资本、股权比例；

（三）企业名称及在国家出资企业中所处级次；

（四）企业组织形式；

（五）企业注册时间、注册地；

（六）企业主营业务范围；

（七）国有资产监督管理机构要求的其他内容。

第十三条 有下列情形之一的，应当办理变动产权登记：

（一）履行出资人职责的机构和履行出资人职责的企业名称、持股比例改变的；

（二）企业注册资本改变的；

（三）企业名称改变的；

（四）企业组织形式改变的；

（五）企业注册地改变的；

（六）企业主营业务改变的；

（七）其他应当办理变动产权登记的情形。

第十四条 有下列情形之一的，应当办理注销产权登记：

（一）因解散、破产进行清算，并注销企业法人资格的；

（二）因产权转让、减资、股权出资、出资人性质改变等导致企业出资人中不再存续履行出资人职责的机构和履行出资人职责的企业的；

（三）其他应当办理注销产权登记的情形。

第三章 产权登记程序

第十五条 企业发生产权登记相关经济行为时，应当自相关经济行为完成后 20 个工作日内，在办理工商登记前，申请办理产权登记。企业注销法人资格的，应当在办理工商注销登记后，及时办理注销产权登记。

第十六条 企业申请办理产权登记，应当由履行出资人职责的企业按照填报要求，填写有关登记内容和相关经济行为合规性资料目录，逐级报送国家出资企业，国家出资企业负责对登记内容及相关经济行为的合规性进行审核后，向国有资产监督管理机构申请登记。

同一国有资产监督管理机构及其管理的多个履行出资人职责的企业共同出资的企业，由拥有实际控制权的一方负责申请办理产权登记；任一方均不拥有实际控制权的，由持股比例最大的一方负责申请办理产权登记；各方持股比例相等的，由其共同推举一方负责申请办理产权登记。

非同一国有资产监督管理机构及其管理的多个履行出资人职责的企业共同出资的企业，由各方分别申请办理产权登记。

第十七条 国有资产监督管理机构自国家出资企业报送产权登记信息 10 个工作日内，对符合登记要求的企业予以登记；对相关经济行为操作过程中存在瑕疵的企业，国有资产监督管理机构应当向国家出资企业下发限期整改通知书，完成整改后予以登记。

第十八条 已办理产权登记的国家出资企业，由国有资产监督管理机构核发产权登记证；已办理产权登记的其他企业，由国有资产监督管理机构或者由国有资产监督管理机构授权国家出资企业核发产权登记表。

产权登记证、登记表是企业办结产权登记的证明，是客观记载企业产权状况基本信息的文件。产权登记证、登记表的格式和内容由国务院国有资产监督管理机构统一制发，企业在使用过程中不得擅自修改。

第十九条 企业应当在办理工商登记后 10 个工作日内，将企业法人营业执照或者工商变更登记表报送国有资产监督管理机构；工商登记信息与产权登记信息存在不一致的，企业应当核实相关资料，涉及变更产权登记信息的，企业应当修改后重新报送，国有资产监督管理机构或者国家出资企业对相关登记信息进行确认后重新核发产权登记证、登记表。

第二十条 产权登记仅涉及企业名称、注册地、主营业务等基础信息改变的，可在办理工商登记后申请办理产权登记。

第四章 产权登记管理

第二十一条 国家出资企业应当建立健全产权登记制度和工作体系，落实产权登记管理工作责任，并对制度执行情况进行监督检查。年度检查结果应当书面报告国有资产监督管理机构。

第二十二条 各级国有资产监督管理机构应当对企业产权登记工作的日常登记情况、年度检查情况和限期整改事项落实情况等进行检查，并予以通报。

第二十三条 国有资产监督管理机构、国家出资企业应当建立健全产权登记档案管理制度；国家出资企业对办理完成的产权登记事项，应当及时将合规性资料目录中所列资料整理归档，分户建立企业产权登记档案。

第二十四条 企业违反本办法规定，有下列行为之一的，由国有资产监督管理机构责令改正或者予以通报，造成国有资产损失的，依照有关规定追究企业领导和相关人员的责任：

（一）未按本办法规定及时、如实申请办理产权登记的；

（二）未按期进行整改的；

（三）伪造、涂改产权登记证、登记表的。

第五章　附　　则

第二十五条　省级国有资产监督管理机构可以依据本办法制定本地区的具体实施办法。

第二十六条　本办法自 2012 年 6 月 1 日起施行。

企业国有资产产权登记管理办法

（1996 年 1 月 25 日）

第一条 为了加强企业国有资产产权登记管理，健全国有资产基础管理制度，防止国有资产流失，制定本办法。

第二条 本办法所称企业国有资产产权登记（以下简称产权登记），是指国有资产管理部门代表政府对占有国有资产的各类企业的资产、负债、所有者权益等产权状况进行登记，依法确认产权归属关系的行为。

第三条 国有企业、国有独资公司、持有国家股权的单位以及以其他形式占有国有资产的企业（以下统称企业），应当依照本办法的规定办理产权登记。

第四条 企业产权归属关系不清楚或者发生产权纠纷的，可以申请暂缓办理产权登记。

企业应当在经批准的暂缓办理产权登记期限内，将产权界定清楚、产权纠纷处理完毕，并及时办理产权登记。

第五条 县级以上各级人民政府国有资产管理部门，按照产权归属关系办理产权登记。

国有资产管理部门根据工作需要，可以按照产权归属关系委托政府有关部门或者机构办理产权登记。

第六条 产权登记分为占有产权登记、变动产权登记和注销产权登记。

第七条 企业应当依照本办法向国有资产管理部门办理占有产权登记。

占有产权登记的主要内容：

（一）出资人名称、住所、出资金额及法定代表人；

（二）企业名称、住所及法定代表人；

（三）企业的资产、负债及所有者权益；

（四）企业实收资本、国有资本；

（五）企业投资情况；

（六）国务院国有资产管理部门规定的其他事项。

国有资产管理部门向企业核发的国有资产产权登记表，是企业的资信证明文件。

第八条 企业发生下列变动情形之一的，应当自变动之日起 30 日内办理变动产权登记：

（一）企业名称、住所或者法定代表人改变的；

（二）国有资本占企业实收资本比例发生变化的；

（三）企业分立、合并或者改变经营形式的；

（四）有国务院国有资产管理部门规定的其他变动情形的。

第九条 企业发生下列情形之一的，应当自各该情形发生之日起 30 日内办理注销产权登记：

（一）企业解散、被依法撤销或者被依法宣告破产的；

（二）企业转让全部产权或者企业被划转的；

（三）有国务院国有资产管理部门规定的其他情形的。

第十条 企业办理产权登记，应当按照规定填报国有资产产权登记表并提交有关文件、凭证、报表等。填报的内容或者提交的文件、凭证、报表等不符合规定的，国有资产管理部门有权要求企业补正。

第十一条 产权登记实行年度检查制度。

企业应当于每一年度终了后 90 日内，办理产权年度检查登记，向国有资产管理部门提交财务报告和国有资产经营年度报告书，报告下列主要内容：

（一）出资人的资金实际到位情况；

（二）企业国有资产的结构变化，包括企业对外投资情况；

（三）国有资产增减、变动情况；

（四）国务院国有资产管理部门规定的其他事项。

第十二条 国有资产产权登记表由国务院国有资产管理部门统一制定。

任何单位和个人不得伪造、涂改、出卖或者出借国有资产产权登记表。

国有资产产权登记表遗失或者毁坏的，应当按照规定申请补领。

第十三条 国有资产管理部门应当建立健全产权登记档案制度，并定期分析和报告国有资产产权状况。

第十四条 企业违反本办法规定，有下列行为之一的，由国有资产管理部门责令改正、通报批评，可以处以 10 万元以下的罚款，并提请政府有关部门对企业领导人员和直接责任人员按照规定给予纪律处分：

（一）在规定期限内不办理产权登记的；

（二）隐瞒真实情况、未如实办理产权登记的；

（三）不按照规定办理产权年度检查登记的；

（四）伪造、涂改、出卖或者出借国有资产产权登记表的。

第十五条 国有资产管理部门工作人员在办理产权登记中玩忽职守、徇私舞弊、滥用职权、谋取私利，构成犯罪的，依法追究刑事责任；尚不构成犯罪的，依法给予行政处分。

第十六条 军队企业的国有资产产权登记管理办法，由中国人民解放军总后勤部会同国务院国有资产管理部门参照本办法制定。

第十七条 本办法自发布之日起施行。国家国有资产管理局、财政部、国家工商行政管理局 1992 年 5 月 11 日发布的《国有资产产权登记管理试行办法》同时废止。

企业国有资产产权登记管理办法实施细则

（2000年4月6日）

第一章 总 则

第一条 根据国务院颁布的《企业国有资产产权登记管理办法》（国务院第192号令，以下简称《办法》），按照“国家所有、分级管理、授权经营、分工监督”的原则，制定本实施细则。

第二条 下列已取得或申请取得法人资格的企业或国家授权投资的机构（以下统称企业），应当按规定申办企业国有资产产权登记（以下简称产权登记）：

（一）国有企业；

（二）国有独资公司；

（三）国家授权投资的机构；

（四）设置国有股权的有限责任公司和股份有限公司；

（五）国有企业、国有独资公司或国家授权投资机构投资设立的企业；

（六）其他形式占有、使用国有资产的企业。

第三条 产权登记机关是县级以上各级政府负责国有资产管理的部门。

财政部主管全国产权登记工作，统一制定产权登记的各项政策法规。

上级产权登记机关指导下级产权登记机关的产权登记工作。

第四条 财政（国有资产管理）部门审定和颁发的《中华人民共和国企业国有资产产权登记证》（以下简称产权登记证），是依法确认企业产权归属关系的法律凭证和政府对企业授权经营国有资本的基本依据。

产权登记证分为正本和副本，企业发生国有产权变动时应当同时变更产权登记证正本和副本。

第五条 产权登记机关依法履行下列职责：

（一）依法确认企业产权归属，理顺企业集团内部产权关系；

（二）掌握企业国有资产占有、使用的状况；

（三）监管企业的国有产权变动；

（四）检查企业国有资产经营状况；

（五）监督国家授权投资机构、国有企业和国有独资公司的出资行为；

（六）备案企业的担保或资产被司法冻结等产权或有变动事项；

（七）在汇总、分析的基础上，编报并向同级政府和上级产权登记机关呈送产权登记与产权变动状况分析报告。

第六条 企业提供保证、定金或设置抵押、质押、留置，以及发生资产被司法机关冻结情况的，应当在申办各类产权登记中如实向产权登记机关报告。

企业以设置抵押、质押、留置、作为定金以及属于司法冻结的资产用于投资或进行产权（股权）转让时，必须符合《中华人民共和国担保法》等有关法律、法规的规定，否则，产权登记机关不予登记。

第二章 分级管理

第七条 产权登记按照统一政策、分级管理的原则由县级以上政府负责国有资产管理的部门按产权归属关系组织实施。

第八条 由两个及两个以上国有资本出资人共同投资设立的企业，按国有资本额最大的出资人的产权归属关系确定企业产权登记的管辖机关。

若国有资本各出资人出资额相等，则按推举的出资人的产权归属关系确定企业产权登记的管辖机关，其余出资人出具产权登记委托书。

产权登记机关办理上述企业产权登记时，应将产权登记表原件一式多份分送企业其余国有资本出资人。

第九条 产权登记机关可视具体情况，委托仍管理企业的政府部门、机构或下级产权登记机关办理企业的产权登记，具体办法另行制定。

第十条 财政部负责下列企业的产权登记工作：

（一）由国务院管辖的企业（含国家授权投资机构）；

（二）中央各部门、直属机构的机关后勤、事业单位，各直属事业单位及全国性社会团体管辖的企业；

（三）中央国有企业、国有独资公司或国务院授权的国家授权投资机构投资设立的企业。

第十一条 省、自治区、直辖市及计划单列市（以下简称省级）财政（国有资产管理）部门负责下列企业的产权登记：

（一）由省级政府管辖的企业（含省属国家授权投资机构）；

（二）省级各部门、直属机构的机关后勤、事业单位，各直属事业单位及省级社会团体管辖的企业；

（三）省级国有企业、国有独资公司或省级政府授权的国家授权投资机构投资设立的企业；

（四）财政部委托办理产权登记的企业。

第十二条 地（市）、县负责国有资产管理的部门产权登记管辖范围由各省、自治区、直辖市及计划单列市财政（国有资产管理）部门具体规定。

第三章 国家授权投资机构

第十三条 国家授权投资机构，实行如下产权登记管理方式：

（一）国家授权投资的机构设立或发生产权变动时应当按照本细则的规定向产权登记机关办理相应的占有、变动或注销产权登记；

（二）国家授权投资的机构投资所属的各类企业设立、变动或注销时，应当经授权投资机构审核同意后，按照本细则的规定向产权登记机关申办相应的产权登记手续；

（三）国家授权投资的机构应当按照本细则的规定每年向产权登记机关办理产权登记年度检查，汇总分析本企业的国有资产经营和产权变动状况，并提交国有资产经营年度报告书。

国家授权投资的机构所属的各类企业由授权投资机构一并向产权登记机关办理产权登记年度检查，各企业不再单独向产权登记机关办理产权登记年度检查。

第四章 占有产权登记

第十四条 已取得法人资格的企业应当在本细则实施后向产权登记机关申办占有产权登记，填写《企业国有资产占有产权登记表》，并提交下列文件、资料：

（一）由出资人的母公司或上级单位批准设立的文件、投资协议书或出资证明文件；

（二）经注册会计师审计的或财政部门核定的企业上一年度财务报告；

（三）各出资人的企业法人营业执照副本、经注册会计师审计的或财政部门核定的企业上一年度财务报告，其中国有资本出资人还应当提交产权登记证副本；

（四）企业章程；

（五）《企业法人营业执照》副本；

（六）企业提供保证、定金或设置抵押、质押、留置以及资产被司法机关冻结的相关文件；

（七）申办产权登记的申请；

（八）产权登记机关要求提交的其他文件、资料。

产权登记机关核准企业占有登记后，向企业核发产权登记证。

第十五条 申请取得法人资格的企业应当于申请办理工商注册登记前30日内，向财政（国有资产管理）部门办理产权登记，填写《企业国有资产占有产权登记表》，并提交下列文件、资料：

（一）出资人的母公司或上级单位批准设立的文件、投资协议书或出资证明文件；

（二）企业章程；

（三）《企业名称预先核准通知书》；

（四）各出资人的企业法人营业执照、经注册会计师审计的或财政部门核定的企业上一年度财务报告和提供保证、定金或设置抵押、质押、留置以及资产被司法机关冻结的相关文件；其中国有资本出资人还应当提交产权登记证副本；

（五）经注册会计师审核的验资报告，其中以货币投资的应当附银行进账单；以实物、无形资产投资的应当提交经财政（国有资产管理）部门合规性审核的资产评估报告；

（六）申办产权登记的申请；

（七）产权登记机关要求提交的其他文件、资料。

财政（国有资产管理）部门审定的产权登记表，是企业办理工商注册登记的资信证明文件。

企业依据产权登记机关审定的产权登记表向工商行政管理部门申办注册登记，取得企业法人资格后30日内到原产权登记机关领取产权登记证，同时提交《企业法人营业执照》副本。

第十六条 事业单位和社会团体法人设立企业或对企业追加投资的，应当提交《中华人民共和国国有资产产权登记证（行政事业单位）》及上级单位批准的非经营性资产转经营性资产的可行性研究报告，产权登记机关审查后直接办理占有或变动产权登记手续。

第十七条 除政府批准设立外，企业的组织形式不得登记为国有独资公司。

第十八条 国有企业设立的全资企业，其组织形式不得登记为集体企业。

第十九条 企业在申办占有产权登记时，实收资本与注册资本相比已发生增减变动的，应当先按实收资本变动前数额办理占有登记，再按本实施细则的规定申办变动产权登记。

未办理占有产权登记的企业发生国有产权变动时，应当按本实施细则第十四条的规定补办占有产权登记，然后再按本实施细则的规定申办变动或注销产权登记。

第五章 变动产权登记

第二十条 企业发生下列情形之一的，应当申办变动产权登记：

（一）企业名称、住所或法定代表人改变的；

（二）企业组织形式发生变动的；

（三）企业国有资本额发生增减变动的；

（四）企业国有资本出资人发生变动的；

（五）产权登记机关规定的其他变动情形。

第二十一条 企业发生本细则第二十条第一款情形的，应当于工商行政管理部门核准变动登记后 30 日内向原产权登记机关申办变动产权登记。

第二十二条 企业发生本细则第二十条第二款至第五款情形的，应当自政府有关部门或企业出资人批准、企业股东大会或董事会做出决定之日起 30 日内，向工商行政管理部门申请变更登记前，向原产权登记机关办理变动产权登记。

第二十三条 企业申办变动产权登记应当填写《企业国有资产变动产权登记表》，并提交下列文件、资料：

（一）政府有关部门或出资人的母公司或上级单位的批准文件、企业股东大会或董事会做出的书面决定及出资证明；

（二）修改后的企业章程；

（三）各出资人的企业法人营业执照、经注册会计师审计的或财政部门核定的企业上一年度财务报告和提供保证、定金或设置抵押、质押、留置以及资产被司法机关冻结的相关文件；其中，国有资本出资人还应当提交产权登记证副本；

（四）本企业的《企业法人营业执照》副本、经注册会计师审计的或财政部门核定的企业上一年度财务报告和提供保证、定金或设置抵押、质押、留置以及资产被司法机关冻结的相关文件和企业的产权登记证副本；

（五）经注册会计师审核的验资报告，其中以货币投资的应当附银行进账单；以实物、无形资产投资的应当提交经财政（国有资产管理）部门合规性审核的资产评估报告；

（六）企业发生本细则第二十条第三款、第四款情形且出资人是事业单位和社会团体法人的，应当提交《中华人民共和国国有资产产权登记证（行政事业单位）》和出资人上级单位批准的非经营性资产转经营性资产的可行性研究报告；

（七）企业兼并、转让或减少国有资本的，应当提交与债权银行、债权人签订的有关债务保全协议；

（八）经出资人的母公司或上级单位批准的转让国有产权的收入处置情况说明及有关文件；

（九）申办产权登记的申请；

（十）产权登记机关要求提交的其他文件、资料。

第二十四条 产权登记机关核准企业变动产权登记后，相应办理企业产权登记证正本和副本的变更手续。

第二十五条 企业发生国有产权变动而不及时办理相应产权登记手续，致使产权登记证正本、副本记载情况与实际情况不符的，由企业承担相应的法律责任。

第六章 注销产权登记

第二十六条 企业发生下列情形之一的，应当向原产权登记机关申办注销产权登记：

（一）企业解散、被依法撤销或被依法宣告破产；

（二）企业转让全部国有产权或改制后不再设置国有股权的；

（三）产权登记机关规定的其他情形。

第二十七条 企业解散的，应当自出资人的母公司或上级单位批准之日起 30 日内，向原产权登记机关申办注销产权登记。

企业被依法撤销的，应当自政府有关部门决定之日起30日内向原产权登记机关申办注销产权登记。

企业被依法宣告破产的，应当自法院裁定之日起60日内由企业破产清算机构向原产权登记机关申办注销产权登记。

企业转让全部国有产权（股权）或改制后不再设置国有股权的，应当自出资人的母公司或上级单位批准后30日内向原产权登记机关申办注销产权登记。

第二十八条 企业申办注销产权登记时应当填写《企业国有资产注销产权登记表》，并提交下列文件、资料：

（一）政府有关部门、出资人的母公司或上级单位、企业股东大会的批准文件，工商行政管理机关责令关闭的文件或法院宣告企业破产的裁定书；

（二）经注册会计师审计的或财政部门核定的企业上一年度财务报告；

（三）企业的财产清查、清算报告或经财政（国有资产管理）部门合规性审核的资产评估报告；

（四）企业有偿转让或整体改制的协议或方案；

（五）本企业的产权登记证工、副本和《企业法人营业执照》副本和提供保证、定金或设置抵押、质押、留置以及资产被司法机关冻结的相关文件；

（六）受让企业的《企业法人营业执照》副本和经注册会计师审计的年度财务报告和提供保证、定金或设置抵押、质押、留置以及资产被司法机关冻结的相关文件；

（七）转让方、受让方与债权银行、债权人签订的债务保全的协议；

（八）经出资人的母公司或上级单位批准的资产处置或产权转让收入处置情况说明及相关文件；

（九）申办产权登记的申请；

（十）产权登记机关要求提交的其他文件、资料。

第二十九条 产权登记机关核准企业注销产权登记后，收回被注销企业的产权登记证正本和副本。

第七章 产权登记年度检查

第三十条 企业应当于每个公历年度终了后90日内，办理工商年检登记之前，向原产权登记机关申办产权登记年度检查。

第三十一条 企业申办产权登记年度检查时应当按产权登记机关的规定上报企业国有资产经营年度报告书和填写《企业国有资产产权登记年度检查表》，并提交下列文件、资料：

（一）经注册会计师审计的或财政部门核定的企业上一年度财务报告；

（二）企业的产权登记证副本和《企业法人营业执照》副本；

（三）企业国有资产经营年度报告书；

（四）申办产权登记年度检查的申请；

（五）产权登记机关要求提交的其他文件、资料。

第三十二条 企业国有资产经营年度报告书是反映企业在检查年度内国有资产经营状况和产权变动状况的书面文件。主要报告以下内容：

（一）企业国有资产保值增值情况；

（二）企业国有资本金实际到位和增减变动情况；

（三）企业及其子公司、孙公司等发生产权变动情况及是否及时办理相应产权登记手续情况；

（四）企业对外投资及投资收益情况；

（五）企业及其子公司的担保、资产被司法机关冻结等产权或有变动情况；

（六）其他需要说明的问题。

企业产权登记年度检查制度和产权登记与产权变动状况分析报告制度另行制定。

第三十三条 年检合格后，由产权登记机关在企业产权登记证副本和年度检查表上加盖年检合格章。

第三十四条 下级产权登记机关应当于每个公历年度终了后 150 日内，编制并向同级政府和上级产权登记机关报送产权登记与产权变动状况分析报告。

第三十五条 产权登记年度检查表不作为确定企业国有产权归属的法律依据。企业不得以年度检查替代产权登记。

企业应当按产权登记机关的规定及时办理年度检查，如不按规定办理年度检查的或年度检查不合格的，其产权登记证不再具有法律效力。

产权登记机关在年度检查中发现企业未及时办理产权登记问题时，应当督促其按本实施细则的规定补办产权登记。未补办产权登记的，其年度检查不予通过。

第八章　产权登记程序

第三十六条　企业占有、使用国有资产状况以最近一次办理产权登记时产权登记机关确认的数额为准。

第三十七条　企业申办产权登记，应当按规定填写相应的产权登记表，并向产权登记机关提交有关的文件、资料。

第三十八条　企业申办产权登记必须经政府管理的企业或企业集团母公司（含政府授权经营的企业）出具审核意见；仍由政府有关部门、机构或国有社会团体管理的企业，由部门、机构或社团出具审核意见。

企业未按上述规定取得审核意见的，产权登记机关不予受理产权登记。

第三十九条　产权登记机关收到企业提交的符合规定的全部文件、资料后，发给《产权登记受理通知书》，并于10个工作日内做出核准产权登记或不准予产权登记的决定。

产权登记机关核准产权登记的，发给、换发或收缴企业的产权登记证正本和副本。

产权登记机关不予登记的，应当自做出决定之日起3日内通知登记申请人，并说明原因。

第四十条　企业发生《办法》第四条规定情形，需暂缓办理产权登记的，应向产权登记机关提出书面申请。产权登记机关自收到企业书面申请10个工作日内，依据实际情况以书面文件通知企业准予或不准予暂缓登记。

（一）企业获准暂缓登记的，应当在批准的期限内，将产权界定清楚、产权纠纷处理完毕，并及时办理产权登记；

（二）企业在批准的暂缓期限内，仍未能将产权界定清楚、产权纠纷处理完毕的，应当在期满后向产权登记机关书面报告产权纠纷处理情况并书面申请延续暂缓登记，产权登记机关自收到企业书面报告和申请10个工作日内，依据实际情况以书面文件通知企业准予或不准予延续暂缓登记。

第四十一条　企业有下列行为之一的，产权登记机关有权要求其更正，拒不更正的，产权登记机关不予办理产权登记；

（一）企业填报的产权登记表各项内容或提交的文件违反有关法规或不符合本实施细则要求的；

（二）企业以实物或无形资产出资，未按国家有关规定进行资产评估或折股的；

（三）企业的投资行为、产权变动行为违反法律、行政法规和国家有关政策规定或使国有资产权益受到侵害的。

第四十二条 未及时办理产权登记的企业在补办产权登记时，应当书面说明原因和具体情况。

第九章 产权登记档案管理

第四十三条 财政部统一制定产权登记证正本和副本，确定各类产权登记表的内容和格式。

第四十四条 经产权登记机关颁发、审定的产权登记表和产权登记证正本、副本是产权登记的法律文件。任何单位和个人不得伪造、涂改、出借、出租或出售，有遗失或毁坏的，应当向原产权登记机关申请补领。

第四十五条 企业申办产权登记时，应当将所提交的文件、材料整理成卷，附加目录清单，纸张的尺寸规格不得超出产权登记证副本。

企业未按要求提交规范文件、材料的，产权登记机关有权不予受理。

第四十六条 产权登记机关应当妥善保管企业产权登记表，建立产权登记档案。

第四十七条 企业的产权登记管辖机关发生变更的，由原产权登记机关将该企业产权登记档案材料整理、归并后移交新的产权登记管辖机关。

第十章 法律责任

第四十八条 企业违反《办法》有关规定的，产权登记机关可视情节轻重，做出如下处罚：

（一）企业不在规定的期限内办理产权登记及其年度检查的，产权登记机关责令其限期办理，并视情节轻重，处以一千元以上三万元以下罚款，逾期仍不办理的，产权登记机关视情节轻重，处以三万元以上六万元以下罚款，并提请政府有关部门对企业领导人员和直接责任人员给予相应的纪律处分；

（二）企业提供虚假财务报告或证明文件，隐瞒真实情况，骗取产权登记及其年度检查的；伪造、涂改、出借、出租、出卖产权登记表和产权登记证等其他行为的，产权登记机关责令其限期改正，并予以通报批评，视情节轻重处以六万元以上十万元以下罚款，并提请政府有关部门对企业领导人员和直接责任人员给予相应的纪律处分；

（三）会计、评估、法律咨询事务所（公司）等中介机构故意为企业出具虚假的审计、验资报告或有关证明文件的，将不得再从事与产权登记有关的审计、验资、评估等事务，产权登记机关将向注册会计师协会等管理机构通报情况，并予以公告；造成国有资产流失并构成犯罪的，依法追究其刑事责任。

第四十九条 产权登记行政处罚决定由财政（国有资产管理）部门负责人核准并加盖公章以《企业产权登记行政处罚决定书》（以下简称《决定书》）的形式通知受处罚企业。需要罚款的，同时向指定缴款银行签发财政部门统一印制的罚款收据。

企业对行政处罚决定不服的，可以在收到决定书之日起15日内向上一级产权登记机关申请行政复议。上一级产权登记机关应当自受理复议之日起60日内做出复议决定。

第五十条 产权登记证是企业进行资产评估、国有企业股份制改组和产权转让等审批的必备文件之一。对没有产权登记证的企业，不予办理相关的工作。

第五十一条 企业违反规定不办理产权登记及其年度检查，造成国有资产流失并构成犯罪的，依法追究其刑事责任。

第五十二条 产权登记机关工作人员违反《办法》和本细则的规定，利用职权刁难企业的，或牟取私利，玩忽职守，造成国有资产流失的，视情节轻重给予行政处分。构成犯罪的，依法追究其刑事责任。

第十一章　附　　则

第五十三条 军队保留企业的产权登记实施细则由中国人民解放军总后勤部参照本实施细则重新制定，报财政部备案。

第五十四条 本实施细则由财政部负责解释并组织实施。

第五十五条 本实施细则自发布之日起施行。原国家国有资产管理局制定的《企业国有资产产权登记管理办法实施细则》（国资产发〔1996〕31号文件）同时废止。

（三）评估、审核与认定

企业国有资产评估管理暂行办法

（2005 年 8 月 25 日）

第一章　总　　则

第一条　为规范企业国有资产评估行为，维护国有资产出资人合法权益，促进企业国有产权有序流转，防止国有资产流失，根据《中华人民共和国公司法》、《企业国有资产监督管理暂行条例》（国务院令第 378 号）和《国有资产评估管理办法》（国务院令第 91 号）等有关法律法规，制定本办法。

第二条　各级国有资产监督管理机构履行出资人职责的企业（以下统称所出资企业）及其各级子企业（以下统称企业）涉及的资产评估，适用本办法。

第三条　各级国有资产监督管理机构负责其所出资企业的国有资产评估监管工作。

国务院国有资产监督管理机构负责对全国企业国有资产评估监管工作进行指导和监督。

第四条　企业国有资产评估项目实行核准制和备案制。

经各级人民政府批准经济行为的事项涉及的资产评估项目，分别由其国有资产监督管理机构负责核准。

经国务院国有资产监督管理机构批准经济行为的事项涉及的资产评估项目，由国务院国有资产监督管理机构负责备案；经国务院国有资产监督管理机构所出资企业（以下简称中央企业）及其各级子企业批准经济行为的事项涉及的资产评估项目，由中央企业负责备案。

地方国有资产监督管理机构及其所出资企业的资产评估项目备案管理工作的职责分工，由地方国有资产监督管理机构根据各地实际情况自行规定。

第五条　各级国有资产监督管理机构及其所出资企业，应当建立企业国有资产评估管理工作制度，完善资产评估项目的档案管理，做好项目统计分析报告工作。

省级国有资产监督管理机构和中央企业应当于每年度终了 30 个工作日内将其资产评估项目情况的统计分析资料上报国务院国有资产监督管理机构。

第二章　资产评估

第六条　企业有下列行为之一的，应当对相关资产进行评估：

（一）整体或者部分改建为有限责任公司或者股份有限公司；

（二）以非货币资产对外投资；

（三）合并、分立、破产、解散；

（四）非上市公司国有股东股权比例变动；

（五）产权转让；

（六）资产转让、置换；

（七）整体资产或者部分资产租赁给非国有单位；

（八）以非货币资产偿还债务；

（九）资产涉讼；

（十）收购非国有单位的资产；

（十一）接受非国有单位以非货币资产出资；

（十二）接受非国有单位以非货币资产抵债；

（十三）法律、行政法规规定的其他需要进行资产评估的事项。

第七条　企业有下列行为之一的，可以不对相关国有资产进行评估：

（一）经各级人民政府或其国有资产监督管理机构批准，对企业整体或者部分资产实施无偿划转；

（二）国有独资企业与其下属独资企业（事业单位）之间或其下属独资企业（事业单位）之间的合并、资产（产权）置换和无偿划转。

第八条　企业发生第六条所列行为的，应当由其产权持有单位委托具有相应资质的资产评估机构进行评估。

第九条　企业产权持有单位委托的资产评估机构应当具备下列基本条件：

（一）遵守国家有关法律、法规、规章以及企业国有资产评估的政策规定，严格履行法定职责，近 3 年内没有违法、违规记录；

（二）具有与评估对象相适应的资质条件；

（三）具有与评估对象相适应的专业人员和专业特长；

（四）与企业负责人无经济利益关系；

（五）未向同一经济行为提供审计业务服务。

第十条　企业应当向资产评估机构如实提供有关情况和资料，并对所提供情况和资料的真实性、合法性和完整性负责，不得隐匿或虚报资产。

第十一条　企业应当积极配合资产评估机构开展工作，不得以任何形式干预其正常执业行为。

第三章　核准与备案

第十二条　凡需经核准的资产评估项目，企业在资产评估前应当向国有资产监督管理机构报告下列有关事项：

（一）相关经济行为批准情况；

（二）评估基准日的选择情况；

（三）资产评估范围的确定情况；

（四）选择资产评估机构的条件、范围、程序及拟选定机构的资质、专业特长情况；

（五）资产评估的时间进度安排情况。

第十三条　企业应当及时向国有资产监督管理机构报告资产评估项目的工作进展情况。国有资产监督管理机构认为必要时，可以对该项目进行跟踪指导和现场检查。

第十四条　资产评估项目的核准按照下列程序进行：

（一）企业收到资产评估机构出具的评估报告后应当逐级上报初审，经初审同意后，自评估基准日起 8 个月内向国有资产监督管理机构提出核准申请；

（二）国有资产监督管理机构收到核准申请后，对符合核准要求的，及时组织有关专家审核，在 20 个工作日内完成对评估报告的核准；对不符合核准要求的，予以退回。

第十五条　企业提出资产评估项目核准申请时，应当向国有资产监督管理机构报送下列文件材料：

（一）资产评估项目核准申请文件；

（二）资产评估项目核准申请表（附件 1）；

（三）与评估目的相对应的经济行为批准文件或有效材料；

（四）所涉及的资产重组方案或者改制方案、发起人协议等材料；

（五）资产评估机构提交的资产评估报告（包括评估报告书、评估说明、评估明细表及其电子文档）；

（六）与经济行为相对应的审计报告；

（七）资产评估各当事方的相关承诺函；

（八）其他有关材料。

第十六条 国有资产监督管理机构应当对下列事项进行审核：

（一）资产评估项目所涉及的经济行为是否获得批准；

（二）资产评估机构是否具备相应评估资质；

（三）评估人员是否具备相应执业资格；

（四）评估基准日的选择是否适当，评估结果的使用有效期是否明示；

（五）资产评估范围与经济行为批准文件确定的资产范围是否一致；

（六）评估依据是否适当；

（七）企业是否就所提供的资产权属证明文件、财务会计资料及生产经营管理资料的真实性、合法性和完整性做出承诺；

（八）评估过程是否符合相关评估准则的规定；

（九）参与审核的专家是否达成一致意见。

第十七条 资产评估项目的备案按照下列程序进行：

（一）企业收到资产评估机构出具的评估报告后，将备案材料逐级报送给国有资产监督管理机构或其所出资企业，自评估基准日起 9 个月内提出备案申请；

（二）国有资产监督管理机构或者所出资企业收到备案材料后，对材料齐全的，在 20 个工作日内办理备案手续，必要时可组织有关专家参与备案评审。

第十八条 资产评估项目备案需报送下列文件材料：

（一）国有资产评估项目备案表一式三份（附件 2）；

（二）资产评估报告（评估报告书、评估说明和评估明细表及其电子文档）；

（三）与资产评估项目相对应的经济行为批准文件；

（四）其他有关材料。

第十九条 国有资产监督管理机构及所出资企业根据下列情况确定是否对资产评估项目予以备案：

（一）资产评估所涉及的经济行为是否获得批准；

（二）资产评估机构是否具备相应评估资质，评估人员是否具备相应执业资格；

（三）评估基准日的选择是否适当，评估结果的使用有效期是否明示；

（四）资产评估范围与经济行为批准文件确定的资产范围是否一致；

（五）企业是否就所提供的资产权属证明文件、财务会计资料及生产经营管理资料的真实性、合法性和完整性作出承诺；

（六）评估程序是否符合相关评估准则的规定。

第二十条 国有资产监督管理机构下达的资产评估项目核准文件和经国有资产监督管理机构或所出资企业备案的资产评估项目备案表是企业办理产权登记、股权设置和产权转让等相关手续的必备文件。

第二十一条 经核准或备案的资产评估结果使用有效期为自评估基准日起1年。

第二十二条 企业进行与资产评估相应的经济行为时，应当以经核准或备案的资产评估结果为作价参考依据；当交易价格低于评估结果的90%时，应当暂停交易，在获得原经济行为批准机构同意后方可继续交易。

第四章　监督检查

第二十三条 各级国有资产监督管理机构应当加强对企业国有资产评估工作的监督检查，重点检查企业内部国有资产评估管理制度的建立、执行情况和评估管理人员配备情况，定期或者不定期地对资产评估项目进行抽查。

第二十四条 各级国有资产监督管理机构对企业资产评估项目进行抽查的内容包括：

（一）企业经济行为的合规性；

（二）评估的资产范围与有关经济行为所涉及的资产范围是否一致；

（三）企业提供的资产权属证明文件、财务会计资料及生产经营管理资料的真实性、合法性和完整性；

（四）资产评估机构的执业资质和评估人员的执业资格；

（五）资产账面价值与评估结果的差异；

（六）经济行为的实际成交价与评估结果的差异；

（七）评估工作底稿；

（八）评估依据的合理性；

（九）评估报告对重大事项及其对评估结果影响的披露程度，以及该披露与实际情况的差异；

（十）其他有关情况。

第二十五条 省级国有资产监督管理机构应当于每年度终了30个工作日内将检查、抽查及处理情况上报国务院国有资产监督管理机构。

第二十六条 国有资产监督管理机构应当将资产评估项目的抽查结果通报相关部门。

第五章 罚　　则

第二十七条 企业违反本办法，有下列情形之一的，由国有资产监督管理机构通报批评并责令改正，必要时可依法向人民法院提起诉讼，确认其相应的经济行为无效：

（一）应当进行资产评估而未进行评估；

（二）聘请不符合相应资质条件的资产评估机构从事国有资产评估活动；

（三）向资产评估机构提供虚假情况和资料，或者与资产评估机构串通作弊导致评估结果失实的；

（四）应当办理核准、备案而未办理。

第二十八条 企业在国有资产评估中发生违法违规行为或者不正当使用评估报告的，对负有直接责任的主管人员和其他直接责任人员，依法给予处分；涉嫌犯罪的，依法移送司法机关处理。

第二十九条 受托资产评估机构在资产评估过程中违规执业的，由国有资产监督管理机构将有关情况通报其行业主管部门，建议给予相应处罚；情节严重的，可要求企业不得再委托该中介机构及其当事人进行国有资产评估业务；涉嫌犯罪的，依法移送司法机关处理。

第三十条 有关资产评估机构对资产评估项目抽查工作不予配合的，国有资产监督管理机构可以要求企业不得再委托该资产评估机构及其当事人进行国有资产评估业务。

第三十一条 各级国有资产监督管理机构工作人员违反本规定，造成国有资产流失的，依法给予处分；涉嫌犯罪的，依法移送司法机关处理。

第六章 附　　则

第三十二条 境外国有资产评估，遵照相关法规执行。

第三十三条 政企尚未分开单位所属企事业单位的国有资产评估工作，

参照本办法执行。

第三十四条 省级国有资产监督管理机构可以根据本办法，制定本地区相关工作规范，并报国务院国有资产监督管理机构备案。

第三十五条 本办法自 2005 年 9 月 1 日起施行。

附件：1. 资产评估项目核准申请表（略）

2. 国有资产评估项目备案表（略）

国有企业资产损失认定工作规则

（2003 年 9 月 13 日）

第一章　总　　则

第一条　为加强对国有及国有控股企业（以下简称企业）清产核资工作的监督管理，规范企业资产损失的核实和认定工作，根据《国有企业清产核资办法》和国家有关财务会计制度，制定本规则。

第二条　本规则所称的资产损失，是指企业清产核资清查出的在基准日之前，已经发生的各项财产损失和以前年度的经营潜亏及资金挂账等。

第三条　企业清产核资中清查出的各项资产损失，依据《国有企业清产核资办法》及本规则规定进行核实和认定。

第四条　企业清产核资中清查出各项资产损失的核实和认定，依据有关会计科目，按照货币资金损失、坏账损失、存货损失、待摊费用挂账损失、投资损失、固定资产损失、在建工程和工程物资损失、无形资产损失、其他资产损失等分类分项进行。

第五条　国有资产监督管理机构按照国家有关规定负责对企业清产核资中清查出的资产损失进行审核和认定工作。

第二章　资产损失认定的证据

第六条　在清产核资工作中，企业需要申报认定的各项资产损失，均应提供合法证据，包括：具有法律效力的外部证据、社会中介机构的经济鉴证证明和特定事项的企业内部证据。

第七条　具有法律效力的外部证据，是指企业收集到的司法机关、公安机关、行政部门、专业技术鉴定部门等依法出具的与本企业资产损失相关的具有法律效力的书面文件，主要包括：

（一）司法机关的判决或者裁定；

（二）公安机关的立案结案证明、回复；

（三）工商管理部门出具的注销、吊销及停业证明；

（四）企业的破产清算公告及清偿文件；

（五）政府部门的公文及明令禁止的文件；

（六）国家及授权专业技术鉴定部门的鉴定报告；

（七）保险公司对投保资产出具的出险调查单，理赔计算单等；

（八）符合法律条件的其他证据。

第八条 社会中介机构的经济鉴证证明，是指社会中介机构按照独立、客观、公正的原则，在充分调查研究、论证和分析计算基础上，进行职业推断和客观评判，对企业的某项经济事项发表的专项经济鉴证证明或鉴证意见书，包括：会计师事务所、资产评估机构、律师事务所、专业鉴定机构等出具的经济鉴证证明或鉴证意见书。

第九条 特定事项的企业内部证据，是指本企业在财产清查过程中，对涉及财产盘盈、盘亏或者实物资产报废、毁损及相关资金挂账等情况的内部证明和内部鉴定意见书等，主要包括：

（一）会计核算有关资料和原始凭证；

（二）资产盘点表；

（三）相关经济行为的业务合同；

（四）企业内部技术鉴定小组或内部专业技术部门的鉴定文件或资料（数额较大、影响较大的资产损失项目，应当聘请行业内专家参加技术鉴定和论证）；

（五）企业的内部核批文件及有关情况说明；

（六）由于经营管理责任造成的损失，要有对责任人的责任认定及赔偿情况说明。

第十条 对作为资产损失的所有证据，企业都应当根据内部控制制度和财务管理制度，进行逐级审核，认真把关；承担企业清产核资专项财务审计业务的中介机构应根据独立审计准则规定做好相关证据的复核、甄别工作，逐项予以核实和确认。

第三章　资产损失认定的原则

第十一条 为保证企业资产状况的真实性和财务信息的准确性，企业对清产核资中清查出的已丧失了使用价值或者转让价值、不能再为企业带来经济利益的账面无效资产，凡事实确凿、证明充分的，依据国家财务会计制度和清产核资政策规定，认定为损失，经批准后可予以财务核销。

第十二条 企业对清产核资中清查出的各项资产损失，应当积极组织力量逐户逐项进行认真清理和核对，取得足以说明损失事实的合法证据，并对损失的资产项目及金额按规定的工作程序和工作要求进行核实和认定。

对数额较大、影响较大的资产损失项目，企业应当逐项作出专项说明，承担专项财务审计业务的中介机构应当重点予以核实。

第十三条 企业对清产核资中清查出的各项资产损失，虽取得外部法律效力证明，但其损失金额无法根据证据确定的，或者难以取得外部具有法律效力证明的有关资产损失，应当由社会中介机构进行经济鉴证后出具鉴证意见书。

第十四条 企业对经批准核销的不良债权、不良投资等损失，应当认真加强管理，建立“账销案存”管理制度，组织力量或成立专门机构进一步清理和追索，避免国有资产流失。

第十五条 企业对经批准核销的报废毁损固定资产、存货、在建工程等实物资产损失，应当分类排队，进行认真清理，对有利用价值或者能收回残值的，应当积极进行处理，以最大限度降低损失。

第十六条 企业清查出的由于会计技术性差错引起的资产不实，不属于资产损失的认定范围，应当由企业依据会计准则规定的会计差错更正办法，经会计师事务所审计提出相关意见后自行处理。

第十七条 企业集团内部单位之间、母公司与子公司之间的互相往来款项、投资和关联交易，债务人核销债务要与债权人核销债权同等金额、同时进行，并签订书面协议，互相提供处理债权或者债务的财务资料。

第四章 货币资金损失的认定

第十八条 货币资金损失是指企业清查出的现金短缺和各类金融机构存款发生的有关损失。

第十九条 企业清查出的现金短缺，将现金短缺数扣除责任人赔偿后的数额，依据下列证据，确认为损失：

（一）现金保管人确认的现金盘点表（包括倒推至基准日的记录）；

（二）现金保管人对于短款的说明及相关核准文件；

（三）由于管理责任造成的，应当有对责任人的责任认定及赔偿情况说明；

（四）涉及刑事犯罪的应当提供有关司法涉案材料。

第二十条 企业清查出的存款中金融机构已付、企业未付的款项，依据财产清查基准日的银行对账单及相应的银行存款余额调节表，要逐笔查明银行已付、企业未付款项的形成原因，确认与收款人的债权债务关系，核实情况分清责任。对不能收回款项，比照本规则坏账损失的认定要求，进行损失认定。

第五章 坏账损失的认定

第二十一条 坏账损失是指企业不能收回的各项应收款项造成的损失，主要包括：应收账款和其他应收款、应收票据、预付账款等发生坏账造成的损失。

第二十二条 对在清产核资中清查出的各项坏账，企业应当逐项分析形成原因，对有合法证据证明确实不能收回的应收款项，分别不同情况，认定为损失。

第二十三条 债务单位已被宣告破产、注销、吊销工商登记或者被政府责令关闭等，造成应收款项无法收回的，依据下列证据，认定为损失：

（一）法院的破产公告和破产清算的清偿文件；

（二）工商部门的注销、吊销证明；

（三）政府部门有关行政决定文件。

对上述情形中已经清算的，应当扣除债务人清算财产实际清偿部分后，对不能收回的款项，认定为损失。

对尚未清算的，由社会中介机构进行职业推断和客观评判后出具经济鉴证证明，对确实不能收回的部分，认定为损失。

第二十四条 债务人已失踪、死亡的应收款项，在取得公安机关出具的债务人已失踪、死亡的证明后，确定其遗产不足清偿部分或无法找到承债人追偿债务的，由社会中介机构进行职业推断和客观评判后出具经济鉴证证明，认定为损失。

第二十五条 债务人因遭受战争、国际政治事件及自然灾害等不可抗力因素影响，对确实无法收回的应收款项，由企业作出专项说明，经社会中介机构进行职业推断和客观评判后出具经济鉴证证明，认定为损失。

第二十六条 逾期不能收回的应收款项，有败诉的法院判决书、裁定书，或者胜诉但无法执行或债务人无偿债能力被法院裁定终（中）止执行的，依据法院的判决、裁定或终（中）止执行的法律文书，认定为损失。

第二十七条 在逾期不能收回的应收款项中，单笔数额较小、不足以弥补清收成本的，由企业作出专项说明，经社会中介机构进行职业推断和客观评判后出具经济鉴证证明，认定为损失。

第二十八条 逾期3年以上的应收款项，企业有依法催收磋商记录，确认债务人已资不抵债、连续3年亏损或连续停止经营3年以上的，并能认定在最近3年内没有任何业务往来，由社会中介机构进行职业推断和客观评判后出具鉴证证明，认定为损失。

第二十九条 逾期3年以上的应收款项，债务人在境外及港、澳、台地区的，经依法催收仍不能收回的，在取得境外中介机构出具的有关证明，或者取得我国驻外使（领）馆或商务机构出具的有关证明后，认定为损失。

第三十条 对逾期3年以上的应收款项，企业为了减少坏账损失而与债务人协商，按一定比例折扣后收回（含收回的实物资产）的，根据企业董事会或者经理（厂长）办公会审议决定（二级及以下企业应有上级母公司的核准文件）和债权债务双方签订的有效协议，以及已收回资金的证明，其折扣部分，认定为损失。

第六章 存货损失的认定

第三十一条 存货损失是指有关商品、产成品、半成品、在产品以及各类材料、燃料、包装物、低值易耗品等发生的盘盈、盘亏、变质、毁损、报废、淘汰、被盗等造成的净损失，以及存货成本的高留低转资金挂账等。

第三十二条 对盘盈和盘亏的存货，扣除责任人赔偿后的差额部分，依据下列证据，认定为损失：

（一）存货盘点表；

（二）社会中介机构的经济鉴证证明；

（三）其他应当提供的材料：

1. 存货保管人对于盘盈和盘亏的情况说明；

2. 盘盈存货的价值确定依据（包括相关入库手续、相同相近存货采购发票价格或者其他确定依据）；

3. 盘亏存货的价值确定依据；

4. 企业内部有关责任认定、责任人赔偿说明和内部核批文件。

第三十三条 对报废、毁损的存货，将其账面价值扣除残值及保险赔偿或责任人赔偿后的差额部分，依据下列证据，认定为损失：

（一）单项或者批量金额较小的存货，由企业内部有关部门出具技术鉴定证明；

（二）单项或者批量金额较大的存货，应取得国家有关技术鉴定部门或具有技术鉴定资格的社会中介机构出具的技术鉴定证明；

（三）涉及保险索赔的，应当有保险公司理赔情况说明；

（四）其他应当提供的材料：

1. 企业内部关于存货报废、毁损情况说明及审批文件；

2. 残值情况说明；

3. 企业内部有关责任认定、责任人赔偿说明和内部核批文件。

第三十四条　对被盗的存货，将其账面价值扣除保险理赔以及责任人赔偿后的差额部分，依据以下证据，认定为损失：

（一）向公安机关的报案记录；公安机关立案、破案和结案的证明材料；

（二）涉及责任人的责任认定及赔偿情况说明；

（三）涉及保险索赔的，应有保险公司理赔情况说明。

第三十五条　对已削价、折价处理的存货，由企业有关部门说明情况，依据有关会计凭证将原账面价值与已收回价值的差额部分，认定为损失。

第三十六条　对清查出的存货成本高留低转部分，由企业作出专项说明，经社会中介机构进行职业推断和客观评判后出具经济鉴证证明，认定为损失。

第七章　待摊费用挂账损失的认定

第三十七条　企业清查出的已经失去摊销意义的费用项目，由企业作出相关事项说明，经社会中介机构进行职业推断和客观评判后出具经济鉴证证明，认定为损失。

第三十八条　企业清查出的长期应摊未摊费用，由企业作出难以自行消化的未摊销专项说明，经社会中介机构进行职业推断和客观评判后出具经济鉴证证明，认定为损失。

第三十九条　企业清查出的有关应提未提费用，由企业作出专项说明，经社会中介机构进行职业推断和客观评判后出具经济鉴证证明，认定为损失。

第四十条　企业清查出的以前年度由于国家外汇汇率政策调整引起的汇

兑损失挂账，由企业作出专项说明，经社会中介机构进行职业推断和客观评判后出具经济鉴证证明，认定为损失。

第八章　投资损失的认定

第四十一条　投资损失是指企业发生的不良股权或者债权投资造成的损失，包括长期投资损失和短期投资损失。对清查出的不良投资，企业要逐项进行原因分析，对有合法证据证明不能收回的，认定为损失。

第四十二条　被投资单位已破产、清算、被撤销、关闭或被注销、吊销工商登记等，造成难以收回的不良投资，依据下列证据，认定为损失：

（一）法院的破产公告或者破产清算的清偿文件；

（二）工商部门的注销、吊销文件；

（三）政府部门的有关行政决定文件；

对已经清算的，扣除清算财产清偿后的差额部分，认定为损失。

尚未清算的，由社会中介机构经过职业推断和客观评判后出具经济鉴证证明，对被投资单位剩余财产确实不足清偿投资的差额部分，认定为损失。

第四十三条　对企业有关参股投资项目金额较小，确认被投资单位已资不抵债、连续经营亏损 3 年以上或连续停止经营 3 年以上的，由社会中介机构进行职业推断和客观评判后出具经济鉴证证明，对确实不能收回的部分，认定为损失。

第四十四条　企业经营期货、证券、外汇等短期投资未进行交割或清理的，不能认定为损失。

第九章　固定资产损失的认定

第四十五条　固定资产损失是指企业房屋建筑物、机器设备、运输设备、工具器具等发生的盘盈、盘亏、淘汰、毁损、报废、丢失、被盗等造成的净损失。

第四十六条　对盘盈的固定资产，依据下列证据，确认为固定资产盘盈入账。

（一）固定资产盘点表；

（二）使用保管人对于盘盈情况说明材料；

（三）盘盈固定资产的价值确定依据（同类固定资产的市场价格、类似资产的购买合同、发票或竣工决算资料）；

（四）单项或批量数额较大固定资产的盘盈，企业难以取得价值确认依据的，应当委托社会中介机构进行估价，出具估价报告。

第四十七条 对盘亏的固定资产，将其账面净值扣除责任人赔偿后的差额部分，依据下列证据，认定为损失：

（一）固定资产盘点表；

（二）盘亏情况说明（单项或批量金额较大的固定资产盘亏，企业要逐项作出专项说明，由社会中介机构进行职业推断和客观评判后出具经济鉴证证明）；

（三）社会中介机构的经济鉴证证明；

（四）企业内部有关责任认定和内部核准文件等。

第四十八条 对报废、毁损的固定资产，将其账面净值扣除残值、保险赔偿和责任人赔偿后的差额部分，依据下列证据，认定为损失：

（一）企业内部有关部门出具的鉴定证明；

（二）单项或批量金额较大的固定资产报废、毁损，由企业作出专项说明，应当委托有技术鉴定资格的机构进行鉴定，出具鉴定证明；

（三）不可抗力原因（自然灾害、意外事故）造成固定资产毁损、报废的，应当有相关职能部门出具的鉴定报告。如消防部门出具的受灾证明；公安部门出具的事故现场处理报告、车辆报损证明；房管部门的房屋拆除证明；锅炉、电梯等安检部门的检验报告等；

（四）企业固定资产报废、毁损情况说明及内部核批文件；

（五）涉及保险索赔的，应当有保险理赔情况说明。

第四十九条 对被盗的固定资产，将其账面净值扣除责任人的赔偿和保险理赔后的差额部分，依据下列证据，认定为损失：

（一）向公安机关的报案记录；公安机关立案、破案和结案的证明材料；

（二）企业内部有关责任认定、责任人赔偿说明和内部核批文件；

（三）涉及保险索赔的，应当有保险理赔情况说明。

第十章 在建工程和工程物资损失的认定

第五十条 在建工程损失和工程物资损失是指企业已经发生的因停建、废弃和报废、拆除的在建工程项目造成的损失，以及因此而引起的相应工程物资报废或者削价处理等发生的损失。

第五十一条 因停建、废弃和报废、拆除的在建工程，将其账面投资扣除残值后的差额部分，依据下列证据，认定为损失：

（一）国家明令停建项目的文件；

（二）规划等有关政府部门出具的工程停建、拆除通知文件；

（三）企业对报废、废弃的在建工程项目出具的鉴定意见和原因说明及核批文件；单项数额较大的在建工程报废，应当有行业专家参与的技术鉴定意见；

（四）工程项目实际投入的价值确定依据。

第五十二条 由于自然灾害和意外事故毁损的在建工程，将其账面投资扣除残值、保险赔偿及责任赔偿后的差额部分，依据下列证据，认定为损失：

（一）有关自然灾害或者意外事故证明；

（二）涉及保险索赔的，应当有保险理赔情况说明；

（三）企业内部有关责任认定、责任人赔偿说明和核准文件。

第五十三条 工程物资发生损失的，比照本规则存货损失的认定要求，进行损失认定。

第十一章 无形资产和其他资产损失的认定

第五十四条 无形资产损失是指某项无形资产已经被其他新技术所代替或已经超过了法律保护的期限，已经丧失了使用价值和转让价值，不能给企业再带来经济利益，而使该无形资产成为无效资产，其账面尚未摊销的余额，形成无形资产损失。

第五十五条 企业清查出的无形资产损失，依据有关技术部门提供的鉴定材料，或者已经超过了法律保护的期限证明文件，将尚未摊销的无形资产账面余额，认定为损失。

第五十六条 企业或有负债（包括担保、抵押、委托贷款等行为造成的损失）成为事实负债后，对无法追回的债权，分别按有关资产损失认定要求，进行损失认定。

（一）对外提供担保损失。被担保人由于不能按期偿还债务，本企业承担了担保连带还款责任，经清查和追索，被担保人无偿还能力，对无法追回的，比照本规则坏账损失的认定要求，进行损失认定。

（二）抵押损失。由于企业没能按期赎回抵押资产，使抵押资产被拍卖或变卖，其账面价值与拍卖或变卖价值的差额部分，依据拍卖或变卖证明，认定为损失。

（三）委托贷款损失。企业委托金融机构向其他单位贷出的款项，对贷款单位不能按期偿还的，比照本规则投资损失的认定要求，进行损失认定。

第五十七条 国家特准储备物资发生损失的，按有关规定的审批程序另行报批。

第十二章 附 则

第五十八条 企业应按照《会计档案管理办法》的规定，妥善保管清产核资工作档案，清产核资各种工作底稿、各项资产损失认定证明和会计基础材料，应分类装订成册，按规定期限保存。

第五十九条 本规则自公布之日起施行。

国有企业清产核资工作规程

（2003 年 9 月 13 日）

第一章 总 则

第一条 为规范国有及国有控股企业（以下简称企业）清产核资工作，保证工作质量，提高工作效率，根据《国有企业清产核资办法》和国家有关财务会计制度，制定本工作规程。

第二条 企业开展清产核资工作，应当依据《国有企业清产核资办法》规定及本工作规程明确的工作程序、工作方法、工作要求和工作步骤等组织进行。

第三条 企业开展清产核资工作，有关立项申请、账务清理、资产清查、价值重估、损溢认定、报表编制、中介审计、结果申报、资金核实、账务处理、完善制度等工作任务，应当遵循本工作规程相关要求。

第四条 制定企业清产核资工作规程的目的，是为了促进建立依法管理、公开透明、监督制衡的企业清产核资工作基本程序和工作规范。

第二章 立项申请

第五条 企业开展清产核资工作，除国有资产监督管理机构特殊规定外，均应当根据实际情况和国家清产核资有关要求提出申请，经批准同意后组织实施。

属于由国有资产监督管理机构要求开展清产核资工作的，企业依据国有资产监督管理机构的工作通知或者工作方案，组织实施。

第六条 企业发生《国有企业清产核资办法》第八条所规定的有关经济行为的，依据国家清产核资有关政策和企业经济行为需要，由母公司统一向同级国有资产监督管理机构提出开展清产核资工作申请报告。

第七条 企业清产核资工作申请报告主要包括以下内容：

（一）企业情况简介；

（二）开展清产核资工作的原因；

（三）开展清产核资工作基准日（清查时点）；

（四）清产核资工作范围；

（五）清产核资工作组织方式；

（六）需要说明的其他事项。

第八条 企业清产核资工作申请报告，应当附报能够说明开展清产核资理由的相关文件或材料。

国有控股企业开展或者参加清产核资工作，应当附报企业董事会或者股东会的相关决议。

第九条 企业开展清产核资工作的范围应当包括：企业总部及所属全部的子企业（含下属事业单位、分支机构、境外子企业等，下同）。对于因特殊原因不能参加清产核资工作的子企业，企业应当附报有关名单并说明原因，经批准后可以账面数作为清产核资工作结果。

第十条 企业所属下列子企业可以不列入参加清产核资工作范围，直接以企业账面数作为企业清产核资工作结果：

（一）子企业新成立不到1年的；

（二）子企业因某种特定经济行为在上一年度已组织进行过资产评估的；

（三）子企业资产、财务状况良好，经财务审计确实不存在较大资产损失或者潜亏挂账的。

第十一条 国有资产监督管理机构在收到企业报送的清产核资工作申请报告后，应当依据清产核资制度及时予以审核和答复。

（一）对于符合开展清产核资工作条件的，国有资产监督管理机构应在规定时间内出具同意企业开展清产核资工作的文件；

（二）对于不符合开展清产核资工作条件的，国有资产监督管理机构应当及时通知企业并告之原因。

第十二条 企业经核准同意开展清产核资工作后，应当指定内设的财务管理或资产管理等机构或者成立多部门组成的临时机构作为具体工作办事机构，负责本企业清产核资有关工作的组织和协调，并与国有资产监督管理机构建立工作联系。

第十三条 企业经核准同意开展清产核资工作后，应当于接到同意文件15个工作日内，根据国家有关清产核资工作政策、工作制度和工作要求，制定本企业清产核资工作的具体实施方案，并报同级国有资产监督管理机构备案（其中应当抄报本企业监事会 1 份）。

第十四条 企业清产核资工作的具体实施方案，主要包括以下内容：

（一）企业开展清产核资工作目标；

（二）企业清产核资办事机构基本情况；

（三）企业清产核资工作组织方式；

（四）企业清产核资工作内容；

（五）企业清产核资工作步骤和时间安排；

（六）企业清产核资工作要求及工作纪律；

（七）需要说明的其他事项。

第十五条 企业在清产核资中，应当认真做好本企业内部户数清理工作，确定基本清查单位或项目，明确工作范围，落实工作责任制。基本清查单位和清产核资工作组织，原则上按照企业财务隶属关系划分和确定。

第三章　账务清理

第十六条 为保证企业的账账相符、账证相符，企业在清产核资工作中必须认真做好账务清理工作，即：对企业总公司及子企业所有账户进行清理，以及总公司同各子企业之间的各项内部资金往来、存借款余额、库存现金和有价证券等基本账务情况进行全面核对和清理，以保证企业各项账务的全面和准确。

第十七条 企业账务清理应当以清产核资工作基准日为时点，采取倒轧账的方式对各项账务进行全面清理，认真做好内部账户结算和资金核对工作。

通过账务清理要做到总公司内部各部门、总公司同各子企业之间、子企业相互之间往来关系清楚、资金关系明晰。

第十八条 企业对在金融机构开立的人民币支付结算的银行基本存款账户、一般存款账户、临时存款账户、专用存款账户，以及经常项目外汇账户、资本项目外汇账户等要进行全面清理。

第十九条 企业在清产核资中，应当认真清理企业及所属子企业各种违规账户或者账外账，按照国家现行有关金融、财会管理制度规定，检查本企业在各种金融机构中开立的银行账户是否合规，对违规开立的银行账户应当坚决清理；对于账外账的情况，一经发现，应当坚决纠正。

第二十条 企业在清产核资工作中，应当认真清查公司总部及所有子企业的各项账外现金，对违反国家财经法规及其他有关规定侵占、截留的收入，或者私存私放的各项现金（即“小金库”）进行全面清理，应当认真予以纠正，及时纳入企业账内。

第二十一条 企业在清产核资中，应当认真对企业总部及所属子企业对内或者对外的担保情况、财产抵押和司法诉讼等情况进行全面清理，并根据实际情况分类排队，并采取有效措施防范风险。

第二十二条 企业在账务清理中，对清理出来的各种由于会计技术性差错因素造成的错账，应当根据会计准则关于会计差错调整的规定自行进行账务调整。

第四章 资产清查

第二十三条 企业应当在清产核资过程中认真组织力量做好资产清查工作，对企业的各项资产进行全面的清理、核对和查实。社会中介机构应按照独立审计准则的相关规定对资产盘点进行监盘。

第二十四条 企业在组织资产清查时，应当把实物盘点同核实账务结合起来，在盘点过程中要以账对物、以物核账，做好细致的核对工作，保证企业做到账实相符。

（一）企业资产清查工作应当把清理资产同核查负债和所有者权益结合起来，对企业的负债、权益认真清理，对于因会计技术差错造成的不实债权、债务进行甄别并及时改正；对清查出来的账外权益、负债要及时入账，以确保企业的资产、负债及权益的真实、准确。

（二）企业资产清查工作应当重点做好各类应收及预付账款、各项对外投资、账外资产的清理，查实应收账款的债权是否存在，核实对外投资初始成本的现有实际价值。

第二十五条 企业对流动资产清查核实的范围和内容包括现金、各种存款、各种应收及预付款项、短期投资和存货等。

第二十六条 现金清查主要是确定货币资金是否存在；货币资金的收支记录是否完整；库存现金、银行存款以及其他货币资金账户的余额是否正确。

第二十七条 对库存现金的清查，应当查看库存现金是否超过核定的限额，现金收支是否符合现金管理规定；核对库存现金实际金额与现金日记账户余额是否相符；编制库存现金盘点表。对库存外币依币种清查，并以清查时点当日之银行外币买入牌价换算。

备用金余额加上各项支出凭证的金额应等于当初设置备用金数额。截至清查时点时，应当核对企业现金日记账的余额与库存现金的盘点金额是否相符；如有差异，应说明原因。

第二十八条 对其他货币资金，主要是清查外埠存款、银行汇票存款、银行本票存款、在途货币资金、信用卡存款、信用证存款等，按其他货币资金账户及其明细分类账逐一核对。

第二十九条 对银行存款，主要清查企业在开户银行及其他金融机构各种存款账面余额与银行及其他金融机构中该企业的账面余额是否相符；对银行存款的清查，应根据银行存款对账单、存款种类及货币种类逐一查对、核实。检查银行存款余额调节表中未达账项的真实性；检查非记账本位币折合记账本位币所采用的折算汇率是否正确，折算差额是否已按规定进行账务处理。

（一）存款明细要依不同银行账户分列明细，应当区分人民币及各种外币；

（二）定期存款应当出具银行定期存款单；

（三）各项存款应当由银行出具证明文件；

（四）外币存款应当按外币币种及银行分列；

（五）银行存款账列有利息收入时应当详加注明。

第三十条 应收及预付款项的清查内容包括应收票据、应收账款、其他应收款、预付账款和待摊费用。

（一）清查应收票据时，企业应当按其种类逐笔与购货单位或者银行核对查实；

（二）清查应收账款、其他应收款和预付账款时，企业应当逐一与对方单位核对，以双方一致金额记账。对有争议的债权要认真清理、查证、核实，重新明确债权关系。对长期拖欠，要查明原因，积极催收；对经确认难以收回的款项，应当明确责任，做好有关取证工作；

（三）应当认真清理企业职工个人借款并限期收回。

第三十一条 短期投资的清查主要对国库券、各种特种债券、股票及其他短期投资进行清理，取得股票、债券及基金账户对账单，与明细账余额核对，盘点库存有价证券，与相关账户余额进行核对。

第三十二条 存货的清查内容主要包括：原材料、辅助材料、燃料、修理用备件、包装物、低值易耗品、在产品、半成品、产成品、外购商品、协作件以及代保管、在途、外存、外借、委托加工的物资（商品）等。

（一）各企业都应当认真组织清仓查库，对所有存货全面清查盘点；对清查出的积压、已毁损或需报废的存货，应当查明原因，组织相应的技术鉴定，并提出处理意见；

（二）对长期外借未收回的存货，应当查明原因，积极收回或按规定作价转让；

（三）代保管物资由代保管单位协助清查，并将清查结果告知产权单位。

第三十三条 固定资产清查的范围主要包括房屋及建筑物、机器设备、运输设备、工具器具和土地等。

（一）对固定资产要查清固定资产原值、净值，已提折旧额，清理出已提足折旧的固定资产、待报废和提前报废固定资产的数额及固定资产损失、待核销数额等；

（二）租出的固定资产由租出方负责清查，没有登记入账的要将清查结果与租入方进行核对后，登记入账；

（三）对借出和未按规定手续批准转让出去的资产，应当认真清理收回或者补办手续；

（四）对清查出的各项账面盘盈（含账外）、盘亏固定资产，要认真查明原因，分清工作责任，提出处理意见；

（五）经过清查后的各项固定资产，依据用途（指生产性或非生产性）和使用情况（指在用、未使用或不需用等）进行重新登记，建立健全实物账卡；

（六）对清查出的各项未使用、不需用的固定资产，应当查明购建日期、使用时间、技术状况和主要参数等，按调拨（其价值转入受拨单位）、转生产用、出售、待报废等提出处理意见；

（七）土地清查的范围包括企业依法占用和出租、出借给其他企业使用的土地，企业举办国内联营、合资企业以使用权作价投资或入股的土地，企业与外方举办的中外合资、合作经营企业以使用权作价入股的土地。

第三十四条 长期投资的清查主要包括总公司和子企业以流动资产、固定资产、无形资产等各种资产的各种形式投资。

（一）在清查对外长期投资时，凡按股份或者资本份额拥有实际控制权的，一般应采用权益法进行清查；没有实际控制权的，按企业目前对外投资的核算方式进行清查。核查内容包括：有关长期投资的合同、协议、章程，有权力部门的批准文件，确认目前拥有的实际股权、原始投入、股权比例、分红等项内容；

（二）企业在境外的长期投资清查主要包括以资金、实物资产、无形资产在境外投资举办的各类独资、合资、联营、参股公司等企业中的各项资产，由中方投资企业认真查明管理情况和投资效益。

第三十五条 在建工程（包括基建项目）清查的范围和内容主要是在建或停缓建的国家基建项目、技术改造项目，包括完工未交付使用（含试车）、交付使用未验收入账等工程项目、长期挂账但实际已经停工报废的项目。在建工程要由建设单位负责按项目逐一进行清查，主要登记在建工程的项目性质、投资来源、投资总额、实际支出、实际完工进度和管理状况。

对在建工程的毁损报废要详细说明原因，提供合规证明材料。对清理出来的在建工程中已完工未交付使用和交付使用未验收入账的工程，企业应当及时入账。

第三十六条 无形资产清查的范围和内容包括各项专利权、商标权、特许权、版权、商誉、土地使用权及房屋使用权等。对无形资产的清查进行全面盘点，确定其真实价值及完整内容，核实权属证明材料，检查实际摊销情况。

第三十七条 递延资产及其他资产清查的范围和内容包括开办费、租入固定资产改良支出及特准储备物资等，应当逐一清理，认真核查摊销余额。

第三十八条 负债清查的范围和内容包括各项流动负债和长期负债。流动负债要清查各种短期借款、应付及预收款项、预提费用及应付福利费等；长期负债要清查各种长期借款、应付债券、长期应付款、住房周转金等。对负债清查时企业、单位要与债权单位逐一核对账目，达到双方账面余额一致。

第三十九条 企业在对以上资产进行全面清查的基础上，根据国家有关清产核资损失认定的有关规定，在社会中介机构的配合下，收集相关证据，为资产损失、资金挂账的认定工作做好准备。

第五章 价值重估

第四十条 企业凡在以前开展清产核资工作（包括第五次全国清产核资工作，配合军队、武警部队和政法机关移交企业，中央党政机关脱钩企业，科研机构整体转制及日常开展的清产核资工作）时已进行过资产价值重估的，或者因特定经济行为需要已经组织过资产评估工作的，原则上不再进行资产价值重估。

第四十一条 中央企业在清产核资中，属第四十条规定以外，且企业账面价值和实际价值背离较大的主要固定资产和流动资产确需进行重新估价的，须在企业清产核资立项申请报告中就有关情况及原因进行专项说明，由国务院国有资产监督管理委员会审批。

第四十二条 地方所出资企业需在清产核资中进行资产价值重估的，须由省级国有资产监督管理机构核准同意。

第四十三条 企业在清产核资中经核准同意进行资产价值重估工作的，原则上应当采取物价指数法。对于特殊情况经批准后，也可采用重置成本法等其他方法进行。

第四十四条 物价指数法是以资产购建年度价格为基准价格，按国家有关部门制定的《清产核资价值重估统一标准目录》（1995 年）中列出的价格指数，对资产价值进行统一调整估价的方法。

第六章 损溢认定

第四十五条 企业在进行账务清理、资产清查的基础上，对各项清理出来的资产盘盈、资产损失和资金挂账，依据国家清产核资政策和有关财务会计制度规定，认真、细致地做好资产损溢的认定工作。

第四十六条 企业在清产核资中对清理出来的各项资产盘盈、资产损失和资金挂账的核实和认定，具体按照《国有企业资产损失认定工作规则》的有关规定进行。

第四十七条 企业在清产核资中对各项资产盘盈、资产损失和资金挂账的核实和认定都必须取得合法证据。合法证据包括：

（一）具有法律效力的外部证据；

（二）社会中介机构的经济鉴证证明；

（三）特定经济行为的企业内部证据。

第四十八条 企业在清产核资中，要认真组织做好资产盘盈、资产损失和资金挂账有关证明的取证与证据甄别。在取得各项相关证据和资料后，企业应当认真甄别各项证明材料的可靠性和合理性；承担清产核资专项财务审计业务的社会中介机构要对企业提供的各项证据真实性、可靠性进行核实和确认。

第四十九条 企业在清产核资中对清理出的各种账外资产以及账外的债权、债务等情况在进行认真分析的基础上，作出详细说明，报国有资产监督机构审核批准后及时调整入账。

第五十条 企业在清产核资工作中，对证据充分、事实确凿的各项资产损失、资金挂账，经社会中介机构专项财务审计后，可以按照国家清产核资政策规定向国有资产监督管理机构申报认定和核销。

第五十一条 企业在清产核资中应当严格区分内部往来、内部关联交易的损失情况，在上报子企业的资产损失时，作为投资方采用权益法核算的，母公司不重复确认为损失。

第七章 报表编制

第五十二条 《企业清产核资报表》是在清产核资各项工作的基础上，依据各工作阶段所获得的数据和资料，进行整理、归类、汇总和分析，编制反映企业清产核资基准日资产状况、清查结果和资金核实的报告文件。

国务院国有资产监督管理委员会负责统一制定和下发《企业清产核资报表》格式。

第五十三条 企业在清产核资工作中，在进行账务清理、资产清查等工作并填制《清产核资工作基础表》的基础上，应当认真、如实的分别填制《企业清产核资报表》。

第五十四条 《清产核资工作基础表》是企业开展资产清查工作的基本底表。企业在清产核资过程中可根据企业自身情况对《清产核资工作基础表》进行必要的修改或调整。

第五十五条 《企业清产核资报表》分为清产核资工作情况表和清产核资损失挂账分项明细表两个部分：

（一）清产核资工作情况表主要包括：资产清查表、基本情况表、资金核实申报表、资金核实分户表、损失挂账情况表；

（二）清产核资损失挂账分项明细表反映企业申报的资产盘盈、资产损失和资金挂账分项明细情况，具体按照不同单位、损失类别等列示。

第五十六条 《企业清产核资报表》编制工作，要明确分工，精心组织，积极做好内部相关业务机构的协调和配合，确保报表数据的真实、合法和完整，并依次装订成册，由企业法人签字并加盖公章。

第五十七条 企业在清产核资工作中编制的《企业清产核资报表》和《清产核资工作基础表》应当作为工作档案的一部分，按照有关档案管理的要求妥善保管。

第八章 中介审计

第五十八条 企业清产核资工作结果应当按照规定委托符合资质条件的社会中介机构进行专项财务审计。涉及国家安全的特殊企业经同意后，由企业自行组织开展清产核资工作。

第五十九条 社会中介机构要按照独立、客观、公正的原则，履行必要的审计程序，依据独立审计准则等相关规定，认真核实企业的各项清产核资材料，并按照规定参与清点实物实施监盘。

第六十条 企业在清产核资工作中要分清与社会中介机构的职责分工，明确工作关系，细化工作程序，分清工作责任。如选择多家社会中介机构的，应当指定其中一家社会中介机构为主审机构牵头负责，并明确主审所与协作所的分工、责任等关系。

第六十一条 社会中介机构在清产核资专项财务审计工作和经济鉴证中享有法律规定的权力，承担法律规定的义务。任何企业和个人不得干涉社会中介机构正常职业行为。社会中介机构要在清产核资工作中保守企业的各项商业秘密。

第六十二条 社会中介机构对企业资产损溢，应当在充分调查研究、论证的基础上，进行职业推断和客观评判，出具经济鉴证证明，并对其真实性、可靠性负责。

社会中介机构对企业清产核资结果，应当在认真核实和详细分析的基础上，根据独立、客观、公正原则，出具专项财务审计报告，并对其准确性、可靠性负责。

第六十三条 社会中介机构在清产核资专项财务审计工作结束后，应当在对企业的内控机制等情况进行审核的基础上，出具管理意见书，提出企业改进相关管理的具体措施和建议。

第九章 结果申报

第六十四条 企业对清查出的各项资产盘盈（包括账外资产）、资产损失和资金挂账等，应当区别情况，按照国家有关清产核资政策规定，分别提出具体处理意见，及时向同级国有资产监督管理机构报送清产核资结果申报材料。

第六十五条 从企业收到清产核资立项批复文件起，应于6个月内完成清产核资各项主体工作，并向国有资产监督管理机构报送清产核资工作报告；在规定时间内不能完成工作的，需报经国有资产监督管理机构同意。

第六十六条 清产核资结果申报材料具体包括：清产核资工作报告、清产核资报表、专项财务审计报告及有关备查材料。

第六十七条 企业清产核资工作报告主要包含以下内容：

（一）企业清产核资基本情况简介；

（二）清产核资工作结果；

（三）对清产核资暴露出来的企业资产、财务管理中存在的问题、原因进行分析并提出改进措施等。

第六十八条 企业清产核资报表应包括企业总部及所属全部子企业的资产状况，以反映企业总体经营实力，并采取合并方式编制。企业所属子企业的清产核资报表以送电子文档格式附报。

第六十九条 专项财务审计报告由社会中介机构出具，主要内容包括：清产核资范围及内容；清产核资行为依据及法律依据；清产核资组织实施情况；清产核资审核意见；社会中介机构认为需要专项说明的重大事项；报告使用范围说明等。另外，还应当附申报资产损失分项明细表；资产损失申报核销项目说明及相关工作材料等。

第七十条 企业各项资产损失、资金挂账的原始凭证资料及具有法律效力证明材料的复印件，如材料较多应单独汇编成册，编注页码，列出目录。

清产核资企业及相关社会中介机构要对所提供证明材料的复印件与原件的一致性负责。

第十章 资金核实

第七十一条 国有资产监督管理机构对企业经过账务清理、资产清查等基础工作后上报的各项资产盘盈、资产损失、资金挂账等进行认定，重新核实企业实际占用的全部法人财产和国家资本金。

第七十二条 国有资产监督管理机构在收到企业报送的清产核资报告后，按照国家有关清产核资政策、国家现行的财务会计制度及相关规定，对上报材料的内容进行审核。

属于国有控股企业的应向国有资产监督管理机构附报董事会或者股东会相关决议。

第七十三条 对企业上报的各项资产损失、资金挂账有充分证据的，国有资产监督管理机构在清产核资企业申报的处理意见及社会中介机构的专项财务审计意见基础上，依据企业的承受能力等实际情况，提出相应的损失挂账处理意见。企业有消化能力的应以企业自行消化为主；如企业确无消化能力的可按相关规定冲减所有者权益。

第七十四条 对确实因客观原因在企业申报清产核资资金核实结果时，相关资产损失、资金挂账的证据不够充分，国有资产监督管理机构无法审定核准的，经同意企业可继续收集证据，在不超过一年的时间内另行补报（1次）。

第十一章 账务处理

第七十五条 企业在接到清产核资资金核实批复文件后，依据批复文件的要求，按照国家现行的财务、会计制度的规定，对企业总公司及子企业进行账务处理。

第七十六条 企业对因采用权益法核算引起的由于子企业损失被核销造成的长期投资损失，在经批准核销后，按照会计制度的规定同时调整相关会计科目。

第七十七条 企业在接到清产核资的批复60个工作日内要将账务处理结果报同级国有资产监督管理机构并抄送企业监事会（1份）。主要内容有：

（一）总公司按照国有资产监督管理机构批复的清产核资资金核实结果，对列入清产核资范围的各子企业下达的账务调整批复；

（二）企业应当对未能按照国有资产监督管理机构批复的清产核资资金核实结果调账部分的原因进行详细说明并附相关证明材料；

（三）企业所属控股、参股子企业按照批复的损失额等比例进行摊销。

第七十八条 企业对经同意核销的各项不良债权、不良投资，要建立账销案存管理制度，组织力量和建立相关机构积极清理和追索；对同意核销的各项实物资产损失，应当组织力量积极处置、回收残值，避免国有资产流失。

第七十九条 企业在接到清产核资的批复30个工作日内，按规定程序到同级国有资产监督管理机构办理相应的产权变更登记手续。企业注册资本发生变动的，在接到清产核资的批复后，在规定的时间内，按规定程序到工商行政管理部门办理工商变更登记手续。

第十二章　完善制度

第八十条　企业在清产核资的基础上，应当针对清产核资工作中暴露出来的资产及财务管理等方面问题，对资产盘盈、资产损失和资金挂账等形成原因进行认真分析，分清管理责任，提出相关整改措施，巩固清产核资工作成果，防止前清后乱。

第八十一条　企业在清产核资的基础上，按照国家现行的财务、会计及资产管理制度规定并结合企业实际情况，建立健全各项资产包括固定资产、流动资产、无形资产、递延资产、在建工程等管理制度，完善内部资产与财务管理办法。

第八十二条　企业在清产核资的基础上，应当进一步加强会计核算，完善各项内控机制，加强对企业内部各级次的财务监督，建立资产损失责任制度，完善经济责任审计和子企业负责人离任审计制度。

第八十三条　企业在清产核资的基础上，应当认真研究各项风险控制管理制度，尤其是对企业担保、委托贷款资金等事项，提出控制风险的可行的办法，加强担保及委托资金的管理与控制。

第八十四条　企业在清产核资的基础上，应当建立和完善财务信息披露制度，将本企业投资、经营、财务以及企业经营过程中的重大事项，按照国家法律、法规的要求及时向出资人、董事会和股东披露，规范会计信息的披露。

第八十五条　企业应当根据清产核资工作结果，对所属各子企业的资产及财务状况进行认真分析，对确已资不抵债或不能持续经营的，应当根据实际情况提出合并、分立、解散、清算和关闭破产等工作措施，促进企业内部结构的调整，提高企业资产营运效益。

第八十六条　企业内部的纪检监察部门应当积极介入本企业的清产核资工作，对发现的严重违纪违规问题，应当移交有关部门调查处理；涉嫌违法的问题，应当及时移送司法机关处理。

第十三章　附　　则

第八十七条　企业应当按照《会计档案管理办法》的规定，妥善保管清产核资工作档案。清产核资各种工作底稿、各项证明材料原件等会计基础材料应装订成册，按规定存档。

第八十八条 本工作规程自公布之日起施行。

国有企业清产核资资金核实工作规定

（2003 年 9 月 13 日）

第一条 为规范国有及国有控股企业（以下简称企业）清产核资工作，促使解决企业历史遗留问题，真实反映企业的资产质量和财务状况，依据《国有企业清产核资办法》和国家有关清产核资政策，制定本规定。

第二条 资金核实是指国有资产监督管理机构根据清产核资企业上报的各项资产盘盈、资产损失和资金挂账等清产核资工作结果，依据国家清产核资政策和有关财务会计制度规定，组织进行审核并批复予以账务处理，重新核定企业实际占用国有资本金数额的工作。

第三条 企业开展清产核资工作，应当按照《国有企业清产核资办法》的有关规定，认真组织做好账务清理、资产清查等各项基础工作，如实反映企业资产质量和财务状况，做到全面彻底、账账相符、账实相符，保证企业清产核资结果的真实性、可靠性和完整性，严禁弄虚作假，避免国有资产流失。

第四条 企业清产核资工作结果应当按照规定经社会中介机构进行专项财务审计，查出的资产盘盈、资产损失和资金挂账应当提供相关合法证据或者社会中介机构经济鉴证证明等具有法律效力的证明材料。

承担企业清产核资专项财务审计工作和出具经济鉴证证明的社会中介机构，应当依据《独立审计准则》等有关规定，对企业清理出的各项资产盘盈、资产损失和资金挂账等清产核资工作结果进行客观、公正审计和经济鉴证，并对审计结果和经济鉴证证明的真实性、可靠性承担责任。

第五条 企业清理出的各项资产盘盈、资产损失和资金挂账等的认定与处理，按照事实确凿、证据充分、程序合规的原则，依据《企业清产核资办法》规定的工作程序和工作要求，由清产核资企业向国有资产监督管理机构申报批准，并按照资金核实批复结果调整账务。

第六条 企业应当按照规定要求在清产核资资金核实工作中向国有资产

监督管理机构提交以下申报材料：

（一）企业清产核资工作报告，主要包括：清产核资工作基准日、工作范围、工作内容、工作结果和基准日的资产财务状况，以及相关处理意见；

（二）企业清产核资报表，包括：基准日企业基本情况表、各类资产损失明细情况表等；

（三）社会中介机构专项财务审计报告；

（四）企业申报处理的资产盘盈、资产损失和资金挂账的有关意见专项说明。企业申报处理的资产盘盈、资产损失和资金挂账的专项说明和各类资产损失明细情况表，应当逐笔写明发生日期、损失原因、政策依据、处理方式以及有关原始凭证资料和具有法律效力的证明材料齐全情况，并分类汇编成册；

（五）有关资产盘盈、资产损失和资金挂账备查材料，主要包括：企业清产核资原始凭证材料和具有法律效力的证明材料（可以用复印件），作为企业清产核资工作备查和存档资料，应当分类汇编成册，并列出目录，以便于工作备查；

（六）需要提供的其他材料。

第七条 企业清产核资资金核实工作按照以下程序进行：

（一）企业在账务清理、资产清查等工作基础上，经社会中介机构对清产核资专项财务审计和有关资产损失提出合规证据或者经济鉴证证明后，对清理出的各项资产盘盈、资产损失和资金挂账，按照国家清产核资政策和有关财务会计制度，分项提出处理意见，编制清产核资报表，撰写企业清产核资工作报告；

（二）企业向国有资产监督管理机构上报企业清产核资工作报告、清产核资报表、社会中介机构专项财务审计报告，并附相关合法证据及经济鉴证证明等材料；

（三）国有资产监督管理机构在规定工作时限内，对上报的企业清产核资工作报告、清产核资报表、社会中介机构专项财务审计报告及相关材料进行审核，并对资金核实结果进行批复；

（四）企业按照国有资产监督管理机构有关资金核实批复文件，依据国家财务会计制度有关规定，调整企业会计账务，并按照有关规定办理相关产权变更登记及工商变更登记。

第八条 对于企业在清产核资中查出的资产盘盈与资产损失相抵后，盘盈资产大于资产损失部分，根据财政部等六部门联合下发的《关于进一步贯彻落实国务院办公厅有关清产核资政策的通知》（财清〔1994〕15号，以下简称财清15号文件）的规定，经国有资产监督管理机构审核批准后，相应增加企业所有者权益。

第九条 依据《国务院办公厅关于扩大清产核资试点工作有关政策的通知》（国办发〔1993〕29号）和财清15号文件规定，企业清产核资中查出的各项资产损失和资金挂账数额较小，企业能够自行消化的，可以按照国家有关财务会计制度规定，经国有资产监督管理机构征求财政部门意见批准后分年计入损益处理；对查出的企业各项资产损失和资金挂账数额较大、企业无能力自行消化弥补的，经国有资产监督管理机构审核批准后，可冲减企业所有者权益。

第十条 企业查出的各项资产损失和资金挂账，经国有资产监督管理机构审核批准冲减所有者权益的，可依次冲减盈余公积金、资本公积金和实收资本。

对企业执行《企业会计制度》查出的各项资产损失和资金挂账，依据国家有关清产核资政策规定，以及财政部《关于国有企业执行〈企业会计制度〉有关财务政策问题的通知》（财企〔2002〕310号，以下简称财企310号文件）有关规定，经国有资产监督管理机构审核批准的，可以依次冲减以前年度未分配利润、公益金、盈余公积金、资本公积金和实收资本。

第十一条 企业应当依据国有资产监督管理机构资金核实批复文件，及时调整会计账务，并将调账结果在规定时限内报国有资产监督管理机构备案（其中抄送国有重点大型企业监事会1份）。

第十二条 企业有关资产损失和资金挂账经国有资产监督管理机构审核批准后，冲减所有者权益应当保留的资本金数额不得低于法定注册资本金限额，不足冲减部分依据财企310号文件规定，暂作待处理专项资产损失，并在3年内分期摊销，尚未摊销的余额，在资产负债表“其他长期资产”项目中列示，并在年度财务决算报告中的会计报表附注中加以说明。

第十三条 企业经批准冲销的有关不良债权、不良投资和有关实物资产损失等，应当建立“账销案存”管理制度，并组织力量或者成立专门机构进一步清理和追索，避免国有资产流失；对以后追索收回的残值或者资金应当按国家有关财务会计制度规定，及时入账并作有关收入处理。

第十四条 企业对清产核资各项基础工作资料应当认真整理，建立档案，妥善保管，并按照会计档案保管期限予以保存。

第十五条 企业对清产核资中反映出的各项经营管理中的矛盾和问题，应当认真总结经验，分清责任，建立和健全各项管理制度，完善相关内部控制机制，并做好组织落实工作。企业应当在清产核资工作的基础上，建立资产损失责任追究制度和健全企业不良资产管理制度，巩固清产核资成果。

第十六条 本规定自公布之日起施行。

（四）交易、转让管理

关于企业国有资产交易流转有关事项的通知

（2022年5月16日）

各中央企业，各省、自治区、直辖市及计划单列市和新疆生产建设兵团国资委：

《企业国有资产交易监督管理办法》（国资委　财政部令第32号）等国有资产交易流转制度印发以来，在推动国有资产规范流转、防止国有资产流失方面发挥了重要作用。为推动国有经济布局优化和结构调整，助力企业实现高质量发展，加强国有资产交易流转管理，现将有关事项通知如下：

一、涉及政府或国有资产监督管理机构主导推动的国有资本布局优化和结构调整，以及专业化重组等重大事项，企业产权在不同的国家出资企业及其控股企业之间转让，且对受让方有特殊要求的，可以采取协议方式进行。

二、主业处于关系国家安全、国民经济命脉的重要行业和关键领域，主要承担重大专项任务的子企业，不得因产权转让、企业增资失去国有资本控股地位。国家出资企业内部重组整合中涉及该类企业时，以下情形可由国家出资企业审核批准：

（一）企业产权在国家出资企业及其控股子企业之间转让的。

（二）国家出资企业直接或指定其控股子企业参与增资的。

（三）企业原股东同比例增资的。

其他情形由国家出资企业报同级国有资产监督管理机构批准。

三、国家出资企业及其子企业通过发行基础设施REITs盘活存量资产，应当做好可行性分析，合理确定交易价格，对后续运营管理责任和风险防范作出安排，涉及国有产权非公开协议转让按规定报同级国有资产监督管理机构批准。

四、采取非公开协议方式转让企业产权，转让方、受让方均为国有独资或全资企业的，按照《中华人民共和国公司法》、企业章程履行决策程序后，转让价格可以资产评估报告或最近一期审计报告确认的净资产值为基础确定。

五、国有控股、实际控制企业内部实施重组整合，经国家出资企业批准，该国有控股、实际控制企业与其直接、间接全资拥有的子企业之间，或其直接、间接全资拥有的子企业之间，可比照国有产权无偿划转管理相关规定划转所持企业产权。

六、企业增资可采取信息预披露和正式披露相结合的方式，通过产权交易机构网站分阶段对外披露增资信息，合计披露时间不少于 40 个工作日，其中正式披露时间不少于 20 个工作日。信息预披露应当包括但不限于企业基本情况、产权结构、近 3 年审计报告中的主要财务指标、拟募集资金金额等内容。

七、产权转让可在产权直接持有单位、企业增资可在标的企业履行内部决策程序后进行信息预披露，涉及需要履行最终批准程序的，应当进行相应提示。

八、产权转让、资产转让项目信息披露期满未征集到意向受让方，仅调整转让底价后重新披露信息的，产权转让披露时间不少于 10 个工作日，资产转让披露时间不少于 5 个工作日。

九、产权转让、企业增资导致国家出资企业及其子企业失去标的企业实际控制权的，交易完成后标的企业不得继续使用国家出资企业及其子企业的字号、经营资质和特许经营权等无形资产，不得继续以国家出资企业子企业名义开展经营活动。上述要求应当在信息披露中作为交易条件予以明确，并在交易合同中对工商变更、字号变更等安排作出相应约定。

关于规范国有金融机构资产转让有关事项的通知

（2021年11月29日）

国务院有关部委、有关直属机构，各省、自治区、直辖市、计划单列市财政厅（局），新疆生产建设兵团财政局，全国社会保障基金理事会，各国有金融机构：

为贯彻落实《中共中央　国务院关于完善国有金融资本管理的指导意见》有关精神和《国有金融资本出资人职责暂行规定》要求，进一步加强国有金融资本管理，提高国有金融机构资产转让透明度，规范相关资产交易行为，维护国有金融资本出资人权益，现就规范国有金融机构资产转让有关事项通知如下：

一、坚持依法依规，确保公开、公平、公正

国有独资、国有全资、国有控股及实际控制金融机构（含其分支机构及拥有实际控制权的各级子企业，以下统称国有金融机构）资产转让应当严格遵守国家法律法规和政策规定，充分发挥市场配置资源作用，遵循等价有偿和公开公平公正的原则，不得通过资产转让进行不当利益输送。资产转让过程中，涉及政府公共管理事项的，应当根据国家规定履行相关审批程序。

国有金融机构转让股权类资产，按照《金融企业国有资产转让管理办法》（财政部令第54号）等相关规定执行；转让不动产、机器设备、知识产权、有关金融资产等非股权类资产，按照本通知有关规定执行，行业监管部门另有规定的从其规定。转让标的资产在境外的，应在遵守所在国法律法规的前提下，参照本通知规定执行，国家另有规定的从其规定。因开展正常经营业务涉及的抵（质）押资产、抵债资产、诉讼资产、信贷资产、租赁资产、不良资产、债权等资产转让及报废资产处置，以及司法拍卖资产、政府征收资产等，国家另有规定的从其规定。除国家另有规定外，涉及底层资产全部是股权类资产且享有浮动收益的信托计划、资管产品、基金份额等金融资产转让，应当比照股权类资产转让规定执行。纳入国有金融资本管理的凭借国家权力和信用支持的金融机构，资产转让有关事宜执行本通知规定。

二、夯实管理职责，落实国有金融机构主体责任

国有金融机构应当按照“统一政策、分级管理”的原则，建立并完善集团或公司内部各类资产转让管理制度，明确责任部门、管理权限、决策程序、工作流程，对资产转让交易方式、种类、金额标准等作出具体规定，并报同级财政部门备案。国有金融机构资产转让应当严格履行内部决策程序，其中重大资产转让，应当严格落实“三重一大”决策制度，需经董事会或股东（大）会审议的，依法依规履行相应公司治理程序；按规定需报财政部门履行相关程序的，应按规定报同级财政部门。国有金融机构要切实加强对各分支机构和各级子企业的资产转让监督管理工作，杜绝暗箱操作，确保资产有序流转，防止国有资产流失。

三、规范转让方式，严格限制直接协议转让范围

国有金融机构资产转让原则上采取进场交易、公开拍卖、网络拍卖、竞争性谈判等公开交易方式进行。转让在公开市场交易的证券及金融衍生产品，应当通过依法设立的交易系统和交易场所进行。除国家另有规定外，未经公开竞价处置程序，国有金融机构不得采取直接协议转让方式向非国有受让人转让资产。属于集团内部资产转让、按照投资协议或合同约定条款履约退出、根据合同约定第三人行使优先购买权、将特定行业资产转让给国有及国有控股企业，以及经同级财政部门认可的其他情形，经国有金融机构按照授权机制审议决策后，可以采取直接协议转让方式进行交易。

四、合理确定价格，有效防范国有资产流失

国有金融机构资产转让，按照《金融企业国有资产评估监督管理暂行办法》（财政部令第 47 号）等有关规定需要进行资产评估的，转让方应当委托具有相应资质的评估机构进行资产评估并履行相应的核准、备案手续，并以经核准或备案的评估结果为依据确定转让底价。对于有明确市场公允价值的资产交易，转让标的价值较低（单项资产价值低于 100 万元）的资产交易，国有独资、全资金融机构之间的资产交易，国有金融机构及其独资全资子企业之间的资产交易，以及国有金融机构所属控股子企业之间发生的不会造成国有金融机构拥有的国有权益发生变动的资产交易，且经国有金融机构或第三方中介机构论证不会造成国有资产流失的，依法依规履行决策程序后可以不评估，有明确市场公允价值的资产交易可以参照市场公允价值确定转让底价，其他资产交易可以参照市场公允价值、审计后账面价值等方式确定转让底价。对投资协议或合同已约定退出价格的资产交易，依法依规履行决策程序后，经论证不会造成国有资产流失的，可按约定价格执行。

五、明确交易流程，确保资产转让依法合规

国有金融机构资产转让采取进入产权交易场所交易的，具体工作流程参照金融企业非上市国有产权转让的有关规定执行；采取公开拍卖方式的，应当选择有资质的拍卖中介机构，按照《中华人民共和国拍卖法》的规定组织实施；采取网络拍卖方式的，应当在互联网拍卖平台上向社会全程公开，接受社会监督；采取竞争性谈判方式的，应当有三人以上参加竞价；采取其他方式的，国家有相关规定的依据相关规定执行，没有规定的应当至少有两人以上参加竞价，当只有一人竞价时，需按照公告程序补登公告，公告7个工作日后，如确定没有新的竞价者参加竞价才能成交。

资产转让成交后，转让价款原则上应一次性付清。如成交金额较大（超过1亿元）、一次性付清确有困难的，可以约定分期付款方式，但首付款比例不得低于30%，其余款项应当提供转让方认可的合法有效担保，并按照不低于上一期新发放贷款加权平均利率向转让方支付延期付款期间利息，付款期限不得超过1年。受让方未付清全部款项前，不得进行资产交割及办理过户手续。国有金融机构及其独资全资子企业之间的资产转让，其款项支付和资产交割可根据实际情况进行约定。

六、择优选择机构，确保交易信息充分公开

国有金融机构资产转让采取进入产权交易场所交易的，参照《规范产权交易机构开展金融企业国有产权交易管理暂行规定》（财金〔2020〕92号）执行，应当在省级财政部门确认的承办地方金融企业国有产权交易业务的产权交易机构中进行。

除国家另有规定外，国有金融机构资产转让原则上需向社会公开发布资产转让信息公告，公告应当遵守有关法律法规，遵循统一渠道、查阅便利的原则，确保转让信息发布及时、有效、真实、完整。转让底价高于100万元低于1000万元（含）的资产转让项目，信息公告期应当不少于10个工作日；转让底价高于1000万元的资产转让项目，信息公告期应当不少于20个工作日。除国家另有要求外，国有金融机构资产转让不得对受让方的资格条件作出限制。

七、加强监督检查，严肃查处违法违规行为

各级财政部门应当加强对本级国有金融机构资产转让行为的监督管理，财政部各地监管局应当加强对属地中央国有金融机构资产转让行为的监督管理，发现转让方未执行或违反相关规定、侵害国有权益的，应当依法要求转让方立即中止或者终止资产转让行为，并向上级财政部门报告。国有金融机构应当建立资产转让监督检查制度，定期对所属分支机构及各级子企业资产转让事项进行内部审计，并于每年 5 月 20 日前，将上年度资产转让情况报同级财政部门。

各级财政部门、国有金融机构有关人员违反法律、行政法规及本通知规定，越权决策、玩忽职守、以权谋私，造成国有资产流失的，应当依法依规承担赔偿责任，并由有关部门按照人事和干部管理权限给予处分；构成犯罪的，移送司法机关处理。

企业国有资产交易监督管理办法

（2016 年 6 月 24 日）

第一章　总　　则

第一条　为规范企业国有资产交易行为，加强企业国有资产交易监督管理，防止国有资产流失，根据《中华人民共和国企业国有资产法》、《中华人民共和国公司法》、《企业国有资产监督管理暂行条例》等有关法律法规，制定本办法。

第二条　企业国有资产交易应当遵守国家法律法规和政策规定，有利于国有经济布局和结构调整优化，充分发挥市场配置资源作用，遵循等价有偿和公开公平公正的原则，在依法设立的产权交易机构中公开进行，国家法律法规另有规定的从其规定。

第三条　本办法所称企业国有资产交易行为包括：

（一）履行出资人职责的机构、国有及国有控股企业、国有实际控制企业转让其对企业各种形式出资所形成权益的行为（以下称企业产权转让）；

（二）国有及国有控股企业、国有实际控制企业增加资本的行为（以下称企业增资），政府以增加资本金方式对国家出资企业的投入除外；

（三）国有及国有控股企业、国有实际控制企业的重大资产转让行为（以下称企业资产转让）。

第四条　本办法所称国有及国有控股企业、国有实际控制企业包括：

（一）政府部门、机构、事业单位出资设立的国有独资企业（公司），以及上述单位、企业直接或间接合计持股为 100%的国有全资企业；

（二）本条第（一）款所列单位、企业单独或共同出资，合计拥有产（股）权比例超过 50%，且其中之一为最大股东的企业；

（三）本条第（一）、（二）款所列企业对外出资，拥有股权比例超过 50%的各级子企业；

（四）政府部门、机构、事业单位、单一国有及国有控股企业直接或间接持股比例未超过50%，但为第一大股东，并且通过股东协议、公司章程、董事会决议或者其他协议安排能够对其实际支配的企业。

第五条 企业国有资产交易标的应当权属清晰，不存在法律法规禁止或限制交易的情形。已设定担保物权的国有资产交易，应当符合《中华人民共和国物权法》、《中华人民共和国担保法》等有关法律法规规定。涉及政府社会公共管理事项的，应当依法报政府有关部门审核。

第六条 国有资产监督管理机构（以下简称国资监管机构）负责所监管企业的国有资产交易监督管理；国家出资企业负责其各级子企业国有资产交易的管理，定期向同级国资监管机构报告本企业的国有资产交易情况。

第二章 企业产权转让

第七条 国资监管机构负责审核国家出资企业的产权转让事项。其中，因产权转让致使国家不再拥有所出资企业控股权的，须由国资监管机构报本级人民政府批准。

第八条 国家出资企业应当制定其子企业产权转让管理制度，确定审批管理权限。其中，对主业处于关系国家安全、国民经济命脉的重要行业和关键领域，主要承担重大专项任务子企业的产权转让，须由国家出资企业报同级国资监管机构批准。

转让方为多家国有股东共同持股的企业，由其中持股比例最大的国有股东负责履行相关批准程序；各国有股东持股比例相同的，由相关股东协商后确定其中一家股东负责履行相关批准程序。

第九条 产权转让应当由转让方按照企业章程和企业内部管理制度进行决策，形成书面决议。国有控股和国有实际控制企业中国有股东委派的股东代表，应当按照本办法规定和委派单位的指示发表意见、行使表决权，并将履职情况和结果及时报告委派单位。

第十条 转让方应当按照企业发展战略做好产权转让的可行性研究和方案论证。产权转让涉及职工安置事项的，安置方案应当经职工代表大会或职工大会审议通过；涉及债权债务处置事项的，应当符合国家相关法律法规的规定。

第十一条 产权转让事项经批准后，由转让方委托会计师事务所对转让标的企业进行审计。涉及参股权转让不宜单独进行专项审计的，转让方应当取得转让标的企业最近一期年度审计报告。

第十二条 对按照有关法律法规要求必须进行资产评估的产权转让事项，转让方应当委托具有相应资质的评估机构对转让标的进行资产评估，产权转让价格应以经核准或备案的评估结果为基础确定。

第十三条 产权转让原则上通过产权市场公开进行。转让方可以根据企业实际情况和工作进度安排，采取信息预披露和正式披露相结合的方式，通过产权交易机构网站分阶段对外披露产权转让信息，公开征集受让方。其中正式披露信息时间不得少于 20 个工作日。

因产权转让导致转让标的企业的实际控制权发生转移的，转让方应当在转让行为获批后 10 个工作日内，通过产权交易机构进行信息预披露，时间不得少于 20 个工作日。

第十四条 产权转让原则上不得针对受让方设置资格条件，确需设置的，不得有明确指向性或违反公平竞争原则，所设资格条件相关内容应当在信息披露前报同级国资监管机构备案，国资监管机构在 5 个工作日内未反馈意见的视为同意。

第十五条 转让方披露信息包括但不限于以下内容：

（一）转让标的基本情况；

（二）转让标的企业的股东结构；

（三）产权转让行为的决策及批准情况；

（四）转让标的企业最近一个年度审计报告和最近一期财务报表中的主要财务指标数据，包括但不限于资产总额、负债总额、所有者权益、营业收入、净利润等（转让参股权的，披露最近一个年度审计报告中的相应数据）；

（五）受让方资格条件（适用于对受让方有特殊要求的情形）；

（六）交易条件、转让底价；

（七）企业管理层是否参与受让，有限责任公司原股东是否放弃优先受让权；

（八）竞价方式，受让方选择的相关评判标准；

（九）其他需要披露的事项。

其中信息预披露应当包括但不限于以上（一）、（二）、（三）、（四）、（五）款内容。

第十六条 转让方应当按照要求向产权交易机构提供披露信息内容的纸质文档材料，并对披露内容和所提供材料的真实性、完整性、准确性负责。产权交易机构应当对信息披露的规范性负责。

第十七条 产权转让项目首次正式信息披露的转让底价，不得低于经核准或备案的转让标的评估结果。

第十八条 信息披露期满未征集到意向受让方的，可以延期或在降低转让底价、变更受让条件后重新进行信息披露。

降低转让底价或变更受让条件后重新披露信息的，披露时间不得少于20个工作日。新的转让底价低于评估结果的90%时，应当经转让行为批准单位书面同意。

第十九条 转让项目自首次正式披露信息之日起超过12个月未征集到合格受让方的，应当重新履行审计、资产评估以及信息披露等产权转让工作程序。

第二十条 在正式披露信息期间，转让方不得变更产权转让公告中公布的内容，由于非转让方原因或其他不可抗力因素导致可能对转让标的价值判断造成影响的，转让方应当及时调整补充披露信息内容，并相应延长信息披露时间。

第二十一条 产权交易机构负责意向受让方的登记工作，对意向受让方是否符合受让条件提出意见并反馈转让方。产权交易机构与转让方意见不一致的，由转让行为批准单位决定意向受让方是否符合受让条件。

第二十二条 产权转让信息披露期满、产生符合条件的意向受让方的，按照披露的竞价方式组织竞价。竞价可以采取拍卖、招投标、网络竞价以及其他竞价方式，且不得违反国家法律法规的规定。

第二十三条 受让方确定后，转让方与受让方应当签订产权交易合同，交易双方不得以交易期间企业经营性损益等理由对已达成的交易条件和交易价格进行调整。

第二十四条 产权转让导致国有股东持有上市公司股份间接转让的，应当同时遵守上市公司国有股权管理以及证券监管相关规定。

第二十五条 企业产权转让涉及交易主体资格审查、反垄断审查、特许经营权、国有划拨土地使用权、探矿权和采矿权等政府审批事项的，按照相关规定执行。

第二十六条 受让方为境外投资者的，应当符合外商投资产业指导目录和负面清单管理要求，以及外商投资安全审查有关规定。

第二十七条 交易价款应当以人民币计价，通过产权交易机构以货币进行结算。因特殊情况不能通过产权交易机构结算的，转让方应当向产权交易机构提供转让行为批准单位的书面意见以及受让方付款凭证。

第二十八条 交易价款原则上应当自合同生效之日起5个工作日内一次付清。

金额较大、一次付清确有困难的，可以采取分期付款方式。采用分期付款方式的，首期付款不得低于总价款的30%，并在合同生效之日起5个工作日内支付；其余款项应当提供转让方认可的合法有效担保，并按同期银行贷款利率支付延期付款期间的利息，付款期限不得超过1年。

第二十九条 产权交易合同生效后，产权交易机构应当将交易结果通过交易机构网站对外公告，公告内容包括交易标的名称、转让标的评估结果、转让底价、交易价格，公告期不少于5个工作日。

第三十条 产权交易合同生效，并且受让方按照合同约定支付交易价款后，产权交易机构应当及时为交易双方出具交易凭证。

第三十一条 以下情形的产权转让可以采取非公开协议转让方式：

（一）涉及主业处于关系国家安全、国民经济命脉的重要行业和关键领域企业的重组整合，对受让方有特殊要求，企业产权需要在国有及国有控股企业之间转让的，经国资监管机构批准，可以采取非公开协议转让方式；

（二）同一国家出资企业及其各级控股企业或实际控制企业之间因实施内部重组整合进行产权转让的，经该国家出资企业审议决策，可以采取非公开协议转让方式。

第三十二条 采取非公开协议转让方式转让企业产权，转让价格不得低于经核准或备案的评估结果。

以下情形按照《中华人民共和国公司法》、企业章程履行决策程序后，转让价格可以资产评估报告或最近一期审计报告确认的净资产值为基础确定，且不得低于经评估或审计的净资产值：

（一）同一国家出资企业内部实施重组整合，转让方和受让方为该国家出资企业及其直接或间接全资拥有的子企业；

（二）同一国有控股企业或国有实际控制企业内部实施重组整合，转让方和受让方为该国有控股企业或国有实际控制企业及其直接、间接全资拥有的子企业。

第三十三条 国资监管机构批准、国家出资企业审议决策采取非公开协议方式的企业产权转让行为时，应当审核下列文件：

（一）产权转让的有关决议文件；

（二）产权转让方案；

（三）采取非公开协议方式转让产权的必要性以及受让方情况；

（四）转让标的企业审计报告、资产评估报告及其核准或备案文件。其中属于第三十二条（一）、（二）款情形的，可以仅提供企业审计报告；

（五）产权转让协议；

（六）转让方、受让方和转让标的企业的国家出资企业产权登记表（证）；

（七）产权转让行为的法律意见书；

（八）其他必要的文件。

第三章 企业增资

第三十四条 国资监管机构负责审核国家出资企业的增资行为。其中，因增资致使国家不再拥有所出资企业控股权的，须由国资监管机构报本级人民政府批准。

第三十五条 国家出资企业决定其子企业的增资行为。其中，对主业处于关系国家安全、国民经济命脉的重要行业和关键领域，主要承担重大专项任务的子企业的增资行为，须由国家出资企业报同级国资监管机构批准。

增资企业为多家国有股东共同持股的企业，由其中持股比例最大的国有股东负责履行相关批准程序；各国有股东持股比例相同的，由相关股东协商后确定其中一家股东负责履行相关批准程序。

第三十六条 企业增资应当符合国家出资企业的发展战略，做好可行性研究，制定增资方案，明确募集资金金额、用途、投资方应具备的条件、选择标准和遴选方式等。增资后企业的股东数量须符合国家相关法律法规的规定。

第三十七条 企业增资应当由增资企业按照企业章程和内部管理制度进行决策，形成书面决议。国有控股、国有实际控制企业中国有股东委派的股东代表，应当按照本办法规定和委派单位的指示发表意见、行使表决权，并将履职情况和结果及时报告委派单位。

第三十八条 企业增资在完成决策批准程序后，应当由增资企业委托具有相应资质的中介机构开展审计和资产评估。

以下情形按照《中华人民共和国公司法》、企业章程履行决策程序后，可以依据评估报告或最近一期审计报告确定企业资本及股权比例：

（一）增资企业原股东同比例增资的；

（二）履行出资人职责的机构对国家出资企业增资的；

（三）国有控股或国有实际控制企业对其独资子企业增资的；

（四）增资企业和投资方均为国有独资或国有全资企业的。

第三十九条 企业增资通过产权交易机构网站对外披露信息公开征集投资方，时间不得少于40个工作日。信息披露内容包括但不限于：

（一）企业的基本情况；

（二）企业目前的股权结构；

（三）企业增资行为的决策及批准情况；

（四）近三年企业审计报告中的主要财务指标；

（五）企业拟募集资金金额和增资后的企业股权结构；

（六）募集资金用途；

（七）投资方的资格条件，以及投资金额和持股比例要求等；

（八）投资方的遴选方式；

（九）增资终止的条件；

（十）其他需要披露的事项。

第四十条 企业增资涉及上市公司实际控制人发生变更的，应当同时遵守上市公司国有股权管理以及证券监管相关规定。

第四十一条 产权交易机构接受增资企业的委托提供项目推介服务，负责意向投资方的登记工作，协助企业开展投资方资格审查。

第四十二条 通过资格审查的意向投资方数量较多时，可以采用竞价、竞争性谈判、综合评议等方式进行多轮次遴选。产权交易机构负责统一接收意向投资方的投标和报价文件，协助企业开展投资方遴选有关工作。企业董事会或股东会以资产评估结果为基础，结合意向投资方的条件和报价等因素审议选定投资方。

第四十三条 投资方以非货币资产出资的，应当经增资企业董事会或股东会审议同意，并委托具有相应资质的评估机构进行评估，确认投资方的出资金额。

第四十四条 增资协议签订并生效后，产权交易机构应当出具交易凭证，通过交易机构网站对外公告结果，公告内容包括投资方名称、投资金额、持股比例等，公告期不少于5个工作日。

第四十五条 以下情形经同级国资监管机构批准，可以采取非公开协议方式进行增资：

（一）因国有资本布局结构调整需要，由特定的国有及国有控股企业或国有实际控制企业参与增资；

（二）因国家出资企业与特定投资方建立战略合作伙伴或利益共同体需要，由该投资方参与国家出资企业或其子企业增资。

第四十六条 以下情形经国家出资企业审议决策，可以采取非公开协议方式进行增资：

（一）国家出资企业直接或指定其控股、实际控制的其他子企业参与增资；

（二）企业债权转为股权；

（三）企业原股东增资。

第四十七条 国资监管机构批准、国家出资企业审议决策采取非公开协议方式的企业增资行为时，应当审核下列文件：

（一）增资的有关决议文件；

（二）增资方案；

（三）采取非公开协议方式增资的必要性以及投资方情况；

（四）增资企业审计报告、资产评估报告及其核准或备案文件。其中属于第三十八条（一）、（二）、（三）、（四）款情形的，可以仅提供企业审计报告；

（五）增资协议；

（六）增资企业的国家出资企业产权登记表（证）；

（七）增资行为的法律意见书；

（八）其他必要的文件。

第四章 企业资产转让

第四十八条 企业一定金额以上的生产设备、房产、在建工程以及土地使用权、债权、知识产权等资产对外转让，应当按照企业内部管理制度履行相应决策程序后，在产权交易机构公开进行。涉及国家出资企业内部或特定行业的资产转让，确需在国有及国有控股、国有实际控制企业之间非公开转让的，由转让方逐级报国家出资企业审核批准。

第四十九条 国家出资企业负责制定本企业不同类型资产转让行为的内部管理制度，明确责任部门、管理权限、决策程序、工作流程，对其中应当在产权交易机构公开转让的资产种类、金额标准等作出具体规定，并报同级国资监管机构备案。

第五十条 转让方应当根据转让标的情况合理确定转让底价和转让信息公告期：

（一）转让底价高于100万元、低于1000万元的资产转让项目，信息公告期应不少于10个工作日；

（二）转让底价高于1000万元的资产转让项目，信息公告期应不少于20个工作日。

企业资产转让的具体工作流程参照本办法关于企业产权转让的规定执行。

第五十一条 除国家法律法规或相关规定另有要求的外，资产转让不得对受让方设置资格条件。

第五十二条 资产转让价款原则上一次性付清。

第五章 监督管理

第五十三条 国资监管机构及其他履行出资人职责的机构对企业国有资产交易履行以下监管职责：

（一）根据国家有关法律法规，制定企业国有资产交易监管制度和办法；

（二）按照本办法规定，审核批准企业产权转让、增资等事项；

（三）选择从事企业国有资产交易业务的产权交易机构，并建立对交易机构的检查评审机制；

（四）对企业国有资产交易制度的贯彻落实情况进行监督检查；

（五）负责企业国有资产交易信息的收集、汇总、分析和上报工作；

（六）履行本级人民政府赋予的其他监管职责。

第五十四条 省级以上国资监管机构应当在全国范围选择开展企业国有资产交易业务的产权交易机构，并对外公布名单。选择的产权交易机构应当满足以下条件：

（一）严格遵守国家法律法规，未从事政府明令禁止开展的业务，未发生重大违法违规行为；

（二）交易管理制度、业务规则、收费标准等向社会公开，交易规则符合国有资产交易制度规定；

（三）拥有组织交易活动的场所、设施、信息发布渠道和专业人员，具备实施网络竞价的条件；

（四）具有较强的市场影响力，服务能力和水平能够满足企业国有资产交易的需要；

（五）信息化建设和管理水平满足国资监管机构对交易业务动态监测的要求；

（六）相关交易业务接受国资监管机构的监督检查。

第五十五条 国资监管机构应当对产权交易机构开展企业国有资产交易业务的情况进行动态监督。交易机构出现以下情形的，视情节轻重对其进行提醒、警告、通报、暂停直至停止委托从事相关业务：

（一）服务能力和服务水平较差，市场功能未得到充分发挥；

（二）在日常监管和定期检查评审中发现问题较多，且整改不及时或整改效果不明显；

（三）因违规操作、重大过失等导致企业国有资产在交易过程中出现损失；

（四）违反相关规定，被政府有关部门予以行政处罚而影响业务开展；

（五）拒绝接受国资监管机构对其相关业务开展监督检查；

（六）不能满足国资监管机构监管要求的其他情形。

第五十六条 国资监管机构发现转让方或增资企业未执行或违反相关规定、侵害国有权益的，应当责成其停止交易活动。

第五十七条 国资监管机构及其他履行出资人职责的机构应定期对国家出资企业及其控股和实际控制企业的国有资产交易情况进行检查和抽查，重点检查国家法律法规政策和企业内部管理制度的贯彻执行情况。

第六章 法律责任

第五十八条 企业国有资产交易过程中交易双方发生争议时，当事方可以向产权交易机构申请调解；调解无效时可以按照约定向仲裁机构申请仲裁或向人民法院提起诉讼。

第五十九条 企业国有资产交易应当严格执行“三重一大”决策机制。国资监管机构、国有及国有控股企业、国有实际控制企业的有关人员违反规定越权决策、批准相关交易事项，或者玩忽职守、以权谋私致使国有权益受到侵害的，由有关单位按照人事和干部管理权限给予相关责任人员相应处分；造成国有资产损失的，相关责任人员应当承担赔偿责任；构成犯罪的，依法追究其刑事责任。

第六十条 社会中介机构在为企业国有资产交易提供审计、资产评估和法律服务中存在违规执业行为的，有关国有企业应及时报告同级国资监管机构，国资监管机构可要求国有及国有控股企业、国有实际控制企业不得再委托其开展相关业务；情节严重的，由国资监管机构将有关情况通报其行业主管部门，建议给予其相应处罚。

第六十一条 产权交易机构在企业国有资产交易中弄虚作假或者玩忽职守、给企业造成损失的，应当承担赔偿责任，并依法追究直接责任人员的责任。

第七章 附 则

第六十二条 政府部门、机构、事业单位持有的企业国有资产交易，按照现行监管体制，比照本办法管理。

第六十三条 金融、文化类国家出资企业的国有资产交易和上市公司的国有股权转让等行为，国家另有规定的，依照其规定。

第六十四条 国有资本投资、运营公司对各级子企业资产交易的监督管理，相应由各级人民政府或国资监管机构另行授权。

第六十五条 境外国有及国有控股企业、国有实际控制企业在境内投资企业的资产交易，比照本办法规定执行。

第六十六条 政府设立的各类股权投资基金投资形成企业产（股）权对外转让，按照有关法律法规规定执行。

第六十七条 本办法自发布之日起施行，现行企业国有资产交易监管相关规定与本办法不一致的，以本办法为准。

关于促进企业国有产权流转有关事项的通知

（2014年7月11日）

各省、自治区、直辖市及计划单列市和新疆生产建设兵团国资委，各中央企业：

为全面贯彻党的十八届三中全会精神，进一步简政放权，促进国家出资企业加快结构调整，优化产权配置，降低改革成本，现就有关事项通知如下：

一、国有全资企业发生原股东增资、减资，经全体股东同意，可依据评估报告或最近一期审计报告确认的净资产值为基准确定股权比例。

本通知所称国有全资企业，是指全部由国有资本形成的企业。

二、国有控股的企业与其直接间接全资拥有的子企业，或其直接、间接全资拥有的子企业之间转让所持股权，按照《中华人民共和国公司法》、公司章程规定履行决策程序后，可依据评估报告或最近一期审计报告确认的净资产值为基准确定转让价格。

三、国有全资企业之间或国有全资企业与国有独资企业、国有独资公司之间，经双方全体股东一致同意，其所持股权可以实施无偿划转。具体程序按照《国有股东转让所持上市公司股份管理暂行办法》（国资委　证监会令第19号）、《企业国有产权无偿划转管理暂行办法》（国资发产权〔2005〕239号）的规定办理。

四、国有股东因破产、清算、注销、合并、分立等原因导致上市公司股份持有人变更，以及国有股东质押所持上市公司股份，由国家出资企业依法办理，并通过国务院国资委上市公司国有股权管理信息系统，取得《上市公司股份持有人变更备案表》或《国有股东所持上市公司股份质押备案表》，到中国证券登记结算有限责任公司办理相关手续。

五、中央企业实施资产重组时，中央企业及其全资、绝对控股企业以所持企业产权，与该中央企业实际控制上市公司所持产权、资产进行交换，且现金作为补价占整个资产交换金额比例低于25%的，由中央企业按照内部决策程序批准或者出具意见，同时抄报国务院国资委备案。

六、国有股东参股的非上市企业参与非国有控股上市公司资产重组的，该国有股东所涉及的国有股权管理事项，由国家出资企业依法办理。重组后国有股东持有上市公司股份的，应按照《国有单位受让上市公司股份管理暂行规定》（国资发产权〔2007〕109号）等相关规定报省级以上国有资产监督管理机构备案，对其证券账户标注“SS”标识。

七、省级国资委报经省级人民政府同意，可将地市级以下企业国有产权协议转让的审批权限下放给地市级国有资产监督管理机构。下放相关审批权限的，省级国资委需建立相应的监督检查工作机制。

八、本通知规定事项适用于境内企业。境外企业的国有产权管理事项按照《中央企业境外国有产权管理暂行办法》（国资委令第27号）及相关规定办理。

九、地方国有资产监督管理机构、国家出资企业要严格执行相关法律、法规及本通知的有关规定，不得自行扩大适用范围。

各地方国有资产监督管理机构和中央企业在执行本通知过程中，遇到问题应当及时向国务院国资委反映。

关于中央企业国有产权置换有关事项的通知

（2011 年 9 月 7 日）

各中央企业：

为规范中央企业国有产权置换行为，进一步推动企业资源整合，提高核心竞争力，根据《中华人民共和国企业国有资产法》《企业国有资产监督管理暂行条例》（国务院令第 378 号）等法律、行政法规和国有产权管理的有关规定，现就中央企业国有产权置换有关事项通知如下：

一、本通知所称国有产权置换，是指中央企业实施资产重组时，中央企业及其全资、绝对控股企业（以下统称国有单位）相互之间以所持企业产权进行交换，或者国有单位以所持企业产权与中央企业实际控制企业所持产权、资产进行交换，且现金作为补价占整个资产交换金额比例低于 25%的行为。

二、本通知所称实际控制企业，是指中央企业虽未直接或者间接绝对控股，但为第一大股东并通过章程、董事会或者其他安排能够实际支配，且其他股东不构成一致行动人的企业。

三、国有产权置换应当遵循以下原则：

（一）符合国家有关法律法规和产业政策的规定；

（二）符合国有经济布局和结构调整的需要；

（三）有利于做强主业和优化资源配置，提高企业核心竞争力；

（四）置换标的权属清晰，标的交付或转移不存在法律障碍。

四、国有单位应当做好国有产权置换的可行性研究，认真分析本次置换对经营业绩和未来发展的影响、与中央企业结构调整和发展规划的关系，并提出可行性论证报告；如涉及职工安置和债权债务处理等事宜，应当制订相关解决方案。

五、国有单位应当按照有关法律法规以及企业章程的有关规定，履行内部决策程序，并形成书面决议。

六、置换双方应当委托具有相应资质的资产评估机构，对相关置换标的进行资产评估，并按照规定办理评估备案手续。经备案的资产评估结果，作为确定置换价格的依据。

七、置换双方协商一致后，应当签订置换协议。置换协议应当明确置换价格及补价方式、置换标的交割、违约责任和纠纷解决方式以及协议生效条件等。

八、国有产权置换事项由中央企业按照内部决策程序审议后批准或者出具意见，同时抄报国务院国资委；其中，实际控制企业为上市公司的，由国务院国资委审核批准或者出具意见。

九、对国有产权置换进行批准或者出具意见，应当审查以下文件资料：

（一）关于置换的请示及相关决策文件；

（二）置换的可行性论证报告；

（三）置换双方签订的置换协议；

（四）资产评估备案表；

（五）其他。

十、国有单位为公司制企业，且置换事项需由股东会、股东大会作出决议的，应当在中央企业或者国务院国资委出具意见后，提交股东会、股东大会审议。

十一、中央企业之间、中央企业与地方国资委监管企业之间的产权置换，置换双方应为国有及国有绝对控股企业，并遵守本通知和有关法律法规，由中央企业报国务院国资委批准；其中，中央企业与地方国资委监管企业之间的产权置换，地方国资委监管企业应事先报经地方国资委批准。

十二、中央企业应当严格遵守有关法律法规及本通知的规定，落实工作责任，完善管理制度，明确内部程序，健全档案管理，不得自行扩大国有产权置换范围和下放审批权限。

十三、国务院国资委每年对部分中央企业国有产权置换工作情况进行监督检查。对于违反有关法律法规及本通知规定的中央企业及相关责任人员予以通报批评；导致国有资产损失的，依法追究相关人员的责任。

十四、国有单位以所持上市公司股份进行置换，国有单位与上市公司之间置换并涉及国有单位所持上市公司股份发生变化的，按照相关规定办理。

企业国有产权交易操作规则

（2009年6月15日）

第一章　总　　则

第一条　为统一规范企业国有产权交易行为，根据《中华人民共和国企业国有资产法》、《企业国有资产监督管理暂行条例》（国务院令第378号）、《企业国有产权转让管理暂行办法》（国资委、财政部令第3号）等有关规定，制定本规则。

第二条　省级以上国资委选择确定的产权交易机构（以下简称产权交易机构）进行的企业国有产权交易适用本规则。

第三条　本规则所称企业国有产权交易，是指企业国有产权转让主体（以下统称转让方）在履行相关决策和批准程序后，通过产权交易机构发布产权转让信息，公开挂牌竞价转让企业国有产权的活动。

第四条　企业国有产权交易应当遵循等价有偿和公开、公平、公正、竞争的原则。产权交易机构应当按照本规则组织企业国有产权交易，自觉接受国有资产监督管理机构的监督，加强自律管理，维护市场秩序，保证产权交易活动的正常进行。

第二章　受理转让申请

第五条　产权转让申请的受理工作由产权交易机构负责承担。实行会员制的产权交易机构，应当在其网站上公布会员的名单，供转让方自主选择，建立委托代理关系。

第六条　转让方应当向产权交易机构提交产权转让公告所需相关材料，并对所提交材料的真实性、完整性、有效性负责。按照有关规定需要在信息公告前进行产权转让信息内容备案的转让项目，由转让方履行相应的备案手续。

第七条　转让方提交的材料符合齐全性要求的，产权交易机构应当予以接收登记。

第八条 产权交易机构应当建立企业国有产权转让信息公告的审核制度，对涉及转让标的信息披露的准确性和完整性，交易条件和受让方资格条件设置的公平性与合理性，以及竞价方式的选择等内容进行规范性审核。符合信息公告要求的，产权交易机构应当予以受理，并向转让方出具受理通知书；不符合信息公告要求的，产权交易机构应当将书面审核意见及时告知转让方。

第九条 转让方应当在产权转让公告中披露转让标的基本情况、交易条件、受让方资格条件、对产权交易有重大影响的相关信息、竞价方式的选择、交易保证金的设置等内容。

第十条 产权转让公告应当对转让方和转让标的企业基本情况进行披露，包括但不限于：

（一）转让方、转让标的及受托会员的名称；

（二）转让标的企业性质、成立时间、注册地、所属行业、主营业务、注册资本、职工人数；

（三）转让方的企业性质及其在转让标的企业的出资比例；

（四）转让标的企业前十名出资人的名称、出资比例；

（五）转让标的企业最近一个年度审计报告和最近一期财务报表中的主要财务指标数据，包括所有者权益、负债、营业收入、净利润等；

（六）转让标的（或者转让标的企业）资产评估的备案或者核准情况，资产评估报告中总资产、总负债、净资产的评估值和相对应的审计后账面值；

（七）产权转让行为的相关内部决策及批准情况。

第十一条 转让方在产权转让公告中应当明确为达成交易需要受让方接受的主要交易条件，包括但不限于：

（一）转让标的挂牌价格、价款支付方式和期限要求；

（二）对转让标的企业职工有无继续聘用要求；

（三）产权转让涉及的债权债务处置要求；

（四）对转让标的企业存续发展方面的要求。

第十二条 转让方可以根据标的企业实际情况，合理设置受让方资格条件。受让方资格条件可以包括主体资格、管理能力、资产规模等，但不得出现具有明确指向性或者违反公平竞争的内容。产权交易机构认为必要时，可以要求转让方对受让方资格条件的判断标准提供书面解释或者具体说明，并在产权转让公告中一同公布。

第十三条 转让方应当在产权转让公告中充分披露对产权交易有重大影响的相关信息，包括但不限于：

（一）审计报告、评估报告有无保留意见或者重要提示；

（二）管理层及其关联方拟参与受让的，应当披露其目前持有转让标的企业的股权比例、拟参与受让国有产权的人员或者公司名单、拟受让比例等；

（三）有限责任公司的其他股东或者中外合资企业的合营他方是否放弃优先购买权。

第十四条 产权转让公告中应当明确在征集到两个及以上符合条件的意向受让方时，采用何种公开竞价交易方式确定受让方。选择招投标方式的，应当同时披露评标方法和标准。

第十五条 转让方可以在产权转让公告中提出交纳交易保证金的要求。产权交易机构应当明示交易保证金的处置方式。

第三章 发布转让信息

第十六条 企业国有产权转让信息应当在产权交易机构网站和省级以上公开发行的经济或者金融类报刊上进行公告。

中央企业产权转让信息由相关产权交易机构在其共同选定的报刊以及各自网站联合公告，并在转让标的企业注册地或者转让标的企业重大资产所在地选择发行覆盖面较大的经济、金融类报刊进行公告。

第十七条 转让方应当明确产权转让公告的期限。首次信息公告的期限应当不少于20个工作日，并以省级以上报刊的首次信息公告之日为起始日。

第十八条 信息公告期按工作日计算，遇法定节假日以政府相关部门公告的实际工作日为准。产权交易机构网站发布信息的日期不应当晚于报刊公告的日期。

第十九条 信息公告期间不得擅自变更产权转让公告中公布的内容和条件。因特殊原因确需变更信息公告内容的，应当由产权转让批准机构出具文件，由产权交易机构在原信息发布渠道进行公告，并重新计算公告期。

第二十条 在规定的公告期限内未征集到符合条件的意向受让方，且不变更信息公告内容的，转让方可以按照产权转让公告的约定延长信息公告期限，每次延长期限应当不少于5个工作日。未在产权转让公告中明确延长信息公告期限的，信息公告到期自行终结。

第二十一条 企业国有产权转让首次信息公告时的挂牌价不得低于经备案或者核准的转让标的资产评估结果。如在规定的公告期限内未征集到意向受让方，转让方可以在不低于评估结果90%的范围内设定新的挂牌价再次进行公告。如新的挂牌价低于评估结果的90%，转让方应当重新获得产权转让批准机构批准后，再发布产权转让公告。

第二十二条 信息公告期间出现影响交易活动正常进行的情形，或者有关当事人提出中止信息公告书面申请和有关材料后，产权交易机构可以作出中止信息公告的决定。

第二十三条 信息公告的中止期限由产权交易机构根据实际情况设定，一般不超过1个月。产权交易机构应当在中止期间对相关的申请事由或者争议事项进行调查核实，也可转请相关部门进行调查核实，及时作出恢复或者终结信息公告的决定。如恢复信息公告，在产权交易机构网站上的累计公告期不少于20个工作日，且继续公告的期限不少于10个工作日。

第二十四条 信息公告期间出现致使交易活动无法按照规定程序正常进行的情形，并经调查核实确认无法消除时，产权交易机构可以作出终结信息公告的决定。

第四章 登记受让意向

第二十五条 意向受让方在信息公告期限内，向产权交易机构提出产权受让申请，并提交相关材料。产权交易机构应当对意向受让方逐一进行登记。

第二十六条 意向受让方可以到产权交易机构查阅产权转让标的的相关信息和材料。

第二十七条 产权交易机构应当对意向受让方提交的申请及材料进行齐全性和合规性审核，并在信息公告期满后5个工作日内将意向受让方的登记情况及其资格确认意见书面告知转让方。

第二十八条 转让方在收到产权交易机构的资格确认意见后，应当在5个工作日内予以书面回复。如对受让方资格条件存有异议，应当在书面意见中说明理由，并提交相关证明材料。转让方逾期未予回复的，视为同意产权交易机构作出的资格确认意见。

第二十九条　经征询转让方意见后，产权交易机构应当以书面形式将资格确认结果告知意向受让方，并抄送转让方。

第三十条　转让方对产权交易机构确认的意向受让方资格有异议，应当与产权交易机构进行协商，必要时可以就有关争议事项征询国有资产监督管理机构意见。

第三十一条　通过资格确认的意向受让方在事先确定的时限内向产权交易机构交纳交易保证金（以到达产权交易机构指定账户为准）后获得参与竞价交易资格。逾期未交纳保证金的，视为放弃受让意向。

第五章　组织交易签约

第三十二条　产权转让信息公告期满后，产生两个及以上符合条件的意向受让方的，由产权交易机构按照公告的竞价方式组织实施公开竞价；只产生一个符合条件的意向受让方的，由产权交易机构组织交易双方按挂牌价与买方报价孰高原则直接签约。涉及转让标的企业其他股东依法在同等条件下享有优先购买权的情形，按照有关法律规定执行。

第三十三条　公开竞价方式包括拍卖、招投标、网络竞价以及其他竞价方式。

第三十四条　产权交易机构应当在确定受让方后的次日起 3 个工作日内，组织交易双方签订产权交易合同。

第三十五条　产权交易合同条款包括但不限于：

（一）产权交易双方的名称与住所；

（二）转让标的企业的基本情况；

（三）产权转让的方式；

（四）转让标的企业职工有无继续聘用事宜，如何处置；

（五）转让标的企业的债权、债务处理；

（六）转让价格、付款方式及付款期限；

（七）产权交割事项；

（八）合同的生效条件；

（九）合同争议的解决方式；

（十）合同各方的违约责任；

（十一）合同变更和解除的条件。

第三十六条　产权交易机构应当依据法律法规的相关规定，按照产权转让公告的内容以及竞价交易结果等，对产权交易合同进行审核。

第三十七条 产权交易涉及主体资格审查、反垄断审查等情形，产权交易合同的生效需经政府相关部门批准的，交易双方应当将产权交易合同及相关材料报政府相关部门批准，产权交易机构应当出具政府相关部门审批所需的交易证明文件。

第六章 结算交易资金

第三十八条 产权交易资金包括交易保证金和产权交易价款，一般以人民币为计价单位。

产权交易机构实行交易资金统一进场结算制度，开设独立的结算账户，组织收付产权交易资金，保证结算账户中交易资金的安全，不得挪作他用。

第三十九条 受让方应当在产权交易合同约定的期限内，将产权交易价款支付到产权交易机构的结算账户。受让方交纳的交易保证金按照相关约定转为产权交易价款。产权交易合同约定价款支付方式为分期付款的，首付交易价款数额不低于成交金额的30%。

第四十条 受让方将产权交易价款交付至产权交易机构结算账户后，产权交易机构应当向受让方出具收款凭证。对符合产权交易价款划出条件的，产权交易机构应当及时向转让方划出交易价款。转让方收到交易价款后，应当向产权交易机构出具收款凭证。

第四十一条 交易双方为同一实际控制人的，经产权交易机构核实后，交易资金可以场外结算。

第四十二条 产权交易的收费标准应当符合产权交易机构所在地政府物价部门的有关规定，并在产权交易机构的工作场所和信息平台公示。

交易双方应当按照产权交易机构的收费标准支付交易服务费用，交易机构在收到服务费用后，应当出具收费凭证。

第七章 出具交易凭证

第四十三条 产权交易双方签订产权交易合同，受让方依据合同约定将产权交易价款交付至产权交易机构资金结算账户，且交易双方支付交易服务费用后，产权交易机构应当在3个工作日内出具产权交易凭证。

第四十四条 产权交易涉及主体资格审查、反垄断审查等情形时，产权交易机构应当在交易行为获得政府相关部门批准后出具产权交易凭证。

第四十五条 产权交易凭证应当载明：项目编号、签约日期、挂牌起止日、转让方全称、受让方全称、转让标的全称、交易方式、转让标的评估结果、转让价格、交易价款支付方式、产权交易机构审核结论等内容。

第四十六条 产权交易凭证应当使用统一格式打印，不得手写、涂改。

第八章　附　　则

第四十七条 产权交易过程中发生争议时，当事人可以向产权交易机构申请调解。争议涉及产权交易机构时，当事人可以向产权交易机构的监管机构申请调解，也可以按照约定向仲裁机构申请仲裁或者向人民法院提起诉讼。

第四十八条 国有产权转让过程中，涉嫌侵犯国有资产合法权益的，国有资产监督管理机构可以要求产权交易机构终结产权交易。

第四十九条 产权交易中出现中止、终结情形的，应当在产权交易机构网站上公告。

第五十条 本规则自 2009 年 7 月 1 日起施行。

（五）投资监管

中央企业投资监督管理办法

（2017年1月7日）

第一章 总 则

第一条 为依法履行出资人职责，建立完善以管资本为主的国有资产监管体制，推动中央企业规范投资管理，优化国有资本布局和结构，更好地落实国有资本保值增值责任，根据《中华人民共和国公司法》《中华人民共和国企业国有资产法》《关于深化国有企业改革的指导意见》（中发〔2015〕22号）和《关于改革和完善国有资产管理体制的若干意见》（国发〔2015〕63号）等法律法规和文件，制定本办法。

第二条 本办法所称中央企业是指国务院国有资产监督管理委员会（以下简称国资委）代表国务院履行出资人职责的国家出资企业。本办法所称投资是指中央企业在境内从事的固定资产投资与股权投资。本办法所称重大投资项目是指中央企业按照本企业章程及投资管理制度规定，由董事会研究决定的投资项目。本办法所称主业是指由中央企业发展战略和规划确定并经国资委确认公布的企业主要经营业务；非主业是指主业以外的其他经营业务。

第三条 国资委以国家发展战略和中央企业五年发展规划纲要为引领，以把握投资方向、优化资本布局、严格决策程序、规范资本运作、提高资本回报、维护资本安全为重点，依法建立信息对称、权责对等、运行规范、风险控制有力的投资监督管理体系，推动中央企业强化投资行为的全程全面监管。

第四条 国资委指导中央企业建立健全投资管理制度，督促中央企业依据其发展战略和规划编报年度投资计划，对中央企业年度投资计划实行备案管理，制定中央企业投资项目负面清单，对中央企业投资项目进行分类监管，监督检查中央企业投资管理制度的执行情况、重大投资项目的决策和实施情况，组织开展对重大投资项目后评价，对违规投资造成国有资产损失以及其他严重不良后果的进行责任追究。

第五条 中央企业投资应当服务国家发展战略，体现出资人投资意愿，符合企业发展规划，坚持聚焦主业，大力培育和发展战略性新兴产业，严格控制非主业投资，遵循价值创造理念，严格遵守投资决策程序，提高投资回报水平，防止国有资产流失。

第六条 中央企业是投资项目的决策主体、执行主体和责任主体，应当建立投资管理体系，健全投资管理制度，优化投资管理信息系统，科学编制投资计划，制定投资项目负面清单，切实加强项目管理，提高投资风险防控能力，履行投资信息报送义务和配合监督检查义务。

第二章 投资监管体系建设

第七条 中央企业应当根据本办法规定，结合本企业实际，建立健全投资管理制度。企业投资管理制度应包括以下主要内容：

（一）投资应遵循的基本原则；

（二）投资管理流程、管理部门及相关职责；

（三）投资决策程序、决策机构及其职责；

（四）投资项目负面清单制度；

（五）投资信息化管理制度；

（六）投资风险管控制度；

（七）投资项目完成、中止、终止或退出制度；

（八）投资项目后评价制度；

（九）违规投资责任追究制度；

（十）对所属企业投资活动的授权、监督与管理制度。

企业投资管理制度应当经董事会审议通过后报送国资委。

第八条 国资委和中央企业应当建立并优化投资管理信息系统。国资委建立中央企业投资管理信息系统，对中央企业年度投资计划、季度及年度投资完成情况、重大投资项目实施情况等投资信息进行监测、分析和管理。中央企业建立完善本企业投资管理信息系统，加强投资基础信息管理，提升投资管理的信息化水平，通过信息系统对企业年度投资计划执行、投资项目实施等情况进行全面全程的动态监控和管理。中央企业按本办法规定向国资委报送的有关纸质文件和材料，应当同时通过中央企业投资管理信息系统报送电子版信息。

第九条 国资委根据国家有关规定和监管要求，建立发布中央企业投资项目负面清单，设定禁止类和特别监管类投资项目，实行分类监管。列入负面清单禁止类的投资项目，中央企业一律不得投资；列入负面清单特别监管类的投资项目，中央企业应报国资委履行出资人审核把关程序；负面清单之外的投资项目，由中央企业按照企业发展战略和规划自主决策。中央企业投资项目负面清单的内容保持相对稳定，并适时动态调整。

中央企业应当在国资委发布的中央企业投资项目负面清单基础上，结合企业实际，制定本企业更为严格、具体的投资项目负面清单。

第十条 国资委建立完善投资监管联动机制，发挥战略规划、法律合规、财务监督、产权管理、考核分配、资本运营、干部管理、外派监事会监督、纪检监察、审计巡视等相关监管职能合力，实现对中央企业投资活动过程监管全覆盖，及时发现投资风险，减少投资损失。

第三章 投资事前管理

第十一条 中央企业应当按照企业发展战略和规划编制年度投资计划，并与企业年度财务预算相衔接，年度投资规模应与合理的资产负债水平相适应。企业的投资活动应当纳入年度投资计划，未纳入年度投资计划的投资项目原则上不得投资，确需追加投资项目的应调整年度投资计划。

第十二条 中央企业应当于每年 3 月 10 日前将经董事会审议通过的年度投资计划报送国资委。年度投资计划主要包括以下内容：

（一）投资主要方向和目的；

（二）投资规模及资产负债率水平；

（三）投资结构分析；

（四）投资资金来源；

（五）重大投资项目情况。

第十三条 国资委依据中央企业投资项目负面清单、企业发展战略和规划，从中央企业投资方向、投资规模、投资结构和投资能力等方面，对中央企业年度投资计划进行备案管理。对存在问题的企业年度投资计划，国资委在收到年度投资计划报告（含调整计划）后的 20 个工作日内，向有关企业反馈书面意见。企业应根据国资委意见对年度投资计划作出修改。

进入国资委债务风险管控“特别监管企业”名单的中央企业，其年度投资计划需经国资委审批后方可实施。

第十四条 列入中央企业投资项目负面清单特别监管类的投资项目，中央企业应在履行完企业内部决策程序后、实施前向国资委报送以下材料：

（一）开展项目投资的报告；

（二）企业有关决策文件；

（三）投资项目可研报告（尽职调查）等相关文件；

（四）投资项目风险防控报告；

（五）其他必要的材料。

国资委依据相关法律、法规和国有资产监管规定，从投资项目实施的必要性、对企业经营发展的影响程度、企业投资风险承受能力等方面履行出资人审核把关程序，并对有异议的项目在收到相关材料后20个工作日内向企业反馈书面意见。国资委认为有必要时，可委托第三方咨询机构对投资项目进行论证。

第十五条 中央企业应当根据企业发展战略和规划，按照国资委确认的各企业主业、非主业投资比例及新兴产业投资方向，选择、确定投资项目，做好项目融资、投资、管理、退出全过程的研究论证。对于新投资项目，应当深入进行技术、市场、财务和法律等方面的可行性研究与论证，其中股权投资项目应开展必要的尽职调查，并按要求履行资产评估或估值程序。

第十六条 中央企业应当明确投资决策机制，对投资决策实行统一管理，向下授权投资决策的企业管理层级原则上不超过两级。各级投资决策机构对投资项目做出决策，应当形成决策文件，所有参与决策的人员均应在决策文件上签字背书，所发表意见应记录存档。

第四章 投资事中管理

第十七条 国资委对中央企业实施中的重大投资项目进行随机监督检查，重点检查企业重大投资项目决策、执行和效果等情况，对发现的问题向企业进行提示。

第十八条 中央企业应当定期对实施、运营中的投资项目进行跟踪分析，针对外部环境和项目本身情况变化，及时进行再决策。如出现影响投资目的实现的重大不利变化时，应当研究启动中止、终止或退出机制。中央企业因重大投资项目再决策涉及年度投资计划调整的，应当将调整后的年度投资计划报送国资委。

第十九条 中央企业应当按照国资委要求，分别于每年一、二、三季度终了次月10日前将季度投资完成情况通过中央企业投资管理信息系统报送国资委。季度投资完成情况主要包括固定资产投资、股权投资、重大投资项目完成情况，以及需要报告的其他事项等内容。部分重点行业的中央企业应按要求报送季度投资分析情况。

第五章　投资事后管理

第二十条　中央企业在年度投资完成后，应当编制年度投资完成情况报告，并于下一年 1 月 31 日前报送国资委。年度投资完成情况报告包括但不限于以下内容：

（一）年度投资完成总体情况；

（二）年度投资效果分析；

（三）重大投资项目进展情况；

（四）年度投资后评价工作开展情况；

（五）年度投资存在的主要问题及建议。

第二十一条　中央企业应当每年选择部分已完成的重大投资项目开展后评价，形成后评价专项报告。通过项目后评价，完善企业投资决策机制，提高项目成功率和投资收益，总结投资经验，为后续投资活动提供参考，提高投资管理水平。国资委对中央企业投资项目后评价工作进行监督和指导，选择部分重大投资项目开展后评价，并向企业通报后评价结果，对项目开展的有益经验进行推广。

第二十二条　中央企业应当开展重大投资项目专项审计，审计的重点包括重大投资项目决策、投资方向、资金使用、投资收益、投资风险管理等方面。

第六章　投资风险管理

第二十三条　中央企业应当建立投资全过程风险管理体系，将投资风险管理作为企业实施全面风险管理、加强廉洁风险防控的重要内容。强化投资前期风险评估和风控方案制订，做好项目实施过程中的风险监控、预警和处置，防范投资后项目运营、整合风险，做好项目退出的时点与方式安排。

第二十四条　国资委指导督促中央企业加强投资风险管理，委托第三方咨询机构对中央企业投资风险管理体系进行评价，及时将评价结果反馈中央企业。相关中央企业应按照评价结果对存在的问题及时进行整改，健全完善企业投资风险管理体系，提高企业抗风险能力。

第二十五条 中央企业商业性重大投资项目应当积极引入社会各类投资机构参与。中央企业股权类重大投资项目在投资决策前应当由独立第三方有资质咨询机构出具投资项目风险评估报告。纳入国资委债务风险管控的中央企业不得因投资推高企业的负债率水平。

第七章 责任追究

第二十六条 中央企业违反本办法规定，未履行或未正确履行投资管理职责造成国有资产损失以及其他严重不良后果的，依照《中华人民共和国企业国有资产法》《国务院办公厅关于建立国有企业违规经营投资责任追究制度的意见》（国办发〔2016〕63号）等有关规定，由有关部门追究中央企业经营管理人员的责任。对瞒报、谎报、不及时报送投资信息的中央企业，国资委予以通报批评。

第二十七条 国资委相关工作人员违反本办法规定造成不良影响的，由国资委责令其改正；造成国有资产损失的，由有关部门按照干部管理权限给予处分；涉嫌犯罪的，依法移送司法机关处理。

第八章 附 则

第二十八条 本办法由国资委负责解释。

第二十九条 本办法自公布之日起施行。国资委于2006年公布的《中央企业投资监督管理暂行办法》（国资委令第16号）同时废止。

中央企业境外投资监督管理办法

（2017 年 1 月 7 日）

第一章　总　　则

第一条　为加强中央企业境外投资监督管理，推动中央企业提升国际化经营水平，根据《中华人民共和国公司法》《中华人民共和国企业国有资产法》《关于深化国有企业改革的指导意见》（中发〔2015〕22 号）和《关于改革和完善国有资产管理体制的若干意见》（国发〔2015〕63 号）等法律法规和文件，制定本办法。

第二条　本办法所称中央企业是指国务院国有资产监督管理委员会（以下简称国资委）代表国务院履行出资人职责的国家出资企业。本办法所称境外投资是指中央企业在境外从事的固定资产投资与股权投资。本办法所称境外重大投资项目是指中央企业按照本企业章程及投资管理制度规定，由董事会研究决定的境外投资项目。本办法所称主业是指由中央企业发展战略和规划确定并经国资委确认公布的企业主要经营业务；非主业是指主业以外的其他经营业务。

第三条　国资委按照以管资本为主加强监管的原则，以把握投资方向、优化资本布局、严格决策程序、规范资本运作、提高资本回报、维护资本安全为重点，依法建立信息对称、权责对等、运行规范、风险控制有力的中央企业境外投资监督管理体系，推动中央企业强化境外投资行为的全程全面监管。

第四条　国资委指导中央企业建立健全境外投资管理制度，强化战略规划引领、明确投资决策程序、规范境外经营行为、加强境外风险管控、推动走出去模式创新，制定中央企业境外投资项目负面清单，对中央企业境外投资项目进行分类监管，监督检查中央企业境外投资管理制度的执行情况、境外重大投资项目的决策和实施情况，组织开展对境外重大投资项目后评价，对境外违规投资造成国有资产损失以及其他严重不良后果的进行责任追究。

第五条 中央企业是境外投资项目的决策主体、执行主体和责任主体。中央企业应当建立境外投资管理体系，健全境外投资管理制度，科学编制境外投资计划，研究制定境外投资项目负面清单，切实加强境外项目管理，提高境外投资风险防控能力，组织开展境外检查与审计，按职责进行责任追究。

第六条 中央企业境外投资应当遵循以下原则：

（一）战略引领。符合企业发展战略和国际化经营规划，坚持聚焦主业，注重境内外业务协同，提升创新能力和国际竞争力。

（二）依法合规。遵守我国和投资所在国（地区）法律法规、商业规则和文化习俗，合规经营，有序发展。

（三）能力匹配。投资规模与企业资本实力、融资能力、行业经验、管理水平和抗风险能力等相适应。

（四）合理回报。遵循价值创造理念，加强投资项目论证，严格投资过程管理，提高投资收益水平，实现国有资产保值增值。

第二章 境外投资监管体系建设

第七条 中央企业应当根据本办法规定，结合本企业实际，建立健全境外投资管理制度。企业境外投资管理制度应包括以下主要内容：

（一）境外投资应遵循的基本原则；

（二）境外投资管理流程、管理部门及相关职责；

（三）境外投资决策程序、决策机构及其职责；

（四）境外投资项目负面清单制度；

（五）境外投资信息化管理制度；

（六）境外投资风险管控制度；

（七）境外投资项目的完成、中止、终止或退出制度；

（八）境外投资项目后评价制度；

（九）违规投资责任追究制度；

（十）对所属企业境外投资活动的授权、监督与管理制度。

企业境外投资管理制度应经董事会审议通过后报送国资委。

第八条 国资委和中央企业应当建立并优化投资管理信息系统，提升境外投资管理信息化水平，采用信息化手段实现对境外投资项目的全覆盖动态监测、分析与管理，对项目面临的风险实时监控，及时预警，防患于未然。

中央企业按本办法规定向国资委报送的有关纸质文件和材料，应同时通过中央企业投资管理信息系统报送电子版信息。

第九条 国资委根据国家有关规定和监管要求，建立发布中央企业境外投资项目负面清单，设定禁止类和特别监管类境外投资项目，实行分类监管。列入负面清单禁止类的境外投资项目，中央企业一律不得投资；列入负面清单特别监管类的境外投资项目，中央企业应当报送国资委履行出资人审核把关程序；负面清单之外的境外投资项目，由中央企业按照企业发展战略和规划自主决策。中央企业境外投资项目负面清单的内容保持相对稳定，并适时动态调整。

中央企业应当在国资委发布的中央企业境外投资项目负面清单基础上，结合企业实际，制定本企业更为严格、具体的境外投资项目负面清单。

第十条 国资委建立完善投资监管联动机制，发挥战略规划、法律合规、财务监督、产权管理、考核分配、资本运营、干部管理、外派监事会监督、纪检监察、审计巡视等相关监管职能合力，实现对中央企业境外投资活动过程监管全覆盖，及时发现投资风险，减少投资损失。

第三章 境外投资事前管理

第十一条 中央企业应当根据国资委制定的中央企业五年发展规划纲要、企业发展战略和规划，制定清晰的国际化经营规划，明确中长期国际化经营的重点区域、重点领域和重点项目。中央企业应当根据企业国际化经营规划编制年度境外投资计划，并纳入企业年度投资计划，按照《中央企业投资监督管理办法》管理。

第十二条 列入中央企业境外投资项目负面清单特别监管类的境外投资项目，中央企业应当在履行企业内部决策程序后、在向国家有关部门首次报送文件前报国资委履行出资人审核把关程序。中央企业应当报送以下材料：

（一）开展项目投资的报告；

（二）企业有关决策文件；

（三）项目可研报告（尽职调查）等相关文件；

（四）项目融资方案；

（五）项目风险防控报告；

（六）其他必要的材料。

国资委依据相关法律、法规和国有资产监管规定等，从项目风险、股权结构、资本实力、收益水平、竞争秩序、退出条件等方面履行出资人审核把关程序，并对有异议的项目在收到相关材料后 20 个工作日内向企业反馈书面意见。国资委认为有必要时，可委托第三方咨询机构对项目进行论证。

第十三条 中央企业应当根据企业发展战略和规划，按照经国资委确认的主业，选择、确定境外投资项目，做好境外投资项目的融资、投资、管理、退出全过程的研究论证。对于境外新投资项目，应当充分借助国内外中介机构的专业服务，深入进行技术、市场、财务和法律等方面的可行性研究与论证，提高境外投资决策质量，其中股权类投资项目应开展必要的尽职调查，并按要求履行资产评估或估值程序。

第十四条 中央企业原则上不得在境外从事非主业投资。有特殊原因确需开展非主业投资的，应当报送国资委审核把关，并通过与具有相关主业优势的中央企业合作的方式开展。

第十五条 中央企业应当明确投资决策机制，对境外投资决策实行统一管理，向下授权境外投资决策的企业管理层级原则上不超过二级。各级境外投资决策机构对境外投资项目做出决策，应当形成决策文件，所有参与决策的人员均应当在决策文件上签字背书，所发表意见应记录存档。

第四章 境外投资事中管理

第十六条 国资委对中央企业实施中的境外重大投资项目进行随机监督检查，重点检查企业境外重大投资项目决策、执行和效果等情况，对发现的问题向企业进行提示。

第十七条 中央企业应当定期对实施、运营中的境外投资项目进行跟踪分析，针对外部环境和项目本身情况变化，及时进行再决策。如出现影响投资目的实现的重大不利变化时，应研究启动中止、终止或退出机制。中央企业因境外重大投资项目再决策涉及到年度投资计划调整的，应当将调整后的年度投资计划报送国资委。

第十八条 中央企业应当建立境外投资项目阶段评价和过程问责制度，对境外重大投资项目的阶段性进展情况开展评价，发现问题，及时调整，对违规违纪行为实施全程追责，加强过程管控。

第十九条 中央企业应当按照国资委要求，分别于每年一、二、三季度终了次月 10 日前将季度境外投资完成情况通过中央企业投资管理信息系统报送国资委。季度境外投资完成情况主要包括固定资产投资、股权投资、重大投资项目完成情况，以及需要报告的其他事项等内容。部分重点行业的中央企业应当按要求报送季度境外投资分析情况。

第五章　境外投资事后管理

第二十条　中央企业在年度境外投资完成后，应当编制年度境外投资完成情况报告，并于下一年 1 月 31 日前报送国资委。年度境外投资完成情况报告包括但不限于以下内容：

（一）年度境外投资完成总体情况；

（二）年度境外投资效果分析；

（三）境外重大投资项目进展情况；

（四）年度境外投资后评价工作开展情况；

（五）年度境外投资存在的主要问题及建议。

第二十一条　境外重大投资项目实施完成后，中央企业应当及时开展后评价，形成后评价专项报告。通过项目后评价，完善企业投资决策机制，提高项目成功率和投资收益，总结投资经验，为后续投资活动提供参考，提高投资管理水平。国资委对中央企业境外投资项目后评价工作进行监督和指导，选择部分境外重大投资项目开展后评价，并向企业通报后评价结果，对项目开展的有益经验进行推广。

第二十二条　中央企业应当对境外重大投资项目开展常态化审计，审计的重点包括境外重大投资项目决策、投资方向、资金使用、投资收益、投资风险管理等方面。

第二十三条　国资委建立中央企业国际化经营评价指标体系，组织开展中央企业国际化经营年度评价，将境外投资管理作为经营评价的重要内容，评价结果定期报告和公布。

第六章　境外投资风险管理

第二十四条　中央企业应当将境外投资风险管理作为投资风险管理体系的重要内容。强化境外投资前期风险评估和风控预案制订，做好项目实施过程中的风险监控、预警和处置，防范投资后项目运营、整合风险，做好项目退出的时点与方式安排。

第二十五条　中央企业境外投资项目应当积极引入国有资本投资、运营公司以及民间投资机构、当地投资者、国际投资机构入股，发挥各类投资者熟悉项目情况、具有较强投资风险管控能力和公关协调能力等优势，降低境外投资风险。对于境外特别重大投资项目，中央企业应建立投资决策前风险评估制度，委托独立第三方有资质咨询机构对投资所在国（地区）政治、经济、社会、文化、市场、法律、政策等风险做全面评估。纳入国资委债务风险管控的中央企业不得因境外投资推高企业的负债率水平。

第二十六条 中央企业应当重视境外项目安全风险防范，加强与国家有关部门和我驻外使（领）馆的联系，建立协调统一、科学规范的安全风险评估、监测预警和应急处置体系，有效防范和应对项目面临的系统性风险。

第二十七条 中央企业应当根据自身风险承受能力，充分利用政策性出口信用保险和商业保险，将保险嵌入企业风险管理机制，按照国际通行规则实施联合保险和再保险，减少风险发生时所带来的损失。

第二十八条 中央企业应当树立正确的义利观，坚持互利共赢原则，加强与投资所在国（地区）政府、媒体、企业、社区等社会各界公共关系建设，积极履行社会责任，注重跨文化融合，营造良好的外部环境。

第七章　责任追究

第二十九条 中央企业违反本办法规定，未履行或未正确履行投资管理职责造成国有资产损失以及其他严重不良后果的，依照《中华人民共和国企业国有资产法》《国务院办公厅关于建立国有企业违规经营投资责任追究制度的意见》（国办发〔2016〕63号）等有关规定，由有关部门追究中央企业经营管理人员的责任。对瞒报、谎报、不及时报送投资信息的中央企业，国资委予以通报批评。

第三十条 国资委相关工作人员违反本办法规定造成不良影响的，由国资委责令其改正；造成国有资产损失的，由有关部门按照干部管理权限给予处分；涉嫌犯罪的，依法移送司法机关处理。

第八章　附　　则

第三十一条 本办法由国资委负责解释。

第三十二条 本办法自公布之日起施行。国资委于2012年公布的《中央企业境外投资监督管理暂行办法》（国资委令第28号）同时废止。

（六）体制机制

国务院关于改革和完善国有资产管理体制的若干意见

（2015 年 10 月 25 日）

各省、自治区、直辖市人民政府，国务院各部委、各直属机构：

改革开放以来，我国国有资产管理体制改革稳步推进，国有资产出资人代表制度基本建立，保值增值责任初步得到落实，国有资产规模、利润水平、竞争能力得到较大提升。但必须看到，现行国有资产管理体制中政企不分、政资不分问题依然存在，国有资产监管还存在越位、缺位、错位现象；国有资产监督机制不健全，国有资产流失、违纪违法问题在一些领域和企业比较突出；国有经济布局结构有待进一步优化，国有资本配置效率不高等问题亟待解决。按照《中共中央关于全面深化改革若干重大问题的决定》和国务院有关部署，现就改革和完善国有资产管理体制提出以下意见。

一、总体要求

（一）指导思想。深入贯彻落实党的十八大和十八届二中、三中、四中全会精神，按照党中央、国务院决策部署，坚持和完善社会主义基本经济制度，坚持社会主义市场经济改革方向，尊重市场经济规律和企业发展规律，正确处理好政府与市场的关系，以管资本为主加强国有资产监管，改革国有资本授权经营体制，真正确立国有企业的市场主体地位，推进国有资产监管机构职能转变，适应市场化、现代化、国际化新形势和经济发展新常态，不断增强国有经济活力、控制力、影响力和抗风险能力。

（二）基本原则。

坚持权责明晰。实现政企分开、政资分开、所有权与经营权分离，依法理顺政府与国有企业的出资关系。切实转变政府职能，依法确立国有企业的市场主体地位，建立健全现代企业制度。坚持政府公共管理职能与国有资产出资人职能分开，确保国有企业依法自主经营，激发企业活力、创新力和内生动力。

坚持突出重点。按照市场经济规则和现代企业制度要求，以管资本为主，以资本为纽带，以产权为基础，重点管好国有资本布局、规范资本运作、提高资本回报、维护资本安全。注重通过公司法人治理结构依法行使国有股东权利。

坚持放管结合。按照权责明确、监管高效、规范透明的要求，推进国有资产监管机构职能和监管方式转变。该放的依法放开，切实增强企业活力，提高国有资本运营效率；该管的科学管好，严格防止国有资产流失，确保国有资产保值增值。

坚持稳妥有序。处理好改革、发展、稳定的关系，突出改革和完善国有资产管理体制的系统性、协调性，以重点领域为突破口，先行试点，分步实施，统筹谋划，协同推进相关配套改革。

二、推进国有资产监管机构职能转变

（三）准确把握国有资产监管机构的职责定位。国有资产监管机构作为政府直属特设机构，根据授权代表本级人民政府对监管企业依法履行出资人职责，科学界定国有资产出资人监管的边界，专司国有资产监管，不行使政府公共管理职能，不干预企业自主经营权。以管资本为主，重点管好国有资本布局、规范资本运作、提高资本回报、维护资本安全，更好服务于国家战略目标，实现保值增值。发挥国有资产监管机构专业化监管优势，逐步推进国有资产出资人监管全覆盖。

（四）进一步明确国有资产监管重点。加强战略规划引领，改进对监管企业主业界定和投资并购的管理方式，遵循市场机制，规范调整存量，科学配置增量，加快优化国有资本布局结构。加强对国有资本运营质量及监管企业财务状况的监测，强化国有产权流转环节监管，加大国有产权进场交易力度。按照国有企业的功能界定和类别实行分类监管。改进考核体系和办法，综合考核资本运营质量、效率和收益，以经济增加值为主，并将转型升级、创新驱动、合规经营、履行社会责任等纳入考核指标体系。着力完善激励约束机制，将国有企业领导人员考核结果与职务任免、薪酬待遇有机结合，严格规范国有企业领导人员薪酬分配。建立健全与劳动力市场基本适应，与企业经济效益、劳动生产率挂钩的工资决定和正常增长机制。推动监管企业不断优化公司法人治理结构，把加强党的领导和完善公司治理统一起来，建立国有企业领导人员分类分层管理制度。强化国有资产监督，加强和改进外派监事会制度，建立健全国有企业违法违规经营责任追究体系、国有企业重大决策失误和失职渎职责任追究倒查机制。

（五）推进国有资产监管机构职能转变。围绕增强监管企业活力和提高效率，聚焦监管内容，该管的要科学管理、决不缺位，不该管的要依法放权、决不越位。将国有资产监管机构行使的投资计划、部分产权管理和重大事项决策等出资人权利，授权国有资本投资、运营公司和其他直接监管的企业行使；将依法应由企业自主经营决策的事项归位于企业；加强对企业集团的整体监管，将延伸到子企业的管理事项原则上归位于一级企业，由一级企业依法依规决策；将国有资产监管机构配合承担的公共管理职能，归位于相关政府部门和单位。

（六）改进国有资产监管方式和手段。大力推进依法监管，着力创新监管方式和手段。按照事前规范制度、事中加强监控、事后强化问责的思路，更多运用法治化、市场化的监管方式，切实减少出资人审批核准事项，改变行政化管理方式。通过"一企一策"制定公司章程、规范董事会运作、严格选派和管理股东代表和董事监事，将国有出资人意志有效体现在公司治理结构中。针对企业不同功能定位，在战略规划制定、资本运作模式、人员选用机制、经营业绩考核等方面，实施更加精准有效的分类监管。调整国有资产监管机构内部组织设置和职能配置，建立监管权力清单和责任清单，优化监管流程，提高监管效率。建立出资人监管信息化工作平台，推进监管工作协同，实现信息共享和动态监管。完善国有资产和国有企业信息公开制度，设立统一的信息公开网络平台，在不涉及国家秘密和企业商业秘密的前提下，依法依规及时准确地披露国有资本整体运营情况、企业国有资产保值增值及经营业绩考核总体情况、国有资产监管制度和监督检查情况，以及国有企业公司治理和管理架构、财务状况、关联交易、企业负责人薪酬等信息，建设阳光国企。

三、改革国有资本授权经营体制

（七）改组组建国有资本投资、运营公司。主要通过划拨现有商业类国有企业的国有股权，以及国有资本经营预算注资组建，以提升国有资本运营效率、提高国有资本回报为主要目标，通过股权运作、价值管理、有序进退等方式，促进国有资本合理流动，实现保值增值；或选择具备一定条件的国有独资企业集团改组设立，以服务国家战略、提升产业竞争力为主要目标，在关系国家安全、国民经济命脉的重要行业和关键领域，通过开展投资融资、产业培育和资本整合等，推动产业集聚和转型升级，优化国有资本布局结构。

（八）明确国有资产监管机构与国有资本投资、运营公司关系。政府授权国有资产监管机构依法对国有资本投资、运营公司履行出资人职责。国有资产监管机构按照“一企一策”原则，明确对国有资本投资、运营公司授权的内容、范围和方式，依法落实国有资本投资、运营公司董事会职权。国有资本投资、运营公司对授权范围内的国有资本履行出资人职责，作为国有资本市场化运作的专业平台，依法自主开展国有资本运作，对所出资企业行使股东职责，维护股东合法权益，按照责权对应原则切实承担起国有资产保值增值责任。

（九）界定国有资本投资、运营公司与所出资企业关系。国有资本投资、运营公司依据公司法等相关法律法规，对所出资企业依法行使股东权利，以出资额为限承担有限责任。以财务性持股为主，建立财务管控模式，重点关注国有资本流动和增值状况；或以对战略性核心业务控股为主，建立以战略目标和财务效益为主的管控模式，重点关注所出资企业执行公司战略和资本回报状况。

（十）开展政府直接授权国有资本投资、运营公司履行出资人职责的试点工作。中央层面开展由国务院直接授权国有资本投资、运营公司试点等工作。地方政府可以根据实际情况，选择开展直接授权国有资本投资、运营公司试点工作。

四、提高国有资本配置和运营效率

（十一）建立国有资本布局和结构调整机制。政府有关部门制定完善经济社会发展规划、产业政策和国有资本收益管理规则。国有资产监管机构根据政府宏观政策和有关管理要求，建立健全国有资本进退机制，制定国有资本投资负面清单，推动国有资本更多投向关系国家安全、国民经济命脉和国计民生的重要行业和关键领域。

（十二）推进国有资本优化重组。坚持以市场为导向、以企业为主体，有进有退、有所为有所不为，优化国有资本布局结构，提高国有资本流动性，增强国有经济整体功能和提升效率。按照国有资本布局结构调整要求，加快推动国有资本向重要行业、关键领域、重点基础设施集中，向前瞻性战略性产业集中，向产业链关键环节和价值链高端领域集中，向具有核心竞争力的优势企业集中。清理退出一批、重组整合一批、创新发展一批国有企业，建立健全优胜劣汰市场化退出机制，加快淘汰落后产能和化解过剩产能，处置低效无效资产。推动国有企业加快技术创新、管理创新和商业模式创新。推进国有资本控股经营的自然垄断行业改革，根据不同行业特点放开竞争性业务，实现国有资本和社会资本更好融合。

（十三）*建立健全国有资本收益管理制度*。财政部门会同国有资产监管机构等部门建立覆盖全部国有企业、分级管理的国有资本经营预算管理制度，根据国家宏观调控和国有资本布局结构调整要求，提出国有资本收益上交比例建议，报国务院批准后执行。在改组组建国有资本投资、运营公司以及实施国有企业重组过程中，国家根据需要将部分国有股权划转社会保障基金管理机构持有，分红和转让收益用于弥补养老等社会保障资金缺口。

五、协同推进相关配套改革

（十四）*完善有关法律法规*。健全国有资产监管法律法规体系，做好相关法律法规的立改废释工作。按照立法程序，抓紧推动开展企业国有资产法修订工作，出台相关配套法规，为完善国有资产管理体制夯实法律基础。根据国有企业公司制改革进展情况，推动适时废止全民所有制工业企业法。研究起草企业国有资产基础管理条例，统一管理规则。

（十五）*推进政府职能转变*。进一步减少行政审批事项，大幅度削减政府通过国有企业行政性配置资源事项，区分政府公共管理职能与国有资产出资人管理职能，为国有资产管理体制改革完善提供环境条件。推进自然垄断行业改革，实行网运分开、特许经营。加快推进价格机制改革，严格规范政府定价行为，完善市场发现、形成价格的机制。推进行政性垄断行业成本公开、经营透明，发挥社会监督作用。

（十六）*落实相关配套政策*。落实和完善国有企业重组整合涉及的资产评估增值、土地变更登记和国有资产无偿划转等方面税收优惠政策，切实明确国有企业改制重组过程中涉及的债权债务承接主体和责任，完善国有企业退出的相关政策，依法妥善处理劳动关系调整和社会保险关系接续等相关问题。

（十七）*妥善解决历史遗留问题*。加快剥离企业办社会职能，针对“三供一业”（供水、供电、供热和物业管理）、离退休人员社会化管理、厂办大集体改革等问题，制定统筹规范、分类施策的措施，建立政府和国有企业合理分担成本的机制。国有资本经营预算支出优先用于解决国有企业历史遗留问题。

（十八）稳步推进经营性国有资产集中统一监管。按照依法依规、分类推进、规范程序、市场运作的原则，以管资本为主，稳步将党政机关、事业单位所属企业的国有资本纳入经营性国有资产集中统一监管体系，具备条件的进入国有资本投资、运营公司。

金融、文化等国有企业的改革，中央另有规定的依其规定执行。

各地区要结合本地实际，制定具体改革实施方案，确保国有资产管理体制改革顺利进行，全面完成各项改革任务。

关于进一步加强地方国有资产监管工作的若干意见

（2009 年 9 月 19 日）

为深入贯彻落实党的十六大、十七大精神，加强地方国有资产监管工作，完善企业国有资产管理体制和制度，提出以下意见。

一、充分认识新形势下加强地方国有资产监管工作的重要意义

（一）我国企业国有资产管理体制改革取得重大进展。党的十六大以来，根据党中央和国务院的统一部署，国务院和省、市（地）两级地方人民政府相继组建国资委，具有中国特色的国有资产管理体制基本建立。各级国资委按照政企分开、政资分开原则，准确把握出资人职责定位，企业国有资产监管工作普遍加强，企业国有资产实现保值增值，国有经济活力和效率大幅提升，主导作用得到有效发挥。实践证明，党的十六大关于深化国有资产管理体制改革的重大决策和基本原则是完全正确的。党的十七大充分肯定了十六大以来国有资产管理体制改革和国有企业改革发展取得的重大进展和明显成效，明确要求进一步完善国有资产管理体制和制度。

（二）高度重视地方国有资产监管工作存在的薄弱环节。目前各地国有资产监管工作进展还不平衡，一些地方的企业国有资产监管方式还不完全适应新体制的要求，政企分开、政资分开原则和由地方人民政府依法确定本级国资委监管范围的规定还需要进一步落实；国资委作为政府特设机构的定位还需要准确把握，依法履行的出资人职责还没有完全到位，与国家出资企业的关系还没有完全理顺；国有企业公司制股份制改革和国有经济布局结构调整步伐还需要进一步加快，完善法人治理结构的工作力度还需要进一步加强。继续完善企业国有资产管理体制和制度、进一步加强地方国有资产监管工作的任务仍然十分繁重。

（三）新形势下加强地方国有资产监管工作十分重要和紧迫。在应对国际金融危机挑战的新形势下，继续深入探索完善国有资产管理体制和制度，进一步加强地方国有资产监管工作，既是坚持党的十六大关于深化国有资产管理体制改革的基本原则、落实十七大关于完善各类国有资产管理体制和制度重要精神的重大战略举措，也是提高国有企业抵御金融危机能力、迎接后危机时代各项变革与挑战的迫切要求，同时对于充分发挥国有经济在当前保增长、扩内需、调结构、惠民生、保稳定中的重要作用，促进地方经济平稳较快发展具有重要意义。

二、进一步加强地方国有资产监管工作的总体要求和基本原则

（四）进一步加强地方国有资产监管工作的总体要求。各地国资委要以邓小平理论和“三个代表”重要思想为指导，深入学习实践科学发展观，认真贯彻党的十六大、十七大精神，在地方党委和政府的领导下，依据《中华人民共和国公司法》（以下简称《公司法》）、《中华人民共和国企业国有资产法》（以下简称《企业国有资产法》）和《企业国有资产监督管理暂行条例》（以下简称《条例》），进一步完善地方国有资产管理体制，建立健全企业国有资产出资人制度，合理界定企业国有资产监管范围，按照出资关系规范监管方式，落实监管责任，不断优化地方国有经济布局和结构，增强地方国有企业的活力和效率，促进企业国有资产保值增值，充分发挥国有经济在促进地方经济又好又快发展中的主导作用。

（五）进一步加强地方国有资产监管工作的基本原则。按照“国家所有，分级代表”的原则，规范各级人民政府国有资产监管工作的职责权限；按照政企分开、政资分开的原则，继续推进政府社会公共管理职能与国有资产出资人职能分开，处理好国资委与政府其他部门、机构及企业之间的关系；按照“权利、义务和责任相统一，管资产和管人、管事相结合”的原则，积极推进出资人三项主要职责的落实，依法规范出资人行权履责行为；按照所有权与经营权相分离的原则，加快推进国有企业公司制股份制改革，完善法人治理结构，不干预企业经营自主权。

三、合理界定企业国有资产监管范围

（六）界定企业国有资产监管范围的原则。在坚持国家所有的前提下，地方企业国有资产由地方人民政府代表国家履行出资人职责。地方国资委监管企业国有资产的范围，依法由本级人民政府按照政企分开、政资分开的原则确定，不受任何部门、机构的越权干预。

（七）积极探索经营性国有资产集中统一监管的方式和途径。对各类经营性国有资产实行集中统一监管，有利于调整优化地方国有经济布局结构，提高企业国有资产配置效率。地方国资委可根据本级人民政府授权，逐步将地方金融企业国有资产、事业单位投资形成的经营性国有资产、非经营性转经营性国有资产纳入监管范围。对于新组建的国家出资企业和实现政企分开后的企业，应当建立健全企业国有资产出资人制度，明确出资人机构，确保监管责任的统一和落实。要积极配合做好党政机关、事业单位与所属企业的脱钩改革、划转接收工作，依法对移交到位的企业履行出资人职责。

（八）根据授权对地方金融企业履行国有资产出资人职责。地方国资委对地方金融企业履行出资人职责的，要立足于企业国有资产安全和保值增值，依法加强出资人监管，正确处理与金融行业监管的职责分工关系。地方国资委监管企业出资设立或者与其他投资主体共同设立的地方金融企业转让国有股权的，依照企业国有资产转让的有关规定，由企业决定或者由地方国资委批准，或者由地方国资委报本级人民政府批准；涉及金融行业监管职能的，按行业监管规定执行。

（九）建立健全公用事业企业国有资产出资人制度。对已经纳入地方国资委监管范围的公用事业企业，要坚持政企分开、政资分开原则，依法规范出资关系，确保出资人职责的落实。要加快推进公用事业企业公司制股份制改革，保障国有资本在公用事业领域的主导地位，充分发挥公用事业企业保障供应、服务民生的重要作用，提高服务效率和质量。要防止通过增设公用事业管理机构、加挂事业单位牌子等方式，影响企业国有资产出资人制度的建立和健全。

（十）切实加强部分特殊领域的地方企业国有资产的监管。对特殊领域的地方企业国有资产，地方国资委应当根据本级人民政府授权依法履行出资人职责。当前确实需要由其他部门、机构在过渡阶段对部分特殊领域地方企业国有资产履行出资人职责的，应当依法由地方人民政府按照政企分开、政资分开的原则明确授权，落实国有资产保值增值责任，遵守国家统一的企业国有资产基础管理制度。

四、准确把握国资委的机构性质和职能定位

（十一）依法坚持国资委作为本级人民政府直属特设机构的性质。依据《企业国有资产法》和《条例》的规定，地方国资委是本级人民政府授权的监管企业国有资产的出资人代表，要牢牢把握国有资产出资人职责定位，加强企业国有资产监管。要对本级人民政府负责，向本级人民政府报告履行出资人职责的情况，接受本级人民政府的监督和考核，承担国有资产保值增值责任。

（十二）按照“三统一、三结合”原则履行出资人职责。要在地方党委和政府的领导下，坚持“权利、义务和责任相统一，管资产和管人、管事相结合”，建立健全企业国有资产出资人制度。继续推进解决管资产与管人、管事相脱节的问题，争取出资人职责到位，防止行权履责中出现缺位、错位和越位，逐步改变目前少数地方存在的部分企业由国资委管资产、有关部门管人管事的体制状况，依法实现对国家出资企业集中统一履行出资人职责。

（十三）进一步落实《公司法》、《企业国有资产法》赋予出资人的三项主要权利。要把党管干部原则和董事会依法选择经营管理者以及经营管理者依法行使用人权结合起来，建立适应现代企业制度要求的选人用人机制，继续推进公开招聘、竞争上岗等市场化选聘经营管理者的改革，同时建立健全经营管理者考核、奖惩和薪酬制度。要依法加强对国家出资企业重大事项的管理，严格规范决策权限和程序，建立健全“谁决策、谁承担责任”的企业重大事项决策机制。要根据国有资本经营预算制度的原则和出资人制度的要求，结合本地实际，在建立和完善企业国有资本经营预算制度过程中，依法维护和落实出资人的资产收益权。

（十四）依法处理与政府其他部门、机构的职能交叉问题。在地方党委和政府的领导下，要加强与有关部门的沟通协调，进一步细化相关职能的分工与衔接，既要落实出资人职责，又要尊重其他部门依法履行社会公共管理职能。要注意将地方国资委的出资人监管与有关部门的行业监管、市场监管等社会公共监管区别开来，进一步明确与有关部门在经济责任审计、财务监督、企业负责人薪酬和工资总额管理、国有资本经营预算编制与执行等方面的具体职能分工，落实地方国资委的相应职责。

（十五）准确把握政府交办事项的工作定位。对政府交办的维护稳定、安全生产、节能减排等工作，地方国资委要妥善处理好与政府主管部门的关系，注意从履行出资人职责、确保国有资产安全和保值增值的角度，督促企业严格执行国家有关法律法规和地方人民政府有关规定，积极承担社会责任。

（十六）做好国资委涉诉案件的应对工作。在国资委依法行权履责中发生的法律纠纷，应当争取适用民事纠纷解决途径，不宜作为行政诉讼案件处理。一些地方司法机关将国资委在企业国有资产基础管理工作中发生的法律纠纷案件纳入行政诉讼程序审理的，地方国资委也应当妥善应对。

五、依法规范国资委与国家出资企业之间的关系

（十七）国资委与国家出资企业之间要按照出资关系进行规范。地方国资委要依据《企业国有资产法》的规定，坚持所有权与经营权相分离，严格依照法定权限和程序行使资产收益、参与重大决策和选择管理者等出资人权利，不干预企业依法自主经营。

（十八）积极探索完善履行出资人职责的方式。地方国资委要高度重视制定或者参与制定国家出资企业的章程，保证章程充分体现出资人意志。要加快完善企业法人治理结构，重视建立规范的董事会，提高国家出资企业科学决策、防范风险的能力，切实维护出资人权益。要积极探索国资委直接持股方式，依法加强对上市公司国有股权的监管，规范对国资委委派的股东代表的管理，依法通过股东代表参加企业股东（大）会反映出资人意志，同时支持民间资本参与国有企业改革。要进一步明确国有独资公司董事会行使股东会部分职权的授权条件，依法监督其行权行为。要充分发挥国有企业监事会的监督作用，健全完善国有企业外派监事会制度。

（十九）重视发挥国有企业独特的政治优势。要进一步完善国有企业领导体制和组织管理制度，把党的思想政治优势、组织优势和群众工作优势转化为国有企业的核心竞争力。要按照参与决策、带头执行、有效监督的要求，积极探索把企业党组织的政治核心作用融入到企业决策、执行和监督的全过程。要进一步发扬企业职工的主人翁精神，切实加强企业职工民主管理。

（二十）依法规范国资委与国有资产经营公司之间的关系。国有资产经营公司是重要的国家出资企业。要根据出资关系，明确国资委是国有资产经营公司的出资人，充分发挥国有资产经营公司作为国资委推进企业重组和运营国有资本重要平台的作用。国有资产经营公司要对国资委负责，依法建立和完善法人治理结构，建立健全企业合并分立、重大投资、产权转让、债券发行、股权质押融资等方面的内部监督管理和风险控制制度。

（二十一）加强对国家出资企业重要子企业的监管。地方国资委要严格依据《企业国有资产法》和《条例》的规定，尽快明确国家出资企业重要子企业的范围，加强对其合并分立、增减资本、改制、解散、清算或者申请破产等重大事项的监管。要指导国家出资企业加强对其所出资企业的监管，加快探索完善国家出资企业对上市公司国有股权和境外企业国有资产的监管方式，层层落实出资人责任。

（二十二）逐步规范国资委委托行业部门监管部分企业的行为。根据本级人民政府授权，一些地方国资委委托行业部门监管部分企业的，应当依法规范国资委与行业部门以及委托监管企业之间的关系。地方国资委要通过办理工商登记等手续，明确与委托监管的国家出资企业的出资关系。要与行业部门订立委托监管协议，明确双方的职责权限。

六、加强地方企业国有资产基础管理工作

（二十三）依法维护企业国有资产基础管理的统一性。加强地方企业国有资产的基础管理，是地方国资委的一项重要职能。地方国资委要依法负责地方企业国有资产的产权登记、清产核资、资产统计、资产评估监管、综合评价等基础管理工作。要按照国家有关规定，逐步建立本地区统一的企业国有资产基础管理体系，积极探索覆盖本地区全部企业国有资产基础管理工作的方式和途径。

（二十四）重视企业国有资产统计分析工作。要注意与有关部门的衔接协调，统一做好地方国资委履行出资人职责的国家出资企业和地方其他企业国有资产的统计分析。要定期向本级人民政府报告本地区企业国有资产总量、结构、变动、收益等汇总分析情况，防止企业国有资产统计出现空白，同时避免重复统计、增加企业负担。

（二十五）加强地方国有企业改制重组过程中的国有资产基础管理。要依据《企业国有资产法》和《条例》有关规定，指导改制重组企业做好清产核资、财务审计、资产评估，准确界定和核实资产，客观公正地确定资产的价值，规范与关联方的交易、国有资产转让等重要环节，切实维护国有资产出资人权益，防止国有资产流失。

七、加强对市（地）级、县级人民政府国有资产监管工作的指导监督

（二十六）依据《条例》有关规定，省级人民政府国资委要结合本地实际，切实加强对市（地）级、县级人民政府国有资产监管工作的指导和监督。要把握国有资产管理体制改革的正确方向和基本原则，指导市（地）级人民政府合理界定企业国有资产监管范围，准确把握国资委的机构性质和职能定位，依法规范市（地）级人民政府国资委与国家出资企业的关系，加强企业国有资产基础管理。要特别重视企业国有资产监管与运营合法合规性的监督，加强对市（地）级、县级人民政府所属国有企业改制、企业国有资产转让的监督，采取有力措施，维护国有资产出资人的合法权益，切实防止国有资产流失；维护企业职工的合法权益，注意做好改制企业职工的思想政治工作。要指导优化本地区国有经济布局和结构，推进地方国有企业改革和发展，进一步提高本地区国有经济的整体素质。

（二十七）继续探索完善市（地）级人民政府国有资产管理体制和制度。要适应地方国有经济发展变化的新情况新要求，加快探索解决一些市（地）级人民政府国资委和政府其他部门、机构合署办公的现状与国资委作为特设机构定位的矛盾。要重视指导市（地）级人民政府国资委加强股权多元化企业的国有资本管理，维护好出资人权益。要总结近几年来各地对县级企业国有资产“有专门监管比没有专门监管好、集中监管比分散监管好”的经验，按照企业国有资产管理新体制的要求，指导县级人民政府明确县属企业国有资产的监管主体及其职责，加快落实监管责任，不断探索既符合改革要求又符合本地区实际的县属企业国有资产的监管方式和途径。对不同层级、不同区域国资委共同持有企业股权的，要坚持分级代表、同股同权或者按照章程约定，依法规范共同监管的途径和方式。

八、加强自身建设，提高依法履行出资人职责的能力和水平

（二十八）进一步重视加强国资委的自身建设。要继续完善内部机构设置、职权划分，努力形成权责一致、分工合理、决策科学、执行顺畅、监督有力的运作机制。要加强国资委机关干部队伍建设，深入学习实践科学发展观，努力把握科学发展的规律、国有资产监管的规律、企业发展的规律和经济运行的规律，全面提高依法履行出资人职责的能力和水平。要按照“先立规矩、后办事”的要求，建立健全各项管理制度，大力培育机关合规文化，严格规范行权履责程序，重视加强国资委行权履责中的法律风险防范。

进一步加强企业国有资产监管工作，完善国有资产管理体制和制度，极具探索性，极具挑战性，是一项长期的战略任务。地方国资委要在地方党委和政府的领导下，根据本意见的要求，结合本地区实际，解放思想，与时俱进，努力开创地方国有资产监管工作的新局面，为不断发展壮大国有经济继续作出新的更大的贡献。

国有资产监督管理信息公开实施办法

（2009 年 2 月 5 日）

第一章　总　则

第一条　为了提高国务院国有资产监督管理委员会（以下简称国资委）工作的透明度，促进国资委根据授权依法履行出资人职责，充分发挥国有资产监督管理信息（以下简称国资监管信息）对人民群众生产、生活和经济社会活动的服务作用，依据《中华人民共和国企业国有资产法》、《企业国有资产监督管理暂行条例》和《中华人民共和国政府信息公开条例》（以下简称《条例》），制定本办法。

第二条　本办法适用于国资委在根据授权依法履行出资人职责过程中，依据法律、行政法规和国家有关规定，向公民、法人和其他组织公开相关国资监管信息的活动。

本办法所称国资监管信息，是指国资委代表国务院对其授权的国家出资企业（以下简称所出资企业）在依法履行出资人职责的过程中制作或者获取的，以一定形式记录、保存的信息。

第三条　按照《条例》的有关要求，国资委成立信息公开工作领导小组，负责推进、指导、协调、监督国资委信息公开工作，研究解决信息公开工作中的重大问题。领导小组下设办公室（设在办公厅），承担领导小组的日常工作。领导小组及办公室（以下称国资委信息公开工作机构）的具体职责另行制订。

第四条　国资委信息公开工作坚持依法、公正、公平、准确、及时、便民的原则。公开的信息不得危及国家安全、公共安全、经济安全和社会稳定，不得侵犯企业的合法权益和商业秘密。

第五条　国资委发布信息涉及其他部门或者企业的，应当与有关部门或者企业及时沟通、确认。

第二章　公开的范围

第六条　国资委公开国资监管信息的形式，分为主动公开和依申请公开。

第七条　国资委应当主动向公民、法人和其他组织公开以下信息：

（一）国资委主要职责、内设机构、办事程序；

（二）国资委制定的规章和规范性文件；

（三）国资委拟发布需征求意见的规章和规范性文件；

（四）国资委指导推进国有企业改革重组、建立现代企业制度和所出资企业董事会试点、法制建设、履行社会责任、节能减排、安全生产等有关工作情况；

（五）国资委代表国务院向所出资企业派出监事会有关情况；

（六）所出资企业生产经营总体情况；

（七）所出资企业国有资产有关统计信息；

（八）所出资企业国有资产保值增值、经营业绩考核总体情况；

（九）所出资企业负责人职务变动及公开招聘有关情况；

（十）突发性事件的处置情况；

（十一）国资委公务员考试录用的条件、程序、结果；

（十二）国资委工作人员廉洁自律有关规定；

（十三）国资委办公地址、总机电话；

（十四）投诉、举报、信访途径；

（十五）国资委职责范围内的其他应当依法主动向公民、法人和其他组织公开的信息。

国资委不得公开涉及国家秘密、商业秘密、个人隐私的信息。已经解密的国资监管信息，属于主动公开范围的，应当及时公开。

第八条　除本办法第七条规定的主动公开的信息外，公民、法人或者其他组织可根据自身生产、生活、科研等特殊需要，向国资委申请获取相关可以公开的国资监管信息。

第九条　发现虚假或者不完整反映国有资产监管信息的，应当在职责范围内及时发布准确信息予以澄清。

第三章　公开的方式和程序

第十条　国资委主动公开的国资监管信息，通过下列途径公开：

（一）《国务院国有资产监督管理委员会公告》；

（二）国资委网站；

（三）新闻媒体；

（四）国有资产监督管理政策法规汇编；

（五）国资委规定的其他公开方式。

第十一条 信息公开前，应当依照《中华人民共和国保守国家秘密法》等法律法规以及国资委有关保密规定，对拟公开的信息进行审查。不能确定信息是否可以公开时，应当依照法律、行政法规和国家有关规定报有关主管部门或者同级保密工作部门确定。

第十二条 国资委机关应当根据需要设立公共查阅室、资料索取点等场所、设施，为公民、法人和其他组织获取国资委国资监管信息提供方便。

国资委信息公开工作机构应当按照国家相关规定，及时向国家档案馆、公共图书馆提供主动公开的国资监管信息。

第十三条 拟主动公开的国资监管信息，应当履行一定的审批程序；对依照国家有关规定需要批准的，未经批准不得发布。

第十四条 属于主动公开范围的国资监管信息，一般应当自该信息形成或者变更之日起 20 个工作日内予以公开。法律、行政法规对国资监管信息公开的期限另有规定的，从其规定。

第十五条 国资委信息公开工作机构组织编制、定期更新适用本办法的国资委信息公开目录和指南。

国资委信息公开指南，包括国资监管信息的分类、编排体系、获取方式，国资委信息公开工作机构的名称、办公地址、办公时间、联系电话、传真号码、电子邮箱等内容。

国资委信息公开目录，包括国资监管信息的索引、名称、内容概述、生成日期等内容。

第十六条 公民、法人或者其他组织依照本办法第八条规定向国资委申请获取国资监管信息的，应当填写《获取国资监管信息申请表》，通过信函、传真、电子邮件等方式提交；采用书面形式确有困难的，申请人可以口头提出，由受理该申请的机构代为填写。

国资监管信息公开申请应当包括下列内容：

（一）申请人的姓名或者名称、联系方式；

（二）申请公开的国资监管信息的内容描述；

（三）申请公开的国资监管信息的形式要求。

第十七条 国资委信息公开工作机构统一受理国资监管信息公开申请，并根据下列情况分别作出答复：

（一）属于公开范围的，应当告知申请人获取该信息的方式和途径；

（二）属于不予公开范围的，应当告知申请人并说明理由；

（三）申请内容不明确的，应当告知申请人予以明确；

（四）依法不属于国资委公开或者该信息不存在的，应当告知申请人；对能够确定该信息的公开机关的，应当告知申请人该行政机关的名称、联系方式。

第十八条 申请公开的国资监管信息中含有不应当公开的内容，但是能作区分处理的，应当向申请人提供可以公开的信息内容。

第十九条 申请公开的国资监管信息涉及商业秘密、个人隐私，公开后可能损害第三方合法权益的，应当书面征求第三方的意见；第三方不同意公开的，不得公开。但是，不公开可能对公共利益造成重大影响的，应当予以公开，并将决定公开的信息内容和理由书面通知第三方。

第二十条 收到国资监管信息公开申请，国资委信息公开工作机构应当自收到申请之日起 15 个工作日内予以答复；如需延长答复期限的，应当经国资委信息公开工作机构负责人同意，并告知申请人，延长期限最长不超过 15 个工作日。申请公开的国资监管信息涉及第三方权益的，征求第三方意见所需时间不计算在规定期限内。

第二十一条 国资委依申请提供有关国资监管信息，除可以收取检索、复制、邮寄等成本费用外，不得收取其他费用。收费标准严格按照国家有关规定执行。申请公开国资监管信息的公民确有经济困难的，经本人申请，国资委信息公开工作机构审核同意，可以减免相关费用。

第四章　监督和保障

第二十二条 信息公开工作所需经费应当纳入年度预算，实行专项管理，保障国资监管信息公开工作的顺利开展。

第二十三条 国资委信息公开工作机构负责编写国资监管信息公开工作年度报告，并在每年 3 月 31 日前公布。

第二十四条 建立国资监管信息公开工作考核制度、社会评议制度和责任追究制度，定期对信息公开工作进行考核、评议。

第二十五条 国资监管信息公开工作主动接受社会公众的监督、评议，对信息公开工作中存在的问题应当认真整改。

第二十六条 国资委指导地方国有资产监管信息公开工作。

第二十七条 国资委相关部门违反《条例》和本办法规定，有下列情形之一的，由驻国资委监察局责令改正；情节严重的，对负有直接责任的主管人员和其他直接责任人员依法给予行政处分：

（一）不依法履行信息公开义务；

（二）未按规定及时更新信息内容、信息公开指南和信息公开目录；

（三）在公开信息过程中违反规定收取费用；

（四）公开不应当公开的信息；

（五）违反《条例》和本办法规定的其他行为。

第五章 附 则

第二十八条 本办法由国资委办公厅负责解释。

第二十九条 地方国有资产监督管理机构可以参照本办法，并根据实际情况，制订具体规定。

第三十条 本办法自公布之日起施行。

五

企业监管与责任追究

（一）市场监管

中华人民共和国反不正当竞争法

（1993年9月2日第八届全国人民代表大会常务委员会第三次会议通过 2017年11月4日第十二届全国人民代表大会常务委员会第三十次会议修订 根据2019年4月23日第十三届全国人民代表大会常务委员会第十次会议《关于修改〈中华人民共和国建筑法〉等八部法律的决定》修正）

第一章 总 则

第一条 为了促进社会主义市场经济健康发展，鼓励和保护公平竞争，制止不正当竞争行为，保护经营者和消费者的合法权益，制定本法。

第二条 经营者在生产经营活动中，应当遵循自愿、平等、公平、诚信的原则，遵守法律和商业道德。

本法所称的不正当竞争行为，是指经营者在生产经营活动中，违反本法规定，扰乱市场竞争秩序，损害其他经营者或者消费者的合法权益的行为。

本法所称的经营者，是指从事商品生产、经营或者提供服务（以下所称商品包括服务）的自然人、法人和非法人组织。

第三条 各级人民政府应当采取措施，制止不正当竞争行为，为公平竞争创造良好的环境和条件。

国务院建立反不正当竞争工作协调机制，研究决定反不正当竞争重大政策，协调处理维护市场竞争秩序的重大问题。

第四条 县级以上人民政府履行工商行政管理职责的部门对不正当竞争行为进行查处；法律、行政法规规定由其他部门查处的，依照其规定。

第五条 国家鼓励、支持和保护一切组织和个人对不正当竞争行为进行社会监督。

国家机关及其工作人员不得支持、包庇不正当竞争行为。

行业组织应当加强行业自律，引导、规范会员依法竞争，维护市场竞争秩序。

第二章　不正当竞争行为

第六条　经营者不得实施下列混淆行为，引人误认为是他人商品或者与他人存在特定联系：

（一）擅自使用与他人有一定影响的商品名称、包装、装潢等相同或者近似的标识；

（二）擅自使用他人有一定影响的企业名称（包括简称、字号等）、社会组织名称（包括简称等）、姓名（包括笔名、艺名、译名等）；

（三）擅自使用他人有一定影响的域名主体部分、网站名称、网页等；

（四）其他足以引人误认为是他人商品或者与他人存在特定联系的混淆行为。

第七条　经营者不得采用财物或者其他手段贿赂下列单位或者个人，以谋取交易机会或者竞争优势：

（一）交易相对方的工作人员；

（二）受交易相对方委托办理相关事务的单位或者个人；

（三）利用职权或者影响力影响交易的单位或者个人。

经营者在交易活动中，可以以明示方式向交易相对方支付折扣，或者向中间人支付佣金。经营者向交易相对方支付折扣、向中间人支付佣金的，应当如实入账。接受折扣、佣金的经营者也应当如实入账。

经营者的工作人员进行贿赂的，应当认定为经营者的行为；但是，经营者有证据证明该工作人员的行为与为经营者谋取交易机会或者竞争优势无关的除外。

第八条　经营者不得对其商品的性能、功能、质量、销售状况、用户评价、曾获荣誉等作虚假或者引人误解的商业宣传，欺骗、误导消费者。

经营者不得通过组织虚假交易等方式，帮助其他经营者进行虚假或者引人误解的商业宣传。

第九条　经营者不得实施下列侵犯商业秘密的行为：

（一）以盗窃、贿赂、欺诈、胁迫、电子侵入或者其他不正当手段获取权利人的商业秘密；

（二）披露、使用或者允许他人使用以前项手段获取的权利人的商业秘密；

（三）违反保密义务或者违反权利人有关保守商业秘密的要求，披露、使用或者允许他人使用其所掌握的商业秘密；

（四）教唆、引诱、帮助他人违反保密义务或者违反权利人有关保守商业秘密的要求，获取、披露、使用或者允许他人使用权利人的商业秘密。

经营者以外的其他自然人、法人和非法人组织实施前款所列违法行为的，视为侵犯商业秘密。

第三人明知或者应知商业秘密权利人的员工、前员工或者其他单位、个人实施本条第一款所列违法行为，仍获取、披露、使用或者允许他人使用该商业秘密的，视为侵犯商业秘密。

本法所称的商业秘密，是指不为公众所知悉、具有商业价值并经权利人采取相应保密措施的技术信息、经营信息等商业信息。

第十条 经营者进行有奖销售不得存在下列情形：

（一）所设奖的种类、兑奖条件、奖金金额或者奖品等有奖销售信息不明确，影响兑奖；

（二）采用谎称有奖或者故意让内定人员中奖的欺骗方式进行有奖销售；

（三）抽奖式的有奖销售，最高奖的金额超过五万元。

第十一条 经营者不得编造、传播虚假信息或者误导性信息，损害竞争对手的商业信誉、商品声誉。

第十二条 经营者利用网络从事生产经营活动，应当遵守本法的各项规定。

经营者不得利用技术手段，通过影响用户选择或者其他方式，实施下列妨碍、破坏其他经营者合法提供的网络产品或者服务正常运行的行为：

（一）未经其他经营者同意，在其合法提供的网络产品或者服务中，插入链接、强制进行目标跳转；

（二）误导、欺骗、强迫用户修改、关闭、卸载其他经营者合法提供的网络产品或者服务；

（三）恶意对其他经营者合法提供的网络产品或者服务实施不兼容；

（四）其他妨碍、破坏其他经营者合法提供的网络产品或者服务正常运行的行为。

第三章 对涉嫌不正当竞争行为的调查

第十三条 监督检查部门调查涉嫌不正当竞争行为，可以采取下列措施：

（一）进入涉嫌不正当竞争行为的经营场所进行检查；

（二）询问被调查的经营者、利害关系人及其他有关单位、个人，要求其说明有关情况或者提供与被调查行为有关的其他资料；

（三）查询、复制与涉嫌不正当竞争行为有关的协议、账簿、单据、文件、记录、业务函电和其他资料；

（四）查封、扣押与涉嫌不正当竞争行为有关的财物；

（五）查询涉嫌不正当竞争行为的经营者的银行账户。

采取前款规定的措施，应当向监督检查部门主要负责人书面报告，并经批准。采取前款第四项、第五项规定的措施，应当向设区的市级以上人民政府监督检查部门主要负责人书面报告，并经批准。

监督检查部门调查涉嫌不正当竞争行为，应当遵守《中华人民共和国行政强制法》和其他有关法律、行政法规的规定，并应当将查处结果及时向社会公开。

第十四条 监督检查部门调查涉嫌不正当竞争行为，被调查的经营者、利害关系人及其他有关单位、个人应当如实提供有关资料或者情况。

第十五条 监督检查部门及其工作人员对调查过程中知悉的商业秘密负有保密义务。

第十六条 对涉嫌不正当竞争行为，任何单位和个人有权向监督检查部门举报，监督检查部门接到举报后应当依法及时处理。

监督检查部门应当向社会公开受理举报的电话、信箱或者电子邮件地址，并为举报人保密。对实名举报并提供相关事实和证据的，监督检查部门应当将处理结果告知举报人。

第四章　法律责任

第十七条 经营者违反本法规定，给他人造成损害的，应当依法承担民事责任。

经营者的合法权益受到不正当竞争行为损害的，可以向人民法院提起诉讼。

因不正当竞争行为受到损害的经营者的赔偿数额，按照其因被侵权所受到的实际损失确定；实际损失难以计算的，按照侵权人因侵权所获得的利益确定。经营者恶意实施侵犯商业秘密行为，情节严重的，可以在按照上述方法确定数额的一倍以上五倍以下确定赔偿数额。赔偿数额还应当包括经营者为制止侵权行为所支付的合理开支。

经营者违反本法第六条、第九条规定，权利人因被侵权所受到的实际损失、侵权人因侵权所获得的利益难以确定的，由人民法院根据侵权行为的情节判决给予权利人五百万元以下的赔偿。

第十八条 经营者违反本法第六条规定实施混淆行为的，由监督检查部门责令停止违法行为，没收违法商品。违法经营额五万元以上的，可以并处违法经营额五倍以下的罚款；没有违法经营额或者违法经营额不足五万元的，可以并处二十五万元以下的罚款。情节严重的，吊销营业执照。

经营者登记的企业名称违反本法第六条规定的，应当及时办理名称变更登记；名称变更前，由原企业登记机关以统一社会信用代码代替其名称。

第十九条 经营者违反本法第七条规定贿赂他人的，由监督检查部门没收违法所得，处十万元以上三百万元以下的罚款。情节严重的，吊销营业执照。

第二十条 经营者违反本法第八条规定对其商品作虚假或者引人误解的商业宣传，或者通过组织虚假交易等方式帮助其他经营者进行虚假或者引人误解的商业宣传的，由监督检查部门责令停止违法行为，处二十万元以上一百万元以下的罚款；情节严重的，处一百万元以上二百万元以下的罚款，可以吊销营业执照。

经营者违反本法第八条规定，属于发布虚假广告的，依照《中华人民共和国广告法》的规定处罚。

第二十一条 经营者以及其他自然人、法人和非法人组织违反本法第九条规定侵犯商业秘密的，由监督检查部门责令停止违法行为，没收违法所得，处十万元以上一百万元以下的罚款；情节严重的，处五十万元以上五百万元以下的罚款。

第二十二条 经营者违反本法第十条规定进行有奖销售的，由监督检查部门责令停止违法行为，处五万元以上五十万元以下的罚款。

第二十三条 经营者违反本法第十一条规定损害竞争对手商业信誉、商品声誉的，由监督检查部门责令停止违法行为、消除影响，处十万元以上五十万元以下的罚款；情节严重的，处五十万元以上三百万元以下的罚款。

第二十四条 经营者违反本法第十二条规定妨碍、破坏其他经营者合法提供的网络产品或者服务正常运行的，由监督检查部门责令停止违法行为，处十万元以上五十万元以下的罚款；情节严重的，处五十万元以上三百万元以下的罚款。

第二十五条 经营者违反本法规定从事不正当竞争，有主动消除或者减轻违法行为危害后果等法定情形的，依法从轻或者减轻行政处罚；违法行为轻微并及时纠正，没有造成危害后果的，不予行政处罚。

第二十六条 经营者违反本法规定从事不正当竞争，受到行政处罚的，由监督检查部门记入信用记录，并依照有关法律、行政法规的规定予以公示。

第二十七条 经营者违反本法规定，应当承担民事责任、行政责任和刑事责任，其财产不足以支付的，优先用于承担民事责任。

第二十八条 妨害监督检查部门依照本法履行职责，拒绝、阻碍调查的，由监督检查部门责令改正，对个人可以处五千元以下的罚款，对单位可以处五万元以下的罚款，并可以由公安机关依法给予治安管理处罚。

第二十九条 当事人对监督检查部门作出的决定不服的，可以依法申请行政复议或者提起行政诉讼。

第三十条 监督检查部门的工作人员滥用职权、玩忽职守、徇私舞弊或者泄露调查过程中知悉的商业秘密的，依法给予处分。

第三十一条 违反本法规定，构成犯罪的，依法追究刑事责任。

第三十二条 在侵犯商业秘密的民事审判程序中，商业秘密权利人提供初步证据，证明其已经对所主张的商业秘密采取保密措施，且合理表明商业秘密被侵犯，涉嫌侵权人应当证明权利人所主张的商业秘密不属于本法规定的商业秘密。

商业秘密权利人提供初步证据合理表明商业秘密被侵犯，且提供以下证据之一的，涉嫌侵权人应当证明其不存在侵犯商业秘密的行为：

（一）有证据表明涉嫌侵权人有渠道或者机会获取商业秘密，且其使用的信息与该商业秘密实质上相同；

（二）有证据表明商业秘密已经被涉嫌侵权人披露、使用或者有被披露、使用的风险；

（三）有其他证据表明商业秘密被涉嫌侵权人侵犯。

第五章　附　　则

第三十三条 本法自 2018 年 1 月 1 日起施行。

建设工程企业资质申报弄虚作假行为处理办法

（2011 年 12 月 8 日）

第一条 为建立和维护公平竞争、规范有序的建筑市场秩序，加强建筑市场的准入清出管理，严肃查处建设工程企业资质申报中弄虚作假行为，依据《中华人民共和国建筑法》、《中华人民共和国行政许可法》等法律法规，制定本办法。

第二条 本办法所称企业资质申报，是指工程勘察资质、工程设计资质、建筑业企业资质、工程监理企业资质、工程建设项目招标代理机构资格、工程设计与施工一体化资质的首次申请、升级、增项、延续（就位）等。

第三条 企业申报资质，必须按照规定如实提供有关申报材料，凡与实际情况不符，有伪造、虚报相关数据或证明材料行为的，可认定为弄虚作假。

第四条 对涉嫌在企业资质申报中弄虚作假行为的核查、认定和处理，应当坚持实事求是、责任追究与教育防范相结合的原则。

第五条 各级住房城乡建设主管部门应当依法按照行政审批权限，对涉嫌在资质申报中弄虚作假企业进行核查处理，不在行政审批权限范围内的，应当及时将相关情况逐级上报至有权限的住房城乡建设主管部门研究处理。涉嫌在资质申报中弄虚作假的企业应配合接受核查，并在规定时限内按要求提供证明材料。

铁路、交通、水利、信息产业等部门在资质审查中发现弄虚作假行为的，应将有关情况告知同级住房城乡建设主管部门，并配合核查。

第六条 住房和城乡建设部可委托省级住房城乡建设主管部门对涉嫌在资质申报中弄虚作假的企业进行核查。受委托部门应在规定时限内将核查的有关情况、原始材料和处理建议上报。

第七条　省级住房城乡建设主管部门应当每半年将资质申报中对弄虚作假行为的处理结果汇总上报住房和城乡建设部备案。

第八条　任何单位和个人有权向住房城乡建设主管部门举报企业在申报资质中弄虚作假的行为。对能提供基本事实线索或相关证明材料的举报，住房城乡建设主管部门应予受理，并为举报单位或个人保密。

第九条　住房城乡建设主管部门之间应当建立资质申报中弄虚作假行为的协查机制。协助核查的主管部门应当予以配合，并在规定时限内书面反馈核查情况。

第十条　住房城乡建设主管部门应在 20 个工作日内完成对涉嫌申报资质中弄虚作假企业的核查，可要求被核查企业提供相关材料；核查期间，暂不予做出该申报行政许可决定，核查时间不计入审批时限。

第十一条　因涉嫌在资质申报过程中弄虚作假被核查的企业，应积极配合相关部门核查。

第十二条　对资质申报中弄虚作假的企业，住房城乡建设主管部门按照行政审批权限依法给予警告，并作如下处理：

（一）企业新申请资质时弄虚作假的，不批准其资质申请，企业在一年内不得再次申请该项资质；

（二）企业在资质升级、增项申请中弄虚作假的，不批准其资质申请，企业在一年内不得再次申请该项资质升级、增项；

（三）企业在资质延续申请中弄虚作假的，不予延续；企业按低一等级资质或缩小原资质范围重新申请核定资质，并一年内不得申请该项资质升级、增项。

第十三条　对弄虚作假取得资质的企业，住房城乡建设主管部门依法给予行政处罚并撤销其相应资质，且自撤销资质之日起三年内不得申请该项资质。

第十四条　被核查企业拒绝配合调查，或未在规定时限内提供相应反映真实情况说明材料的，不批准其资质申报。

第十五条　受住房城乡建设部委托进行核查的省级住房城乡建设主管部门，逾期未上报核查结果的，住房城乡建设部给予通报批评，且不批准被核查企业的资质申请。

第十六条　对参与企业资质申报弄虚作假或为企业提供虚假证明的有关单位或个人，住房城乡建设主管部门给予通报批评或抄报有关部门依法进行处理。

第十七条 对参与企业资质申报弄虚作假的住房城乡建设主管部门及其工作人员，依法由其上级行政机关或者监察机关责令改正，对直接负责的主管人员和其他直接责任人员依法给予行政处分。

第十八条 住房城乡建设主管部门将企业资质申报中的弄虚作假行为作为企业或个人不良行为在全国诚信信息平台予以发布。

第十九条 本办法自发布之日起施行，原《对工程勘察、设计、施工、监理和招标代理企业资质申报中弄虚作假行为的处理办法》（建市〔2002〕40号）同时废止。

中央企业安全生产考核实施细则

（2014 年 8 月 1 日）

为深入贯彻落实党的十八届三中全会关于完善安全生产考核评价体系的精神，进一步增强安全生产红线意识，督促引导中央企业落实主体责任，强化安全生产管理，根据《中央企业负责人经营业绩考核暂行办法》（国资委令第 30 号）、《中央企业安全生产监督管理暂行办法》（国资委令第 21 号）的有关规定，特对《中央企业安全生产监督管理暂行办法》（国资委令第 21 号）附件六《中央企业生产安全责任事故降分降级处理细则》进行修订。

一、基本原则

（一）依法依规原则。国资委根据各级政府有关部门对事故调查认定的性质、级别、责任等，在中央企业负责人经营业绩考核时依法依规予以处理。

（二）从严处罚原则。进一步加大对生产安全责任事故的降级、扣分处理力度，督促企业认真做好安全生产工作，防范和减少生产安全事故。

（三）分类分责原则。根据主营业务和安全生产风险程度将企业分为三类进行安全生产监管。事故责任分为主要责任和非主要责任：主要责任是指直接导致事故发生，对事故承担主体责任；非主要责任是指间接导致事故发生，对事故负有管理责任、监管责任、次要责任或一定责任等。

二、降级处理

（一）企业考核年度内发生下列情况之一的，对其负责人年度经营业绩考核结果予以降级处理，分数降至下一考核级别。

1. 第一类企业。发生特别重大生产安全责任事故且承担主要责任的。

2. 第二类企业。发生重大及以上生产安全责任事故且承担主要责任的，发生特别重大生产安全责任事故且承担非主要责任的。

3. 第三类企业。发生较大及以上生产安全责任事故且承担主要责任的，发生重大及以上生产安全责任事故且承担非主要责任的。

4. 存在瞒报生产安全事故行为的。

5. 企业发生承担主要责任的较大及以上生产安全责任事故累计达到规定降级起数规定的（具体起数见下表）（略）。

（二）考核任期内发生2起以上（含）瞒报事故或2起以上（含）特别重大生产安全责任事故的企业，对其负责人任期经营业绩考核结果予以降级处理，分数降至下一考核级别。

三、扣分处理

（一）承担事故主要责任但未达到降级规定的企业，按以下标准对其负责人年度经营业绩考核进行扣分。

1. 第一类企业。发生较大生产安全责任事故，每起扣0.4分~0.8分；发生重大生产安全责任事故，每起扣1.2分~1.6分。

2. 第二类企业。发生较大生产安全责任事故，每起扣0.8分~1.2分。

（二）承担事故非主要责任的企业，按以下标准对其负责人年度经营业绩考核进行扣分。

1. 第一类企业。发生较大生产安全责任事故，每起扣0.2分~0.4分；发生重大生产安全责任事故，每起扣0.8分~1.2分；发生特别重大生产安全责任事故，每起扣1.6分~2分。

2. 第二类企业。发生较大生产安全责任事故，每起扣0.4分~0.8分；发生重大生产安全责任事故，每起扣1.2分~1.6分。

3. 第三类企业。发生较大生产安全责任事故，每起扣0.8分~1.2分。

（三）事故由多方共同承担同等责任的企业，按非主要责任上限对其负责人年度经营业绩考核进行扣分。

（四）受到降级处理的企业，若还发生其他事故，其他事故按照扣分标准继续扣分。

（五）一个月内连续发生2起较大及以上生产安全责任事故的，同类事故在同一区域同一企业重复发生的，按照同类事故扣分标准上限进行连续扣分。

四、其他

（一）组织机构不健全、不按照规定设置安全总监、安全投入不到位的企业，发生较大及以上生产安全责任事故的，按照同类事故上限进行处理。

（二）发生重大环境污染、火灾、公共安全等事件的企业，参照生产安全责任事故进行处理。

（三）对生产作业过程中应预见的风险，未采取必要的防范措施，导致在地质灾害、自然灾害中造成人员伤亡的以及在非生产作业环节发生责任事故的企业，参照同级别的生产安全事故进行处理。

（四）中央企业要制定完善本企业的安全生产考核相关制度，将安全生产考核与企业负责人年薪、企业年度薪酬总额挂钩。

（五）本细则从 2014 年度考核开始执行，《中央企业安全生产监督管理暂行办法》（国资委令第 21 号）原附件六《中央企业生产安全责任事故降分降级处理细则》同时废止。

（六）本细则由国资委负责解释。

国务院关于进一步加强企业安全生产工作的通知

（2010 年 7 月 19 日）

各省、自治区、直辖市人民政府，国务院各部委、各直属机构：

近年来，全国生产安全事故逐年下降，安全生产状况总体稳定、趋于好转，但形势依然十分严峻，事故总量仍然很大，非法违法生产现象严重，重特大事故多发频发，给人民群众生命财产安全造成重大损失，暴露出一些企业重生产轻安全、安全管理薄弱、主体责任不落实，一些地方和部门安全监管不到位等突出问题。为进一步加强安全生产工作，全面提高企业安全生产水平，现就有关事项通知如下：

一、总体要求

1. 工作要求。深入贯彻落实科学发展观，坚持以人为本，牢固树立安全发展的理念，切实转变经济发展方式，调整产业结构，提高经济发展的质量和效益，把经济发展建立在安全生产有可靠保障的基础上；坚持“安全第一、预防为主、综合治理”的方针，全面加强企业安全管理，健全规章制度，完善安全标准，提高企业技术水平，夯实安全生产基础；坚持依法依规生产经营，切实加强安全监管，强化企业安全生产主体责任落实和责任追究，促进我国安全生产形势实现根本好转。

2. 主要任务。以煤矿、非煤矿山、交通运输、建筑施工、危险化学品、烟花爆竹、民用爆炸物品、冶金等行业（领域）为重点，全面加强企业安全生产工作。要通过更加严格的目标考核和责任追究，采取更加有效的管理手段和政策措施，集中整治非法违法生产行为，坚决遏制重特大事故发生；要尽快建成完善的国家安全生产应急救援体系，在高危行业强制推行一批安全适用的技术装备和防护设施，最大程度减少事故造成的损失；要建立更加完善的技术标准体系，促进企业安全生产技术装备全面达到国家和行业标准，实现我国安全生产技术水平的提高；要进一步调整产业结构，积极推进重点行业的企业重组和矿产资源开发整合，彻底淘汰安全性能低下、危及安全生产的落后产能；以更加有力的政策引导，形成安全生产长效机制。

二、严格企业安全管理

3. 进一步规范企业生产经营行为。企业要健全完善严格的安全生产规章制度，坚持不安全不生产。加强对生产现场监督检查，严格查处违章指挥、违规作业、违反劳动纪律的“三违”行为。凡超能力、超强度、超定员组织生产的，要责令停产停工整顿，并对企业和企业主要负责人依法给予规定上限的经济处罚。对以整合、技改名义违规组织生产，以及规定期限内未实施改造或故意拖延工期的矿井，由地方政府依法予以关闭。要加强对境外中资企业安全生产工作的指导和管理，严格落实境内投资主体和派出企业的安全生产监督责任。

4. 及时排查治理安全隐患。企业要经常性开展安全隐患排查，并切实做到整改措施、责任、资金、时限和预案“五到位”。建立以安全生产专业人员为主导的隐患整改效果评价制度，确保整改到位。对隐患整改不力造成事故的，要依法追究企业和企业相关负责人的责任。对停产整改逾期未完成的不得复产。

5. 强化生产过程管理的领导责任。企业主要负责人和领导班子成员要轮流现场带班。煤矿、非煤矿山要有矿领导带班并与工人同时下井、同时升井，对无企业负责人带班下井或该带班而未带班的，对有关责任人按擅离职守处理，同时给予规定上限的经济处罚。发生事故而没有领导现场带班的，对企业给予规定上限的经济处罚，并依法从重追究企业主要负责人的责任。

6. 强化职工安全培训。企业主要负责人和安全生产管理人员、特殊工种人员一律严格考核，按国家有关规定持职业资格证书上岗；职工必须全部经过培训合格后上岗。企业用工要严格依照劳动合同法与职工签订劳动合同。凡存在不经培训上岗、无证上岗的企业，依法停产整顿。没有对井下作业人员进行安全培训教育，或存在特种作业人员无证上岗的企业，情节严重的要依法予以关闭。

7. 全面开展安全达标。深入开展以岗位达标、专业达标和企业达标为内容的安全生产标准化建设，凡在规定时间内未实现达标的企业要依法暂扣其生产许可证、安全生产许可证，责令停产整顿；对整改逾期未达标的，地方政府要依法予以关闭。

三、建设坚实的技术保障体系

8. 加强企业生产技术管理。强化企业技术管理机构的安全职能，按规定配备安全技术人员，切实落实企业负责人安全生产技术管理负责制，强化企业主要技术负责人技术决策和指挥权。因安全生产技术问题不解决产生重大隐患的，要对企业主要负责人、主要技术负责人和有关人员给予处罚；发生事故的，依法追究责任。

9. 强制推行先进适用的技术装备。煤矿、非煤矿山要制定和实施生产技术装备标准，安装监测监控系统、井下人员定位系统、紧急避险系统、压风自救系统、供水施救系统和通信联络系统等技术装备，并于 3 年之内完成。逾期未安装的，依法暂扣安全生产许可证、生产许可证。运输危险化学品、烟花爆竹、民用爆炸物品的道路专用车辆，旅游包车和三类以上的班线客车要安装使用具有行驶记录功能的卫星定位装置，于 2 年之内全部完成；鼓励有条件的渔船安装防撞自动识别系统，在大型尾矿库安装全过程在线监控系统，大型起重机械要安装安全监控管理系统；积极推进信息化建设，努力提高企业安全防护水平。

10. 加快安全生产技术研发。企业在年度财务预算中必须确定必要的安全投入。国家鼓励企业开展安全科技研发，加快安全生产关键技术装备的换代升级。进一步落实《国家中长期科学和技术发展规划纲要（2006—2020年)》等，加大对高危行业安全技术、装备、工艺和产品研发的支持力度，引导高危行业提高机械化、自动化生产水平，合理确定生产一线用工。“十二五”期间要继续组织研发一批提升我国重点行业领域安全生产保障能力的关键技术和装备项目。

四、实施更加有力的监督管理

11. 进一步加大安全监管力度。强化安全生产监管部门对安全生产的综合监管，全面落实公安、交通、国土资源、建设、工商、质检等部门的安全生产监督管理及工业主管部门的安全生产指导职责，形成安全生产综合监管与行业监管指导相结合的工作机制，加强协作，形成合力。在各级政府统一领导下，严厉打击非法违法生产、经营、建设等影响安全生产的行为，安全生产综合监管和行业管理部门要会同司法机关联合执法，以强有力措施查处、取缔非法企业。对重大安全隐患治理实行逐级挂牌督办、公告制度，重大隐患治理由省级安全生产监管部门或行业主管部门挂牌督办，国家相关部门加强督促检查。对拒不执行监管监察指令的企业，要依法依规从重处罚。

进一步加强监管力量建设，提高监管人员专业素质和技术装备水平，强化基层站点监管能力，加强对企业安全生产的现场监管和技术指导。

12. 强化企业安全生产属地管理。安全生产监管监察部门、负有安全生产监管职责的有关部门和行业管理部门要按职责分工，对当地企业包括中央、省属企业实行严格的安全生产监督检查和管理，组织对企业安全生产状况进行安全标准化分级考核评价，评价结果向社会公开，并向银行业、证券业、保险业、担保业等主管部门通报，作为企业信用评级的重要参考依据。

13. 加强建设项目安全管理。强化项目安全设施核准审批，加强建设项目的日常安全监管，严格落实审批、监管的责任。企业新建、改建、扩建工程项目的安全设施，要包括安全监控设施和防瓦斯等有害气体、防尘、排水、防火、防爆等设施，并与主体工程同时设计、同时施工、同时投入生产和使用。安全设施与建设项目主体工程未做到同时设计的一律不予审批，未做到同时施工的责令立即停止施工，未同时投入使用的不得颁发安全生产许可证，并视情节追究有关单位负责人的责任。严格落实建设、设计、施工、监理、监管等各方安全责任。对项目建设生产经营单位存在违法分包、转包等行为的，立即依法停工停产整顿，并追究项目业主、承包方等各方责任。

14. 加强社会监督和舆论监督。要充分发挥工会、共青团、妇联组织的作用，依法维护和落实企业职工对安全生产的参与权与监督权，鼓励职工监督举报各类安全隐患，对举报者予以奖励。有关部门和地方要进一步畅通安全生产的社会监督渠道，设立举报箱，公布举报电话，接受人民群众的公开监督。要发挥新闻媒体的舆论监督，对舆论反映的客观问题要深查原因，切实整改。

五、建设更加高效的应急救援体系

15. 加快国家安全生产应急救援基地建设。按行业类型和区域分布，依托大型企业，在中央预算内基建投资支持下，先期抓紧建设 7 个国家矿山应急救援队，配备性能可靠、机动性强的装备和设备，保障必要的运行维护费用。推进公路交通、铁路运输、水上搜救、船舶溢油、油气田、危险化学品等行业（领域）国家救援基地和队伍建设。鼓励和支持各地区、各部门、各行业依托大型企业和专业救援力量，加强服务周边的区域性应急救援能力建设。

16. 建立完善企业安全生产预警机制。企业要建立完善安全生产动态监控及预警预报体系，每月进行一次安全生产风险分析。发现事故征兆要立即发布预警信息，落实防范和应急处置措施。对重大危险源和重大隐患要报当地安全生产监管监察部门、负有安全生产监管职责的有关部门和行业管理部门备案。涉及国家秘密的，按有关规定执行。

17. 完善企业应急预案。企业应急预案要与当地政府应急预案保持衔接，并定期进行演练。赋予企业生产现场带班人员、班组长和调度人员在遇到险情时第一时间下达停产撤人命令的直接决策权和指挥权。因撤离不及时导致人身伤亡事故的，要从重追究相关人员的法律责任。

六、严格行业安全准入

18. 加快完善安全生产技术标准。各行业管理部门和负有安全生产监管职责的有关部门要根据行业技术进步和产业升级的要求，加快制定修订生产、安全技术标准，制定和实施高危行业从业人员资格标准。对实施许可证管理制度的危险性作业要制定落实专项安全技术作业规程和岗位安全操作规程。

19. 严格安全生产准入前置条件。把符合安全生产标准作为高危行业企业准入的前置条件，实行严格的安全标准核准制度。矿山建设项目和用于生产、储存危险物品的建设项目，应当分别按照国家有关规定进行安全条件论证和安全评价，严把安全生产准入关。凡不符合安全生产条件违规建设的，要立即停止建设，情节严重的由本级人民政府或主管部门实施关闭取缔。降低标准造成隐患的，要追究相关人员和负责人的责任。

20. 发挥安全生产专业服务机构的作用。依托科研院所，结合事业单位改制，推动安全生产评价、技术支持、安全培训、技术改造等服务性机构的规范发展。制定完善安全生产专业服务机构管理办法，保证专业服务机构从业行为的专业性、独立性和客观性。专业服务机构对相关评价、鉴定结论承担法律责任，对违法违规、弄虚作假的，要依法依规从严追究相关人员和机构的法律责任，并降低或取消相关资质。

七、加强政策引导

21. 制定促进安全技术装备发展的产业政策。要鼓励和引导企业研发、采用先进适用的安全技术和产品，鼓励安全生产适用技术和新装备、新工艺、新标准的推广应用。把安全检测监控、安全避险、安全保护、个人防护、灾害监控、特种安全设施及应急救援等安全生产专用设备的研发制造，作为安全产业加以培育，纳入国家振兴装备制造业的政策支持范畴。大力发展安全装备融资租赁业务，促进高危行业企业加快提升安全装备水平。

22. 加大安全专项投入。切实做好尾矿库治理、扶持煤矿安全技改建设、瓦斯防治和小煤矿整顿关闭等各类中央资金的安排使用，落实地方和企业配套资金。加强对高危行业企业安全生产费用提取和使用管理的监督检查，进一步完善高危行业企业安全生产费用财务管理制度，研究提高安全生产费用提取下限标准，适当扩大适用范围。依法加强道路交通事故社会救助基金制度建设，加快建立完善水上搜救奖励与补偿机制。高危行业企业探索实行全员安全风险抵押金制度。完善落实工伤保险制度，积极稳妥推行安全生产责任保险制度。

23. 提高工伤事故死亡职工一次性赔偿标准。从 2011 年 1 月 1 日起，依照《工伤保险条例》的规定，对因生产安全事故造成的职工死亡，其一次性工亡补助金标准调整为按全国上一年度城镇居民人均可支配收入的 20 倍计算，发放给工亡职工近亲属。同时，依法确保工亡职工一次性丧葬补助金、供养亲属抚恤金的发放。

24. 鼓励扩大专业技术和技能人才培养。进一步落实完善校企合作办学、对口单招、订单式培养等政策，鼓励高等院校、职业学校逐年扩大采矿、机电、地质、通风、安全等相关专业人才的招生培养规模，加快培养高危行业专业人才和生产一线急需技能型人才。

八、更加注重经济发展方式转变

25. 制定落实安全生产规划。各地区、各有关部门要把安全生产纳入经济社会发展的总体布局，在制定国家、地区发展规划时，要同步明确安全生产目标和专项规划。企业要把安全生产工作的各项要求落实在企业发展和日常工作之中，在制定企业发展规划和年度生产经营计划中要突出安全生产，确保安全投入和各项安全措施到位。

26. 强制淘汰落后技术产品。不符合有关安全标准、安全性能低下、职业危害严重、危及安全生产的落后技术、工艺和装备要列入国家产业结构调整指导目录，予以强制性淘汰。各省级人民政府也要制订本地区相应的目录和措施，支持有效消除重大安全隐患的技术改造和搬迁项目，遏制安全水平低、保障能力差的项目建设和延续。对存在落后技术装备、构成重大安全隐患的企业，要予以公布，责令限期整改，逾期未整改的依法予以关闭。

27. 加快产业重组步伐。要充分发挥产业政策导向和市场机制的作用，加大对相关高危行业企业重组力度，进一步整合或淘汰浪费资源、安全保障低的落后产能，提高安全基础保障能力。

九、实行更加严格的考核和责任追究

28. 严格落实安全目标考核。对各地区、各有关部门和企业完成年度生产安全事故控制指标情况进行严格考核，并建立激励约束机制。加大重特大事故的考核权重，发生特别重大生产安全事故的，要根据情节轻重，追究地市级分管领导或主要领导的责任；后果特别严重、影响特别恶劣的，要按规定追究省部级相关领导的责任。加强安全生产基础工作考核，加快推进安全生产长效机制建设，坚决遏制重特大事故的发生。

29. 加大对事故企业负责人的责任追究力度。企业发生重大生产安全责任事故，追究事故企业主要负责人责任；触犯法律的，依法追究事故企业主要负责人或企业实际控制人的法律责任。发生特别重大事故，除追究企业主要负责人和实际控制人责任外，还要追究上级企业主要负责人的责任；触犯法律的，依法追究企业主要负责人、企业实际控制人和上级企业负责人的法律责任。对重大、特别重大生产安全责任事故负有主要责任的企业，其主要负责人终身不得担任本行业企业的矿长（厂长、经理）。对非法违法生产造成人员伤亡的，以及瞒报事故、事故后逃逸等情节特别恶劣的，要依法从重处罚。

30. 加大对事故企业的处罚力度。对于发生重大、特别重大生产安全责任事故或一年内发生 2 次以上较大生产安全责任事故并负主要责任的企业，以及存在重大隐患整改不力的企业，由省级及以上安全监管监察部门会同有关行业主管部门向社会公告，并向投资、国土资源、建设、银行、证券等主管部门通报，一年内严格限制新增的项目核准、用地审批、证券融资等，并作为银行贷款等的重要参考依据。

31. 对打击非法生产不力的地方实行严格的责任追究。在所辖区域对群众举报、上级督办、日常检查发现的非法生产企业（单位）没有采取有效措施予以查处，致使非法生产企业（单位）存在的，对县（市、区）、乡（镇）人民政府主要领导以及相关责任人，根据情节轻重，给予降级、撤职或者开除的行政处分，涉嫌犯罪的，依法追究刑事责任。国家另有规定的，从其规定。

32. 建立事故查处督办制度。依法严格事故查处，对事故查处实行地方各级安全生产委员会层层挂牌督办，重大事故查处实行国务院安全生产委员会挂牌督办。事故查处结案后，要及时予以公告，接受社会监督。

各地区、各部门和各有关单位要做好对加强企业安全生产工作的组织实施，制订部署本地区本行业贯彻落实本通知要求的具体措施，加强监督检查和指导，及时研究、协调解决贯彻实施中出现的突出问题。国务院安全生产委员会办公室和国务院有关部门要加强工作督查，及时掌握各地区、各部门和本行业（领域）工作进展情况，确保各项规定、措施执行落实到位。省级人民政府和国务院有关部门要将加强企业安全生产工作情况及时报送国务院安全生产委员会办公室。

中央企业安全生产监督管理暂行办法

（2008 年 8 月 18 日）

第一章　总　　则

第一条　为履行国有资产出资人安全生产监管职责，督促中央企业全面落实安全生产主体责任，建立安全生产长效机制，防止和减少生产安全事故，保障中央企业职工和人民群众生命财产安全，维护国有资产的保值增值，根据《中华人民共和国安全生产法》、《企业国有资产监督管理暂行条例》、《国务院办公厅关于加强中央企业安全生产工作的通知》（国办发〔2004〕52 号）等有关法律法规和规定，制定本办法。

第二条　本办法所称中央企业，是指国务院国有资产监督管理委员会（以下简称国资委）根据国务院授权履行出资人职责的国有及国有控股企业。

第三条　中央企业应当依法接受国家安全生产监督管理部门和所在地省（区、市）、市（地）安全生产监督管理部门以及行业安全生产监督管理部门的监督管理。国资委按照国有资产出资人的职责，对中央企业的安全生产工作履行以下职责：

（一）负责指导督促中央企业贯彻落实国家安全生产方针政策及有关法律法规、标准等；

（二）督促中央企业主要负责人落实安全生产第一责任人的责任和企业安全生产责任制，做好对企业负责人履行安全生产职责的业绩考核；

（三）依照有关规定，参与或者组织开展中央企业安全生产检查、督查，督促企业落实各项安全防范和隐患治理措施；

（四）参与企业特别重大事故的调查，负责落实事故责任追究的有关规定；

（五）督促企业做好统筹规划，把安全生产纳入中长期发展规划，保障职工健康与安全，切实履行社会责任。

第四条　国资委对中央企业安全生产实行分类监督管理。中央企业依据国资委核定的主营业务和安全生产的风险程度分为三类（见附件1）：

第一类：主业从事煤炭及非煤矿山开采、建筑施工、危险物品的生产经营储运使用、交通运输的企业；

第二类：主业从事冶金、机械、电子、电力、建材、医药、纺织、仓储、旅游、通信的企业；

第三类：除上述第一、二类企业以外的企业。

企业分类实行动态管理，可以根据主营业务内容的变化进行调整。

第二章　安全生产工作责任

第五条　中央企业是安全生产的责任主体，必须贯彻落实国家安全生产方针政策及有关法律法规、标准，按照“统一领导、落实责任、分级管理、分类指导、全员参与”的原则，逐级建立健全安全生产责任制。安全生产责任制应当覆盖本企业全体职工和岗位、全部生产经营和管理过程。

第六条　中央企业应当按照以下规定建立以企业主要负责人为核心的安全生产领导负责制。

（一）中央企业主要负责人是本企业安全生产的第一责任人，对本企业安全生产工作负总责，应当全面履行《中华人民共和国安全生产法》规定的以下职责：

1. 建立健全本企业安全生产责任制；
2. 组织制定本企业安全生产规章制度和操作规程；
3. 保证本企业安全生产投入的有效实施；
4. 督促、检查本企业的安全生产工作，及时消除生产安全事故隐患；
5. 组织制定并实施本企业的生产安全事故应急救援预案；
6. 及时、如实报告生产安全事故。

（二）中央企业主管生产的负责人统筹组织生产过程中各项安全生产制度和措施的落实，完善安全生产条件，对企业安全生产工作负重要领导责任。

（三）中央企业主管安全生产工作的负责人协助主要负责人落实各项安全生产法律法规、标准，统筹协调和综合管理企业的安全生产工作，对企业安全生产工作负综合管理领导责任。

（四）中央企业其他负责人应当按照分工抓好主管范围内的安全生产工作，对主管范围内的安全生产工作负领导责任。

第七条 中央企业必须建立健全安全生产的组织机构，包括：

（一）安全生产工作的领导机构——安全生产委员会（以下简称安委会），负责统一领导本企业的安全生产工作，研究决策企业安全生产的重大问题。安委会主任应当由企业安全生产第一责任人担任。安委会应当建立工作制度和例会制度。

（二）与企业生产经营相适应的安全生产监督管理机构。

第一类企业应当设置负责安全生产监督管理工作的独立职能部门。

第二类企业应当在有关职能部门中设置负责安全生产监督管理工作的内部专业机构；安全生产任务较重的企业应当设置负责安全生产监督管理工作的独立职能部门。

第三类企业应当明确有关职能部门负责安全生产监督管理工作，配备专职安全生产监督管理人员；安全生产任务较重的企业应当在有关职能部门中设置负责安全生产监督管理工作的内部专业机构。

安全生产监督管理职能部门或者负责安全生产监督管理工作的职能部门是企业安全生产工作的综合管理部门，对其他职能部门的安全生产管理工作进行综合协调和监督。

第八条 中央企业应当明确各职能部门的具体安全生产管理职责；各职能部门应当将安全生产管理职责具体分解到相应岗位。

第九条 中央企业专职安全生产监督管理人员的任职资格和配备数量，应当符合国家和行业的有关规定；国家和行业没有明确规定的，中央企业应当根据本企业的生产经营内容和性质、管理范围、管理跨度等配备专职安全生产监督管理人员。

中央企业应当加强安全队伍建设，提高人员素质，鼓励和支持安全生产监督管理人员取得注册安全工程师资质。安全生产监督管理机构工作人员应当逐步达到以注册安全工程师为主体。

第十条 中央企业工会依法对本企业安全生产与劳动防护进行民主监督，依法维护职工合法权益，有权对建设项目的安全设施与主体工程同时设计、同时施工、同时投入和使用情况进行监督，提出意见。

第十一条 中央企业应当对其独资及控股子企业（包括境外子企业）的安全生产认真履行以下监督管理责任：

（一）监督管理独资及控股子企业安全生产条件具备情况；安全生产监督管理组织机构设置情况；安全生产责任制、安全生产各项规章制度建立情况；安全生产投入和隐患排查治理情况；安全生产应急管理情况；及时、如实报告生产安全事故。

第一类中央企业可以向其列为安全生产重点的独资及控股子企业委派专职安全生产总监，加强对子企业安全生产的监督。

（二）将独资及控股子企业纳入中央企业安全生产管理体系，对其项目建设、收购、并购、转让、运行、停产等影响安全生产的重大事项实行报批制度，严格安全生产的检查、考核、奖惩和责任追究。

对控股但不负责管理的子企业，中央企业应当与管理方商定管理模式，按照《中华人民共和国安全生产法》的要求，通过经营合同、公司章程、协议书等明确安全生产管理责任、目标和要求等。

对参股并负有管理职责的企业，中央企业应当按照有关法律法规的规定与参股企业签订安全生产管理协议书，明确安全生产管理责任。

中央企业各级子企业应当按照以上规定逐级建立健全安全生产责任制，逐级加强安全生产工作的监督管理。

第三章　安全生产工作基本要求

第十二条　中央企业应当制定中长期安全生产发展规划，并将其纳入企业总体发展战略规划，实现安全生产与企业发展的同步规划、同步实施、同步发展。

第十三条　中央企业应当建立健全安全生产管理体系，积极推行和应用国内外先进的安全生产管理方法、体系等，实现安全生产管理的规范化、标准化、科学化、现代化。

中央企业安全生产管理体系应当包括组织体系、制度体系、责任体系、风险控制体系、教育体系、监督保证体系等。

中央企业应当加强安全生产管理体系的运行控制，强化岗位培训、过程督查、总结反馈、持续改进等管理过程，确保体系的有效运行。

第十四条　中央企业应当结合行业特点和企业实际，建立职业健康安全管理体系，消除或者减少职工的职业健康安全风险，保障职工职业健康。

第十五条　中央企业应当建立健全企业安全生产应急管理体系，包括预案体系、组织体系、运行机制、支持保障体系等。加强应急预案的编制、评审、培训、演练和应急救援队伍的建设工作，落实应急物资与装备，提高企业有效应对各类生产安全事故灾难的应急管理能力。

第十六条 中央企业应当加强安全生产风险辨识和评估工作，制定重大危险源的监控措施和管理方案，确保重大危险源始终处于受控状态。

第十七条 中央企业应当建立健全生产安全事故隐患排查和治理工作制度，规范各级生产安全事故隐患排查的频次、控制管理原则、分级管理模式、分级管理内容等。对排查出的隐患要落实专项治理经费和专职负责人，按时完成整改。

第十八条 中央企业应当严格遵守新建、改建、扩建工程项目安全设施与主体工程同时设计、同时施工、同时投入生产和使用的有关规定。

第十九条 中央企业应当严格按照国家和行业的有关规定，足额提取安全生产费用。国家和行业没有明确规定安全生产费用提取比例的中央企业，应当根据企业实际和可持续发展的需要，提取足够的安全生产费用。安全生产费用应当专户核算并编制使用计划，明确费用投入的项目内容、额度、完成期限、责任部门和责任人等，确保安全生产费用投入的落实，并将落实情况随年度业绩考核总结分析报告同时报送国资委。

第二十条 中央企业应当建立健全安全生产的教育和培训制度，严格落实企业负责人、安全生产监督管理人员、特种作业人员的持证上岗制度和培训考核制度；严格落实从业人员的安全生产教育培训制度。

第二十一条 中央企业应当建立安全生产考核和奖惩机制。严格安全生产业绩考核，加大安全生产奖励力度，严肃查处每起责任事故，严格追究事故责任人的责任。

第二十二条 中央企业应当建立健全生产安全事故新闻发布制度和媒体应对工作机制，及时、主动、准确、客观地向新闻媒体公布事故的有关情况。

第二十三条 企业制定和执行的安全生产管理规章制度、标准等应当不低于国家和行业要求。

第四章 安全生产工作报告制度

第二十四条 中央企业应当于每年 1 月底前将上一年度的安全生产工作总结和本年度的工作安排报送国资委。

第二十五条 中央企业应当按季度、年度对本企业（包括独资及控股并负责管理的企业）所发生的生产安全事故进行统计分析并填制报表（见附件 2、附件 3），于次季度首月 15 日前和次年度 1 月底前报国资委。中央企业生产安全事故统计报表实行零报告制度。

第二十六条 中央企业发生生产安全事故或者因生产安全事故引发突发事件后，应当按以下要求报告国资委：

（一）境内发生较大及以上生产安全事故，中央企业应当编制生产安全事故快报（见附件4），按本办法规定的报告流程（见附件5）迅速报告。事故现场负责人应当立即向本单位负责人报告，单位负责人接到报告后，应当于1小时内向上一级单位负责人报告；以后逐级报告至国资委，且每级时间间隔不得超过2小时。

（二）境内由于生产安全事故引发的特别重大、重大突发公共事件，中央企业接到报告后应当立即向国资委报告。

（三）境外发生生产安全死亡事故，中央企业接到报告后应当立即向国资委报告。

（四）在中央企业管理的区域内发生生产安全事故，中央企业作为业主、总承包商或者分包商应当按本条第（一）款规定报告。

第二十七条 中央企业应当将政府有关部门对较大事故、重大事故的事故调查报告及批复及时报国资委备案，并将责任追究落实情况报告国资委。

第二十八条 中央企业应当将安全生产工作领导机构及安全生产监督管理机构的名称、组成人员、职责、工作制度及联系方式报国资委备案，并及时报送变动情况。

第二十九条 中央企业应当将安全生产应急预案报国资委备案，并及时报送修订情况。

第三十条 中央企业应当将安全生产方面的重要活动、重要会议、重大举措和成果、重大问题等重要信息和重要事项，及时报告国资委。

第五章 安全生产监督管理与奖惩

第三十一条 国资委参与中央企业特别重大生产安全事故的调查，并根据事故调查报告及国务院批复负责落实或者监督对事故有关责任单位和责任人的处理。

第三十二条 国资委组织开展中央企业安全生产督查，督促中央企业落实安全生产有关规定和改进安全生产工作。中央企业违反本办法有关安全生产监督管理规定的，国资委根据情节轻重要求其改正或者予以通报批评。

中央企业半年内连续发生重大以上生产安全事故，国资委除依据有关规定落实对有关责任单位和责任人的处理外，对中央企业予以通报批评，对其主要负责人进行诫勉谈话。

第三十三条 国资委配合有关部门对中央企业安全生产违法行为的举报进行调查，或者责成有关单位进行调查，依照干部管理权限对有关责任人予以处理。

第三十四条 国资委根据中央企业考核期内发生的生产安全责任事故认定情况，对中央企业负责人经营业绩考核结果进行下列降级或者降分处理（见附件6）：

（一）中央企业负责人年度经营业绩考核期内发生特别重大责任事故并负主要责任的或者发生瞒报事故的，对该中央企业负责人的年度经营业绩考核结果予以降级处理。

（二）中央企业负责人年度经营业绩考核期内发生较大责任事故或者重大责任事故起数达到降级起数的，对该中央企业负责人的年度经营业绩考核结果予以降级处理。

（三）中央企业负责人年度经营业绩考核期内发生较大责任事故和重大责任事故但不够降级标准的，对该中央企业负责人的年度经营业绩考核结果予以降分处理。

（四）中央企业负责人任期经营业绩考核期内连续发生瞒报事故或者发生两起以上特别重大责任事故，对该中央企业负责人的任期经营业绩考核结果予以降级处理。

本办法所称责任事故，是指依据事故调查报告及批复对事故性质的认定，中央企业或者中央企业独资及控股子企业对事故发生负有责任的生产安全事故。

第三十五条 对未严格按照国家和行业有关规定足额提取安全生产费用的中央企业，国资委从企业负责人业绩考核的业绩利润中予以扣减，并予以降分处理。

第三十六条 授权董事会对经理层人员进行经营业绩考核的中央企业，董事会应当将安全生产工作纳入经理层人员年度经营业绩考核，与绩效薪金挂钩，并比照本办法的安全生产业绩考核规定执行。

董事会对经理层的安全生产业绩考核情况纳入国资委对董事会的考核评价内容。对董事会未有效履行监督、考核安全生产职能，企业发生特别重大责任事故并造成严重社会影响的，国资委对董事会予以调整，对有关董事予以解聘。

第三十七条 中央企业负责人年度经营业绩考核中因安全生产问题受到降级处理的，取消其参加该考核年度国资委组织或者参与组织的评优、评先活动资格。

第三十八条 国资委对年度安全生产相对指标达到国内同行业最好水平或者达到国际先进水平的中央企业予以表彰。

第三十九条 国资委对认真贯彻执行本办法，安全生产工作成绩突出的个人和集体予以表彰奖励。

第六章 附 则

第四十条 生产安全事故等级划分按《生产安全事故报告和调查处理条例》（国务院令第 493 号）第三条的规定执行。国务院对特殊行业另有规定的，从其规定。

突发公共事件等级划分按《国务院关于实施国家突发公共事件总体应急预案的决定》（国发〔2005〕11 号）附件《特别重大、重大突发公共事件分级标准（试行）》中安全事故类的有关规定执行。

第四十一条 境外中央企业除执行本办法外，还应严格遵守所在地的安全生产法律法规。

第四十二条 本办法由国资委负责解释。

第四十三条 本办法自 2008 年 9 月 1 日起施行。

附件：1. 中央企业安全生产监管分类表（略）

2. 中央企业生产安全事故季报表（略）

3. 中央企业生产安全事故年度报表（略）

4. 中央企业生产安全事故快报（略）

5. 中央企业生产安全事故报告流程图（略）

6. 中央企业生产安全责任事故降分降级处理细则（略）

（三）国企改革

关于中央企业加强参股管理有关事项的通知

（2019年12月12日）

各中央企业：

近年来，中央企业以参股等多种方式与各类所有制企业合资合作，对提高国有资本运行和配置效率、发展混合所有制经济起到了重要促进作用。但实践中也存在部分企业参股投资决策不规范、国有股权管控不到位等问题，影响国有资本配置效率，造成国有资产流失。为深入贯彻习近平新时代中国特色社会主义思想，形成以管资本为主的国有资产监管体制，规范操作，强化监督，有效维护国有资产安全，现就中央企业加强参股管理有关事项通知如下：

一、规范参股投资

（一）严把主业投资方向。严格执行国有资产投资监督管理有关规定，坚持聚焦主业，严控非主业投资。不得为规避主业监管要求，通过参股等方式开展中央企业投资项目负面清单规定的商业性房地产等禁止类业务。

（二）严格甄选合作对象。应进行充分尽职调查，通过各类信用信息平台、第三方调查等方式审查合作方资格资质信誉，选择经营管理水平高、资质信誉好的合作方。对存在失信记录或行政处罚、刑事犯罪等违规违法记录的意向合作方，要视严重程度审慎或禁止合作。不得选择与参股投资主体及其各级控股股东领导人员存在特定关系（指配偶、子女及其配偶等亲属关系，以及共同利益关系等）的合作方。

（三）合理确定参股方式。结合企业经营发展需要，合理确定持股比例，以资本为纽带、以产权为基础，依法约定各方股东权益。不得以约定固定分红等“名为参股合作、实为借贷融资”的名股实债方式开展参股合作。

（四）完善审核决策机制。参股投资决策权向下授权应作为重大事项经党委（党组）研究讨论，由董事会或经理层决定，授权的管理层级原则上不超过两级。达到一定额度的参股投资，应纳入“三重一大”范围，由集团公司决策。

二、加强参股国有股权管理

（五）依法履行股东权责。按照公司法等法律法规规定，依据公司章程约定，向参股企业选派国有股东代表、董事监事或重要岗位人员，有效行使股东权利，避免“只投不管”。加强对选派人员的管理，进行定期轮换。在参股企业章程、议事规则等制度文件中，可结合实际明确对特定事项的否决权等条款，以维护国有股东权益。

（六）注重参股投资回报。定期对参股的国有权益进行清查，核实分析参股收益和增减变动等情况。合理运用增持、减持或退出等方式加强价值管理，不断提高国有资本配置效率。对满 5 年未分红、长期亏损或非持续经营的参股企业股权，要进行价值评估，属于低效无效的要尽快处置，属于战略性持有或者培育期的要强化跟踪管理。

（七）严格财务监管。加强运行监测，及时掌握参股企业财务数据和经营情况，发现异常要深入剖析原因，及时采取应对措施防范风险。加强财务决算审核，对于关联交易占比较高、应收账款金额大或账龄长的参股企业，要加强风险排查。对风险较大、经营情况难以掌握的股权投资，要及时退出。不得对参股企业其他股东出资提供垫资。严格控制对参股企业提供担保，确需提供的，应严格履行决策程序，且不得超股权比例提供担保。

（八）规范产权管理。严格按照国有产权管理有关规定，及时办理参股股权的产权占有、变动、注销等相关登记手续，按期进行数据核对，确保参股产权登记的及时性、准确性和完整性。参股股权取得、转让应严格执行国有资产评估、国有产权进场交易、上市公司国有股权管理等制度规定，确保国有权益得到充分保障。

（九）规范字号等无形资产使用。加强无形资产管理，严格规范无形资产使用，有效维护企业权益和品牌价值。不得将字号、经营资质和特许经营权等提供给参股企业使用。产品注册商标确需授权给参股企业使用的，应严格授权使用条件和决策审批程序，并采取市场公允价格。

（十）加强领导人员兼职管理。中央企业及各级子企业领导人员在参股企业兼职，应根据工作需要从严掌握，一般不越级兼职，不兼“挂名”职务。确需兼职的，按照管理权限审批，且不得在兼职企业领取工资、奖金、津贴等任何形式的报酬和获取其他额外利益；任期届满连任的，应重新报批。参股经营投资主体及其各级控股股东领导人员亲属在参股企业关键岗位任职，应参照企业领导人员任职回避有关规定执行。

（十一）加强党的建设。按照关于加强和改进非公有制企业党的建设工作有关规定，切实加强党的建设，开展参股企业党的工作，努力推进党的组织和工作覆盖，宣传贯彻党的路线方针政策，团结凝聚职工群众，促进企业健康发展。

三、强化监督问责

（十二）加强内部监督。应将参股经营作为内部管控的重要内容，建立健全以风险管理为导向、合规管理监督为重点的规范有效的内控体系。对各级企业负责人开展任期经济责任审计时，要将其任期内企业参股投资、与参股企业关联交易等有关事项列入重点审计内容。

（十三）严格责任追究。参股经营中造成国有资产流失或者其他严重不良后果的，要按照《中央企业违规经营投资责任追究实施办法（试行）》等有关规定，对相关责任人给予严肃处理，并实行终身追责；涉嫌违纪违法的，移送有关部门严肃查处。

各中央企业要高度重视混合所有制改革中的参股管理，加强组织领导，按照本通知要求，抓紧对参股经营投资进行全面梳理检查，认真查找在合作方选择、决策审批、财务管控、领导人员兼职以及与参股企业关联交易等方面存在的问题，及时整改。同时，坚持问题导向，举一反三，制定完善规章制度，细化管理措施，落实管理责任，切实维护国有资产权益，严防国有资产流失，促进混合所有制经济健康发展。

中央企业基金业务参股管理另行规定。

关于加强对国有企业改制及国有产权转让监督检查工作的意见

（2004 年 3 月 8 日）

最近，国务院办公厅转发了《关于规范国有企业改制工作的意见》（以下简称《意见》），国务院国资委和财政部颁布实行了《企业国有产权转让管理暂行办法》（以下简称《办法》）。这两个文件对进一步推进国有企业规范改制，促进企业国有产权有序流转具有重要指导作用。为加强对《意见》和《办法》贯彻执行情况的监督检查，现提出如下意见：

一、明确职责，落实任务。中央企业纪检监察机构要积极配合业务部门，监督检查《意见》和《办法》的贯彻执行情况；着重查处国有企业改制及国有产权转让中的违规违纪行为；完成上级机关及领导交办的有关监督检查工作；了解报告监督检查情况，总结交流工作经验。主要任务是：监督转让进场；检查操作程序；维护国家利益和职工合法权益；查处违规违纪行为；督促追究责任。

二、突出重点，严格检查。中央企业纪检监察机构要围绕国有企业改制和国有产权转让中的重点问题加强监督检查。依据《意见》和《办法》的规定，抓住行为审批，资产、产权定价，进场交易等主要环节，对下列违规违纪行为，进行严肃认真的调查处理：

1. 不按规定在产权交易机构中进行交易；

2. 超越权限，擅自决定企业改制或转让企业国有产权；

3. 弄虚作假，隐匿资产，提供虚假会计资料造成国有资产流失；

4. 营私舞弊，与买方串通低价转让国有资产、产权；

5. 以权谋私，利用改制和产权转让之机，转移、侵占、侵吞国有资产、产权；

6. 严重失职，违规操作，损害国家利益和侵害群众职工合法权益；

7. 非法转移债权债务或者逃避债务清偿责任；

8. 本企业的管理层滥用职权，参与转让国有产权的各个环节，“自卖自买”。

三、追究责任，标本兼治。中央企业纪检监察机构要按照管理权限，认真调查处理违反《意见》和《办法》规定的行为。对违规操作的，要主动配合业务部门予以纠正；对违反党纪政纪的，要给予处分；造成经济损失的，要按有关法规，追究责任人的赔偿责任；对涉嫌犯罪的，要依法移送司法机关处理。要积极研究制定责任追究制度，加大监督力度。

要把加强对国有企业改制和国有产权转让的监督与完善国有资产监管体制、加强学习教育、推进制度创新和落实党风廉政建设责任制结合起来，形成加大源头治理工作的防范体系；对监督检查中发现的问题不仅要认真处理，而且要分析产生问题的原因，总结经验教训，会商有关部门，研究提出进一步规范国有企业改制和国有产权转让的对策和建议，使管资产、与管事、管人充分结合，促进现代产权制度的建立和完善，保证国有资产的保值增值。

四、加强领导，搞好协调。中央企业要重视抓好《意见》和《办法》的贯彻执行，充分发挥企业纪检监察机构的组织协调作用和业务部门的职能作用，按照党风廉政建设责任制形成的领导工作机制，将监督检查贯彻落实《意见》和《办法》的工作列入企业重要的议事日程，统一部署，统筹安排。

中央企业纪检监察机构要协助企业党委和行政领导做好监督检查《意见》和《办法》贯彻执行情况的组织协调工作，与有关业务部门建立工作联系制度，定期召开会议，通报情况、研究问题、总结工作。

对国有企业改制和国有产权转让项目要加强联合检查；对问题突出的要组织重点检查；有条件的单位，纪检监察机构可以派人参与国有企业改制和国有产权转让的过程监督。

中央企业纪检监察机构要定期向国资委纪委、监察局报告检查情况。对工作中发现的重大问题和重要情况要随时上报。

中央企业实施混合所有制改革有关事项的规定

（2016年12月6日）

一、各中央企业全面深化改革领导小组负责统筹本企业混合所有制改革总体工作，组织集团公司及各级子企业改革方案的研究制订，统一部署和推动改革方案落实，协调解决改革过程中的重大问题，及时跟踪、评估改革成效，确保改革依法合规进行。

二、中央企业实施混合所有制改革，应当遵守《中华人民共和国公司法》、《中华人民共和国企业国有资产法》等法律、行政法规及公司章程的有关规定，并履行以下操作流程：

（一）可行性研究。拟实施混合所有制改革的企业，应当在本企业功能界定和分类的基础上，按照《国务院关于国有企业发展混合所有制经济的意见》（国发〔2015〕54号，以下简称《意见》）确定的改革原则，结合企业发展需要，做好改革的必要性、可行性研究。

（二）方案制订。经研究适宜推进混合所有制改革的企业，应制订具体改革方案，明确改革内容，做好风险评估和合规性审查，必要时聘请专家进行论证。

（三）内部决策。改革方案制订后，应当按照中央企业“三重一大”决策机制，履行企业内部决策程序，涉及职工安置的，职工安置方案应当经职工代表大会或职工大会审议通过。

（四）方案审批。改革方案经企业内部决策后，应当按照本规定履行相应审核批准程序。

（五）组织实施。企业按照经批准的改革方案推动具体工作，做好改革组织动员，规范开展审计、资产评估，严格执行国有资产交易制度，确保改革依法合规及公开、公平、公正进行。

三、中央企业制订混合所有制改革方案，应当立足企业功能定位和发展战略，根据《意见》明确的不同类别企业发展混合所有制经济原则，确定改革的内容、目标、途径等。改革方案应主要包括企业基本情况，改革基本原则和思路，企业面临的主要问题和相应改革措施，引进非国有资本的条件要求、方式、定价办法，改革风险评估与防范措施，改革组织保障和进度安排等内容，方案要重点明确企业在转换经营机制、完善现代企业制度、提高资本配置和运行效率等方面的措施和目标。

四、中央企业进行混合所有制改革，必须严格履行相应的审核批准程序。中央企业集团公司的混合所有制改革方案，由国资委审核报国务院批准。中央企业中主业处于关系国家安全、国民经济命脉的重要行业和关键领域、主要承担重大专项任务的子企业混合所有制改革方案，由中央企业审核报国资委批准，其中报国务院批准的按照有关法律、行政法规和国务院文件规定执行。中央企业其他子企业的混合所有制改革方案，由中央企业批准。

中央企业中主业处于关系国家安全、国民经济命脉的重要行业和关键领域、主要承担重大专项任务的子企业名单，由中央企业按照关于中央企业功能界定与分类的有关文件要求确定并报国资委审核。

五、国资委、中央企业审核批准企业混合所有制改革方案时，应重点审核以下方面内容：

（一）改革方案内容是否符合《中共中央　国务院关于深化国有企业改革的指导意见》（中发〔2015〕22 号）、《意见》等文件精神和要求，是否有利于实现国有资本保值增值、提高国有经济竞争力、放大国有资本功能，切实解决企业运营中存在的问题。

（二）改革领导机构是否健全、责任落实是否到位，是否规范履行了本文件规定的操作流程。

（三）对拟引进合作方的条件要求是否公平、合理，引进方式、定价办法是否符合规定。中介机构选聘程序是否合规，相关机构从业资质是否符合要求。涉及上市公司的是否履行了信息披露义务。涉及员工持股的是否符合国有控股混合所有制企业开展员工持股试点的有关工作要求。

（四）国有权益保障、风险防范和应对机制是否健全。涉及职工安置的，职工安置方案是否经职工代表大会或职工大会审议通过。企业债权债务处置是否符合规定。

六、中央企业要切实做好混合所有制改革的组织领导，重点做好以下工作：

（一）做好与企业改革相关部门的沟通，对改革中遇到的问题及时报告、提出政策建议，将混合所有制改革实施情况报告国资委并抄报派驻本企业监事会。

（二）保持改革过程中各项生产经营活动正常进行和职工队伍稳定，充分发挥工人阶级主人翁作用，维护好职工群众合法权益，保障企业职工对改革的知情权和参与权。

（三）做好企业混合所有制改革中有关涉密事项的保密工作，聘请中介机构参与的应当签订保密协议，重大改革事项未经批准前，严禁擅自对外发布信息。

（四）实施信息公开加强社会监督。相关资产评估、定价结果应按要求实施信息公开，涉及转让产权或增资扩股、上市公司增发引进投资人的应在产权、股权、证券市场公开进行。

（五）充分发挥企业内部监督、国有资产监管机构监督、监事会监督和审计、纪检监察、巡视等内外部监督合力，建立监督意见反馈工作机制，对改革过程中出现的问题及时纠偏提醒，形成监督闭环，对违规操作造成国有资产流失的，要对有关责任人员严肃追责。

（六）营造良好的改革舆论环境，及时宣传成功经验，正确引导社会舆论，积极回应社会关切。

关于国有控股混合所有制企业开展员工持股试点的意见

（2016 年 8 月 2 日）

为全面贯彻党的十八大和十八届三中、四中、五中全会精神，落实“四个全面”战略布局和创新、协调、绿色、开放、共享的发展理念，根据《中共中央　国务院关于深化国有企业改革的指导意见》（中发〔2015〕22 号）有关要求，经国务院同意，现就国有控股混合所有制企业开展员工持股试点提出以下意见。

一、试点原则

（一）坚持依法合规，公开透明。依法保护各类股东权益，严格遵守国家有关法律法规和国有企业改制、国有产权管理等有关规定，确保规则公开、程序公开、结果公开，杜绝暗箱操作，严禁利益输送，防止国有资产流失。不得侵害企业内部非持股员工合法权益。

（二）坚持增量引入，利益绑定。主要采取增资扩股、出资新设方式开展员工持股，并保证国有资本处于控股地位。建立健全激励约束长效机制，符合条件的员工自愿入股，入股员工与企业共享改革发展成果，共担市场竞争风险。

（三）坚持以岗定股，动态调整。员工持股要体现爱岗敬业的导向，与岗位和业绩紧密挂钩，支持关键技术岗位、管理岗位和业务岗位人员持股。建立健全股权内部流转和退出机制，避免持股固化僵化。

（四）坚持严控范围，强化监督。严格试点条件，限制试点数量，防止“一哄而起”。严格审批程序，持续跟踪指导，加强评价监督，确保试点工作目标明确、操作规范、过程可控。

二、试点企业条件

（一）主业处于充分竞争行业和领域的商业类企业。

（二）股权结构合理，非公有资本股东所持股份应达到一定比例，公司董事会中有非公有资本股东推荐的董事。

（三）公司治理结构健全，建立市场化的劳动人事分配制度和业绩考核评价体系，形成管理人员能上能下、员工能进能出、收入能增能减的市场化机制。

（四）营业收入和利润90%以上来源于所在企业集团外部市场。

优先支持人才资本和技术要素贡献占比较高的转制科研院所、高新技术企业、科技服务型企业（以下统称科技型企业）开展员工持股试点。中央企业二级（含）以上企业以及各省、自治区、直辖市及计划单列市和新疆生产建设兵团所属一级企业原则上暂不开展员工持股试点。违反国有企业职工持股有关规定且未按要求完成整改的企业，不开展员工持股试点。

三、企业员工入股

（一）员工范围。参与持股人员应为在关键岗位工作并对公司经营业绩和持续发展有直接或较大影响的科研人员、经营管理人员和业务骨干，且与本公司签订了劳动合同。

党中央、国务院和地方党委、政府及其部门、机构任命的国有企业领导人员不得持股。外部董事、监事（含职工代表监事）不参与员工持股。如直系亲属多人在同一企业时，只能一人持股。

（二）员工出资。员工入股应主要以货币出资，并按约定及时足额缴纳。按照国家有关法律法规，员工以科技成果出资入股的，应提供所有权属证明并依法评估作价，及时办理财产权转移手续。上市公司回购本公司股票实施员工持股，须执行有关规定。

试点企业、国有股东不得向员工无偿赠与股份，不得向持股员工提供垫资、担保、借贷等财务资助。持股员工不得接受与试点企业有生产经营业务往来的其他企业的借款或融资帮助。

（三）入股价格。在员工入股前，应按照有关规定对试点企业进行财务审计和资产评估。员工入股价格不得低于经核准或备案的每股净资产评估值。国有控股上市公司员工入股价格按证券监管有关规定确定。

（四）持股比例。员工持股比例应结合企业规模、行业特点、企业发展阶段等因素确定。员工持股总量原则上不高于公司总股本的30%，单一员工持股比例原则上不高于公司总股本的1%。企业可采取适当方式预留部分股权，用于新引进人才。国有控股上市公司员工持股比例按证券监管有关规定确定。

（五）股权结构。实施员工持股后，应保证国有股东控股地位，且其持股比例不得低于公司总股本的34%。

（六）持股方式。持股员工可以个人名义直接持股，也可通过公司制企业、合伙制企业、资产管理计划等持股平台持有股权。通过资产管理计划方式持股的，不得使用杠杆融资。持股平台不得从事除持股以外的任何经营活动。

四、企业员工股权管理

（一）股权管理主体。员工所持股权一般应通过持股人会议等形式选出代表或设立相应机构进行管理。该股权代表或机构应制定管理规则，代表持股员工行使股东权利，维护持股员工合法权益。

（二）股权管理方式。公司各方股东应就员工股权的日常管理、动态调整和退出等问题协商一致，并通过公司章程或股东协议等予以明确。

（三）股权流转。实施员工持股，应设定不少于36个月的锁定期。在公司公开发行股份前已持股的员工，不得在公司首次公开发行时转让股份，并应承诺自上市之日起不少于36个月的锁定期。锁定期满后，公司董事、高级管理人员每年可转让股份不得高于所持股份总数的25%。

持股员工因辞职、调离、退休、死亡或被解雇等原因离开本公司的，应在12个月内将所持股份进行内部转让。转让给持股平台、符合条件的员工或非公有资本股东的，转让价格由双方协商确定；转让给国有股东的，转让价格不得高于上一年度经审计的每股净资产值。国有控股上市公司员工转让股份按证券监管有关规定办理。

（四）股权分红。员工持股企业应处理好股东短期收益与公司中长期发展的关系，合理确定利润分配方案和分红率。企业及国有股东不得向持股员工承诺年度分红回报或设置托底回购条款。持股员工与国有股东和其他股东享有同等权益，不得优先于国有股东和其他股东取得分红收益。

（五）破产重整和清算。员工持股企业破产重整和清算时，持股员工、国有股东和其他股东应以出资额为限，按照出资比例共同承担责任。

五、试点工作实施

（一）试点企业数量。选择少量企业开展试点。各省、自治区、直辖市及计划单列市和新疆生产建设兵团可分别选择5—10户企业，国务院国资委可从中央企业所属子企业中选择10户企业，开展首批试点。

（二）试点企业确定。开展员工持股试点的地方国有企业，由省级人民政府国有资产监督管理机构协调有关部门，在审核申报材料的基础上确定。开展试点的中央企业所属子企业，由国有股东单位在审核有关申报材料的基础上，报履行出资人职责的机构确定。

（三）员工持股方案制定。企业开展员工持股试点，应深入分析实施员工持股的必要性和可行性，以适当方式向员工充分提示持股风险，严格按照有关规定制定员工持股方案，并对实施员工持股的风险进行评估，制定应对预案。员工持股方案应对持股员工条件、持股比例、入股价格、出资方式、持股方式、股权分红、股权管理、股权流转及员工岗位变动调整股权等操作细节作出具体规定。

（四）员工持股方案审批及备案。试点企业应通过职工代表大会等形式充分听取本企业职工对员工持股方案的意见，并由董事会提交股东（大）会进行审议。地方试点企业的员工持股方案经股东（大）会审议通过后，报履行出资人职责的机构备案，同时抄报省级人民政府国有资产监督管理机构；中央试点企业的员工持股方案经股东（大）会审议通过后，报履行出资人职责的机构备案。

（五）试点企业信息公开。试点企业应将持股员工范围、持股比例、入股价格、股权流转、中介机构以及审计评估等重要信息在本企业内部充分披露，切实保障员工的知情权和监督权。国有控股上市公司执行证券监管有关信息披露规定。

（六）规范关联交易。国有企业不得以任何形式向本企业集团内的员工持股企业输送利益。国有企业购买本企业集团内员工持股企业的产品和服务，或者向员工持股企业提供设备、场地、技术、劳务、服务等，应采用市场化方式，做到价格公允、交易公平。有关关联交易应由一级企业以适当方式定期公开，并列入企业负责人经济责任审计和财务审计内容。

六、组织领导

实施员工持股试点，事关国有企业改革发展大局，事关广大员工切身利益，各地区、各有关部门要高度重视，加强领导，精心组织，落实责任，确保试点工作规范有序开展。国务院国资委负责中央企业试点工作，同时负责指导地方国有资产监督管理机构做好试点工作，重要问题应及时向国务院国有企业改革领导小组报告。首批试点原则上在2016年启动实施，各有关履行出资人职责的机构要严格审核试点企业申报材料，成熟一户开展一户，2018年年底进行阶段性总结，视情况适时扩大试点。试点企业要按照要求规范操作，严格履行有关决策和审批备案程序，扎实细致开展员工持股试点工作，积极探索员工持股有效模式，切实转换企业经营机制，激发企业活力。各有关履行出资人职责的机构要对试点企业进行定期跟踪检查，及时掌握情况，发现问题，纠正不规范行为。试点过程中出现制度不健全、程序不规范、管理不到位等问题，致使国有资产流失、损害有关股东合法权益或严重侵害企业职工合法权益的，要依法依纪追究相关责任人的责任。

金融、文化等国有企业实施员工持股，中央另有规定的依其规定执行。国有科技型企业的股权和分红激励，按国务院有关规定执行。已按有关规定实施员工持股的企业，继续规范实施。国有参股企业的员工持股不适用本意见。

中央企业公务用车制度改革实施意见

（2015年12月29日）

为贯彻落实党的十八大和十八届三中、四中、五中全会精神，根据《中共中央办公厅　国务院办公厅印发〈关于全面推进公务用车制度改革的指导意见〉的通知》（中办发〔2014〕40号）、《中共中央办公厅　国务院办公厅印发〈关于合理确定并严格规范中央企业负责人履职待遇、业务支出的意见〉的通知》（中办发〔2014〕51号）等规定的要求，现就中央企业公务用车制度改革有关事项提出以下实施意见。

一、充分认识中央企业公务用车制度改革的重要意义

近年来，各中央企业认真贯彻党中央、国务院的要求，不断加强公务用车管理，健全公务用车管理制度，规范公务用车运行。同时，结合生产经营实际，积极探索符合企业特点的公务出行保障方式，取得了一定进展。但是，目前仍然存在部分中央企业公务用车管理不够规范、公务用车配备范围过大、管理运行成本偏高、公务出行社会化、市场化水平较低等问题，需要进一步深化改革、加强管理。

推进中央企业公务用车制度改革，是贯彻落实中央关于厉行节约、反对浪费总体要求的重要举措，是规范中央企业负责人履职待遇的重要内容，是企业节约成本、提高运营效率的重要环节，是树立中央企业良好社会形象的迫切要求。各中央企业要充分认识进一步推进公务用车制度改革的重要意义，采取切实有效措施，扎实开展公务用车制度改革各项工作。

二、适用范围和基本原则

（一）适用范围

本意见适用于党的机关、人大机关、行政机关、政协机关、审判机关、检察机关，以及中央和国家机关各部委、各人民团体（以下简称有关部门）所属的中央企业（不含境外中央企业，下同）。

本意见适用的人员和岗位主要是指符合公务用车配备条件的中央企业负

责人（指上述中央企业领导班子成员），以及按照国家及有关部门的有关政策规定符合公务用车配备条件的其他人员和岗位（以下简称其他符合条件的人员）。

（二）基本原则

1. 坚持创新制度、分类保障。改革公务交通保障方式，完善差异化公务交通保障制度，推进公务用车货币化改革，实现普通公务出行社会化，取消与经营和业务保障无关的车辆，从严配备并集中管理经营和业务保障用车。

2. 坚持厉行节约、提高效率。以公务交通成本节支情况作为公务用车制度改革的评价标准，合理确定中央企业公务用车配备标准及公务交通补贴标准，并严格规范管理，切实保障履职和企业生产经营活动的实际需要。

3. 坚持分级负责、稳妥推进。中央企业要充分结合本企业实际，周密制订改革实施方案，对子企业逐级落实责任，先易后难、分类分步、层层推进改革。

三、扎实推进公务用车制度改革各项工作

（一）根据保障岗位履职和公务活动需要，分类分级推进公务用车制度改革

1. 积极稳妥改革中央企业负责人公务交通保障方式。改革中央企业负责人公务用车实物供给方式，实行配备公务用车或者发放公务交通补贴。中央企业主要负责人原则上通过配备公务用车保障履职需要；中央企业副职负责人可由企业根据实际情况确定公务交通保障方式。采取配备公务用车方式的，要严格执行中央以及有关部门关于公务用车配备的规定，不得发放任何形式的公务交通补贴。采取发放公务交通补贴方式的，要取消为企业负责人配备的公务用车，每月按标准发放公务交通补贴或者按年度计算的补贴标准内据实报销公务交通费用。公务交通补贴标准上限由有关部门综合考虑所属中央企业负责人履职需要、所在地党政机关公务交通补标准、公务用车改革成本节支及薪酬制度改革情况等因素合理确定，报中央公务用车制度改革领导小组备案后执行。

2. 全面推动其他符合条件的人员实行公务用车货币化改革。其他符合条件的人员（如总经理助理等岗位）公务出行全部实行社会化保障，取消配备公务用车方式。中央企业根据岗位特点和生产经营实际，在有关部门核定的公务交通补贴标准上限内，分档确定公务交通补贴标准，每月按标准发放公

务交通补贴或者按年度计算的补贴标准内据实报销公务交通费用。

3. 有序实施中央企业经营和业务保障等其他公务用车改革。中央企业应当取消与经营和业务保障无关的车辆，可根据生产经营特点和机要通信、应急、特种专业技术服务（生产）、商务接待、执纪等实际需要保留适当的经营和业务保障用车。经营和业务保障用车车型应根据实际用途按照实用节俭的原则合理确定，并严格控制数量。公务用车制度改革过程中，要优先淘汰使用效率低、运行维护成本高、配置标准明显偏高的公务用车。

取消为退休、离任或者调离本企业的人员配备的公务用车，不得为中央企业集团总部部门负责人及部门其他员工、非本企业人员等配备公务用车。

4. 分级推进中央企业各级子企业（含分支机构，下同）公务用车制度改革。中央企业要统筹协调推进各级子企业公务用车制度改革。根据子企业生产经营实际、所处自然环境等客观因素以及规模、效益等情况合理确定公务交通保障方式，具备公务出行社会化保障条件的子企业负责人及其他符合公务用车配备条件的岗位和人员原则上要以社会化、市场化为方向进行改革，确需配备公务用车的可予以保障。中央企业要从严确定子企业的公务交通补贴标准和参改人员范围，合理控制其经营和业务保障用车的数量和配备标准。

（二）合理高效配置公务用车资源，加强公务用车管理

1. 实行企业公务用车（含企业负责人公务用车，下同）集中统一管理。中央企业应对公务用车的购置（租赁）、更新、保养、维修以及日常使用等实行集中管理，统一调配。新购置的公务用车应优先选用新能源汽车。完善公务用车使用管理程序，健全公务用车使用明细登记制度，确保每辆公务用车每次公务出行的详细信息有据可查。不得擅自增加公务用车数量，不得向子企业调换、借用公务用车及转嫁公务用车购置、租赁资金和运行费用。

2. 合理控制经营和业务保障用车配置标准。中央企业公务用车制度改革后保留的轿车型经营和业务保障用车配置标准原则上不高于中央企业副职负责人公务用车配置标准，新购置的轿车型经营和业务保障用车配置标准原则上要控制在购车价格 18 万元（不含车辆购置税，下同）以内、排气量 1.8 升（含）以下。商务车型经营和业务保障用车要控制在购车价格 38 万元以内、排气量 3.0 升（含）以下。确因生产经营需要等原因必须配备较高标准经营和业务保障用车的，企业应严格履行内部决策程序，并严格控制数量，集团总部原则上不超过 2 辆。

3. 严格规范企业租赁公务用车管理。通过租赁公务用车保障中央企业负责人履职需要和企业日常经营业务的，视同配备公务用车进行管理。要严格按照本意见关于配备公务用车的规定控制租赁公务用车数量和标准，参照本地区同车型的市场租赁平均价格合理确定单车租赁价格，降低租赁费用。

4. 加强企业公务用车费用预算管理。中央企业要将公务用车购置（含租赁）、运行维护等费用以及公务交通补贴纳入年度预算管理，明确预算编制、审核、调整、动态监测以及执行等规定和程序，严格控制公务用车开支范围和标准，每年编制公务用车专项预算方案并严格执行。

（三）统筹兼顾，完善公务用车相关配套改革制度

1. 公开规范处置公务用车。中央企业要根据国家有关国有资产转让规定制定统一规范的公务用车处置办法，公开处置公务用车，防范国有资产流失。

2. 妥善安置司勤人员。中央企业要根据配备、使用公务用车的实际需要，合理设置司勤人员岗位，按照公开、平等、竞争、择优原则确定留岗人员。要依照有关法律法规妥善处理好与相关司勤人员的劳动关系，保障其合法权益。

3. 完善企业公务交通保障制度。中央企业要按照本意见精神制订本企业公务出行保障制度，明确公务出行的保障方式、操作程序、管理办法以及公务交通补贴标准等，做好与企业国内差旅制度的有效衔接，不得为参改人员既发放公务交通补贴又提供公务用车保障。

4. 健全责任追究制度。要将公务用车制度改革管理情况、公务用车专项预算方案及执行情况、公务用车总量及使用明细等纳入厂务公开范围、本企业内部审计内容、外派监事会监督检查工作内容、巡视组巡视工作内容以及企业负责人经济责任审计范围。要建立健全责任追究制度，对违反本意见要求及有关部门关于公务用车管理规定的责任人追究相关责任，予以严肃处理。

四、认真做好组织实施

（一）加强企业公务用车制度改革的组织领导。各中央企业要严格按照本意见精神研究制定企业公务用车制度改革方案，明确改革时限要求，统筹做好本企业公务用车制度改革组织领导工作。对于正在开展或者已经完成公务用车制度改革的中央企业，要按照本意见要求进行规范。

（二）分步实施企业公务用车制度改革各项工作。有关部门负责对所属

中央企业的公务用车制度改革方案进行审核。力争 2016 年 6 月底前基本完成中央企业集团总部的公务用车制度改革工作，2016 年 12 月底前基本完成中央企业各级子企业的公务用车制度改革工作。

（三）努力营造企业公务用车制度改革的良好氛围。各中央企业要充分认识公务用车制度改革的重大意义，统一思想，加强宣传，引导企业职工转变观念，营造理解和支持改革的良好氛围，及时有效解决改革中遇到的新情况新问题，确保各项工作落到实处。

关于规范国有企业职工持股、投资的意见

（2008 年 9 月 16 日）

各中央企业，各省、自治区、直辖市及计划单列市和新疆生产建设兵团国资委：

近年来，国有企业职工（含管理层，下同）投资参与国有中小企业改制、国有大中型企业辅业改制以及科技骨干参股科研院所改制，为推进企业股份制改革、完善公司法人治理结构、增强企业活力起到重要作用。但由于目前缺乏统一的规定，操作不规范，企业改制引入职工持股以及职工投资新设公司过程中出现了一些问题。为规范国有企业改制，加强企业管理，防止国有资产流失，维护企业和职工合法权益，根据《国务院办公厅转发国务院国有资产监督管理委员会关于规范国有企业改制工作意见的通知》（国办发〔2003〕96 号）、《国务院办公厅转发国资委关于进一步规范国有企业改制工作实施意见的通知》（国办发〔2005〕60 号）和《关于印发〈关于规范电力系统职工投资发电企业的意见〉的通知》（国资发改革〔2008〕28 号）精神，现就国有企业（包括国有独资和国有控股企业）职工持股、投资的有关问题（国有控股上市公司实施股权激励以及企业职工在证券市场购买股票除外），提出以下意见：

一、指导思想和基本原则

（一）指导思想：以邓小平理论和“三个代表”重要思想为指导，深入贯彻落实科学发展观，深化国有企业股份制改革，完善公司法人治理结构，促进国有资本有进有退合理流动，规范国有企业改制和企业职工投资行为，防止国有资产流失，维护企业和职工合法权益，实现国有企业又好又快发展。

（二）基本原则：一是区别对待，分类指导。进一步规范企业管理层持股、投资行为，妥善解决职工持股、投资存在的问题。二是规范操作，强化

管理。引入职工持股应当公开透明，公平公正，严格执行国家有关企业改制和产权转让的各项规定；加强企业内部管理，防止通过不当行为向职工持股、投资的企业转移国有企业利益。三是维护企业职工合法权益，增强企业活力。职工持股要有利于深化企业内部人事、劳动、分配制度改革，切实转变经营机制；落实好职工参与改制的民主权利，尊重和维护职工股东的合法权益。

二、规范国有企业改制中的职工持股行为

（三）积极推进各类企业股份制改革。放开搞活国有中小企业，鼓励职工自愿投资入股，制订改制方案，要从企业实际出发，综合考虑职工安置、机制转换、资金引入等因素。国有大中型企业主辅分离辅业改制，鼓励辅业企业的职工持有改制企业股权，但国有企业主业企业的职工不得持有辅业企业股权。国有大型企业改制，要着眼于引进先进技术和管理、满足企业发展资金需求、完善公司法人治理结构，提高企业竞争力，择优选取投资者，职工持股不得处于控股地位。国有大型科研、设计、高新技术企业改制，按照有关规定，对企业发展作出突出贡献或对企业中长期发展有直接作用的科技管理骨干，经批准可以探索通过多种方式取得企业股权，符合条件的也可获得企业利润奖励，并在本企业改制时转为股权；但其子企业（指全资、控股子企业，下同）改制应服从集团公司重组上市的要求。

（四）严格控制职工持股企业范围。职工入股原则限于持有本企业股权。国有企业集团公司及其各级子企业改制，经国资监管机构或集团公司批准，职工可投资参与本企业改制，确有必要的，也可持有上一级改制企业股权，但不得直接或间接持有本企业所出资各级子企业、参股企业及本集团公司所出资其他企业股权。科研、设计、高新技术企业科技人员确因特殊情况需要持有子企业股权的，须经同级国资监管机构批准，且不得作为该子企业的国有股东代表。

国有企业中已持有上述不得持有的企业股权的中层以上管理人员，自本意见印发后 1 年内应转让所持股份，或者辞去所任职务。在股权转让完成或辞去所任职务之前，不得向其持股企业增加投资。已持有上述不得持有的企业股权的其他职工晋升为中层以上管理人员的，须在晋升后 6 个月内转让所持股份。法律、行政法规另有规定的，从其规定。

（五）依法规范职工持股形式。国有企业改制，可依据《中华人民共和国公司法》等有关法律法规的规定，通过向特定对象募集资金的方式设立股份公司引入职工持股，也可探索职工持股的其他规范形式。职工投资持股应当遵循自愿、公平和诚实守信、风险自担的原则，依法享有投资者权益。国有企业不得以企业名义组织各类职工的投资活动。

（六）明确职工股份转让要求。改制为国有控股企业的，批准企业改制单位应依据有关法律、行政法规对职工所持股份的管理、流转等重要事项予以明确，并在改制企业公司章程中作出规定。

（七）规范入股资金来源。国有企业不得为职工投资持股提供借款或垫付款项，不得以国有产权或资产作标的物为职工融资提供保证、抵押、质押、贴现等；不得要求与本企业有业务往来的其他企业为职工投资提供借款或帮助融资。对于历史上使用工效挂钩和百元产值工资含量包干结余以全体职工名义投资形成的集体股权现象应予以规范。

三、规范国有企业职工投资关联企业的行为

（八）关联企业指与本国有企业有关联关系或业务关联且无国有股份的企业。严格限制职工投资关联关系企业；禁止职工投资为本企业提供燃料、原材料、辅料、设备及配件和提供设计、施工、维修、产品销售、中介服务或与本企业有其他业务关联的企业；禁止职工投资与本企业经营同类业务的企业。

国有企业中已投资上述不得投资的企业的中层以上管理人员，自本意见印发后1年内转让所持股份，或者辞去所任职务。在股权转让完成或辞去所任职务之前，不得向其投资企业增加投资。已投资上述不得投资的企业的其他职工晋升为中层以上管理人员的，须在晋升后6个月内转让所持股份。

四、规范国有企业与职工持股、投资企业的关系

（九）国有企业剥离出部分业务、资产改制设立新公司需引入职工持股的，该新公司不得与该国有企业经营同类业务；新公司从该国有企业取得的关联交易收入或利润不得超过新公司业务总收入或利润的三分之一。通过主辅分离辅业改制设立的公司，按照国家有关规定执行。

（十）加强国有企业内部管理。国有企业要严格依照有关法律、行政法规规定，采取招投标方式择优选取业务往来单位，不得定向采购或接受职工投资企业的产品或服务，产品、服务交易应当价格公允。国有企业向职工投资企业提供资金、设备、技术等资产和劳务、销售渠道、客户资源等，应参考资产评估价或公允价确定有偿使用费或租赁费，不得无偿提供。不得向职工投资企业提供属于本企业的商业机会。

国有企业应当在年度财务报告中披露与职工投资企业构成关联交易的种类、定价、数量、资金总额等情况。

（十一）国有企业中层以上管理人员，不得在职工或其他非国有投资者投资的非国有企业兼职；已经兼职的，自本意见印发后 6 个月内辞去所兼任职务。

五、加强对国有企业职工持股、投资的管理和监督

（十二）严格执行企业改制审批制度。国有企业改制引入职工持股，必须履行批准程序，严格执行国家有关规定。由集团公司批准的引入职工持股的企业改制，完成改制后须由集团公司将改制的相关文件资料报送同级国资监管机构备案。

（十三）国有企业是规范职工持股、投资的责任主体，要认真贯彻执行本意见各项要求，加强领导，认真组织，规范企业改制，强化内部管理，做好职工思想工作。各级国资监管机构要加强监督管理，对本意见的贯彻执行情况进行督促检查，发现违反本意见要求的，要立即予以制止和纠正，并按照相关规定追究有关责任人的责任。

关于实施《关于规范国有企业职工持股、投资的意见》有关问题的通知

（2009 年 3 月 24 日）

各中央企业，各省、自治区、直辖市及计划单列市和新疆生产建设兵团国资委：

国务院国资委《关于规范国有企业职工持股、投资的意见》（国资发改革〔2008〕139 号，以下简称《规范意见》）印发以来，有关中央企业和地方国资委反映在执行过程中遇到一些具体问题需进一步明确。经研究，现就有关问题通知如下：

一、需清退或转让股权的企业中层以上管理人员的范围

《规范意见》所称国有企业，是指各级国有及国有控股（含绝对控股和相对控股）企业及其授权经营单位（分支机构）。企业中层以上管理人员是指国有企业的董事会成员、监事会成员、高级经营管理人员、党委（党组）领导班子成员以及企业职能部门正副职人员等。企业返聘的原中层以上管理人员、或退休后返聘担任中层以上管理职务的人员亦在《规范意见》规范范围之内。

二、涉及国有股东受让股权的基本要求

国有企业中层以上管理人员清退或转让股权时，国有股东是否受让其股权，应区别情况、分类指导。国有企业要从投资者利益出发，着眼于国有资产保值增值，结合企业发展战略，围绕主业，优先受让企业中层以上管理人员所持国有控股子企业股权，对企业中层以上管理人员持有的国有参股企业或其他关联企业股权原则上不应收购。企业中层以上管理人员所持股权不得向其近亲属，以及这些人员所有或者实际控制的企业转让。

三、国有股东收购企业中层以上管理人员股权的定价原则

经同级国资监管机构确认，确属《规范意见》规范范围内的企业中层以上管理人员，国有股东收购其所持股权时，原则上按不高于所持股企业上一

年度审计后的净资产值确定收购价格。

四、国有企业改制违规行为的处理方式

经核查，国有企业在改制过程中，违反《国务院办公厅转发国务院国有资产监督管理委员会关于规范国有企业改制工作意见的通知》（国办发〔2003〕96号）、《国务院办公厅转发国资委关于进一步规范国有企业改制工作实施意见的通知》（国办发〔2005〕60号）等规定，有下列情况的，在实施《规范意见》时，必须予以纠正。

（一）购股资金来源于国有企业借款、垫付款项，或以国有产权（资产）作为标的通过保证、抵押、质押、贴现等方式筹集。改制为国有控股企业的，改制企业的国有产权持有单位中层以上管理人员违规所得股权须上缴集团公司或同级国资监管机构指定的其他单位（以下统称指定单位），其个人出资所购股权按原始实际出资与专项审计后净资产值孰低的价格清退；持有改制企业股权的其他人员须及时还清购股借、贷款和垫付款项；违规持股人员须将其所持股权历年所获收益（包括分红和股权增值收益，下同）上缴指定单位。改制为非国有企业的，国有产权持有单位参照上述规定进行纠正，也可通过司法或仲裁程序追缴其违规所得。

（二）纳入企业改制资产范围的国有实物资产和专利技术、非专利技术、商标权、商誉等无形资产，以及土地使用权、探矿权、采矿权、特许经营权等，全部或部分资产未经评估作价。改制企业的国有产权持有单位中层以上管理人员须按原始实际出资与专项审计后净资产值孰低的价格清退所持股权，改制企业的国有产权持有单位管理层、改制企业管理层及参与改制事项其他人员须将其所持股权历年所获收益上缴指定单位；未经评估资产须进行资产评估作价，重新核定各股东所持股权。情况特殊的，也可经同级国资监管机构批准，采取其他方式进行纠正。

（三）无偿使用未进入企业改制资产范围的国有实物资产和专利技术、非专利技术、商标权、商誉等无形资产，以及土地使用权、探矿权、采矿权、特许经营权。国有产权持有单位应按资产评估价或同类资产的市场价确定租赁费，改制企业须补交已发生的租赁费。

对于故意转移、隐匿资产，或者在改制中通过关联交易影响企业净资产；向中介机构提供虚假资料，导致审计、评估结果失真，或者与有关方面串通，压低资产评估值以及国有资产折股价等违法违规行为要依法严肃查处，并依据《中央企业资产损失责任追究暂行办法》（国资委令第20号）

的有关规定，追究该国有企业相关责任人责任。

五、进一步加强对股权清退转让的监督管理

各级国资监管机构要掌握所监管企业中层以上管理人员持股情况，督促相关企业严格规范有关人员持股行为。国有企业要对中层以上管理人员持股情况进行摸底，按《规范意见》和本通知的要求做好有关工作，要认真制订股权清退、转让方案，在规定的期限内完成工作，并将股权清退、转让方案和完成情况报同级国资监管机构备案；逾期不规范有关人员持股行为的，要追究当事人及企业负责人的责任，隐匿持股情况或不按要求进行规范的要严肃查处。

股权清退、转让的责任主体是国有企业。相关企业负责人要高度重视，认真做好有关人员的思想工作，保持企业稳定，促进企业健康发展。

（四）考核

中央企业负责人经营业绩考核办法

（2019 年 3 月 1 日）

第一章　总　　则

第一条　坚持以习近平新时代中国特色社会主义思想为指导，全面贯彻党的十九大精神和党中央、国务院关于深化国有企业改革、完善国有资产管理体制的一系列重大决策部署，切实履行企业国有资产出资人职责，维护所有者权益，落实国有资产保值增值责任，建立健全有效的激励约束机制，引导中央企业实现高质量发展，加快成为具有全球竞争力的世界一流企业，根据《中华人民共和国公司法》《中华人民共和国企业国有资产法》《企业国有资产监督管理暂行条例》等有关法律法规和《中共中央　国务院关于深化国有企业改革的指导意见》（中发〔2015〕22 号）以及深化中央管理企业负责人薪酬制度改革等有关规定，制定本办法。

第二条　本办法考核的中央企业负责人，是指经国务院授权由国务院国有资产监督管理委员会（以下简称国资委）履行出资人职责的企业（以下简称企业）中由中央或者国资委管理的人员。

第三条　企业负责人经营业绩考核遵循以下原则：

（一）坚持质量第一效益优先。牢固树立新发展理念，以供给侧结构性改革为主线，加快质量变革、效率变革、动力变革，不断做强做优做大国有资本。

（二）坚持市场化方向。遵循市场经济规律和企业发展规律，健全市场化经营机制，充分发挥市场在资源配置中的决定性作用，强化正向激励，激发企业活力。

（三）坚持依法依规。准确把握出资人监管边界，依法合规履行出资人职权，坚持以管资本为主加强国有资产监管，有效落实国有资产保值增值责任。

（四）坚持短期目标与长远发展有机统一。切实发挥企业战略引领作用，构建年度考核与任期考核相结合，立足当前、着眼长远的考核体系。

（五）坚持国际对标行业对标。瞄准国际先进水平，强化行业对标，不断提升企业在全球产业发展中的话语权和影响力，加快成为具有全球竞争力的世界一流企业。

（六）坚持业绩考核与激励约束紧密结合。坚持权责利相统一，建立与企业负责人选任方式相匹配、与企业功能性质相适应、与经营业绩相挂钩的差异化激励约束机制。

第四条 年度经营业绩考核和任期经营业绩考核采取由国资委主任或者其授权代表与企业主要负责人签订经营业绩责任书的方式进行。

第二章 考核导向

第五条 突出效益效率，引导企业加快转变发展方式，优化资源配置，不断提高经济效益、资本回报水平、劳动产出效率和价值创造能力，实现质量更高、效益更好、结构更优的发展。

第六条 突出创新驱动，引导企业坚持自主创新，加大研发投入，加快关键核心技术攻关，强化行业技术引领，不断增强核心竞争能力。

第七条 突出实业主业，引导企业聚焦主业做强实业，加快结构调整，注重环境保护，着力补齐发展短板，积极培育新动能，不断提升协调发展可持续发展能力。

第八条 突出国际化经营，引导企业推进共建“一带一路”走深走实，加强国际合作，推动产品、技术、标准、服务、品牌走出去，规范有序参与国际市场竞争，不断提升国际化经营水平。

第九条 突出服务保障功能，引导企业在保障国家安全和国民经济运行、发展前瞻性战略性产业中发挥重要作用。鼓励企业积极承担社会责任。

第十条 健全问责机制，引导企业科学决策，依法合规经营，防范经营风险，防止国有资产流失，维护国有资本安全。

第三章 分类考核

第十一条 根据国有资本的战略定位和发展目标，结合企业实际，对不同功能和类别的企业，突出不同考核重点，合理设置经营业绩考核指标及权重，确定差异化考核标准，实施分类考核。

第十二条 对主业处于充分竞争行业和领域的商业类企业，以增强国有经济活力、放大国有资本功能、实现国有资本保值增值为导向，重点考核企业经济效益、资本回报水平和市场竞争能力，引导企业优化资本布局，提高资本运营效率，提升价值创造能力。

第十三条 对主业处于关系国家安全、国民经济命脉的重要行业和关键领域、主要承担重大专项任务的商业类企业，以支持企业可持续发展和服务国家战略为导向，在保证合理回报和国有资本保值增值的基础上，加强对服务国家战略、保障国家安全和国民经济运行、发展前瞻性战略性产业情况的考核。适度降低经济效益指标和国有资本保值增值率指标考核权重，合理确定经济增加值指标的资本成本率。承担国家安全、行业共性技术或国家重大专项任务完成情况较差的企业，无特殊客观原因的，在业绩考核中予以扣分或降级处理。

第十四条 对公益类企业，以支持企业更好地保障民生、服务社会、提供公共产品和服务为导向，坚持经济效益和社会效益相结合，把社会效益放在首位，重点考核产品服务质量、成本控制、营运效率和保障能力。根据不同企业特点，有区别地将经济增加值和国有资本保值增值率指标纳入年度和任期考核，适当降低考核权重和回报要求。对社会效益指标引入第三方评价，评价结果较差的企业，根据具体情况，在业绩考核中予以扣分或降级处理。

第十五条 对国有资本投资、运营公司，加强落实国有资本布局和结构优化目标、提升国有资本运营效率以及国有资本保值增值等情况的考核。

第十六条 对科技进步要求高的企业，重点关注自主创新能力的提升，加强研发投入、科技成果产出和转化等指标的考核。在计算经济效益指标时，可将研发投入视同利润加回。

第十七条 对结构调整任务重的企业，重点关注供给侧结构性改革、主业转型升级、新产业新业态新模式发展，加强相关任务阶段性成果的考核。

第十八条 对国际化经营要求高的企业，加强国际资源配置能力、国际化经营水平等指标的考核。

第十九条 对资产负债水平较高的企业，加强资产负债率、经营性现金流、资本成本率等指标的考核。

第二十条 对节能环保重点类和关注类企业，加强反映企业行业特点的综合性能耗、主要污染物排放等指标的考核。

第二十一条 对具备条件的企业，运用国际对标行业对标，确定短板指标纳入年度或任期考核。

第二十二条 建立健全业绩考核特殊事项清单管理制度。将企业承担的保障国家安全、提供公共服务等事项列入管理清单，对当期经营业绩产生重大影响的特殊事项，在考核时予以适当处理。

第四章　目标管理

第二十三条　国资委按照企业发展与国民经济发展速度相适应、与国民经济重要支柱地位相匹配、与高质量发展要求相符合的原则，主导确定企业经营业绩总体目标（以下简称总体目标）。

第二十四条　企业考核目标值应与总体目标相衔接，根据不同功能企业情况，原则上以基准值为基础予以核定。

第二十五条　考核基准值根据企业功能定位，兼顾企业经营性质和业务特点，依据考核指标近三年完成值、客观调整因素和行业对标情况综合确定。

第二十六条　年度净利润、经济增加值等指标目标值可设置为三档。

第一档：目标值达到历史最好水平，或者明显好于上年完成值且增幅高于总体目标增幅。

第二档：目标值不低于基准值。

第三档：目标值低于基准值。

经行业对标，目标值处于国际优秀水平或国内领先水平的，不进入第三档。

第二十七条　国资委将年度净利润、经济增加值等指标目标值与考核计分、结果评级紧密结合。

第一档目标值，完成后指标得满分，同时根据目标值先进程度给予加分奖励。

第二档目标值，完成后正常计分。

第三档目标值，完成后加分受限，考核结果不得进入A级。

第二十八条　净利润等经济效益指标的目标值与工资总额预算挂钩，根据目标值的先进程度确定不同的工资总额预算水平。

第五章　考核实施

第二十九条　企业负责人经营业绩考核工作由国资委考核分配工作领导小组组织实施。

第三十条　年度经营业绩考核以公历年为考核期，任期经营业绩考核以三年为考核期。

第三十一条 经营业绩责任书内容：

（一）双方的单位名称、职务和姓名；

（二）考核内容及指标；

（三）考核与奖惩；

（四）责任书的变更、解除和终止；

（五）其他需要约定的事项。

第三十二条 经营业绩责任书签订程序：

（一）考核期初，企业按照国资委经营业绩考核要求，将考核期内考核目标建议值和必要的说明材料报送国资委。

（二）国资委对考核目标建议值进行审核，并就考核目标值及有关内容同企业沟通后予以确定。

（三）由国资委主任或者其授权代表同企业主要负责人签订经营业绩责任书。

第三十三条 考核期中，国资委对经营业绩责任书执行情况实施预评估，对考核目标完成进度不理想的企业提出预警。

第三十四条 建立重大事项报告制度。企业发生较大及以上生产安全责任事故和网络安全事件、重大及以上突发环境事件、重大及以上质量事故、重大资产损失、重大法律纠纷案件、重大投融资和资产重组等，对经营业绩产生重大影响的，应及时向国资委报告。

第三十五条 经营业绩完成情况按照下列程序进行考核：

（一）考核期末，企业依据经审计的财务决算数据，形成经营业绩总结分析报告报送国资委。

（二）国资委依据经审计并经审核的企业财务决算报告和经审查的统计数据，结合总结分析报告，对企业负责人考核目标的完成情况进行考核，形成考核与奖惩意见。

（三）国资委将考核与奖惩意见反馈给企业。企业负责人对考核与奖惩意见有异议的，可及时向国资委反映。国资委将最终确认的考核结果在一定范围内公开。

第三十六条 落实董事会对经理层的经营业绩考核职权。

（一）授权董事会考核经理层的企业，国资委与董事会授权代表签订年度和任期经营业绩责任书，董事会依据国资委考核要求并结合本企业实际对经理层实施经营业绩考核。

（二）国资委根据签订的经营业绩责任书和企业考核目标完成情况，确定企业主要负责人年度和任期经营业绩考核结果。

（三）董事会根据国资委确定的经营业绩考核结果，结合经理层个人履职绩效，确定经理层业绩考核结果和薪酬分配方案。

第三十七条 董事会应根据国资委经营业绩考核导向和要求，制订、完善企业内部的经营业绩考核办法，报国资委备案。

第六章 奖 惩

第三十八条 年度经营业绩考核和任期经营业绩考核等级分为A、B、C、D四个级别。A级企业根据考核得分，结合企业国际对标行业对标情况综合确定，数量从严控制。

第三十九条 国资委依据年度和任期经营业绩考核结果对企业负责人实施奖惩。经营业绩考核结果作为企业负责人薪酬分配的主要依据和职务任免的重要依据。

第四十条 企业负责人的薪酬由基本年薪、绩效年薪、任期激励收入三部分构成。

第四十一条 对企业负责人实行物质激励与精神激励。物质激励主要包括与经营业绩考核结果挂钩的绩效年薪和任期激励收入。精神激励主要包括给予任期通报表扬等方式。

第四十二条 企业负责人的绩效年薪以基本年薪为基数，根据年度经营业绩考核结果并结合绩效年薪调节系数确定。

第四十三条 绩效年薪按照一定比例实施按月预发放。国资委依据年度经营业绩半年预评估结果对企业负责人预发绩效年薪予以调整。

第四十四条 任期激励收入根据任期经营业绩考核结果，在不超过企业负责人任期内年薪总水平的30%以内确定。

第四十五条 对科技创新取得重大成果、承担重大专项任务和社会参与作出突出贡献的企业，在年度经营业绩考核中给予加分奖励。

第四十六条 对经营业绩优秀以及在科技创新、国际化经营、节能环保、品牌建设等方面取得突出成绩的，经国资委评定后对企业予以任期激励。

第四十七条 连续两年年度经营业绩考核结果为D级或任期经营业绩考核结果为D级，且无重大客观原因的，对企业负责人予以调整。

第四十八条 企业发生下列情形之一的，国资委根据具体情节给予降级或者扣分处理；违规经营投资造成国有资产损失或其他严重不良后果，按照有关规定对相关责任人进行责任追究处理；情节严重的，给予纪律处分或者对企业负责人进行调整；涉嫌犯罪的，依法移送国家监察机关或司法机关查处。

（一）违反《中华人民共和国会计法》《企业会计准则》等有关法律法规规章，虚报、瞒报财务状况的；

（二）企业法定代表人及相关负责人违反国家法律法规和规定，导致发生较大及以上生产安全责任事故和网络安全事件、重大及以上突发环境事件、重大质量责任事故、重大违纪和法律纠纷案件、境外恶性竞争、偏离核定主业盲目投资等情形，造成重大不良影响或者国有资产损失的。

第四十九条 鼓励探索创新，激发和保护企业家精神。企业实施重大科技创新、发展前瞻性战略性产业等，对经营业绩产生重大影响的，按照“三个区分开来”原则和有关规定，可在考核上不做负向评价。

第七章 附 则

第五十条 企业在考核期内经营环境发生重大变化，或者发生清产核资、改制重组、主要负责人变动等情况，国资委可以根据具体情况变更经营业绩责任书的相关内容。

第五十一条 对混合所有制企业以及处于特殊发展阶段的企业，根据企业功能定位、改革目标和发展战略，考核指标、考核方式可以“一企一策”确定。

第五十二条 中央企业专职党组织负责人、纪委书记（纪检监察组组长）的考核有其他规定的，从其规定。

第五十三条 国有资本参股公司、被托管和兼并企业中由国资委管理的企业负责人，其经营业绩考核参照本办法执行。

第五十四条 各省、自治区、直辖市和新疆生产建设兵团国有资产监督管理机构，设区的市、自治州级国有资产监督管理机构对国家出资企业负责人的经营业绩考核，可参照本办法并结合实际制定具体规定。

第五十五条 本办法由国资委负责解释，具体实施方案另行制定。

第五十六条 本办法自 2019 年 4 月 1 日起施行。《中央企业负责人经营业绩考核办法》（国资委令第 33 号）同时废止。

关于完善中央企业功能分类考核的实施方案

（2016年8月24日）

根据《中共中央 国务院关于深化国有企业改革的指导意见》（中发〔2015〕22号）部署要求和国有企业功能界定与分类的有关政策规定，为进一步加强和改进中央企业分类考核工作，提高考核的科学性、有效性，经国务院同意，制定本实施方案。

一、总体要求

（一）指导思想。全面贯彻党的十八大和十八届三中、四中、五中全会精神，按照“五位一体”总体布局和“四个全面”战略布局，牢固树立和贯彻落实创新、协调、绿色、开放、共享的发展理念，深入贯彻习近平总书记系列重要讲话精神，落实国务院决策部署，根据不同中央企业的功能界定，突出考核重点，实施分类考核，引导企业积极适应市场化、现代化、国际化要求，加快提质增效升级，更好地服务于国家战略，实现国有资本保值增值。

（二）基本原则。

1. 坚持经济效益和社会效益相结合。根据国有资本的战略定位和发展目标，结合企业实际，不断完善考核体系，推动中央企业提高发展质量和经济效益，自觉履行经济责任、政治责任和社会责任。

2. 遵循市场规律与服务国家战略相结合。业绩考核要符合社会主义市场经济要求和企业发展规律，保障企业自主经营、自负盈亏、自担风险，推动国有资本向关系国家安全、国民经济命脉的重要行业和关键领域集中，不断增强国有经济活力、控制力、影响力、抗风险能力。

3. 突出共性与体现个性相结合。业绩考核既要体现国有资本保值增值的普遍要求，不断提高经济效益和回报水平；又要充分考虑企业不同功能和行业布局特点，提高考核指标的针对性。

4. 短期目标与长远发展相结合。实行年度考核与任期考核相结合、结果考核与过程评价相统一，实现考核结果与奖惩、职务任免相挂钩，充分发挥考核的导向作用。

（三）主要目标。逐步完善符合企业功能定位实际的分类考核制度，基本形成导向清晰、远近结合的业绩考核体系，与企业负责人分类管理和选任方式相适应、与业绩考核结果相挂钩的差异化奖惩体系更加有效，业绩考核的科学性、针对性和引领作用显著增强，进一步明确和实化国有资本保值增值责任。

二、考核内容

根据中央企业功能定位，兼顾企业经营性质和业务特点，综合考核资本运营质量、效率和效益，以经济增加值为主，将转型升级、创新驱动、合规经营、社会责任等纳入考核指标体系，合理确定不同企业经济效益和社会效益指标，明确差异化业绩考核标准，实施差异化薪酬激励。按照国有企业功能界定与分类的有关政策要求，对中央企业主要分为以下 3 类实施考核：

（一）主业处于充分竞争行业和领域的商业类中央企业。以增强国有经济活力、放大国有资本功能、实现国有资本保值增值为导向，重点考核企业经济效益、资本回报水平和市场竞争能力，引导企业提高资本运营效率，提升价值创造能力。

1. 突出资本回报的考核要求。将企业经济增加值和盈利状况作为年度考核重点，根据企业资本结构和行业平均资本回报水平，加强与资本市场对标，确定差异化的资本成本率。将国有资本保值增值能力和可持续发展能力作为任期考核重点，加强对企业中长期业绩的考核。

2. 根据不同行业特点、发展阶段、管理短板和产业功能，合理确定不同企业的考核重点，设置有针对性的考核指标。

3. 鼓励企业在符合市场经济要求的前提下积极承担社会责任。

（二）主业处于关系国家安全、国民经济命脉的重要行业和关键领域、主要承担重大专项任务的商业类中央企业。以支持企业可持续发展和服务国家战略为导向，在保证合理回报和国有资本保值增值的基础上，加强对服务国家战略、保障国家安全和国民经济运行、发展前瞻性战略性产业以及完成重大专项任务情况的考核。

1. 将企业承担国家安全、行业共性技术或国家重大专项任务完成情况作为重要内容纳入业绩考核。考核指标及权重视企业具体情况确定。

2. 调整完善经济效益与资本回报考核机制。根据企业承担的国家安全、行业共性技术或国家重大专项任务资本占用情况和经营性质，适度调整经济效益指标和国有资本保值增值率指标考核权重，合理确定经济增加值指标的资本成本率。

3. 企业承担的国家安全、行业共性技术或国家重大专项任务完成情况较差的企业，无特殊客观原因的，在业绩考核中予以扣分或降级处理。

（三）公益类中央企业。以支持企业更好地保障民生、服务社会、提供公共产品和服务为导向，坚持把社会效益放在首位，重点考核产品服务质量、成本控制、营运效率和保障能力。

1. 强化考核公益性业务完成情况和保障能力，考核指标及权重视企业具体情况确定。

2. 根据不同企业特点，有区别地将经济增加值和国有资本保值增值率指标纳入年度和任期考核，适当降低考核权重和回报要求。

3. 引入社会评价。对企业提供的公共产品和服务质量、营运效率、成本控制和安全保障能力，引入第三方评价，将相关评价结果纳入业绩考核。对第三方评价结果较差的企业，根据具体情况，在业绩考核中予以扣分或降级处理。

三、建立特殊事项管理清单制度

根据中央企业战略定位和经济社会发展要求，进一步完善企业功能分类考核体系，探索建立特殊事项管理清单制度，将企业承担的对经营业绩有重大影响的特殊事项列入管理清单，作为考核指标确定和结果核定的重要参考依据。纳入清单的特殊事项主要包括：

（一）保障国家安全。

1. 国防安全。在推进军民融合深度发展、完善武器装备科研生产体系、国防动员体系、交通战备及国家安全建设等方面承担的任务，主要包括国防军事装备与技术的研发、军品生产任务、重大任务的装备保障等。

2. 能源资源安全。在重要能源资源勘查、开发、运输、建设、储备等方面承担的任务，主要包括石油天然气及战略性矿产资源的勘查开采、战略通道建设、重要商品和战略物资储备等。

3. 粮食安全。在落实国家宏观调控任务，稳定市场供应等特殊时期承担的任务，主要包括理顺粮油等产品的生产、收储、流通、加工、贸易等环节，调节区域供应和结构平衡等。

4. 网络与信息安全。在网络与信息安全等方面承担的任务，主要包括网络与信息安全软硬件研制任务、技术手段建设，以及保障网络信息安全、特殊通信和应急通信等。

（二）提供公共服务。承担政府赋予的部分公共服务职能。主要包括电网领域的农村电网改造、电网建设与相关技术研发、生产调度和安全质量、普遍服务等；电信领域的村村通工程、互联互通和普遍服务等；铁路、邮政领域的普遍服务等。

（三）发展重要前瞻性战略性产业。根据国家产业发展需要，培育和发展新一代信息技术、节能环保技术、生物技术、高端装备制造、新能源、新材料、新能源汽车等战略性新兴产业。主要包括重大基础研究、共性技术研发、科技成果转化和示范应用以及重大行业标准制订等；落实“中国制造2025”、“互联网+”行动计划，促进新型工业化与信息化深度融合等；国家重点水电工程建设与运营、新能源技术开发等；国产民用飞机产业化、大型飞机研制、航空发动机研制，研发、建设和运营新一代移动通信和宽带网络，国家经济政策和地区发展规划咨询等国家专项任务。

（四）实施“走出去”重大战略项目。主要包括推进周边地区基础设施互联互通，控制境外重要能源资源，获取境外关键技术，带动我国装备、技术、标准出口等。

四、组织实施

（一）实施主体。对中央企业的功能分类考核，由履行出资人职责的机构对其任命的企业负责人进行年度和任期考核，并依据考核结果决定对企业负责人的奖惩。

（二）工作程序。

1. 年度经营业绩考核以公历年为考核期，任期经营业绩考核以三年为考核期。

2. 考核期初，由履行出资人职责的机构代表与企业负责人签订年度和任期经营业绩责任书，明确相应考核指标及相关要求。

3. 考核期末，由履行出资人职责的机构根据签订的经营业绩责任书执行情况，对企业负责人进行考核，形成考核与奖惩意见。

（三）结果应用。依据中央关于深化中央管理企业负责人薪酬制度改革相关意见和《关于印发〈中央企业领导班子和领导人员综合考核评价暂行办法〉的通知》（中组发〔2013〕20号）相关规定，根据业绩考核结果，实行与企业功能定位相符合、与企业负责人分类管理和选任方式相适应、与业绩考核结果相挂钩的差异化薪酬激励机制，并将业绩考核结果作为企业负责人任免的重要依据。

各履行出资人职责的机构要根据本方案，制定完善所监管企业负责人经营业绩考核办法。中央企业要参照本方案，结合实际制定所属企业的分类考核方案。金融、文化等中央企业的分类考核，另有规定的依其规定执行。

(五) 廉洁风险防控

国务院办公厅 关于加强和改进企业国有资产监督 防止国有资产流失的意见

（2015 年 10 月 31 日）

各省、自治区、直辖市人民政府，国务院各部委、各直属机构：

我国企业国有资产是全体人民的共同财富，保障国有资产安全、防止国有资产流失，是全面建成小康社会、实现全体人民共同富裕的必然要求。改革开放以来，我国国有经济不断发展壮大，国有企业市场活力普遍增强、效率显著提高，企业国有资产监管工作取得积极进展和明显成效。但与此同时，一些国有企业逐渐暴露出管理不规范、内部人控制严重、企业领导人员权力缺乏制约、腐败案件多有发生等问题，企业国有资产监督工作中多头监督、重复监督和监督不到位的现象也日益突出。为贯彻落实中央关于深化国有企业改革的有关部署，切实加强和改进企业国有资产监督、防止国有资产流失，经国务院同意，现提出以下意见。

一、总体要求

（一）指导思想。认真贯彻落实党的十八大和十八届二中、三中、四中、五中全会精神，按照党中央、国务院有关决策部署，以国有资产保值增值、防止流失为目标，坚持问题导向，立足体制机制制度创新，加强和改进党对国有企业的领导，切实强化国有企业内部监督、出资人监督和审计、纪检监察、巡视监督以及社会监督，严格责任追究，加快形成全面覆盖、分工明确、协同配合、制约有力的国有资产监督体系，充分体现监督的严肃性、权威性、时效性，促进国有企业持续健康发展。

（二）基本原则。

坚持全面覆盖，突出重点。实现企业国有资产监督全覆盖，加强对国有企业权力集中、资金密集、资源富集、资产聚集等重点部门、重点岗位和重点决策环节的监督，切实维护国有资产安全。

坚持权责分明，协同联合。清晰界定各类监督主体的监督职责，有效整合监督资源，增强监督工作合力，形成内外衔接、上下贯通的国有资产监督格局。

坚持放管结合，提高效率。正确处理好依法加强监督和增强企业活力的关系，改进监督方式，创新监督方法，尊重和维护企业经营自主权，增强监督的针对性和有效性。

坚持完善制度，严肃问责。建立健全企业国有资产监督法律法规体系，依法依规开展监督工作，完善责任追究制度，对违法违规造成国有资产损失以及监督工作中失职渎职的责任主体，严格追究责任。

二、着力强化企业内部监督

（三）完善企业内部监督机制。企业集团应当建立涵盖各治理主体及审计、纪检监察、巡视、法律、财务等部门的监督工作体系，强化对子企业的纵向监督和各业务板块的专业监督。健全涉及财务、采购、营销、投资等方面的内部监督制度和内控机制，进一步发挥总会计师、总法律顾问作用，加强对企业重大决策和重要经营活动的财务、法律审核把关。加强企业内部监督工作的联动配合，提升信息化水平，强化流程管控的刚性约束，确保内部监督及时、有效。

（四）强化董事会规范运作和对经理层的监督。深入推进外部董事占多数的董事会建设，加强董事会内部的制衡约束，依法规范董事会决策程序和董事长履职行为，落实董事对董事会决议承担的法定责任。切实加强董事会对经理层落实董事会决议情况的监督。设置由外部董事组成的审计委员会，建立审计部门向董事会负责的工作机制，董事会依法审议批准企业年度审计计划和重要审计报告，增强董事会运用内部审计规范运营、管控风险的能力。

（五）加强企业内设监事会建设。建立监事会主席由上级母公司依法提名、委派制度，提高专职监事比例，增强监事会的独立性和权威性。加大监事会对董事、高级管理人员履职行为的监督力度，进一步落实监事会检查公司财务、纠正董事及高级管理人员损害公司利益行为等职权，保障监事会依法行权履职，强化监事会及监事的监督责任。

（六）重视企业职工民主监督。健全以职工代表大会为基本形式的企业民主管理制度，规范职工董事、职工监事的产生程序，切实发挥其在参与公司决策和治理中的作用。大力推进厂务公开，建立公开事项清单制度，保障职工知情权、参与权和监督权。

（七）发挥企业党组织保证监督作用。把加强党的领导和完善公司治理统一起来，落实党组织在企业党风廉政建设和反腐败工作中的主体责任和纪检机构的监督责任，健全党组织参与重大决策机制，强化党组织对企业领导人员履职行为的监督，确保企业决策部署及其执行过程符合党和国家方针政策、法律法规。

三、切实加强企业外部监督

（八）完善国有资产监管机构监督。国有资产监管机构要坚持出资人管理和监督的有机统一，进一步加强出资人监督。健全国有企业规划投资、改制重组、产权管理、财务评价、业绩考核、选人用人、薪酬分配等规范国有资本运作、防止流失的制度。加大对国有资产监管制度执行情况的监督力度，定期开展对各业务领域制度执行情况的检查，针对不同时期的重点任务和突出问题不定期开展专项抽查。国有资产监管机构设立稽查办公室，负责分类处置和督办监督工作中发现的需要企业整改的问题，组织开展国有资产重大损失调查，提出有关责任追究的意见建议。开展国有资产监管机构向所出资企业依法委派总会计师试点工作，强化出资人对企业重大财务事项的监督。加强企业境外国有资产监督，重视在法人治理结构中运用出资人监督手段，强化对企业境外投资、运营和产权状况的监督，严格规范境外大额资金使用、集中采购和佣金管理，确保企业境外国有资产安全可控、有效运营。

（九）加强和改进外派监事会监督。对国有资产监管机构所出资企业依法实行外派监事会制度。外派监事会由政府派出，作为出资人监督的专门力量，围绕企业财务、重大决策、运营过程中涉及国有资产流失的事项和关键环节、董事会和经理层依法依规履职情况等重点，着力强化对企业的当期和事中监督。进一步完善履职报告制度，外派监事会要逐户向政府报告年度监督检查情况，对重大事项、重要情况、重大风险和违法违纪违规行为“一事一报告”。按照规定的程序和内容，对监事会监督检查情况实行“一企一公开”，也可以按照类别和事项公开。切实保障监事会主席依法行权履职，落实外派监事会的纠正建议权、罢免或者调整建议权，监事会主席根据授权督促企业整改落实有关问题或者约谈企业领导人员。建立外派监事会可追溯、可量化、可考核、可问责的履职记录制度，切实强化责任意识，健全责任倒查机制。

（十）健全国有企业审计监督体系。完善国有企业审计制度，进一步厘清政府部门公共审计、出资人审计和企业内部审计之间的职责分工，实现企业国有资产审计监督全覆盖。加大对国有企业领导人员履行经济责任情况的审计力度，坚持离任必审，完善任中审计，探索任期轮审，实现任期内至少审计一次。探索建立国有企业经常性审计制度，对国有企业重大财务异常、重大资产损失及风险隐患、国有企业境外资产等开展专项审计，对重大决策部署和投资项目、重要专项资金等开展跟踪审计。完善国有企业购买审计服务办法，扩大购买服务范围，推动审计监督职业化。

（十一）进一步增强纪检监察和巡视的监督作用。督促国有企业落实“两个责任”，实行“一案双查”，强化责任追究。加强对国有企业执行党的纪律情况的监督检查，重点审查国有企业执行党的政治纪律、政治规矩、组织纪律、廉洁纪律情况，严肃查处违反党中央八项规定精神的行为和“四风”问题。查办腐败案件以上级纪委领导为主，线索处置和案件查办在向同级党委报告的同时，必须向上级纪委报告。严肃查办发生在国有企业改制重组、产权交易、投资并购、物资采购、招标投标以及国际化经营等重点领域和关键环节的腐败案件。贯彻中央巡视工作方针，聚焦党风廉政建设和反腐败斗争，围绕“四个着力”，加强和改进国有企业巡视工作，发现问题，形成震慑，倒逼改革，促进发展。

（十二）建立高效顺畅的外部监督协同机制。整合出资人监管、外派监事会监督和审计、纪检监察、巡视等监督力量，建立监督工作会商机制，加强统筹，减少重复检查，提高监督效能。创新监督工作机制和方式方法，运用信息化手段查核问题，实现监督信息共享。完善重大违法违纪违规问题线索向纪检监察机关、司法机关移送机制，健全监督主体依法提请有关机关配合调查案件的制度措施。

四、实施信息公开加强社会监督

（十三）推动国有资产和国有企业重大信息公开。建立健全企业国有资产监管重大信息公开制度，依法依规设立信息公开平台，对国有资本整体运营情况、企业国有资产保值增值及经营业绩考核总体情况、国有资产监管制度和监督检查情况等依法依规、及时准确披露。国有企业要严格执行《企业信息公示暂行条例》，在依法保护国家秘密和企业商业秘密的前提下，主动公开公司治理以及管理架构、经营情况、财务状况、关联交易、企业负责人薪酬等信息。

（十四）切实加强社会监督。重视各类媒体的监督，及时回应社会舆论对企业国有资产运营的重大关切。畅通社会公众的监督渠道，认真处理人民群众有关来信、来访和举报，切实保障单位和个人对造成国有资产损失行为进行检举和控告的权利。推动社会中介机构规范执业，发挥其第三方独立监督作用。

五、强化国有资产损失和监督工作责任追究

（十五）加大对国有企业违规经营责任追究力度。明确企业作为维护国有资产安全、防止流失的责任主体，健全并严格执行国有企业违规经营责任追究制度。综合运用组织处理、经济处罚、禁入限制、纪律处分和追究刑事责任等手段，依法查办违规经营导致国有资产重大损失的案件，严厉惩处侵吞、贪污、输送、挥霍国有资产和逃废金融债务的行为。对国有企业违法违纪违规问题突出、造成重大国有资产损失的，严肃追究企业党组织的主体责任和企业纪检机构的监督责任。建立完善国有企业违规经营责任追究典型问题通报制度，加强对企业领导人员的警示教育。

（十六）严格监督工作责任追究。落实企业外部监督主体维护国有资产安全、防止流失的监督责任。健全国有资产监管机构、外派监事会、审计机关和纪检监察、巡视部门在监督工作中的问责机制，对企业重大违法违纪违规问题应当发现而未发现或敷衍不追、隐匿不报、查处不力的，严格追究有关人员失职渎职责任，视不同情形分别给予纪律处分或行政处分，构成犯罪的，依法追究刑事责任。完善监督工作中的自我监督机制，健全内控措施，严肃查处监督工作人员在问题线索清理、处置和案件查办过程中违反政治纪律、组织纪律、廉洁纪律、工作纪律的行为。

六、加强监督制度和能力建设

（十七）完善企业国有资产监督法律制度。做好国有资产监督法律法规的立改废释工作，按照法定程序修订完善企业国有资产法等法律法规中有关企业国有资产监督的规定，制定出台防止企业国有资产流失条例，将加强企业国有资产监督的职责、程序和有关要求法定化、规范化。

（十八）加强监督队伍建设。选派政治坚定、业务扎实、作风过硬、清正廉洁的优秀人才，进一步充实监督力量。优化监督队伍知识结构，重视提升监督队伍的综合素质和专业素养。加强对监督队伍的日常管理和考核评价，健全与监督工作成效挂钩的激励约束机制，强化监督队伍履职保障。

本意见适用于全国企业国有资产监督工作。金融、文化等企业国有资产监督工作，中央另有规定的依其规定执行。

关于加强中央企业廉洁风险防控工作的指导意见

（2012年6月21日）

为贯彻落实中央纪委《印发〈关于加强廉政风险防控的指导意见〉的通知》（中纪发〔2011〕42号）要求，做好中央企业廉洁风险防控工作，完善惩治和预防腐败体系建设（以下简称惩防体系建设），促进企业健康发展，提出如下指导意见。

本意见所称的廉洁风险是企业人员利用职权谋取私利给企业带来危害性或负面影响的可能性。廉洁风险防控是指按照党风廉政建设责任制规定，由企业各责任主体共同实施的排查、识别、评估和防范廉洁风险的管理过程。

一、指导思想、工作原则和目标要求

（一）指导思想

以邓小平理论和“三个代表”重要思想为指导，深入贯彻落实科学发展观，以党风廉政建设责任制为抓手，以制约和监督权力运行为核心，以全面风险管理和内部控制制度为依托，以岗位风险防控为基础，以加强制度建设为重点，以现代信息技术为支撑，建立和完善权责清晰、流程规范、风险明确、措施有力、制度管用、预警及时的廉洁风险防控机制，提高预防腐败能力，提升企业管理水平。

（二）工作原则

坚持围绕中心，实现廉洁风险防控工作与企业战略目标相一致、与企业改革发展进程相适应、与企业监管制度相衔接、与各项工作相互促进、协调发展；坚持融入管理，把廉洁风险防控工作纳入全面风险管理，结合改革创新、流程管理和信息化管理，不断完善防控工作的体制机制制度和科技支撑，增强企业管控能力；坚持突出重点，抓好重点领域、重要岗位、重要事项和关键环节的廉洁风险防控，分级分类实施廉洁风险防控措施；坚持整体推进，用系统的思维、统筹的观念、科学的方法推进工作，合理确定工作目标、任务、方法、步骤。

（三）目标要求

按照整体规划、分步实施、扎实推进、务求实效的总体要求，2012 年要重点针对投资决策、产权交易、财务管理、境外资产、资本运营、物资采购、招标投标、选人用人和工程建设等腐败易发多发的重点领域、关键环节和重要岗位开展廉洁风险防控工作。

截至 2017 年底，建立运行顺畅的廉洁风险防控机制，并结合实际，逐步探索由传统防控向信息化防控发展，持续改进、不断适应新形势发展变化的要求，保障企业科学发展。

二、明确职权，查找廉洁风险

（四）明确岗位职权

企业要进一步明确部门、岗位的职权名称、内容、行使主体和规定依据等，对职权行使的主体、条件、范围、程序、时限和监督方式等内容，特别是对人、财、物、核心技术、商业秘密和无形资产管理等关键岗位的职权要进行梳理、规范，编制职权目录，绘制各类职权运行流程图，规范运行。

（五）收集廉洁风险信息

各中央企业惩防体系建设领导小组、监督工作协调性机构或联席会议要加强沟通协调，定期或不定期地收集下列廉洁风险信息：

1. 监事会、巡视、审计、专项检查和效能监察等各项监督检查发现的廉洁风险信息；

2. 通过民主生活会、述职述廉、民主测评等方式获知的涉及有关领导人员的廉洁风险信息；

3. 信访举报、查办案件等方式查出的涉嫌腐败的廉洁风险信息；

4. 通过问卷调查、网络舆情、调研座谈等方式了解的职工群众反映的廉洁风险信息；

5. 排查识别的廉洁风险信息；

6. 通过其他途径反映的廉洁风险信息。

（六）排查识别廉洁风险

企业排查识别廉洁风险主要是以权力运行是否规范受控为判断标准，通过自己查、群众评、专家议和组织审等方式，重点对可能利用职权谋取私利的以下各项因素进行评估：

1. 权力结构与授权因素。企业各决策主体的职权是否明确，决策程序是否完善；决策权、执行权、监督权是否相互制约又相互协调；部门职能配置，特别是人、财、物管理等重要职能的配置是否合理并且相互制约；重要岗位是否落实不相容业务分离规定；授权的范围、事项、条件和期限是否清楚，自由裁量权限是否适当；责、权、利是否明确且对等；授权事项与被授予者的履职能力是否相匹配。

2. 机制制度因素。企业现行的制度是否符合法律法规的规定；制度内容是否适用、管用、可操作；各项制度是否配套健全；制度的执行是否有程序保障；“三重一大”决策制度是否建立并得到有效执行；内部控制制度是否建立健全；监督制约机制是否健全完备，纪检监察、审计和法律等部门职能是否明确，监督是否到位、有效；考核评价机制是否健全、可操作，对过错责任的追究是否及时，管理是否形成闭环。

3. 权力运行因素。依法、民主、科学决策是否有程序保障，集体决策和党组织参与决策是否落实；经营管理的各项操作流程是否建立健全，流程是否设计合理、步骤齐全、次序得当、界限明确，衔接时间是否合理，过程是否受控；企（厂）务、党务等信息是否公开；信息传递、沟通、共享是否顺畅，有无遗漏、隐瞒、封锁、错误传递信息的现象；是否运用现代科学技术手段，把重要监管制度嵌入信息系统，实现在线运行；被授权人是否不作为、越权行事、违规作为，是否实行“一岗双责”，是否遵守廉洁从业规定等。

4. 思想道德因素。企业是否培育诚信文化、合规文化；企业的廉洁教育是否有盲区、盲点，廉洁教育是否与岗位职责紧密结合；党性、党风、党纪教育和廉洁从业教育的内容、时间和受教育人员是否落实；职工爱岗敬业、遵章守纪的自觉程度；职工对依法经营、集体决策、廉洁从业、公道正派、民主公开和接受监督的满意度；职工对教育针对性和实效性的满意度。

5. 外部环境因素。可能易发多发腐败行为的行业、领域与本企业的业务关联度；相关市场规范程度和廉洁状况；企业利益相关主体诚信守法意识和廉洁情况；部门或岗位容易受到利益诱惑的程度；社会公众、媒体舆论等对企业的满意度。

6. 企业其他因素。

三、评估风险等级，制定防控措施

（七）组织廉洁风险评估

采用定性与定量相结合的方法，根据权力的重要程度、自由裁量权的大小、腐败行为发生的几率及危害程度等因素，定期对收集和排查到的廉洁风险进行评估，合理确定等级，明确风险分类和典型风险事项，并经领导班子集体审定。

各中央企业要对岗位、部门廉洁风险排查结果逐一登记汇总，编制廉洁风险及等级目录，形成廉洁风险信息数据库，并在一定范围内予以公开，接受群众监督。

（八）廉洁风险防控的主要措施

针对廉洁风险和风险等级，依据有关制度规定、廉洁从业要求、工作责任、工作权限、工作标准，制定切实可行的防控方案；根据不同等级的廉洁风险实行分级管理，分工负责、责任到人；特别要突出高风险的防控，针对廉洁风险构成因素，抓重点、抓关键，采取综合措施，加大从源头上防范廉洁风险的力度。

1. 优化权力结构。加快公司制、股份制改革步伐，进一步建立和完善规范的公司治理结构，充分发挥党委的政治核心作用、职工的民主管理作用，形成权力结构制约、业务牵制、关键岗位不相容、责权利对等的权力结构。

2. 规范权力运行。进一步完善“三重一大”决策制度，细化议事规则，规范工作流程，健全工作机制；要优化业务流程，记录工作过程；把权力制衡、过程监控原则和廉洁从业规定体现在经营管理的各个环节，压缩自由裁量空间；要充分发挥监事会、纪检监察、巡视、审计等专门监督机构的作用，明确监督责任、途径和方法，加强效能监察、内部控制和过程监督，健全考核评价制度，切实形成结构合理、配置科学、程序严密、制约有效的权力运行机制，防范腐败行为的发生。

3. 推进民主公开。充分发挥职工董事、职工监事、工会和职代会的监督作用，完善企（厂）务、党务公开制度，通过内部网络、公开栏等方式，逐步推进重要业务和管理事项信息公开，加大信息公开力度。畅通信访举报渠道，接受群众监督。

4. 加强科技防控。充分运用信息管理平台，改进企业经营管理流程监管的方式和途径，逐步实现网上实时动态监控，做到信息可监控、行为留痕迹、过失可追溯。同时，加强对网络舆情的收集、研判和处置。

5. 加强体系防控。以廉洁风险防控为切入点，统筹教育、制度、监督、改革、纠风和惩处等工作任务，充实工作力量，加强组织协调，增强惩防体系建设的针对性和实效性，提高惩治和预防腐败的能力。

四、实施预警处置，坚持动态管理

（九）廉洁风险的预警与处置

加快廉洁风险预警系统的研发，根据定期评估结果，对可能发生腐败行为的苗头性、倾向性问题进行风险预警；对达到风险等级的岗位人员，分别运用任职谈话、岗前培训、谈心疏导、函询告诫、组织处理等方式及时进行处置，做到早发现、早提醒、早纠正；对于违纪违法人员，按有关规定及时处理。

（十）廉洁风险的动态管理

以年度为周期或依托项目管理，结合管理提升和预防腐败的新要求，以及改革发展的实际情况，及时调整、完善廉洁风险防控内容、等级和措施；加大对廉洁风险动态监控的力度，定期对廉洁风险防控工作进行自查和抽查，及时发现缺陷并加以改进。

五、加强组织领导，务求工作实效

（十一）落实责任、扎实推进

把推行廉洁风险防控工作作为落实党风廉政建设责任制、推进惩防体系建设的一项重要任务，认真组织落实。企业主要负责人作为党风廉政建设第一责任人，要加强对廉洁风险防控工作的领导；领导班子成员要带头抓好自身和管辖范围内的廉洁风险防控；纪检监察机构要认真履行职责，发挥组织协调作用，加强监督检查，推动工作落实；承担风险管理和内部控制工作的部门要将廉洁风险防控工作纳入所承担的管控职能之中，做好相关工作；各职能部门要抓好职责范围内的廉洁风险防控工作。

（十二）加强教育、营造氛围

把廉洁风险教育作为反腐倡廉教育的重要组成部分，纳入到文化建设特别是风险管理文化建设活动中，深入开展诚实守信、依法经营、廉洁从业教育，建立领导人员和关键岗位人员岗前廉洁风险管理培训制度，通过开展示范教育和警示教育、定期分析通报反腐倡廉形势、召开民主生活会等形式，增强主动防范廉洁风险的意识，营造良好的工作氛围。

（十三）加强监督、严格考核

将廉洁风险防控工作纳入党风廉政建设责任制考核，作为领导班子综合考核评价和领导人员业绩评定、选拔任用的重要依据，制定廉洁风险防控工作考核评价办法，加大检查考核力度。对因廉洁风险防控工作落实不力出现腐败问题的个人和单位，要按照党风廉政建设责任制的有关规定，严肃追究责任。

加强中央企业有关业务管理防治“小金库”若干规定

（2012年1月12日）

第一条 为加强国务院国有资产监督管理委员会（以下简称国资委）履行出资人职责的企业（以下简称中央企业）的监督管理，规范企业经营业务行为，根据《企业国有资产监督管理暂行条例》、《国有及国有控股企业“小金库”专项治理实施办法》和国家有关法律法规，制定本规定。

第二条 中央企业及其各级独资、控股子企业（以下简称各级子企业）应当以“小金库”专项治理工作为契机，坚持综合治理、纠建并举、注重预防的原则，从深化改革、完善制度、加强监督、注重教育等方面入手，进一步加强有关业务管理，完善内控制度，规范会计核算，强化审计监督，建立和完善防治“小金库”的长效机制。

第三条 中央企业及其各级子企业应当根据国家有关薪酬管理政策和规定，进一步完善内部薪酬管理体系，规范基层单位绩效薪酬（奖金）分配，可采取基层单位制订分配方案、劳资管理部门审核、财务部门依据明细表直接发放至职工个人的方式操作，纪检监察、审计部门应当加强对绩效薪酬（奖金）分配情况的监督，不得单独留存、二次分配或挪作他用。

第四条 中央企业及其各级子企业在合同金额之外取得的项目业主以“赶工费”等名义支付施工单位的各类奖励、补贴，是施工单位工程收入的组成部分。企业应当加强工程建设项目“赶工费”管理，统一纳入施工单位工程收入核算，不得以个人、其他单位名义单独留存或直接用于发放职工奖励、福利等。

第五条 中央企业及其各级子企业开展代扣代缴个人所得税等工作过程中取得的各类手续费收入，应当纳入企业收入统一核算，不得以往来款挂账方式自行列支，或账外存放、单独处理。

第六条 中央企业应当加强改制上市剥离资产管理，建立健全剥离资产管理制度，落实责任部门（管理机构），明确管理责任和授权权限，细化资产管理业务流程，设置剥离资产管理台账，跟踪剥离资产变动及收益状况，确保剥离资产出租、出借、处置、清理及投资等全过程得到有效控制，对所形成的资产收益应当按规定纳入企业法定账簿核算。

第七条 中央企业及其各级子企业应当本着提高效率、勤俭节约的原则，进一步强化各类会议费管理，完善各类会议申请、审批及报销程序，严格控制会议的规模、频次，压缩不必要的会议开支，规范会议报销单据、凭证管理，严禁虚构会议名目预存会议费或挪作他用。

第八条 中央企业及其各级子企业应当加强所属报刊杂志、职工食堂、物业公司等各类辅助经营实体，以及内部设立的协会、学会（分会）等各类社会团体的资产财务管理，规范财务收支核算和报账方式，定期开展资产盘点，不得账外留存任何资金和资产。上述单位代企业收取的各类费用收入均应当纳入企业账簿核算，不得单独留存或直接坐支。

第九条 中央企业应当认真做好各类废旧物资清收处置工作，规范各类材料实物的入库、领用、实际消耗及处置管理，将边角余料、报废资产等废旧物资管理，作为降本增效、增收节支活动的重要举措之一，落实废旧物资鉴定、回收、保管、处置等环节的管理责任，明确相关管理要求，建立大宗废旧物资管理和处置台账，如实记载流转情况。废旧物资处置及综合利用收入应当及时纳入企业法定账簿核算，不得账外留存或直接坐支。

第十条 中央企业应当进一步加强现金和备用金管理，建立健全现金账目，逐笔记载现金收付，做到日清月结、账款相符。对收取现金的业务，应当明确现金入账期限和管理责任，不得以个人名义存放或账外留存；对各类备用金，应当明确管理程序和报账期限，对超期限备用金应当加紧催收，不得谎报用途套取现金。

（六）责任追究

国资监管责任约谈工作规则

（2021年2月20日）

第一条 为健全管资本为主的国有资产监管体制，规范开展中央企业责任约谈工作，指导督促中央企业加强国有资产监管，加大整改追责问责力度，有效防范化解重大风险，促进企业高质量发展，推动做强做优做大国有资本和国有企业，依据《中华人民共和国公司法》《中华人民共和国企业国有资产法》《企业国有资产监督管理暂行条例》《中央企业违规经营投资责任追究实施办法（试行）》等法律法规和有关规定，制定本规则。

第二条 本规则所称责任约谈，是指针对中央企业存在的重大问题、资产损失或风险隐患以及其他造成或可能造成严重不良后果的重大事项等，国资委依法依规对企业有关人员进行告诫谈话，提出监管意见建议、责令整改追责的监管措施。

第三条 国资委在国资监管工作中发现中央企业存在下列情形之一的，可以开展责任约谈：

（一）贯彻落实习近平总书记重要指示批示和党中央、国务院决策部署存在问题的；

（二）违反党章和党内法规以及国资委党委规范性文件的；

（三）违反国家法律法规和国有资产监管规章、规范性文件及政策规定的；

（四）规划投资、财务管控、经济运行、产权管理、改革重组、国企混改、公司治理、业绩考核、薪酬分配、资本运营、科技创新、依法经营、合规管理、内部控制、风险管控、内部审计、监督追责、网络安全、选人用人、巡视巡察和党的建设等方面存在突出问题的；

（五）存在重大风险隐患或发生可能造成严重不良后果的重大事项的；

（六）发生重大资产损失及损失风险，因减少或挽回资产损失等工作需要，暂未启动责任追究程序的；

（七）未按规定执行重大事项请示报告制度，或瞒报漏报谎报迟报重大资产损失及损失风险的；

（八）对出资人监管、审计、纪检监察、巡视监督、督查等工作以及国资监管提示函、通报中提出的整改要求，拒绝整改、拖延整改、整改不力或弄虚作假的；

（九）在国际化经营、国际交流合作、外事管理等工作中有严重不当行为的；

（十）其他需要责任约谈的事项。

第四条 出现第三条所列责任约谈情形的，国资委相关厅局根据职责启动责任约谈工作，拟制《责任约谈通知书》，报经国资委分管负责同志审签同意后，以国资委名义印发被约谈中央企业，根据需要抄送国资委责任追究机构、有关纪检监察机构、组织人事部门、巡视机构等。

《责任约谈通知书》实行统一编号管理，内容主要包括约谈事由、时间、地点、参加人员和需要提交的材料及提交时限等。

第五条 责任约谈由国资委相关厅局负责人主持，必要时可请国资委分管负责同志主持。根据工作需要，可请中央纪委国家监委驻国资委纪检监察组以及国资委有关厅局共同参加责任约谈，在责任约谈前，就有关责任约谈内容和意见要求等进行沟通协商。

第六条 责任约谈形式分为个别约谈和集体约谈。多家中央企业存在同类问题或约谈事项涉及多家中央企业的，可以开展集体约谈。

第七条 责任约谈对象为中央企业有关负责人及相关责任人。根据需要，国资委可指定中央企业及所属子企业相关人员参加约谈。

第八条 责任约谈包括以下内容：

（一）说明约谈事由和目的，指出企业存在的问题，提示相关人员的责任风险，提出监管要求和整改意见。

（二）听取被约谈人员对相关问题的陈述，主要包括有关问题基本情况，造成的资产损失、损失风险或影响，问题原因分析，已采取整改或责任追究措施，下一步工作计划等情况。

（三）对被约谈人员进行必要的询问。

（四）其他需要约谈的内容。

第九条 国资委相关厅局应当做好责任约谈记录，约谈结束后形成约谈纪要，可以根据工作需要印送被约谈中央企业。约谈纪要内容主要包括：约谈时间、地点，约谈主持及参加人员，约谈事由、被约谈人陈述情况、国资监管意见要求等。

第十条 有关中央企业收到《责任约谈通知书》后，应当以书面或电话形式确认通知事项，按要求安排有关人员准时参加约谈并提交相关书面陈述材料。

第十一条 有关中央企业应当按照责任约谈意见要求，研究制定工作方案，明确落实措施、责任主体和时间安排。工作方案于责任约谈后10个工作日内报送国资委。

第十二条 有关中央企业应当认真组织落实责任约谈意见要求和工作方案，主动采取措施，制止纠正违规行为，减少或挽回资产损失，降低损失风险，消除不良影响。

第十三条 有关中央企业对于责任约谈涉及违反党规党纪、违规经营投资造成资产损失或其他严重不良后果的，应当依据有关规定对相关责任人严肃追责问责。

第十四条 有关中央企业应当针对责任约谈中提出的问题风险，在本企业开展同类问题风险排查，举一反三，堵塞管理漏洞，有效防范类似问题发生。

第十五条 有关中央企业应当及时向国资委报告约谈事项整改工作进展情况。约谈意见要求落实完成后，应当将相关工作开展情况、采取措施、落实成效及责任追究情况等形成专项工作报告，正式报送国资委。

第十六条 国资委对有关中央企业整改落实工作进行指导督促和评估，推动中央企业提升管理水平。

第十七条 国资委将责任约谈反映中央企业存在的重大问题风险、整改措施及成效、责任追究情况等，作为被约谈中央企业负责人年度经营业绩考核、企业领导班子和领导人员综合考核评价等重要参考。

第十八条 国资委对被约谈中央企业拒绝整改、拖延整改、整改不力或弄虚作假的，按照有关规定，严肃追究责任。对涉嫌违纪或职务违法的，移送有关纪检监察机构。

责任约谈整改落实情况将作为认定违规经营投资损失及责任，以及作出从重、加重或从轻、减轻责任处理意见建议的重要参考。

第十九条 国资委责任追究机构将定期汇总分析责任约谈反映中央企业存在的重大问题风险以及责任追究情况，对典型性、普遍性问题，组织开展共性问题专项核查，督促指导中央企业健全管控机制和责任追究工作体系。

第二十条 国资委相关厅局应当按照“谁组织、谁负责”的原则，将《责任约谈通知书》、约谈纪要、企业报送的有关材料等立卷归档。涉及违规经营投资问题和线索的有关材料，移送国资委责任追究机构按照有关业务档案进行管理。

第二十一条 责任约谈工作应该严格遵守保密制度规定，《责任约谈通知书》、约谈纪要等有关材料按照有关规定进行定密和管理。

第二十二条 对生产安全事故、环境污染事件的约谈工作，按照有关规定执行。

第二十三条 本规则自印发之日起施行。

中央企业违规经营投资问题线索查处工作指引

（2020 年 9 月 29 日）

第一章　总　　则

第一条　为进一步规范中央企业违规经营投资问题线索查处工作，形成职责明确、流程清晰、规范有序的责任追究工作机制，完善国有资产监督管理制度，有效防止国有资产流失，促进企业合规经营和高质量发展，根据《国务院办公厅关于建立国有企业违规经营投资责任追究制度的意见》（国办发〔2016〕63 号）、《中央企业违规经营投资责任追究实施办法（试行）》（国资委令第 37 号，以下简称《实施办法》）等文件精神和有关规定，制定本指引。

第二条　国务院国有资产监督管理委员会（以下简称国资委）履行出资人职责的中央企业，按照《实施办法》和本企业责任追究工作制度等规定开展违规经营投资问题线索（以下简称问题线索）查处工作，适用本指引。

第三条　中央企业查处问题线索，应当坚持以事实为依据，以法律法规及规章制度为准绳，落实“三个区分开来”要求，做到事实清楚、证据确凿、依据正确、定性准确、程序合规、处理适当。

第四条　中央企业查处问题线索，应当遵循受理、初步核实、分类处置、核查、处理和整改等程序。

第五条　本指引所指的中央企业有关违规责任追究机构及职责如下：

（一）违规责任追究工作领导机构（以下简称领导机构），负责批准问题线索的分类处置建议，审议问题线索的核查结果及处理建议，报经企业党委（党组）会议审议形成处理决定。

（二）主管违规责任追究工作的企业负责人（以下简称主管负责人），负责批准问题线索的初步核实报告和核查方案等。

（三）违规责任追究工作职能部门或机构（以下简称专责机构），负责按照问题线索查处程序具体组织实施。

（四）问题线索核查工作组（以下简称核查组），由中央企业组建的以专责机构为主，相关部门、子企业以及有关中介机构人员等参加的专项工作小组，负责具体实施核查工作，形成相关核查工作报告等。

第六条 问题线索查处工作应当严格执行保密制度，从严控制问题线索及查处工作信息知悉范围。相关人员不准私自留存、隐匿、查阅、摘抄、复制问题线索和资料，严禁泄露查处工作情况。

第七条 问题线索查处工作应当严格执行回避制度。查处工作人员是问题线索涉及人员近亲属、利害关系人，或者存在其他可能影响公正查处情形的，不得参与查处工作，应当主动申请回避，问题线索涉及人员也有权要求其回避。

第二章 受　　理

第八条 受理的问题线索主要包括：

（一）国资委在国资监管工作中发现移交的问题线索。

（二）外部审计、巡视、纪检监察等工作中发现移交的问题线索。

（三）企业法律、财务、投资、运营及内部审计、巡视、纪检监察等部门发现移交的问题线索。

（四）子企业发现报告的问题线索。

（五）其他有关问题线索。

第九条 中央企业应当建立问题线索管理台账（以下简称管理台账），对受理的问题线索统一编号，登记入账，全流程跟踪记录办理情况，办结后予以对账销号。

第十条 管理台账记录以下内容：移交、报告主体，时间，方式，以及问题线索发生时间，涉及企业名称及级次，问题线索概述，问题类别，资产损失程度或不良后果情况，涉及责任人员，办理情况等。

第三章 初步核实

第十一条 中央企业根据问题线索的复杂程度和工作需要，制定初步核实方案。初步核实方案包括核实内容，范围，方式，工作组织，时间步骤，其他工作安排及内容。

第十二条 中央企业应当安排 2 人以上参加初步核实，通过与移交、报告主体沟通，听取涉及企业情况介绍，与相关人员谈话，查阅文件资料，要求作出书面说明等方式开展工作。

第十三条 初步核实工作主要包括以下内容：

（一）问题线索的基本事实情况。

（二）涉及企业的管理层级情况。

（三）涉及责任人员及相应干部管理权限情况。

（四）资产损失程度及其他不良后果初步情况。

（五）是否属于违规经营投资责任追究范围。

（六）移交、报告主体等有关方面的办理建议意见等。

（七）其他需要初步核实的内容。

第十四条 初步核实工作一般应当于 30 个工作日内完成。根据工作需要，可以延长一次，延长时间不得超过 30 个工作日。

第十五条 初步核实工作结束后，应当形成初步核实报告，说明工作开展情况及初步核实结果等，并提出工作建议。

第十六条 根据初步核实情况，对未发现因违规经营投资应当追究责任的，报经主管负责人批准后予以了结。予以了结建议呈批前，应当听取移交、报告主体意见。

第四章 分类处置

第十七条 根据初步核实情况，对确有违规事实或涉嫌违纪违法的，按照规定的职责权限和程序提出分类处置建议，报经领导机构批准后实施。

第十八条 分类处置工作主要包括以下内容：

（一）属于国资委责任追究职责范围的，向国资委作出报告。

（二）属于中央企业责任追究职责范围的，由专责机构组织开展核查工作。

（三）属于子企业责任追究职责范围的，可以移交和督促相关企业进行核查及责任追究。

（四）对发生生产安全、环境污染责任事故和不稳定事件的，移送企业有关部门。

（五）涉嫌违纪或职务违法的问题线索，按照干部管理权限移送有关纪检监察机构。

（六）涉嫌犯罪的问题线索，向相关国家监察机关或司法机关报案。

（七）其他处置方式。

第十九条 分类处置建议报经领导机构批准后，对第十八条第（一）（三）（四）（五）项相关问题线索，以报告、通知或移送（交）函等形式办理。

第五章 核　　查

第二十条 中央企业开展问题线索核查前，应当制定核查工作方案，报经主管负责人批准后实施。

第二十一条 核查工作方案主要包括以下内容：

（一）被核查企业情况。

（二）需要查清的主要问题线索。

（三）需要认定的资产损失及责任人。

（四）核查组组成、分工和工作纪律要求。

（五）核查步骤及方法、时间安排、经费预算。

（六）其他核查工作内容及安排。

第二十二条 国资委移交中央企业核查的问题线索，中央企业应当将相关核查工作方案报送国资委。

第二十三条 根据工作需要，可以聘请会计师事务所、资产评估事务所、律师事务所等中介机构参与核查工作，提供审计、评估、鉴证和法律意见等服务。

第二十四条 核查工作主要包括以下内容：

（一）核实问题线索对应的违规责任追究情形。

（二）确定造成的资产损失金额或其他严重不良后果。

（三）倒查在决策、实施、监督等环节的制度制定及执行情况，查清资产损失原因。

（四）对涉及的责任人员进行责任划分，认定相应责任，提出责任追究处理建议。

（五）其他需要核实的内容。

第二十五条 开展核查工作可以采取以下措施核查取证：

（一）听取被核查企业汇报，要求企业作出说明。

（二）查阅复制文件、账目、档案等相关资料。

（三）查核资产情况和有关信息，进行鉴定勘验。

（四）与相关人员谈话了解情况，必要时可以请被谈话人作出书面说明。

（五）其他必要措施。

第二十六条 核查措施应当有 2 名以上核查组工作人员参加，并形成谈话记录、工作底稿等，记录核查工作过程、核查结论及相应的证明材料。谈话记录应当由被谈话人核对并签字确认，被谈话人无故拒绝签字的，核查组工作人员应当予以注明。工作底稿应当履行复核程序。证明材料应当由被核查企业盖章确认。

第二十七条 对有可能影响核查工作顺利开展的相关责任人员，有证据证明违规问题明显的，报经主管负责人批准后，按规定程序可以采取以下限制措施：

（一）对未支付或兑现的绩效年薪、任期激励收入、中长期激励收益等暂停支付或兑现。

（二）视情况采取停职、调离工作岗位等措施。

（三）其他限制措施。

第二十八条 在问题线索核查工作中，对确有工作需要的，报经主管负责人批准，可以商请有关纪检监察机构提供必要支持。

第二十九条 核查工作一般应当自核查工作方案批准之日起 6 个月内完成。对违规情形复杂、发生时间久远、损失金额巨大、涉及人员众多等情况的，报经主管负责人批准后可以延长一次，延长时间不得超过 3 个月。

第三十条 核查组应当就相关违规事实及责任认定听取被核查企业和相关责任人员意见，相关企业或人员对认定结果有异议的，应当在规定时间内提供补充说明等材料，到期未反馈意见或提供补充材料的，视同无意见。

第三十一条 核查工作结束后形成资产损失情况核查报告和责任认定报告。

（一）资产损失情况核查报告的内容包括：问题线索反映的经营投资情况、核查工作开展情况、核查发现的主要问题及定性依据、问题原因分析、资产损失认定情况，听取意见情况，以及企业已开展的整改及责任追究情况等。

（二）责任认定报告的内容包括：涉及的责任人员及承担的责任情况、责任认定依据、责任追究处理建议等。

第六章 处　理

第三十二条 责任追究处理建议应当征求人事、薪酬管理等有关部门意见，报经主管负责人批准后，按规定提请领导机构审议。

第三十三条 中央企业召开领导机构会议，审议资产损失情况核查报告和责任认定报告，形成审议意见后，按照有关规定提请企业党委（党组）会议审议，作出处理决定。

第三十四条 中央企业应当印发处理决定，送达有关企业及被处理人。处理决定内容包括被处理人基本情况、主要违规事实、处理依据、处理意见等。

第三十五条 中央企业应当安排相关部门根据处理决定，按规定程序做好责任追究处理落实工作。

（一）对给予批评教育、责令书面检查、通报批评、诫勉等组织处理的，由专责机构配合人事部门共同做好组织处理的宣布执行，并形成相应处理记录。

（二）对给予停职、调离工作岗位、降职、改任非领导职务、责令辞职、免职等组织处理的，在人事部门办理相关文件后，由专责机构配合人事部门做好宣布执行等事项。

（三）对给予扣减薪酬处理的，由薪酬管理部门组织落实。

（四）对给予禁入限制处理的，由专责机构、人事部门按分工组织落实，按照中央企业禁入限制人员信息管理有关规定做好相关工作。

第三十六条 国资委移交中央企业核查的问题线索，中央企业应当在查处工作完成后，将资产损失情况核查报告、责任认定报告以及处理决定等材料报送国资委。

第三十七条 被处理人对处理决定有异议的，可以在处理决定送达之日起 15 个工作日内，提出书面申诉，并提供相关证明材料。申诉期间不停止原处理决定的执行。

第三十八条 中央企业作出处理决定的，被处理人向中央企业申诉；子企业作出处理决定的，被处理人向上一级企业申诉。

第三十九条 中央企业自收到申诉之日起 30 个工作日内组织复核，提出复核意见，按程序作出维持、撤销或变更原处理决定的复核决定。复核决定应当书面告知申诉人及相关企业。复核工作不得由原核查组人员承担。

第七章 整 改

第四十条 中央企业应当向相关企业印发整改通知，指出存在的问题、明确整改意见和工作要求等。

第四十一条 中央企业应当督促相关企业制定整改工作方案，并要求相关企业报送整改报告及相关材料等。

第四十二条 整改报告及相关材料主要包括以下内容：

（一）整改工作组织开展情况。

（二）已采取的整改措施和完成情况。

（三）降低损失或损失风险、修订完善制度等整改成效情况。

（四）按照干部管理权限，对相关人员责任追究处理情况。

（五）证明整改结果的文件资料等。

第四十三条 中央企业应当对相关企业报送的整改报告和相关材料开展评估。根据评估结果，可以对问题线索作销号处理，或采取约谈、通报和责任追究等方式督促落实整改要求。对国资委移交中央企业核查的问题线索，中央企业应当在审核评估后，将整改报告及相关材料报送国资委。

第四十四条 中央企业应当逐步公开责任追究查处及整改情况，公开内容及范围应当符合保密规定。

第四十五条 中央企业应当明确专责机构牵头负责违规责任追究相关数据信息的报送、归集、共享和综合利用，建立有关信息系统，利用信息化手段做好日常监督、专项核查、责任追究等工作。

第八章 附 则

第四十六条 中央企业根据对问题线索的追损工作需要，报经主管负责人批准，可以中止查处工作。中止查处的原因消除后，应当及时恢复查处工作。国资委移交中央企业核查的问题线索，中止查处建议呈批前，应当征求国资委意见。

第四十七条 中央企业问题线索查处工作应当按照相关规定纳入向国资委报送的违规经营投资责任追究工作报告。

第四十八条 本指引由国资委负责解释。

第四十九条 本指引自印发之日起施行。

关于印发《国资监管提示函工作规则》和《国资监管通报工作规则》的通知

（2020 年 1 月 7 日）

各中央企业，委内各厅局：

《国资监管提示函工作规则》和《国资监管通报工作规则》已经国资委第 18 次委务会议审议通过，现印发给你们，请遵照执行。制定提示函和通报工作规则是贯彻以管资本为主加强国有资产监管要求，形成以管资本为主的国有资产监管体制的具体举措。各中央企业要高度重视，强化主体责任，认真做好提示函和通报事项整改落实工作，进一步提升集团管控水平和抗风险能力，促进实现高质量发展。

国资监管提示函工作规则

第一条 为加快形成以管资本为主的国有资产监管体制，加大对中央企业存在风险和问题警示力度，指导和督促中央企业提高防范化解重大风险能力，切实做好相关整改落实工作，推动企业实现高质量发展，制定本规则。

第二条 本规则所称提示函是指国资委在国资监管工作中提示特定中央企业有效应对、整改存在风险和问题的公文。

第三条 提示函主要适用于中央企业发生以下情形：

（一）贯彻党中央、国务院重大决策部署力度不够，进度缓慢或成效欠佳的；

（二）执行党章和党内其他法规以及国资委党委规范性文件不到位的；

（三）执行国家法律法规、国资监管规章和规范性文件以及国资监管工作要求不到位或推动改革不力，可能造成资产损失或其他不良后果的；

（四）企业改革发展、党的建设、董事会运行中存在苗头性、倾向性问题或较大风险隐患的；

（五）企业未按规定执行重大事项请示报告制度或报告情况不准确、不及时，可能对国资监管工作造成不良影响的；

（六）落实出资人监管和审计、纪检监察、巡视监督等整改要求可能逾期或不达标的；

（七）在国际化经营、国际交流合作、外事管理等工作中行为不当，可能造成较大负面影响的；

（八）其他需要提示的事项。

第四条 国资委在国资监管工作中发现中央企业存在上述第三条所列情形的，按照相关工作程序，拟制提示函，报经分管委领导审签后，统一编号，以国资委办公厅函件形式向有关中央企业印发提示函。

第五条 有关中央企业收到提示函后，认真组织落实，明确相关企业领导人员和职能部门的工作责任，对提示函事项进行分析研判，制定工作方案，采取有效措施，做好风险防控或整改落实工作。

第六条 对于提出的风险事项，有关中央企业应当开展全面排查，准确评估风险涉及的范围、影响程度等，积极应对风险，做好企业间风险隔离。

第七条 对于需要整改落实的事项，有关中央企业要严格对照相关整改要求，细化整改措施，明确整改时限，切实整改落实到位。

第八条 有关中央企业应当在收到提示函 10 个工作日内将风险防控或整改落实工作方案报送国资委；对提示函事项持有异议的，应当正式向国资委作出书面解释说明。

第九条 有关中央企业要按照确定的工作方案，积极采取措施防控风险，落实整改要求，完善关键环节和重点领域的管控制度，优化管理流程，强化内控体系有效执行，并通过企业内部审计监督检查、巡视巡察等工作，确保风险可控在控，整改工作落实落地。

第十条 对于需要长期整改落实的事项，有关中央企业应当定期向国资委报告工作进展情况；对于可能造成较大、重大资产损失或其他严重不良后果的，应当及时报告国资委。

第十一条 有关中央企业在提示函事项办结后，要将相关工作开展情况、具体举措、整改成效等形成专项工作报告，正式报送国资委。

第十二条 国资委将加强对中央企业提示函事项的监督检查工作，跟踪评估整改成效，切实消除风险隐患，提升国资监管效能。

第十三条 国资委将定期汇总分析提示函反映中央企业存在的风险隐患和问题，有针对性地完善国资监管政策制度，并将典型性、普遍性、多发性和系统性问题纳入年度综合检查或专项检查范围进行抽查复核。

第十四条 国资委对提示函事项整改不及时、不彻底或敷衍整改的中央企业，进行约谈、通报；对违规经营投资造成资产损失或其他严重不良后果的，严肃追究责任；对涉嫌违纪违法的，及时移交有关纪检监察机构。

第十五条 本规则由国资委负责解释。

第十六条 本规则自印发之日起施行。

国资监管通报工作规则

第一条 为加快形成以管资本为主的国有资产监管体制，有效开展对中央企业重大违规问题和资产损失事件的通报工作，发挥警示教育和惩戒震慑作用，强化整改落实工作，推动企业实现高质量发展，制定本规则。

第二条 本规则所称通报是指国资委在国资监管工作中，对中央企业存在的典型性、普遍性或重大违规问题和资产损失事件，在中央企业范围内予以批评、教育和警示的公文。

第三条 通报主要适用于中央企业发生以下情形：

（一）贯彻落实习近平总书记重要指示批示以及党中央、国务院决策部署存在重大问题或产生其他严重不良后果的；

（二）严重违反党章和党内其他法规以及国资委党委规范性文件的；

（三）严重违反国家法律法规和国有资产监管规章、规范性文件及政策规定的；

（四）企业改革发展、党的建设、董事会运行中存在突出问题，造成重大资产损失、重大风险或其他严重不良后果的；

（五）企业未按规定执行重大事项请示报告制度，或恶意瞒报漏报谎报，对国资监管工作造成严重不良影响的；

（六）对出资人监管和审计、纪检监察、巡视监督等工作中发现的问题拒绝整改、敷衍整改或反复整改不到位的；

（七）在国际化经营、国际交流合作、外事管理等工作中行为不当，造成重大负面影响或其他严重不良后果的；

（八）其他需要通报的事项。

第四条 国资委在国资监管工作中发现中央企业存在上述第三条所列情形的，按照有关工作程序，拟制通报稿，报经委主要领导审签后，统一编号，以国资委函件的形式向各中央企业印发通报。

第五条 有关中央企业收到通报后，及时传达部署，企业主要领导人员、领导班子成员及有关职能部门认真分析通报事项产生的根源，研究制定整改工作方案，明确整改措施、责任主体和时间进度，认真落实整改要求。

第六条 有关中央企业在收到通报 20 个工作日内将相关工作情况及整改工作方案报送国资委。

第七条 有关中央企业相关职能部门应当积极采取措施，立即纠正违规行为，消除不良影响，减少或挽回资产损失，有效防范类似事件发生。

第八条 有关中央企业内控（风险）管理部门对照通报事项反映的重大缺陷和管理漏洞，完善关键环节和重点领域的管控制度，优化管理流程，强化内控体系有效执行，切实提升内控体系管控水平。

第九条 有关中央企业审计部门、企业内部巡视巡察应当将通报事项纳入年度工作重点，强化对企业重大风险和问题整改工作跟踪检查力度，检验整改工作成效，确保整改工作落实落地。

第十条 对于通报事项涉及违反党规党纪、违规经营投资造成资产损失或其他严重不良后果的，有关中央企业要严格按照规定对相关责任人严肃问责。

第十一条 对于需要长期整改落实的通报事项，有关中央企业应当定期向国资委报告整改工作进展情况。

第十二条 有关中央企业对通报事项整改落实后，要将整改工作开展情况、具体举措、整改成效及人员处理情况等形成专项工作报告，正式报送国资委。

第十三条 各中央企业要从通报事项中汲取教训，引以为戒，举一反三，主动开展对照检查，发现类似问题应当按照通报相关要求做好整改落实工作。

第十四条 国资委将加强对中央企业通报事项整改落实工作的监督检查，评估整改成效，推动企业不断完善内部管控机制。

第十五条 国资委将定期汇总分析通报反映中央企业存在的重大风险事件和突出问题，有针对性地完善国资监管政策制度，并纳入年度综合检查或专项检查范围进行抽查复核。

第十六条 国资委对整改不到位或拒绝整改、拖延整改的中央企业，要严肃追究责任；对涉嫌违纪违法的，及时移交有关纪检监察机构。

第十七条 本规则由国资委负责解释。

第十八条 本规则自印发之日起施行。

中央企业违规经营投资责任追究实施办法（试行）

（2018 年 7 月 13 日）

第一章 总 则

第一条 为加强和规范中央企业违规经营投资责任追究工作，进一步完善国有资产监督管理制度，落实国有资产保值增值责任，有效防止国有资产流失，根据《中华人民共和国公司法》、《中华人民共和国企业国有资产法》、《企业国有资产监督管理暂行条例》和《国务院办公厅关于建立国有企业违规经营投资责任追究制度的意见》等法律法规和文件，制定本办法。

第二条 本办法所称中央企业是指国务院国有资产监督管理委员会（以下简称国资委）代表国务院履行出资人职责的国家出资企业。

第三条 本办法所称违规经营投资责任追究（以下简称责任追究）是指中央企业经营管理有关人员违反规定，未履行或未正确履行职责，在经营投资中造成国有资产损失或其他严重不良后果，经调查核实和责任认定，对相关责任人进行处理的工作。

前款所称规定，包括国家法律法规、国有资产监管规章制度和企业内部管理规定等。前款所称未履行职责，是指未在规定期限内或正当合理期限内行使职权、承担责任，一般包括不作为、拒绝履行职责、拖延履行职责等；未正确履行职责，是指未按规定以及岗位职责要求，不适当或不完全行使职权、承担责任，一般包括未按程序行使职权、超越职权、滥用职权等。

第四条 责任追究工作应当遵循以下原则：

（一）坚持依法依规问责。以国家法律法规为准绳，按照国有资产监管规章制度和企业内部管理规定等，对违反规定、未履行或未正确履行职责造成国有资产损失或其他严重不良后果的企业经营管理有关人员，严肃追究责任，实行重大决策终身问责。

（二）坚持客观公正定责。贯彻落实“三个区分开来”重要要求，结合企业实际情况，调查核实违规行为的事实、性质及其造成的损失和影响，既考虑量的标准也考虑质的不同，认定相关人员责任，保护企业经营管理有关人员干事创业的积极性，恰当公正地处理相关责任人。

（三）坚持分级分层追责。国资委和中央企业原则上按照国有资本出资关系和干部管理权限，界定责任追究工作职责，分级组织开展责任追究工作，分别对企业不同层级经营管理人员进行追究处理，形成分级分层、有效衔接、上下贯通的责任追究工作体系。

（四）坚持惩治教育和制度建设相结合。在对违规经营投资相关责任人严肃问责的同时，加大典型案例总结和通报力度，加强警示教育，发挥震慑作用，推动中央企业不断完善规章制度，堵塞经营管理漏洞，提高经营管理水平，实现国有资产保值增值。

第五条 在责任追究工作过程中，发现企业经营管理有关人员违纪或职务违法的问题和线索，应当移送相应的纪检监察机构查处；涉嫌犯罪的，应当移送国家监察机关或司法机关查处。

第二章 责任追究范围

第六条 中央企业经营管理有关人员违反规定，未履行或未正确履行职责致使发生本办法第七条至第十七条所列情形，造成国有资产损失或其他严重不良后果的，应当追究相应责任。

第七条 集团管控方面的责任追究情形：

（一）违反规定程序或超越权限决定、批准和组织实施重大经营投资事项，或决定、批准和组织实施的重大经营投资事项违反党和国家方针政策、决策部署以及国家有关规定。

（二）对国家有关集团管控的规定未执行或执行不力，致使发生重大资产损失对生产经营、财务状况产生重大影响。

（三）对集团重大风险隐患、内控缺陷等问题失察，或虽发现但没有及时报告、处理，造成重大资产损失或其他严重不良后果。

（四）所属子企业发生重大违规违纪违法问题，造成重大资产损失且对集团生产经营、财务状况产生重大影响，或造成其他严重不良后果。

（五）对国家有关监管机构就经营投资有关重大问题提出的整改工作要求，拒绝整改、拖延整改等。

第八条 风险管理方面的责任追究情形：

（一）未按规定履行内控及风险管理制度建设职责，导致内控及风险管理制度缺失，内控流程存在重大缺陷。

（二）内控及风险管理制度未执行或执行不力，对经营投资重大风险未能及时分析、识别、评估、预警、应对和报告。

（三）未按规定对企业规章制度、经济合同和重要决策等进行法律审核。

（四）未执行国有资产监管有关规定，过度负债导致债务危机，危及企业持续经营。

（五）恶意逃废金融债务。

（六）瞒报、漏报、谎报或迟报重大风险及风险损失事件，指使编制虚假财务报告，企业账实严重不符。

第九条 购销管理方面的责任追究情形：

（一）未按规定订立、履行合同，未履行或未正确履行职责致使合同标的价格明显不公允。

（二）未正确履行合同，或无正当理由放弃应得合同权益。

（三）违反规定开展融资性贸易业务或“空转”“走单”等虚假贸易业务。

（四）违反规定利用关联交易输送利益。

（五）未按规定进行招标或未执行招标结果。

（六）违反规定提供赊销信用、资质、担保或预付款项，利用业务预付或物资交易等方式变相融资或投资。

（七）违反规定开展商品期货、期权等衍生业务。

（八）未按规定对应收款项及时追索或采取有效保全措施。

第十条 工程承包建设方面的责任追究情形：

（一）未按规定对合同标的进行调查论证或风险分析。

（二）未按规定履行决策和审批程序，或未经授权和超越授权投标。

（三）违反规定，无合理商业理由以低于成本的报价中标。

（四）未按规定履行决策和审批程序，擅自签订或变更合同。

（五）未按规定程序对合同约定进行严格审查，存在重大疏漏。

（六）工程以及与工程建设有关的货物、服务未按规定招标或规避招标。

（七）违反规定分包等。

（八）违反合同约定超计价、超进度付款。

第十一条 资金管理方面的责任追究情形：

（一）违反决策和审批程序或超越权限筹集和使用资金。

（二）违反规定以个人名义留存资金、收支结算、开立银行账户等。

（三）设立“小金库”。

（四）违反规定集资、发行股票或债券、捐赠、担保、委托理财、拆借资金或开立信用证、办理银行票据等。

（五）虚列支出套取资金。

（六）违反规定超发、滥发职工薪酬福利。

（七）因财务内控缺失或未按照财务内控制度执行，发生资金挪用、侵占、盗取、欺诈等。

第十二条 转让产权、上市公司股权、资产等方面的责任追究情形：

（一）未按规定履行决策和审批程序或超越授权范围转让。

（二）财务审计和资产评估违反相关规定。

（三）隐匿应当纳入审计、评估范围的资产，组织提供和披露虚假信息，授意、指使中介机构出具虚假财务审计、资产评估鉴证结果及法律意见书等。

（四）未按相关规定执行回避制度。

（五）违反相关规定和公开公平交易原则，低价转让企业产权、上市公司股权和资产等。

（六）未按规定进场交易。

第十三条 固定资产投资方面的责任追究情形：

（一）未按规定进行可行性研究或风险分析。

（二）项目概算未按规定进行审查，严重偏离实际。

（三）未按规定履行决策和审批程序擅自投资。

（四）购建项目未按规定招标，干预、规避或操纵招标。

（五）外部环境和项目本身情况发生重大变化，未按规定及时调整投资方案并采取止损措施。

（六）擅自变更工程设计、建设内容和追加投资等。

（七）项目管理混乱，致使建设严重拖期、成本明显高于同类项目。

（八）违反规定开展列入负面清单的投资项目。

第十四条 投资并购方面的责任追究情形：

（一）未按规定开展尽职调查，或尽职调查未进行风险分析等，存在重大疏漏。

（二）财务审计、资产评估或估值违反相关规定。

（三）投资并购过程中授意、指使中介机构或有关单位出具虚假报告。

（四）未按规定履行决策和审批程序，决策未充分考虑重大风险因素，未制定风险防范预案。

（五）违反规定以各种形式为其他合资合作方提供垫资，或通过高溢价并购等手段向关联方输送利益。

（六）投资合同、协议及标的企业公司章程等法律文件中存在有损国有权益的条款，致使对标的企业管理失控。

（七）违反合同约定提前支付并购价款。

（八）投资并购后未按有关工作方案开展整合，致使对标的企业管理失控。

（九）投资参股后未行使相应股东权利，发生重大变化未及时采取止损措施。

（十）违反规定开展列入负面清单的投资项目。

第十五条　改组改制方面的责任追究情形：

（一）未按规定履行决策和审批程序。

（二）未按规定组织开展清产核资、财务审计和资产评估。

（三）故意转移、隐匿国有资产或向中介机构提供虚假信息，授意、指使中介机构出具虚假清产核资、财务审计与资产评估等鉴证结果。

（四）将国有资产以明显不公允低价折股、出售或无偿分给其他单位或个人。

（五）在发展混合所有制经济、实施员工持股计划、破产重整或清算等改组改制过程中，违反规定，导致发生变相套取、私分国有资产。

（六）未按规定收取国有资产转让价款。

（七）改制后的公司章程等法律文件中存在有损国有权益的条款。

第十六条　境外经营投资方面的责任追究情形：

（一）未按规定建立企业境外投资管理相关制度，导致境外投资管控缺失。

（二）开展列入负面清单禁止类的境外投资项目。

（三）违反规定从事非主业投资或开展列入负面清单特别监管类的境外投资项目。

（四）未按规定进行风险评估并采取有效风险防控措施对外投资或承揽

境外项目。

（五）违反规定采取不当经营行为，以及不顾成本和代价进行恶性竞争。

（六）违反本章其他有关规定或存在国家明令禁止的其他境外经营投资行为的。

第十七条 其他违反规定，未履行或未正确履行职责造成国有资产损失或其他严重不良后果的责任追究情形。

第三章 资产损失认定

第十八条 对中央企业违规经营投资造成的资产损失，在调查核实的基础上，依据有关规定认定资产损失金额，以及对企业、国家和社会等造成的影响。

第十九条 资产损失包括直接损失和间接损失。直接损失是与相关人员行为有直接因果关系的损失金额及影响；间接损失是由相关人员行为引发或导致的，除直接损失外、能够确认计量的其他损失金额及影响。

第二十条 中央企业违规经营投资资产损失500万元以下为一般资产损失，500万元以上5000万元以下为较大资产损失，5000万元以上为重大资产损失。涉及违纪违法和犯罪行为查处的损失标准，遵照相关党内法规和国家法律法规的规定执行。

前款所称的“以上”包括本数，所称的“以下”不包括本数。

第二十一条 资产损失金额及影响，可根据司法、行政机关等依法出具的书面文件，具有相应资质的会计师事务所、资产评估机构、律师事务所、专业技术鉴定机构等专业机构出具的专项审计、评估或鉴证报告，以及企业内部证明材料等，进行综合研判认定。

第二十二条 相关违规经营投资虽尚未形成事实资产损失，但确有证据证明资产损失在可预见未来将发生，且能可靠计量资产损失金额的，经中介机构评估可以认定为或有损失，计入资产损失。

第四章 责任认定

第二十三条 中央企业经营管理有关人员任职期间违反规定，未履行或未正确履行职责造成国有资产损失或其他严重不良后果的，应当追究其相应责任。违规经营投资责任根据工作职责划分为直接责任、主管责任和领导责任。

第二十四条 直接责任是指相关人员在其工作职责范围内，违反规定，未履行或未正确履行职责，对造成的资产损失或其他严重不良后果起决定性直接作用时应当承担的责任。

企业负责人存在以下情形的，应当承担直接责任：

（一）本人或与他人共同违反国家法律法规、国有资产监管规章制度和企业内部管理规定。

（二）授意、指使、强令、纵容、包庇下属人员违反国家法律法规、国有资产监管规章制度和企业内部管理规定。

（三）未经规定程序或超越权限，直接决定、批准、组织实施重大经济事项。

（四）主持相关会议讨论或以其他方式研究时，在多数人不同意的情况下，直接决定、批准、组织实施重大经济事项。

（五）将按有关法律法规制度应作为第一责任人（总负责）的事项、签订的有关目标责任事项或应当履行的其他重要职责，授权（委托）其他领导人员决策且决策不当或决策失误等。

（六）其他应当承担直接责任的行为。

第二十五条 主管责任是指相关人员在其直接主管（分管）工作职责范围内，违反规定，未履行或未正确履行职责，对造成的资产损失或其他严重不良后果应当承担的责任。

第二十六条 领导责任是指企业主要负责人在其工作职责范围内，违反规定，未履行或未正确履行职责，对造成的资产损失或其他严重不良后果应当承担的责任。

第二十七条 中央企业所属子企业违规经营投资致使发生本条第二款、第三款所列情形的，上级企业经营管理有关人员应当承担相应的责任。

上一级企业有关人员应当承担相应责任的情形包括：

（一）发生重大资产损失且对企业生产经营、财务状况产生重大影响的。

（二）多次发生较大、重大资产损失，或造成其他严重不良后果的。

除上一级企业有关人员外，更高层级企业有关人员也应当承担相应责任的情形包括：

（一）发生违规违纪违法问题，造成资产损失金额巨大且危及企业生存发展的。

（二）在一定时期内多家所属子企业连续集中发生重大资产损失，或造成其他严重不良后果的。

第二十八条 中央企业违反规定瞒报、漏报或谎报重大资产损失的，对企业主要负责人和分管负责人比照领导责任和主管责任进行责任认定。

第二十九条 中央企业未按规定和有关工作职责要求组织开展责任追究工作的，对企业负责人及有关人员比照领导责任、主管责任和直接责任进行责任认定。

第三十条 中央企业有关经营决策机构以集体决策形式作出违规经营投资的决策或实施其他违规经营投资的行为，造成资产损失或其他严重不良后果的，应当承担集体责任，有关成员也应当承担相应责任。

第五章 责任追究处理

第三十一条 对相关责任人的处理方式包括组织处理、扣减薪酬、禁入限制、纪律处分、移送国家监察机关或司法机关等，可以单独使用，也可以合并使用。

（一）组织处理。包括批评教育、责令书面检查、通报批评、诫勉、停职、调离工作岗位、降职、改任非领导职务、责令辞职、免职等。

（二）扣减薪酬。扣减和追索绩效年薪或任期激励收入，终止或收回其他中长期激励收益，取消参加中长期激励资格等。

（三）禁入限制。五年直至终身不得担任国有企业董事、监事、高级管理人员。

（四）纪律处分。由相应的纪检监察机构查处。

（五）移送国家监察机关或司法机关处理。依据国家有关法律规定，移送国家监察机关或司法机关查处。

第三十二条 中央企业发生资产损失，经过查证核实和责任认定后，除依据有关规定移送纪检监察机构或司法机关处理外，应当按以下方式处理：

（一）发生一般资产损失的，对直接责任人和主管责任人给予批评教育、责令书面检查、通报批评、诫勉等处理，可以扣减和追索责任认定年度50%以下的绩效年薪。

（二）发生较大资产损失的，对直接责任人和主管责任人给予通报批评、诫勉、停职、调离工作岗位、降职等处理，同时按照以下标准扣减薪酬：扣减和追索责任认定年度50%—100%的绩效年薪、扣减和追索责任认定年度（含）前三年50%—100%的任期激励收入并延期支付绩效年薪，终止尚未行使的其他中长期激励权益、上缴责任认定年度及前一年度的全部中长期激励收益、五年内不得参加企业新的中长期激励。

对领导责任人给予通报批评、诫勉、停职、调离工作岗位等处理，同时按照以下标准扣减薪酬：扣减和追索责任认定年度30%—70%的绩效年薪、扣减和追索责任认定年度（含）前三年30%—70%的任期激励收入并延期支付绩效年薪，终止尚未行使的其他中长期激励权益、三年内不得参加企业新的中长期激励。

（三）发生重大资产损失的，对直接责任人和主管责任人给予降职、改任非领导职务、责令辞职、免职和禁入限制等处理，同时按照以下标准扣减薪酬：扣减和追索责任认定年度100%的绩效年薪、扣减和追索责任认定年度（含）前三年100%的任期激励收入并延期支付绩效年薪，终止尚未行使的其他中长期激励权益、上缴责任认定年度（含）前三年的全部中长期激励收益、不得参加企业新的中长期激励。

对领导责任人给予调离工作岗位、降职、改任非领导职务、责令辞职、免职和禁入限制等处理，同时按照以下标准扣减薪酬：扣减和追索责任认定年度70%—100%的绩效年薪、扣减和追索责任认定年度（含）前三年70%—100%的任期激励收入并延期支付绩效年薪，终止尚未行使的其他中长期激励权益、上缴责任认定年度（含）前三年的全部中长期激励收益、五年内不得参加企业新的中长期激励。

第三十三条 中央企业所属子企业发生资产损失，按照本办法应当追究中央企业有关人员责任时，对相关责任人给予通报批评、诫勉、停职、调离工作岗位、降职、改任非领导职务、责令辞职、免职和禁入限制等处理，同时按照以下标准扣减薪酬：扣减和追索责任认定年度30%—100%的绩效年薪、扣减和追索责任认定年度（含）前三年30%—100%的任期激励收入并延期支付绩效年薪，终止尚未行使的其他中长期激励权益、上缴责任认定年度（含）前三年的全部中长期激励收益、三至五年内不得参加企业新的中长期激励。

第三十四条 对承担集体责任的中央企业有关经营决策机构，给予批评教育、责令书面检查、通报批评等处理；对造成资产损失金额巨大且危及企业生存发展的，或造成其他特别严重不良后果的，按照规定程序予以改组。

第三十五条 责任认定年度是指责任追究处理年度。有关责任人在责任追究处理年度无任职或任职不满全年的，按照最近一个完整任职年度执行；

若无完整任职年度的，参照处理前实际任职月度（不超过 12 个月）执行。

第三十六条 对同一事件、同一责任人的薪酬扣减和追索，按照党纪处分、政务处分、责任追究等扣减薪酬处理的最高标准执行，但不合并使用。

第三十七条 相关责任人受到诫勉处理的，六个月内不得提拔、重用；受到调离工作岗位、改任非领导职务处理的，一年内不得提拔；受到降职处理的，两年内不得提拔；受到责令辞职、免职处理的，一年内不安排职务，两年内不得担任高于原任职务层级的职务；同时受到纪律处分的，按照影响期长的规定执行。

第三十八条 中央企业经营管理有关人员违规经营投资未造成资产损失，但造成其他严重不良后果的，经过查证核实和责任认定后，对相关责任人参照本办法予以处理。

第三十九条 有下列情形之一的，应当对相关责任人从重或加重处理：

（一）资产损失频繁发生、金额巨大、后果严重的。

（二）屡禁不止、顶风违规、影响恶劣的。

（三）强迫、唆使他人违规造成资产损失或其他严重不良后果的。

（四）未及时采取措施或措施不力导致资产损失或其他严重不良后果扩大的。

（五）瞒报、漏报或谎报资产损失的。

（六）拒不配合或干扰、抵制责任追究工作的。

（七）其他应当从重或加重处理的。

第四十条 对中央企业经营管理有关人员在企业改革发展中所出现的失误，不属于有令不行、有禁不止、不当谋利、主观故意、独断专行等的，根据有关规定和程序予以容错。有下列情形之一的，可以对违规经营投资相关责任人从轻或减轻处理：

（一）情节轻微的。

（二）以促进企业改革发展稳定或履行企业经济责任、政治责任、社会责任为目标，且个人没有谋取私利的。

（三）党和国家方针政策、党章党规党纪、国家法律法规、地方性法规和规章等没有明确限制或禁止的。

（四）处置突发事件或紧急情况下，个人或少数人决策，事后及时履行报告程序并得到追认，且不存在故意或重大过失的。

（五）及时采取有效措施减少、挽回资产损失并消除不良影响的。

（六）主动反映资产损失情况，积极配合责任追究工作的，或主动检举其他造成资产损失相关人员，查证属实的。

（七）其他可以从轻或减轻处理的。

第四十一条 对于违规经营投资有关责任人应当给予批评教育、责令书面检查、通报批评或诫勉处理，但是具有本办法第四十条规定的情形之一的，可以免除处理。

第四十二条 对违规经营投资有关责任人减轻或免除处理，须由作出处理决定的上一级企业或国资委批准。

第四十三条 相关责任人已调任、离职或退休的，应当按照本办法给予相应处理。

第四十四条 相关责任人在责任认定年度已不在本企业领取绩效年薪的，按离职前一年度全部绩效年薪及前三年任期激励收入总和计算，参照本办法有关规定追索扣回其薪酬。

第四十五条 对违反规定，未履行或未正确履行职责造成国有资产损失或其他严重不良后果的中央企业董事、监事以及其他有关人员，依照国家法律法规、有关规章制度和本办法等对其进行相应处理。

第六章 责任追究工作职责

第四十六条 国资委和中央企业原则上按照国有资本出资关系和干部管理权限，组织开展责任追究工作。

第四十七条 国资委在责任追究工作中的主要职责：

（一）研究制定中央企业责任追究有关制度。

（二）组织开展中央企业发生的重大资产损失或产生严重不良后果的较大资产损失，以及涉及中央企业负责人的责任追究工作。

（三）认为有必要直接组织开展的中央企业及其所属子企业责任追究工作。

（四）对中央企业存在的共性问题进行专项核查。

（五）对需要中央企业整改的问题，督促企业落实有关整改工作要求。

（六）指导、监督和检查中央企业责任追究相关工作。

（七）其他有关责任追究工作。

第四十八条 国资委内设专门责任追究机构，受理有关方面按规定程序移交的中央企业及其所属子企业违规经营投资的有关问题和线索，初步核实后进行分类处置，并采取督办、联合核查、专项核查等方式组织开展有关核查工作，认定相关人员责任，研究提出处理的意见建议，督促企业整改落实。

第四十九条 中央企业在责任追究工作中的主要职责：

（一）研究制定本企业责任追究有关制度。

（二）组织开展本级企业发生的一般或较大资产损失，二级子企业发生的重大资产损失或产生严重不良后果的较大资产损失，以及涉及二级子企业负责人的责任追究工作。

（三）认为有必要直接组织开展的所属子企业责任追究工作。

（四）指导、监督和检查所属子企业责任追究相关工作。

（五）按照国资委要求组织开展有关责任追究工作。

（六）其他有关责任追究工作。

第五十条 中央企业应当明确相应的职能部门或机构，负责组织开展责任追究工作，并做好与企业纪检监察机构的协同配合。

第五十一条 中央企业应当建立责任追究工作报告制度，对较大和重大违规经营投资的问题和线索，及时向国资委书面报告，并按照有关工作要求定期报送责任追究工作开展情况。

第五十二条 中央企业未按规定和有关工作职责要求组织开展责任追究工作的，国资委依据相关规定，对有关中央企业负责人进行责任追究。

第五十三条 国资委和中央企业有关人员，对企业违规经营投资等重大违规违纪违法问题，存在应当发现而未发现或发现后敷衍不追、隐匿不报、查处不力等失职渎职行为的，严格依纪依规追究纪律责任；涉嫌犯罪的，移送国家监察机关或司法机关查处。

第七章 责任追究工作程序

第五十四条 开展中央企业责任追究工作一般应当遵循受理、初步核实、分类处置、核查、处理和整改等程序。

第五十五条 受理有关方面按规定程序移交的违规经营投资问题和线索，并进行有关证据、材料的收集、整理和分析工作。

第五十六条 国资委专门责任追究机构受理下列企业违规经营投资的问题和线索：

（一）国有资产监督管理工作中发现的。

（二）审计、巡视、纪检监察以及其他有关部门移交的。

（三）中央企业报告的。

（四）其他有关违规经营投资的问题和线索。

第五十七条 对受理的违规经营投资问题和线索，及相关证据、材料进行必要的初步核实工作。

第五十八条 初步核实的主要工作内容包括：

（一）资产损失及其他严重不良后果的情况。

（二）违规违纪违法的情况。

（三）是否属于责任追究范围。

（四）有关方面的处理建议和要求等。

第五十九条 初步核实的工作一般应于 30 个工作日内完成，根据工作需要可以适当延长。

第六十条 根据初步核实情况，对确有违规违纪违法事实的，按照规定的职责权限和程序进行分类处置。

第六十一条 分类处置的主要工作内容包括：

（一）属于国资委责任追究职责范围的，由国资委专门责任追究机构组织实施核查工作。

（二）属于中央企业责任追究职责范围的，移交和督促相关中央企业进行责任追究。

（三）涉及中管干部的违规经营投资问题线索，报经中央纪委国家监委同意后，按要求开展有关核查工作。

（四）属于其他有关部门责任追究职责范围的，移送有关部门。

（五）涉嫌违纪或职务违法的问题和线索，移送纪检监察机构。

（六）涉嫌犯罪的问题和线索，移送国家监察机关或司法机关。

第六十二条 国资委对违规经营投资事项及时组织开展核查工作，核实责任追究情形，确定资产损失程度，查清资产损失原因，认定相关人员责任等。

第六十三条 结合中央企业减少或挽回资产损失工作进展情况，可以适时启动责任追究工作。

第六十四条 核查工作可以采取以下工作措施核查取证：

（一）与被核查事项有关的人员谈话，形成核查谈话记录，并要求有关人员作出书面说明。

（二）查阅、复制被核查企业的有关文件、会议纪要（记录）、资料和账簿、原始凭证等相关材料。

（三）实地核查企业实物资产等。

（四）委托具有相应资质的专业机构对有关问题进行审计、评估或鉴证等。

（五）其他必要的工作措施。

第六十五条 在核查期间，对相关责任人未支付或兑现的绩效年薪、任期激励收入、中长期激励收益等均应暂停支付或兑现；对有可能影响核查工作顺利开展的相关责任人，可视情况采取停职、调离工作岗位、免职等措施。

第六十六条 在重大违规经营投资事项核查工作中，对确有工作需要的，负责核查的部门可请纪检监察机构提供必要支持。

第六十七条 核查工作一般应于6个月内完成，根据工作需要可以适当延长。

第六十八条 核查工作结束后，一般应当听取企业和相关责任人关于核查工作结果的意见，形成资产损失情况核查报告和责任认定报告。

第六十九条 国资委根据核查工作结果，按照干部管理权限和相关程序对相关责任人追究处理，形成处理决定，送达有关企业及被处理人，并对有关企业提出整改要求。

第七十条 被处理人对处理决定有异议的，可以在处理决定送达之日起15个工作日内，提出书面申诉，并提供相关证明材料。申诉期间不停止原处理决定的执行。

第七十一条 国资委或中央企业作出处理决定的，被处理人向作出该处理决定的单位申诉；中央企业所属子企业作出处理决定的，向上一级企业申诉。

第七十二条 国资委和企业应当自受理申诉之日起30个工作日内复核，作出维持、撤销或变更原处理决定的复核决定，并以适当形式告知申诉人及其所在企业。

第七十三条 中央企业应当按照整改要求，认真总结吸取教训，制定和落实整改措施，优化业务流程，完善内控体系，堵塞经营管理漏洞，建立健全防范经营投资风险的长效机制。

第七十四条 中央企业应在收到处理决定之日起60个工作日内，向国资委报送整改报告及相关材料。

第七十五条 国资委和中央企业应当按照国家有关信息公开规定，逐步向社会公开违规经营投资核查处理情况和有关整改情况等，接受社会监督。

第七十六条 积极运用信息化手段开展责任追究工作，推进相关数据信息的报送、归集、共享和综合利用，逐步建立违规经营投资损失和责任追究工作信息报送系统、中央企业禁入限制人员信息查询系统等，加大信息化手段在发现问题线索、专项核查、责任追究等方面的运用力度。

第八章 附 则

第七十七条 中央企业应根据本办法，结合本企业实际情况，细化责任追究的范围、资产损失程度划分标准等，研究制定责任追究相关制度规定，并报国资委备案。

第七十八条 各地区国有资产监督管理机构可以参照本办法，结合实际情况制定本地区责任追究相关制度规定。

第七十九条 国有参股企业责任追究工作，可参照本办法向国有参股企业股东会提请开展责任追究工作。

第八十条 对发生生产安全、环境污染责任事故和不稳定事件的，按照国家有关规定另行处理。

第八十一条 本办法由国资委负责解释。

第八十二条 本办法自 2018 年 8 月 30 日起施行。《中央企业资产损失责任追究暂行办法》（国资委令第 20 号）同时废止。

国务院办公厅关于建立国有企业违规经营投资责任追究制度的意见

（2016 年 8 月 2 日）

各省、自治区、直辖市人民政府，国务院各部委、各直属机构：

根据《中共中央　国务院关于深化国有企业改革的指导意见》、《国务院办公厅关于加强和改进企业国有资产监督防止国有资产流失的意见》（国办发〔2015〕79 号）等要求，为落实国有资本保值增值责任，完善国有资产监管，防止国有资产流失，经国务院同意，现就建立国有企业违规经营投资责任追究制度提出以下意见。

一、总体要求

（一）指导思想。全面贯彻党的十八大和十八届三中、四中、五中全会精神，按照“五位一体”总体布局和“四个全面”战略布局，牢固树立和贯彻落实创新、协调、绿色、开放、共享的发展理念，深入贯彻习近平总书记系列重要讲话精神，认真落实党中央、国务院决策部署，坚持社会主义市场经济改革方向，按照完善现代企业制度的要求，以提高国有企业运行质量和经济效益为目标，以强化对权力集中、资金密集、资源富集、资产聚集部门和岗位的监督为重点，严格问责、完善机制，构建权责清晰、约束有效的经营投资责任体系，全面推进依法治企，健全协调运转、有效制衡的法人治理结构，提高国有资本效率、增强国有企业活力、防止国有资产流失，实现国有资本保值增值。

（二）基本原则。

1. 依法合规、违规必究。以国家法律法规为准绳，严格执行企业内部管理规定，对违反规定、未履行或未正确履行职责造成国有资产损失以及其他严重不良后果的国有企业经营管理有关人员，严格界定违规经营投资责任，严肃追究问责，实行重大决策终身责任追究制度。

2. 分级组织、分类处理。履行出资人职责的机构和国有企业按照国有资产分级管理要求和干部管理权限，分别组织开展责任追究工作。对违纪违法行为，严格依纪依法处理。

3. 客观公正、责罚适当。在充分调查核实和责任认定的基础上，既考虑量的标准也考虑质的不同，实事求是地确定资产损失程度和责任追究范围，恰当公正地处理相关责任人。

4. 惩教结合、纠建并举。在严肃追究违规经营投资责任的同时，加强案例总结和警示教育，不断完善规章制度，及时堵塞经营管理漏洞，建立问责长效机制，提高国有企业经营管理水平。

（三）主要目标。在2017年年底前，国有企业违规经营投资责任追究制度和责任倒查机制基本形成，责任追究的范围、标准、程序和方式清晰规范，责任追究工作实现有章可循。在2020年年底前，全面建立覆盖各级履行出资人职责的机构及国有企业的责任追究工作体系，形成职责明确、流程清晰、规范有序的责任追究工作机制，对相关责任人及时追究问责，国有企业经营投资责任意识和责任约束显著增强。

二、责任追究范围

国有企业经营管理有关人员违反国家法律法规和企业内部管理规定，未履行或未正确履行职责致使发生下列情形造成国有资产损失以及其他严重不良后果的，应当追究责任：

（一）集团管控方面。所属子企业发生重大违纪违法问题，造成重大资产损失，影响其持续经营能力或造成严重不良后果；未履行或未正确履行职责致使集团发生较大资产损失，对生产经营、财务状况产生重大影响；对集团重大风险隐患、内控缺陷等问题失察，或虽发现但没有及时报告、处理，造成重大风险等。

（二）购销管理方面。未按照规定订立、履行合同，未履行或未正确履行职责致使合同标的价格明显不公允；交易行为虚假或违规开展“空转”贸易；利用关联交易输送利益；未按照规定进行招标或未执行招标结果；违反规定提供赊销信用、资质、担保（含抵押、质押等）或预付款项，利用业务预付或物资交易等方式变相融资或投资；违规开展商品期货、期权等衍生业务；未按规定对应收款项及时追索或采取有效保全措施等。

（三）工程承包建设方面。未按规定对合同标的进行调查论证，未经授权或超越授权投标，中标价格严重低于成本，造成企业资产损失；违反规定擅自签订或变更合同，合同约定未经严格审查，存在重大疏漏；工程物资未按规定招标；违反规定转包、分包；工程组织管理混乱，致使工程质量不达标，工程成本严重超支；违反合同约定超计价、超进度付款等。

（四）转让产权、上市公司股权和资产方面。未按规定履行决策和审批程序或超越授权范围转让；财务审计和资产评估违反相关规定；组织提供和披露虚假信息，操纵中介机构出具虚假财务审计、资产评估鉴证结果；未按相关规定执行回避制度，造成资产损失；违反相关规定和公开公平交易原则，低价转让企业产权、上市公司股权和资产等。

（五）固定资产投资方面。未按规定进行可行性研究或风险分析；项目概算未经严格审查，严重偏离实际；未按规定履行决策和审批程序擅自投资，造成资产损失；购建项目未按规定招标，干预或操纵招标；外部环境发生重大变化，未按规定及时调整投资方案并采取止损措施；擅自变更工程设计、建设内容；项目管理混乱，致使建设严重拖期、成本明显高于同类项目等。

（六）投资并购方面。投资并购未按规定开展尽职调查，或尽职调查未进行风险分析等，存在重大疏漏；财务审计、资产评估或估值违反相关规定，或投资并购过程中授意、指使中介机构或有关单位出具虚假报告；未按规定履行决策和审批程序，决策未充分考虑重大风险因素，未制定风险防范预案；违规以各种形式为其他合资合作方提供垫资，或通过高溢价并购等手段向关联方输送利益；投资合同、协议及标的企业公司章程中国有权益保护条款缺失，对标的企业管理失控；投资参股后未行使股东权利，发生重大变化未及时采取止损措施；违反合同约定提前支付并购价款等。

（七）改组改制方面。未按规定履行决策和审批程序；未按规定组织开展清产核资、财务审计和资产评估；故意转移、隐匿国有资产或向中介机构提供虚假信息，操纵中介机构出具虚假清产核资、财务审计与资产评估鉴证结果；将国有资产以明显不公允低价折股、出售或无偿分给其他单位或个人；在发展混合所有制经济、实施员工持股计划等改组改制过程中变相套取、私分国有股权；未按规定收取国有资产转让价款；改制后的公司章程中国有权益保护条款缺失等。

（八）资金管理方面。违反决策和审批程序或超越权限批准资金支出；设立“小金库”；违规集资、发行股票（债券）、捐赠、担保、委托理财、拆借资金或开立信用证、办理银行票据；虚列支出套取资金；违规以个人名义留存资金、收支结算、开立银行账户；违规超发、滥发职工薪酬福利；因财务内控缺失，发生侵占、盗取、欺诈等。

（九）风险管理方面。内控及风险管理制度缺失，内控流程存在重大缺陷或内部控制执行不力；对经营投资重大风险未能及时分析、识别、评估、预警和应对；对企业规章制度、经济合同和重要决策的法律审核不到位；过度负债危及企业持续经营，恶意逃废金融债务；瞒报、漏报重大风险及风险损失事件，指使编制虚假财务报告，企业账实严重不符等。

（十）其他违反规定，应当追究责任的情形。

三、资产损失认定

对国有企业经营投资发生的资产损失，应当在调查核实的基础上，依据有关规定认定损失金额及影响。

（一）资产损失包括直接损失和间接损失。直接损失是与相关人员行为有直接因果关系的损失金额及影响。间接损失是由相关人员行为引发或导致的，除直接损失外、能够确认计量的其他损失金额及影响。

（二）资产损失分为一般资产损失、较大资产损失和重大资产损失。涉及违纪违法和犯罪行为查处的损失标准，遵照相关党内法规和国家法律法规的规定执行；涉及其他责任追究处理的，由履行出资人职责的机构和国有企业根据实际情况制定资产损失程度划分标准。

（三）资产损失的金额及影响，可根据司法、行政机关出具的书面文件，具有相应资质的会计师事务所、资产评估机构、律师事务所等中介机构出具的专项审计、评估或鉴证报告，以及企业内部证明材料等进行综合研判认定。相关经营投资虽尚未形成事实损失，经中介机构评估在可预见未来将发生的损失，可以认定为或有资产损失。

四、经营投资责任认定

国有企业经营管理有关人员任职期间违反规定，未履行或未正确履行职责造成国有资产损失以及其他严重不良后果的，应当追究其相应责任；已调任其他岗位或退休的，应当纳入责任追究范围，实行重大决策终身责任追究制度。经营投资责任根据工作职责划分为直接责任、主管责任和领导责任。

（一）直接责任是指相关人员在其工作职责范围内，违反规定，未履行或未正确履行职责，对造成的资产损失或其他不良后果起决定性直接作用时应当承担的责任。

企业负责人存在以下情形的，应当承担直接责任：本人或与他人共同违反国家法律法规和企业内部管理规定；授意、指使、强令、纵容、包庇下属人员违反国家法律法规和企业内部管理规定；未经民主决策、相关会议讨论或文件传签、报审等规定程序，直接决定、批准、组织实施重大经济事项，并造成重大资产损失或其他严重不良后果；主持相关会议讨论或以文件传签等其他方式研究时，在多数人不同意的情况下，直接决定、批准、组织实施重大经济事项，造成重大资产损失或其他严重不良后果；将按有关法律法规制度应作为第一责任人（总负责）的事项、签订的有关目标责任事项或应当履行的其他重要职责，授权（委托）其他领导干部决策且决策不当或决策失误造成重大资产损失或其他严重不良后果；其他失职、渎职和应当承担直接责任的行为。

（二）主管责任是指相关人员在其直接主管（分管）工作职责范围内，违反规定，未履行或未正确履行职责，对造成的资产损失或不良后果应当承担的责任。

（三）领导责任是指主要负责人在其工作职责范围内，违反规定，未履行或未正确履行职责，对造成的资产损失或不良后果应当承担的责任。

五、责任追究处理

（一）根据资产损失程度、问题性质等，对相关责任人采取组织处理、扣减薪酬、禁入限制、纪律处分、移送司法机关等方式处理。

1. 组织处理。包括批评教育、责令书面检查、通报批评、诫勉、停职、调离工作岗位、降职、改任非领导职务、责令辞职、免职等。

2. 扣减薪酬。扣减和追索绩效年薪或任期激励收入，终止或收回中长期激励收益，取消参加中长期激励资格等。

3. 禁入限制。五年内直至终身不得担任国有企业董事、监事、高级管理人员。

4. 纪律处分。由相应的纪检监察机关依法依规查处。

5. 移送司法机关处理。依据国家有关法律规定，移送司法机关依法查处。

以上处理方式可以单独使用，也可以合并使用。

（二）国有企业发生资产损失，经过查证核实和责任认定后，除依据有关规定移送司法机关处理外，应当按以下方式处理：

1. 发生较大资产损失的，对直接责任人和主管责任人给予通报批评、诫勉、停职、调离工作岗位、降职等处理，同时按照以下标准扣减薪酬：扣减和追索责任认定年度50%—100%的绩效年薪、扣减和追索责任认定年度

（含）前三年 50%—100%的任期激励收入并延期支付绩效年薪，终止尚未行使的中长期激励权益、上缴责任认定年度及前一年度的全部中长期激励收益、五年内不得参加企业新的中长期激励。

对领导责任人给予通报批评、诫勉、停职、调离工作岗位等处理，同时按照以下标准扣减薪酬：扣减和追索责任认定年度 30%—70%的绩效年薪、扣减和追索责任认定年度（含）前三年 30%—70%的任期激励收入并延期支付绩效年薪，终止尚未行使的中长期激励权益、三年内不得参加企业新的中长期激励。

2. 发生重大资产损失的，对直接责任人和主管责任人给予降职、改任非领导职务、责令辞职、免职和禁入限制等处理，同时按照以下标准扣减薪酬：扣减和追索责任认定年度 100%的绩效年薪、扣减和追索责任认定年度（含）前三年 100%的任期激励收入并延期支付绩效年薪，终止尚未行使的中长期激励权益、上缴责任认定年度（含）前三年的全部中长期激励收益、不得参加企业新的中长期激励。

对领导责任人给予调离工作岗位、降职、改任非领导职务、责令辞职、免职和禁入限制等处理，同时按照以下标准扣减薪酬：扣减和追索责任认定年度 70%—100%的绩效年薪、扣减和追索责任认定年度（含）前三年 70%—100%的任期激励收入并延期支付绩效年薪，终止尚未行使的中长期激励权益、上缴责任认定年度（含）前三年的全部中长期激励收益、五年内不得参加企业新的中长期激励。

3. 责任人在责任认定年度已不在本企业领取绩效年薪的，按离职前一年度全部绩效年薪及前三年任期激励收入总和计算，参照上述标准追索扣回其薪酬。

4. 对同一事件、同一责任人的薪酬扣减和追索，按照党纪政纪处分、责任追究等扣减薪酬处理的最高标准执行，但不合并使用。

（三）对资产损失频繁发生、金额巨大、后果严重、影响恶劣的，未及时采取措施或措施不力导致资产损失扩大的，以及瞒报、谎报资产损失的，应当从重处理。对及时采取措施减少、挽回损失并消除不良影响的，可以适当从轻处理。

（四）国有企业违规经营投资责任追究处理的具体标准，由各级履行出资人职责的机构根据资产损失程度、应当承担责任等情况，依照本意见制定。

六、责任追究工作的组织实施

（一）开展国有企业违规经营投资责任追究工作，应当遵循以下程序：

1. 受理。资产损失一经发现，应当立即按管辖规定及相关程序报告。受理部门应当对掌握的资产损失线索进行初步核实，属于责任追究范围的，应当及时启动责任追究工作。

2. 调查。受理部门应当按照职责权限及时组织开展调查，核查资产损失及相关业务情况、核实损失金额和损失情形、查清损失原因、认定相应责任、提出整改措施等，必要时可经批准组成联合调查组进行核查，并出具资产损失情况调查报告。

3. 处理。根据调查事实，依照管辖规定移送有关部门，按照管理权限和相关程序对相关责任人追究责任。相关责任人对处理决定有异议的，有权提出申诉，但申诉期间不停止原处理决定的执行。责任追究调查情况及处理结果在一定范围内公开。

4. 整改。发生资产损失的国有企业应当认真总结吸取教训，落实整改措施，堵塞管理漏洞，建立健全防范损失的长效机制。

（二）责任追究工作原则上按照干部管理权限组织开展，一般资产损失由本企业依据相关规定自行开展责任追究工作，上级企业或履行出资人职责的机构认为有必要的，可直接组织开展；达到较大或重大资产损失标准的，应当由上级企业或履行出资人职责的机构开展责任追究工作；多次发生重大资产损失或造成其他严重不良影响、资产损失金额特别巨大且危及企业生存发展的，应当由履行出资人职责的机构开展责任追究工作。

（三）对违反规定，未履行或未正确履行职责造成国有资产损失的董事，除依法承担赔偿责任外，应当依照公司法、公司章程及本意见规定对其进行处理。对重大资产损失负有直接责任的董事，应及时调整或解聘。

（四）经营投资责任调查期间，对相关责任人未支付或兑现的绩效年薪、任期激励收入、中长期激励收益等均应暂停支付或兑现；对有可能影响调查工作顺利开展的相关责任人，可视情采取停职、调离工作岗位、免职等措施。

（五）对发生安全生产、环境污染责任事故和重大不稳定事件的，按照国家有关规定另行处理。

七、工作要求

（一）各级履行出资人职责的机构要明确所出资企业负责人在经营投资

活动中须履行的职责，引导其树立责任意识和风险意识，依法经营，廉洁从业，坚持职业操守，履职尽责，规范经营投资决策，维护国有资产安全。国有企业要依据公司法规定完善公司章程，建立健全重大决策评估、决策事项履职记录、决策过错认定等配套制度，细化各类经营投资责任清单，明确岗位职责和履职程序，不断提高经营投资责任管理的规范化、科学化水平。履行出资人职责的机构和国有企业应在有关外聘董事、职业经理人聘任合同中，明确违规经营投资责任追究的原则要求。

（二）各级履行出资人职责的机构和国有企业要按照本意见要求，建立健全违规经营投资责任追究制度，细化经营投资责任追究的原则、范围、依据、启动机制、程序、方式、标准和职责，保障违规经营投资责任追究工作有章可循、规范有序。国有企业违规经营投资责任追究制度应当报履行出资人职责的机构备案。

（三）国有企业要充分发挥党组织、审计、财务、法律、人力资源、巡视、纪检监察等部门的监督作用，形成联合实施、协同联动、规范有序的责任追究工作机制，重要情况和问题及时向履行出资人职责的机构报告。履行出资人职责的机构要加强与外派监事会、巡视组、审计机关、纪检监察机关、司法机关的协同配合，共同做好国有企业违规经营投资责任追究工作。对国有企业违规经营投资等重大违法违纪违规问题应当发现而未发现或敷衍不追、隐匿不报、查处不力的，严格追究企业和履行出资人职责的机构有关人员的失职渎职责任。

（四）各级履行出资人职责的机构和国有企业要做好国有企业违规经营投资责任追究相关制度的宣传解释工作，凝聚社会共识，为深入开展责任追究工作营造良好氛围；要结合对具体案例的调查处理，在适当范围进行总结和通报，探索向社会公开调查处理情况，接受社会监督，充分发挥警示教育作用。

本意见适用于国有及国有控股企业违规经营投资责任追究工作。金融、文化等国有企业违规经营投资责任追究工作，中央另有规定的依其规定执行。

六

财务制度与资金监管

中央企业国有资本经营预算支出执行监督管理暂行办法

（2019年9月15日）

第一章 总 则

第一条 为加强国有资本经营预算（以下简称资本预算）支出执行的监督管理，提高资本预算资金使用效益，维护国有资本安全，根据《中华人民共和国公司法》、《中华人民共和国预算法》、《国务院关于试行国有资本经营预算的意见》（国发〔2007〕26号）、《中共中央 国务院关于全面实施预算绩效管理的意见》（中发〔2018〕34号）、《中央国有资本经营预算管理暂行办法》（财预〔2016〕6号）等法律法规和相关规定，制定本办法。

第二条 本办法所称资本预算支出执行（以下简称资本预算执行）是指国务院国有资产监督管理委员会（以下简称国资委）履行出资人职责企业（以下简称中央企业），按照资本预算管理要求，规范管理和使用资本预算资金，组织实施资本预算支持事项的过程。根据资本预算资金的性质，对中央企业资本预算执行进行分类管理，包括资本性预算、费用性预算和其他支出预算。

第三条 中央企业是资本预算执行的实施主体和责任主体。获得资本预算支持的中央企业应当按照资本预算批复要求，编制资本预算执行计划，依法自主决策，规范组织实施。

第四条 国资委根据出资人职责和资本预算管理规定，对中央企业资本预算执行情况（含绩效情况）进行监督管理，对发现的问题进行督促整改。

第二章 资本性预算执行

第五条 中央企业对资本预算注入的资本性预算资金，应当纳入企业预算管理范围进行统一管控，提高资金整体使用效益。其中，资本预算批复明确为具体投资、建设项目的支持资金，应当专门用于所支持项目。

第六条 中央企业应当按照下列要求规范管理和使用资本预算资金，确保资金安全，实现绩效目标，维护国有资本权益：

（一）资本预算批复的方向、用途或项目、绩效目标；

（二）企业编制的资本预算执行计划；

（三）企业内部控制制度的规定；

（四）资本预算资金使用调整的规定；

（五）资本预算管理的其他要求。

第七条 中央企业收到资本性预算资金后，应当根据资本预算批复的方向、用途或项目，对申请资本预算时上报的资本预算支出计划建议进行调整和完善，编制形成企业的资本预算执行计划，经董事会或相关决策机构审议批准后组织实施，并抄送国资委。

企业编制的资本预算执行计划应当包括：资本预算支持事项的组织方式、实施主体、执行周期（一般不超过 5 年），以及绩效目标等主要内容。

第八条 中央企业应当按照资本预算执行计划做好资本预算支持事项的组织实施和绩效监控。对于符合资本预算批复的方向和用途，执行周期和实施主体等主要内容发生变化的，应当对资本预算执行计划进行调整，并抄送国资委。

第九条 中央企业收到的资本性预算资金属于国家资本金，企业应当按照有关规定做好账务处理、国有产权变更登记等工作，及时落实国有资本权益。

（一）国有独资公司收到资本性预算资金后，应当及时计入实收资本。在一个会计年度内多次收到资本性预算资金的，可暂作资本公积，原则上应当在会计年度结束前转增实收资本。

（二）股权多元化公司收到资本性预算资金后，可暂作资本公积，并明确属于国家资本金，在发生股权变动调整时落实国有资本权益。

第十条 中央企业通过子企业实施资本预算支持事项，采取向实施主体子企业增资方式使用资本预算资金的，应当及时落实国有资本权益。涉及股权多元化子企业暂无增资计划的，可列作委托贷款（期限一般不超过 3 年），在具备条件时及时转为股权投资。

第十一条 对于资本预算批复明确具体投资、建设项目的支持资金，中央企业不得用于其他项目投资或委托理财等财务性投资。在资本预算资金拨付以前，企业已经筹集资金投入资本预算支持项目，经董事会或相关决策机构批准可以置换企业筹集资金。

第十二条 在资本预算执行过程中，因宏观政策调整、市场环境变化、企业战略规划调整等因素，无法按照资本预算批复用途继续实施的，中央企业应当向国资委报送资本预算调整申请。

第三章 费用性预算执行

第十三条 中央企业对资本预算安排的费用性预算资金，应当按照相关专项资金管理的政策、办法规范使用。除资本预算批复或有关规定中明确可由集团统筹使用的以外，应当根据专项工作进展和资金使用计划及时将预算资金拨付到资金使用单位。

第十四条 中央企业费用性预算支持事项组织完成后，按照规定需要进行清算的，中央企业应当聘请中介机构对费用性预算资金使用情况进行清算。

第十五条 资本预算安排的费用性预算资金，在专项任务完成并组织清算后，实际支出小于预算安排的，应当清理为结余资金。专项任务未完成且未使用的预算资金，符合相关规定的可结转至下年度继续使用。对于因宏观政策调整等因素影响，专项任务无法继续推进的，应当清理为结余资金。

结余资金应当按照有关规定退回，由中央企业向国资委报送退回预算资金申请。

第十六条 中央企业应当按照有关专项工作要求，及时将费用性预算执行情况向国资委报告。

第四章 监督管理

第十七条 国资委对中央企业资本预算执行情况采取跟踪督导、专项核查、绩效评价等方式进行监督管理。

第十八条 国资委根据资本预算执行监督管理的工作需要，建立完善中央企业资本预算执行情况的监测报告制度，对中央企业资本预算执行计划的落实情况、资本预算支持事项实施进展及绩效目标实现情况等进行跟踪督导。

第十九条 国资委根据工作需要，组织中介机构对资本预算执行的合规性开展专项核查，包括预算资金的管理和使用、国有资本权益的落实情况，以及资本预算支持重点事项的组织推进情况、专项资金清算情况等。

第二十条 国资委探索建立中央企业资本预算绩效评价制度，对资本预算支持的重点企业、重要事项和重大资金安排组织开展绩效评价，必要时可组织第三方机构开展重点绩效评价。

第二十一条 国资委收到中央企业报送的资本预算调整或退回预算资金申请后，应当对相关情况进行核实，对于需要履行资本预算调整或预算资金收回程序的，向资本预算主管部门提出调整资本预算或收回预算资金建议。

第二十二条 国资委对中央企业资本预算执行监督管理中发现的问题，视情节轻重采取约谈整改、通报批评、收回预算资金、暂不受理资本预算申报等措施处理，违规造成国有资产损失或其他不良后果的按照有关规定进行追责。

第二十三条 中央企业虚构项目或规模，申报并取得资本预算资金的，全部或按比例收回资本预算资金，并在 3 年内暂不受理该企业的资本预算申报。

第二十四条 中央企业违反资本预算调整程序，或将明确具体投资、建设项目的支持资金，以及费用性预算资金用于投资其他项目或财务性投资的，视情况采取约谈整改、收回资本预算资金或在下一年度暂不受理该企业的资本预算申报等措施处理。

第二十五条 中央企业未按规定、协议落实国有资本权益，或违规签订协议造成国有资本权益长期不落实的，视情况采取约谈整改、通报批评或收回预算资金等措施处理。

第二十六条 中央企业编制资本预算执行计划的批准、调整和报告程序不规范，未按计划组织完成资本预算执行工作的，视情况进行约谈整改或通报批评。

第五章 附 则

第二十七条 其他支出预算的执行和监督管理按照相关专项政策和要求组织实施。

第二十八条 中央企业应当严格执行资本预算管理政策规定，切实维护和落实国有资本权益，积极组织推进资本预算执行工作。对资本预算执行中存在的问题，积极采取有效措施进行整改，重大问题及时报告国资委。

第二十九条 中央企业和国资委相关人员，在资本预算执行和监督管理工作中违反相关法律法规和制度规定的，依照相关法律法规处理。

第三十条 本办法由国资委负责解释。本办法自印发之日起施行。

国有企业境外投资财务管理办法

（2017 年 6 月 12 日）

第一章　总　　则

第一条　为加强国有企业境外投资财务管理，防范境外投资财务风险，提高投资效益，根据《中华人民共和国公司法》、《企业财务通则》等有关规定，制定本办法。

第二条　本办法所称国有企业，是指国务院和地方人民政府分别代表国家履行出资人职责的国有独资企业、国有独资公司以及国有资本控股公司，包括中央和地方国有资产监督管理机构和其他部门所监管的企业本级及其逐级投资形成的企业。

国有企业合营的企业以及国有资本参股公司可以参照执行本办法。

第三条　本办法所称境外投资，是指国有企业在香港、澳门特别行政区和台湾地区，以及中华人民共和国以外通过新设、并购、合营、参股及其他方式，取得企业法人和非法人项目［以下统称境外投资企业（项目）］所有权、控制权、经营管理权及其他权益的行为。

未从事具体生产经营、投资、管理活动的境外投资企业（项目），不执行本办法。

第四条　国有企业境外投资财务管理应当贯穿境外投资决策、运营、绩效评价等全过程。

国有企业应当建立责权利相统一、激励和约束相结合的境外投资管理机制，健全境外投资财务管理制度，提升境外投资财务管理水平，提高境外投资决策、组织、控制、分析、监督的有效性。

第五条　国有企业境外投资经营应当遵守境内法律、行政法规和所在国（地区）法律法规，并符合国有企业发展战略和规划。

第二章　境外投资财务管理职责

第六条　国有企业股东（大）会、党委（党组）、董事会、总经理办公会或者其他形式的内部机构（以下统称内部决策机构）按照有关法律法规和企业章程规定，对本企业境外投资企业（项目）履行相应管理职责。内部决策机构应当重点关注以下财务问题：

（一）境外投资计划的财务可行性；

（二）增加、减少、清算境外投资等重大方案涉及的财务收益和风险等问题；

（三）境外投资企业（项目）首席财务官或财务总监（以下统称财务负责人）人选的胜任能力、职业操守和任职时间；

（四）境外投资企业（项目）绩效；

（五）境外投资企业（项目）税务合规及税收风险管理；

（六）其他重大财务问题。

第七条 国有企业应当在董事长、总经理、副总经理、总会计师（财务总监、首席财务官）等企业领导班子成员中确定一名主管境外投资财务工作的负责人。

第八条 国有企业集团公司对境外投资履行以下财务管理职责：

（一）根据国家统一制定的财务制度和国际通行规则制定符合本集团实际的境外投资财务制度，督促所属企业加强境外投资财务管理；

（二）建立健全集团境外投资内部审计监督制度；

（三）汇总形成集团年度境外投资财务情况；

（四）组织所属企业开展境外投资绩效评价工作，汇总形成集团境外投资年度绩效评价报告；

（五）对所属企业财务管理过程中违规决策、失职、渎职等导致境外投资损失的，依法追究相关责任人员的责任。

各级人民政府有关部门和事业单位所监管企业，由该部门和事业单位履行上述职责。

第九条 各级人民政府财政部门（以下统称主管财政机关）对国有企业境外投资履行以下财务管理职责：

（一）国务院财政部门负责制定境外投资财务管理制度和内部控制制度，主管财政机关负责组织实施；

（二）汇总国有企业境外投资年度财务情况，分析监测境外投资财务运行状况；

（三）本级人民政府授予的其他财务管理职责。

第三章　境外投资决策财务管理

第十条　国有企业应当按照《中共中央办公厅　国务院办公厅印发〈关于进一步推进国有企业贯彻落实“三重一大”决策制度的意见〉的通知》等有关要求，建立健全境外投资决策制度，明确决策规则、程序、主体、权限和责任等。

第十一条　国有企业以并购、合营、参股方式进行境外投资，应当组建包括行业、财务、税收、法律、国际政治等领域专家在内的团队或者委托具有能力并与委托方无利害关系的中介机构开展尽职调查并形成书面报告。其中，财务尽职调查应当重点关注以下财务风险：

（一）目标企业（项目）所在国（地区）的宏观经济风险，包括经济增长前景、金融环境、外商投资和税收政策稳定性、物价波动等。

（二）目标企业（项目）存在的财务风险，包括收入和盈利大幅波动或不可持续、大额资产减值风险、或有负债、大额营运资金补充需求、高负债投资项目等。

第十二条　国有企业应当组织内部团队或者委托具有能力并与委托方无利害关系的外部机构对境外投资开展财务可行性研究。

对投资规模较大或者对企业发展战略具有重要意义的境外投资，国有企业应当分别组织开展内部和外部财务可行性研究，并要求承担可研的团队和机构独立出具书面报告；对投资标的的价值，应当依法委托具有能力的资产评估机构进行评估。

第十三条　国有企业开展财务可行性研究，应当结合企业发展战略和财务战略，对关键商品价格、利率、汇率、税率等因素变动影响境外投资企业（项目）盈利情况进行敏感性分析，评估相关财务风险，并提出应对方案。

第十四条　国有企业内部决策机构应当在尽职调查、可行性研究等前期工作基础上进行决策。

第十五条　国有企业内部决策机构履行决策职责，应当形成书面纪要，并由参与决策的全体成员签名。内部决策机构组成人员在相关事项表决时表明异议或者提示重大风险的，应当在书面纪要中进行记录。

第十六条　国有企业境外投资决策事项涉及内部决策机构组成人员个人或者其直系亲属、重大利害关系人利益的，相关人员应当主动申请回避。

第四章　境外投资运营财务管理

第十七条　国有企业应当将境外投资企业（项目）纳入全面预算管理体系，明确年度预算目标，加强对其重大财务事项的预算控制。

第十八条　国有企业应当督促境外投资企业（项目）通过企业章程等符合境外国家（地区）法律法规规定的方式，界定重大财务事项范围，明确财务授权审批和财务风险管控要求。

对投资规模较大或者对企业发展战略具有重要意义的境外投资企业（项目），国有企业还应当事先在投资协议中作出约定，向其选派具备相应资格的财务负责人或者财务人员，定期分析财务状况和经营成果，及时向国有企业报送财务信息，按规定报告重大财务事项；必要时，国有企业可以对境外投资企业（项目）进行专项审计。

第十九条　国有企业应当建立健全境外投资企业（项目）台账，反映境外投资目的、投资金额、持股比例（控制权情况）、融资构成、所属行业、关键资源或产能、重大财务事项等情况。

本办法所称境外投资企业（项目）重大财务事项，包括但不限于合并、分立、终止、清算，资本变更，重大融资，对外投资、对外担保，重大资产处置，重大资产损失，利润分配，重大税务事项，从事金融产品交易等高风险业务。

上述重大财务事项涉及资产评估的，应当按照《中华人民共和国资产评估法》等有关规定执行，境外国家（地区）法律法规另有规定的除外。

第二十条　境外国家（地区）法律法规无禁止性规定的，国有企业应当对境外投资企业（项目）加强资金管控，有条件的可实行资金集中统一管理。

第二十一条　国有企业应当督促境外投资企业（项目）建立健全银行账户管理制度。

国有企业应当掌握境外投资企业（项目）银行账户设立、撤销、重大异动等情况。

第二十二条　国有企业应当督促境外投资企业（项目）建立健全资金往来联签制度。

一般资金往来应当由境外投资企业（项目）经办人和经授权的管理人员签字授权。重大资金往来应当由境外投资企业（项目）董事长、总经理、财务负责人中的二人或多人签字授权，且其中一人须为财务负责人。

联签人之间不得存在直系亲属或者重大利害关系。

第二十三条 国有企业应当督促境外投资企业（项目）建立健全成本费用管理制度，强化预算控制。

国有企业应当重点关注境外投资企业（项目）佣金、回扣、手续费、劳务费、提成、返利、进场费、业务奖励等费用的开支范围、标准和报销审批制度的合法合规性。

第二十四条 国有企业应当督促境外投资企业（项目）建立健全合法、合理的薪酬制度。

第二十五条 国有企业应当通过企业章程、投资协议、董事会决议等符合境外国家（地区）法律法规规定的方式，要求境外投资企业（项目）按时足额向其分配股利（项目收益），并按照相关税收法律规定申报纳税。

境内国有企业应收股利（项目收益）按照有关外汇管理规定要汇回境内的，应当及时汇回。

第二十六条 国有企业开展境外投资，应当按照有关外汇管理规定办理境外投资外汇登记，并办理境外投资购付汇、外汇资金划转、结汇及存量权益登记等手续。

第二十七条 境外国家（地区）法律法规无禁止性规定的，国有企业应当将境外投资企业（项目）纳入本企业财务管理信息化系统管理。

国有企业应当要求境外投资企业（项目）妥善保存各种凭证、账簿、报表等会计资料，并定期归档。年度财务报告、审计报告、重大决策纪要以及其他重要的档案应当永久保存，并以书面或电子数据形式向境内国有企业报送备份，境外国家（地区）法律法规有禁止性规定的除外。不属于永久保存的档案应当按我国和境外国家（地区）存档规定中较长的期限保存。

第五章 境外投资财务监督

第二十八条 国有企业应当建立健全对境外投资的内部财务监督制度。

第二十九条 国有企业应当对连续三年累计亏损金额较大或者当年发生严重亏损等重大风险事件的境外投资企业（项目）进行实地监督检查或者委托中介机构进行审计，并根据审计监督情况采取相应措施。

境外投资企业（项目）因投资回收期长、仅承担研发业务等合理原因出现上述亏损情形的，经国有企业内部决策机构批准，可以不进行实地监督检查和审计。

第三十条 国有企业应当发挥内部审计作用，建立健全境外投资企业（项目）负责人离任审计和清算审计制度。

国有企业对境外投资企业（项目）负责人、财务负责人任职时间没有明确要求且相关人员任职满 5 年的，应当对境外投资企业（项目）财务管理情况进行实地监督检查。

第三十一条 国有企业应当依法接受主管财政机关的财务监督检查和国家审计机关的审计监督。

上述监督结果应当作为同级人民政府相关部门对国有企业境外投资开展管理的重要参考。

第三十二条 主管财政机关及其工作人员在财务监督检查工作中，存在滥用职权、玩忽职守、徇私舞弊或者泄露国家机密、企业商业秘密的，按照《中华人民共和国公务员法》、《中华人民共和国行政监察法》等国家有关规定追究相应责任；涉嫌犯罪的，移交司法机关处理。

第三十三条 国有企业集团公司应当汇总形成本集团年度境外投资财务情况，于下一年度 4 月底前随集团年度财务报告一并报送主管财政机关。

第三十四条 主管财政机关建立国有企业境外投资财务报告数据库，分析监测境外投资财务运行状况，制定完善相关政策措施。

第六章 境外投资绩效评价

第三十五条 国有企业应当建立健全境外投资绩效评价制度，定期对境外投资企业（项目）的管理水平和效益情况开展评价。

第三十六条 国有企业应当根据不同类型境外投资企业（项目）特点设置合理的评价指标体系。

第三十七条 国有企业对境外投资企业（项目）设立短期与中长期相结合的绩效评价周期。

对于符合国家战略要求、投资周期长的境外投资企业（项目），应当合理设定差异化的绩效评价周期。

第三十八条 国有企业应当组织开展境外投资企业（项目）绩效评价，形成绩效评价报告。必要时可以委托资产评估等中介机构开展相关工作。

第三十九条 绩效评价报告应当作为国有企业内部优化配置资源的重要依据。

对绩效评价结果长期不理想的境外投资企业（项目），国有企业应当通过关闭清算、转让股权等方式及时进行处置。

第四十条 国有企业集团公司应当汇总形成本集团境外投资年度绩效评价报告，单独或者一并随集团年度财务报告报送主管财政机关。

第四十一条 国有企业集团境外投资年度绩效评价报告应当综合反映境外投资成效，可以作为同级人民政府相关部门评估“走出去”政策实施效果、制定完善相关政策、进行国有资本注资等行为的重要参考。

第七章 附 则

第四十二条 非国有企业开展境外投资可以参照本办法执行。

金融企业境外投资财务管理办法另行制定。

第四十三条 国有企业集团公司应当依据本办法，建立健全符合本集团实际的境外投资财务管理制度体系，并加强境外投资财务管理人才内部培训、内部选拔和外部聘用管理。

第四十四条 本办法自 2017 年 8 月 1 日起实施。

关于加强中央企业特殊资金（资产）管理的通知

（2012年1月12日）

各中央企业：

根据《关于开展中央企业“小金库”专项治理工作的通知》（国资发评价〔2010〕107号），各中央企业将“小金库”治理与管理隐患排查相结合，对各类代管资金、表外资产等不属于“小金库”范围但存在管理隐患的特殊资金（资产）一并进行了清理。从清理结果看，中央企业普遍存在以上各类特殊资金（资产）。为推动中央企业加强特殊资金（资产）管理，明确管理责任，健全管理机制，保护职工合法权益，确保资产安全，现就有关事项通知如下：

一、明确管理机构，落实管理责任。本通知所称特殊资金（资产）包括职工互助基金，企业慈善基金会管理的资金，企业工会管理的资金，职工持股会管理资金，企业代管的社会保险资金、企业年金、住房公积金等企业虽不拥有所有权但承担资金安全管理责任的资金（资产），以及属于企业所有但尚未并表的各类资金（资产）。各中央企业要高度重视，提高认识，切实加强特殊资金（资产）管理，集团总部及所属各级子企业要加强组织管理，针对不同类型特殊资金（资产）明确管理机构，落实管理责任，实行专业、规范管理。各中央企业要严格执行国家有关法律法规和政策规定，认真履行管理职责，规范管理行为和资金运作，确保资金（资产）安全。

二、完善内控制度，规范业务流程。各中央企业要依据国家有关管理规定和要求，结合本企业实际情况和各类代管资金的特点，建立健全各类特殊资金（资产）的内控制度或专项管理办法。对于国家有明确管理规定的，要在符合国家规定的基础上进一步细化管理措施，完善内控机制；对于国家没有统一管理要求的，要结合本企业实际情况制订专项管理办法。企业制定的特殊资金（资产）管理制度要对资金管理机构、岗位设置和职责、收入支出范围和标准、日常管理、投资运作、监督检查、损失责任追究等内容进行明确，规范资金筹集、支出和投资的决策、授权、审批、报告等环节的业务流程，严格规定资金支出的审批权限和程序，对不相容岗位采取分离牵制措施。要严格遵守国家法律法规和财经纪律，规范代管资金的会计核算和财务管理，建立必要的经费审查制度，加强预算执行监督和控制。

三、严格收支管理，加强资金监控。各中央企业要切实加强各类特殊资金（资产）的收支管理，不得“坐收坐支”。代管资金来源必须合法、规范，符合国家有关法律规定和财务会计制度要求，不得随意扩大资金来源渠道或提高标准。代管资金支出必须符合有关规定，不得超范围、超标准开支；要加强资金支出的审核，支出报销必须做到凭证完整、手续齐全；要明确不同支出金额的审批权限，对大额资金支出实行集体决策或联签制度。特殊资金账户开立要纳入集团统一管理，实行专户存储、专款专用、独立核算，不得挤占、截留、挪用或私存。各中央企业要将代管资金账户及其收支纳入集团资金管理系统进行监控，加强对代管资金账户的统一监管、对资金收支的审查监督和资金流向的动态监控，建立代管资金收支预算管理和运作分析制度，定期与有关方面进行核对，防范资金损失风险。

四、规范投资运作，确保资金安全。各中央企业要对特殊资金（资产）的对外投资情况进行一次全面清查，对于国家明确规定不得用于投资的特殊资金（资产），企业一律不得开展投资活动；对于投资方向有限制性规定的特殊资金（资产），企业可在允许投资的范围内开展投资活动；对投资运作没有明确规定的特殊资金（资产），企业可在保障资金安全的前提下，适当开展固定收益类投资活动，以实现资金（资产）保值增值，但要严格控制投资规模，防范投资风险。严禁将特殊资金（资产）用于投资风险不可认知的业务或高风险业务；严禁将特殊资金（资产）用于对外拆借、担保或抵押、质押。企业按规定将特殊资金（资产）用于投资的，要严格执行决策审批程序，实行专业化运作、规范化管理，确保投资效果；要加强对投资项目的动态跟踪，及时掌握投资项目的风险变动状况，制定完善应急止损措施；要规范投资增值收益的管理，各类特殊资金（资产）投资增值收益一律纳入规定账户核算和管理，用于规定的用途或支出范围不得挪作他用。

五、加强审计监督，建立问责制度。各中央企业应当根据各类代管资金的有关管理规定，定期对企业特殊资金（资产）开展内部审计或专项检查，重点关注特殊资金（资产）收缴、支出的规范性和投资经营的风险，检查内控制度的执行情况及业务操作的规范性，评价投资运作效果，及时发现存在的突出问题和主要风险，并负责督促整改，对特殊资金（资产）管理失职行为建立问责制度。国资委将会同有关部门探索建立联合审计监管机制，对审计检查发现的违规运作，造成资产损失的，将依据《中央企业资产损失责任追究暂行办法》（国资委令第20号）等有关规定，开展资产损失责任追究工作。对疏于管理造成重大损失的，将追究企业人员责任，并依据《中央企业负责人经营业绩考核暂行办法》（国资委令第22号）的有关规定予以处理。

六、采取有效措施，加强表外资产管理。部分中央企业因各种历史原因，一些不符合《企业会计准则》规定报表合并条件的资产，形成未纳入企业财务决算合并范围的表外资产，易造成管理隐患。各中央企业应当加大清理力度，规范表外资产管理。对于因历史原因或政策原因等尚未确权的资产及权属存在瑕疵的资产，企业应当积极协调有关方面，采取有效措施尽快明确权属，符合条件的应当尽快纳入企业账内统一核算和管理；对于暂时难以确权未纳入账内核算的，应当纳入企业统一的资产管理体系，建立健全资产管理台账，加强实物资产管理，防止国有资产流失。一经确权的表外资产及其投资形成的产权，应当按照相关规定办理产权登记等手续。对于委托工会等内部机构管理的资产及其投资，应抓紧进行清理处置，并将清理处置收入及时纳入企业账内核算，一时难以清理处置的，也应建立健全管理台账，规范表外资产管理，落实管理责任。

七、建立报告制度，增强管理透明度。企业特殊资金（资产）的权属无论是企业所有还是职工所有，各中央企业作为管理主体，承担资金安全管理责任，应当依法履行报告职责，增强资金使用和管理透明度，自觉接受有关管理部门和职工群众的监督。各中央企业应当依据特殊资金（资产）的性质以及委托管理机构的要求，分类建立报告、公示制度，定期报告或公布相关资金的提取、汇缴、上解、开支及运作、收益情况，保障资金缴纳人或受益人对资金使用情况的知情权。特殊资金（资产）发生大额损失的，应当及时向国资委报告。

各中央企业要高度重视特殊资金（资产）管理工作，建立健全内控制度，落实管理责任，加强特殊资金（资产）监管。负责特殊资金（资产）管理的业务部门应认真履行业务管理责任，其他相关部门应当各负其责，加强对特殊资产账户和资金流的监控，依法对特殊资金（资产）进行审计监督，防范资产损失风险，确保特殊资金（资产）安全和保值增值。

财政部关于企业加强职工福利费财务管理的通知

（2009 年 11 月 12 日）

党中央有关部门，国务院各部委、各直属机构，全国人大常委会办公厅，全国政协办公厅，解放军总后勤部，武警总部，各省、自治区、直辖市、计划单列市财政厅（局），新疆生产建设兵团财务局，各中央管理企业：

为加强企业职工福利费财务管理，维护正常的收入分配秩序，保护国家、股东、企业和职工的合法权益，根据《公司法》、《企业财务通则》（财政部令第 41 号）等有关精神，现通知如下：

一、企业职工福利费是指企业为职工提供的除职工工资、奖金、津贴、纳入工资总额管理的补贴、职工教育经费、社会保险费和补充养老保险费（年金）、补充医疗保险费及住房公积金以外的福利待遇支出，包括发放给职工或为职工支付的以下各项现金补贴和非货币性集体福利：

（一）为职工卫生保健、生活等发放或支付的各项现金补贴和非货币性福利，包括职工因公外地就医费用、暂未实行医疗统筹企业职工医疗费用、职工供养直系亲属医疗补贴、职工疗养费用、自办职工食堂经费补贴或未办职工食堂统一供应午餐支出、符合国家有关财务规定的供暖费补贴、防暑降温费等。

（二）企业尚未分离的内设集体福利部门所发生的设备、设施和人员费用，包括职工食堂、职工浴室、理发室、医务所、托儿所、疗养院、集体宿舍等集体福利部门设备、设施的折旧、维修保养费用以及集体福利部门工作人员的工资薪金、社会保险费、住房公积金、劳务费等人工费用。

（三）职工困难补助，或者企业统筹建立和管理的专门用于帮助、救济困难职工的基金支出。

（四）离退休人员统筹外费用，包括离休人员的医疗费及离退休人员其他统筹外费用。企业重组涉及的离退休人员统筹外费用，按照《财政部关于企业重组有关职工安置费用财务管理问题的通知》(财企〔2009〕117号)执行。国家另有规定的,从其规定。

(五)按规定发生的其他职工福利费,包括丧葬补助费、抚恤费、职工异地安家费、独生子女费、探亲假路费,以及符合企业职工福利费定义但没有包括在本通知各条款项目中的其他支出。

二、企业为职工提供的交通、住房、通讯待遇,已经实行货币化改革的,按月按标准发放或支付的住房补贴、交通补贴或者车改补贴、通讯补贴,应当纳入职工工资总额,不再纳入职工福利费管理;尚未实行货币化改革的,企业发生的相关支出作为职工福利费管理,但根据国家有关企业住房制度改革政策的统一规定,不得再为职工购建住房。

企业给职工发放的节日补助、未统一供餐而按月发放的午餐费补贴,应当纳入工资总额管理。

三、职工福利是企业对职工劳动补偿的辅助形式,企业应当参照历史一般水平合理控制职工福利费在职工总收入的比重。按照《企业财务通则》第四十六条规定,应当由个人承担的有关支出,企业不得作为职工福利费开支。

四、企业应当逐步推进内设集体福利部门的分离改革,通过市场化方式解决职工福利待遇问题。同时,结合企业薪酬制度改革,逐步建立完整的人工成本管理制度,将职工福利纳入职工工资总额管理。

对实行年薪制等薪酬制度改革的企业负责人,企业应当将符合国家规定的各项福利性货币补贴纳入薪酬体系统筹管理,发放或支付的福利性货币补贴从其个人应发薪酬中列支。

五、企业职工福利一般应以货币形式为主。对以本企业产品和服务作为职工福利的,企业要严格控制。国家出资的电信、电力、交通、热力、供水、燃气等企业,将本企业产品和服务作为职工福利的,应当按商业化原则实行公平交易,不得直接供职工及其亲属免费或者低价使用。

六、企业职工福利费财务管理应当遵循以下原则和要求:

(一)制度健全。企业应当依法制订职工福利费的管理制度,并经股东会或董事会批准,明确职工福利费开支的项目、标准、审批程序、审计监督。

(二)标准合理。国家对企业职工福利费支出有明确规定的,企业应当严格执行。国家没有明确规定的,企业应当参照当地物价水平、职工收入情况、企业财务状况等要求，按照职工福利项目制订合理标准。

（三）管理科学。企业应当统筹规划职工福利费开支，实行预算控制和管理。职工福利费预算应当经过职工代表大会审议后，纳入企业财务预算，按规定批准执行，并在企业内部向职工公开相关信息。

（四）核算规范。企业发生的职工福利费，应当按规定进行明细核算，准确反映开支项目和金额。

七、企业按照企业内部管理制度，履行内部审批程序后，发生的职工福利费，按照《企业会计准则》等有关规定进行核算，并在年度财务会计报告中按规定予以披露。

在计算应纳税所得额时，企业职工福利费财务管理同税收法律、行政法规的规定不一致的，应当依照税收法律、行政法规的规定计算纳税。

八、本通知自印发之日起施行。以前有关企业职工福利费的财务规定与本通知不符的，以本通知为准。金融企业另有规定的，从其规定。

关于加强中央企业对外捐赠管理有关事项的通知

（2009年11月5日）

各中央企业：

近年来，中央企业认真履行社会责任，积极参与国家救灾、扶危济困等救助活动，有效推动了我国公益事业发展。为进一步规范中央企业对外捐赠行为，维护国有股东权益，引导中央企业正确履行社会责任，根据《中华人民共和国公益事业捐赠法》和《国有企业领导人员廉洁从业若干规定》等有关规定，现就加强中央企业对外捐赠管理的有关事项通知如下：

一、加强对外捐赠行为规范管理

随着我国公益事业的发展，企业对外捐赠支出的范围和规模不断扩大，各中央企业要加强对外捐赠事项的管理，认真履行社会责任，积极参与救助捐赠活动，规范对外捐赠行为，有效维护股东权益。集团总部应当制订和完善对外捐赠管理制度，对集团所属各级子企业对外捐赠行为实行统一管理，明确对外捐赠事项的管理部门，落实管理责任，规范内部审批程序，细化对外捐赠审核流程；要根据自身经营实力和承受能力，明确规定对外捐赠支出范围，合理确定集团总部及各级子企业对外捐赠支出限额和权限；应将日常对外捐赠支出纳入预算管理体系，细化捐赠项目和规模，严格控制预算外捐赠支出，确保对外捐赠行为规范操作。

二、规范界定对外捐赠范围

企业对外捐赠范围为：向受灾地区、定点扶贫地区、定点援助地区或者困难的社会弱势群体的救济性捐赠，向教科文卫体事业和环境保护及节能减排等社会公益事业的公益性捐赠，以及社会公共福利事业的其他捐赠等。各中央企业用于对外捐赠的资产应当权属清晰、权责明确，应为企业有权处分的合法财产，包括现金资产和实物资产等，不具处分权的财产或者不合格产品不得用于对外捐赠。中央企业经营者或者其他职工不得将企业拥有的资产以个人名义对外捐赠。除国家有特殊规定的捐赠项目之外，中央企业对外捐赠应当通过依法成立的接受捐赠的慈善机构、其他公益性机构或政府部门进行。对于有关社会机构、团体的摊派性捐赠，企业应当依法拒绝。企业对外捐赠应当诚实守信，严禁各类虚假宣传或许诺行为。

三、合理确定对外捐赠规模

各中央企业对外捐赠应当充分考虑自身经营规模、盈利能力、负债水平、现金流量等财务承受能力，坚持量力而行原则，合理确定对外捐赠支出规模和标准。中央企业对外捐赠支出规模一般不得超过企业内部制度规定的最高限额；盈利能力大幅下降、负债水平偏高、经营活动现金净流量为负数或者大幅减少的企业，对外捐赠规模应当进行相应压缩；资不抵债、经营亏损或者捐赠行为影响正常生产经营的企业，除特殊情况外，一般不得安排对外捐赠支出。

四、严格捐赠审批程序

各中央企业应当加强对外捐赠的审批管理，严格内部决策程序，规范审批流程。企业每年安排的对外捐赠预算支出应当经过企业董事会或类似决策机构批准同意。对外捐赠应当由集团总部统一管理，所属各级子企业未经集团总部批准或备案不得擅自对外捐赠。对于内部制度规定限额内并纳入预算范围的对外捐赠事项，企业捐赠管理部门应当在支出发生时逐笔审核，并严格履行内部审批程序；对于因重大自然灾害等紧急情况需要超出预算规定范围的对外捐赠事项，企业应当提交董事会或类似决策机构专题审议，并履行相应预算追加审批程序。

五、建立备案管理制度

国资委对中央企业对外捐赠事项实行备案管理制度。以下情况应当专项报国资委（评价局）备案，同时抄送派驻本企业监事会：

（一）各中央企业应当结合本通知要求，对本企业对外捐赠管理制度进行修订或完善，并于2009年12月31日前报国资委备案。以后年度需要对管理流程、支出限额等关键因素进行调整的，应当对管理制度进行修改完善，并及时报国资委备案。

（二）中央企业对外捐赠支出应当纳入企业年度预算管理，并形成专项报告，对全年对外捐赠预算支出项目、支出方案及支出规模等预算安排作出详细说明，并对上年捐赠的实施情况及捐赠预算执行情况进行总结。中央企业对外捐赠预算专项报告随年度财务预算报告报送国资委。

（三）中央企业捐赠行为实际发生时捐赠项目超过以下标准的，应当报国资委备案同意后实施：净资产（指集团上年末合并净资产，下同）小于100亿元的企业，捐赠项目超过100万元的；净资产在100亿元至500亿元的企业，捐赠项目超过500万元的；净资产大于500亿元的企业，捐赠项目超过1000万元的。

（四）对于突发性重大自然灾害或者其他特殊事项超出预算范围需要紧急安排对外捐赠支出，不论金额大小，中央企业在履行内部决策程序之后，及时逐笔向国资委备案。

六、加强监督检查

各中央企业应当加强对外捐赠事项的财务监督工作，在实际发生对外捐赠支出后，应当规范账务处理，并将有关支出情况向社会公开。企业应当重视对外捐赠项目实施效果的后续跟踪，有条件的企业，应当组织对重大捐赠项目进行现场检查或审计，督促受益对象发挥捐赠的最大效益。企业应当通过纪检监察、内部审计、中介机构审计等多种渠道开展监督检查工作，及时查找企业在制度建设、工作组织、决策程序、预算安排、项目实施和财务处理等方面存在的问题，认真整改。派驻企业的监事会应当将企业对外捐赠管理与实施情况纳入监督检查范围。国资委将不定期组织对企业捐赠管理情况进行抽查，对制度不健全、未按规定程序决策、未及时向国资委报备等不规范行为，督促企业及时整改；对在对外捐赠过程中存在营私舞弊、滥用职权、转移国有资产等违法违规行为的，予以依法处理。

各中央企业要高度重视对外捐赠管理工作，积极参与社会公益事业，认真履行社会责任，坚持量力而行原则，完善制度，严格程序，规范管理，切实有效维护股东权益。

国有企业清产核资办法

（2003年9月9日）

第一章　总　　则

第一条　为加强对企业的国有资产监督管理，规范企业清产核资工作，真实反映企业的资产及财务状况，完善企业基础管理，为科学评价和规范考核企业经营绩效及国有资产保值增值提供依据，根据《企业国有资产监督管理暂行条例》等法律、法规，制定本办法。

第二条　本办法所称清产核资，是指国有资产监督管理机构根据国家专项工作要求或者企业特定经济行为需要，按照规定的工作程序、方法和政策，组织企业进行账务清理、财产清查，并依法认定企业的各项资产损溢，从而真实反映企业的资产价值和重新核定企业国有资本金的活动。

第三条　国务院，省、自治区、直辖市人民政府，设区的市、自治州级人民政府履行出资人职责的企业及其子企业或分支机构的清产核资，适用本办法。

第四条　企业清产核资包括账务清理、资产清查、价值重估、损溢认定、资金核实和完善制度等内容。

第五条　企业清产核资清出的各项资产损失和资金挂账，依据国家清产核资有关法律、法规、规章和财务会计制度的规定处理。

第六条　各级国有资产监督管理机构是企业清产核资工作的监督管理部门。

第二章　清产核资的范围

第七条　各级国有资产监督管理机构对符合下列情形之一的，可以要求企业进行清产核资：

（一）企业资产损失和资金挂账超过所有者权益，或者企业会计信息严重失真、账实严重不符的；

（二）企业受重大自然灾害或者其他重大、紧急情况等不可抗力因素影响，造成严重资产损失的；

（三）企业账务出现严重异常情况，或者国有资产出现重大流失的；

（四）其他应当进行清产核资的情形。

第八条 符合下列情形之一，需要进行清产核资的，由企业提出申请，报同级国有资产监督管理机构批准：

（一）企业分立、合并、重组、改制、撤销等经济行为涉及资产或产权结构重大变动情况的；

（二）企业会计政策发生重大更改，涉及资产核算方法发生重要变化情况的；

（三）国家有关法律法规规定企业特定经济行为必须开展清产核资工作的。

第三章 清产核资的内容

第九条 账务清理是指对企业的各种银行账户、会计核算科目、各类库存现金和有价证券等基本财务情况进行全面核对和清理，以及对企业的各项内部资金往来进行全面核对和清理，以保证企业账账相符，账证相符，促进企业账务的全面、准确和真实。

第十条 资产清查是指对企业的各项资产进行全面的清理、核对和查实。在资产清查中把实物盘点同核实账务结合起来，把清理资产同核查负债和所有者权益结合起来，重点做好各类应收及预付账款、各项对外投资、账外资产的清理，以及做好企业有关抵押、担保等事项的清理。

企业对清查出的各种资产盘盈和盘亏、报废及坏账等损失按照清产核资要求进行分类排队，提出相关处理意见。

第十一条 价值重估是对企业账面价值和实际价值背离较大的主要固定资产和流动资产按照国家规定方法、标准进行重新估价。

企业在以前清产核资中已经进行资产价值重估或者因特定经济行为需要已经进行资产评估的，可以不再进行价值重估。

第十二条 损溢认定是指国有资产监督管理机构依据国家清产核资政策和有关财务会计制度规定，对企业申报的各项资产损溢和资金挂账进行认证。

企业资产损失认定的具体办法另行制定。

第十三条　资金核实是指国有资产监督管理机构根据企业上报的资产盘盈和资产损失、资金挂账等清产核资工作结果，依据国家清产核资政策和有关财务会计制度规定，组织进行审核并批复准予账务处理，重新核定企业实际占用的国有资本金数额。

第十四条　企业占用的国有资本金数额经重新核定后，应当作为国有资产监督管理机构评价企业经营绩效及考核国有资产保值增值的基数。

第四章　清产核资的程序

第十五条　企业清产核资除国家另有规定外，应当按照下列程序进行：

（一）企业提出申请；

（二）国有资产监督管理机构批复同意立项；

（三）企业制定工作实施方案，并组织账务清理、资产清查等工作；

（四）聘请社会中介机构对清产核资结果进行专项财务审计和对有关损溢提出鉴证证明；

（五）企业上报清产核资工作结果报告及社会中介机构专项审计报告；

（六）国有资产监督管理机构对资产损溢进行认定，对资金核实结果进行批复；

（七）企业根据清产核资资金核实结果批复调账；

（八）企业办理相关产权变更登记和工商变更登记；

（九）企业完善各项规章制度。

第十六条　所出资企业由于国有产权转让、出售等发生控股权转移等产权重大变动需要开展清产核资的，由同级国有资产监督管理机构组织实施并负责委托社会中介机构。

第十七条　子企业由于国有产权转让、出售等发生控股权转移等重大产权变动的，可以由所出资企业自行组织开展清产核资工作。对有关资产损溢和资金挂账的处理，按规定程序申报批准。

第十八条　企业清产核资申请报告应当说明清产核资的原因、范围、组织和步骤及工作基准日。

对企业提出的清产核资申请，同级国有资产监督管理机构根据本办法和国家有关规定进行审核，经同意后批复企业开展清产核资工作。

第十九条　企业实施清产核资按下列步骤进行：

（一）指定内设的财务管理机构、资产管理机构或者多个部门组成的清产核资临时办事机构，统称为清产核资机构，负责具体组织清产核资工作；

（二）制定本企业的清产核资实施方案；

（三）聘请符合资质条件的社会中介机构；

（四）按照清产核资工作的内容和要求具体组织实施各项工作；

（五）向同级国有资产监督管理机构报送由企业法人代表签字、加盖公章的清产核资工作结果申报材料。

第二十条 企业清产核资实施方案以及所聘社会中介机构的名单和资质情况应当报同级国有资产监督管理机构备案。

第二十一条 企业清产核资工作结果申报材料主要包括下列内容：

（一）清产核资工作报告。主要反映本企业的清产核资工作基本情况，包括：企业清产核资的工作基准日、范围、内容、结果，以及基准日资产及财务状况；

（二）按规定表式和软件填报的清产核资报表及相关材料；

（三）需申报处理的资产损溢和资金挂账等情况，相关材料应当单独汇编成册，并附有关原始凭证资料和具有法律效力的证明材料；

（四）子企业是股份制企业的，还应当附送经该企业董事会或者股东会同意对清产核资损溢进行处理的书面证明材料；

（五）社会中介机构根据企业清产核资的结果，出具经注册会计师签字的清产核资专项财务审计报告并编制清产核资后的企业会计报表；

（六）其他需提供的备查材料。

第二十二条 国有资产监督管理机构收到企业报送的清产核资工作结果申报材料后，应当进行认真核实，在规定时限内出具清产核资资金核实的批复文件。

第二十三条 企业应当按照国有资产监督管理机构的清产核资批复文件，对企业进行账务处理，并将账务处理结果报国有资产监督管理机构备案。

第二十四条 企业在接到清产核资的批复30个工作日内，应当到同级国有资产监督管理机构办理相应的产权变更登记手续，涉及企业注册资本变动的，应当在规定的时间内到工商行政管理部门办理工商变更登记手续。

第五章 清产核资的组织

第二十五条 企业清产核资工作按照统一规范、分级管理的原则，由同级国有资产监督管理机构组织指导和监督检查。

第二十六条 各级国有资产监督管理机构负责本级人民政府批准或者交办的企业清产核资组织工作。

第二十七条 国务院国有资产监督管理委员会在企业清产核资中履行下列职责：

（一）制定全国企业清产核资规章、制度和办法；

（二）负责所出资企业清产核资工作的组织指导和监督检查；

（三）负责对所出资企业的各项资产损溢进行认定，并对企业占用的国有资本进行核实；

（四）指导地方国有资产监督管理机构开展企业清产核资工作。

第二十八条 地方国有资产监督管理机构在企业清产核资中履行下列监管职责：

（一）依据国家有关清产核资规章、制度、办法和规定的工作程序，负责本级人民政府所出资企业清产核资工作的组织指导和监督检查；

（二）负责对本级人民政府所出资企业的各项资产损溢进行认定，并对企业占用的国有资本进行核实；

（三）指导下一级国有资产监督管理机构开展企业清产核资工作；

（四）向上一级国有资产监督管理机构及时报告工作情况。

第二十九条 企业清产核资机构负责组织企业的清产核资工作，向同级国有资产监督管理机构报送相关资料，根据同级国有资产监督管理机构清产核资批复组织企业本部及子企业进行调账。

第三十条 企业投资设立的各类多元投资企业的清产核资工作，由实际控股或协议主管的上级企业负责组织，并将有关清产核资结果及时通知其他有关各方。

第六章 清产核资的要求

第三十一条 各级国有资产监督管理机构应当加强企业清产核资的组织领导，加强监督检查，对企业清产核资工作结果的审核和资产损失的认定，应当严格执行国家清产核资有关的法律、法规、规章和有关财务会计制度规定，严格把关，依法办事，严肃工作纪律。

第三十二条 各级国有资产监督管理机构应当对企业清产核资情况及相关社会中介机构清产核资审计情况进行监督，对社会中介机构所出具专项财务审计报告的程序和内容进行检查。

第三十三条 企业进行清产核资应当做到全面彻底、不重不漏、账实相符，通过核实“家底”，找出企业经营管理中存在的矛盾和问题，以便完善制度、加强管理、堵塞漏洞。

第三十四条 企业在清产核资工作中应当坚持实事求是的原则，如实反映存在问题，清查出来的问题应当及时申报，不得瞒报虚报。

企业清产核资申报处理的各项资产损失应当提供具有法律效力的证明材料。

第三十五条 企业在清产核资中应当认真清理各项长期积压的存货，以及各种未使用、剩余、闲置或因技术落后淘汰的固定资产、工程物资，并组织力量进行处置，积极变现或者收回残值。

第三十六条 企业在完成清产核资后，应当全面总结，认真分析在资产及财务日常管理中存在的问题，提出相应整改措施和实施计划，强化内部财务控制，建立相关的资产损失责任追究制度，以及进一步完善企业经济责任审计和企业负责人离任审计制度。

第三十七条 企业清产核资中产权归属不清或者有争议的资产，可以在清产核资工作结束后，依据国家有关法规，向同级国有资产监督管理机构另行申报产权界定。

第三十八条 企业对经批复同意核销的各项不良债权、不良投资及实物资产损失，应当加强管理，建立账销案存管理制度，组织力量或成立专门机构积极清理和追索，避免国有资产流失。

第三十九条 企业应当在清产核资中认真清理各项账外资产、负债，对经批准同意入账的各项盘盈资产及同意账务处理的有关负债，应当及时纳入企业日常资产及财务管理的范围。

第四十条 企业对清产核资中反映出的各项管理问题应当认真总结经验，分清工作责任，建立各项管理制度，并严格落实。应当建立健全不良资产管理机制，巩固清产核资成果。

第四十一条 除涉及国家安全的特殊企业以外，企业清产核资工作结果须委托符合资质条件的社会中介机构进行专项财务审计。

第四十二条 社会中介机构应当按照独立、客观、公正的原则，履行必要的审计程序，认真核实企业的各项清产核资材料，并按规定进行实物盘点和账务核对。对企业资产损溢按照国家清产核资政策和有关财务会计制度规定的损溢确定标准，在充分调查研究、论证的基础上进行职业推断和合规评判，提出经济鉴证意见，并出具鉴证证明。

第四十三条 进行清产核资的企业应当积极配合社会中介机构的工作，提供审计工作和经济鉴证所必要的资料和线索。企业和个人不得干预社会中介机构的正常执业行为。社会中介机构的审计工作和经济鉴证工作享有法律规定的权力，承担法律规定的义务。

第四十四条 企业及社会中介机构应当根据会计档案管理的要求，妥善保管有关清产核资各项工作的底稿，以备检查。

第七章 法律责任

第四十五条 企业在清产核资中违反本办法所规定程序的，由同级国有资产监督管理机构责令其限期改正；企业清产核资工作质量不符合规定要求的，由同级国有资产监督管理机构责令其重新开展清产核资。

第四十六条 企业在清产核资中有意瞒报情况，或者弄虚作假、提供虚假会计资料的，由同级国有资产监督管理机构责令改正，根据《中华人民共和国会计法》和《企业国有资产监督管理暂行条例》等有关法律、法规规定予以处罚；对企业负责人和直接责任人员依法给予行政和纪律处分。

第四十七条 企业负责人和有关工作人员在清产核资中，采取隐瞒不报、低价变卖、虚报损失等手段侵吞、转移国有资产的，由同级国有资产监督管理机构责令改正，并依法给予行政和纪律处分；构成犯罪的，依法追究刑事责任。

第四十八条 企业负责人对申报的清产核资工作结果真实性、完整性承担责任；社会中介机构对企业清产核资审计报告的准确性、可靠性承担责任。

第四十九条 社会中介机构及有关当事人在清产核资中与企业相互串通，弄虚作假、提供虚假鉴证材料的，由同级国有资产监督管理机构会同有关部门依法查处；构成犯罪的，依法追究刑事责任。

第五十条 国有资产监督管理机构工作人员在对企业清产核资工作结果进行审核过程中徇私舞弊，造成重大工作过失的，应当依法给予行政和纪律处分；构成犯罪的，依法追究刑事责任。

第八章 附　　则

第五十一条 各省、自治区、直辖市和计划单列市的国有资产监督管理机构可依据本办法制定本地区的具体实施办法。

第五十二条 各中央部门管理的企业的清产核资工作参照本办法执行。

第五十三条 本办法实施前的有关企业清产核资工作的规章制度与本办法不一致的，依照本办法的规定执行。

第五十四条 本办法由国务院国有资产监督管理委员会负责解释。

第五十五条 本办法自发布之日起施行。

中华人民共和国发票管理办法

（1993 年 12 月 12 日国务院批准　1993 年 12 月 23 日财政部令第 6 号发布　根据 2019 年 3 月 2 日《国务院关于修改部分行政法规的决定》修订）

第一章　总　　则

第一条　为了加强发票管理和财务监督，保障国家税收收入，维护经济秩序，根据《中华人民共和国税收征收管理法》，制定本办法。

第二条　在中华人民共和国境内印制、领购、开具、取得、保管、缴销发票的单位和个人（以下称印制、使用发票的单位和个人），必须遵守本办法。

第三条　本办法所称发票，是指在购销商品、提供或者接受服务以及从事其他经营活动中，开具、收取的收付款凭证。

第四条　国务院税务主管部门统一负责全国的发票管理工作。省、自治区、直辖市税务机关依据职责做好本行政区域内的发票管理工作。

财政、审计、市场监督管理、公安等有关部门在各自的职责范围内，配合税务机关做好发票管理工作。

第五条　发票的种类、联次、内容以及使用范围由国务院税务主管部门规定。

第六条　对违反发票管理法规的行为，任何单位和个人可以举报。税务机关应当为检举人保密，并酌情给予奖励。

第二章　发票的印制

第七条　增值税专用发票由国务院税务主管部门确定的企业印制；其他发票，按照国务院税务主管部门的规定，由省、自治区、直辖市税务机关确定的企业印制。禁止私自印制、伪造、变造发票。

第八条　印制发票的企业应当具备下列条件：

（一）取得印刷经营许可证和营业执照；

（二）设备、技术水平能够满足印制发票的需要；

（三）有健全的财务制度和严格的质量监督、安全管理、保密制度。

税务机关应当以招标方式确定印制发票的企业，并发给发票准印证。

第九条 印制发票应当使用国务院税务主管部门确定的全国统一的发票防伪专用品。禁止非法制造发票防伪专用品。

第十条 发票应当套印全国统一发票监制章。全国统一发票监制章的式样和发票版面印刷的要求，由国务院税务主管部门规定。发票监制章由省、自治区、直辖市税务机关制作。禁止伪造发票监制章。

发票实行不定期换版制度。

第十一条 印制发票的企业按照税务机关的统一规定，建立发票印制管理制度和保管措施。

发票监制章和发票防伪专用品的使用和管理实行专人负责制度。

第十二条 印制发票的企业必须按照税务机关批准的式样和数量印制发票。

第十三条 发票应当使用中文印制。民族自治地方的发票，可以加印当地一种通用的民族文字。有实际需要的，也可以同时使用中外两种文字印制。

第十四条 各省、自治区、直辖市内的单位和个人使用的发票，除增值税专用发票外，应当在本省、自治区、直辖市内印制；确有必要到外省、自治区、直辖市印制的，应当由省、自治区、直辖市税务机关商印制地省、自治区、直辖市税务机关同意，由印制地省、自治区、直辖市税务机关确定的企业印制。

禁止在境外印制发票。

第三章 发票的领购

第十五条 需要领购发票的单位和个人，应当持税务登记证件、经办人身份证明、按照国务院税务主管部门规定式样制作的发票专用章的印模，向主管税务机关办理发票领购手续。主管税务机关根据领购单位和个人的经营范围和规模，确认领购发票的种类、数量以及领购方式，在5个工作日内发给发票领购簿。

单位和个人领购发票时，应当按照税务机关的规定报告发票使用情况，税务机关应当按照规定进行查验。

第十六条 需要临时使用发票的单位和个人，可以凭购销商品、提供或者接受服务以及从事其他经营活动的书面证明、经办人身份证明，直接向经营地税务机关申请代开发票。依照税收法律、行政法规规定应当缴纳税款的，税务机关应当先征收税款，再开具发票。税务机关根据发票管理的需要，可以按照国务院税务主管部门的规定委托其他单位代开发票。

禁止非法代开发票。

第十七条 临时到本省、自治区、直辖市以外从事经营活动的单位或者个人，应当凭所在地税务机关的证明，向经营地税务机关领购经营地的发票。

临时在本省、自治区、直辖市以内跨市、县从事经营活动领购发票的办法，由省、自治区、直辖市税务机关规定。

第十八条 税务机关对外省、自治区、直辖市来本辖区从事临时经营活动的单位和个人领购发票的，可以要求其提供保证人或者根据所领购发票的票面限额以及数量交纳不超过1万元的保证金，并限期缴销发票。

按期缴销发票的，解除保证人的担保义务或者退还保证金；未按期缴销发票的，由保证人或者以保证金承担法律责任。

税务机关收取保证金应当开具资金往来结算票据。

第四章　发票的开具和保管

第十九条 销售商品、提供服务以及从事其他经营活动的单位和个人，对外发生经营业务收取款项，收款方应当向付款方开具发票；特殊情况下，由付款方向收款方开具发票。

第二十条 所有单位和从事生产、经营活动的个人在购买商品、接受服务以及从事其他经营活动支付款项，应当向收款方取得发票。取得发票时，不得要求变更品名和金额。

第二十一条 不符合规定的发票，不得作为财务报销凭证，任何单位和个人有权拒收。

第二十二条 开具发票应当按照规定的时限、顺序、栏目，全部联次一次性如实开具，并加盖发票专用章。

任何单位和个人不得有下列虚开发票行为：

（一）为他人、为自己开具与实际经营业务情况不符的发票；

（二）让他人为自己开具与实际经营业务情况不符的发票；

（三）介绍他人开具与实际经营业务情况不符的发票。

第二十三条 安装税控装置的单位和个人，应当按照规定使用税控装置开具发票，并按期向主管税务机关报送开具发票的数据。

使用非税控电子器具开具发票的，应当将非税控电子器具使用的软件程序说明资料报主管税务机关备案，并按照规定保存、报送开具发票的数据。

国家推广使用网络发票管理系统开具发票，具体管理办法由国务院税务主管部门制定。

第二十四条 任何单位和个人应当按照发票管理规定使用发票，不得有下列行为：

（一）转借、转让、介绍他人转让发票、发票监制章和发票防伪专用品；

（二）知道或者应当知道是私自印制、伪造、变造、非法取得或者废止的发票而受让、开具、存放、携带、邮寄、运输；

（三）拆本使用发票；

（四）扩大发票使用范围；

（五）以其他凭证代替发票使用。

税务机关应当提供查询发票真伪的便捷渠道。

第二十五条 除国务院税务主管部门规定的特殊情形外，发票限于领购单位和个人在本省、自治区、直辖市内开具。

省、自治区、直辖市税务机关可以规定跨市、县开具发票的办法。

第二十六条 除国务院税务主管部门规定的特殊情形外，任何单位和个人不得跨规定的使用区域携带、邮寄、运输空白发票。

禁止携带、邮寄或者运输空白发票出入境。

第二十七条 开具发票的单位和个人应当建立发票使用登记制度，设置发票登记簿，并定期向主管税务机关报告发票使用情况。

第二十八条 开具发票的单位和个人应当在办理变更或者注销税务登记的同时，办理发票和发票领购簿的变更、缴销手续。

第二十九条 开具发票的单位和个人应当按照税务机关的规定存放和保管发票，不得擅自损毁。已经开具的发票存根联和发票登记簿，应当保存5年。保存期满，报经税务机关查验后销毁。

第五章 发票的检查

第三十条 税务机关在发票管理中有权进行下列检查：

（一）检查印制、领购、开具、取得、保管和缴销发票的情况；

（二）调出发票查验；

（三）查阅、复制与发票有关的凭证、资料；

（四）向当事各方询问与发票有关的问题和情况；

（五）在查处发票案件时，对与案件有关的情况和资料，可以记录、录音、录像、照像和复制。

第三十一条 印制、使用发票的单位和个人，必须接受税务机关依法检查，如实反映情况，提供有关资料，不得拒绝、隐瞒。

税务人员进行检查时，应当出示税务检查证。

第三十二条 税务机关需要将已开具的发票调出查验时，应当向被查验的单位和个人开具发票换票证。发票换票证与所调出查验的发票有同等的效力。被调出查验发票的单位和个人不得拒绝接受。

税务机关需要将空白发票调出查验时，应当开具收据；经查无问题的，应当及时返还。

第三十三条 单位和个人从中国境外取得的与纳税有关的发票或者凭证，税务机关在纳税审查时有疑义的，可以要求其提供境外公证机构或者注册会计师的确认证明，经税务机关审核认可后，方可作为记账核算的凭证。

第三十四条 税务机关在发票检查中需要核对发票存根联与发票联填写情况时，可以向持有发票或者发票存根联的单位发出发票填写情况核对卡，有关单位应当如实填写，按期报回。

第六章 罚 则

第三十五条 违反本办法的规定，有下列情形之一的，由税务机关责令改正，可以处1万元以下的罚款；有违法所得的予以没收：

（一）应当开具而未开具发票，或者未按照规定的时限、顺序、栏目，全部联次一次性开具发票，或者未加盖发票专用章的；

（二）使用税控装置开具发票，未按期向主管税务机关报送开具发票的数据的；

（三）使用非税控电子器具开具发票，未将非税控电子器具使用的软件程序说明资料报主管税务机关备案，或者未按照规定保存、报送开具发票的数据的；

（四）拆本使用发票的；

（五）扩大发票使用范围的；

（六）以其他凭证代替发票使用的；

（七）跨规定区域开具发票的；

（八）未按照规定缴销发票的；

（九）未按照规定存放和保管发票的。

第三十六条 跨规定的使用区域携带、邮寄、运输空白发票，以及携带、邮寄或者运输空白发票出入境的，由税务机关责令改正，可以处 1 万元以下的罚款；情节严重的，处 1 万元以上 3 万元以下的罚款；有违法所得的予以没收。

丢失发票或者擅自损毁发票的，依照前款规定处罚。

第三十七条 违反本办法第二十二条第二款的规定虚开发票的，由税务机关没收违法所得；虚开金额在 1 万元以下的，可以并处 5 万元以下的罚款；虚开金额超过 1 万元的，并处 5 万元以上 50 万元以下的罚款；构成犯罪的，依法追究刑事责任。

非法代开发票的，依照前款规定处罚。

第三十八条 私自印制、伪造、变造发票，非法制造发票防伪专用品，伪造发票监制章的，由税务机关没收违法所得，没收、销毁作案工具和非法物品，并处 1 万元以上 5 万元以下的罚款；情节严重的，并处 5 万元以上 50 万元以下的罚款；对印制发票的企业，可以并处吊销发票准印证；构成犯罪的，依法追究刑事责任。

前款规定的处罚，《中华人民共和国税收征收管理法》有规定的，依照其规定执行。

第三十九条 有下列情形之一的，由税务机关处 1 万元以上 5 万元以下的罚款；情节严重的，处 5 万元以上 50 万元以下的罚款；有违法所得的予以没收：

（一）转借、转让、介绍他人转让发票、发票监制章和发票防伪专用品的；

（二）知道或者应当知道是私自印制、伪造、变造、非法取得或者废止的发票而受让、开具、存放、携带、邮寄、运输的。

第四十条 对违反发票管理规定 2 次以上或者情节严重的单位和个人，税务机关可以向社会公告。

第四十一条 违反发票管理法规，导致其他单位或者个人未缴、少缴或者骗取税款的，由税务机关没收违法所得，可以并处未缴、少缴或者骗取的税款1倍以下的罚款。

第四十二条 当事人对税务机关的处罚决定不服的，可以依法申请行政复议或者向人民法院提起行政诉讼。

第四十三条 税务人员利用职权之便，故意刁难印制、使用发票的单位和个人，或者有违反发票管理法规行为的，依照国家有关规定给予处分；构成犯罪的，依法追究刑事责任。

第七章 附 则

第四十四条 国务院税务主管部门可以根据有关行业特殊的经营方式和业务需求，会同国务院有关主管部门制定该行业的发票管理办法。

国务院税务主管部门可以根据增值税专用发票管理的特殊需要，制定增值税专用发票的具体管理办法。

第四十五条 本办法自发布之日起施行。财政部1986年发布的《全国发票管理暂行办法》和原国家税务局1991年发布的《关于对外商投资企业和外国企业发票管理的暂行规定》同时废止。

七

审计监督

中华人民共和国审计法（节录）

（1994年8月31日第八届全国人民代表大会常务委员会第九次会议通过　根据2006年2月28日第十届全国人民代表大会常务委员会第二十次会议《关于修改〈中华人民共和国审计法〉的决定》第一次修正　根据2021年10月23日第十三届全国人民代表大会常务委员会第三十一次会议《关于修改〈中华人民共和国审计法〉的决定》第二次修正）

……

第三章　审计机关职责

第十八条　审计机关对本级各部门（含直属单位）和下级政府预算的执行情况和决算以及其他财政收支情况，进行审计监督。

第十九条　审计署在国务院总理领导下，对中央预算执行情况、决算草案以及其他财政收支情况进行审计监督，向国务院总理提出审计结果报告。

地方各级审计机关分别在省长、自治区主席、市长、州长、县长、区长和上一级审计机关的领导下，对本级预算执行情况、决算草案以及其他财政收支情况进行审计监督，向本级人民政府和上一级审计机关提出审计结果报告。

第二十条　审计署对中央银行的财务收支，进行审计监督。

第二十一条　审计机关对国家的事业组织和使用财政资金的其他事业组织的财务收支，进行审计监督。

第二十二条　审计机关对国有企业、国有金融机构和国有资本占控股地位或者主导地位的企业、金融机构的资产、负债、损益以及其他财务收支情况，进行审计监督。

遇有涉及国家财政金融重大利益情形，为维护国家经济安全，经国务院批准，审计署可以对前款规定以外的金融机构进行专项审计调查或者审计。

第二十三条　审计机关对政府投资和以政府投资为主的建设项目的预算

执行情况和决算，对其他关系国家利益和公共利益的重大公共工程项目的资金管理使用和建设运营情况，进行审计监督。

第二十四条 审计机关对国有资源、国有资产，进行审计监督。

审计机关对政府部门管理的和其他单位受政府委托管理的社会保险基金、全国社会保障基金、社会捐赠资金以及其他公共资金的财务收支，进行审计监督。

第二十五条 审计机关对国际组织和外国政府援助、贷款项目的财务收支，进行审计监督。

第二十六条 根据经批准的审计项目计划安排，审计机关可以对被审计单位贯彻落实国家重大经济社会政策措施情况进行审计监督。

第二十七条 除本法规定的审计事项外，审计机关对其他法律、行政法规规定应当由审计机关进行审计的事项，依照本法和有关法律、行政法规的规定进行审计监督。

第二十八条 审计机关可以对被审计单位依法应当接受审计的事项进行全面审计，也可以对其中的特定事项进行专项审计。

第二十九条 审计机关有权对与国家财政收支有关的特定事项，向有关地方、部门、单位进行专项审计调查，并向本级人民政府和上一级审计机关报告审计调查结果。

第三十条 审计机关履行审计监督职责，发现经济社会运行中存在风险隐患的，应当及时向本级人民政府报告或者向有关主管机关、单位通报。

第三十一条 审计机关根据被审计单位的财政、财务隶属关系或者国有资源、国有资产监督管理关系，确定审计管辖范围。

审计机关之间对审计管辖范围有争议的，由其共同的上级审计机关确定。

上级审计机关对其审计管辖范围内的审计事项，可以授权下级审计机关进行审计，但本法第十八条至第二十条规定的审计事项不得进行授权；上级审计机关对下级审计机关审计管辖范围内的重大审计事项，可以直接进行审计，但是应当防止不必要的重复审计。

第三十二条 被审计单位应当加强对内部审计工作的领导，按照国家有关规定建立健全内部审计制度。

审计机关应当对被审计单位的内部审计工作进行业务指导和监督。

第三十三条 社会审计机构审计的单位依法属于被审计单位的，审计机关按照国务院的规定，有权对该社会审计机构出具的相关审计报告进行核查。

第四章　审计机关权限

第三十四条　审计机关有权要求被审计单位按照审计机关的规定提供财务、会计资料以及与财政收支、财务收支有关的业务、管理等资料，包括电子数据和有关文档。被审计单位不得拒绝、拖延、谎报。

被审计单位负责人应当对本单位提供资料的及时性、真实性和完整性负责。

审计机关对取得的电子数据等资料进行综合分析，需要向被审计单位核实有关情况的，被审计单位应当予以配合。

第三十五条　国家政务信息系统和数据共享平台应当按照规定向审计机关开放。

审计机关通过政务信息系统和数据共享平台取得的电子数据等资料能够满足需要的，不得要求被审计单位重复提供。

第三十六条　审计机关进行审计时，有权检查被审计单位的财务、会计资料以及与财政收支、财务收支有关的业务、管理等资料和资产，有权检查被审计单位信息系统的安全性、可靠性、经济性，被审计单位不得拒绝。

第三十七条　审计机关进行审计时，有权就审计事项的有关问题向有关单位和个人进行调查，并取得有关证明材料。有关单位和个人应当支持、协助审计机关工作，如实向审计机关反映情况，提供有关证明材料。

审计机关经县级以上人民政府审计机关负责人批准，有权查询被审计单位在金融机构的账户。

审计机关有证据证明被审计单位违反国家规定将公款转入其他单位、个人在金融机构账户的，经县级以上人民政府审计机关主要负责人批准，有权查询有关单位、个人在金融机构与审计事项相关的存款。

第三十八条　审计机关进行审计时，被审计单位不得转移、隐匿、篡改、毁弃财务、会计资料以及与财政收支、财务收支有关的业务、管理等资料，不得转移、隐匿、故意毁损所持有的违反国家规定取得的资产。

审计机关对被审计单位违反前款规定的行为，有权予以制止；必要时，经县级以上人民政府审计机关负责人批准，有权封存有关资料和违反国家规定取得的资产；对其中在金融机构的有关存款需要予以冻结的，应当向人民法院提出申请。

审计机关对被审计单位正在进行的违反国家规定的财政收支、财务收支行为，有权予以制止；制止无效的，经县级以上人民政府审计机关负责人批准，通知财政部门和有关主管机关、单位暂停拨付与违反国家规定的财政收支、财务收支行为直接有关的款项，已经拨付的，暂停使用。

审计机关采取前两款规定的措施不得影响被审计单位合法的业务活动和生产经营活动。

第三十九条 审计机关认为被审计单位所执行的上级主管机关、单位有关财政收支、财务收支的规定与法律、行政法规相抵触的，应当建议有关主管机关、单位纠正；有关主管机关、单位不予纠正的，审计机关应当提请有权处理的机关、单位依法处理。

第四十条 审计机关可以向政府有关部门通报或者向社会公布审计结果。

审计机关通报或者公布审计结果，应当保守国家秘密、工作秘密、商业秘密、个人隐私和个人信息，遵守法律、行政法规和国务院的有关规定。

第四十一条 审计机关履行审计监督职责，可以提请公安、财政、自然资源、生态环境、海关、税务、市场监督管理等机关予以协助。有关机关应当依法予以配合。

第五章 审计程序

第四十二条 审计机关根据经批准的审计项目计划确定的审计事项组成审计组，并应当在实施审计三日前，向被审计单位送达审计通知书；遇有特殊情况，经县级以上人民政府审计机关负责人批准，可以直接持审计通知书实施审计。

被审计单位应当配合审计机关的工作，并提供必要的工作条件。

审计机关应当提高审计工作效率。

第四十三条 审计人员通过审查财务、会计资料，查阅与审计事项有关的文件、资料，检查现金、实物、有价证券和信息系统，向有关单位和个人调查等方式进行审计，并取得证明材料。

向有关单位和个人进行调查时，审计人员应当不少于二人，并出示其工作证件和审计通知书副本。

第四十四条 审计组对审计事项实施审计后，应当向审计机关提出审计组的审计报告。审计组的审计报告报送审计机关前，应当征求被审计单位的意见。被审计单位应当自接到审计组的审计报告之日起十日内，将其书面意见送交审计组。审计组应当将被审计单位的书面意见一并报送审计机关。

第四十五条 审计机关按照审计署规定的程序对审计组的审计报告进行审议，并对被审计单位对审计组的审计报告提出的意见一并研究后，出具审计机关的审计报告。对违反国家规定的财政收支、财务收支行为，依法应当给予处理、处罚的，审计机关在法定职权范围内作出审计决定；需要移送有关主管机关、单位处理、处罚的，审计机关应当依法移送。

审计机关应当将审计机关的审计报告和审计决定送达被审计单位和有关主管机关、单位，并报上一级审计机关。审计决定自送达之日起生效。

第四十六条 上级审计机关认为下级审计机关作出的审计决定违反国家有关规定的，可以责成下级审计机关予以变更或者撤销，必要时也可以直接作出变更或者撤销的决定。

第六章 法律责任

第四十七条 被审计单位违反本法规定，拒绝、拖延提供与审计事项有关的资料的，或者提供的资料不真实、不完整的，或者拒绝、阻碍检查、调查、核实有关情况的，由审计机关责令改正，可以通报批评，给予警告；拒不改正的，依法追究法律责任。

第四十八条 被审计单位违反本法规定，转移、隐匿、篡改、毁弃财务、会计资料以及与财政收支、财务收支有关的业务、管理等资料，或者转移、隐匿、故意毁损所持有的违反国家规定取得的资产，审计机关认为对直接负责的主管人员和其他直接责任人员依法应当给予处分的，应当向被审计单位提出处理建议，或者移送监察机关和有关主管机关、单位处理，有关机关、单位应当将处理结果书面告知审计机关；构成犯罪的，依法追究刑事责任。

第四十九条 对本级各部门（含直属单位）和下级政府违反预算的行为或者其他违反国家规定的财政收支行为，审计机关、人民政府或者有关主管机关、单位在法定职权范围内，依照法律、行政法规的规定，区别情况采取下列处理措施：

（一）责令限期缴纳应当上缴的款项；

（二）责令限期退还被侵占的国有资产；

（三）责令限期退还违法所得；

（四）责令按照国家统一的财务、会计制度的有关规定进行处理；

（五）其他处理措施。

第五十条 对被审计单位违反国家规定的财务收支行为，审计机关、人民政府或者有关主管机关、单位在法定职权范围内，依照法律、行政法规的规定，区别情况采取前条规定的处理措施，并可以依法给予处罚。

第五十一条 审计机关在法定职权范围内作出的审计决定，被审计单位应当执行。

审计机关依法责令被审计单位缴纳应当上缴的款项，被审计单位拒不执行的，审计机关应当通报有关主管机关、单位，有关主管机关、单位应当依照有关法律、行政法规的规定予以扣缴或者采取其他处理措施，并将处理结果书面告知审计机关。

第五十二条 被审计单位应当按照规定时间整改审计查出的问题，将整改情况报告审计机关，同时向本级人民政府或者有关主管机关、单位报告，并按照规定向社会公布。

各级人民政府和有关主管机关、单位应当督促被审计单位整改审计查出的问题。审计机关应当对被审计单位整改情况进行跟踪检查。

审计结果以及整改情况应当作为考核、任免、奖惩领导干部和制定政策、完善制度的重要参考；拒不整改或者整改时弄虚作假的，依法追究法律责任。

第五十三条 被审计单位对审计机关作出的有关财务收支的审计决定不服的，可以依法申请行政复议或者提起行政诉讼。

被审计单位对审计机关作出的有关财政收支的审计决定不服的，可以提请审计机关的本级人民政府裁决，本级人民政府的裁决为最终决定。

第五十四条 被审计单位的财政收支、财务收支违反国家规定，审计机关认为对直接负责的主管人员和其他直接责任人员依法应当给予处分的，应当向被审计单位提出处理建议，或者移送监察机关和有关主管机关、单位处理，有关机关、单位应当将处理结果书面告知审计机关。

第五十五条 被审计单位的财政收支、财务收支违反法律、行政法规的规定，构成犯罪的，依法追究刑事责任。

第五十六条 报复陷害审计人员的，依法给予处分；构成犯罪的，依法追究刑事责任。

第五十七条　审计人员滥用职权、徇私舞弊、玩忽职守或者泄露、向他人非法提供所知悉的国家秘密、工作秘密、商业秘密、个人隐私和个人信息的，依法给予处分；构成犯罪的，依法追究刑事责任。

……

关于深化中央企业内部审计监督工作的实施意见

（2020 年 9 月 28 日）

为有效推动中央企业构建集中统一、全面覆盖、权威高效的审计监督体系，贯彻落实党中央、国务院关于深化国有企业和国有资本审计监督的工作部署，根据《中华人民共和国企业国有资产法》《中华人民共和国审计法》，按照《中共中央　国务院关于深化国有企业改革的指导意见》（中发〔2015〕22 号）、《国务院办公厅关于加强和改进企业国有资产监督防止国有资产流失的意见》（国办发〔2015〕79 号）、《审计署关于内部审计工作的规定》（审计署令第 11 号）等有关要求，制定本意见。

一、总体要求

深入贯彻落实党中央、国务院关于加快建立健全国有企业、国有资本审计监督体系和制度的工作部署，围绕形成以管资本为主的国有资产监管体制，推动中央企业建立符合中国特色现代企业制度要求的内部审计领导和管理体制机制，做到应审尽审、凡审必严，促进中央企业落实党和国家方针政策以及国有资产监管各项政策制度。深化企业改革，服务企业发展战略，提升公司治理水平和风险防范能力，助力中央企业加快实现转型升级、高质量发展和做强做优做大。

二、强化统一管控能力，进一步完善内部审计领导和管理体制机制

（一）建立健全内部审计领导体制。建立健全党委（党组）、董事会（或主要负责人）直接领导下的内部审计领导体制。党委（党组）要加强对内部审计工作的领导，不断健全和完善党委（党组）领导内部审计工作的制度和工作机制，强化对内部审计重大工作的顶层设计、统筹协调和督促落实。董事会负责审议内部审计基本制度、审计计划、重要审计报告，决定内部审计机构设置及其负责人，加强对内部审计重要事项的管理。董事长具体分管内部审计，是内部审计工作第一责任人。加快建立总审计师制度，协助党组织、董事会（或主要负责人）管理内部审计工作。经理层接受并积极配合内部审计监督，落实对内部审计发现问题的整改。内部审计机构向党委（党组）、董事会（或主要负责人）负责并报告工作。

（二）切实发挥董事会审计委员会管理和指导作用。落实董事会审计委员会作为董事会专门工作机构的职责，审计委员会要定期或不定期召开有关会议并形成会议记录、纪要，加强对审计计划、重点任务、整改落实等重要事项的管理和指导，督促年度审计计划及任务组织实施，研究重大审计结论和整改落实工作，评价内部审计机构工作成效，及时将有关情况报告董事会或提请董事会审议。

（三）不断完善集团统一管控的内部审计管理体制。强化集团总部对内部审计工作统一管控，统一制定审计计划、确定审计标准、调配审计资源，加快形成“上审下”的内部审计管理体制。推动所属二级子企业及二级以下重要子企业设置内部审计机构，未设置内部审计机构的子企业内部审计工作由上一级审计机构负责。所属子企业户数多、分布广或人员力量薄弱的企业，需设立审计中心或区域审计中心，规范开展集中审计或区域集中审计。各级内部审计机构审计计划、审计报告、审计发现问题、整改落实情况以及违规违纪违法问题线索移送等事项，在向本级党委（党组）及董事会报告的同时，应向上一级内部审计机构报告，审计发现的重大损失、重要事件和重大风险应及时向集团总部报告。

（四）健全内部审计制度体系。在不断完善内部审计各项制度规定基础上，对落实党和国家方针政策、国企改革重点任务、国有资产监管政策以及境外国有资产监管、内控体系建设等重要事项、重点领域和关键环节，补短板、填空白，持续构建符合国有资产监管要求和公司治理需要的企业内部审计制度体系。

（五）强化激励约束机制。落实审计工作结果签字背书责任制度，明确审计项目负责人及相关审计人员对审计结论和审计程序分别承担相应的审计责任。研究制定本企业审计质量考评标准，推动审计人员绩效考核结果与薪酬兑现、职业晋升、任职交流等挂钩，探索建立与其他业务部门差异化的内部审计考核体系，作为被审计对象的同级业务部门不参与对内部审计机构及其负责人的绩效测评。对审计工作中存在失职、渎职的要严肃追责问责，涉嫌违纪违法的，按程序移送纪检监察机构处理。下一级内部审计机构负责人任免和年度绩效考核结果需报上一级内部审计机构备案。

三、有效履行工作职责，全面提升内部审计监督效能

（六）积极推动内部审计监督无死角、全覆盖。坚持应审尽审、凡审必严，在贯彻执行党和国家重大方针政策、国资监管工作要求、完成国企改革重点任务、领导人员履行经济责任以及管理、使用和运营国有资本情况等方面全面规范开展各类审计监督，重点关注深化国有企业改革进程中的苗头性、倾向性、典型性问题。对所属子企业确保每5年至少轮审1次；对重大投资项目、重大风险领域和重要子企业实施重点审计，确保每年至少1次。企业可以根据审计工作需要，规范购买社会审计服务开展相关工作。

（七）加快推动内部审计信息化建设与应用。按照国有资产监管信息化建设要求，落实经费和技术保障措施，构建与“三重一大”决策、投资、财务、资金、运营、内控等业务信息系统相融合的“业审一体”信息化平台。及时准确提供审计所需电子数据，并根据审计人员层级赋予相应的数据查询权限。信息化基础较好的企业要积极运用大数据、云计算、人工智能等方式，探索建立审计实时监督平台，对重要子企业实施联网审计，提高审计监督时效性和审计质量。

（八）加强企业内部监督协同配合。加强与企业监事会、纪检监察、巡视以及法律、财务、违规责任追究等部门的沟通协调，将各方面集中反映的问题领域作为重点关注事项。通过联席会议、联合检查等方式，加强信息通报与交流、问题线索移送与协查等工作协同，对内部监督发现的共性问题或警示性问题在一定范围内进行通报，提高企业内部监督透明度和影响力。

（九）提升审计队伍专业化、职业化水平。选拔政治过硬、德才兼备、具备专业技能和业务知识的复合型人才充实审计队伍，鼓励审计人员参加相关执业资格考试。加大与财务、内控、运营、采购、销售、企业管理等业务部门之间的人员交流力度，拓宽内部审计人员职业发展通道，将内部审计岗位打造成企业内部人才培养和选拔任用的重要平台。落实审计专项经费预算，配备与企业规模、审计业务量等相适应的审计人员，打造专业化、职业化的内部审计工作队伍。

四、聚焦经济责任，促进权力规范运行和责任有效落实

（十）深化和改善经济责任审计工作。贯彻落实党中央、国务院关于深化和改善经济责任审计工作要求，围绕权力运行和责任落实，坚持以对领导人员任职期间审计为主，对所属二级子企业主要领导人员履行经济责任情况任期内至少审计1次，对掌握重要资金决策权、分配权、管理权、执行权和

监督权等关键岗位的主要领导人员加大审计力度。完善定性评价与定量评价相结合的审计评价体系，落实“三个区分开来”要求，审慎作出评价和结论，鼓励探索创新，激励担当作为，保护企业领导人员干事创业的积极性、主动性、创造性。

（十一）规范有效开展经济责任审计。聚焦经济责任，突出对党和国家重大方针政策、国资监管工作要求、企业改革发展目标任务等落实情况，企业法人治理结构的健全完善、投资经营、风险管控、内控体系建设与运行、整改落实等方面以及领导人员廉洁从业和贯彻落实中央八项规定精神情况的监督检查。研究确定经济责任审计中长期规划，制定年度审计计划，强化审计计划刚性约束，不断完善企业内部经济责任审计组织协调、审计程序、审计评价、审计结果运用等工作机制。建立健全经济责任审计情况通报、责任追究、整改落实、结果公告等制度，有效落实企业领导人员经济责任。

五、突出关键环节，强化对重点领域的监督力度

（十二）围绕提质增效稳增长开展全面监督。适应常态化疫情防控和国际形势变化，结合经营业绩考核指标，重点关注会计政策和会计估计变更、合并报表范围调整、期初数大额调整、收入确认、减值计提等会计核算事项，保障会计信息真实性。加大对成本费用管控目标实现情况、应收账款和存货“两金”管控目标完成情况、资金集中管控情况、人工成本管控情况以及降杠杆减负债等工作的审计力度。

（十三）突出主责主业专项监督。围绕持续推动国有资本布局优化，聚焦主责主业发展实体经济等工作要求，加大对非主业、非优势业务的“两非”剥离和无效资产、低效资产的“两资”处置情况的审计力度。将打通供应链、稳住产业链等工作落实情况以及投资项目负面清单执行、长期不分红甚至亏损的参股股权清理、通过股权代持或虚假合资等方式被民营企业挂靠等情况纳入内部审计重要任务。对国有资产监管机构政策措施和监管要求落实情况进行跟踪审计，推动各项工作要求落实到位。

（十四）对混合所有制改革全过程进行审计监督。将混合所有制改革过程中的决策审批、资产评估、交易定价、职工安置等环节纳入内部审计重点工作任务，及时纠正混合所有制改革过程中出现的问题和偏差。规范开展混合所有制改革中参股企业的审计，通过公司章程、参股协议等保障国有股东审计监督权限，对参股企业财务信息和经营情况进行审计监督，坚决杜绝“只投不管”现象。

（十五）强化大额资金管控监督。针对近年来电子支付、网络交易等新兴资金结算手段的普遍使用等资金管理新形态，重点关注关键岗位授权、不相容岗位分离等内控环节的健全完善及执行情况，深入揭示资金审批、结算、对账等各日常业务环节的薄弱点。对资金中心等资金管理机构每年至少应当审计 1 次，对负责资金审批和具体操作的关键岗位和重要环节应进行常态化监督。

（十六）加强对赌模式并购投资监督。将使用对赌模式开展的并购投资项目纳入内部审计重点工作任务，对对赌期内的被并购企业开展跟踪审计，对赌期结束后开展专项审计。重点关注对赌指标完成情况的真实性、完整性以及作为分期支付投资款或限售股份解禁、收取对赌补偿等程序重要依据的合规性，及时揭示问题，防止国有资产流失。

（十七）加大对高风险金融业务的监督力度。加大对金融业务领域贯彻中央重大决策部署、执行国家宏观调控和经济金融政策等方面审计力度，重点关注脱离主业盲目发展金融业务、脱实向虚、风险隐患较大业务清理整顿，以及投机开展金融衍生业务、“一把手”越权操作、超授权交易等内容。对重点金融子企业和信托、债券、金融衍生品等高风险金融业务每年至少开展 1 次专项审计，切实防止风险交叉传导。

（十八）落实对“三重一大”事项的跟踪审计。对重大决策、重要项目安排和大额资金使用情况进行全过程跟踪审计。加强对可行性研究论证、尽职调查、资产评估、风险评估等对重大决策、重要项目具有重要影响环节的监督力度，强化对决策规范性、科学性的监督，促进企业提高投资经营决策水平。

六、强化境外内部审计，有力保障境外国有资产安全完整

（十九）加大境外企业内部审计监督力度。结合境外企业所在国家或地区的法律法规及政治、经济、文化特点，研究制定境外内部审计制度规定，在与外方签订的投资协议（合同）或公司章程等法定文件中推动落实中方审计权限。切实推进境外审计全覆盖、常态化，对重点境外经营投资项目（投资额 1 亿美元以上）或重要境外企业（机构），每年至少应审计 1 次。完善审计方式方法，配备具备外语能力、熟悉国际法律的复合型审计人员，探索开展向重要境外企业（机构）和重大境外项目派驻审计人员，根据工作需要可聘请境内外中介机构提供服务支持。

（二十）突出境外内部审计重点关注领域。聚焦境外经营投资立项、决策、签约、风险管理等关键环节，围绕境外经营投资重点领域以及境外大额资金使用、大额采购等重要事项，对重大决策机制、重要管控制度和内控体系有效性进行监督，保障境外国有资产安全，提升国际化经营水平。

七、加强内控体系审计，促进提升企业内控体系有效性

（二十一）规范有效开展内控审计。将企业内控体系审计纳入内部审计重点工作任务，围绕企业内部权力运行和责任落实、制度制定和执行、授权审批控制和不相容职务分离控制等开展监督，倒查企业内控体系设计和运行缺陷。突出重大风险防控审计，重点检查企业重大风险评估、监测、预警和重大风险事件及时报告和应急处置等工作开展情况，以及企业合规建设、合规审查、合规事件应对等情况。规范开展对投资决策、资金管理、招投标、物资采购、担保、委托贷款、高风险贸易业务、金融衍生业务、PPP 业务等重点环节、重要事项以及行业监管机构发现的风险和问题的专项内控审计，切实促进提升内控体系有效性。

八、压实整改落实责任，促进审计整改与结果运用

（二十二）压实整改落实责任。内部审计机构对审计发现问题整改落实负有监督检查责任，被审计单位对问题整改落实负有主体责任，单位主要负责人是整改第一责任人，相关业务职能部门对业务领域内相关问题负有整改落实责任。加快建立完善审计整改工作制度，完善整改落实工作规范和流程，强化内部审计机构监督检查职责，积极构建各司其职、各负其责的整改工作机制，促进整改落实工作有效落地。

（二十三）强化整改跟踪审计及审计结果运用。密切结合国家审计、巡视巡察、国资监管等各类监督发现问题的整改落实，建立和完善问题整改台账管理及“销号”制度，由内部审计机构制定统一标准并对已整改问题进行审核认定、验收销号。对长期未完成整改、屡审屡犯的问题开展跟踪审计和整改“回头看”等，细化普遍共性问题举一反三整改机制，确保真抓实改、落实到位。建立审计通报制度，将审计发现问题及整改成效依法依规在企业一定范围内进行通报。将内部审计结果及整改情况作为干部考核、任免、奖惩的重要依据之一，对审计发现的违规违纪违法问题线索，按程序及时移送相关部门或纪检监察机构处理。

九、加强出资人对内部审计工作的监管，组织开展检查评价和责任追究

（二十四）强化对内部审计工作的监管。国资委指导中央企业按照国家审计机关对内部审计工作有关要求，围绕国资监管重点任务研究制订本企业年度内部审计工作计划，有效开展内部审计各项工作。加强对内部审计工作的统筹谋划和资源整合，充分发挥内部审计力量在国资监管工作中的专业优势。各中央企业要定期向国资委报送年度审计计划、年度工作报告等情况，及时报送审计发现的重大资产损失、重要事件和重大风险等情况。认真做好对企业报送的年度内部审计工作报告审核工作，持续加强企业内部审计工作情况的汇总、分析和评价。

（二十五）建立健全出资人检查评估工作机制。国资委探索研究制定内部审计工作效能评估指标体系，对企业内部审计体系建设、审计监督、整改落实等工作开展抽查，对审计计划执行、审计质量控制、审计结果运用等工作效能进行评估，每5年全部评估1次。对内部审计工作开展不力和存在重大问题的企业印发提示函或通报，压紧压实内部审计监督责任。

（二十六）加大内部审计责任追究力度。中央企业内部审计机构对重大事项应列入审计计划而不列入，或发现重大问题后拖延不查、敷衍不追、隐匿不报等失职渎职行为，要严肃追究直接责任人员的责任及企业相应领导人员的分管或协管责任；对重大问题应当发现而未发现、查办不力或审计程序不到位的，要逐级落实责任，坚决追责问责。

各省、自治区、直辖市及计划单列市和新疆生产建设兵团国资委可以参照本意见，制定本地区所出资企业内部审计工作监督管理相关工作规范。

党政主要领导干部和国有企事业单位主要领导人员经济责任审计规定

（2019 年 7 月 7 日）

第一章 总 则

第一条 为了坚持和加强党对审计工作的集中统一领导，强化对党政主要领导干部和国有企事业单位主要领导人员（以下统称领导干部）的管理监督，促进领导干部履职尽责、担当作为，确保党中央令行禁止，根据《中华人民共和国审计法》和有关党内法规，制定本规定。

第二条 经济责任审计工作以马克思列宁主义、毛泽东思想、邓小平理论、“三个代表”重要思想、科学发展观、习近平新时代中国特色社会主义思想为指导，增强“四个意识”、坚定“四个自信”、做到“两个维护”，认真落实党中央、国务院决策部署，紧紧围绕统筹推进“五位一体”总体布局和协调推进“四个全面”战略布局，贯彻新发展理念，聚焦经济责任，客观评价，揭示问题，促进经济高质量发展，促进全面深化改革，促进权力规范运行，促进反腐倡廉，推进国家治理体系和治理能力现代化。

第三条 本规定所称经济责任，是指领导干部在任职期间，对其管辖范围内贯彻执行党和国家经济方针政策、决策部署，推动经济和社会事业发展，管理公共资金、国有资产、国有资源，防控重大经济风险等有关经济活动应当履行的职责。

第四条 领导干部经济责任审计对象包括：

（一）地方各级党委、政府、纪检监察机关、法院、检察院的正职领导干部或者主持工作 1 年以上的副职领导干部；

（二）中央和地方各级党政工作部门、事业单位和人民团体等单位的正职领导干部或者主持工作 1 年以上的副职领导干部；

（三）国有和国有资本占控股地位或者主导地位的企业（含金融机构，以下统称国有企业）的法定代表人或者不担任法定代表人但实际行使相应职权的主要领导人员；

（四）上级领导干部兼任下级单位正职领导职务且不实际履行经济责任时，实际分管日常工作的副职领导干部；

（五）党中央和县级以上地方党委要求进行经济责任审计的其他主要领导干部。

第五条 领导干部履行经济责任的情况，应当依规依法接受审计监督。

经济责任审计可以在领导干部任职期间进行，也可以在领导干部离任后进行，以任职期间审计为主。

第六条 领导干部的经济责任审计按照干部管理权限确定。遇有干部管理权限与财政财务隶属关系等不一致时，由对领导干部具有干部管理权限的部门与同级审计机关共同确定实施审计的审计机关。

审计署审计长的经济责任审计，按照中央审计委员会的决定组织实施。地方审计机关主要领导干部的经济责任审计，由地方党委与上一级审计机关协商后，由上一级审计机关组织实施。

第七条 审计委员会办公室、审计机关依规依法独立实施经济责任审计，任何组织和个人不得拒绝、阻碍、干涉，不得打击报复审计人员。

对有意设置障碍、推诿拖延的，应当进行批评和通报；造成恶劣影响的，应当严肃问责追责。

第八条 审计委员会办公室、审计机关和审计人员对经济责任审计工作中知悉的国家秘密、商业秘密和个人隐私，负有保密义务。

第九条 各级党委和政府应当保证履行经济责任审计职责所必需的机构、人员和经费。

第二章 组织协调

第十条 各级党委和政府应当加强对经济责任审计工作的领导，建立健全经济责任审计工作联席会议（以下简称联席会议）制度。联席会议由纪检监察机关和组织、机构编制、审计、财政、人力资源社会保障、国有资产监督管理、金融监督管理等部门组成，召集人由审计委员会办公室主任担任。联席会议在同级审计委员会的领导下开展工作。

联席会议下设办公室，与同级审计机关内设的经济责任审计机构合署办公。办公室主任由同级审计机关的副职领导或者相当职务层次领导担任。

第十一条 联席会议主要负责研究拟订有关经济责任审计的制度文件，

监督检查经济责任审计工作情况，协调解决经济责任审计工作中出现的问题，推进经济责任审计结果运用，指导下级联席会议的工作，指导和监督部门、单位内部管理领导干部经济责任审计工作，完成审计委员会交办的其他工作。

联席会议办公室负责联席会议的日常工作。

第十二条 经济责任审计应当有计划地进行，根据干部管理监督需要和审计资源等实际情况，对审计对象实行分类管理，科学制定经济责任审计中长期规划和年度审计项目计划，推进领导干部履行经济责任情况审计全覆盖。

第十三条 年度经济责任审计项目计划按照下列程序制定：

（一）审计委员会办公室商同级组织部门提出审计计划安排，组织部门提出领导干部年度审计建议名单；

（二）审计委员会办公室征求同级纪检监察机关等有关单位意见后，纳入审计机关年度审计项目计划；

（三）审计委员会办公室提交同级审计委员会审议决定。

对属于有关主管部门管理的领导干部进行审计的，审计委员会办公室商有关主管部门提出年度审计建议名单，纳入审计机关年度审计项目计划，提交审计委员会审议决定。

第十四条 年度经济责任审计项目计划一经确定不得随意变更。确需调减或者追加的，应当按照原制定程序，报审计委员会批准后实施。

第十五条 被审计领导干部遇有被有关部门采取强制措施、纪律审查、监察调查或者死亡等特殊情况，以及存在其他不宜继续进行经济责任审计情形的，审计委员会办公室商同级纪检监察机关、组织部门等有关单位提出意见，报审计委员会批准后终止审计。

第三章 审计内容

第十六条 经济责任审计应当以领导干部任职期间公共资金、国有资产、国有资源的管理、分配和使用为基础，以领导干部权力运行和责任落实情况为重点，充分考虑领导干部管理监督需要、履职特点和审计资源等因素，依规依法确定审计内容。

第十七条 地方各级党委和政府主要领导干部经济责任审计的内容包括：

（一）贯彻执行党和国家经济方针政策、决策部署情况；

（二）本地区经济社会发展规划和政策措施的制定、执行和效果情况；

（三）重大经济事项的决策、执行和效果情况；

（四）财政财务管理和经济风险防范情况，民生保障和改善情况，生态文明建设项目、资金等管理使用和效益情况，以及在预算管理中执行机构编制管理规定情况；

（五）在经济活动中落实有关党风廉政建设责任和遵守廉洁从政规定情况；

（六）以往审计发现问题的整改情况；

（七）其他需要审计的内容。

第十八条 党政工作部门、纪检监察机关、法院、检察院、事业单位和人民团体等单位主要领导干部经济责任审计的内容包括：

（一）贯彻执行党和国家经济方针政策、决策部署情况；

（二）本部门本单位重要发展规划和政策措施的制定、执行和效果情况；

（三）重大经济事项的决策、执行和效果情况；

（四）财政财务管理和经济风险防范情况，生态文明建设项目、资金等管理使用和效益情况，以及在预算管理中执行机构编制管理规定情况；

（五）在经济活动中落实有关党风廉政建设责任和遵守廉洁从政规定情况；

（六）以往审计发现问题的整改情况；

（七）其他需要审计的内容。

第十九条 国有企业主要领导人员经济责任审计的内容包括：

（一）贯彻执行党和国家经济方针政策、决策部署情况；

（二）企业发展战略规划的制定、执行和效果情况；

（三）重大经济事项的决策、执行和效果情况；

（四）企业法人治理结构的建立、健全和运行情况，内部控制制度的制定和执行情况；

（五）企业财务的真实合法效益情况，风险管控情况，境外资产管理情况，生态环境保护情况；

（六）在经济活动中落实有关党风廉政建设责任和遵守廉洁从业规定情况；

（七）以往审计发现问题的整改情况；

（八）其他需要审计的内容。

第二十条 有关部门和单位、地方党委和政府的主要领导干部由上级领导干部兼任，且实际履行经济责任的，对其进行经济责任审计时，审计内容仅限于该领导干部所兼任职务应当履行的经济责任。

第四章 审计实施

第二十一条 审计委员会办公室、审计机关应当根据年度经济责任审计项目计划，组成审计组并实施审计。

第二十二条 对同一地方党委和政府主要领导干部，以及同一部门、单位2名以上主要领导干部的经济责任审计，可以同步组织实施，分别认定责任。

第二十三条 审计委员会办公室、审计机关应当按照规定，向被审计领导干部及其所在单位或者原任职单位（以下统称所在单位）送达审计通知书，抄送同级纪检监察机关、组织部门等有关单位。

地方审计机关主要领导干部的经济责任审计通知书，由上一级审计机关送达。

第二十四条 实施经济责任审计时，应当召开由审计组主要成员、被审计领导干部及其所在单位有关人员参加的会议，安排审计工作有关事项。联席会议有关成员单位根据工作需要可以派人参加。

审计组应当在被审计单位公示审计项目名称、审计纪律要求和举报电话等内容。

第二十五条 经济责任审计过程中，应当听取被审计领导干部所在单位领导班子成员的意见。

对地方党委和政府主要领导干部的审计，还应当听取同级人大常委会、政协主要负责同志的意见。

审计委员会办公室、审计机关应当听取联席会议有关成员单位的意见，及时了解与被审计领导干部履行经济责任有关的考察考核、群众反映、巡视巡察反馈、组织约谈、函询调查、案件查处结果等情况。

第二十六条 被审计领导干部及其所在单位，以及其他有关单位应当及时、准确、完整地提供与被审计领导干部履行经济责任有关的下列资料：

（一）被审计领导干部经济责任履行情况报告；

（二）工作计划、工作总结、工作报告、会议记录、会议纪要、决议决定、请示、批示、目标责任书、经济合同、考核检查结果、业务档案、机构编制、规章制度、以往审计发现问题整改情况等资料；

（三）财政收支、财务收支相关资料；

（四）与履行职责相关的电子数据和必要的技术文档；

（五）审计所需的其他资料。

第二十七条 被审计领导干部及其所在单位应当对所提供资料的真实性、完整性负责，并作出书面承诺。

第二十八条 经济责任审计应当加强与领导干部自然资源资产离任审计等其他审计的统筹协调，科学配置审计资源，创新审计组织管理，推动大数据等新技术应用，建立健全审计工作信息和结果共享机制，提高审计监督整体效能。

第二十九条 经济责任审计过程中，可以依规依法提请有关部门、单位予以协助。有关部门、单位应当予以支持，并及时提供有关资料和信息。

第三十条 审计组实施审计后，应当向派出审计组的审计委员会办公室、审计机关提交审计报告。

审计报告一般包括被审计领导干部任职期间履行经济责任情况的总体评价、主要业绩、审计发现的主要问题和责任认定、审计建议等内容。

第三十一条 审计委员会办公室、审计机关应当书面征求被审计领导干部及其所在单位对审计组审计报告的意见。

第三十二条 被审计领导干部及其所在单位应当自收到审计组审计报告之日起10个工作日内提出书面意见；10个工作日内未提出书面意见的，视同无异议。

审计组应当针对被审计领导干部及其所在单位提出的书面意见，进一步研究和核实，对审计报告作出必要的修改，连同被审计领导干部及其所在单位的书面意见一并报送审计委员会办公室、审计机关。

第三十三条 审计委员会办公室、审计机关按照规定程序对审计组审计报告进行审定，出具经济责任审计报告；同时出具经济责任审计结果报告，在经济责任审计报告的基础上，简要反映审计结果。

经济责任审计报告和经济责任审计结果报告应当事实清楚、评价客观、责任明确、用词恰当、文字精炼、通俗易懂。

第三十四条 经济责任审计报告、经济责任审计结果报告等审计结论性文书按照规定程序报同级审计委员会，按照干部管理权限送组织部门。根据工作需要，送纪检监察机关等联席会议其他成员单位、有关主管部门。

地方审计机关主要领导干部的经济责任审计结论性文书，由上一级审计机关送有关组织部门。根据工作需要，送有关纪检监察机关。

经济责任审计报告应当送达被审计领导干部及其所在单位。

第三十五条 经济责任审计中发现的重大问题线索，由审计委员会办公室按照规定向审计委员会报告。

应当由纪检监察机关或者有关主管部门处理的问题线索，由审计机关依规依纪依法移送处理。

被审计领导干部所在单位存在的违反国家规定的财政收支、财务收支行为，依法应当给予处理处罚的，由审计机关在法定职权范围内作出审计决定。

第三十六条 经济责任审计项目结束后，审计委员会办公室、审计机关应当组织召开会议，向被审计领导干部及其所在单位领导班子成员等有关人员反馈审计结果和相关情况。联席会议有关成员单位根据工作需要可以派人参加。

第三十七条 被审计领导干部对审计委员会办公室、审计机关出具的经济责任审计报告有异议的，可以自收到审计报告之日起 30 日内向同级审计委员会办公室申诉。审计委员会办公室应当组成复查工作小组，并要求原审计组人员等回避，自收到申诉之日起 90 日内提出复查意见，报审计委员会批准后作出复查决定。复查决定为最终决定。

地方审计机关主要领导干部对上一级审计机关出具的经济责任审计报告有异议的，可以自收到审计报告之日起 30 日内向上一级审计机关申诉。上一级审计机关应当组成复查工作小组，并要求原审计组人员等回避，自收到申诉之日起 90 日内作出复查决定。复查决定为最终决定。

本条规定的期间的最后一日是法定节假日的，以节假日后的第一个工作日为期间届满日。

第五章　审计评价

第三十八条 审计委员会办公室、审计机关应当根据不同领导职务的职责要求，在审计查证或者认定事实的基础上，综合运用多种方法，坚持定性评价与定量评价相结合，依照有关党内法规、法律法规、政策规定、责任制考核目标等，在审计范围内，对被审计领导干部履行经济责任情况，包括公共资金、国有资产、国有资源的管理、分配和使用中个人遵守廉洁从政（从业）规定等情况，作出客观公正、实事求是的评价。

审计评价应当有充分的审计证据支持，对审计中未涉及的事项不作评价。

第三十九条 对领导干部履行经济责任过程中存在的问题，审计委员会办公室、审计机关应当按照权责一致原则，根据领导干部职责分工，综合考虑相关问题的历史背景、决策过程、性质、后果和领导干部实际所起的作用等情况，界定其应当承担的直接责任或者领导责任。

第四十条 领导干部对履行经济责任过程中的下列行为应当承担直接责任：

（一）直接违反有关党内法规、法律法规、政策规定的；

（二）授意、指使、强令、纵容、包庇下属人员违反有关党内法规、法律法规、政策规定的；

（三）贯彻党和国家经济方针政策、决策部署不坚决不全面不到位，造成公共资金、国有资产、国有资源损失浪费，生态环境破坏，公共利益损害等后果的；

（四）未完成有关法律法规规章、政策措施、目标责任书等规定的领导干部作为第一责任人（负总责）事项，造成公共资金、国有资产、国有资源损失浪费，生态环境破坏，公共利益损害等后果的；

（五）未经民主决策程序或者民主决策时在多数人不同意的情况下，直接决定、批准、组织实施重大经济事项，造成公共资金、国有资产、国有资源损失浪费，生态环境破坏，公共利益损害等后果的；

（六）不履行或者不正确履行职责，对造成的后果起决定性作用的其他行为。

第四十一条 领导干部对履行经济责任过程中的下列行为应当承担领导责任：

（一）民主决策时，在多数人同意的情况下，决定、批准、组织实施重大经济事项，由于决策不当或者决策失误造成公共资金、国有资产、国有资源损失浪费，生态环境破坏，公共利益损害等后果的；

（二）违反部门、单位内部管理规定造成公共资金、国有资产、国有资源损失浪费，生态环境破坏，公共利益损害等后果的；

（三）参与相关决策和工作时，没有发表明确的反对意见，相关决策和工作违反有关党内法规、法律法规、政策规定，或者造成公共资金、国有资产、国有资源损失浪费，生态环境破坏，公共利益损害等后果的；

（四）疏于监管，未及时发现和处理所管辖范围内本级或者下一级地区（部门、单位）违反有关党内法规、法律法规、政策规定的问题，造成公共资金、国有资产、国有资源损失浪费，生态环境破坏，公共利益损害等后果的；

（五）除直接责任外，不履行或者不正确履行职责，对造成的后果应当承担责任的其他行为。

第四十二条 对被审计领导干部以外的其他责任人员，审计委员会办公室、审计机关可以适当方式向有关部门、单位提供相关情况。

第四十三条 审计评价时，应当把领导干部在推进改革中因缺乏经验、先行先试出现的失误和错误，同明知故犯的违纪违法行为区分开来；把上级尚无明确限制的探索性试验中的失误和错误，同上级明令禁止后依然我行我素的违纪违法行为区分开来；把为推动发展的无意过失，同为谋取私利的违纪违法行为区分开来。对领导干部在改革创新中的失误和错误，正确把握事业为上、实事求是、依纪依法、容纠并举等原则，经综合分析研判，可以免责或者从轻定责，鼓励探索创新，支持担当作为，保护领导干部干事创业的积极性、主动性、创造性。

第六章　审计结果运用

第四十四条 各级党委和政府应当建立健全经济责任审计情况通报、责任追究、整改落实、结果公告等结果运用制度，将经济责任审计结果以及整改情况作为考核、任免、奖惩被审计领导干部的重要参考。

经济责任审计结果报告以及审计整改报告应当归入被审计领导干部本人档案。

第四十五条 审计委员会办公室、审计机关应当按照规定以适当方式通报或者公告经济责任审计结果，对审计发现问题的整改情况进行监督检查。

第四十六条 联席会议其他成员单位应当在各自职责范围内运用审计结果：

（一）根据干部管理权限，将审计结果以及整改情况作为考核、任免、奖惩被审计领导干部的重要参考；

（二）对审计发现的问题作出进一步处理；

（三）加强审计发现问题整改落实情况的监督检查；

（四）对审计发现的典型性、普遍性、倾向性问题和提出的审计建议及时进行研究，将其作为采取有关措施、完善有关制度规定的重要参考。

联席会议其他成员单位应当以适当方式及时将审计结果运用情况反馈审计委员会办公室、审计机关。党中央另有规定的，按照有关规定办理。

第四十七条 有关主管部门应当在各自职责范围内运用审计结果：

（一）根据干部管理权限，将审计结果以及整改情况作为考核、任免、奖惩被审计领导干部的重要参考；

（二）对审计移送事项依规依纪依法作出处理处罚；

（三）督促有关部门、单位落实审计决定和整改要求，在对相关行业、单位管理和监督中有效运用审计结果；

（四）对审计发现的典型性、普遍性、倾向性问题和提出的审计建议及时进行研究，并将其作为采取有关措施、完善有关制度规定的重要参考。

有关主管部门应当以适当方式及时将审计结果运用情况反馈审计委员会办公室、审计机关。

第四十八条 被审计领导干部及其所在单位根据审计结果，应当采取以下整改措施：

（一）对审计发现的问题，在规定期限内进行整改，将整改结果书面报告审计委员会办公室、审计机关，以及组织部门或者主管部门；

（二）对审计决定，在规定期限内执行完毕，将执行情况书面报告审计委员会办公室、审计机关；

（三）根据审计发现的问题，落实有关责任人员的责任，采取相应的处理措施；

（四）根据审计建议，采取措施，健全制度，加强管理；

（五）将审计结果以及整改情况纳入所在单位领导班子党风廉政建设责任制检查考核的内容，作为领导班子民主生活会以及领导班子成员述责述廉的重要内容。

第七章 附 则

第四十九条 审计委员会办公室、审计机关和审计人员，被审计领导干部及其所在单位，以及其他有关单位和个人在经济责任审计中的职责、权限、法律责任等，本规定未作规定的，依照党中央有关规定、《中华人民共和国审计法》、《中华人民共和国审计法实施条例》和其他法律法规执行。

第五十条 有关部门、单位对内部管理领导干部开展经济责任审计参照本规定执行，或者根据本规定制定具体办法。

第五十一条 本规定由中央审计委员会办公室、审计署负责解释。

第五十二条 本规定自 2019 年 7 月 7 日起施行。2010 年 10 月 12 日中共中央办公厅、国务院办公厅印发的《党政主要领导干部和国有企业领导人员经济责任审计规定》同时废止。

八

职务违法犯罪调查与处置

（一）调查与处理

中华人民共和国监察法（节录）

（2018年3月20日第十三届全国人民代表大会第一次会议通过）

……

第二章 监察机关及其职责

……

第十一条 监察委员会依照本法和有关法律规定履行监督、调查、处置职责：

（一）对公职人员开展廉政教育，对其依法履职、秉公用权、廉洁从政从业以及道德操守情况进行监督检查；

（二）对涉嫌贪污贿赂、滥用职权、玩忽职守、权力寻租、利益输送、徇私舞弊以及浪费国家资财等职务违法和职务犯罪进行调查；

（三）对违法的公职人员依法作出政务处分决定；对履行职责不力、失职失责的领导人员进行问责；对涉嫌职务犯罪的，将调查结果移送人民检察院依法审查、提起公诉；向监察对象所在单位提出监察建议。

第十二条 各级监察委员会可以向本级中国共产党机关、国家机关、法律法规授权或者委托管理公共事务的组织和单位以及所管辖的行政区域、国有企业等派驻或者派出监察机构、监察专员。

监察机构、监察专员对派驻或者派出它的监察委员会负责。

第十三条 派驻或者派出的监察机构、监察专员根据授权，按照管理权限依法对公职人员进行监督，提出监察建议，依法对公职人员进行调查、处置。

……

第三章 监察范围和管辖

第十五条 监察机关对下列公职人员和有关人员进行监察：

（一）中国共产党机关、人民代表大会及其常务委员会机关、人民政府、监察委员会、人民法院、人民检察院、中国人民政治协商会议各级委员会机关、民主党派机关和工商业联合会机关的公务员，以及参照《中华人民共和国公务员法》管理的人员；

（二）法律、法规授权或者受国家机关依法委托管理公共事务的组织中从事公务的人员；

（三）国有企业管理人员；

（四）公办的教育、科研、文化、医疗卫生、体育等单位中从事管理的人员；

（五）基层群众性自治组织中从事管理的人员；

（六）其他依法履行公职的人员。

第十六条 各级监察机关按照管理权限管辖本辖区内本法第十五条规定的人员所涉监察事项。

上级监察机关可以办理下一级监察机关管辖范围内的监察事项，必要时也可以办理所辖各级监察机关管辖范围内的监察事项。

监察机关之间对监察事项的管辖有争议的，由其共同的上级监察机关确定。

第十七条 上级监察机关可以将其所管辖的监察事项指定下级监察机关管辖，也可以将下级监察机关有管辖权的监察事项指定给其他监察机关管辖。

监察机关认为所管辖的监察事项重大、复杂，需要由上级监察机关管辖的，可以报请上级监察机关管辖。

第四章　监察权限

第十八条 监察机关行使监督、调查职权，有权依法向有关单位和个人了解情况，收集、调取证据。有关单位和个人应当如实提供。

监察机关及其工作人员对监督、调查过程中知悉的国家秘密、商业秘密、个人隐私，应当保密。

任何单位和个人不得伪造、隐匿或者毁灭证据。

第十九条 对可能发生职务违法的监察对象，监察机关按照管理权限，可以直接或者委托有关机关、人员进行谈话或者要求说明情况。

第二十条 在调查过程中，对涉嫌职务违法的被调查人，监察机关可以要求其就涉嫌违法行为作出陈述，必要时向被调查人出具书面通知。

对涉嫌贪污贿赂、失职渎职等职务犯罪的被调查人，监察机关可以进行讯问，要求其如实供述涉嫌犯罪的情况。

第二十一条 在调查过程中，监察机关可以询问证人等人员。

第二十二条 被调查人涉嫌贪污贿赂、失职渎职等严重职务违法或者职务犯罪，监察机关已经掌握其部分违法犯罪事实及证据，仍有重要问题需要进一步调查，并有下列情形之一的，经监察机关依法审批，可以将其留置在特定场所：

（一）涉及案情重大、复杂的；

（二）可能逃跑、自杀的；

（三）可能串供或者伪造、隐匿、毁灭证据的；

（四）可能有其他妨碍调查行为的。

对涉嫌行贿犯罪或者共同职务犯罪的涉案人员，监察机关可以依照前款规定采取留置措施。

留置场所的设置、管理和监督依照国家有关规定执行。

第二十三条 监察机关调查涉嫌贪污贿赂、失职渎职等严重职务违法或者职务犯罪，根据工作需要，可以依照规定查询、冻结涉案单位和个人的存款、汇款、债券、股票、基金份额等财产。有关单位和个人应当配合。

冻结的财产经查明与案件无关的，应当在查明后三日内解除冻结，予以退还。

第二十四条 监察机关可以对涉嫌职务犯罪的被调查人以及可能隐藏被调查人或者犯罪证据的人的身体、物品、住处和其他有关地方进行搜查。在搜查时，应当出示搜查证，并有被搜查人或者其家属等见证人在场。

搜查女性身体，应当由女性工作人员进行。

监察机关进行搜查时，可以根据工作需要提请公安机关配合。公安机关应当依法予以协助。

第二十五条 监察机关在调查过程中，可以调取、查封、扣押用以证明被调查人涉嫌违法犯罪的财物、文件和电子数据等信息。采取调取、查封、扣押措施，应当收集原物原件，会同持有人或者保管人、见证人，当面逐一拍照、登记、编号，开列清单，由在场人员当场核对、签名，并将清单副本交财物、文件的持有人或者保管人。

对调取、查封、扣押的财物、文件，监察机关应当设立专用账户、专门场所，确定专门人员妥善保管，严格履行交接、调取手续，定期对账核实，不得毁损或者用于其他目的。对价值不明物品应当及时鉴定，专门封存保管。

查封、扣押的财物、文件经查明与案件无关的，应当在查明后三日内解除查封、扣押，予以退还。

第二十六条 监察机关在调查过程中，可以直接或者指派、聘请具有专门知识、资格的人员在调查人员主持下进行勘验检查。勘验检查情况应当制作笔录，由参加勘验检查的人员和见证人签名或者盖章。

第二十七条 监察机关在调查过程中，对于案件中的专门性问题，可以指派、聘请有专门知识的人进行鉴定。鉴定人进行鉴定后，应当出具鉴定意见，并且签名。

第二十八条 监察机关调查涉嫌重大贪污贿赂等职务犯罪，根据需要，经过严格的批准手续，可以采取技术调查措施，按照规定交有关机关执行。

批准决定应当明确采取技术调查措施的种类和适用对象，自签发之日起三个月以内有效；对于复杂、疑难案件，期限届满仍有必要继续采取技术调查措施的，经过批准，有效期可以延长，每次不得超过三个月。对于不需要继续采取技术调查措施的，应当及时解除。

第二十九条 依法应当留置的被调查人如果在逃，监察机关可以决定在本行政区域内通缉，由公安机关发布通缉令，追捕归案。通缉范围超出本行政区域的，应当报请有权决定的上级监察机关决定。

第三十条 监察机关为防止被调查人及相关人员逃匿境外，经省级以上监察机关批准，可以对被调查人及相关人员采取限制出境措施，由公安机关依法执行。对于不需要继续采取限制出境措施的，应当及时解除。

第三十一条 涉嫌职务犯罪的被调查人主动认罪认罚，有下列情形之一的，监察机关经领导人员集体研究，并报上一级监察机关批准，可以在移送人民检察院时提出从宽处罚的建议：

（一）自动投案，真诚悔罪悔过的；

（二）积极配合调查工作，如实供述监察机关还未掌握的违法犯罪行为的；

（三）积极退赃，减少损失的；

（四）具有重大立功表现或者案件涉及国家重大利益等情形的。

第三十二条 职务违法犯罪的涉案人员揭发有关被调查人职务违法犯罪行为，查证属实的，或者提供重要线索，有助于调查其他案件的，监察机关经领导人员集体研究，并报上一级监察机关批准，可以在移送人民检察院时提出从宽处罚的建议。

第三十三条 监察机关依照本法规定收集的物证、书证、证人证言、被调查人供述和辩解、视听资料、电子数据等证据材料，在刑事诉讼中可以作为证据使用。

监察机关在收集、固定、审查、运用证据时，应当与刑事审判关于证据的要求和标准相一致。

以非法方法收集的证据应当依法予以排除，不得作为案件处置的依据。

第三十四条 人民法院、人民检察院、公安机关、审计机关等国家机关在工作中发现公职人员涉嫌贪污贿赂、失职渎职等职务违法或者职务犯罪的问题线索，应当移送监察机关，由监察机关依法调查处置。

被调查人既涉嫌严重职务违法或者职务犯罪，又涉嫌其他违法犯罪的，一般应当由监察机关为主调查，其他机关予以协助。

第五章 监察程序

第三十五条 监察机关对于报案或者举报，应当接受并按照有关规定处理。对于不属于本机关管辖的，应当移送主管机关处理。

第三十六条 监察机关应当严格按照程序开展工作，建立问题线索处置、调查、审理各部门相互协调、相互制约的工作机制。

监察机关应当加强对调查、处置工作全过程的监督管理，设立相应的工作部门履行线索管理、监督检查、督促办理、统计分析等管理协调职能。

第三十七条 监察机关对监察对象的问题线索，应当按照有关规定提出处置意见，履行审批手续，进行分类办理。线索处置情况应当定期汇总、通报，定期检查、抽查。

第三十八条 需要采取初步核实方式处置问题线索的，监察机关应当依法履行审批程序，成立核查组。初步核实工作结束后，核查组应当撰写初步核实情况报告，提出处理建议。承办部门应当提出分类处理意见。初步核实情况报告和分类处理意见报监察机关主要负责人审批。

第三十九条 经过初步核实，对监察对象涉嫌职务违法犯罪，需要追究法律责任的，监察机关应当按照规定的权限和程序办理立案手续。

监察机关主要负责人依法批准立案后，应当主持召开专题会议，研究确定调查方案，决定需要采取的调查措施。

立案调查决定应当向被调查人宣布，并通报相关组织。涉嫌严重职务违法或者职务犯罪的，应当通知被调查人家属，并向社会公开发布。

第四十条 监察机关对职务违法和职务犯罪案件，应当进行调查，收集被调查人有无违法犯罪以及情节轻重的证据，查明违法犯罪事实，形成相互印证、完整稳定的证据链。

严禁以威胁、引诱、欺骗及其他非法方式收集证据，严禁侮辱、打骂、虐待、体罚或者变相体罚被调查人和涉案人员。

第四十一条 调查人员采取讯问、询问、留置、搜查、调取、查封、扣押、勘验检查等调查措施，均应当依照规定出示证件，出具书面通知，由二人以上进行，形成笔录、报告等书面材料，并由相关人员签名、盖章。

调查人员进行讯问以及搜查、查封、扣押等重要取证工作，应当对全过程进行录音录像，留存备查。

第四十二条 调查人员应当严格执行调查方案，不得随意扩大调查范围、变更调查对象和事项。

对调查过程中的重要事项，应当集体研究后按程序请示报告。

第四十三条 监察机关采取留置措施，应当由监察机关领导人员集体研究决定。设区的市级以下监察机关采取留置措施，应当报上一级监察机关批准。省级监察机关采取留置措施，应当报国家监察委员会备案。

留置时间不得超过三个月。在特殊情况下，可以延长一次，延长时间不得超过三个月。省级以下监察机关采取留置措施的，延长留置时间应当报上一级监察机关批准。监察机关发现采取留置措施不当的，应当及时解除。

监察机关采取留置措施，可以根据工作需要提请公安机关配合。公安机关应当依法予以协助。

第四十四条 对被调查人采取留置措施后，应当在二十四小时以内，通知被留置人员所在单位和家属，但有可能毁灭、伪造证据，干扰证人作证或者串供等有碍调查情形的除外。有碍调查的情形消失后，应当立即通知被留置人员所在单位和家属。

监察机关应当保障被留置人员的饮食、休息和安全，提供医疗服务。讯问被留置人员应当合理安排讯问时间和时长，讯问笔录由被讯问人阅看后签名。

被留置人员涉嫌犯罪移送司法机关后，被依法判处管制、拘役和有期徒刑的，留置一日折抵管制二日，折抵拘役、有期徒刑一日。

第四十五条 监察机关根据监督、调查结果，依法作出如下处置：

（一）对有职务违法行为但情节较轻的公职人员，按照管理权限，直接或者委托有关机关、人员，进行谈话提醒、批评教育、责令检查，或者予以诫勉；

（二）对违法的公职人员依照法定程序作出警告、记过、记大过、降级、撤职、开除等政务处分决定；

（三）对不履行或者不正确履行职责负有责任的领导人员，按照管理权限对其直接作出问责决定，或者向有权作出问责决定的机关提出问责建议；

（四）对涉嫌职务犯罪的，监察机关经调查认为犯罪事实清楚，证据确实、充分的，制作起诉意见书，连同案卷材料、证据一并移送人民检察院依法审查、提起公诉；

（五）对监察对象所在单位廉政建设和履行职责存在的问题等提出监察建议。

监察机关经调查，对没有证据证明被调查人存在违法犯罪行为的，应当撤销案件，并通知被调查人所在单位。

第四十六条 监察机关经调查，对违法取得的财物，依法予以没收、追缴或者责令退赔；对涉嫌犯罪取得的财物，应当随案移送人民检察院。

第四十七条 对监察机关移送的案件，人民检察院依照《中华人民共和国刑事诉讼法》对被调查人采取强制措施。

人民检察院经审查，认为犯罪事实已经查清，证据确实、充分，依法应当追究刑事责任的，应当作出起诉决定。

人民检察院经审查，认为需要补充核实的，应当退回监察机关补充调查，必要时可以自行补充侦查。对于补充调查的案件，应当在一个月内补充调查完毕。补充调查以二次为限。

人民检察院对于有《中华人民共和国刑事诉讼法》规定的不起诉的情形的，经上一级人民检察院批准，依法作出不起诉的决定。监察机关认为不起诉的决定有错误的，可以向上一级人民检察院提请复议。

第四十八条 监察机关在调查贪污贿赂、失职渎职等职务犯罪案件过程中，被调查人逃匿或者死亡，有必要继续调查的，经省级以上监察机关批准，应当继续调查并作出结论。被调查人逃匿，在通缉一年后不能到案，或者死亡的，由监察机关提请人民检察院依照法定程序，向人民法院提出没收违法所得的申请。

第四十九条 监察对象对监察机关作出的涉及本人的处理决定不服的，可以在收到处理决定之日起一个月内，向作出决定的监察机关申请复审，复审机关应当在一个月内作出复审决定；监察对象对复审决定仍不服的，可以在收到复审决定之日起一个月内，向上一级监察机关申请复核，复核机关应当在二个月内作出复核决定。复审、复核期间，不停止原处理决定的执行。复核机关经审查，认定处理决定有错误的，原处理机关应当及时予以纠正。

……

第八章 法律责任

第六十二条 有关单位拒不执行监察机关作出的处理决定，或者无正当理由拒不采纳监察建议的，由其主管部门、上级机关责令改正，对单位给予通报批评；对负有责任的领导人员和直接责任人员依法给予处理。

第六十三条 有关人员违反本法规定，有下列行为之一的，由其所在单位、主管部门、上级机关或者监察机关责令改正，依法给予处理：

（一）不按要求提供有关材料，拒绝、阻碍调查措施实施等拒不配合监察机关调查的；

（二）提供虚假情况，掩盖事实真相的；

（三）串供或者伪造、隐匿、毁灭证据的；

（四）阻止他人揭发检举、提供证据的；

（五）其他违反本法规定的行为，情节严重的。

第六十四条 监察对象对控告人、检举人、证人或者监察人员进行报复陷害的；控告人、检举人、证人捏造事实诬告陷害监察对象的，依法给予处理。

第六十五条 监察机关及其工作人员有下列行为之一的，对负有责任的领导人员和直接责任人员依法给予处理：

（一）未经批准、授权处置问题线索，发现重大案情隐瞒不报，或者私自留存、处理涉案材料的；

（二）利用职权或者职务上的影响干预调查工作、以案谋私的；

（三）违法窃取、泄露调查工作信息，或者泄露举报事项、举报受理情况以及举报人信息的；

（四）对被调查人或者涉案人员逼供、诱供，或者侮辱、打骂、虐待、体罚或者变相体罚的；

（五）违反规定处置查封、扣押、冻结的财物的；

（六）违反规定发生办案安全事故，或者发生安全事故后隐瞒不报、报告失实、处置不当的；

（七）违反规定采取留置措施的；

（八）违反规定限制他人出境，或者不按规定解除出境限制的；

（九）其他滥用职权、玩忽职守、徇私舞弊的行为。

第六十六条 违反本法规定，构成犯罪的，依法追究刑事责任。

第六十七条 监察机关及其工作人员行使职权，侵犯公民、法人和其他组织的合法权益造成损害的，依法给予国家赔偿。

……

中华人民共和国监察法实施条例（节录）

（2021 年 7 月 20 日国家监察委员会全体会议决定，自 2021 年 9 月 20 日起施行）

……

第二章　监察机关及其职责

……

第二节　监察监督

第十四条　监察机关依法履行监察监督职责，对公职人员政治品行、行使公权力和道德操守情况进行监督检查，督促有关机关、单位加强对所属公职人员的教育、管理、监督。

第十五条　监察机关应当坚决维护宪法确立的国家指导思想，加强对公职人员特别是领导人员坚持党的领导、坚持中国特色社会主义制度，贯彻落实党和国家路线方针政策、重大决策部署，履行从严管理监督职责，依法行使公权力等情况的监督。

第十六条　监察机关应当加强对公职人员理想教育、为人民服务教育、宪法法律法规教育、优秀传统文化教育，弘扬社会主义核心价值观，深入开展警示教育，教育引导公职人员树立正确的权力观、责任观、利益观，保持为民务实清廉本色。

第十七条　监察机关应当结合公职人员的职责加强日常监督，通过收集群众反映、座谈走访、查阅资料、召集或者列席会议、听取工作汇报和述责述廉、开展监督检查等方式，促进公职人员依法用权、秉公用权、廉洁用权。

第十八条　监察机关可以与公职人员进行谈心谈话，发现政治品行、行使公权力和道德操守方面有苗头性、倾向性问题的，及时进行教育提醒。

第十九条　监察机关对于发现的系统性、行业性的突出问题，以及群众反映强烈的问题，可以通过专项检查进行深入了解，督促有关机关、单位强化治理，促进公职人员履职尽责。

第二十条 监察机关应当以办案促进整改、以监督促进治理，在查清问题、依法处置的同时，剖析问题发生的原因，发现制度建设、权力配置、监督机制等方面存在的问题，向有关机关、单位提出改进工作的意见或者监察建议，促进完善制度，提高治理效能。

第二十一条 监察机关开展监察监督，应当与纪律监督、派驻监督、巡视监督统筹衔接，与人大监督、民主监督、行政监督、司法监督、审计监督、财会监督、统计监督、群众监督和舆论监督等贯通协调，健全信息、资源、成果共享等机制，形成监督合力。

第三节 监察调查

第二十二条 监察机关依法履行监察调查职责，依据监察法、《中华人民共和国公职人员政务处分法》（以下简称政务处分法）和《中华人民共和国刑法》（以下简称刑法）等规定对职务违法和职务犯罪进行调查。

第二十三条 监察机关负责调查的职务违法是指公职人员实施的与其职务相关联，虽不构成犯罪但依法应当承担法律责任的下列违法行为：

（一）利用职权实施的违法行为；

（二）利用职务上的影响实施的违法行为；

（三）履行职责不力、失职失责的违法行为；

（四）其他违反与公职人员职务相关的特定义务的违法行为。

第二十四条 监察机关发现公职人员存在其他违法行为，具有下列情形之一的，可以依法进行调查、处置：

（一）超过行政违法追究时效，或者超过犯罪追诉时效、未追究刑事责任，但需要依法给予政务处分的；

（二）被追究行政法律责任，需要依法给予政务处分的；

（三）监察机关调查职务违法或者职务犯罪时，对被调查人实施的事实简单、清楚，需要依法给予政务处分的其他违法行为一并查核的。

监察机关发现公职人员成为监察对象前有前款规定的违法行为的，依照前款规定办理。

第二十五条 监察机关依法对监察法第十一条第二项规定的职务犯罪进行调查。

第二十六条 监察机关依法调查涉嫌贪污贿赂犯罪，包括贪污罪，挪用公款罪，受贿罪，单位受贿罪，利用影响力受贿罪，行贿罪，对有影响力的人行贿罪，对单位行贿罪，介绍贿赂罪，单位行贿罪，巨额财产来源不明罪，隐瞒境外存款罪，私分国有资产罪，私分罚没财物罪，以及公职人员在行使公权力过程中实施的职务侵占罪，挪用资金罪，对外国公职人员、国际公共组织官员行贿罪，非国家工作人员受贿罪和相关联的对非国家工作人员行贿罪。

第二十七条 监察机关依法调查公职人员涉嫌滥用职权犯罪，包括滥用职权罪，国有公司、企业、事业单位人员滥用职权罪，滥用管理公司、证券职权罪，食品、药品监管渎职罪，故意泄露国家秘密罪，报复陷害罪，阻碍解救被拐卖、绑架妇女、儿童罪，帮助犯罪分子逃避处罚罪，违法发放林木采伐许可证罪，办理偷越国（边）境人员出入境证件罪，放行偷越国（边）境人员罪，挪用特定款物罪，非法剥夺公民宗教信仰自由罪，侵犯少数民族风俗习惯罪，打击报复会计、统计人员罪，以及司法工作人员以外的公职人员利用职权实施的非法拘禁罪、虐待被监管人罪、非法搜查罪。

第二十八条 监察机关依法调查公职人员涉嫌玩忽职守犯罪，包括玩忽职守罪，国有公司、企业、事业单位人员失职罪，签订、履行合同失职被骗罪，国家机关工作人员签订、履行合同失职被骗罪，环境监管失职罪，传染病防治失职罪，商检失职罪，动植物检疫失职罪，不解救被拐卖、绑架妇女、儿童罪，失职造成珍贵文物损毁、流失罪，过失泄露国家秘密罪。

第二十九条 监察机关依法调查公职人员涉嫌徇私舞弊犯罪，包括徇私舞弊低价折股、出售国有资产罪，非法批准征收、征用、占用土地罪，非法低价出让国有土地使用权罪，非法经营同类营业罪，为亲友非法牟利罪，枉法仲裁罪，徇私舞弊发售发票、抵扣税款、出口退税罪，商检徇私舞弊罪，动植物检疫徇私舞弊罪，放纵走私罪，放纵制售伪劣商品犯罪行为罪，招收公务员、学生徇私舞弊罪，徇私舞弊不移交刑事案件罪，违法提供出口退税凭证罪，徇私舞弊不征、少征税款罪。

第三十条 监察机关依法调查公职人员在行使公权力过程中涉及的重大责任事故犯罪，包括重大责任事故罪，教育设施重大安全事故罪，消防责任事故罪，重大劳动安全事故罪，强令、组织他人违章冒险作业罪，危险作业罪，不报、谎报安全事故罪，铁路运营安全事故罪，重大飞行事故罪，大型群众性活动重大安全事故罪，危险物品肇事罪，工程重大安全事故罪。

第三十一条 监察机关依法调查公职人员在行使公权力过程中涉及的其他犯罪，包括破坏选举罪，背信损害上市公司利益罪，金融工作人员购买假币、以假币换取货币罪，利用未公开信息交易罪，诱骗投资者买卖证券、期货合约罪，背信运用受托财产罪，违法运用资金罪，违法发放贷款罪，吸收客户资金不入账罪，违规出具金融票证罪，对违法票据承兑、付款、保证罪，非法转让、倒卖土地使用权罪，私自开拆、隐匿、毁弃邮件、电报罪，故意延误投递邮件罪，泄露不应公开的案件信息罪，披露、报道不应公开的案件信息罪，接送不合格兵员罪。

第三十二条 监察机关发现依法由其他机关管辖的违法犯罪线索，应当及时移送有管辖权的机关。

监察机关调查结束后，对于应当给予被调查人或者涉案人员行政处罚等其他处理的，依法移送有关机关。

第四节 监察处置

第三十三条 监察机关对违法的公职人员，依据监察法、政务处分法等规定作出政务处分决定。

第三十四条 监察机关在追究违法的公职人员直接责任的同时，依法对履行职责不力、失职失责，造成严重后果或者恶劣影响的领导人员予以问责。

监察机关应当组成调查组依法开展问责调查。调查结束后经集体讨论形成调查报告，需要进行问责的按照管理权限作出问责决定，或者向有权作出问责决定的机关、单位书面提出问责建议。

第三十五条 监察机关对涉嫌职务犯罪的人员，经调查认为犯罪事实清楚，证据确实、充分，需要追究刑事责任的，依法移送人民检察院审查起诉。

第三十六条 监察机关根据监督、调查结果，发现监察对象所在单位在廉政建设、权力制约、监督管理、制度执行以及履行职责等方面存在问题需要整改纠正的，依法提出监察建议。

监察机关应当跟踪了解监察建议的采纳情况，指导、督促有关单位限期整改，推动监察建议落实到位。

第三章　监察范围和管辖

第一节　监察对象

第三十七条　监察机关依法对所有行使公权力的公职人员进行监察，实现国家监察全面覆盖。

第三十八条　监察法第十五条第一项所称公务员范围，依据《中华人民共和国公务员法》（以下简称公务员法）确定。

监察法第十五条第一项所称参照公务员法管理的人员，是指有关单位中经批准参照公务员法进行管理的工作人员。

第三十九条　监察法第十五条第二项所称法律、法规授权或者受国家机关依法委托管理公共事务的组织中从事公务的人员，是指在上述组织中，除参照公务员法管理的人员外，对公共事务履行组织、领导、管理、监督等职责的人员，包括具有公共事务管理职能的行业协会等组织中从事公务的人员，以及法定检验检测、检疫等机构中从事公务的人员。

第四十条　监察法第十五条第三项所称国有企业管理人员，是指国家出资企业中的下列人员：

（一）在国有独资、全资公司、企业中履行组织、领导、管理、监督等职责的人员；

（二）经党组织或者国家机关，国有独资、全资公司、企业，事业单位提名、推荐、任命、批准等，在国有控股、参股公司及其分支机构中履行组织、领导、管理、监督等职责的人员；

（三）经国家出资企业中负有管理、监督国有资产职责的组织批准或者研究决定，代表其在国有控股、参股公司及其分支机构中从事组织、领导、管理、监督等工作的人员。

第四十一条　监察法第十五条第四项所称公办的教育、科研、文化、医疗卫生、体育等单位中从事管理的人员，是指国家为了社会公益目的，由国家机关举办或者其他组织利用国有资产举办的教育、科研、文化、医疗卫生、体育等事业单位中，从事组织、领导、管理、监督等工作的人员。

第四十二条　监察法第十五条第五项所称基层群众性自治组织中从事管理的人员，是指该组织中的下列人员：

（一）从事集体事务和公益事业管理的人员；

（二）从事集体资金、资产、资源管理的人员；

（三）协助人民政府从事行政管理工作的人员，包括从事救灾、防疫、抢险、防汛、优抚、帮扶、移民、救济款物的管理，社会捐助公益事业款物的管理，国有土地的经营和管理，土地征收、征用补偿费用的管理，代征、代缴税款，有关计划生育、户籍、征兵工作，协助人民政府等国家机关在基层群众性自治组织中从事的其他管理工作。

第四十三条 下列人员属于监察法第十五条第六项所称其他依法履行公职的人员：

（一）履行人民代表大会职责的各级人民代表大会代表，履行公职的中国人民政治协商会议各级委员会委员、人民陪审员、人民监督员；

（二）虽未列入党政机关人员编制，但在党政机关中从事公务的人员；

（三）在集体经济组织等单位、组织中，由党组织或者国家机关，国有独资、全资公司、企业，国家出资企业中负有管理监督国有和集体资产职责的组织，事业单位提名、推荐、任命、批准等，从事组织、领导、管理、监督等工作的人员；

（四）在依法组建的评标、谈判、询价等组织中代表国家机关，国有独资、全资公司、企业，事业单位，人民团体临时履行公共事务组织、领导、管理、监督等职责的人员；

（五）其他依法行使公权力的人员。

第四十四条 有关机关、单位、组织集体作出的决定违法或者实施违法行为的，监察机关应当对负有责任的领导人员和直接责任人员中的公职人员依法追究法律责任。

……

第四章 监察权限

第一节 一般要求

第五十四条 监察机关应当加强监督执法调查工作规范化建设，严格按规定对监察措施进行审批和监管，依照法定的范围、程序和期限采取相关措施，出具、送达法律文书。

第五十五条 监察机关在初步核实中，可以依法采取谈话、询问、查询、调取、勘验检查、鉴定措施；立案后可以采取讯问、留置、冻结、搜查、查封、扣押、通缉措施。需要采取技术调查、限制出境措施的，应当按照规定交有关机关依法执行。设区的市级以下监察机关在初步核实中不得采取技术调查措施。

开展问责调查，根据具体情况可以依法采取相关监察措施。

第五十六条 开展讯问、搜查、查封、扣押以及重要的谈话、询问等调查取证工作，应当全程同步录音录像，并保持录音录像资料的完整性。录音录像资料应当妥善保管、及时归档，留存备查。

人民检察院、人民法院需要调取同步录音录像的，监察机关应当予以配合，经审批依法予以提供。

第五十七条 需要商请其他监察机关协助收集证据材料的，应当依法出具《委托调查函》；商请其他监察机关对采取措施提供一般性协助的，应当依法出具《商请协助采取措施函》。商请协助事项涉及协助地监察机关管辖的监察对象的，应当由协助地监察机关按照所涉人员的管理权限报批。协助地监察机关对于协助请求，应当依法予以协助配合。

第五十八条 采取监察措施需要告知、通知相关人员的，应当依法办理。告知包括口头、书面两种方式，通知应当采取书面方式。采取口头方式告知的，应当将相关情况制作工作记录；采取书面方式告知、通知的，可以通过直接送交、邮寄、转交等途径送达，将有关回执或者凭证附卷。

无法告知、通知，或者相关人员拒绝接收的，调查人员应当在工作记录或者有关文书上记明。

第二节　证　　据

第五十九条 可以用于证明案件事实的材料都是证据，包括：

（一）物证；

（二）书证；

（三）证人证言；

（四）被害人陈述；

（五）被调查人陈述、供述和辩解；

（六）鉴定意见；

（七）勘验检查、辨认、调查实验等笔录；

（八）视听资料、电子数据。

监察机关向有关单位和个人收集、调取证据时，应当告知其必须依法如实提供证据。对于不按要求提供有关材料，泄露相关信息，伪造、隐匿、毁灭证据，提供虚假情况或者阻止他人提供证据的，依法追究法律责任。

监察机关依照监察法和本条例规定收集的证据材料，经审查符合法定要求的，在刑事诉讼中可以作为证据使用。

第六十条 监察机关认定案件事实应当以证据为根据，全面、客观地收集、固定被调查人有无违法犯罪以及情节轻重的各种证据，形成相互印证、完整稳定的证据链。

只有被调查人陈述或者供述，没有其他证据的，不能认定案件事实；没有被调查人陈述或者供述，证据符合法定标准的，可以认定案件事实。

第六十一条 证据必须经过查证属实，才能作为定案的根据。审查认定证据，应当结合案件的具体情况，从证据与待证事实的关联程度、各证据之间的联系、是否依照法定程序收集等方面进行综合判断。

第六十二条 监察机关调查终结的职务违法案件，应当事实清楚、证据确凿。证据确凿，应当符合下列条件：

（一）定性处置的事实都有证据证实；

（二）定案证据真实、合法；

（三）据以定案的证据之间不存在无法排除的矛盾；

（四）综合全案证据，所认定事实清晰且令人信服。

第六十三条 监察机关调查终结的职务犯罪案件，应当事实清楚，证据确实、充分。证据确实、充分，应当符合下列条件：

（一）定罪量刑的事实都有证据证明；

（二）据以定案的证据均经法定程序查证属实；

（三）综合全案证据，对所认定事实已排除合理怀疑。

证据不足的，不得移送人民检察院审查起诉。

第六十四条 严禁以暴力、威胁、引诱、欺骗以及非法限制人身自由等非法方法收集证据，严禁侮辱、打骂、虐待、体罚或者变相体罚被调查人、涉案人员和证人。

第六十五条 对于调查人员采用暴力、威胁以及非法限制人身自由等非法方法收集的被调查人供述、证人证言、被害人陈述，应当依法予以排除。

前款所称暴力的方法，是指采用殴打、违法使用戒具等方法或者变相肉刑的恶劣手段，使人遭受难以忍受的痛苦而违背意愿作出供述、证言、陈述；威胁的方法，是指采用以暴力或者严重损害本人及其近亲属合法权益等进行威胁的方法，使人遭受难以忍受的痛苦而违背意愿作出供述、证言、陈述。

收集物证、书证不符合法定程序，可能严重影响案件公正处理的，应当予以补正或者作出合理解释；不能补正或者作出合理解释的，对该证据应当予以排除。

第六十六条 监察机关监督检查、调查、案件审理、案件监督管理等部门发现监察人员在办理案件中，可能存在以非法方法收集证据情形的，应当依据职责进行调查核实。对于被调查人控告、举报调查人员采用非法方法收集证据，并提供涉嫌非法取证的人员、时间、地点、方式和内容等材料或者线索的，应当受理并进行审核。根据现有材料无法证明证据收集合法性的，应当进行调查核实。

经调查核实，确认或者不能排除以非法方法收集证据的，对有关证据依法予以排除，不得作为案件定性处置、移送审查起诉的依据。认定调查人员非法取证的，应当依法处理，另行指派调查人员重新调查取证。

监察机关接到对下级监察机关调查人员采用非法方法收集证据的控告、举报，可以直接进行调查核实，也可以交由下级监察机关调查核实。交由下级监察机关调查核实的，下级监察机关应当及时将调查结果报告上级监察机关。

第六十七条 对收集的证据材料及扣押的财物应当妥善保管，严格履行交接、调用手续，定期对账核实，不得违规使用、调换、损毁或者自行处理。

第六十八条 监察机关对行政机关在行政执法和查办案件中收集的物证、书证、视听资料、电子数据，勘验、检查等笔录，以及鉴定意见等证据材料，经审查符合法定要求的，可以作为证据使用。

根据法律、行政法规规定行使国家行政管理职权的组织在行政执法和查办案件中收集的证据材料，视为行政机关收集的证据材料。

第六十九条 监察机关对人民法院、人民检察院、公安机关、国家安全机关等在刑事诉讼中收集的物证、书证、视听资料、电子数据，勘验、检查、辨认、侦查实验等笔录，以及鉴定意见等证据材料，经审查符合法定要求的，可以作为证据使用。

监察机关办理职务违法案件，对于人民法院生效刑事判决、裁定和人民检察院不起诉决定采信的证据材料，可以直接作为证据使用。

第三节 谈 话

第七十条 监察机关在问题线索处置、初步核实和立案调查中，可以依法对涉嫌职务违法的监察对象进行谈话，要求其如实说明情况或者作出陈述。

谈话应当个别进行。负责谈话的人员不得少于二人。

第七十一条 对一般性问题线索的处置，可以采取谈话方式进行，对监察对象给予警示、批评、教育。谈话应当在工作地点等场所进行，明确告知谈话事项，注重谈清问题、取得教育效果。

第七十二条 采取谈话方式处置问题线索的，经审批可以由监察人员或者委托被谈话人所在单位主要负责人等进行谈话。

监察机关谈话应当形成谈话笔录或者记录。谈话结束后，可以根据需要要求被谈话人在十五个工作日以内作出书面说明。被谈话人应当在书面说明每页签名，修改的地方也应当签名。

委托谈话的，受委托人应当在收到委托函后的十五个工作日以内进行谈话。谈话结束后及时形成谈话情况材料报送监察机关，必要时附被谈话人的书面说明。

第七十三条 监察机关开展初步核实工作，一般不与被核查人接触；确有需要与被核查人谈话的，应当按规定报批。

第七十四条 监察机关对涉嫌职务违法的被调查人立案后，可以依法进行谈话。

与被调查人首次谈话时，应当出示《被调查人权利义务告知书》，由其签名、捺指印。被调查人拒绝签名、捺指印的，调查人员应当在文书上记明。对于被调查人未被限制人身自由的，应当在首次谈话时出具《谈话通知书》。

与涉嫌严重职务违法的被调查人进行谈话的，应当全程同步录音录像，并告知被调查人。告知情况应当在录音录像中予以反映，并在笔录中记明。

第七十五条 立案后，与未被限制人身自由的被调查人谈话的，应当在具备安全保障条件的场所进行。

调查人员按规定通知被调查人所在单位派员或者被调查人家属陪同被调查人到指定场所的，应当与陪同人员办理交接手续，填写《陪送交接单》。

第七十六条 调查人员与被留置的被调查人谈话的，按照法定程序在留置场所进行。

与在押的犯罪嫌疑人、被告人谈话的，应当持以监察机关名义出具的介绍信、工作证件，商请有关案件主管机关依法协助办理。

与在看守所、监狱服刑的人员谈话的，应当持以监察机关名义出具的介绍信、工作证件办理。

第七十七条 与被调查人进行谈话，应当合理安排时间、控制时长，保证其饮食和必要的休息时间。

第七十八条 谈话笔录应当在谈话现场制作。笔录应当详细具体，如实反映谈话情况。笔录制作完成后，应当交给被调查人核对。被调查人没有阅读能力的，应当向其宣读。

笔录记载有遗漏或者差错的，应当补充或者更正，由被调查人在补充或者更正处捺指印。被调查人核对无误后，应当在笔录中逐页签名、捺指印。被调查人拒绝签名、捺指印的，调查人员应当在笔录中记明。调查人员也应当在笔录中签名。

第七十九条 被调查人请求自行书写说明材料的，应当准许。必要时，调查人员可以要求被调查人自行书写说明材料。

被调查人应当在说明材料上逐页签名、捺指印，在末页写明日期。对说明材料有修改的，在修改之处应当捺指印。说明材料应当由二名调查人员接收，在首页记明接收的日期并签名。

第八十条 本条例第七十四条至第七十九条的规定，也适用于在初步核实中开展的谈话。

第四节 讯 问

第八十一条 监察机关对涉嫌职务犯罪的被调查人，可以依法进行讯问，要求其如实供述涉嫌犯罪的情况。

第八十二条 讯问被留置的被调查人，应当在留置场所进行。

第八十三条 讯问应当个别进行，调查人员不得少于二人。

首次讯问时，应当向被讯问人出示《被调查人权利义务告知书》，由其签名、捺指印。被讯问人拒绝签名、捺指印的，调查人员应当在文书上记明。被讯问人未被限制人身自由的，应当在首次讯问时向其出具《讯问通知书》。

讯问一般按照下列顺序进行：

（一）核实被讯问人的基本情况，包括姓名、曾用名、出生年月日、户籍地、身份证件号码、民族、职业、政治面貌、文化程度、工作单位及职务、住所、家庭情况、社会经历，是否属于党代表大会代表、人大代表、政协委员，是否受到过党纪政务处分，是否受到过刑事处罚等；

（二）告知被讯问人如实供述自己罪行可以依法从宽处理和认罪认罚的法律规定；

（三）讯问被讯问人是否有犯罪行为，让其陈述有罪的事实或者无罪的辩解，应当允许其连贯陈述。

调查人员的提问应当与调查的案件相关。被讯问人对调查人员的提问应当如实回答。调查人员对被讯问人的辩解，应当如实记录，认真查核。

讯问时，应当告知被讯问人将进行全程同步录音录像。告知情况应当在录音录像中予以反映，并在笔录中记明。

第八十四条　本条例第七十五条至第七十九条的要求，也适用于讯问。

第五节　询　　问

第八十五条　监察机关按规定报批后，可以依法对证人、被害人等人员进行询问，了解核实有关问题或者案件情况。

第八十六条　证人未被限制人身自由的，可以在其工作地点、住所或者其提出的地点进行询问，也可以通知其到指定地点接受询问。到证人提出的地点或者调查人员指定的地点进行询问的，应当在笔录中记明。

调查人员认为有必要或者证人提出需要由所在单位派员或者其家属陪同到询问地点的，应当办理交接手续并填写《陪送交接单》。

第八十七条　询问应当个别进行。负责询问的调查人员不得少于二人。

首次询问时，应当向证人出示《证人权利义务告知书》，由其签名、捺指印。证人拒绝签名、捺指印的，调查人员应当在文书上记明。证人未被限制人身自由的，应当在首次询问时向其出具《询问通知书》。

询问时，应当核实证人身份，问明证人的基本情况，告知证人应当如实提供证据、证言，以及作伪证或者隐匿证据应当承担的法律责任。不得向证人泄露案情，不得采用非法方法获取证言。

询问重大或者有社会影响案件的重要证人，应当对询问过程全程同步录音录像，并告知证人。告知情况应当在录音录像中予以反映，并在笔录中记明。

第八十八条 询问未成年人，应当通知其法定代理人到场。无法通知或者法定代理人不能到场的，应当通知未成年人的其他成年亲属或者所在学校、居住地基层组织的代表等有关人员到场。询问结束后，由法定代理人或者有关人员在笔录中签名。调查人员应当将到场情况记录在案。

询问聋、哑人，应当有通晓聋、哑手势的人员参加。调查人员应当在笔录中记明证人的聋、哑情况，以及翻译人员的姓名、工作单位和职业。询问不通晓当地通用语言、文字的证人，应当有翻译人员。询问结束后，由翻译人员在笔录中签名。

第八十九条 凡是知道案件情况的人，都有如实作证的义务。对故意提供虚假证言的证人，应当依法追究法律责任。

证人或者其他任何人不得帮助被调查人隐匿、毁灭、伪造证据或者串供，不得实施其他干扰调查活动的行为。

第九十条 证人、鉴定人、被害人因作证，本人或者近亲属人身安全面临危险，向监察机关请求保护的，监察机关应当受理并及时进行审查；对于确实存在人身安全危险的，监察机关应当采取必要的保护措施。监察机关发现存在上述情形的，应当主动采取保护措施。

监察机关可以采取下列一项或者多项保护措施：

（一）不公开真实姓名、住址和工作单位等个人信息；

（二）禁止特定的人员接触证人、鉴定人、被害人及其近亲属；

（三）对人身和住宅采取专门性保护措施；

（四）其他必要的保护措施。

依法决定不公开证人、鉴定人、被害人的真实姓名、住址和工作单位等个人信息的，可以在询问笔录等法律文书、证据材料中使用化名。但是应当另行书面说明使用化名的情况并标明密级，单独成卷。

监察机关采取保护措施需要协助的，可以提请公安机关等有关单位和要求有关个人依法予以协助。

第九十一条 本条例第七十六条至第七十九条的要求，也适用于询问。询问重要涉案人员，根据情况适用本条例第七十五条的规定。

询问被害人，适用询问证人的规定。

第六节　留　　置

第九十二条 监察机关调查严重职务违法或者职务犯罪，对于符合监察法第二十二条第一款规定的，经依法审批，可以对被调查人采取留置措施。

监察法第二十二条第一款规定的严重职务违法，是指根据监察机关已经掌握的事实及证据，被调查人涉嫌的职务违法行为情节严重，可能被给予撤职以上政务处分；重要问题，是指对被调查人涉嫌的职务违法或者职务犯罪，在定性处置、定罪量刑等方面有重要影响的事实、情节及证据。

监察法第二十二条第一款规定的已经掌握其部分违法犯罪事实及证据，是指同时具备下列情形：

（一）有证据证明发生了违法犯罪事实；

（二）有证据证明该违法犯罪事实是被调查人实施；

（三）证明被调查人实施违法犯罪行为的证据已经查证属实。

部分违法犯罪事实，既可以是单一违法犯罪行为的事实，也可以是数个违法犯罪行为中任何一个违法犯罪行为的事实。

第九十三条 被调查人具有下列情形之一的，可以认定为监察法第二十二条第一款第二项所规定的可能逃跑、自杀：

（一）着手准备自杀、自残或者逃跑的；

（二）曾经有自杀、自残或者逃跑行为的；

（三）有自杀、自残或者逃跑意图的；

（四）其他可能逃跑、自杀的情形。

第九十四条 被调查人具有下列情形之一的，可以认定为监察法第二十二条第一款第三项所规定的可能串供或者伪造、隐匿、毁灭证据：

（一）曾经或者企图串供，伪造、隐匿、毁灭、转移证据的；

（二）曾经或者企图威逼、恐吓、利诱、收买证人，干扰证人作证的；

（三）有同案人或者与被调查人存在密切关联违法犯罪的涉案人员在逃，重要证据尚未收集完成的；

（四）其他可能串供或者伪造、隐匿、毁灭证据的情形。

第九十五条 被调查人具有下列情形之一的，可以认定为监察法第二十二条第一款第四项所规定的可能有其他妨碍调查行为：

（一）可能继续实施违法犯罪行为的；

（二）有危害国家安全、公共安全等现实危险的；

（三）可能对举报人、控告人、被害人、证人、鉴定人等相关人员实施打击报复的；

（四）无正当理由拒不到案，严重影响调查的；

（五）其他可能妨碍调查的行为。

第九十六条 对下列人员不得采取留置措施：

（一）患有严重疾病、生活不能自理的；

（二）怀孕或者正在哺乳自己婴儿的妇女；

（三）系生活不能自理的人的唯一扶养人。

上述情形消除后，根据调查需要可以对相关人员采取留置措施。

第九十七条 采取留置措施时，调查人员不得少于二人，应当向被留置人员宣布《留置决定书》，告知被留置人员权利义务，要求其在《留置决定书》上签名、捺指印。被留置人员拒绝签名、捺指印的，调查人员应当在文书上记明。

第九十八条 采取留置措施后，应当在二十四小时以内通知被留置人员所在单位和家属。当面通知的，由有关人员在《留置通知书》上签名。无法当面通知的，可以先以电话等方式通知，并通过邮寄、转交等方式送达《留置通知书》，要求有关人员在《留置通知书》上签名。

因可能毁灭、伪造证据，干扰证人作证或者串供等有碍调查情形而不宜通知的，应当按规定报批，记录在案。有碍调查的情形消失后，应当立即通知被留置人员所在单位和家属。

第九十九条 县级以上监察机关需要提请公安机关协助采取留置措施的，应当按规定报批，请同级公安机关依法予以协助。提请协助时，应当出具《提请协助采取留置措施函》，列明提请协助的具体事项和建议，协助采取措施的时间、地点等内容，附《留置决定书》复印件。

因保密需要，不适合在采取留置措施前向公安机关告知留置对象姓名的，可以作出说明，进行保密处理。

需要提请异地公安机关协助采取留置措施的，应当按规定报批，向协作地同级监察机关出具协作函件和相关文书，由协作地监察机关提请当地公安机关依法予以协助。

第一百条 留置过程中，应当保障被留置人员的合法权益，尊重其人格和民族习俗，保障饮食、休息和安全，提供医疗服务。

第一百零一条 留置时间不得超过三个月，自向被留置人员宣布之日起算。具有下列情形之一的，经审批可以延长一次，延长时间不得超过三个月：

（一）案情重大，严重危害国家利益或者公共利益的；

（二）案情复杂，涉案人员多、金额巨大，涉及范围广的；

（三）重要证据尚未收集完成，或者重要涉案人员尚未到案，导致违法犯罪的主要事实仍须继续调查的；

（四）其他需要延长留置时间的情形。

省级以下监察机关采取留置措施的，延长留置时间应当报上一级监察机关批准。

延长留置时间的，应当在留置期满前向被留置人员宣布延长留置时间的决定，要求其在《延长留置时间决定书》上签名、捺指印。被留置人员拒绝签名、捺指印的，调查人员应当在文书上记明。

延长留置时间的，应当通知被留置人员家属。

第一百零二条 对被留置人员不需要继续采取留置措施的，应当按规定报批，及时解除留置。

调查人员应当向被留置人员宣布解除留置措施的决定，由其在《解除留置决定书》上签名、捺指印。被留置人员拒绝签名、捺指印的，调查人员应当在文书上记明。

解除留置措施的，应当及时通知被留置人员所在单位或者家属。调查人员应当与交接人办理交接手续，并由其在《解除留置通知书》上签名。无法通知或者有关人员拒绝签名的，调查人员应当在文书上记明。

案件依法移送人民检察院审查起诉的，留置措施自犯罪嫌疑人被执行拘留时自动解除，不再办理解除法律手续。

第一百零三条 留置场所应当建立健全保密、消防、医疗、餐饮及安保等安全工作责任制，制定紧急突发事件处置预案，采取安全防范措施。

留置期间发生被留置人员死亡、伤残、脱逃等办案安全事故、事件的，应当及时做好处置工作。相关情况应当立即报告监察机关主要负责人，并在二十四小时以内逐级上报至国家监察委员会。

第七节　查询、冻结

第一百零四条 监察机关调查严重职务违法或者职务犯罪，根据工作需要，按规定报批后，可以依法查询、冻结涉案单位和个人的存款、汇款、债券、股票、基金份额等财产。

第一百零五条 查询、冻结财产时，调查人员不得少于二人。调查人员应当出具《协助查询财产通知书》或者《协助冻结财产通知书》，送交银行或者其他金融机构、邮政部门等单位执行。有关单位和个人应当予以配合，并严格保密。

查询财产应当在《协助查询财产通知书》中填写查询账号、查询内容等信息。没有具体账号的，应当填写足以确定账户或者权利人的自然人姓名、身份证件号码或者企业法人名称、统一社会信用代码等信息。

冻结财产应当在《协助冻结财产通知书》中填写冻结账户名称、冻结账号、冻结数额、冻结期限起止时间等信息。冻结数额应当具体、明确，暂时无法确定具体数额的，应当在《协助冻结财产通知书》上明确写明“只收不付”。冻结证券和交易结算资金时，应当明确冻结的范围是否及于孳息。

冻结财产，应当为被调查人及其所扶养的亲属保留必需的生活费用。

第一百零六条 调查人员可以根据需要对查询结果进行打印、抄录、复制、拍照，要求相关单位在有关材料上加盖证明印章。对查询结果有疑问的，可以要求相关单位进行书面解释并加盖印章。

第一百零七条 监察机关对查询信息应当加强管理，规范信息交接、调阅、使用程序和手续，防止滥用和泄露。

调查人员不得查询与案件调查工作无关的信息。

第一百零八条 冻结财产的期限不得超过六个月。冻结期限到期未办理续冻手续的，冻结自动解除。

有特殊原因需要延长冻结期限的，应当在到期前按原程序报批，办理续冻手续。每次续冻期限不得超过六个月。

第一百零九条 已被冻结的财产可以轮候冻结，不得重复冻结。轮候冻结的，监察机关应当要求有关银行或者其他金融机构等单位在解除冻结或者作出处理前予以通知。

监察机关接受司法机关、其他监察机关等国家机关移送的涉案财物后，该国家机关采取的冻结期限届满，监察机关续行冻结的顺位与该国家机关冻结的顺位相同。

第一百一十条 冻结财产应当通知权利人或者其法定代理人、委托代理人，要求其在《冻结财产告知书》上签名。冻结股票、债券、基金份额等财产，应当告知权利人或者其法定代理人、委托代理人有权申请出售。

对于被冻结的股票、债券、基金份额等财产，权利人或者其法定代理人、委托代理人申请出售，不损害国家利益、被害人利益，不影响调查正常进行的，经审批可以在案件办结前由相关机构依法出售或者变现。对于被冻结的汇票、本票、支票即将到期的，经审批可以在案件办结前由相关机构依法出售或者变现。出售上述财产的，应当出具《许可出售冻结财产通知书》。

出售或者变现所得价款应当继续冻结在其对应的银行账户中；没有对应的银行账户的，应当存入监察机关指定的专用账户保管，并将存款凭证送监察机关登记。监察机关应当及时向权利人或者其法定代理人、委托代理人出具《出售冻结财产通知书》，并要求其签名。拒绝签名的，调查人员应当在文书上记明。

第一百一十一条 对于冻结的财产，应当及时核查。经查明与案件无关的，经审批，应当在查明后三日以内将《解除冻结财产通知书》送交有关单位执行。解除情况应当告知被冻结财产的权利人或者其法定代理人、委托代理人。

第八节 搜 查

第一百一十二条 监察机关调查职务犯罪案件，为了收集犯罪证据、查获被调查人，按规定报批后，可以依法对被调查人以及可能隐藏被调查人或者犯罪证据的人的身体、物品、住处、工作地点和其他有关地方进行搜查。

第一百一十三条 搜查应当在调查人员主持下进行，调查人员不得少于二人。搜查女性的身体，由女性工作人员进行。

搜查时，应当有被搜查人或者其家属、其所在单位工作人员或者其他见证人在场。监察人员不得作为见证人。调查人员应当向被搜查人或者其家属、见证人出示《搜查证》，要求其签名。被搜查人或者其家属不在场，或者拒绝签名的，调查人员应当在文书上记明。

第一百一十四条 搜查时，应当要求在场人员予以配合，不得进行阻碍。对以暴力、威胁等方法阻碍搜查的，应当依法制止。对阻碍搜查构成违法犯罪的，依法追究法律责任。

第一百一十五条 县级以上监察机关需要提请公安机关依法协助采取搜查措施的，应当按规定报批，请同级公安机关予以协助。提请协助时，应当出具《提请协助采取搜查措施函》，列明提请协助的具体事项和建议，搜查时间、地点、目的等内容，附《搜查证》复印件。

需要提请异地公安机关协助采取搜查措施的，应当按规定报批，向协作地同级监察机关出具协作函件和相关文书，由协作地监察机关提请当地公安机关予以协助。

第一百一十六条 对搜查取证工作，应当全程同步录音录像。

对搜查情况应当制作《搜查笔录》，由调查人员和被搜查人或者其家属、见证人签名。被搜查人或者其家属不在场，或者拒绝签名的，调查人员应当在笔录中记明。

对于查获的重要物证、书证、视听资料、电子数据及其放置、存储位置应当拍照，并在《搜查笔录》中作出文字说明。

第一百一十七条 搜查时，应当避免未成年人或者其他不适宜在搜查现场的人在场。

搜查人员应当服从指挥、文明执法，不得擅自变更搜查对象和扩大搜查范围。搜查的具体时间、方法，在实施前应当严格保密。

第一百一十八条 在搜查过程中查封、扣押财物和文件的，按照查封、扣押的有关规定办理。

第九节 调　　取

第一百一十九条 监察机关按规定报批后，可以依法向有关单位和个人调取用以证明案件事实的证据材料。

第一百二十条 调取证据材料时，调查人员不得少于二人。调查人员应当依法出具《调取证据通知书》，必要时附《调取证据清单》。

有关单位和个人配合监察机关调取证据，应当严格保密。

第一百二十一条 调取物证应当调取原物。原物不便搬运、保存，或者依法应当返还，或者因保密工作需要不能调取原物的，可以将原物封存，并拍照、录像。对原物拍照或者录像时，应当足以反映原物的外形、内容。

调取书证、视听资料应当调取原件。取得原件确有困难或者因保密工作需要不能调取原件的，可以调取副本或者复制件。

调取物证的照片、录像和书证、视听资料的副本、复制件的，应当书面记明不能调取原物、原件的原因，原物、原件存放地点，制作过程，是否与原物、原件相符，并由调查人员和物证、书证、视听资料原持有人签名或者盖章。持有人无法签名、盖章或者拒绝签名、盖章的，应当在笔录中记明，由见证人签名。

第一百二十二条 调取外文材料作为证据使用的，应当交由具有资质的机构和人员出具中文译本。中文译本应当加盖翻译机构公章。

第一百二十三条 收集、提取电子数据，能够扣押原始存储介质的，应当予以扣押、封存并在笔录中记录封存状态。无法扣押原始存储介质的，可以提取电子数据，但应当在笔录中记明不能扣押的原因、原始存储介质的存放地点或者电子数据的来源等情况。

由于客观原因无法或者不宜采取前款规定方式收集、提取电子数据的，可以采取打印、拍照或者录像等方式固定相关证据，并在笔录中说明原因。

收集、提取的电子数据，足以保证完整性，无删除、修改、增加等情形的，可以作为证据使用。

收集、提取电子数据，应当制作笔录，记录案由、对象、内容，收集、提取电子数据的时间、地点、方法、过程，并附电子数据清单，注明类别、文件格式、完整性校验值等，由调查人员、电子数据持有人（提供人）签名或者盖章；电子数据持有人（提供人）无法签名或者拒绝签名的，应当在笔录中记明，由见证人签名或者盖章。有条件的，应当对相关活动进行录像。

第一百二十四条 调取的物证、书证、视听资料等原件，经查明与案件无关的，经审批，应当在查明后三日以内退还，并办理交接手续。

第十节 查封、扣押

第一百二十五条 监察机关按规定报批后，可以依法查封、扣押用以证明被调查人涉嫌违法犯罪以及情节轻重的财物、文件、电子数据等证据材料。

对于被调查人到案时随身携带的物品，以及被调查人或者其他相关人员主动上交的财物和文件，依法需要扣押的，依照前款规定办理。对于被调查人随身携带的与案件无关的个人用品，应当逐件登记，随案移交或者退还。

第一百二十六条 查封、扣押时，应当出具《查封/扣押通知书》，调查人员不得少于二人。持有人拒绝交出应当查封、扣押的财物和文件的，可以依法强制查封、扣押。

调查人员对于查封、扣押的财物和文件，应当会同在场见证人和被查封、扣押财物持有人进行清点核对，开列《查封/扣押财物、文件清单》，由调查人员、见证人和持有人签名或者盖章。持有人不在场或者拒绝签名、盖章的，调查人员应当在清单上记明。

查封、扣押财物，应当为被调查人及其所扶养的亲属保留必需的生活费用和物品。

第一百二十七条 查封、扣押不动产和置于该不动产上不宜移动的设施、家具和其他相关财物，以及车辆、船舶、航空器和大型机械、设备等财物，必要时可以依法扣押其权利证书，经拍照或者录像后原地封存。调查人员应当在查封清单上记明相关财物的所在地址和特征，已经拍照或者录像及其权利证书被扣押的情况，由调查人员、见证人和持有人签名或者盖章。持有人不在场或者拒绝签名、盖章的，调查人员应当在清单上记明。

查封、扣押前款规定财物的，必要时可以将被查封财物交给持有人或者其近亲属保管。调查人员应当告知保管人妥善保管，不得对被查封财物进行转移、变卖、毁损、抵押、赠予等处理。

调查人员应当将《查封/扣押通知书》送达不动产、生产设备或者车辆、船舶、航空器等财物的登记、管理部门，告知其在查封期间禁止办理抵押、转让、出售等权属关系变更、转移登记手续。相关情况应当在查封清单上记明。被查封、扣押的财物已经办理抵押登记的，监察机关在执行没收、追缴、责令退赔等决定时应当及时通知抵押权人。

第一百二十八条 查封、扣押下列物品，应当依法进行相应的处理：

（一）查封、扣押外币、金银珠宝、文物、名贵字画以及其他不易辨别真伪的贵重物品，具备当场密封条件的，应当当场密封，由二名以上调查人员在密封材料上签名并记明密封时间。不具备当场密封条件的，应当在笔录中记明，以拍照、录像等方法加以保全后进行封存。查封、扣押的贵重物品需要鉴定的，应当及时鉴定。

（二）查封、扣押存折、银行卡、有价证券等支付凭证和具有一定特征能够证明案情的现金，应当记明特征、编号、种类、面值、张数、金额等，当场密封，由二名以上调查人员在密封材料上签名并记明密封时间。

（三）查封、扣押易损毁、灭失、变质等不宜长期保存的物品以及有消费期限的卡、券，应当在笔录中记明，以拍照、录像等方法加以保全后进行封存，或者经审批委托有关机构变卖、拍卖。变卖、拍卖的价款存入专用账户保管，待调查终结后一并处理。

（四）对于可以作为证据使用的录音录像、电子数据存储介质，应当记明案由、对象、内容，录制、复制的时间、地点、规格、类别、应用长度、文件格式及长度等，制作清单。具备查封、扣押条件的电子设备、存储介质应当密封保存。必要时，可以请有关机关协助。

（五）对被调查人使用违法犯罪所得与合法收入共同购置的不可分割的财产，可以先行查封、扣押。对无法分割退还的财产，涉及违法的，可以在结案后委托有关单位拍卖、变卖，退还不属于违法所得的部分及孳息；涉及职务犯罪的，依法移送司法机关处置。

（六）查封、扣押危险品、违禁品，应当及时送交有关部门，或者根据工作需要严格封存保管。

第一百二十九条 对于需要启封的财物和文件，应当由二名以上调查人员共同办理。重新密封时，由二名以上调查人员在密封材料上签名、记明时间。

第一百三十条 查封、扣押涉案财物，应当按规定将涉案财物详细信息、《查封/扣押财物、文件清单》录入并上传监察机关涉案财物信息管理系统。

对于涉案款项，应当在采取措施后十五日以内存入监察机关指定的专用账户。对于涉案物品，应当在采取措施后三十日以内移交涉案财物保管部门保管。因特殊原因不能按时存入专用账户或者移交保管的，应当按规定报批，将保管情况录入涉案财物信息管理系统，在原因消除后及时存入或者移交。

第一百三十一条 对于已移交涉案财物保管部门保管的涉案财物，根据调查工作需要，经审批可以临时调用，并应当确保完好。调用结束后，应当及时归还。调用和归还时，调查人员、保管人员应当当面清点查验。保管部门应当对调用和归还情况进行登记，全程录像并上传涉案财物信息管理系统。

第一百三十二条 对于被扣押的股票、债券、基金份额等财产，以及即将到期的汇票、本票、支票，依法需要出售或者变现的，按照本条例关于出售冻结财产的规定办理。

第一百三十三条 监察机关接受司法机关、其他监察机关等国家机关移送的涉案财物后，该国家机关采取的查封、扣押期限届满，监察机关续行查封、扣押的顺位与该国家机关查封、扣押的顺位相同。

第一百三十四条 对查封、扣押的财物和文件，应当及时进行核查。经查明与案件无关的，经审批，应当在查明后三日以内解除查封、扣押，予以退还。解除查封、扣押的，应当向有关单位、原持有人或者近亲属送达《解除查封/扣押通知书》，附《解除查封/扣押财物、文件清单》，要求其签名或者盖章。

第一百三十五条 在立案调查之前，对监察对象及相关人员主动上交的涉案财物，经审批可以接收。

接收时，应当由二名以上调查人员，会同持有人和见证人进行清点核对，当场填写《主动上交财物登记表》。调查人员、持有人和见证人应当在登记表上签名或者盖章。

对于主动上交的财物，应当根据立案及调查情况及时决定是否依法查封、扣押。

第十一节　勘验检查

第一百三十六条　监察机关按规定报批后，可以依法对与违法犯罪有关的场所、物品、人身、尸体、电子数据等进行勘验检查。

第一百三十七条　依法需要勘验检查的，应当制作《勘验检查证》；需要委托勘验检查的，应当出具《委托勘验检查书》，送具有专门知识、勘验检查资格的单位（人员）办理。

第一百三十八条　勘验检查应当由二名以上调查人员主持，邀请与案件无关的见证人在场。勘验检查情况应当制作笔录，并由参加勘验检查人员和见证人签名。

勘验检查现场、拆封电子数据存储介质应当全程同步录音录像。对现场情况应当拍摄现场照片、制作现场图，并由勘验检查人员签名。

第一百三十九条　为了确定被调查人或者相关人员的某些特征、伤害情况或者生理状态，可以依法对其人身进行检查。必要时可以聘请法医或者医师进行人身检查。检查女性身体，应当由女性工作人员或者医师进行。被调查人拒绝检查的，可以依法强制检查。

人身检查不得采用损害被检查人生命、健康或者贬低其名誉、人格的方法。对人身检查过程中知悉的个人隐私，应当严格保密。

对人身检查的情况应当制作笔录，由参加检查的调查人员、检查人员、被检查人员和见证人签名。被检查人员拒绝签名的，调查人员应当在笔录中记明。

第一百四十条　为查明案情，在必要的时候，经审批可以依法进行调查实验。调查实验，可以聘请有关专业人员参加，也可以要求被调查人、被害人、证人参加。

进行调查实验，应当全程同步录音录像，制作调查实验笔录，由参加实验的人签名。进行调查实验，禁止一切足以造成危险、侮辱人格的行为。

第一百四十一条 调查人员在必要时，可以依法让被害人、证人和被调查人对与违法犯罪有关的物品、文件、尸体或者场所进行辨认；也可以让被害人、证人对被调查人进行辨认，或者让被调查人对涉案人员进行辨认。

辨认工作应当由二名以上调查人员主持进行。在辨认前，应当向辨认人详细询问辨认对象的具体特征，避免辨认人见到辨认对象，并告知辨认人作虚假辨认应当承担的法律责任。几名辨认人对同一辨认对象进行辨认时，应当由辨认人个别进行。辨认应当形成笔录，并由调查人员、辨认人签名。

第一百四十二条 辨认人员时，被辨认的人数不得少于七人，照片不得少于十张。

辨认人不愿公开进行辨认时，应当在不暴露辨认人的情况下进行辨认，并为其保守秘密。

第一百四十三条 组织辨认物品时一般应当辨认实物。被辨认的物品系名贵字画等贵重物品或者存在不便搬运等情况的，可以对实物照片进行辨认。辨认人进行辨认时，应当在辨认出的实物照片与附纸骑缝上捺指印予以确认，在附纸上写明该实物涉案情况并签名、捺指印。

辨认物品时，同类物品不得少于五件，照片不得少于五张。

对于难以找到相似物品的特定物，可以将该物品照片交由辨认人进行确认后，在照片与附纸骑缝上捺指印，在附纸上写明该物品涉案情况并签名、捺指印。在辨认人确认前，应当向其详细询问物品的具体特征，并对确认过程和结果形成笔录。

第一百四十四条 辨认笔录具有下列情形之一的，不得作为认定案件的依据：

（一）辨认开始前使辨认人见到辨认对象的；

（二）辨认活动没有个别进行的；

（三）辨认对象没有混杂在具有类似特征的其他对象中，或者供辨认的对象数量不符合规定的，但特定辨认对象除外；

（四）辨认中给辨认人明显暗示或者明显有指认嫌疑的；

（五）辨认不是在调查人员主持下进行的；

（六）违反有关规定，不能确定辨认笔录真实性的其他情形。

辨认笔录存在其他瑕疵的，应当结合全案证据审查其真实性和关联性，作出综合判断。

第十二节　鉴　　定

第一百四十五条　监察机关为解决案件中的专门性问题，按规定报批后，可以依法进行鉴定。

鉴定时应当出具《委托鉴定书》，由二名以上调查人员送交具有鉴定资格的鉴定机构、鉴定人进行鉴定。

第一百四十六条　监察机关可以依法开展下列鉴定：

（一）对笔迹、印刷文件、污损文件、制成时间不明的文件和以其他形式表现的文件等进行鉴定；

（二）对案件中涉及的财务会计资料及相关财物进行会计鉴定；

（三）对被调查人、证人的行为能力进行精神病鉴定；

（四）对人体造成的损害或者死因进行人身伤亡医学鉴定；

（五）对录音录像资料进行鉴定；

（六）对因电子信息技术应用而出现的材料及其派生物进行电子证据鉴定；

（七）其他可以依法进行的专业鉴定。

第一百四十七条　监察机关应当为鉴定提供必要条件，向鉴定人送交有关检材和对比样本等原始材料，介绍与鉴定有关的情况。调查人员应当明确提出要求鉴定事项，但不得暗示或者强迫鉴定人作出某种鉴定意见。

监察机关应当做好检材的保管和送检工作，记明检材送检环节的责任人，确保检材在流转环节的同一性和不被污染。

第一百四十八条　鉴定人应当在出具的鉴定意见上签名，并附鉴定机构和鉴定人的资质证明或者其他证明文件。多个鉴定人的鉴定意见不一致的，应当在鉴定意见上记明分歧的内容和理由，并且分别签名。

监察机关对于法庭审理中依法决定鉴定人出庭作证的，应当予以协调。

鉴定人故意作虚假鉴定的，应当依法追究法律责任。

第一百四十九条　调查人员应当对鉴定意见进行审查。对经审查作为证据使用的鉴定意见，应当告知被调查人及相关单位、人员，送达《鉴定意见告知书》。

被调查人或者相关单位、人员提出补充鉴定或者重新鉴定申请，经审查符合法定要求的，应当按规定报批，进行补充鉴定或者重新鉴定。

对鉴定意见告知情况可以制作笔录，载明告知内容和被告知人的意见等。

第一百五十条 经审查具有下列情形之一的，应当补充鉴定：

（一）鉴定内容有明显遗漏的；

（二）发现新的有鉴定意义的证物的；

（三）对鉴定证物有新的鉴定要求的；

（四）鉴定意见不完整，委托事项无法确定的；

（五）其他需要补充鉴定的情形。

第一百五十一条 经审查具有下列情形之一的，应当重新鉴定：

（一）鉴定程序违法或者违反相关专业技术要求的；

（二）鉴定机构、鉴定人不具备鉴定资质和条件的；

（三）鉴定人故意作出虚假鉴定或者违反回避规定的；

（四）鉴定意见依据明显不足的；

（五）检材虚假或者被损坏的；

（六）其他应当重新鉴定的情形。

决定重新鉴定的，应当另行确定鉴定机构和鉴定人。

第一百五十二条 因无鉴定机构，或者根据法律法规等规定，监察机关可以指派、聘请具有专门知识的人就案件的专门性问题出具报告。

第十三节 技术调查

第一百五十三条 监察机关根据调查涉嫌重大贪污贿赂等职务犯罪需要，依照规定的权限和程序报经批准，可以依法采取技术调查措施，按照规定交公安机关或者国家有关执法机关依法执行。

前款所称重大贪污贿赂等职务犯罪，是指具有下列情形之一：

（一）案情重大复杂，涉及国家利益或者重大公共利益的；

（二）被调查人可能被判处十年以上有期徒刑、无期徒刑或者死刑的；

（三）案件在全国或者本省、自治区、直辖市范围内有较大影响的。

第一百五十四条 依法采取技术调查措施的，监察机关应当出具《采取技术调查措施委托函》《采取技术调查措施决定书》和《采取技术调查措施适用对象情况表》，送交有关机关执行。其中，设区的市级以下监察机关委托有关执行机关采取技术调查措施，还应当提供《立案决定书》。

第一百五十五条 技术调查措施的期限按照监察法的规定执行，期限届满前未办理延期手续的，到期自动解除。

对于不需要继续采取技术调查措施的，监察机关应当按规定及时报批，将《解除技术调查措施决定书》送交有关机关执行。

需要依法变更技术调查措施种类或者增加适用对象的，监察机关应当重新办理报批和委托手续，依法送交有关机关执行。

第一百五十六条 对于采取技术调查措施收集的信息和材料，依法需要作为刑事诉讼证据使用的，监察机关应当按规定报批，出具《调取技术调查证据材料通知书》向有关执行机关调取。

对于采取技术调查措施收集的物证、书证及其他证据材料，监察机关应当制作书面说明，写明获取证据的时间、地点、数量、特征以及采取技术调查措施的批准机关、种类等。调查人员应当在书面说明上签名。

对于采取技术调查措施获取的证据材料，如果使用该证据材料可能危及有关人员的人身安全，或者可能产生其他严重后果的，应当采取不暴露有关人员身份、技术方法等保护措施。必要时，可以建议由审判人员在庭外进行核实。

第一百五十七条 调查人员对采取技术调查措施过程中知悉的国家秘密、商业秘密、个人隐私，应当严格保密。

采取技术调查措施获取的证据、线索及其他有关材料，只能用于对违法犯罪的调查、起诉和审判，不得用于其他用途。

对采取技术调查措施获取的与案件无关的材料，应当经审批及时销毁。对销毁情况应当制作记录，由调查人员签名。

第十四节 通　缉

第一百五十八条 县级以上监察机关对在逃的应当被留置人员，依法决定在本行政区域内通缉的，应当按规定报批，送交同级公安机关执行。送交执行时，应当出具《通缉决定书》，附《留置决定书》等法律文书和被通缉人员信息，以及承办单位、承办人员等有关情况。

通缉范围超出本行政区域的，应当报有决定权的上级监察机关出具《通缉决定书》，并附《留置决定书》及相关材料，送交同级公安机关执行。

第一百五十九条 国家监察委员会依法需要提请公安部对在逃人员发布公安部通缉令的，应当先提请公安部采取网上追逃措施。如情况紧急，可以向公安部同时出具《通缉决定书》和《提请采取网上追逃措施函》。

省级以下监察机关报请国家监察委员会提请公安部发布公安部通缉令的，应当先提请本地公安机关采取网上追逃措施。

第一百六十条 监察机关接到公安机关抓获被通缉人员的通知后，应当立即核实被抓获人员身份，并在接到通知后二十四小时以内派员办理交接手续。边远或者交通不便地区，至迟不得超过三日。

公安机关在移交前，将被抓获人员送往当地监察机关留置场所临时看管的，当地监察机关应当接收，并保障临时看管期间的安全，对工作信息严格保密。

监察机关需要提请公安机关协助将被抓获人员带回的，应当按规定报批，请本地同级公安机关依法予以协助。提请协助时，应当出具《提请协助采取留置措施函》，附《留置决定书》复印件及相关材料。

第一百六十一条 监察机关对于被通缉人员已经归案、死亡，或者依法撤销留置决定以及发现有其他不需要继续采取通缉措施情形的，应当经审批出具《撤销通缉通知书》，送交协助采取原措施的公安机关执行。

第十五节 限制出境

第一百六十二条 监察机关为防止被调查人及相关人员逃匿境外，按规定报批后，可以依法决定采取限制出境措施，交由移民管理机构依法执行。

第一百六十三条 监察机关采取限制出境措施应当出具有关函件，与《采取限制出境措施决定书》一并送交移民管理机构执行。其中，采取边控措施的，应当附《边控对象通知书》；采取法定不批准出境措施的，应当附《法定不准出境人员报备表》。

第一百六十四条 限制出境措施有效期不超过三个月，到期自动解除。

到期后仍有必要继续采取措施的，应当按原程序报批。承办部门应当出具有关函件，在到期前与《延长限制出境措施期限决定书》一并送交移民管理机构执行。延长期限每次不得超过三个月。

第一百六十五条 监察机关接到口岸移民管理机构查获被决定采取留置措施的边控对象的通知后，应当于二十四小时以内到达口岸办理移交手续。无法及时到达的，应当委托当地监察机关及时前往口岸办理移交手续。当地监察机关应当予以协助。

第一百六十六条 对于不需要继续采取限制出境措施的，应当按规定报批，及时予以解除。承办部门应当出具有关函件，与《解除限制出境措施决定书》一并送交移民管理机构执行。

第一百六十七条 县级以上监察机关在重要紧急情况下，经审批可以依法直接向口岸所在地口岸移民管理机构提请办理临时限制出境措施。

第五章　监察程序

第一节　线索处置

第一百六十八条　监察机关应当对问题线索归口受理、集中管理、分类处置、定期清理。

第一百六十九条　监察机关对于报案或者举报应当依法接受。属于本级监察机关管辖的，依法予以受理；属于其他监察机关管辖的，应当在五个工作日以内予以转送。

监察机关可以向下级监察机关发函交办检举控告，并进行督办，下级监察机关应当按期回复办理结果。

第一百七十条　对于涉嫌职务违法或者职务犯罪的公职人员主动投案的，应当依法接待和办理。

第一百七十一条　监察机关对于执法机关、司法机关等其他机关移送的问题线索，应当及时审核，并按照下列方式办理：

（一）本单位有管辖权的，及时研究提出处置意见；

（二）本单位没有管辖权但其他监察机关有管辖权的，在五个工作日以内转送有管辖权的监察机关；

（三）本单位对部分问题线索有管辖权的，对有管辖权的部分提出处置意见，并及时将其他问题线索转送有管辖权的机关；

（四）监察机关没有管辖权的，及时退回移送机关。

第一百七十二条　信访举报部门归口受理本机关管辖监察对象涉嫌职务违法和职务犯罪问题的检举控告，统一接收有关监察机关以及其他单位移送的相关检举控告，移交本机关监督检查部门或者相关部门，并将移交情况通报案件监督管理部门。

案件监督管理部门统一接收巡视巡察机构和审计机关、执法机关、司法机关等其他机关移送的职务违法和职务犯罪问题线索，按程序移交本机关监督检查部门或者相关部门办理。

监督检查部门、调查部门在工作中发现的相关问题线索，属于本部门受理范围的，应当报送案件监督管理部门备案；属于本机关其他部门受理范围的，经审批后移交案件监督管理部门分办。

第一百七十三条 案件监督管理部门应当对问题线索实行集中管理、动态更新，定期汇总、核对问题线索及处置情况，向监察机关主要负责人报告，并向相关部门通报。

问题线索承办部门应当指定专人负责管理线索，逐件编号登记、建立管理台账。线索管理处置各环节应当由经手人员签名，全程登记备查，及时与案件监督管理部门核对。

第一百七十四条 监督检查部门应当结合问题线索所涉及地区、部门、单位总体情况进行综合分析，提出处置意见并制定处置方案，经审批按照谈话、函询、初步核实、暂存待查、予以了结等方式进行处置，或者按照职责移送调查部门处置。

函询应当以监察机关办公厅（室）名义发函给被反映人，并抄送其所在单位和派驻监察机构主要负责人。被函询人应当在收到函件后十五个工作日以内写出说明材料，由其所在单位主要负责人签署意见后发函回复。被函询人为所在单位主要负责人的，或者被函询人所作说明涉及所在单位主要负责人的，应当直接发函回复监察机关。

被函询人已经退休的，按照第二款规定程序办理。

监察机关根据工作需要，经审批可以对谈话、函询情况进行核实。

第一百七十五条 检举控告人使用本人真实姓名或者本单位名称，有电话等具体联系方式的，属于实名检举控告。监察机关对实名检举控告应当优先办理、优先处置，依法给予答复。虽有署名但不是检举控告人真实姓名（单位名称）或者无法验证的检举控告，按照匿名检举控告处理。

信访举报部门对属于本机关受理的实名检举控告，应当在收到检举控告之日起十五个工作日以内按规定告知实名检举控告人受理情况，并做好记录。

调查人员应当将实名检举控告的处理结果在办结之日起十五个工作日以内向检举控告人反馈，并记录反馈情况。对检举控告人提出异议的应当如实记录，并向其进行说明；对提供新证据材料的，应当依法核查处理。

第二节 初步核实

第一百七十六条 监察机关对具有可查性的职务违法和职务犯罪问题线索，应当按规定报批后，依法开展初步核实工作。

第一百七十七条 采取初步核实方式处置问题线索，应当确定初步核实对象，制定工作方案，明确需要核实的问题和采取的措施，成立核查组。

在初步核实中应当注重收集客观性证据，确保真实性和准确性。

第一百七十八条 在初步核实中发现或者受理被核查人新的具有可查性的问题线索的，应当经审批纳入原初核方案开展核查。

第一百七十九条 核查组在初步核实工作结束后应当撰写初步核实情况报告，列明被核查人基本情况、反映的主要问题、办理依据、初步核实结果、存在疑点、处理建议，由全体人员签名。

承办部门应当综合分析初步核实情况，按照拟立案调查、予以了结、谈话提醒、暂存待查，或者移送有关部门、机关处理等方式提出处置建议，按照批准初步核实的程序报批。

第三节 立 案

第一百八十条 监察机关经过初步核实，对于已经掌握监察对象涉嫌职务违法或者职务犯罪的部分事实和证据，认为需要追究其法律责任的，应当按规定报批后，依法立案调查。

第一百八十一条 监察机关立案调查职务违法或者职务犯罪案件，需要对涉嫌行贿犯罪、介绍贿赂犯罪或者共同职务犯罪的涉案人员立案调查的，应当一并办理立案手续。需要交由下级监察机关立案的，经审批交由下级监察机关办理立案手续。

对单位涉嫌受贿、行贿等职务犯罪，需要追究法律责任的，依法对该单位办理立案调查手续。对事故（事件）中存在职务违法或者职务犯罪问题，需要追究法律责任，但相关责任人员尚不明确的，可以以事立案。对单位立案或者以事立案后，经调查确定相关责任人员的，按照管理权限报批确定被调查人。

监察机关根据人民法院生效刑事判决、裁定和人民检察院不起诉决定认定的事实，需要对监察对象给予政务处分的，可以由相关监督检查部门依据司法机关的生效判决、裁定、决定及其认定的事实、性质和情节，提出给予政务处分的意见，按程序移送审理。对依法被追究行政法律责任的监察对象，需要给予政务处分的，应当依法办理立案手续。

第一百八十二条 对案情简单、经过初步核实已查清主要职务违法事实，应当追究监察对象法律责任，不再需要开展调查的，立案和移送审理可以一并报批，履行立案程序后再移送审理。

第一百八十三条 上级监察机关需要指定下级监察机关立案调查的，应当按规定报批，向被指定管辖的监察机关出具《指定管辖决定书》，由其办理立案手续。

第一百八十四条 批准立案后，应当由二名以上调查人员出示证件，向被调查人宣布立案决定。宣布立案决定后，应当及时向被调查人所在单位等相关组织送达《立案通知书》，并向被调查人所在单位主要负责人通报。

对涉嫌严重职务违法或者职务犯罪的公职人员立案调查并采取留置措施的，应当按规定通知被调查人家属，并向社会公开发布。

第四节 调 查

第一百八十五条 监察机关对已经立案的职务违法或者职务犯罪案件应当依法进行调查，收集证据查明违法犯罪事实。

调查职务违法或者职务犯罪案件，对被调查人没有采取留置措施的，应当在立案后一年以内作出处理决定；对被调查人解除留置措施的，应当在解除留置措施后一年以内作出处理决定。案情重大复杂的案件，经上一级监察机关批准，可以适当延长，但延长期限不得超过六个月。

被调查人在监察机关立案调查以后逃匿的，调查期限自被调查人到案之日起重新计算。

第一百八十六条 案件立案后，监察机关主要负责人应当依照法定程序批准确定调查方案。

监察机关应当组成调查组依法开展调查。调查工作应当严格按照批准的方案执行，不得随意扩大调查范围、变更调查对象和事项，对重要事项应当及时请示报告。调查人员在调查工作期间，未经批准不得单独接触任何涉案人员及其特定关系人，不得擅自采取调查措施。

第一百八十七条 调查组应当将调查认定的涉嫌违法犯罪事实形成书面材料，交给被调查人核对，听取其意见。被调查人应当在书面材料上签署意见。对被调查人签署不同意见或者拒不签署意见的，调查组应当作出说明或者注明情况。对被调查人提出申辩的事实、理由和证据应当进行核实，成立的予以采纳。

调查组对于立案调查的涉嫌行贿犯罪、介绍贿赂犯罪或者共同职务犯罪的涉案人员，在查明其涉嫌犯罪问题后，依照前款规定办理。

对于按照本条例规定，对立案和移送审理一并报批的案件，应当在报批前履行本条第一款规定的程序。

第一百八十八条 调查组在调查工作结束后应当集体讨论，形成调查报告。调查报告应当列明被调查人基本情况、问题线索来源及调查依据、调查过程，涉嫌的主要职务违法或者职务犯罪事实，被调查人的态度和认识，处置建议及法律依据，并由调查组组长以及有关人员签名。

对调查过程中发现的重要问题和形成的意见建议，应当形成专题报告。

第一百八十九条 调查组对被调查人涉嫌职务犯罪拟依法移送人民检察院审查起诉的，应当起草《起诉建议书》。《起诉建议书》应当载明被调查人基本情况，调查简况，认罪认罚情况，采取留置措施的时间，涉嫌职务犯罪事实以及证据，对被调查人从重、从轻、减轻或者免除处罚等情节，提出对被调查人移送起诉的理由和法律依据，采取强制措施的建议，并注明移送案卷数及涉案财物等内容。

调查组应当形成被调查人到案经过及量刑情节方面的材料，包括案件来源、到案经过，自动投案、如实供述、立功等量刑情节，认罪悔罪态度、退赃、避免和减少损害结果发生等方面的情况说明及相关材料。被检举揭发的问题已被立案、查破，被检举揭发人已被采取调查措施或者刑事强制措施、起诉或者审判的，还应当附有关法律文书。

第一百九十条 经调查认为被调查人构成职务违法或者职务犯罪的，应当区分不同情况提出相应处理意见，经审批将调查报告、职务违法或者职务犯罪事实材料、涉案财物报告、涉案人员处理意见等材料，连同全部证据和文书手续移送审理。

对涉嫌职务犯罪的案件材料应当按照刑事诉讼要求单独立卷，与《起诉建议书》、涉案财物报告、同步录音录像资料及其自查报告等材料一并移送审理。

调查全过程形成的材料应当案结卷成、事毕归档。

第五节 审　　理

第一百九十一条 案件审理部门收到移送审理的案件后，应当审核材料是否齐全、手续是否完备。对被调查人涉嫌职务犯罪的，还应当审核相关案卷材料是否符合职务犯罪案件立卷要求，是否在调查报告中单独表述已查明的涉嫌犯罪问题，是否形成《起诉建议书》。

经审核符合移送条件的，应当予以受理；不符合移送条件的，经审批可以暂缓受理或者不予受理，并要求调查部门补充完善材料。

第一百九十二条　案件审理部门受理案件后，应当成立由二人以上组成的审理组，全面审理案卷材料。

案件审理部门对于受理的案件，应当以监察法、政务处分法、刑法、《中华人民共和国刑事诉讼法》等法律法规为准绳，对案件事实证据、性质认定、程序手续、涉案财物等进行全面审理。

案件审理部门应当强化监督制约职能，对案件严格审核把关，坚持实事求是、独立审理，依法提出审理意见。坚持调查与审理相分离的原则，案件调查人员不得参与审理。

第一百九十三条　审理工作应当坚持民主集中制原则，经集体审议形成审理意见。

第一百九十四条　审理工作应当在受理之日起一个月以内完成，重大复杂案件经批准可以适当延长。

第一百九十五条　案件审理部门根据案件审理情况，经审批可以与被调查人谈话，告知其在审理阶段的权利义务，核对涉嫌违法犯罪事实，听取其辩解意见，了解有关情况。与被调查人谈话时，案件审理人员不得少于二人。

具有下列情形之一的，一般应当与被调查人谈话：

（一）对被调查人采取留置措施，拟移送起诉的；

（二）可能存在以非法方法收集证据情形的；

（三）被调查人对涉嫌违法犯罪事实材料签署不同意见或者拒不签署意见的；

（四）被调查人要求向案件审理人员当面陈述的；

（五）其他有必要与被调查人进行谈话的情形。

第一百九十六条　经审理认为主要违法犯罪事实不清、证据不足的，应当经审批将案件退回承办部门重新调查。

有下列情形之一，需要补充完善证据的，经审批可以退回补充调查：

（一）部分事实不清、证据不足的；

（二）遗漏违法犯罪事实的；

（三）其他需要进一步查清案件事实的情形。

案件审理部门将案件退回重新调查或者补充调查的，应当出具审核意见，写明调查事项、理由、调查方向、需要补充收集的证据及其证明作用等，连同案卷材料一并送交承办部门。

承办部门补充调查结束后，应当经审批将补证情况报告及相关证据材料，连同案卷材料一并移送案件审理部门；对确实无法查明的事项或者无法补充的证据，应当作出书面说明。重新调查终结后，应当重新形成调查报告，依法移送审理。

重新调查完毕移送审理的，审理期限重新计算。补充调查期间不计入审理期限。

第一百九十七条 审理工作结束后应当形成审理报告，载明被调查人基本情况、调查简况、涉嫌违法或者犯罪事实、被调查人态度和认识、涉案财物处置、承办部门意见、审理意见等内容，提请监察机关集体审议。

对被调查人涉嫌职务犯罪需要追究刑事责任的，应当形成《起诉意见书》，作为审理报告附件。《起诉意见书》应当忠实于事实真相，载明被调查人基本情况，调查简况，采取留置措施的时间，依法查明的犯罪事实和证据，从重、从轻、减轻或者免除处罚等情节，涉案财物情况，涉嫌罪名和法律依据，采取强制措施的建议，以及其他需要说明的情况。

案件审理部门经审理认为现有证据不足以证明被调查人存在违法犯罪行为，且通过退回补充调查仍无法达到证明标准的，应当提出撤销案件的建议。

第一百九十八条 上级监察机关办理下级监察机关管辖案件的，可以经审理后按程序直接进行处置，也可以经审理形成处置意见后，交由下级监察机关办理。

第一百九十九条 被指定管辖的监察机关在调查结束后应当将案件移送审理，提请监察机关集体审议。

上级监察机关将其所管辖的案件指定管辖的，被指定管辖的下级监察机关应当按照前款规定办理后，将案件报上级监察机关依法作出政务处分决定。上级监察机关在作出决定前，应当进行审理。

上级监察机关将下级监察机关管辖的案件指定其他下级监察机关管辖的，被指定管辖的监察机关应当按照第一款规定办理后，将案件送交有管理权限的监察机关依法作出政务处分决定。有管理权限的监察机关应当进行审理，审理意见与被指定管辖的监察机关意见不一致的，双方应当进行沟通；经沟通不能取得一致意见的，报请有权决定的上级监察机关决定。经协商，有管理权限的监察机关在被指定管辖的监察机关审理阶段可以提前阅卷，沟通了解情况。

对于前款规定的重大、复杂案件，被指定管辖的监察机关经集体审议后将处理意见报有权决定的上级监察机关审核同意的，有管理权限的监察机关可以经集体审议后依法处置。

第六节　处　　置

第二百条　监察机关根据监督、调查结果，依据监察法、政务处分法等规定进行处置。

第二百零一条　监察机关对于公职人员有职务违法行为但情节较轻的，可以依法进行谈话提醒、批评教育、责令检查，或者予以诫勉。上述方式可以单独使用，也可以依据规定合并使用。

谈话提醒、批评教育应当由监察机关相关负责人或者承办部门负责人进行，可以由被谈话提醒、批评教育人所在单位有关负责人陪同；经批准也可以委托其所在单位主要负责人进行。对谈话提醒、批评教育情况应当制作记录。

被责令检查的公职人员应当作出书面检查并进行整改。整改情况在一定范围内通报。

诫勉由监察机关以谈话或者书面方式进行。以谈话方式进行的，应当制作记录。

第二百零二条　对违法的公职人员依法需要给予政务处分的，应当根据情节轻重作出警告、记过、记大过、降级、撤职、开除的政务处分决定，制作政务处分决定书。

第二百零三条　监察机关应当将政务处分决定书在作出后一个月以内送达被处分人和被处分人所在机关、单位，并依法履行宣布、书面告知程序。

政务处分决定自作出之日起生效。有关机关、单位、组织应当依法及时执行处分决定，并将执行情况向监察机关报告。处分决定应当在作出之日起一个月以内执行完毕，特殊情况下经监察机关批准可以适当延长办理期限，最迟不得超过六个月。

第二百零四条　监察机关对不履行或者不正确履行职责造成严重后果或者恶劣影响的领导人员，可以按照管理权限采取通报、诫勉、政务处分等方式进行问责；提出组织处理的建议。

第二百零五条　监察机关依法向监察对象所在单位提出监察建议的，应当经审批制作监察建议书。

监察建议书一般应当包括下列内容：

（一）监督调查情况；

（二）调查中发现的主要问题及其产生的原因；

（三）整改建议、要求和期限；

（四）向监察机关反馈整改情况的要求。

第二百零六条 监察机关经调查，对没有证据证明或者现有证据不足以证明被调查人存在违法犯罪行为的，应当依法撤销案件。省级以下监察机关撤销案件后，应当在七个工作日以内向上一级监察机关报送备案报告。上一级监察机关监督检查部门负责备案工作。

省级以下监察机关拟撤销上级监察机关指定管辖或者交办案件的，应当将《撤销案件意见书》连同案卷材料，在法定调查期限到期七个工作日前报指定管辖或者交办案件的监察机关审查。对于重大、复杂案件，在法定调查期限到期十个工作日前报指定管辖或者交办案件的监察机关审查。

指定管辖或者交办案件的监察机关由监督检查部门负责审查工作。指定管辖或者交办案件的监察机关同意撤销案件的，下级监察机关应当作出撤销案件决定，制作《撤销案件决定书》；指定管辖或者交办案件的监察机关不同意撤销案件的，下级监察机关应当执行该决定。

监察机关对于撤销案件的决定应当向被调查人宣布，由其在《撤销案件决定书》上签名、捺指印，立即解除留置措施，并通知其所在机关、单位。

撤销案件后又发现重要事实或者有充分证据，认为被调查人有违法犯罪事实需要追究法律责任的，应当重新立案调查。

第二百零七条 对于涉嫌行贿等犯罪的非监察对象，案件调查终结后依法移送起诉。综合考虑行为性质、手段、后果、时间节点、认罪悔罪态度等具体情况，对于情节较轻，经审批不予移送起诉的，应当采取批评教育、责令具结悔过等方式处置；应当给予行政处罚的，依法移送有关行政执法部门。

对于有行贿行为的涉案单位和人员，按规定记入相关信息记录，可以作为信用评价的依据。

对于涉案单位和人员通过行贿等非法手段取得的财物及孳息，应当依法予以没收、追缴或者责令退赔。对于违法取得的其他不正当利益，依照法律法规及有关规定予以纠正处理。

第二百零八条 对查封、扣押、冻结的涉嫌职务犯罪所得财物及孳息应当妥善保管，并制作《移送司法机关涉案财物清单》随案移送人民检察院。对作为证据使用的实物应当随案移送；对不宜移送的，应当将清单、照片和其他证明文件随案移送。

对于移送人民检察院的涉案财物，价值不明的，应当在移送起诉前委托进行价格认定。在价格认定过程中，需要对涉案财物先行作出真伪鉴定或者出具技术、质量检测报告的，应当委托有关鉴定机构或者检测机构进行真伪鉴定或者技术、质量检测。

对不属于犯罪所得但属于违法取得的财物及孳息，应当依法予以没收、追缴或者责令退赔，并出具有关法律文书。

对经认定不属于违法所得的财物及孳息，应当及时予以返还，并办理签收手续。

第二百零九条 监察机关经调查，对违法取得的财物及孳息决定追缴或者责令退赔的，可以依法要求公安、自然资源、住房城乡建设、市场监管、金融监管等部门以及银行等机构、单位予以协助。

追缴涉案财物以追缴原物为原则，原物已经转化为其他财物的，应当追缴转化后的财物；有证据证明依法应当追缴、没收的涉案财物无法找到、被他人善意取得、价值灭失减损或者与其他合法财产混合且不可分割的，可以依法追缴、没收其他等值财产。

追缴或者责令退赔应当自处置决定作出之日起一个月以内执行完毕。因被调查人的原因逾期执行的除外。

人民检察院、人民法院依法将不认定为犯罪所得的相关涉案财物退回监察机关的，监察机关应当依法处理。

第二百一十条 监察对象对监察机关作出的涉及本人的处理决定不服的，可以在收到处理决定之日起一个月以内，向作出决定的监察机关申请复审。复审机关应当依法受理，并在受理后一个月以内作出复审决定。监察对象对复审决定仍不服的，可以在收到复审决定之日起一个月以内，向上一级监察机关申请复核。复核机关应当依法受理，并在受理后二个月以内作出复核决定。

上一级监察机关的复核决定和国家监察委员会的复审、复核决定为最终决定。

第二百一十一条 复审、复核机关承办部门应当成立工作组，调阅原案卷宗，必要时可以进行调查取证。承办部门应当集体研究，提出办理意见，经审批作出复审、复核决定。决定应当送达申请人，抄送相关单位，并在一定范围内宣布。

复审、复核期间，不停止原处理决定的执行。复审、复核机关经审查认定处理决定有错误或者不当的，应当依法撤销、变更原处理决定，或者责令原处理机关及时予以纠正。复审、复核机关经审查认定处理决定事实清楚、适用法律正确的，应当予以维持。

坚持复审复核与调查审理分离，原案调查、审理人员不得参与复审复核。

第七节　移送审查起诉

第二百一十二条　监察机关决定对涉嫌职务犯罪的被调查人移送起诉的，应当出具《起诉意见书》，连同案卷材料、证据等，一并移送同级人民检察院。

监察机关案件审理部门负责与人民检察院审查起诉的衔接工作，调查、案件监督管理等部门应当予以协助。

国家监察委员会派驻或者派出的监察机构、监察专员调查的职务犯罪案件，应当依法移送省级人民检察院审查起诉。

第二百一十三条　涉嫌职务犯罪的被调查人和涉案人员符合监察法第三十一条、第三十二条规定情形的，结合其案发前的一贯表现、违法犯罪行为的情节、后果和影响等因素，监察机关经综合研判和集体审议，报上一级监察机关批准，可以在移送人民检察院时依法提出从轻、减轻或者免除处罚等从宽处罚建议。报请批准时，应当一并提供主要证据材料、忏悔反思材料。

上级监察机关相关监督检查部门负责审查工作，重点审核拟认定的从宽处罚情形、提出的从宽处罚建议，经审批在十五个工作日以内作出批复。

第二百一十四条　涉嫌职务犯罪的被调查人有下列情形之一，如实交代自己主要犯罪事实的，可以认定为监察法第三十一条第一项规定的自动投案，真诚悔罪悔过：

（一）职务犯罪问题未被监察机关掌握，向监察机关投案的；

（二）在监察机关谈话、函询过程中，如实交代监察机关未掌握的涉嫌职务犯罪问题的；

（三）在初步核实阶段，尚未受到监察机关谈话时投案的；

（四）职务犯罪问题虽被监察机关立案，但尚未受到讯问或者采取留置措施，向监察机关投案的；

（五）因伤病等客观原因无法前往投案，先委托他人代为表达投案意愿，或者以书信、网络、电话、传真等方式表达投案意愿，后到监察机关接受处理的；

（六）涉嫌职务犯罪潜逃后又投案，包括在被通缉、抓捕过程中投案的；

（七）经查实确已准备去投案，或者正在投案途中被有关机关抓获的；

（八）经他人规劝或者在他人陪同下投案的；

（九）虽未向监察机关投案，但向其所在党组织、单位或者有关负责人员投案，向有关巡视巡察机构投案，以及向公安机关、人民检察院、人民法院投案的；

（十）具有其他应当视为自动投案的情形的。

被调查人自动投案后不能如实交代自己的主要犯罪事实，或者自动投案并如实供述自己的罪行后又翻供的，不能适用前款规定。

第二百一十五条　涉嫌职务犯罪的被调查人有下列情形之一的，可以认定为监察法第三十一条第二项规定的积极配合调查工作，如实供述监察机关还未掌握的违法犯罪行为：

（一）监察机关所掌握线索针对的犯罪事实不成立，在此范围外被调查人主动交代其他罪行的；

（二）主动交代监察机关尚未掌握的犯罪事实，与监察机关已掌握的犯罪事实属不同种罪行的；

（三）主动交代监察机关尚未掌握的犯罪事实，与监察机关已掌握的犯罪事实属同种罪行的；

（四）监察机关掌握的证据不充分，被调查人如实交代有助于收集定案证据的。

前款所称同种罪行和不同种罪行，一般以罪名区分。被调查人如实供述其他罪行的罪名与监察机关已掌握犯罪的罪名不同，但属选择性罪名或者在法律、事实上密切关联的，应当认定为同种罪行。

第二百一十六条　涉嫌职务犯罪的被调查人有下列情形之一的，可以认定为监察法第三十一条第三项规定的积极退赃，减少损失：

（一）全额退赃的；

（二）退赃能力不足，但被调查人及其亲友在监察机关追缴赃款赃物过程中积极配合，且大部分已追缴到位的；

（三）犯罪后主动采取措施避免损失发生，或者积极采取有效措施减少、挽回大部分损失的。

第二百一十七条 涉嫌职务犯罪的被调查人有下列情形之一的，可以认定为监察法第三十一条第四项规定的具有重大立功表现：

（一）检举揭发他人重大犯罪行为且经查证属实的；

（二）提供其他重大案件的重要线索且经查证属实的；

（三）阻止他人重大犯罪活动的；

（四）协助抓捕其他重大职务犯罪案件被调查人、重大犯罪嫌疑人（包括同案犯）的；

（五）为国家挽回重大损失等对国家和社会有其他重大贡献的。

前款所称重大犯罪一般是指依法可能被判处无期徒刑以上刑罚的犯罪行为；重大案件一般是指在本省、自治区、直辖市或者全国范围内有较大影响的案件；查证属实一般是指有关案件已被监察机关或者司法机关立案调查、侦查，被调查人、犯罪嫌疑人被监察机关采取留置措施或者被司法机关采取强制措施，或者被告人被人民法院作出有罪判决，并结合案件事实、证据进行判断。

监察法第三十一条第四项规定的案件涉及国家重大利益，是指案件涉及国家主权和领土完整、国家安全、外交、社会稳定、经济发展等情形。

第二百一十八条 涉嫌行贿等犯罪的涉案人员有下列情形之一的，可以认定为监察法第三十二条规定的揭发有关被调查人职务违法犯罪行为，查证属实或者提供重要线索，有助于调查其他案件：

（一）揭发所涉案件以外的被调查人职务犯罪行为，经查证属实的；

（二）提供的重要线索指向具体的职务犯罪事实，对调查其他案件起到实质性推动作用的；

（三）提供的重要线索有助于加快其他案件办理进度，或者对其他案件固定关键证据、挽回损失、追逃追赃等起到积极作用的。

第二百一十九条 从宽处罚建议一般应当在移送起诉时作为《起诉意见书》内容一并提出，特殊情况下也可以在案件移送后、人民检察院提起公诉前，单独形成从宽处罚建议书移送人民检察院。对于从宽处罚建议所依据的证据材料，应当一并移送人民检察院。

监察机关对于被调查人在调查阶段认罪认罚，但不符合监察法规定的提出从宽处罚建议条件，在移送起诉时没有提出从宽处罚建议的，应当在《起诉意见书》中写明其自愿认罪认罚的情况。

第二百二十条 监察机关一般应当在正式移送起诉十日前，向拟移送的人民检察院采取书面通知等方式预告移送事宜。对于已采取留置措施的案件，发现被调查人因身体等原因存在不适宜羁押等可能影响刑事强制措施执行情形的，应当通报人民检察院。对于未采取留置措施的案件，可以根据案件具体情况，向人民检察院提出对被调查人采取刑事强制措施的建议。

第二百二十一条 监察机关办理的职务犯罪案件移送起诉，需要指定起诉、审判管辖的，应当与同级人民检察院协商有关程序事宜。需要由同级人民检察院的上级人民检察院指定管辖的，应当商请同级人民检察院办理指定管辖事宜。

监察机关一般应当在移送起诉二十日前，将商请指定管辖函送交同级人民检察院。商请指定管辖函应当附案件基本情况，对于被调查人已被其他机关立案侦查的犯罪认为需要并案审查起诉的，一并进行说明。

派驻或者派出的监察机构、监察专员调查的职务犯罪案件需要指定起诉、审判管辖的，应当报派出机关办理指定管辖手续。

第二百二十二条 上级监察机关指定下级监察机关进行调查，移送起诉时需要人民检察院依法指定管辖的，应当在移送起诉前由上级监察机关与同级人民检察院协商有关程序事宜。

第二百二十三条 监察机关对已经移送起诉的职务犯罪案件，发现遗漏被调查人罪行需要补充移送起诉的，应当经审批出具《补充起诉意见书》，连同相关案卷材料、证据等一并移送同级人民检察院。

对于经人民检察院指定管辖的案件需要补充移送起诉的，可以直接移送原受理移送起诉的人民检察院；需要追加犯罪嫌疑人、被告人的，应当再次商请人民检察院办理指定管辖手续。

第二百二十四条 对于涉嫌行贿犯罪、介绍贿赂犯罪或者共同职务犯罪等关联案件的涉案人员，移送起诉时一般应当随主案确定管辖。

主案与关联案件由不同监察机关立案调查的，调查关联案件的监察机关在移送起诉前，应当报告或者通报调查主案的监察机关，由其统一协调案件管辖事宜。因特殊原因，关联案件不宜随主案确定管辖的，调查主案的监察机关应当及时通报和协调有关事项。

第二百二十五条 监察机关对于人民检察院在审查起诉中书面提出的下

列要求应当予以配合：

（一）认为可能存在以非法方法收集证据情形，要求监察机关对证据收集的合法性作出说明或者提供相关证明材料的；

（二）排除非法证据后，要求监察机关另行指派调查人员重新取证的；

（三）对物证、书证、视听资料、电子数据及勘验检查、辨认、调查实验等笔录存在疑问，要求调查人员提供获取、制作的有关情况的；

（四）要求监察机关对案件中某些专门性问题进行鉴定，或者对勘验检查进行复验、复查的；

（五）认为主要犯罪事实已经查清，仍有部分证据需要补充完善，要求监察机关补充提供证据的；

（六）人民检察院依法提出的其他工作要求。

第二百二十六条 监察机关对于人民检察院依法退回补充调查的案件，应当向主要负责人报告，并积极开展补充调查工作。

第二百二十七条 对人民检察院退回补充调查的案件，经审批分别作出下列处理：

（一）认定犯罪事实的证据不够充分的，应当在补充证据后，制作补充调查报告书，连同相关材料一并移送人民检察院审查，对无法补充完善的证据，应当作出书面情况说明，并加盖监察机关或者承办部门公章；

（二）在补充调查中发现新的同案犯或者增加、变更犯罪事实，需要追究刑事责任的，应当重新提出处理意见，移送人民检察院审查；

（三）犯罪事实的认定出现重大变化，认为不应当追究被调查人刑事责任的，应当重新提出处理意见，将处理结果书面通知人民检察院并说明理由；

（四）认为移送起诉的犯罪事实清楚，证据确实、充分的，应当说明理由，移送人民检察院依法审查。

第二百二十八条 人民检察院在审查起诉过程中发现新的职务违法或者职务犯罪问题线索并移送监察机关的，监察机关应当依法处置。

第二百二十九条 在案件审判过程中，人民检察院书面要求监察机关补充提供证据，对证据进行补正、解释，或者协助人民检察院补充侦查的，监察机关应当予以配合。监察机关不能提供有关证据材料的，应当书面说明情况。

人民法院在审判过程中就证据收集合法性问题要求有关调查人员出庭说

明情况时，监察机关应当依法予以配合。

第二百三十条 监察机关认为人民检察院不起诉决定有错误的，应当在收到不起诉决定书后三十日以内，依法向其上一级人民检察院提请复议。监察机关应当将上述情况及时向上一级监察机关书面报告。

第二百三十一条 对于监察机关移送起诉的案件，人民检察院作出不起诉决定，人民法院作出无罪判决，或者监察机关经人民检察院退回补充调查后不再移送起诉，涉及对被调查人已生效政务处分事实认定的，监察机关应当依法对政务处分决定进行审核。认为原政务处分决定认定事实清楚、适用法律正确的，不再改变；认为原政务处分决定确有错误或者不当的，依法予以撤销或者变更。

第二百三十二条 对于贪污贿赂、失职渎职等职务犯罪案件，被调查人逃匿，在通缉一年后不能到案，或者被调查人死亡，依法应当追缴其违法所得及其他涉案财产的，承办部门在调查终结后应当依法移送审理。

监察机关应当经集体审议，出具《没收违法所得意见书》，连同案卷材料、证据等，一并移送人民检察院依法提出没收违法所得的申请。

监察机关将《没收违法所得意见书》移送人民检察院后，在逃的被调查人自动投案或者被抓获的，监察机关应当及时通知人民检察院。

第二百三十三条 监察机关立案调查拟适用缺席审判程序的贪污贿赂犯罪案件，应当逐级报送国家监察委员会同意。

监察机关承办部门认为在境外的被调查人犯罪事实已经查清，证据确实、充分，依法应当追究刑事责任的，应当依法移送审理。

监察机关应当经集体审议，出具《起诉意见书》，连同案卷材料、证据等，一并移送人民检察院审查起诉。

在审查起诉或者缺席审判过程中，犯罪嫌疑人、被告人向监察机关自动投案或者被抓获的，监察机关应当立即通知人民检察院、人民法院。

……

第八章 法律责任

第二百七十四条 有关单位拒不执行监察机关依法作出的下列处理决定的，应当由其主管部门、上级机关责令改正，对单位给予通报批评，对负有责任的领导人员和直接责任人员依法给予处理：

（一）政务处分决定；

（二）问责决定；

（三）谈话提醒、批评教育、责令检查，或者予以诫勉的决定；

（四）采取调查措施的决定；

（五）复审、复核决定；

（六）监察机关依法作出的其他处理决定。

第二百七十五条 监察对象对控告人、申诉人、批评人、检举人、证人、监察人员进行打击、压制等报复陷害的，监察机关应当依法给予政务处分。构成犯罪的，依法追究刑事责任。

第二百七十六条 控告人、检举人、证人采取捏造事实、伪造材料等方式诬告陷害的，监察机关应当依法给予政务处分，或者移送有关机关处理。构成犯罪的，依法追究刑事责任。

监察人员因依法履行职责遭受不实举报、诬告陷害、侮辱诽谤，致使名誉受到损害的，监察机关应当会同有关部门及时澄清事实，消除不良影响，并依法追究相关单位或者个人的责任。

第二百七十七条 监察机关应当建立健全办案安全责任制。承办部门主要负责人和调查组组长是调查安全第一责任人。调查组应当指定专人担任安全员。

地方各级监察机关履行管理、监督职责不力发生严重办案安全事故的，或者办案中存在严重违规违纪违法行为的，省级监察机关主要负责人应当向国家监察委员会作出检讨，并予以通报、严肃追责问责。

案件监督管理部门应当对办案安全责任制落实情况组织经常性检查和不定期抽查，发现问题及时报告并督促整改。

第二百七十八条 监察人员在履行职责中有下列行为之一的，依法严肃处理；构成犯罪的，依法追究刑事责任：

（一）贪污贿赂、徇私舞弊的；

（二）不履行或者不正确履行监督职责，应当发现的问题没有发现，或者发现问题不报告、不处置，造成严重影响的；

（三）未经批准、授权处置问题线索，发现重大案情隐瞒不报，或者私自留存、处理涉案材料的；

（四）利用职权或者职务上的影响干预调查工作的；

（五）违法窃取、泄露调查工作信息，或者泄露举报事项、举报受理情况以及举报人信息的；

（六）对被调查人或者涉案人员逼供、诱供，或者侮辱、打骂、虐待、体罚或者变相体罚的；

（七）违反规定处置查封、扣押、冻结的财物的；

（八）违反规定导致发生办案安全事故，或者发生安全事故后隐瞒不报、报告失实、处置不当的；

（九）违反规定采取留置措施的；

（十）违反规定限制他人出境，或者不按规定解除出境限制的；

（十一）其他职务违法和职务犯罪行为。

第二百七十九条 对监察人员在履行职责中存在违法行为的，可以根据情节轻重，依法进行谈话提醒、批评教育、责令检查、诫勉，或者给予政务处分。构成犯罪的，依法追究刑事责任。

第二百八十条 监察机关及其工作人员在行使职权时，有下列情形之一的，受害人可以申请国家赔偿：

（一）采取留置措施后，决定撤销案件的；

（二）违法没收、追缴或者违法查封、扣押、冻结财物造成损害的；

（三）违法行使职权，造成被调查人、涉案人员或者证人身体伤害或者死亡的；

（四）非法剥夺他人人身自由的；

（五）其他侵犯公民、法人和其他组织合法权益造成损害的。

受害人死亡的，其继承人和其他有扶养关系的亲属有权要求赔偿；受害的法人或者其他组织终止的，其权利承受人有权要求赔偿。

第二百八十一条 监察机关及其工作人员违法行使职权侵犯公民、法人和其他组织的合法权益造成损害的，该机关为赔偿义务机关。申请赔偿应当向赔偿义务机关提出，由该机关负责复审复核工作的部门受理。

赔偿以支付赔偿金为主要方式。能够返还财产或者恢复原状的，予以返还财产或者恢复原状。

第九章　附　　则

第二百八十二条 本条例所称监察机关，包括各级监察委员会及其派驻或者派出监察机构、监察专员。

第二百八十三条 本条例所称“近亲属”，是指夫、妻、父、母、子、女、同胞兄弟姊妹。

第二百八十四条 本条例所称以上、以下、以内，包括本级、本数。

第二百八十五条 期间以时、日、月、年计算，期间开始的时和日不算在期间以内。本条例另有规定的除外。

按照年、月计算期间的，到期月的对应日为期间的最后一日；没有对应日的，月末日为期间的最后一日。

期间的最后一日是法定休假日的，以法定休假日结束的次日为期间的最后一日。但被调查人留置期间应当至到期之日为止，不得因法定休假日而延长。

第二百八十六条 本条例由国家监察委员会负责解释。

第二百八十七条 本条例自发布之日起施行。

中华人民共和国公职人员政务处分法

（2020 年 6 月 20 日第十三届全国人民代表大会常务委员会第十九次会议通过）

第一章　总　　则

第一条　为了规范政务处分，加强对所有行使公权力的公职人员的监督，促进公职人员依法履职、秉公用权、廉洁从政从业、坚持道德操守，根据《中华人民共和国监察法》，制定本法。

第二条　本法适用于监察机关对违法的公职人员给予政务处分的活动。

本法第二章、第三章适用于公职人员任免机关、单位对违法的公职人员给予处分。处分的程序、申诉等适用其他法律、行政法规、国务院部门规章和国家有关规定。

本法所称公职人员，是指《中华人民共和国监察法》第十五条规定的人员。

第三条　监察机关应当按照管理权限，加强对公职人员的监督，依法给予违法的公职人员政务处分。

公职人员任免机关、单位应当按照管理权限，加强对公职人员的教育、管理、监督，依法给予违法的公职人员处分。

监察机关发现公职人员任免机关、单位应当给予处分而未给予，或者给予的处分违法、不当的，应当及时提出监察建议。

第四条　给予公职人员政务处分，坚持党管干部原则，集体讨论决定；坚持法律面前一律平等，以事实为根据，以法律为准绳，给予的政务处分与违法行为的性质、情节、危害程度相当；坚持惩戒与教育相结合，宽严相济。

第五条　给予公职人员政务处分，应当事实清楚、证据确凿、定性准确、处理恰当、程序合法、手续完备。

第六条　公职人员依法履行职责受法律保护，非因法定事由、非经法定程序，不受政务处分。

第二章　政务处分的种类和适用

第七条　政务处分的种类为：

（一）警告；

（二）记过；

（三）记大过；

（四）降级；

（五）撤职；

（六）开除。

第八条　政务处分的期间为：

（一）警告，六个月；

（二）记过，十二个月；

（三）记大过，十八个月；

（四）降级、撤职，二十四个月。

政务处分决定自作出之日起生效，政务处分期自政务处分决定生效之日起计算。

第九条　公职人员二人以上共同违法，根据各自在违法行为中所起的作用和应当承担的法律责任，分别给予政务处分。

第十条　有关机关、单位、组织集体作出的决定违法或者实施违法行为的，对负有责任的领导人员和直接责任人员中的公职人员依法给予政务处分。

第十一条　公职人员有下列情形之一的，可以从轻或者减轻给予政务处分：

（一）主动交代本人应当受到政务处分的违法行为的；

（二）配合调查，如实说明本人违法事实的；

（三）检举他人违纪违法行为，经查证属实的；

（四）主动采取措施，有效避免、挽回损失或者消除不良影响的；

（五）在共同违法行为中起次要或者辅助作用的；

（六）主动上交或者退赔违法所得的；

（七）法律、法规规定的其他从轻或者减轻情节。

第十二条　公职人员违法行为情节轻微，且具有本法第十一条规定的情形之一的，可以对其进行谈话提醒、批评教育、责令检查或者予以诫勉，免予或者不予政务处分。

公职人员因不明真相被裹挟或者被胁迫参与违法活动，经批评教育后确有悔改表现的，可以减轻、免予或者不予政务处分。

第十三条 公职人员有下列情形之一的，应当从重给予政务处分：

（一）在政务处分期内再次故意违法，应当受到政务处分的；

（二）阻止他人检举、提供证据的；

（三）串供或者伪造、隐匿、毁灭证据的；

（四）包庇同案人员的；

（五）胁迫、唆使他人实施违法行为的；

（六）拒不上交或者退赔违法所得的；

（七）法律、法规规定的其他从重情节。

第十四条 公职人员犯罪，有下列情形之一的，予以开除：

（一）因故意犯罪被判处管制、拘役或者有期徒刑以上刑罚（含宣告缓刑）的；

（二）因过失犯罪被判处有期徒刑，刑期超过三年的；

（三）因犯罪被单处或者并处剥夺政治权利的。

因过失犯罪被判处管制、拘役或者三年以下有期徒刑的，一般应当予以开除；案件情况特殊，予以撤职更为适当的，可以不予开除，但是应当报请上一级机关批准。

公职人员因犯罪被单处罚金，或者犯罪情节轻微，人民检察院依法作出不起诉决定或者人民法院依法免予刑事处罚的，予以撤职；造成不良影响的，予以开除。

第十五条 公职人员有两个以上违法行为的，应当分别确定政务处分。应当给予两种以上政务处分的，执行其中最重的政务处分；应当给予撤职以下多个相同政务处分的，可以在一个政务处分期以上、多个政务处分期之和以下确定政务处分期，但是最长不得超过四十八个月。

第十六条 对公职人员的同一违法行为，监察机关和公职人员任免机关、单位不得重复给予政务处分和处分。

第十七条 公职人员有违法行为，有关机关依照规定给予组织处理的，监察机关可以同时给予政务处分。

第十八条 担任领导职务的公职人员有违法行为，被罢免、撤销、免去或者辞去领导职务的，监察机关可以同时给予政务处分。

第十九条 公务员以及参照《中华人民共和国公务员法》管理的人员在政务处分期内，不得晋升职务、职级、衔级和级别；其中，被记过、记大过、降级、撤职的，不得晋升工资档次。被撤职的，按照规定降低职务、职级、衔级和级别，同时降低工资和待遇。

第二十条 法律、法规授权或者受国家机关依法委托管理公共事务的组织中从事公务的人员，以及公办的教育、科研、文化、医疗卫生、体育等单位中从事管理的人员，在政务处分期内，不得晋升职务、岗位和职员等级、职称；其中，被记过、记大过、降级、撤职的，不得晋升薪酬待遇等级。被撤职的，降低职务、岗位或者职员等级，同时降低薪酬待遇。

第二十一条 国有企业管理人员在政务处分期内，不得晋升职务、岗位等级和职称；其中，被记过、记大过、降级、撤职的，不得晋升薪酬待遇等级。被撤职的，降低职务或者岗位等级，同时降低薪酬待遇。

第二十二条 基层群众性自治组织中从事管理的人员有违法行为的，监察机关可以予以警告、记过、记大过。

基层群众性自治组织中从事管理的人员受到政务处分的，应当由县级或者乡镇人民政府根据具体情况减发或者扣发补贴、奖金。

第二十三条 《中华人民共和国监察法》第十五条第六项规定的人员有违法行为的，监察机关可以予以警告、记过、记大过。情节严重的，由所在单位直接给予或者监察机关建议有关机关、单位给予降低薪酬待遇、调离岗位、解除人事关系或者劳动关系等处理。

《中华人民共和国监察法》第十五条第二项规定的人员，未担任公务员、参照《中华人民共和国公务员法》管理的人员、事业单位工作人员或者国有企业人员职务的，对其违法行为依照前款规定处理。

第二十四条 公职人员被开除，或者依照本法第二十三条规定，受到解除人事关系或者劳动关系处理的，不得录用为公务员以及参照《中华人民共和国公务员法》管理的人员。

第二十五条 公职人员违法取得的财物和用于违法行为的本人财物，除依法应当由其他机关没收、追缴或者责令退赔的，由监察机关没收、追缴或者责令退赔；应当退还原所有人或者原持有人的，依法予以退还；属于国家财产或者不应当退还以及无法退还的，上缴国库。

公职人员因违法行为获得的职务、职级、衔级、级别、岗位和职员等级、职称、待遇、资格、学历、学位、荣誉、奖励等其他利益，监察机关应当建议有关机关、单位、组织按规定予以纠正。

第二十六条 公职人员被开除的，自政务处分决定生效之日起，应当解除其与所在机关、单位的人事关系或者劳动关系。

公职人员受到开除以外的政务处分，在政务处分期内有悔改表现，并且没有再发生应当给予政务处分的违法行为的，政务处分期满后自动解除，晋升职务、职级、衔级、级别、岗位和职员等级、职称、薪酬待遇不再受原政务处分影响。但是，解除降级、撤职的，不恢复原职务、职级、衔级、级别、岗位和职员等级、职称、薪酬待遇。

第二十七条 已经退休的公职人员退休前或者退休后有违法行为的，不再给予政务处分，但是可以对其立案调查；依法应当予以降级、撤职、开除的，应当按照规定相应调整其享受的待遇，对其违法取得的财物和用于违法行为的本人财物依照本法第二十五条的规定处理。

已经离职或者死亡的公职人员在履职期间有违法行为的，依照前款规定处理。

第三章 违法行为及其适用的政务处分

第二十八条 有下列行为之一的，予以记过或者记大过；情节较重的，予以降级或者撤职；情节严重的，予以开除：

（一）散布有损宪法权威、中国共产党领导和国家声誉的言论的；

（二）参加旨在反对宪法、中国共产党领导和国家的集会、游行、示威等活动的；

（三）拒不执行或者变相不执行中国共产党和国家的路线方针政策、重大决策部署的；

（四）参加非法组织、非法活动的；

（五）挑拨、破坏民族关系，或者参加民族分裂活动的；

（六）利用宗教活动破坏民族团结和社会稳定的；

（七）在对外交往中损害国家荣誉和利益的。

有前款第二项、第四项、第五项和第六项行为之一的，对策划者、组织者和骨干分子，予以开除。

公开发表反对宪法确立的国家指导思想，反对中国共产党领导，反对社会主义制度，反对改革开放的文章、演说、宣言、声明等的，予以开除。

第二十九条 不按照规定请示、报告重大事项，情节较重的，予以警告、记过或者记大过；情节严重的，予以降级或者撤职。

违反个人有关事项报告规定，隐瞒不报，情节较重的，予以警告、记过或者记大过。

篡改、伪造本人档案资料的，予以记过或者记大过；情节严重的，予以降级或者撤职。

第三十条 有下列行为之一的，予以警告、记过或者记大过；情节严重的，予以降级或者撤职：

（一）违反民主集中制原则，个人或者少数人决定重大事项，或者拒不执行、擅自改变集体作出的重大决定的；

（二）拒不执行或者变相不执行、拖延执行上级依法作出的决定、命令的。

第三十一条 违反规定出境或者办理因私出境证件的，予以记过或者记大过；情节严重的，予以降级或者撤职。

违反规定取得外国国籍或者获取境外永久居留资格、长期居留许可的，予以撤职或者开除。

第三十二条 有下列行为之一的，予以警告、记过或者记大过；情节较重的，予以降级或者撤职；情节严重的，予以开除：

（一）在选拔任用、录用、聘用、考核、晋升、评选等干部人事工作中违反有关规定的；

（二）弄虚作假，骗取职务、职级、衔级、级别、岗位和职员等级、职称、待遇、资格、学历、学位、荣誉、奖励或者其他利益的；

（三）对依法行使批评、申诉、控告、检举等权利的行为进行压制或者打击报复的；

（四）诬告陷害，意图使他人受到名誉损害或者责任追究等不良影响的；

（五）以暴力、威胁、贿赂、欺骗等手段破坏选举的。

第三十三条 有下列行为之一的，予以警告、记过或者记大过；情节较重的，予以降级或者撤职；情节严重的，予以开除：

（一）贪污贿赂的；

（二）利用职权或者职务上的影响为本人或者他人谋取私利的；

（三）纵容、默许特定关系人利用本人职权或者职务上的影响谋取私利的。

拒不按照规定纠正特定关系人违规任职、兼职或者从事经营活动，且不服从职务调整的，予以撤职。

第三十四条 收受可能影响公正行使公权力的礼品、礼金、有价证券等财物的，予以警告、记过或者记大过；情节较重的，予以降级或者撤职；情节严重的，予以开除。

向公职人员及其特定关系人赠送可能影响公正行使公权力的礼品、礼金、有价证券等财物，或者接受、提供可能影响公正行使公权力的宴请、旅游、健身、娱乐等活动安排，情节较重的，予以警告、记过或者记大过；情节严重的，予以降级或者撤职。

第三十五条 有下列行为之一，情节较重的，予以警告、记过或者记大过；情节严重的，予以降级或者撤职：

（一）违反规定设定、发放薪酬或者津贴、补贴、奖金的；

（二）违反规定，在公务接待、公务交通、会议活动、办公用房以及其他工作生活保障等方面超标准、超范围的；

（三）违反规定公款消费的。

第三十六条 违反规定从事或者参与营利性活动，或者违反规定兼任职务、领取报酬的，予以警告、记过或者记大过；情节较重的，予以降级或者撤职；情节严重的，予以开除。

第三十七条 利用宗族或者黑恶势力等欺压群众，或者纵容、包庇黑恶势力活动的，予以撤职；情节严重的，予以开除。

第三十八条 有下列行为之一，情节较重的，予以警告、记过或者记大过；情节严重的，予以降级或者撤职：

（一）违反规定向管理服务对象收取、摊派财物的；

（二）在管理服务活动中故意刁难、吃拿卡要的；

（三）在管理服务活动中态度恶劣粗暴，造成不良后果或者影响的；

（四）不按照规定公开工作信息，侵犯管理服务对象知情权，造成不良后果或者影响的；

（五）其他侵犯管理服务对象利益的行为，造成不良后果或者影响的。

有前款第一项、第二项和第五项行为，情节特别严重的，予以开除。

第三十九条 有下列行为之一，造成不良后果或者影响的，予以警告、记过或者记大过；情节较重的，予以降级或者撤职；情节严重的，予以开除：

（一）滥用职权，危害国家利益、社会公共利益或者侵害公民、法人、其他组织合法权益的；

（二）不履行或者不正确履行职责，玩忽职守，贻误工作的；

（三）工作中有形式主义、官僚主义行为的；

（四）工作中有弄虚作假，误导、欺骗行为的；

（五）泄露国家秘密、工作秘密，或者泄露因履行职责掌握的商业秘密、个人隐私的。

第四十条 有下列行为之一的，予以警告、记过或者记大过；情节较重的，予以降级或者撤职；情节严重的，予以开除：

（一）违背社会公序良俗，在公共场所有不当行为，造成不良影响的；

（二）参与或者支持迷信活动，造成不良影响的；

（三）参与赌博的；

（四）拒不承担赡养、抚养、扶养义务的；

（五）实施家庭暴力，虐待、遗弃家庭成员的；

（六）其他严重违反家庭美德、社会公德的行为。

吸食、注射毒品，组织赌博，组织、支持、参与卖淫、嫖娼、色情淫乱活动的，予以撤职或者开除。

第四十一条 公职人员有其他违法行为，影响公职人员形象，损害国家和人民利益的，可以根据情节轻重给予相应政务处分。

第四章 政务处分的程序

第四十二条 监察机关对涉嫌违法的公职人员进行调查，应当由二名以上工作人员进行。监察机关进行调查时，有权依法向有关单位和个人了解情况，收集、调取证据。有关单位和个人应当如实提供情况。

严禁以威胁、引诱、欺骗及其他非法方式收集证据。以非法方式收集的证据不得作为给予政务处分的依据。

第四十三条 作出政务处分决定前，监察机关应当将调查认定的违法事实及拟给予政务处分的依据告知被调查人，听取被调查人的陈述和申辩，并对其陈述的事实、理由和证据进行核实，记录在案。被调查人提出的事实、理由和证据成立的，应予采纳。不得因被调查人的申辩而加重政务处分。

第四十四条 调查终结后，监察机关应当根据下列不同情况，分别作出处理：

（一）确有应受政务处分的违法行为的，根据情节轻重，按照政务处分决定权限，履行规定的审批手续后，作出政务处分决定；

（二）违法事实不能成立的，撤销案件；

（三）符合免予、不予政务处分条件的，作出免予、不予政务处分决定；

（四）被调查人涉嫌其他违法或者犯罪行为的，依法移送主管机关处理。

第四十五条 决定给予政务处分的，应当制作政务处分决定书。

政务处分决定书应当载明下列事项：

（一）被处分人的姓名、工作单位和职务；

（二）违法事实和证据；

（三）政务处分的种类和依据；

（四）不服政务处分决定，申请复审、复核的途径和期限；

（五）作出政务处分决定的机关名称和日期。

政务处分决定书应当盖有作出决定的监察机关的印章。

第四十六条 政务处分决定书应当及时送达被处分人和被处分人所在机关、单位，并在一定范围内宣布。

作出政务处分决定后，监察机关应当根据被处分人的具体身份书面告知相关的机关、单位。

第四十七条 参与公职人员违法案件调查、处理的人员有下列情形之一的，应当自行回避，被调查人、检举人及其他有关人员也有权要求其回避：

（一）是被调查人或者检举人的近亲属的；

（二）担任过本案的证人的；

（三）本人或者其近亲属与调查的案件有利害关系的；

（四）可能影响案件公正调查、处理的其他情形。

第四十八条 监察机关负责人的回避，由上级监察机关决定；其他参与违法案件调查、处理人员的回避，由监察机关负责人决定。

监察机关或者上级监察机关发现参与违法案件调查、处理人员有应当回避情形的，可以直接决定该人员回避。

第四十九条 公职人员依法受到刑事责任追究的，监察机关应当根据司法机关的生效判决、裁定、决定及其认定的事实和情节，依照本法规定给予政务处分。

公职人员依法受到行政处罚，应当给予政务处分的，监察机关可以根据行政处罚决定认定的事实和情节，经立案调查核实后，依照本法给予政务处分。

监察机关根据本条第一款、第二款的规定作出政务处分后，司法机关、行政机关依法改变原生效判决、裁定、决定等，对原政务处分决定产生影响的，监察机关应当根据改变后的判决、裁定、决定等重新作出相应处理。

第五十条 监察机关对经各级人民代表大会、县级以上各级人民代表大会常务委员会选举或者决定任命的公职人员予以撤职、开除的，应当先依法罢免、撤销或者免去其职务，再依法作出政务处分决定。

监察机关对经中国人民政治协商会议各级委员会全体会议或者其常务委员会选举或者决定任命的公职人员予以撤职、开除的，应当先依章程免去其职务，再依法作出政务处分决定。

监察机关对各级人民代表大会代表、中国人民政治协商会议各级委员会委员给予政务处分的，应当向有关的人民代表大会常务委员会，乡、民族乡、镇的人民代表大会主席团或者中国人民政治协商会议委员会常务委员会通报。

第五十一条 下级监察机关根据上级监察机关的指定管辖决定进行调查的案件，调查终结后，对不属于本监察机关管辖范围内的监察对象，应当交有管理权限的监察机关依法作出政务处分决定。

第五十二条 公职人员涉嫌违法，已经被立案调查，不宜继续履行职责的，公职人员任免机关、单位可以决定暂停其履行职务。

公职人员在被立案调查期间，未经监察机关同意，不得出境、辞去公职；被调查公职人员所在机关、单位及上级机关、单位不得对其交流、晋升、奖励、处分或者办理退休手续。

第五十三条 监察机关在调查中发现公职人员受到不实检举、控告或者诬告陷害，造成不良影响的，应当按照规定及时澄清事实，恢复名誉，消除不良影响。

第五十四条 公职人员受到政务处分的，应当将政务处分决定书存入其本人档案。对于受到降级以上政务处分的，应当由人事部门按照管理权限在作出政务处分决定后一个月内办理职务、工资及其他有关待遇等的变更手续；特殊情况下，经批准可以适当延长办理期限，但是最长不得超过六个月。

第五章 复审、复核

第五十五条 公职人员对监察机关作出的涉及本人的政务处分决定不服的，可以依法向作出决定的监察机关申请复审；公职人员对复审决定仍不服的，可以向上一级监察机关申请复核。

监察机关发现本机关或者下级监察机关作出的政务处分决定确有错误的，应当及时予以纠正或者责令下级监察机关及时予以纠正。

第五十六条 复审、复核期间，不停止原政务处分决定的执行。

公职人员不因提出复审、复核而被加重政务处分。

第五十七条 有下列情形之一的，复审、复核机关应当撤销原政务处分决定，重新作出决定或者责令原作出决定的监察机关重新作出决定：

（一）政务处分所依据的违法事实不清或者证据不足的；

（二）违反法定程序，影响案件公正处理的；

（三）超越职权或者滥用职权作出政务处分决定的。

第五十八条 有下列情形之一的，复审、复核机关应当变更原政务处分决定，或者责令原作出决定的监察机关予以变更：

（一）适用法律、法规确有错误的；

（二）对违法行为的情节认定确有错误的；

（三）政务处分不当的。

第五十九条 复审、复核机关认为政务处分决定认定事实清楚，适用法律正确的，应当予以维持。

第六十条 公职人员的政务处分决定被变更，需要调整该公职人员的职务、职级、衔级、级别、岗位和职员等级或者薪酬待遇等的，应当按照规定予以调整。政务处分决定被撤销的，应当恢复该公职人员的级别、薪酬待遇，按照原职务、职级、衔级、岗位和职员等级安排相应的职务、职级、衔级、岗位和职员等级，并在原政务处分决定公布范围内为其恢复名誉。没收、追缴财物错误的，应当依法予以返还、赔偿。

公职人员因有本法第五十七条、第五十八条规定的情形被撤销政务处分或者减轻政务处分的，应当对其薪酬待遇受到的损失予以补偿。

第六章　法律责任

第六十一条 有关机关、单位无正当理由拒不采纳监察建议的，由其上级机关、主管部门责令改正，对该机关、单位给予通报批评，对负有责任的领导人员和直接责任人员依法给予处理。

第六十二条 有关机关、单位、组织或者人员有下列情形之一的，由其上级机关，主管部门，任免机关、单位或者监察机关责令改正，依法给予处理：

（一）拒不执行政务处分决定的；

（二）拒不配合或者阻碍调查的；

（三）对检举人、证人或者调查人员进行打击报复的；

（四）诬告陷害公职人员的；

（五）其他违反本法规定的情形。

第六十三条 监察机关及其工作人员有下列情形之一的，对负有责任的领导人员和直接责任人员依法给予处理：

（一）违反规定处置问题线索的；

（二）窃取、泄露调查工作信息，或者泄露检举事项、检举受理情况以及检举人信息的；

（三）对被调查人或者涉案人员逼供、诱供，或者侮辱、打骂、虐待、体罚或者变相体罚的；

（四）收受被调查人或者涉案人员的财物以及其他利益的；

（五）违反规定处置涉案财物的；

（六）违反规定采取调查措施的；

（七）利用职权或者职务上的影响干预调查工作、以案谋私的；

（八）违反规定发生办案安全事故，或者发生安全事故后隐瞒不报、报告失实、处置不当的；

（九）违反回避等程序规定，造成不良影响的；

（十）不依法受理和处理公职人员复审、复核的；

（十一）其他滥用职权、玩忽职守、徇私舞弊的行为。

第六十四条 违反本法规定，构成犯罪的，依法追究刑事责任。

第七章 附　　则

第六十五条 国务院及其相关主管部门根据本法的原则和精神，结合事业单位、国有企业等的实际情况，对事业单位、国有企业等的违法的公职人员处分事宜作出具体规定。

第六十六条 中央军事委员会可以根据本法制定相关具体规定。

第六十七条 本法施行前，已结案的案件如果需要复审、复核，适用当时的规定。尚未结案的案件，如果行为发生时的规定不认为是违法的，适用当时的规定；如果行为发生时的规定认为是违法的，依照当时的规定处理，但是如果本法不认为是违法或者根据本法处理较轻的，适用本法。

第六十八条 本法自 2020 年 7 月 1 日起施行。

（二）刑事法律

中华人民共和国刑法（节录）

（1979年7月1日第五届全国人民代表大会第二次会议通过　1997年3月14日第八届全国人民代表大会第五次会议修订　根据2023年12月29日第十四届全国人民代表大会常务委员会第七次会议通过的《中华人民共和国刑法修正案（十二）》修正）

第一编　总　　则

第一章　刑法的任务、基本原则和适用范围

第一条　为了惩罚犯罪，保护人民，根据宪法，结合我国同犯罪作斗争的具体经验及实际情况，制定本法。

第二条　中华人民共和国刑法的任务，是用刑罚同一切犯罪行为作斗争，以保卫国家安全，保卫人民民主专政的政权和社会主义制度，保护国有财产和劳动群众集体所有的财产，保护公民私人所有的财产，保护公民的人身权利、民主权利和其他权利，维护社会秩序、经济秩序，保障社会主义建设事业的顺利进行。

第三条　法律明文规定为犯罪行为的，依照法律定罪处刑；法律没有明文规定为犯罪行为的，不得定罪处刑。

第四条　对任何人犯罪，在适用法律上一律平等。不允许任何人有超越法律的特权。

第五条　刑罚的轻重，应当与犯罪分子所犯罪行和承担的刑事责任相适应。

第六条　凡在中华人民共和国领域内犯罪的，除法律有特别规定的以外，都适用本法。

凡在中华人民共和国船舶或者航空器内犯罪的，也适用本法。

犯罪的行为或者结果有一项发生在中华人民共和国领域内的，就认为是在中华人民共和国领域内犯罪。

第七条 中华人民共和国公民在中华人民共和国领域外犯本法规定之罪的，适用本法，但是按本法规定的最高刑为三年以下有期徒刑的，可以不予追究。

中华人民共和国国家工作人员和军人在中华人民共和国领域外犯本法规定之罪的，适用本法。

第八条 外国人在中华人民共和国领域外对中华人民共和国国家或者公民犯罪，而按本法规定的最低刑为三年以上有期徒刑的，可以适用本法，但是按照犯罪地的法律不受处罚的除外。

第九条 对于中华人民共和国缔结或者参加的国际条约所规定的罪行，中华人民共和国在所承担条约义务的范围内行使刑事管辖权的，适用本法。

第十条 凡在中华人民共和国领域外犯罪，依照本法应当负刑事责任的，虽然经过外国审判，仍然可以依照本法追究，但是在外国已经受过刑罚处罚的，可以免除或者减轻处罚。

第十一条 享有外交特权和豁免权的外国人的刑事责任，通过外交途径解决。

第十二条 中华人民共和国成立以后本法施行以前的行为，如果当时的法律不认为是犯罪的，适用当时的法律；如果当时的法律认为是犯罪的，依照本法总则第四章第八节的规定应当追诉的，按照当时的法律追究刑事责任，但是如果本法不认为是犯罪或者处刑较轻的，适用本法。

本法施行以前，依照当时的法律已经作出的生效判决，继续有效。

第二章　犯　　罪

第一节　犯罪和刑事责任

第十三条 一切危害国家主权、领土完整和安全，分裂国家、颠覆人民民主专政的政权和推翻社会主义制度，破坏社会秩序和经济秩序，侵犯国有财产或者劳动群众集体所有的财产，侵犯公民私人所有的财产，侵犯公民的人身权利、民主权利和其他权利，以及其他危害社会的行为，依照法律应当受刑罚处罚的，都是犯罪，但是情节显著轻微危害不大的，不认为是犯罪。

第十四条 明知自己的行为会发生危害社会的结果，并且希望或者放任这种结果发生，因而构成犯罪的，是故意犯罪。

故意犯罪，应当负刑事责任。

第十五条 应当预见自己的行为可能发生危害社会的结果，因为疏忽大意而没有预见，或者已经预见而轻信能够避免，以致发生这种结果的，是过失犯罪。

过失犯罪，法律有规定的才负刑事责任。

第十六条 行为在客观上虽然造成了损害结果，但是不是出于故意或者过失，而是由于不能抗拒或者不能预见的原因所引起的，不是犯罪。

第十七条 已满十六周岁的人犯罪，应当负刑事责任。

已满十四周岁不满十六周岁的人，犯故意杀人、故意伤害致人重伤或者死亡、强奸、抢劫、贩卖毒品、放火、爆炸、投放危险物质罪的，应当负刑事责任。

已满十二周岁不满十四周岁的人，犯故意杀人、故意伤害罪，致人死亡或者以特别残忍手段致人重伤造成严重残疾，情节恶劣，经最高人民检察院核准追诉的，应当负刑事责任。

对依照前三款规定追究刑事责任的不满十八周岁的人，应当从轻或者减轻处罚。

因不满十六周岁不予刑事处罚的，责令其父母或者其他监护人加以管教；在必要的时候，依法进行专门矫治教育。

第十七条之一 已满七十五周岁的人故意犯罪的，可以从轻或者减轻处罚；过失犯罪的，应当从轻或者减轻处罚。

第十八条 精神病人在不能辨认或者不能控制自己行为的时候造成危害结果，经法定程序鉴定确认的，不负刑事责任，但是应当责令他的家属或者监护人严加看管和医疗；在必要的时候，由政府强制医疗。

间歇性的精神病人在精神正常的时候犯罪，应当负刑事责任。

尚未完全丧失辨认或者控制自己行为能力的精神病人犯罪的，应当负刑事责任，但是可以从轻或者减轻处罚。

醉酒的人犯罪，应当负刑事责任。

第十九条 又聋又哑的人或者盲人犯罪，可以从轻、减轻或者免除处罚。

第二十条 为了使国家、公共利益、本人或者他人的人身、财产和其他权利免受正在进行的不法侵害，而采取的制止不法侵害的行为，对不法侵害人造成损害的，属于正当防卫，不负刑事责任。

正当防卫明显超过必要限度造成重大损害的，应当负刑事责任，但是应当减轻或者免除处罚。

对正在进行行凶、杀人、抢劫、强奸、绑架以及其他严重危及人身安全的暴力犯罪，采取防卫行为，造成不法侵害人伤亡的，不属于防卫过当，不负刑事责任。

第二十一条 为了使国家、公共利益、本人或者他人的人身、财产和其他权利免受正在发生的危险，不得已采取的紧急避险行为，造成损害的，不负刑事责任。

紧急避险超过必要限度造成不应有的损害的，应当负刑事责任，但是应当减轻或者免除处罚。

第一款中关于避免本人危险的规定，不适用于职务上、业务上负有特定责任的人。

第二节 犯罪的预备、未遂和中止

第二十二条 为了犯罪，准备工具、制造条件的，是犯罪预备。

对于预备犯，可以比照既遂犯从轻、减轻处罚或者免除处罚。

第二十三条 已经着手实行犯罪，由于犯罪分子意志以外的原因而未得逞的，是犯罪未遂。

对于未遂犯，可以比照既遂犯从轻或者减轻处罚。

第二十四条 在犯罪过程中，自动放弃犯罪或者自动有效地防止犯罪结果发生的，是犯罪中止。

对于中止犯，没有造成损害的，应当免除处罚；造成损害的，应当减轻处罚。

第三节 共同犯罪

第二十五条 共同犯罪是指二人以上共同故意犯罪。

二人以上共同过失犯罪，不以共同犯罪论处；应当负刑事责任的，按照他们所犯的罪分别处罚。

第二十六条 组织、领导犯罪集团进行犯罪活动的或者在共同犯罪中起主要作用的，是主犯。

三人以上为共同实施犯罪而组成的较为固定的犯罪组织，是犯罪集团。

对组织、领导犯罪集团的首要分子，按照集团所犯的全部罪行处罚。

对于第三款规定以外的主犯，应当按照其所参与的或者组织、指挥的全部犯罪处罚。

第二十七条 在共同犯罪中起次要或者辅助作用的，是从犯。

对于从犯，应当从轻、减轻处罚或者免除处罚。

第二十八条 对于被胁迫参加犯罪的，应当按照他的犯罪情节减轻处罚或者免除处罚。

第二十九条 教唆他人犯罪的，应当按照他在共同犯罪中所起的作用处罚。教唆不满十八周岁的人犯罪的，应当从重处罚。

如果被教唆的人没有犯被教唆的罪，对于教唆犯，可以从轻或者减轻处罚。

第四节 单位犯罪

第三十条 公司、企业、事业单位、机关、团体实施的危害社会的行为，法律规定为单位犯罪的，应当负刑事责任。

第三十一条 单位犯罪的，对单位判处罚金，并对其直接负责的主管人员和其他直接责任人员判处刑罚。本法分则和其他法律另有规定的，依照规定。

第三章 刑 罚

第一节 刑罚的种类

第三十二条 刑罚分为主刑和附加刑。

第三十三条 主刑的种类如下：

（一）管制；

（二）拘役；

（三）有期徒刑；

（四）无期徒刑；

（五）死刑。

第三十四条 附加刑的种类如下：

（一）罚金；

（二）剥夺政治权利；

（三）没收财产。

附加刑也可以独立适用。

第三十五条 对于犯罪的外国人，可以独立适用或者附加适用驱逐出境。

第三十六条 由于犯罪行为而使被害人遭受经济损失的，对犯罪分子除依法给予刑事处罚外，并应根据情况判处赔偿经济损失。

承担民事赔偿责任的犯罪分子，同时被判处罚金，其财产不足以全部支付的，或者被判处没收财产的，应当先承担对被害人的民事赔偿责任。

第三十七条 对于犯罪情节轻微不需要判处刑罚的，可以免予刑事处罚，但是可以根据案件的不同情况，予以训诫或者责令具结悔过、赔礼道歉、赔偿损失，或者由主管部门予以行政处罚或者行政处分。

第三十七条之一 因利用职业便利实施犯罪，或者实施违背职业要求的特定义务的犯罪被判处刑罚的，人民法院可以根据犯罪情况和预防再犯罪的需要，禁止其自刑罚执行完毕之日或者假释之日起从事相关职业，期限为三年至五年。

被禁止从事相关职业的人违反人民法院依照前款规定作出的决定的，由公安机关依法给予处罚；情节严重的，依照本法第三百一十三条的规定定罪处罚。

其他法律、行政法规对其从事相关职业另有禁止或者限制性规定的，从其规定。

第二节　管　　制

第三十八条 管制的期限，为三个月以上二年以下。

判处管制，可以根据犯罪情况，同时禁止犯罪分子在执行期间从事特定活动，进入特定区域、场所，接触特定的人。

对判处管制的犯罪分子，依法实行社区矫正。

违反第二款规定的禁止令的，由公安机关依照《中华人民共和国治安管理处罚法》的规定处罚。

第三十九条 被判处管制的犯罪分子，在执行期间，应当遵守下列规定：

（一）遵守法律、行政法规，服从监督；

（二）未经执行机关批准，不得行使言论、出版、集会、结社、游行、示威自由的权利；

（三）按照执行机关规定报告自己的活动情况；

（四）遵守执行机关关于会客的规定；

（五）离开所居住的市、县或者迁居，应当报经执行机关批准。

对于被判处管制的犯罪分子，在劳动中应当同工同酬。

第四十条　被判处管制的犯罪分子，管制期满，执行机关应即向本人和其所在单位或者居住地的群众宣布解除管制。

第四十一条　管制的刑期，从判决执行之日起计算；判决执行以前先行羁押的，羁押一日折抵刑期二日。

第三节　拘　　役

第四十二条　拘役的期限，为一个月以上六个月以下。

第四十三条　被判处拘役的犯罪分子，由公安机关就近执行。

在执行期间，被判处拘役的犯罪分子每月可以回家一天至两天；参加劳动的，可以酌量发给报酬。

第四十四条　拘役的刑期，从判决执行之日起计算；判决执行以前先行羁押的，羁押一日折抵刑期一日。

第四节　有期徒刑、无期徒刑

第四十五条　有期徒刑的期限，除本法第五十条、第六十九条规定外，为六个月以上十五年以下。

第四十六条　被判处有期徒刑、无期徒刑的犯罪分子，在监狱或者其他执行场所执行；凡有劳动能力的，都应当参加劳动，接受教育和改造。

第四十七条　有期徒刑的刑期，从判决执行之日起计算；判决执行以前先行羁押的，羁押一日折抵刑期一日。

第五节　死　　刑

第四十八条　死刑只适用于罪行极其严重的犯罪分子。对于应当判处死刑的犯罪分子，如果不是必须立即执行的，可以判处死刑同时宣告缓期二年执行。

死刑除依法由最高人民法院判决的以外，都应当报请最高人民法院核准。死刑缓期执行的，可以由高级人民法院判决或者核准。

第四十九条　犯罪的时候不满十八周岁的人和审判的时候怀孕的妇女，不适用死刑。

审判的时候已满七十五周岁的人，不适用死刑，但以特别残忍手段致人死亡的除外。

第五十条 判处死刑缓期执行的，在死刑缓期执行期间，如果没有故意犯罪，二年期满以后，减为无期徒刑；如果确有重大立功表现，二年期满以后，减为二十五年有期徒刑；如果故意犯罪，情节恶劣的，报请最高人民法院核准后执行死刑；对于故意犯罪未执行死刑的，死刑缓期执行的期间重新计算，并报最高人民法院备案。

对被判处死刑缓期执行的累犯以及因故意杀人、强奸、抢劫、绑架、放火、爆炸、投放危险物质或者有组织的暴力性犯罪被判处死刑缓期执行的犯罪分子，人民法院根据犯罪情节等情况可以同时决定对其限制减刑。

第五十一条 死刑缓期执行的期间，从判决确定之日起计算。死刑缓期执行减为有期徒刑的刑期，从死刑缓期执行期满之日起计算。

第六节 罚 金

第五十二条 判处罚金，应当根据犯罪情节决定罚金数额。

第五十三条 罚金在判决指定的期限内一次或者分期缴纳。期满不缴纳的，强制缴纳。对于不能全部缴纳罚金的，人民法院在任何时候发现被执行人有可以执行的财产，应当随时追缴。

由于遭遇不能抗拒的灾祸等原因缴纳确实有困难的，经人民法院裁定，可以延期缴纳、酌情减少或者免除。

第七节 剥夺政治权利

第五十四条 剥夺政治权利是剥夺下列权利：

（一）选举权和被选举权；

（二）言论、出版、集会、结社、游行、示威自由的权利；

（三）担任国家机关职务的权利；

（四）担任国有公司、企业、事业单位和人民团体领导职务的权利。

第五十五条 剥夺政治权利的期限，除本法第五十七条规定外，为一年以上五年以下。

判处管制附加剥夺政治权利的，剥夺政治权利的期限与管制的期限相等，同时执行。

第五十六条 对于危害国家安全的犯罪分子应当附加剥夺政治权利；对

于故意杀人、强奸、放火、爆炸、投毒、抢劫等严重破坏社会秩序的犯罪分子，可以附加剥夺政治权利。

独立适用剥夺政治权利的，依照本法分则的规定。

第五十七条 对于被判处死刑、无期徒刑的犯罪分子，应当剥夺政治权利终身。

在死刑缓期执行减为有期徒刑或者无期徒刑减为有期徒刑的时候，应当把附加剥夺政治权利的期限改为三年以上十年以下。

第五十八条 附加剥夺政治权利的刑期，从徒刑、拘役执行完毕之日或者从假释之日起计算；剥夺政治权利的效力当然施用于主刑执行期间。

被剥夺政治权利的犯罪分子，在执行期间，应当遵守法律、行政法规和国务院公安部门有关监督管理的规定，服从监督；不得行使本法第五十四条规定的各项权利。

第八节 没收财产

第五十九条 没收财产是没收犯罪分子个人所有财产的一部或者全部。没收全部财产的，应当对犯罪分子个人及其扶养的家属保留必需的生活费用。

在判处没收财产的时候，不得没收属于犯罪分子家属所有或者应有的财产。

第六十条 没收财产以前犯罪分子所负的正当债务，需要以没收的财产偿还的，经债权人请求，应当偿还。

第四章 刑罚的具体运用

第一节 量 刑

第六十一条 对于犯罪分子决定刑罚的时候，应当根据犯罪的事实、犯罪的性质、情节和对于社会的危害程度，依照本法的有关规定判处。

第六十二条 犯罪分子具有本法规定的从重处罚、从轻处罚情节的，应当在法定刑的限度以内判处刑罚。

第六十三条 犯罪分子具有本法规定的减轻处罚情节的，应当在法定刑以下判处刑罚；本法规定有数个量刑幅度的，应当在法定量刑幅度的下一个量刑幅度内判处刑罚。

犯罪分子虽然不具有本法规定的减轻处罚情节，但是根据案件的特殊情况，经最高人民法院核准，也可以在法定刑以下判处刑罚。

第六十四条 犯罪分子违法所得的一切财物，应当予以追缴或者责令退赔；对被害人的合法财产，应当及时返还；违禁品和供犯罪所用的本人财物，应当予以没收。没收的财物和罚金，一律上缴国库，不得挪用和自行处理。

第二节 累 犯

第六十五条 被判处有期徒刑以上刑罚的犯罪分子，刑罚执行完毕或者赦免以后，在五年以内再犯应当判处有期徒刑以上刑罚之罪的，是累犯，应当从重处罚，但是过失犯罪和不满十八周岁的人犯罪的除外。

前款规定的期限，对于被假释的犯罪分子，从假释期满之日起计算。

第六十六条 危害国家安全犯罪、恐怖活动犯罪、黑社会性质的组织犯罪的犯罪分子，在刑罚执行完毕或者赦免以后，在任何时候再犯上述任一类罪的，都以累犯论处。

第三节 自首和立功

第六十七条 犯罪以后自动投案，如实供述自己的罪行的，是自首。对于自首的犯罪分子，可以从轻或者减轻处罚。其中，犯罪较轻的，可以免除处罚。

被采取强制措施的犯罪嫌疑人、被告人和正在服刑的罪犯，如实供述司法机关还未掌握的本人其他罪行的，以自首论。

犯罪嫌疑人虽不具有前两款规定的自首情节，但是如实供述自己罪行的，可以从轻处罚；因其如实供述自己罪行，避免特别严重后果发生的，可以减轻处罚。

第六十八条 犯罪分子有揭发他人犯罪行为，查证属实的，或者提供重要线索，从而得以侦破其他案件等立功表现的，可以从轻或者减轻处罚；有重大立功表现的，可以减轻或者免除处罚。

第四节 数罪并罚

第六十九条 判决宣告以前一人犯数罪的，除判处死刑和无期徒刑的以外，应当在总和刑期以下、数刑中最高刑期以上，酌情决定执行的刑期，但是管制最高不能超过三年，拘役最高不能超过一年，有期徒刑总和刑期不满三十五年的，最高不能超过二十年，总和刑期在三十五年以上的，最高不能超过二十五年。

数罪中有判处有期徒刑和拘役的，执行有期徒刑。数罪中有判处有期徒刑和管制，或者拘役和管制的，有期徒刑、拘役执行完毕后，管制仍须执行。

数罪中有判处附加刑的，附加刑仍须执行，其中附加刑种类相同的，合并执行，种类不同的，分别执行。

第七十条 判决宣告以后，刑罚执行完毕以前，发现被判刑的犯罪分子在判决宣告以前还有其他罪没有判决的，应当对新发现的罪作出判决，把前后两个判决所判处的刑罚，依照本法第六十九条的规定，决定执行的刑罚。已经执行的刑期，应当计算在新判决决定的刑期以内。

第七十一条 判决宣告以后，刑罚执行完毕以前，被判刑的犯罪分子又犯罪的，应当对新犯的罪作出判决，把前罪没有执行的刑罚和后罪所判处的刑罚，依照本法第六十九条的规定，决定执行的刑罚。

第五节 缓 刑

第七十二条 对于被判处拘役、三年以下有期徒刑的犯罪分子，同时符合下列条件的，可以宣告缓刑，对其中不满十八周岁的人、怀孕的妇女和已满七十五周岁的人，应当宣告缓刑：

（一）犯罪情节较轻；

（二）有悔罪表现；

（三）没有再犯罪的危险；

（四）宣告缓刑对所居住社区没有重大不良影响。

宣告缓刑，可以根据犯罪情况，同时禁止犯罪分子在缓刑考验期限内从事特定活动，进入特定区域、场所，接触特定的人。

被宣告缓刑的犯罪分子，如果被判处附加刑，附加刑仍须执行。

第七十三条 拘役的缓刑考验期限为原判刑期以上一年以下，但是不能少于二个月。

有期徒刑的缓刑考验期限为原判刑期以上五年以下，但是不能少于一年。

缓刑考验期限，从判决确定之日起计算。

第七十四条 对于累犯和犯罪集团的首要分子，不适用缓刑。

第七十五条 被宣告缓刑的犯罪分子，应当遵守下列规定：

（一）遵守法律、行政法规，服从监督；

（二）按照考察机关的规定报告自己的活动情况；

（三）遵守考察机关关于会客的规定；

（四）离开所居住的市、县或者迁居，应当报经考察机关批准。

第七十六条 对宣告缓刑的犯罪分子，在缓刑考验期限内，依法实行社区矫正，如果没有本法第七十七条规定的情形，缓刑考验期满，原判的刑罚就不再执行，并公开予以宣告。

第七十七条 被宣告缓刑的犯罪分子，在缓刑考验期限内犯新罪或者发现判决宣告以前还有其他罪没有判决的，应当撤销缓刑，对新犯的罪或者新发现的罪作出判决，把前罪和后罪所判处的刑罚，依照本法第六十九条的规定，决定执行的刑罚。

被宣告缓刑的犯罪分子，在缓刑考验期限内，违反法律、行政法规或者国务院有关部门关于缓刑的监督管理规定，或者违反人民法院判决中的禁止令，情节严重的，应当撤销缓刑，执行原判刑罚。

第六节 减 刑

第七十八条 被判处管制、拘役、有期徒刑、无期徒刑的犯罪分子，在执行期间，如果认真遵守监规，接受教育改造，确有悔改表现的，或者有立功表现的，可以减刑；有下列重大立功表现之一的，应当减刑：

（一）阻止他人重大犯罪活动的；

（二）检举监狱内外重大犯罪活动，经查证属实的；

（三）有发明创造或者重大技术革新的；

（四）在日常生产、生活中舍己救人的；

（五）在抗御自然灾害或者排除重大事故中，有突出表现的；

（六）对国家和社会有其他重大贡献的。

减刑以后实际执行的刑期不能少于下列期限：

（一）判处管制、拘役、有期徒刑的，不能少于原判刑期的二分之一；

（二）判处无期徒刑的，不能少于十三年；

（三）人民法院依照本法第五十条第二款规定限制减刑的死刑缓期执行的犯罪分子，缓期执行期满后依法减为无期徒刑的，不能少于二十五年，缓期执行期满后依法减为二十五年有期徒刑的，不能少于二十年。

第七十九条 对于犯罪分子的减刑，由执行机关向中级以上人民法院提出减刑建议书。人民法院应当组成合议庭进行审理，对确有悔改或者立功事实的，裁定予以减刑。非经法定程序不得减刑。

第八十条 无期徒刑减为有期徒刑的刑期，从裁定减刑之日起计算。

第七节 假 释

第八十一条 被判处有期徒刑的犯罪分子，执行原判刑期二分之一以上，被判处无期徒刑的犯罪分子，实际执行十三年以上，如果认真遵守监规，接受教育改造，确有悔改表现，没有再犯罪的危险的，可以假释。如果有特殊情况，经最高人民法院核准，可以不受上述执行刑期的限制。

对累犯以及因故意杀人、强奸、抢劫、绑架、放火、爆炸、投放危险物质或者有组织的暴力性犯罪被判处十年以上有期徒刑、无期徒刑的犯罪分子，不得假释。

对犯罪分子决定假释时，应当考虑其假释后对所居住社区的影响。

第八十二条 对于犯罪分子的假释，依照本法第七十九条规定的程序进行。非经法定程序不得假释。

第八十三条 有期徒刑的假释考验期限，为没有执行完毕的刑期；无期徒刑的假释考验期限为十年。

假释考验期限，从假释之日起计算。

第八十四条 被宣告假释的犯罪分子，应当遵守下列规定：

（一）遵守法律、行政法规，服从监督；

（二）按照监督机关的规定报告自己的活动情况；

（三）遵守监督机关关于会客的规定；

（四）离开所居住的市、县或者迁居，应当报经监督机关批准。

第八十五条 对假释的犯罪分子，在假释考验期限内，依法实行社区矫正，如果没有本法第八十六条规定的情形，假释考验期满，就认为原判刑罚已经执行完毕，并公开予以宣告。

第八十六条 被假释的犯罪分子，在假释考验期限内犯新罪，应当撤销假释，依照本法第七十一条的规定实行数罪并罚。

在假释考验期限内，发现被假释的犯罪分子在判决宣告以前还有其他罪没有判决的，应当撤销假释，依照本法第七十条的规定实行数罪并罚。

被假释的犯罪分子，在假释考验期限内，有违反法律、行政法规或者国务院有关部门关于假释的监督管理规定的行为，尚未构成新的犯罪的，应当依照法定程序撤销假释，收监执行未执行完毕的刑罚。

第八节　时　　效

第八十七条　犯罪经过下列期限不再追诉：

（一）法定最高刑为不满五年有期徒刑的，经过五年；

（二）法定最高刑为五年以上不满十年有期徒刑的，经过十年；

（三）法定最高刑为十年以上有期徒刑的，经过十五年；

（四）法定最高刑为无期徒刑、死刑的，经过二十年。如果二十年以后认为必须追诉的，须报请最高人民检察院核准。

第八十八条　在人民检察院、公安机关、国家安全机关立案侦查或者在人民法院受理案件以后，逃避侦查或者审判的，不受追诉期限的限制。

被害人在追诉期限内提出控告，人民法院、人民检察院、公安机关应当立案而不予立案的，不受追诉期限的限制。

第八十九条　追诉期限从犯罪之日起计算；犯罪行为有连续或者继续状态的，从犯罪行为终了之日起计算。

在追诉期限以内又犯罪的，前罪追诉的期限从犯后罪之日起计算。

第五章　其他规定

第九十条　民族自治地方不能全部适用本法规定的，可以由自治区或者省的人民代表大会根据当地民族的政治、经济、文化的特点和本法规定的基本原则，制定变通或者补充的规定，报请全国人民代表大会常务委员会批准施行。

第九十一条　本法所称公共财产，是指下列财产：

（一）国有财产；

（二）劳动群众集体所有的财产；

（三）用于扶贫和其他公益事业的社会捐助或者专项基金的财产。

在国家机关、国有公司、企业、集体企业和人民团体管理、使用或者运输中的私人财产，以公共财产论。

第九十二条　本法所称公民私人所有的财产，是指下列财产：

（一）公民的合法收入、储蓄、房屋和其他生活资料；

（二）依法归个人、家庭所有的生产资料；

（三）个体户和私营企业的合法财产；

（四）依法归个人所有的股份、股票、债券和其他财产。

第九十三条 本法所称国家工作人员，是指国家机关中从事公务的人员。

国有公司、企业、事业单位、人民团体中从事公务的人员和国家机关、国有公司、企业、事业单位委派到非国有公司、企业、事业单位、社会团体从事公务的人员，以及其他依照法律从事公务的人员，以国家工作人员论。

第九十四条 本法所称司法工作人员，是指有侦查、检察、审判、监管职责的工作人员。

第九十五条 本法所称重伤，是指有下列情形之一的伤害：

（一）使人肢体残废或者毁人容貌的；

（二）使人丧失听觉、视觉或者其他器官机能的；

（三）其他对于人身健康有重大伤害的。

第九十六条 本法所称违反国家规定，是指违反全国人民代表大会及其常务委员会制定的法律和决定，国务院制定的行政法规、规定的行政措施、发布的决定和命令。

第九十七条 本法所称首要分子，是指在犯罪集团或者聚众犯罪中起组织、策划、指挥作用的犯罪分子。

第九十八条 本法所称告诉才处理，是指被害人告诉才处理。如果被害人因受强制、威吓无法告诉的，人民检察院和被害人的近亲属也可以告诉。

第九十九条 本法所称以上、以下、以内，包括本数。

第一百条 依法受过刑事处罚的人，在入伍、就业的时候，应当如实向有关单位报告自己曾受过刑事处罚，不得隐瞒。

犯罪的时候不满十八周岁被判处五年有期徒刑以下刑罚的人，免除前款规定的报告义务。

第一百零一条 本法总则适用于其他有刑罚规定的法律，但是其他法律有特别规定的除外。

第二编 分 则

……

第三章 破坏社会主义市场经济秩序罪

第一节 生产、销售伪劣商品罪

第一百四十条 生产者、销售者在产品中掺杂、掺假，以假充真，以次充好或者以不合格产品冒充合格产品，销售金额五万元以上不满二十万元的，处二年以下有期徒刑或者拘役，并处或者单处销售金额百分之五十以上二倍以下罚金；销售金额二十万元以上不满五十万元的，处二年以上七年以下有期徒刑，并处销售金额百分之五十以上二倍以下罚金；销售金额五十万元以上不满二百万元的，处七年以上有期徒刑，并处销售金额百分之五十以上二倍以下罚金；销售金额二百万元以上的，处十五年有期徒刑或者无期徒刑，并处销售金额百分之五十以上二倍以下罚金或者没收财产。

第一百四十一条 生产、销售假药的，处三年以下有期徒刑或者拘役，并处罚金；对人体健康造成严重危害或者有其他严重情节的，处三年以上十年以下有期徒刑，并处罚金；致人死亡或者有其他特别严重情节的，处十年以上有期徒刑、无期徒刑或者死刑，并处罚金或者没收财产。

药品使用单位的人员明知是假药而提供给他人使用的，依照前款的规定处罚。

第一百四十二条 生产、销售劣药，对人体健康造成严重危害的，处三年以上十年以下有期徒刑，并处罚金；后果特别严重的，处十年以上有期徒刑或者无期徒刑，并处罚金或者没收财产。

药品使用单位的人员明知是劣药而提供给他人使用的，依照前款的规定处罚。

第一百四十二条之一 违反药品管理法规，有下列情形之一，足以严重危害人体健康的，处三年以下有期徒刑或者拘役，并处或者单处罚金；对人体健康造成严重危害或者有其他严重情节的，处三年以上七年以下有期徒刑，并处罚金：

（一）生产、销售国务院药品监督管理部门禁止使用的药品的；

（二）未取得药品相关批准证明文件生产、进口药品或者明知是上述药品而销售的；

（三）药品申请注册中提供虚假的证明、数据、资料、样品或者采取其他欺骗手段的；

（四）编造生产、检验记录的。

有前款行为，同时又构成本法第一百四十一条、第一百四十二条规定之罪或者其他犯罪的，依照处罚较重的规定定罪处罚。

第一百四十三条 生产、销售不符合食品安全标准的食品，足以造成严重食物中毒事故或者其他严重食源性疾病的，处三年以下有期徒刑或者拘役，并处罚金；对人体健康造成严重危害或者有其他严重情节的，处三年以上七年以下有期徒刑，并处罚金；后果特别严重的，处七年以上有期徒刑或者无期徒刑，并处罚金或者没收财产。

第一百四十四条 在生产、销售的食品中掺入有毒、有害的非食品原料的，或者销售明知掺有有毒、有害的非食品原料的食品的，处五年以下有期徒刑，并处罚金；对人体健康造成严重危害或者有其他严重情节的，处五年以上十年以下有期徒刑，并处罚金；致人死亡或者有其他特别严重情节的，依照本法第一百四十一条的规定处罚。

第一百四十五条 生产不符合保障人体健康的国家标准、行业标准的医疗器械、医用卫生材料，或者销售明知是不符合保障人体健康的国家标准、行业标准的医疗器械、医用卫生材料，足以严重危害人体健康的，处三年以下有期徒刑或者拘役，并处销售金额百分之五十以上二倍以下罚金；对人体健康造成严重危害的，处三年以上十年以下有期徒刑，并处销售金额百分之五十以上二倍以下罚金；后果特别严重的，处十年以上有期徒刑或者无期徒刑，并处销售金额百分之五十以上二倍以下罚金或者没收财产。

第一百四十六条 生产不符合保障人身、财产安全的国家标准、行业标准的电器、压力容器、易燃易爆产品或者其他不符合保障人身、财产安全的国家标准、行业标准的产品，或者销售明知是以上不符合保障人身、财产安全的国家标准、行业标准的产品，造成严重后果的，处五年以下有期徒刑，并处销售金额百分之五十以上二倍以下罚金；后果特别严重的，处五年以上有期徒刑，并处销售金额百分之五十以上二倍以下罚金。

第一百四十七条 生产假农药、假兽药、假化肥，销售明知是假的或者失去使用效能的农药、兽药、化肥、种子，或者生产者、销售者以不合格的农药、兽药、化肥、种子冒充合格的农药、兽药、化肥、种子，使生产遭受较大损失的，处三年以下有期徒刑或者拘役，并处或者单处销售金额百分之五十以上二倍以下罚金；使生产遭受重大损失的，处三年以上七年以下有期徒刑，并处销售金额百分之五十以上二倍以下罚金；使生产遭受特别重大损失的，处七年以上有期徒刑或者无期徒刑，并处销售金额百分之五十以上二倍以下罚金或者没收财产。

第一百四十八条 生产不符合卫生标准的化妆品，或者销售明知是不符合卫生标准的化妆品，造成严重后果的，处三年以下有期徒刑或者拘役，并处或者单处销售金额百分之五十以上二倍以下罚金。

第一百四十九条 生产、销售本节第一百四十一条至第一百四十八条所列产品，不构成各该条规定的犯罪，但是销售金额在五万元以上的，依照本节第一百四十条的规定定罪处罚。

生产、销售本节第一百四十一条至第一百四十八条所列产品，构成各该条规定的犯罪，同时又构成本节第一百四十条规定之罪的，依照处罚较重的规定定罪处罚。

第一百五十条 单位犯本节第一百四十条至第一百四十八条规定之罪的，对单位判处罚金，并对其直接负责的主管人员和其他直接责任人员，依照各该条的规定处罚。

第二节 走私罪

第一百五十一条 走私武器、弹药、核材料或者伪造的货币的，处七年以上有期徒刑，并处罚金或者没收财产；情节特别严重的，处无期徒刑，并处没收财产；情节较轻的，处三年以上七年以下有期徒刑，并处罚金。

走私国家禁止出口的文物、黄金、白银和其他贵重金属或者国家禁止进出口的珍贵动物及其制品的，处五年以上十年以下有期徒刑，并处罚金；情节特别严重的，处十年以上有期徒刑或者无期徒刑，并处没收财产；情节较轻的，处五年以下有期徒刑，并处罚金。

走私珍稀植物及其制品等国家禁止进出口的其他货物、物品的，处五年以下有期徒刑或者拘役，并处或者单处罚金；情节严重的，处五年以上有期徒刑，并处罚金。

单位犯本条规定之罪的，对单位判处罚金，并对其直接负责的主管人员和其他直接责任人员，依照本条各款的规定处罚。

第一百五十二条 以牟利或者传播为目的，走私淫秽的影片、录像带、录音带、图片、书刊或者其他淫秽物品的，处三年以上十年以下有期徒刑，并处罚金；情节严重的，处十年以上有期徒刑或者无期徒刑，并处罚金或者没收财产；情节较轻的，处三年以下有期徒刑、拘役或者管制，并处罚金。

逃避海关监管将境外固体废物、液态废物和气态废物运输进境，情节严重的，处五年以下有期徒刑，并处或者单处罚金；情节特别严重的，处五年以上有期徒刑，并处罚金。

单位犯前两款罪的，对单位判处罚金，并对其直接负责的主管人员和其他直接责任人员，依照前两款的规定处罚。

第一百五十三条 走私本法第一百五十一条、第一百五十二条、第三百四十七条规定以外的货物、物品的，根据情节轻重，分别依照下列规定处罚：

（一）走私货物、物品偷逃应缴税额较大或者一年内曾因走私被给予二次行政处罚后又走私的，处三年以下有期徒刑或者拘役，并处偷逃应缴税额一倍以上五倍以下罚金。

（二）走私货物、物品偷逃应缴税额巨大或者有其他严重情节的，处三年以上十年以下有期徒刑，并处偷逃应缴税额一倍以上五倍以下罚金。

（三）走私货物、物品偷逃应缴税额特别巨大或者有其他特别严重情节的，处十年以上有期徒刑或者无期徒刑，并处偷逃应缴税额一倍以上五倍以下罚金或者没收财产。

单位犯前款罪的，对单位判处罚金，并对其直接负责的主管人员和其他直接责任人员，处三年以下有期徒刑或者拘役；情节严重的，处三年以上十年以下有期徒刑；情节特别严重的，处十年以上有期徒刑。

对多次走私未经处理的，按照累计走私货物、物品的偷逃应缴税额处罚。

第一百五十四条 下列走私行为，根据本节规定构成犯罪的，依照本法第一百五十三条的规定定罪处罚：

（一）未经海关许可并且未补缴应缴税额，擅自将批准进口的来料加工、来件装配、补偿贸易的原材料、零件、制成品、设备等保税货物，在境内销售牟利的；

（二）未经海关许可并且未补缴应缴税额，擅自将特定减税、免税进口的货物、物品，在境内销售牟利的。

第一百五十五条 下列行为，以走私罪论处，依照本节的有关规定处罚：

（一）直接向走私人非法收购国家禁止进口物品的，或者直接向走私人非法收购走私进口的其他货物、物品，数额较大的；

（二）在内海、领海、界河、界湖运输、收购、贩卖国家禁止进出口物品的，或者运输、收购、贩卖国家限制进出口货物、物品，数额较大，没有合法证明的。

第一百五十六条 与走私罪犯通谋，为其提供贷款、资金、帐号、发票、证明，或者为其提供运输、保管、邮寄或者其他方便的，以走私罪的共犯论处。

第一百五十七条 武装掩护走私的，依照本法第一百五十一条第一款的规定从重处罚。

以暴力、威胁方法抗拒缉私的，以走私罪和本法第二百七十七条规定的阻碍国家机关工作人员依法执行职务罪，依照数罪并罚的规定处罚。

第三节 妨害对公司、企业的管理秩序罪

第一百五十八条 申请公司登记使用虚假证明文件或者采取其他欺诈手段虚报注册资本，欺骗公司登记主管部门，取得公司登记，虚报注册资本数额巨大、后果严重或者有其他严重情节的，处三年以下有期徒刑或者拘役，并处或者单处虚报注册资本金额百分之一以上百分之五以下罚金。

单位犯前款罪的，对单位判处罚金，并对其直接负责的主管人员和其他直接责任人员，处三年以下有期徒刑或者拘役。

第一百五十九条 公司发起人、股东违反公司法的规定未交付货币、实物或者未转移财产权，虚假出资，或者在公司成立后又抽逃其出资，数额巨大、后果严重或者有其他严重情节的，处五年以下有期徒刑或者拘役，并处或者单处虚假出资金额或者抽逃出资金额百分之二以上百分之十以下罚金。

单位犯前款罪的，对单位判处罚金，并对其直接负责的主管人员和其他直接责任人员，处五年以下有期徒刑或者拘役。

第一百六十条 在招股说明书、认股书、公司、企业债券募集办法等发行文件中隐瞒重要事实或者编造重大虚假内容，发行股票或者公司、企业债券、存托凭证或者国务院依法认定的其他证券，数额巨大、后果严重或者有其他严重情节的，处五年以下有期徒刑或者拘役，并处或者单处罚金；数额特别巨大、后果特别严重或者有其他特别严重情节的，处五年以上有期徒刑，并处罚金。

控股股东、实际控制人组织、指使实施前款行为的，处五年以下有期徒刑或者拘役，并处或者单处非法募集资金金额百分之二十以上一倍以下罚

金；数额特别巨大、后果特别严重或者有其他特别严重情节的，处五年以上有期徒刑，并处非法募集资金金额百分之二十以上一倍以下罚金。

单位犯前两款罪的，对单位判处非法募集资金金额百分之二十以上一倍以下罚金，并对其直接负责的主管人员和其他直接责任人员，依照第一款的规定处罚。

第一百六十一条 依法负有信息披露义务的公司、企业向股东和社会公众提供虚假的或者隐瞒重要事实的财务会计报告，或者对依法应当披露的其他重要信息不按照规定披露，严重损害股东或者其他人利益，或者有其他严重情节的，对其直接负责的主管人员和其他直接责任人员，处五年以下有期徒刑或者拘役，并处或者单处罚金；情节特别严重的，处五年以上十年以下有期徒刑，并处罚金。

前款规定的公司、企业的控股股东、实际控制人实施或者组织、指使实施前款行为的，或者隐瞒相关事项导致前款规定的情形发生的，依照前款的规定处罚。

犯前款罪的控股股东、实际控制人是单位的，对单位判处罚金，并对其直接负责的主管人员和其他直接责任人员，依照第一款的规定处罚。

第一百六十二条 公司、企业进行清算时，隐匿财产，对资产负债表或者财产清单作虚伪记载或者在未清偿债务前分配公司、企业财产，严重损害债权人或者其他人利益的，对其直接负责的主管人员和其他直接责任人员，处五年以下有期徒刑或者拘役，并处或者单处二万元以上二十万元以下罚金。

第一百六十二条之一 隐匿或者故意销毁依法应当保存的会计凭证、会计帐簿、财务会计报告，情节严重的，处五年以下有期徒刑或者拘役，并处或者单处二万元以上二十万元以下罚金。

单位犯前款罪的，对单位判处罚金，并对其直接负责的主管人员和其他直接责任人员，依照前款的规定处罚。

第一百六十二条之二 公司、企业通过隐匿财产、承担虚构的债务或者以其他方法转移、处分财产，实施虚假破产，严重损害债权人或者其他人利益的，对其直接负责的主管人员和其他直接责任人员，处五年以下有期徒刑或者拘役，并处或者单处二万元以上二十万元以下罚金。

第一百六十三条 公司、企业或者其他单位的工作人员，利用职务上的便利，索取他人财物或者非法收受他人财物，为他人谋取利益，数额较大的，处三年以下有期徒刑或者拘役，并处罚金；数额巨大或者有其他严重情节的，处三年以上十年以下有期徒刑，并处罚金；数额特别巨大或者有其他特别严重情节的，处十年以上有期徒刑或者无期徒刑，并处罚金。

公司、企业或者其他单位的工作人员在经济往来中，利用职务上的便利，违反国家规定，收受各种名义的回扣、手续费，归个人所有的，依照前款的规定处罚。

国有公司、企业或者其他国有单位中从事公务的人员和国有公司、企业或者其他国有单位委派到非国有公司、企业以及其他单位从事公务的人员有前两款行为的，依照本法第三百八十五条、第三百八十六条的规定定罪处罚。

第一百六十四条 为谋取不正当利益，给予公司、企业或者其他单位的工作人员以财物，数额较大的，处三年以下有期徒刑或者拘役，并处罚金；数额巨大的，处三年以上十年以下有期徒刑，并处罚金。

为谋取不正当商业利益，给予外国公职人员或者国际公共组织官员以财物的，依照前款的规定处罚。

单位犯前两款罪的，对单位判处罚金，并对其直接负责的主管人员和其他直接责任人员，依照第一款的规定处罚。

行贿人在被追诉前主动交待行贿行为的，可以减轻处罚或者免除处罚。

第一百六十五条 国有公司、企业的董事、监事、高级管理人员，利用职务便利，自己经营或者为他人经营与其所任职公司、企业同类的营业，获取非法利益，数额巨大的，处三年以下有期徒刑或者拘役，并处或者单处罚金；数额特别巨大的，处三年以上七年以下有期徒刑，并处罚金。

其他公司、企业的董事、监事、高级管理人员违反法律、行政法规规定，实施前款行为，致使公司、企业利益遭受重大损失的，依照前款的规定处罚。

第一百六十六条 国有公司、企业、事业单位的工作人员，利用职务便利，有下列情形之一，致使国家利益遭受重大损失的，处三年以下有期徒刑或者拘役，并处或者单处罚金；致使国家利益遭受特别重大损失的，处三年以上七年以下有期徒刑，并处罚金：

（一）将本单位的盈利业务交由自己的亲友进行经营的；

（二）以明显高于市场的价格从自己的亲友经营管理的单位采购商品、接受服务或者以明显低于市场的价格向自己的亲友经营管理的单位销售商品、提供服务的；

（三）从自己的亲友经营管理的单位采购、接受不合格商品、服务的。

其他公司、企业的工作人员违反法律、行政法规规定，实施前款行为，致使公司、企业利益遭受重大损失的，依照前款的规定处罚。

第一百六十七条 国有公司、企业、事业单位直接负责的主管人员，在签订、履行合同过程中，因严重不负责任被诈骗，致使国家利益遭受重大损失的，处三年以下有期徒刑或者拘役；致使国家利益遭受特别重大损失的，处三年以上七年以下有期徒刑。

第一百六十八条 国有公司、企业的工作人员，由于严重不负责任或者滥用职权，造成国有公司、企业破产或者严重损失，致使国家利益遭受重大损失的，处三年以下有期徒刑或者拘役；致使国家利益遭受特别重大损失的，处三年以上七年以下有期徒刑。

国有事业单位的工作人员有前款行为，致使国家利益遭受重大损失的，依照前款的规定处罚。

国有公司、企业、事业单位的工作人员，徇私舞弊，犯前两款罪的，依照第一款的规定从重处罚。

第一百六十九条 国有公司、企业或者其上级主管部门直接负责的主管人员，徇私舞弊，将国有资产低价折股或者低价出售，致使国家利益遭受重大损失的，处三年以下有期徒刑或者拘役；致使国家利益遭受特别重大损失的，处三年以上七年以下有期徒刑。

其他公司、企业直接负责的主管人员，徇私舞弊，将公司、企业资产低价折股或者低价出售，致使公司、企业利益遭受重大损失的，依照前款的规定处罚。

第一百六十九条之一 上市公司的董事、监事、高级管理人员违背对公司的忠实义务，利用职务便利，操纵上市公司从事下列行为之一，致使上市公司利益遭受重大损失的，处三年以下有期徒刑或者拘役，并处或者单处罚金；致使上市公司利益遭受特别重大损失的，处三年以上七年以下有期徒刑，并处罚金：

（一）无偿向其他单位或者个人提供资金、商品、服务或者其他资产的；

（二）以明显不公平的条件，提供或者接受资金、商品、服务或者其他资产的；

（三）向明显不具有清偿能力的单位或者个人提供资金、商品、服务或者其他资产的；

（四）为明显不具有清偿能力的单位或者个人提供担保，或者无正当理由为其他单位或者个人提供担保的；

（五）无正当理由放弃债权、承担债务的；

（六）采用其他方式损害上市公司利益的。

上市公司的控股股东或者实际控制人，指使上市公司董事、监事、高级管理人员实施前款行为的，依照前款的规定处罚。

犯前款罪的上市公司的控股股东或者实际控制人是单位的，对单位判处罚金，并对其直接负责的主管人员和其他直接责任人员，依照第一款的规定处罚。

第四节　破坏金融管理秩序罪

第一百七十条　伪造货币的，处三年以上十年以下有期徒刑，并处罚金；有下列情形之一的，处十年以上有期徒刑或者无期徒刑，并处罚金或者没收财产：

（一）伪造货币集团的首要分子；

（二）伪造货币数额特别巨大的；

（三）有其他特别严重情节的。

第一百七十一条　出售、购买伪造的货币或者明知是伪造的货币而运输，数额较大的，处三年以下有期徒刑或者拘役，并处二万元以上二十万元以下罚金；数额巨大的，处三年以上十年以下有期徒刑，并处五万元以上五十万元以下罚金；数额特别巨大的，处十年以上有期徒刑或者无期徒刑，并处五万元以上五十万元以下罚金或者没收财产。

银行或者其他金融机构的工作人员购买伪造的货币或者利用职务上的便利，以伪造的货币换取货币的，处三年以上十年以下有期徒刑，并处二万元以上二十万元以下罚金；数额巨大或者有其他严重情节的，处十年以上有期徒刑或者无期徒刑，并处二万元以上二十万元以下罚金或者没收财产；情节较轻的，处三年以下有期徒刑或者拘役，并处或者单处一万元以上十万元以下罚金。

伪造货币并出售或者运输伪造的货币的，依照本法第一百七十条的规定定罪从重处罚。

第一百七十二条　明知是伪造的货币而持有、使用，数额较大的，处三年以下有期徒刑或者拘役，并处或者单处一万元以上十万元以下罚金；数额巨大的，处三年以上十年以下有期徒刑，并处二万元以上二十万元以下罚金；数额特别巨大的，处十年以上有期徒刑，并处五万元以上五十万元以下罚金或者没收财产。

第一百七十三条 变造货币，数额较大的，处三年以下有期徒刑或者拘役，并处或者单处一万元以上十万元以下罚金；数额巨大的，处三年以上十年以下有期徒刑，并处二万元以上二十万元以下罚金。

第一百七十四条 未经国家有关主管部门批准，擅自设立商业银行、证券交易所、期货交易所、证券公司、期货经纪公司、保险公司或者其他金融机构的，处三年以下有期徒刑或者拘役，并处或者单处二万元以上二十万元以下罚金；情节严重的，处三年以上十年以下有期徒刑，并处五万元以上五十万元以下罚金。

伪造、变造、转让商业银行、证券交易所、期货交易所、证券公司、期货经纪公司、保险公司或者其他金融机构的经营许可证或者批准文件的，依照前款的规定处罚。

单位犯前两款罪的，对单位判处罚金，并对其直接负责的主管人员和其他直接责任人员，依照第一款的规定处罚。

第一百七十五条 以转贷牟利为目的，套取金融机构信贷资金高利转贷他人，违法所得数额较大的，处三年以下有期徒刑或者拘役，并处违法所得一倍以上五倍以下罚金；数额巨大的，处三年以上七年以下有期徒刑，并处违法所得一倍以上五倍以下罚金。

单位犯前款罪的，对单位判处罚金，并对其直接负责的主管人员和其他直接责任人员，处三年以下有期徒刑或者拘役。

第一百七十五条之一 以欺骗手段取得银行或者其他金融机构贷款、票据承兑、信用证、保函等，给银行或者其他金融机构造成重大损失的，处三年以下有期徒刑或者拘役，并处或者单处罚金；给银行或者其他金融机构造成特别重大损失或者有其他特别严重情节的，处三年以上七年以下有期徒刑，并处罚金。

单位犯前款罪的，对单位判处罚金，并对其直接负责的主管人员和其他直接责任人员，依照前款的规定处罚。

第一百七十六条 非法吸收公众存款或者变相吸收公众存款，扰乱金融秩序的，处三年以下有期徒刑或者拘役，并处或者单处罚金；数额巨大或者有其他严重情节的，处三年以上十年以下有期徒刑，并处罚金；数额特别巨大或者有其他特别严重情节的，处十年以上有期徒刑，并处罚金。

单位犯前款罪的，对单位判处罚金，并对其直接负责的主管人员和其他直接责任人员，依照前款的规定处罚。

有前两款行为，在提起公诉前积极退赃退赔，减少损害结果发生的，可以从轻或者减轻处罚。

第一百七十七条 有下列情形之一，伪造、变造金融票证的，处五年以下有期徒刑或者拘役，并处或者单处二万元以上二十万元以下罚金；情节严重的，处五年以上十年以下有期徒刑，并处五万元以上五十万元以下罚金；情节特别严重的，处十年以上有期徒刑或者无期徒刑，并处五万元以上五十万元以下罚金或者没收财产：

（一）伪造、变造汇票、本票、支票的；

（二）伪造、变造委托收款凭证、汇款凭证、银行存单等其他银行结算凭证的；

（三）伪造、变造信用证或者附随的单据、文件的；

（四）伪造信用卡的。

单位犯前款罪的，对单位判处罚金，并对其直接负责的主管人员和其他直接责任人员，依照前款的规定处罚。

第一百七十七条之一 有下列情形之一，妨害信用卡管理的，处三年以下有期徒刑或者拘役，并处或者单处一万元以上十万元以下罚金；数量巨大或者有其他严重情节的，处三年以上十年以下有期徒刑，并处二万元以上二十万元以下罚金：

（一）明知是伪造的信用卡而持有、运输的，或者明知是伪造的空白信用卡而持有、运输，数量较大的；

（二）非法持有他人信用卡，数量较大的；

（三）使用虚假的身份证明骗领信用卡的；

（四）出售、购买、为他人提供伪造的信用卡或者以虚假的身份证明骗领的信用卡的。

窃取、收买或者非法提供他人信用卡信息资料的，依照前款规定处罚。

银行或者其他金融机构的工作人员利用职务上的便利，犯第二款罪的，从重处罚。

第一百七十八条 伪造、变造国库券或者国家发行的其他有价证券，数额较大的，处三年以下有期徒刑或者拘役，并处或者单处二万元以上二十万元以下罚金；数额巨大的，处三年以上十年以下有期徒刑，并处五万元以上五十万元以下罚金；数额特别巨大的，处十年以上有期徒刑或者无期徒刑，并处五万元以上五十万元以下罚金或者没收财产。

伪造、变造股票或者公司、企业债券，数额较大的，处三年以下有期徒刑或者拘役，并处或者单处一万元以上十万元以下罚金；数额巨大的，处三年以上十年以下有期徒刑，并处二万元以上二十万元以下罚金。

单位犯前两款罪的，对单位判处罚金，并对其直接负责的主管人员和其他直接责任人员，依照前两款的规定处罚。

第一百七十九条 未经国家有关主管部门批准，擅自发行股票或者公司、企业债券，数额巨大、后果严重或者有其他严重情节的，处五年以下有期徒刑或者拘役，并处或者单处非法募集资金金额百分之一以上百分之五以下罚金。

单位犯前款罪的，对单位判处罚金，并对其直接负责的主管人员和其他直接责任人员，处五年以下有期徒刑或者拘役。

第一百八十条 证券、期货交易内幕信息的知情人员或者非法获取证券、期货交易内幕信息的人员，在涉及证券的发行，证券、期货交易或者其他对证券、期货交易价格有重大影响的信息尚未公开前，买入或者卖出该证券，或者从事与该内幕信息有关的期货交易，或者泄露该信息，或者明示、暗示他人从事上述交易活动，情节严重的，处五年以下有期徒刑或者拘役，并处或者单处违法所得一倍以上五倍以下罚金；情节特别严重的，处五年以上十年以下有期徒刑，并处违法所得一倍以上五倍以下罚金。

单位犯前款罪的，对单位判处罚金，并对其直接负责的主管人员和其他直接责任人员，处五年以下有期徒刑或者拘役。

内幕信息、知情人员的范围，依照法律、行政法规的规定确定。

证券交易所、期货交易所、证券公司、期货经纪公司、基金管理公司、商业银行、保险公司等金融机构的从业人员以及有关监管部门或者行业协会的工作人员，利用因职务便利获取的内幕信息以外的其他未公开的信息，违反规定，从事与该信息相关的证券、期货交易活动，或者明示、暗示他人从事相关交易活动，情节严重的，依照第一款的规定处罚。

第一百八十一条 编造并且传播影响证券、期货交易的虚假信息，扰乱证券、期货交易市场，造成严重后果的，处五年以下有期徒刑或者拘役，并处或者单处一万元以上十万元以下罚金。

证券交易所、期货交易所、证券公司、期货经纪公司的从业人员，证券业协会、期货业协会或者证券期货监督管理部门的工作人员，故意提供虚假信息或者伪造、变造、销毁交易记录，诱骗投资者买卖证券、期货合约，造成严重后果的，处五年以下有期徒刑或者拘役，并处或者单处一万元以上十万元以下罚金；情节特别恶劣的，处五年以上十年以下有期徒刑，并处二万元以上二十万元以下罚金。

单位犯前两款罪的，对单位判处罚金，并对其直接负责的主管人员和其他直接责任人员，处五年以下有期徒刑或者拘役。

第一百八十二条 有下列情形之一，操纵证券、期货市场，影响证券、期货交易价格或者证券、期货交易量，情节严重的，处五年以下有期徒刑或者拘役，并处或者单处罚金；情节特别严重的，处五年以上十年以下有期徒刑，并处罚金：

（一）单独或者合谋，集中资金优势、持股或者持仓优势或者利用信息优势联合或者连续买卖的；

（二）与他人串通，以事先约定的时间、价格和方式相互进行证券、期货交易的；

（三）在自己实际控制的帐户之间进行证券交易，或者以自己为交易对象，自买自卖期货合约的；

（四）不以成交为目的，频繁或者大量申报买入、卖出证券、期货合约并撤销申报的；

（五）利用虚假或者不确定的重大信息，诱导投资者进行证券、期货交易的；

（六）对证券、证券发行人、期货交易标的公开作出评价、预测或者投资建议，同时进行反向证券交易或者相关期货交易的；

（七）以其他方法操纵证券、期货市场的。

单位犯前款罪的，对单位判处罚金，并对其直接负责的主管人员和其他直接责任人员，依照前款的规定处罚。

第一百八十三条 保险公司的工作人员利用职务上的便利，故意编造未曾发生的保险事故进行虚假理赔，骗取保险金归自己所有的，依照本法第二百七十一条的规定定罪处罚。

国有保险公司工作人员和国有保险公司委派到非国有保险公司从事公务

的人员有前款行为的，依照本法第三百八十二条、第三百八十三条的规定定罪处罚。

第一百八十四条 银行或者其他金融机构的工作人员在金融业务活动中索取他人财物或者非法收受他人财物，为他人谋取利益的，或者违反国家规定，收受各种名义的回扣、手续费，归个人所有的，依照本法第一百六十三条的规定定罪处罚。

国有金融机构工作人员和国有金融机构委派到非国有金融机构从事公务的人员有前款行为的，依照本法第三百八十五条、第三百八十六条的规定定罪处罚。

第一百八十五条 商业银行、证券交易所、期货交易所、证券公司、期货经纪公司、保险公司或者其他金融机构的工作人员利用职务上的便利，挪用本单位或者客户资金的，依照本法第二百七十二条的规定定罪处罚。

国有商业银行、证券交易所、期货交易所、证券公司、期货经纪公司、保险公司或者其他国有金融机构的工作人员和国有商业银行、证券交易所、期货交易所、证券公司、期货经纪公司、保险公司或者其他国有金融机构委派到前款规定中的非国有机构从事公务的人员有前款行为的，依照本法第三百八十四条的规定定罪处罚。

第一百八十五条之一 商业银行、证券交易所、期货交易所、证券公司、期货经纪公司、保险公司或者其他金融机构，违背受托义务，擅自运用客户资金或者其他委托、信托的财产，情节严重的，对单位判处罚金，并对其直接负责的主管人员和其他直接责任人员，处三年以下有期徒刑或者拘役，并处三万元以上三十万元以下罚金；情节特别严重的，处三年以上十年以下有期徒刑，并处五万元以上五十万元以下罚金。

社会保障基金管理机构、住房公积金管理机构等公众资金管理机构，以及保险公司、保险资产管理公司、证券投资基金管理公司，违反国家规定运用资金的，对其直接负责的主管人员和其他直接责任人员，依照前款的规定处罚。

第一百八十六条 银行或者其他金融机构的工作人员违反国家规定发放贷款，数额巨大或者造成重大损失的，处五年以下有期徒刑或者拘役，并处一万元以上十万元以下罚金；数额特别巨大或者造成特别重大损失的，处五年以上有期徒刑，并处二万元以上二十万元以下罚金。

银行或者其他金融机构的工作人员违反国家规定，向关系人发放贷款的，依照前款的规定从重处罚。

单位犯前两款罪的，对单位判处罚金，并对其直接负责的主管人员和其他直接责任人员，依照前两款的规定处罚。

关系人的范围，依照《中华人民共和国商业银行法》和有关金融法规确定。

第一百八十七条 银行或者其他金融机构的工作人员吸收客户资金不入帐，数额巨大或者造成重大损失的，处五年以下有期徒刑或者拘役，并处二万元以上二十万元以下罚金；数额特别巨大或者造成特别重大损失的，处五年以上有期徒刑，并处五万元以上五十万元以下罚金。

单位犯前款罪的，对单位判处罚金，并对其直接负责的主管人员和其他直接责任人员，依照前款的规定处罚。

第一百八十八条 银行或者其他金融机构的工作人员违反规定，为他人出具信用证或者其他保函、票据、存单、资信证明，情节严重的，处五年以下有期徒刑或者拘役；情节特别严重的，处五年以上有期徒刑。

单位犯前款罪的，对单位判处罚金，并对其直接负责的主管人员和其他直接责任人员，依照前款的规定处罚。

第一百八十九条 银行或者其他金融机构的工作人员在票据业务中，对违反票据法规定的票据予以承兑、付款或者保证，造成重大损失的，处五年以下有期徒刑或者拘役；造成特别重大损失的，处五年以上有期徒刑。

单位犯前款罪的，对单位判处罚金，并对其直接负责的主管人员和其他直接责任人员，依照前款的规定处罚。

第一百九十条 公司、企业或者其他单位，违反国家规定，擅自将外汇存放境外，或者将境内的外汇非法转移到境外，数额较大的，对单位判处逃汇数额百分之五以上百分之三十以下罚金，并对其直接负责的主管人员和其他直接责任人员，处五年以下有期徒刑或者拘役；数额巨大或者有其他严重情节的，对单位判处逃汇数额百分之五以上百分之三十以下罚金，并对其直接负责的主管人员和其他直接责任人员，处五年以上有期徒刑。

第一百九十一条 为掩饰、隐瞒毒品犯罪、黑社会性质的组织犯罪、恐怖活动犯罪、走私犯罪、贪污贿赂犯罪、破坏金融管理秩序犯罪、金融诈骗犯罪的所得及其产生的收益的来源和性质，有下列行为之一的，没收实施以上犯罪的所得及其产生的收益，处五年以下有期徒刑或者拘役，并处或者单处罚金；情节严重的，处五年以上十年以下有期徒刑，并处罚金：

（一）提供资金帐户的；

（二）将财产转换为现金、金融票据、有价证券的；

（三）通过转帐或者其他支付结算方式转移资金的；

（四）跨境转移资产的；

（五）以其他方法掩饰、隐瞒犯罪所得及其收益的来源和性质的。

单位犯前款罪的，对单位判处罚金，并对其直接负责的主管人员和其他直接责任人员，依照前款的规定处罚。

第五节　金融诈骗罪

第一百九十二条　以非法占有为目的，使用诈骗方法非法集资，数额较大的，处三年以上七年以下有期徒刑，并处罚金；数额巨大或者有其他严重情节的，处七年以上有期徒刑或者无期徒刑，并处罚金或者没收财产。

单位犯前款罪的，对单位判处罚金，并对其直接负责的主管人员和其他直接责任人员，依照前款的规定处罚。

第一百九十三条　有下列情形之一，以非法占有为目的，诈骗银行或者其他金融机构的贷款，数额较大的，处五年以下有期徒刑或者拘役，并处二万元以上二十万元以下罚金；数额巨大或者有其他严重情节的，处五年以上十年以下有期徒刑，并处五万元以上五十万元以下罚金；数额特别巨大或者有其他特别严重情节的，处十年以上有期徒刑或者无期徒刑，并处五万元以上五十万元以下罚金或者没收财产：

（一）编造引进资金、项目等虚假理由的；

（二）使用虚假的经济合同的；

（三）使用虚假的证明文件的；

（四）使用虚假的产权证明作担保或者超出抵押物价值重复担保的；

（五）以其他方法诈骗贷款的。

第一百九十四条　有下列情形之一，进行金融票据诈骗活动，数额较大的，处五年以下有期徒刑或者拘役，并处二万元以上二十万元以下罚金；数额巨大或者有其他严重情节的，处五年以上十年以下有期徒刑，并处五万元以上五十万元以下罚金；数额特别巨大或者有其他特别严重情节的，处十年以上有期徒刑或者无期徒刑，并处五万元以上五十万元以下罚金或者没收财产：

（一）明知是伪造、变造的汇票、本票、支票而使用的；

（二）明知是作废的汇票、本票、支票而使用的；

（三）冒用他人的汇票、本票、支票的；

（四）签发空头支票或者与其预留印鉴不符的支票，骗取财物的；

（五）汇票、本票的出票人签发无资金保证的汇票、本票或者在出票时作虚假记载，骗取财物的。

使用伪造、变造的委托收款凭证、汇款凭证、银行存单等其他银行结算凭证的，依照前款的规定处罚。

第一百九十五条 有下列情形之一，进行信用证诈骗活动的，处五年以下有期徒刑或者拘役，并处二万元以上二十万元以下罚金；数额巨大或者有其他严重情节的，处五年以上十年以下有期徒刑，并处五万元以上五十万元以下罚金；数额特别巨大或者有其他特别严重情节的，处十年以上有期徒刑或者无期徒刑，并处五万元以上五十万元以下罚金或者没收财产：

（一）使用伪造、变造的信用证或者附随的单据、文件的；

（二）使用作废的信用证的；

（三）骗取信用证的；

（四）以其他方法进行信用证诈骗活动的。

第一百九十六条 有下列情形之一，进行信用卡诈骗活动，数额较大的，处五年以下有期徒刑或者拘役，并处二万元以上二十万元以下罚金；数额巨大或者有其他严重情节的，处五年以上十年以下有期徒刑，并处五万元以上五十万元以下罚金；数额特别巨大或者有其他特别严重情节的，处十年以上有期徒刑或者无期徒刑，并处五万元以上五十万元以下罚金或者没收财产：

（一）使用伪造的信用卡，或者使用以虚假的身份证明骗领的信用卡的；

（二）使用作废的信用卡的；

（三）冒用他人信用卡的；

（四）恶意透支的。

前款所称恶意透支，是指持卡人以非法占有为目的，超过规定限额或者规定期限透支，并且经发卡银行催收后仍不归还的行为。

盗窃信用卡并使用的，依照本法第二百六十四条的规定定罪处罚。

第一百九十七条 使用伪造、变造的国库券或者国家发行的其他有价证券，进行诈骗活动，数额较大的，处五年以下有期徒刑或者拘役，并处二万元以上二十万元以下罚金；数额巨大或者有其他严重情节的，处五年以上十年以下有期徒刑，并处五万元以上五十万元以下罚金；数额特别巨大或者有其他特别严重情节的，处十年以上有期徒刑或者无期徒刑，并处五万元以上五十万元以下罚金或者没收财产。

第一百九十八条 有下列情形之一，进行保险诈骗活动，数额较大的，处五年以下有期徒刑或者拘役，并处一万元以上十万元以下罚金；数额巨大或者有其他严重情节的，处五年以上十年以下有期徒刑，并处二万元以上二十万元以下罚金；数额特别巨大或者有其他特别严重情节的，处十年以上有期徒刑，并处二万元以上二十万元以下罚金或者没收财产：

（一）投保人故意虚构保险标的，骗取保险金的；

（二）投保人、被保险人或者受益人对发生的保险事故编造虚假的原因或者夸大损失的程度，骗取保险金的；

（三）投保人、被保险人或者受益人编造未曾发生的保险事故，骗取保险金的；

（四）投保人、被保险人故意造成财产损失的保险事故，骗取保险金的；

（五）投保人、受益人故意造成被保险人死亡、伤残或者疾病，骗取保险金的。

有前款第四项、第五项所列行为，同时构成其他犯罪的，依照数罪并罚的规定处罚。

单位犯第一款罪的，对单位判处罚金，并对其直接负责的主管人员和其他直接责任人员，处五年以下有期徒刑或者拘役；数额巨大或者有其他严重情节的，处五年以上十年以下有期徒刑；数额特别巨大或者有其他特别严重情节的，处十年以上有期徒刑。

保险事故的鉴定人、证明人、财产评估人故意提供虚假的证明文件，为他人诈骗提供条件的，以保险诈骗的共犯论处。

第一百九十九条 （删去）

第二百条 单位犯本节第一百九十四条、第一百九十五条规定之罪的，对单位判处罚金，并对其直接负责的主管人员和其他直接责任人员，处五年以下有期徒刑或者拘役，可以并处罚金；数额巨大或者有其他严重情节的，处五年以上十年以下有期徒刑，并处罚金；数额特别巨大或者有其他特别严重情节的，处十年以上有期徒刑或者无期徒刑，并处罚金。

第六节 危害税收征管罪

第二百零一条 纳税人采取欺骗、隐瞒手段进行虚假纳税申报或者不申报，逃避缴纳税款数额较大并且占应纳税额百分之十以上的，处三年以下有期徒刑或者拘役，并处罚金；数额巨大并且占应纳税额百分之三十以上的，处三年以上七年以下有期徒刑，并处罚金。

扣缴义务人采取前款所列手段，不缴或者少缴已扣、已收税款，数额较大的，依照前款的规定处罚。

对多次实施前两款行为，未经处理的，按照累计数额计算。

有第一款行为，经税务机关依法下达追缴通知后，补缴应纳税款，缴纳滞纳金，已受行政处罚的，不予追究刑事责任；但是，五年内因逃避缴纳税款受过刑事处罚或者被税务机关给予二次以上行政处罚的除外。

第二百零二条 以暴力、威胁方法拒不缴纳税款的，处三年以下有期徒刑或者拘役，并处拒缴税款一倍以上五倍以下罚金；情节严重的，处三年以上七年以下有期徒刑，并处拒缴税款一倍以上五倍以下罚金。

第二百零三条 纳税人欠缴应纳税款，采取转移或者隐匿财产的手段，致使税务机关无法追缴欠缴的税款，数额在一万元以上不满十万元的，处三年以下有期徒刑或者拘役，并处或者单处欠缴税款一倍以上五倍以下罚金；数额在十万元以上的，处三年以上七年以下有期徒刑，并处欠缴税款一倍以上五倍以下罚金。

第二百零四条 以假报出口或者其他欺骗手段，骗取国家出口退税款，数额较大的，处五年以下有期徒刑或者拘役，并处骗取税款一倍以上五倍以下罚金；数额巨大或者有其他严重情节的，处五年以上十年以下有期徒刑，并处骗取税款一倍以上五倍以下罚金；数额特别巨大或者有其他特别严重情节的，处十年以上有期徒刑或者无期徒刑，并处骗取税款一倍以上五倍以下罚金或者没收财产。

纳税人缴纳税款后，采取前款规定的欺骗方法，骗取所缴纳的税款的，依照本法第二百零一条的规定定罪处罚；骗取税款超过所缴纳的税款部分，依照前款的规定处罚。

第二百零五条 虚开增值税专用发票或者虚开用于骗取出口退税、抵扣税款的其他发票的，处三年以下有期徒刑或者拘役，并处二万元以上二十万元以下罚金；虚开的税款数额较大或者有其他严重情节的，处三年以上十年以下有期徒刑，并处五万元以上五十万元以下罚金；虚开的税款数额巨大或者有其他特别严重情节的，处十年以上有期徒刑或者无期徒刑，并处五万元以上五十万元以下罚金或者没收财产。

单位犯本条规定之罪的，对单位判处罚金，并对其直接负责的主管人员和其他直接责任人员，处三年以下有期徒刑或者拘役；虚开的税款数额较大或者有其他严重情节的，处三年以上十年以下有期徒刑；虚开的税款数额巨大或者有其他特别严重情节的，处十年以上有期徒刑或者无期徒刑。

虚开增值税专用发票或者虚开用于骗取出口退税、抵扣税款的其他发票，是指有为他人虚开、为自己虚开、让他人为自己虚开、介绍他人虚开行为之一的。

第二百零五条之一 虚开本法第二百零五条规定以外的其他发票，情节严重的，处二年以下有期徒刑、拘役或者管制，并处罚金；情节特别严重的，处二年以上七年以下有期徒刑，并处罚金。

单位犯前款罪的，对单位判处罚金，并对其直接负责的主管人员和其他直接责任人员，依照前款的规定处罚。

第二百零六条 伪造或者出售伪造的增值税专用发票的，处三年以下有期徒刑、拘役或者管制，并处二万元以上二十万元以下罚金；数量较大或者有其他严重情节的，处三年以上十年以下有期徒刑，并处五万元以上五十万元以下罚金；数量巨大或者有其他特别严重情节的，处十年以上有期徒刑或者无期徒刑，并处五万元以上五十万元以下罚金或者没收财产。

单位犯本条规定之罪的，对单位判处罚金，并对其直接负责的主管人员和其他直接责任人员，处三年以下有期徒刑、拘役或者管制；数量较大或者有其他严重情节的，处三年以上十年以下有期徒刑；数量巨大或者有其他特别严重情节的，处十年以上有期徒刑或者无期徒刑。

第二百零七条 非法出售增值税专用发票的，处三年以下有期徒刑、拘役或者管制，并处二万元以上二十万元以下罚金；数量较大的，处三年以上十年以下有期徒刑，并处五万元以上五十万元以下罚金；数量巨大的，处十年以上有期徒刑或者无期徒刑，并处五万元以上五十万元以下罚金或者没收财产。

第二百零八条 非法购买增值税专用发票或者购买伪造的增值税专用发票的，处五年以下有期徒刑或者拘役，并处或者单处二万元以上二十万元以下罚金。

非法购买增值税专用发票或者购买伪造的增值税专用发票又虚开或者出售的，分别依照本法第二百零五条、第二百零六条、第二百零七条的规定定罪处罚。

第二百零九条 伪造、擅自制造或者出售伪造、擅自制造的可以用于骗取出口退税、抵扣税款的其他发票的，处三年以下有期徒刑、拘役或者管制，并处二万元以上二十万元以下罚金；数量巨大的，处三年以上七年以下有期徒刑，并处五万元以上五十万元以下罚金；数量特别巨大的，处七年以上有期徒刑，并处五万元以上五十万元以下罚金或者没收财产。

伪造、擅自制造或者出售伪造、擅自制造的前款规定以外的其他发票的，处二年以下有期徒刑、拘役或者管制，并处或者单处一万元以上五万元以下罚金；情节严重的，处二年以上七年以下有期徒刑，并处五万元以上五十万元以下罚金。

非法出售可以用于骗取出口退税、抵扣税款的其他发票的，依照第一款的规定处罚。

非法出售第三款规定以外的其他发票的，依照第二款的规定处罚。

第二百一十条 盗窃增值税专用发票或者可以用于骗取出口退税、抵扣税款的其他发票的，依照本法第二百六十四条的规定定罪处罚。

使用欺骗手段骗取增值税专用发票或者可以用于骗取出口退税、抵扣税款的其他发票的，依照本法第二百六十六条的规定定罪处罚。

第二百一十条之一 明知是伪造的发票而持有，数量较大的，处二年以下有期徒刑、拘役或者管制，并处罚金；数量巨大的，处二年以上七年以下有期徒刑，并处罚金。

单位犯前款罪的，对单位判处罚金，并对其直接负责的主管人员和其他直接责任人员，依照前款的规定处罚。

第二百一十一条 单位犯本节第二百零一条、第二百零三条、第二百零四条、第二百零七条、第二百零八条、第二百零九条规定之罪的，对单位判处罚金，并对其直接负责的主管人员和其他直接责任人员，依照各该条的规定处罚。

第二百一十二条 犯本节第二百零一条至第二百零五条规定之罪，被判处罚金、没收财产的，在执行前，应当先由税务机关追缴税款和所骗取的出口退税款。

第七节 侵犯知识产权罪

第二百一十三条 未经注册商标所有人许可，在同一种商品、服务上使用与其注册商标相同的商标，情节严重的，处三年以下有期徒刑，并处或者单处罚金；情节特别严重的，处三年以上十年以下有期徒刑，并处罚金。

第二百一十四条 销售明知是假冒注册商标的商品，违法所得数额较大或者有其他严重情节的，处三年以下有期徒刑，并处或者单处罚金；违法所得数额巨大或者有其他特别严重情节的，处三年以上十年以下有期徒刑，并处罚金。

第二百一十五条 伪造、擅自制造他人注册商标标识或者销售伪造、擅自制造的注册商标标识，情节严重的，处三年以下有期徒刑，并处或者单处罚金；情节特别严重的，处三年以上十年以下有期徒刑，并处罚金。

第二百一十六条 假冒他人专利，情节严重的，处三年以下有期徒刑或者拘役，并处或者单处罚金。

第二百一十七条 以营利为目的，有下列侵犯著作权或者与著作权有关的权利的情形之一，违法所得数额较大或者有其他严重情节的，处三年以下有期徒刑，并处或者单处罚金；违法所得数额巨大或者有其他特别严重情节的，处三年以上十年以下有期徒刑，并处罚金：

（一）未经著作权人许可，复制发行、通过信息网络向公众传播其文字作品、音乐、美术、视听作品、计算机软件及法律、行政法规规定的其他作品的；

（二）出版他人享有专有出版权的图书的；

（三）未经录音录像制作者许可，复制发行、通过信息网络向公众传播其制作的录音录像的；

（四）未经表演者许可，复制发行录有其表演的录音录像制品，或者通过信息网络向公众传播其表演的；

（五）制作、出售假冒他人署名的美术作品的；

（六）未经著作权人或者与著作权有关的权利人许可，故意避开或者破坏权利人为其作品、录音录像制品等采取的保护著作权或者与著作权有关的权利的技术措施的。

第二百一十八条 以营利为目的，销售明知是本法第二百一十七条规定的侵权复制品，违法所得数额巨大或者有其他严重情节的，处五年以下有期徒刑，并处或者单处罚金。

第二百一十九条 有下列侵犯商业秘密行为之一，情节严重的，处三年以下有期徒刑，并处或者单处罚金；情节特别严重的，处三年以上十年以下有期徒刑，并处罚金：

（一）以盗窃、贿赂、欺诈、胁迫、电子侵入或者其他不正当手段获取权利人的商业秘密的；

（二）披露、使用或者允许他人使用以前项手段获取的权利人的商业秘密的；

（三）违反保密义务或者违反权利人有关保守商业秘密的要求，披露、使用或者允许他人使用其所掌握的商业秘密的。

明知前款所列行为，获取、披露、使用或者允许他人使用该商业秘密的，以侵犯商业秘密论。

本条所称权利人，是指商业秘密的所有人和经商业秘密所有人许可的商业秘密使用人。

第二百一十九条之一 为境外的机构、组织、人员窃取、刺探、收买、非法提供商业秘密的，处五年以下有期徒刑，并处或者单处罚金；情节严重的，处五年以上有期徒刑，并处罚金。

第二百二十条 单位犯本节第二百一十三条至第二百一十九条之一规定之罪的，对单位判处罚金，并对其直接负责的主管人员和其他直接责任人员，依照本节各该条的规定处罚。

第八节 扰乱市场秩序罪

第二百二十一条 捏造并散布虚伪事实，损害他人的商业信誉、商品声誉，给他人造成重大损失或者有其他严重情节的，处二年以下有期徒刑或者拘役，并处或者单处罚金。

第二百二十二条 广告主、广告经营者、广告发布者违反国家规定，利用广告对商品或者服务作虚假宣传，情节严重的，处二年以下有期徒刑或者拘役，并处或者单处罚金。

第二百二十三条 投标人相互串通投标报价，损害招标人或者其他投标人利益，情节严重的，处三年以下有期徒刑或者拘役，并处或者单处罚金。

投标人与招标人串通投标，损害国家、集体、公民的合法利益的，依照前款的规定处罚。

第二百二十四条 有下列情形之一，以非法占有为目的，在签订、履行合同过程中，骗取对方当事人财物，数额较大的，处三年以下有期徒刑或者拘役，并处或者单处罚金；数额巨大或者有其他严重情节的，处三年以上十年以下有期徒刑，并处罚金；数额特别巨大或者有其他特别严重情节的，处十年以上有期徒刑或者无期徒刑，并处罚金或者没收财产：

（一）以虚构的单位或者冒用他人名义签订合同的；

（二）以伪造、变造、作废的票据或者其他虚假的产权证明作担保的；

（三）没有实际履行能力，以先履行小额合同或者部分履行合同的方法，诱骗对方当事人继续签订和履行合同的；

（四）收受对方当事人给付的货物、货款、预付款或者担保财产后逃匿的；

（五）以其他方法骗取对方当事人财物的。

第二百二十四条之一　组织、领导以推销商品、提供服务等经营活动为名，要求参加者以缴纳费用或者购买商品、服务等方式获得加入资格，并按照一定顺序组成层级，直接或者间接以发展人员的数量作为计酬或者返利依据，引诱、胁迫参加者继续发展他人参加，骗取财物，扰乱经济社会秩序的传销活动的，处五年以下有期徒刑或者拘役，并处罚金；情节严重的，处五年以上有期徒刑，并处罚金。

第二百二十五条　违反国家规定，有下列非法经营行为之一，扰乱市场秩序，情节严重的，处五年以下有期徒刑或者拘役，并处或者单处违法所得一倍以上五倍以下罚金；情节特别严重的，处五年以上有期徒刑，并处违法所得一倍以上五倍以下罚金或者没收财产：

（一）未经许可经营法律、行政法规规定的专营、专卖物品或者其他限制买卖的物品的；

（二）买卖进出口许可证、进出口原产地证明以及其他法律、行政法规规定的经营许可证或者批准文件的；

（三）未经国家有关主管部门批准非法经营证券、期货、保险业务的，或者非法从事资金支付结算业务的；

（四）其他严重扰乱市场秩序的非法经营行为。

第二百二十六条　以暴力、威胁手段，实施下列行为之一，情节严重的，处三年以下有期徒刑或者拘役，并处或者单处罚金；情节特别严重的，处三年以上七年以下有期徒刑，并处罚金：

（一）强买强卖商品的；

（二）强迫他人提供或者接受服务的；

（三）强迫他人参与或者退出投标、拍卖的；

（四）强迫他人转让或者收购公司、企业的股份、债券或者其他资产的；

（五）强迫他人参与或者退出特定的经营活动的。

第二百二十七条 伪造或者倒卖伪造的车票、船票、邮票或者其他有价票证，数额较大的，处二年以下有期徒刑、拘役或者管制，并处或者单处票证价额一倍以上五倍以下罚金；数额巨大的，处二年以上七年以下有期徒刑，并处票证价额一倍以上五倍以下罚金。

倒卖车票、船票，情节严重的，处三年以下有期徒刑、拘役或者管制，并处或者单处票证价额一倍以上五倍以下罚金。

第二百二十八条 以牟利为目的，违反土地管理法规，非法转让、倒卖土地使用权，情节严重的，处三年以下有期徒刑或者拘役，并处或者单处非法转让、倒卖土地使用权价额百分之五以上百分之二十以下罚金；情节特别严重的，处三年以上七年以下有期徒刑，并处非法转让、倒卖土地使用权价额百分之五以上百分之二十以下罚金。

第二百二十九条 承担资产评估、验资、验证、会计、审计、法律服务、保荐、安全评价、环境影响评价、环境监测等职责的中介组织的人员故意提供虚假证明文件，情节严重的，处五年以下有期徒刑或者拘役，并处罚金；有下列情形之一的，处五年以上十年以下有期徒刑，并处罚金：

（一）提供与证券发行相关的虚假的资产评估、会计、审计、法律服务、保荐等证明文件，情节特别严重的；

（二）提供与重大资产交易相关的虚假的资产评估、会计、审计等证明文件，情节特别严重的；

（三）在涉及公共安全的重大工程、项目中提供虚假的安全评价、环境影响评价等证明文件，致使公共财产、国家和人民利益遭受特别重大损失的。

有前款行为，同时索取他人财物或者非法收受他人财物构成犯罪的，依照处罚较重的规定定罪处罚。

第一款规定的人员，严重不负责任，出具的证明文件有重大失实，造成严重后果的，处三年以下有期徒刑或者拘役，并处或者单处罚金。

第二百三十条 违反进出口商品检验法的规定，逃避商品检验，将必须经商检机构检验的进口商品未报经检验而擅自销售、使用，或者将必须经商检机构检验的出口商品未报经检验合格而擅自出口，情节严重的，处三年以下有期徒刑或者拘役，并处或者单处罚金。

第二百三十一条 单位犯本节第二百二十一条至第二百三十条规定之罪

的，对单位判处罚金，并对其直接负责的主管人员和其他直接责任人员，依照本节各该条的规定处罚。

……

第五章　侵犯财产罪

第二百六十三条　以暴力、胁迫或者其他方法抢劫公私财物的，处三年以上十年以下有期徒刑，并处罚金；有下列情形之一的，处十年以上有期徒刑、无期徒刑或者死刑，并处罚金或者没收财产：

（一）入户抢劫的；

（二）在公共交通工具上抢劫的；

（三）抢劫银行或者其他金融机构的；

（四）多次抢劫或者抢劫数额巨大的；

（五）抢劫致人重伤、死亡的；

（六）冒充军警人员抢劫的；

（七）持枪抢劫的；

（八）抢劫军用物资或者抢险、救灾、救济物资的。

第二百六十四条　盗窃公私财物，数额较大的，或者多次盗窃、入户盗窃、携带凶器盗窃、扒窃的，处三年以下有期徒刑、拘役或者管制，并处或者单处罚金；数额巨大或者有其他严重情节的，处三年以上十年以下有期徒刑，并处罚金；数额特别巨大或者有其他特别严重情节的，处十年以上有期徒刑或者无期徒刑，并处罚金或者没收财产。

第二百六十五条　以牟利为目的，盗接他人通信线路、复制他人电信码号或者明知是盗接、复制的电信设备、设施而使用的，依照本法第二百六十四条的规定定罪处罚。

第二百六十六条　诈骗公私财物，数额较大的，处三年以下有期徒刑、拘役或者管制，并处或者单处罚金；数额巨大或者有其他严重情节的，处三年以上十年以下有期徒刑，并处罚金；数额特别巨大或者有其他特别严重情节的，处十年以上有期徒刑或者无期徒刑，并处罚金或者没收财产。本法另有规定的，依照规定。

第二百六十七条　抢夺公私财物，数额较大的，或者多次抢夺的，处三年以下有期徒刑、拘役或者管制，并处或者单处罚金；数额巨大或者有其他严重情节的，处三年以上十年以下有期徒刑，并处罚金；数额特别巨大或者有其他特别严重情节的，处十年以上有期徒刑或者无期徒刑，并处罚金或者没收财产。

携带凶器抢夺的，依照本法第二百六十三条的规定定罪处罚。

第二百六十八条 聚众哄抢公私财物，数额较大或者有其他严重情节的，对首要分子和积极参加的，处三年以下有期徒刑、拘役或者管制，并处罚金；数额巨大或者有其他特别严重情节的，处三年以上十年以下有期徒刑，并处罚金。

第二百六十九条 犯盗窃、诈骗、抢夺罪，为窝藏赃物、抗拒抓捕或者毁灭罪证而当场使用暴力或者以暴力相威胁的，依照本法第二百六十三条的规定定罪处罚。

第二百七十条 将代为保管的他人财物非法占为己有，数额较大，拒不退还的，处二年以下有期徒刑、拘役或者罚金；数额巨大或者有其他严重情节的，处二年以上五年以下有期徒刑，并处罚金。

将他人的遗忘物或者埋藏物非法占为己有，数额较大，拒不交出的，依照前款的规定处罚。

本条罪，告诉的才处理。

第二百七十一条 公司、企业或者其他单位的工作人员，利用职务上的便利，将本单位财物非法占为己有，数额较大的，处三年以下有期徒刑或者拘役，并处罚金；数额巨大的，处三年以上十年以下有期徒刑，并处罚金；数额特别巨大的，处十年以上有期徒刑或者无期徒刑，并处罚金。

国有公司、企业或者其他国有单位中从事公务的人员和国有公司、企业或者其他国有单位委派到非国有公司、企业以及其他单位从事公务的人员有前款行为的，依照本法第三百八十二条、第三百八十三条的规定定罪处罚。

第二百七十二条 公司、企业或者其他单位的工作人员，利用职务上的便利，挪用本单位资金归个人使用或者借贷给他人，数额较大、超过三个月未还的，或者虽未超过三个月，但数额较大、进行营利活动的，或者进行非法活动的，处三年以下有期徒刑或者拘役；挪用本单位资金数额巨大的，处三年以上七年以下有期徒刑；数额特别巨大的，处七年以上有期徒刑。

国有公司、企业或者其他国有单位中从事公务的人员和国有公司、企业或者其他国有单位委派到非国有公司、企业以及其他单位从事公务的人员有前款行为的，依照本法第三百八十四条的规定定罪处罚。

有第一款行为，在提起公诉前将挪用的资金退还的，可以从轻或者减轻处罚。其中，犯罪较轻的，可以减轻或者免除处罚。

第二百七十三条 挪用用于救灾、抢险、防汛、优抚、扶贫、移民、救济款物，情节严重，致使国家和人民群众利益遭受重大损害的，对直接责任人员，处三年以下有期徒刑或者拘役；情节特别严重的，处三年以上七年以下有期徒刑。

第二百七十四条 敲诈勒索公私财物，数额较大或者多次敲诈勒索的，处三年以下有期徒刑、拘役或者管制，并处或者单处罚金；数额巨大或者有其他严重情节的，处三年以上十年以下有期徒刑，并处罚金；数额特别巨大或者有其他特别严重情节的，处十年以上有期徒刑，并处罚金。

第二百七十五条 故意毁坏公私财物，数额较大或者有其他严重情节的，处三年以下有期徒刑、拘役或者罚金；数额巨大或者有其他特别严重情节的，处三年以上七年以下有期徒刑。

第二百七十六条 由于泄愤报复或者其他个人目的，毁坏机器设备、残害耕畜或者以其他方法破坏生产经营的，处三年以下有期徒刑、拘役或者管制；情节严重的，处三年以上七年以下有期徒刑。

第二百七十六条之一 以转移财产、逃匿等方法逃避支付劳动者的劳动报酬或者有能力支付而不支付劳动者的劳动报酬，数额较大，经政府有关部门责令支付仍不支付的，处三年以下有期徒刑或者拘役，并处或者单处罚金；造成严重后果的，处三年以上七年以下有期徒刑，并处罚金。

单位犯前款罪的，对单位判处罚金，并对其直接负责的主管人员和其他直接责任人员，依照前款的规定处罚。

有前两款行为，尚未造成严重后果，在提起公诉前支付劳动者的劳动报酬，并依法承担相应赔偿责任的，可以减轻或者免除处罚。

……

第八章　贪污贿赂罪

第三百八十二条 国家工作人员利用职务上的便利，侵吞、窃取、骗取或者以其他手段非法占有公共财物的，是贪污罪。

受国家机关、国有公司、企业、事业单位、人民团体委托管理、经营国有财产的人员，利用职务上的便利，侵吞、窃取、骗取或者以其他手段非法占有国有财物的，以贪污论。

与前两款所列人员勾结，伙同贪污的，以共犯论处。

第三百八十三条 对犯贪污罪的，根据情节轻重，分别依照下列规定处罚：

（一）贪污数额较大或者有其他较重情节的，处三年以下有期徒刑或者拘役，并处罚金。

（二）贪污数额巨大或者有其他严重情节的，处三年以上十年以下有期徒刑，并处罚金或者没收财产。

（三）贪污数额特别巨大或者有其他特别严重情节的，处十年以上有期徒刑或者无期徒刑，并处罚金或者没收财产；数额特别巨大，并使国家和人民利益遭受特别重大损失的，处无期徒刑或者死刑，并处没收财产。

对多次贪污未经处理的，按照累计贪污数额处罚。

犯第一款罪，在提起公诉前如实供述自己罪行、真诚悔罪、积极退赃，避免、减少损害结果的发生，有第一项规定情形的，可以从轻、减轻或者免除处罚；有第二项、第三项规定情形的，可以从轻处罚。

犯第一款罪，有第三项规定情形被判处死刑缓期执行的，人民法院根据犯罪情节等情况可以同时决定在其死刑缓期执行二年期满依法减为无期徒刑后，终身监禁，不得减刑、假释。

第三百八十四条 国家工作人员利用职务上的便利，挪用公款归个人使用，进行非法活动的，或者挪用公款数额较大、进行营利活动的，或者挪用公款数额较大、超过三个月未还的，是挪用公款罪，处五年以下有期徒刑或者拘役；情节严重的，处五年以上有期徒刑。挪用公款数额巨大不退还的，处十年以上有期徒刑或者无期徒刑。

挪用用于救灾、抢险、防汛、优抚、扶贫、移民、救济款物归个人使用的，从重处罚。

第三百八十五条 国家工作人员利用职务上的便利，索取他人财物的，或者非法收受他人财物，为他人谋取利益的，是受贿罪。

国家工作人员在经济往来中，违反国家规定，收受各种名义的回扣、手续费，归个人所有的，以受贿论处。

第三百八十六条 对犯受贿罪的，根据受贿所得数额及情节，依照本法第三百八十三条的规定处罚。索贿的从重处罚。

第三百八十七条 国家机关、国有公司、企业、事业单位、人民团体，索取、非法收受他人财物，为他人谋取利益，情节严重的，对单位判处罚金，并对其直接负责的主管人员和其他直接责任人员，处三年以下有期徒刑或者拘役；情节特别严重的，处三年以上十年以下有期徒刑。

前款所列单位，在经济往来中，在帐外暗中收受各种名义的回扣、手续费的，以受贿论，依照前款的规定处罚。

第三百八十八条 国家工作人员利用本人职权或者地位形成的便利条件，通过其他国家工作人员职务上的行为，为请托人谋取不正当利益，索取请托人财物或者收受请托人财物的，以受贿论处。

第三百八十八条之一 国家工作人员的近亲属或者其他与该国家工作人员关系密切的人，通过该国家工作人员职务上的行为，或者利用该国家工作人员职权或者地位形成的便利条件，通过其他国家工作人员职务上的行为，为请托人谋取不正当利益，索取请托人财物或者收受请托人财物，数额较大或者有其他较重情节的，处三年以下有期徒刑或者拘役，并处罚金；数额巨大或者有其他严重情节的，处三年以上七年以下有期徒刑，并处罚金；数额特别巨大或者有其他特别严重情节的，处七年以上有期徒刑，并处罚金或者没收财产。

离职的国家工作人员或者其近亲属以及其他与其关系密切的人，利用该离职的国家工作人员原职权或者地位形成的便利条件实施前款行为的，依照前款的规定定罪处罚。

第三百八十九条 为谋取不正当利益，给予国家工作人员以财物的，是行贿罪。

在经济往来中，违反国家规定，给予国家工作人员以财物，数额较大的，或者违反国家规定，给予国家工作人员以各种名义的回扣、手续费的，以行贿论处。

因被勒索给予国家工作人员以财物，没有获得不正当利益的，不是行贿。

第三百九十条 对犯行贿罪的，处三年以下有期徒刑或者拘役，并处罚金；因行贿谋取不正当利益，情节严重的，或者使国家利益遭受重大损失的，处三年以上十年以下有期徒刑，并处罚金；情节特别严重的，或者使国家利益遭受特别重大损失的，处十年以上有期徒刑或者无期徒刑，并处罚金或者没收财产。

有下列情形之一的，从重处罚：

（一）多次行贿或者向多人行贿的；

（二）国家工作人员行贿的；

（三）在国家重点工程、重大项目中行贿的；

（四）为谋取职务、职级晋升、调整行贿的；

（五）对监察、行政执法、司法工作人员行贿的；

（六）在生态环境、财政金融、安全生产、食品药品、防灾救灾、社会保障、教育、医疗等领域行贿，实施违法犯罪活动的；

（七）将违法所得用于行贿的。

行贿人在被追诉前主动交待行贿行为的，可以从轻或者减轻处罚。其中，犯罪较轻的，对调查突破、侦破重大案件起关键作用的，或者有重大立功表现的，可以减轻或者免除处罚。

第三百九十条之一 为谋取不正当利益，向国家工作人员的近亲属或者其他与该国家工作人员关系密切的人，或者向离职的国家工作人员或者其近亲属以及其他与其关系密切的人行贿的，处三年以下有期徒刑或者拘役，并处罚金；情节严重的，或者使国家利益遭受重大损失的，处三年以上七年以下有期徒刑，并处罚金；情节特别严重的，或者使国家利益遭受特别重大损失的，处七年以上十年以下有期徒刑，并处罚金。

单位犯前款罪的，对单位判处罚金，并对其直接负责的主管人员和其他直接责任人员，处三年以下有期徒刑或者拘役，并处罚金。

第三百九十一条 为谋取不正当利益，给予国家机关、国有公司、企业、事业单位、人民团体以财物的，或者在经济往来中，违反国家规定，给予各种名义的回扣、手续费的，处三年以下有期徒刑或者拘役，并处罚金；情节严重的，处三年以上七年以下有期徒刑，并处罚金。

单位犯前款罪的，对单位判处罚金，并对其直接负责的主管人员和其他直接责任人员，依照前款的规定处罚。

第三百九十二条 向国家工作人员介绍贿赂，情节严重的，处三年以下有期徒刑或者拘役，并处罚金。

介绍贿赂人在被追诉前主动交待介绍贿赂行为的，可以减轻处罚或者免除处罚。

第三百九十三条 单位为谋取不正当利益而行贿，或者违反国家规定，给予国家工作人员以回扣、手续费，情节严重的，对单位判处罚金，并对其直接负责的主管人员和其他直接责任人员，处三年以下有期徒刑或者拘役，并处罚金；情节特别严重的，处三年以上十年以下有期徒刑，并处罚金。因行贿取得的违法所得归个人所有的，依照本法第三百八十九条、第三百九十条的规定定罪处罚。

第三百九十四条 国家工作人员在国内公务活动或者对外交往中接受礼物，依照国家规定应当交公而不交公，数额较大的，依照本法第三百八十二条、第三百八十三条的规定定罪处罚。

第三百九十五条 国家工作人员的财产、支出明显超过合法收入，差额巨大的，可以责令该国家工作人员说明来源，不能说明来源的，差额部分以非法所得论，处五年以下有期徒刑或者拘役；差额特别巨大的，处五年以上十年以下有期徒刑。财产的差额部分予以追缴。

国家工作人员在境外的存款，应当依照国家规定申报。数额较大、隐瞒不报的，处二年以下有期徒刑或者拘役；情节较轻的，由其所在单位或者上级主管机关酌情给予行政处分。

第三百九十六条 国家机关、国有公司、企业、事业单位、人民团体，违反国家规定，以单位名义将国有资产集体私分给个人，数额较大的，对其直接负责的主管人员和其他直接责任人员，处三年以下有期徒刑或者拘役，并处或者单处罚金；数额巨大的，处三年以上七年以下有期徒刑，并处罚金。

司法机关、行政执法机关违反国家规定，将应当上缴国家的罚没财物，以单位名义集体私分给个人的，依照前款的规定处罚。

……

最高人民法院　最高人民检察院关于办理贪污贿赂刑事案件适用法律若干问题的解释

（2016 年 4 月 18 日）

为依法惩治贪污贿赂犯罪活动，根据刑法有关规定，现就办理贪污贿赂刑事案件适用法律的若干问题解释如下：

第一条　贪污或者受贿数额在三万元以上不满二十万元的，应当认定为刑法第三百八十三条第一款规定的“数额较大”，依法判处三年以下有期徒刑或者拘役，并处罚金。

贪污数额在一万元以上不满三万元，具有下列情形之一的，应当认定为刑法第三百八十三条第一款规定的“其他较重情节”，依法判处三年以下有期徒刑或者拘役，并处罚金：

（一）贪污救灾、抢险、防汛、优抚、扶贫、移民、救济、防疫、社会捐助等特定款物的；

（二）曾因贪污、受贿、挪用公款受过党纪、行政处分的；

（三）曾因故意犯罪受过刑事追究的；

（四）赃款赃物用于非法活动的；

（五）拒不交待赃款赃物去向或者拒不配合追缴工作，致使无法追缴的；

（六）造成恶劣影响或者其他严重后果的。

受贿数额在一万元以上不满三万元，具有前款第二项至第六项规定的情形之一，或者具有下列情形之一的，应当认定为刑法第三百八十三条第一款规定的“其他较重情节”，依法判处三年以下有期徒刑或者拘役，并处罚金：

（一）多次索贿的；

（二）为他人谋取不正当利益，致使公共财产、国家和人民利益遭受损失的；

（三）为他人谋取职务提拔、调整的。

第二条 贪污或者受贿数额在二十万元以上不满三百万元的，应当认定为刑法第三百八十三条第一款规定的“数额巨大”，依法判处三年以上十年以下有期徒刑，并处罚金或者没收财产。

贪污数额在十万元以上不满二十万元，具有本解释第一条第二款规定的情形之一的，应当认定为刑法第三百八十三条第一款规定的“其他严重情节”，依法判处三年以上十年以下有期徒刑，并处罚金或者没收财产。

受贿数额在十万元以上不满二十万元，具有本解释第一条第三款规定的情形之一的，应当认定为刑法第三百八十三条第一款规定的“其他严重情节”，依法判处三年以上十年以下有期徒刑，并处罚金或者没收财产。

第三条 贪污或者受贿数额在三百万元以上的，应当认定为刑法第三百八十三条第一款规定的“数额特别巨大”，依法判处十年以上有期徒刑、无期徒刑或者死刑，并处罚金或者没收财产。

贪污数额在一百五十万元以上不满三百万元，具有本解释第一条第二款规定的情形之一的，应当认定为刑法第三百八十三条第一款规定的“其他特别严重情节”，依法判处十年以上有期徒刑、无期徒刑或者死刑，并处罚金或者没收财产。

受贿数额在一百五十万元以上不满三百万元，具有本解释第一条第三款规定的情形之一的，应当认定为刑法第三百八十三条第一款规定的“其他特别严重情节”，依法判处十年以上有期徒刑、无期徒刑或者死刑，并处罚金或者没收财产。

第四条 贪污、受贿数额特别巨大，犯罪情节特别严重、社会影响特别恶劣、给国家和人民利益造成特别重大损失的，可以判处死刑。

符合前款规定的情形，但具有自首，立功，如实供述自己罪行、真诚悔罪、积极退赃，或者避免、减少损害结果的发生等情节，不是必须立即执行的，可以判处死刑缓期二年执行。

符合第一款规定情形的，根据犯罪情节等情况可以判处死刑缓期二年执行，同时裁判决定在其死刑缓期执行二年期满依法减为无期徒刑后，终身监禁，不得减刑、假释。

第五条 挪用公款归个人使用，进行非法活动，数额在三万元以上的，应当依照刑法第三百八十四条的规定以挪用公款罪追究刑事责任；数额在三百万元以上的，应当认定为刑法第三百八十四条第一款规定的“数额巨大”。

具有下列情形之一的，应当认定为刑法第三百八十四条第一款规定的“情节严重”：

（一）挪用公款数额在一百万元以上的；

（二）挪用救灾、抢险、防汛、优抚、扶贫、移民、救济特定款物，数额在五十万元以上不满一百万元的；

（三）挪用公款不退还，数额在五十万元以上不满一百万元的；

（四）其他严重的情节。

第六条 挪用公款归个人使用，进行营利活动或者超过三个月未还，数额在五万元以上的，应当认定为刑法第三百八十四条第一款规定的“数额较大”；数额在五百万元以上的，应当认定为刑法第三百八十四条第一款规定的“数额巨大”。具有下列情形之一的，应当认定为刑法第三百八十四条第一款规定的“情节严重”：

（一）挪用公款数额在二百万元以上的；

（二）挪用救灾、抢险、防汛、优抚、扶贫、移民、救济特定款物，数额在一百万元以上不满二百万元的；

（三）挪用公款不退还，数额在一百万元以上不满二百万元的；

（四）其他严重的情节。

第七条 为谋取不正当利益，向国家工作人员行贿，数额在三万元以上的，应当依照刑法第三百九十条的规定以行贿罪追究刑事责任。

行贿数额在一万元以上不满三万元，具有下列情形之一的，应当依照刑法第三百九十条的规定以行贿罪追究刑事责任：

（一）向三人以上行贿的；

（二）将违法所得用于行贿的；

（三）通过行贿谋取职务提拔、调整的；

（四）向负有食品、药品、安全生产、环境保护等监督管理职责的国家工作人员行贿，实施非法活动的；

（五）向司法工作人员行贿，影响司法公正的；

（六）造成经济损失数额在五十万元以上不满一百万元的。

第八条 犯行贿罪，具有下列情形之一的，应当认定为刑法第三百九十条第一款规定的“情节严重”：

（一）行贿数额在一百万元以上不满五百万元的；

（二）行贿数额在五十万元以上不满一百万元，并具有本解释第七条第二款第一项至第五项规定的情形之一的；

（三）其他严重的情节。

为谋取不正当利益，向国家工作人员行贿，造成经济损失数额在一百万元以上不满五百万元的，应当认定为刑法第三百九十条第一款规定的“使国家利益遭受重大损失”。

第九条 犯行贿罪，具有下列情形之一的，应当认定为刑法第三百九十条第一款规定的“情节特别严重”：

（一）行贿数额在五百万元以上的；

（二）行贿数额在二百五十万元以上不满五百万元，并具有本解释第七条第二款第一项至第五项规定的情形之一的；

（三）其他特别严重的情节。

为谋取不正当利益，向国家工作人员行贿，造成经济损失数额在五百万元以上的，应当认定为刑法第三百九十条第一款规定的“使国家利益遭受特别重大损失”。

第十条 刑法第三百八十八条之一规定的利用影响力受贿罪的定罪量刑适用标准，参照本解释关于受贿罪的规定执行。

刑法第三百九十条之一规定的对有影响力的人行贿罪的定罪量刑适用标准，参照本解释关于行贿罪的规定执行。

单位对有影响力的人行贿数额在二十万元以上的，应当依照刑法第三百九十条之一的规定以对有影响力的人行贿罪追究刑事责任。

第十一条 刑法第一百六十三条规定的非国家工作人员受贿罪、第二百七十一条规定的职务侵占罪中的“数额较大”“数额巨大”的数额起点，按照本解释关于受贿罪、贪污罪相对应的数额标准规定的二倍、五倍执行。

刑法第二百七十二条规定的挪用资金罪中的“数额较大”“数额巨大”以及“进行非法活动”情形的数额起点，按照本解释关于挪用公款罪“数额较大”“情节严重”以及“进行非法活动”的数额标准规定的二倍执行。

刑法第一百六十四条第一款规定的对非国家工作人员行贿罪中的“数额较大”“数额巨大”的数额起点，按照本解释第七条、第八条第一款关于行贿罪的数额标准规定的二倍执行。

第十二条 贿赂犯罪中的“财物”，包括货币、物品和财产性利益。财产性利益包括可以折算为货币的物质利益如房屋装修、债务免除等，以及需要支付货币的其他利益如会员服务、旅游等。后者的犯罪数额，以实际支付或者应当支付的数额计算。

第十三条 具有下列情形之一的，应当认定为“为他人谋取利益”，构成犯罪的，应当依照刑法关于受贿犯罪的规定定罪处罚：

（一）实际或者承诺为他人谋取利益的；

（二）明知他人有具体请托事项的；

（三）履职时未被请托，但事后基于该履职事由收受他人财物的。

国家工作人员索取、收受具有上下级关系的下属或者具有行政管理关系的被管理人员的财物价值三万元以上，可能影响职权行使的，视为承诺为他人谋取利益。

第十四条 根据行贿犯罪的事实、情节，可能被判处三年有期徒刑以下刑罚的，可以认定为刑法第三百九十条第二款规定的“犯罪较轻”。

根据犯罪的事实、情节，已经或者可能被判处十年有期徒刑以上刑罚的，或者案件在本省、自治区、直辖市或者全国范围内有较大影响的，可以认定为刑法第三百九十条第二款规定的“重大案件”。

具有下列情形之一的，可以认定为刑法第三百九十条第二款规定的“对侦破重大案件起关键作用”：

（一）主动交待办案机关未掌握的重大案件线索的；

（二）主动交待的犯罪线索不属于重大案件的线索，但该线索对于重大案件侦破有重要作用的；

（三）主动交待行贿事实，对于重大案件的证据收集有重要作用的；

（四）主动交待行贿事实，对于重大案件的追逃、追赃有重要作用的。

第十五条 对多次受贿未经处理的，累计计算受贿数额。

国家工作人员利用职务上的便利为请托人谋取利益前后多次收受请托人财物，受请托之前收受的财物数额在一万元以上的，应当一并计入受贿数额。

第十六条 国家工作人员出于贪污、受贿的故意，非法占有公共财物、收受他人财物之后，将赃款赃物用于单位公务支出或者社会捐赠的，不影响贪污罪、受贿罪的认定，但量刑时可以酌情考虑。

特定关系人索取、收受他人财物，国家工作人员知道后未退还或者上交的，应当认定国家工作人员具有受贿故意。

第十七条 国家工作人员利用职务上的便利，收受他人财物，为他人谋取利益，同时构成受贿罪和刑法分则第三章第三节、第九章规定的渎职犯罪的，除刑法另有规定外，以受贿罪和渎职犯罪数罪并罚。

第十八条 贪污贿赂犯罪分子违法所得的一切财物，应当依照刑法第六十四条的规定予以追缴或者责令退赔，对被害人的合法财产应当及时返还。对尚未追缴到案或者尚未足额退赔的违法所得，应当继续追缴或者责令退赔。

第十九条 对贪污罪、受贿罪判处三年以下有期徒刑或者拘役的，应当并处十万元以上五十万元以下的罚金；判处三年以上十年以下有期徒刑的，应当并处二十万元以上犯罪数额二倍以下的罚金或者没收财产；判处十年以上有期徒刑或者无期徒刑的，应当并处五十万元以上犯罪数额二倍以下的罚金或者没收财产。

对刑法规定并处罚金的其他贪污贿赂犯罪，应当在十万元以上犯罪数额二倍以下判处罚金。

第二十条 本解释自2016年4月18日起施行。最高人民法院、最高人民检察院此前发布的司法解释与本解释不一致的，以本解释为准。

最高人民法院　最高人民检察院关于办理行贿刑事案件具体应用法律若干问题的解释

（2012 年 12 月 26 日）

为依法惩治行贿犯罪活动，根据刑法有关规定，现就办理行贿刑事案件具体应用法律的若干问题解释如下：

第一条　为谋取不正当利益，向国家工作人员行贿，数额在一万元以上的，应当依照刑法第三百九十条的规定追究刑事责任。

第二条　因行贿谋取不正当利益，具有下列情形之一的，应当认定为刑法第三百九十条第一款规定的“情节严重”：

（一）行贿数额在二十万元以上不满一百万元的；

（二）行贿数额在十万元以上不满二十万元，并具有下列情形之一的：

1. 向三人以上行贿的；

2. 将违法所得用于行贿的；

3. 为实施违法犯罪活动，向负有食品、药品、安全生产、环境保护等监督管理职责的国家工作人员行贿，严重危害民生、侵犯公众生命财产安全的；

4. 向行政执法机关、司法机关的国家工作人员行贿，影响行政执法和司法公正的。

（三）其他情节严重的情形。

第三条　因行贿谋取不正当利益，造成直接经济损失数额在一百万元以上的，应当认定为刑法第三百九十条第一款规定的“使国家利益遭受重大损失”。

第四条　因行贿谋取不正当利益，具有下列情形之一的，应当认定为刑法第三百九十条第一款规定的“情节特别严重”：

（一）行贿数额在一百万元以上的；

（二）行贿数额在五十万元以上不满一百万元，并具有下列情形之一的：

1. 向三人以上行贿的；

2. 将违法所得用于行贿的；

3. 为实施违法犯罪活动，向负有食品、药品、安全生产、环境保护等监督管理职责的国家工作人员行贿，严重危害民生、侵犯公众生命财产安全的；

4. 向行政执法机关、司法机关的国家工作人员行贿，影响行政执法和司法公正的。

（三）造成直接经济损失数额在五百万元以上的；

（四）其他情节特别严重的情形。

第五条 多次行贿未经处理的，按照累计行贿数额处罚。

第六条 行贿人谋取不正当利益的行为构成犯罪的，应当与行贿犯罪实行数罪并罚。

第七条 因行贿人在被追诉前主动交待行贿行为而破获相关受贿案件的，对行贿人不适用刑法第六十八条关于立功的规定，依照刑法第三百九十条第二款的规定，可以减轻或者免除处罚。

单位行贿的，在被追诉前，单位集体决定或者单位负责人决定主动交待单位行贿行为的，依照刑法第三百九十条第二款的规定，对单位及相关责任人员可以减轻处罚或者免除处罚；受委托直接办理单位行贿事项的直接责任人员在被追诉前主动交待自己知道的单位行贿行为的，对该直接责任人员可以依照刑法第三百九十条第二款的规定减轻处罚或者免除处罚。

第八条 行贿人被追诉后如实供述自己罪行的，依照刑法第六十七条第三款的规定，可以从轻处罚；因其如实供述自己罪行，避免特别严重后果发生的，可以减轻处罚。

第九条 行贿人揭发受贿人与其行贿无关的其他犯罪行为，查证属实的，依照刑法第六十八条关于立功的规定，可以从轻、减轻或者免除处罚。

第十条 实施行贿犯罪，具有下列情形之一的，一般不适用缓刑和免予刑事处罚：

（一）向三人以上行贿的；

（二）因行贿受过行政处罚或者刑事处罚的；

（三）为实施违法犯罪活动而行贿的；

（四）造成严重危害后果的；

（五）其他不适用缓刑和免予刑事处罚的情形。

具有刑法第三百九十条第二款规定的情形的，不受前款规定的限制。

第十一条 行贿犯罪取得的不正当财产性利益应当依照刑法第六十四条的规定予以追缴、责令退赔或者返还被害人。

因行贿犯罪取得财产性利益以外的经营资格、资质或者职务晋升等其他不正当利益，建议有关部门依照相关规定予以处理。

第十二条 行贿犯罪中的“谋取不正当利益”，是指行贿人谋取的利益违反法律、法规、规章、政策规定，或者要求国家工作人员违反法律、法规、规章、政策、行业规范的规定，为自己提供帮助或者方便条件。

违背公平、公正原则，在经济、组织人事管理等活动中，谋取竞争优势的，应当认定为“谋取不正当利益”。

第十三条 刑法第三百九十条第二款规定的“被追诉前”，是指检察机关对行贿人的行贿行为刑事立案前。

最高人民法院　最高人民检察院关于办理国家出资企业中职务犯罪案件具体应用法律若干问题的意见

（2010年11月26日）

随着企业改制的不断推进，人民法院、人民检察院在办理国家出资企业中的贪污、受贿等职务犯罪案件时遇到了一些新情况、新问题。这些新情况、新问题具有一定的特殊性和复杂性，需要结合企业改制的特定历史条件，依法妥善地进行处理。现根据刑法规定和相关政策精神，就办理此类刑事案件具体应用法律的若干问题，提出以下意见：

一、关于国家出资企业工作人员在改制过程中隐匿公司、企业财产归个人持股的改制后公司、企业所有的行为的处理

国家工作人员或者受国家机关、国有公司、企业、事业单位、人民团体委托管理、经营国有财产的人员利用职务上的便利，在国家出资企业改制过程中故意通过低估资产、隐瞒债权、虚设债务、虚构产权交易等方式隐匿公司、企业财产，转为本人持有股份的改制后公司、企业所有，应当依法追究刑事责任的，依照刑法第三百八十二条、第三百八十三条的规定，以贪污罪定罪处罚。贪污数额一般应当以所隐匿财产全额计算；改制后公司、企业仍有国有股份的，按股份比例扣除归于国有的部分。

所隐匿财产在改制过程中已为行为人实际控制，或者国家出资企业改制已经完成的，以犯罪既遂处理。

第一款规定以外的人员实施该款行为的，依照刑法第二百七十一条的规定，以职务侵占罪定罪处罚；第一款规定以外的人员与第一款规定的人员共同实施该款行为的，以贪污罪的共犯论处。

在企业改制过程中未采取低估资产、隐瞒债权、虚设债务、虚构产权交易等方式故意隐匿公司、企业财产的，一般不应当认定为贪污；造成国有资产重大损失，依法构成刑法第一百六十八条或者第一百六十九条规定的犯罪的，依照该规定定罪处罚。

二、关于国有公司、企业在改制过程中隐匿公司、企业财产归职工集体持股的改制后公司、企业所有的行为的处理

国有公司、企业违反国家规定，在改制过程中隐匿公司、企业财产，转为职工集体持股的改制后公司、企业所有的，对其直接负责的主管人员和其他直接责任人员，依照刑法第三百九十六条第一款的规定，以私分国有资产罪定罪处罚。

改制后的公司、企业中只有改制前公司、企业的管理人员或者少数职工持股，改制前公司、企业的多数职工未持股的，依照本意见第一条的规定，以贪污罪定罪处罚。

三、关于国家出资企业工作人员使用改制公司、企业的资金担保个人贷款，用于购买改制公司、企业股份的行为的处理

国家出资企业的工作人员在公司、企业改制过程中为购买公司、企业股份，利用职务上的便利，将公司、企业的资金或者金融凭证、有价证券等用于个人贷款担保的，依照刑法第二百七十二条或者第三百八十四条的规定，以挪用资金罪或者挪用公款罪定罪处罚。

行为人在改制前的国家出资企业持有股份的，不影响挪用数额的认定，但量刑时应当酌情考虑。

经有关主管部门批准或者按照有关政策规定，国家出资企业的工作人员为购买改制公司、企业股份实施前款行为的，可以视具体情况不作为犯罪处理。

四、关于国家工作人员在企业改制过程中的渎职行为的处理

国家出资企业中的国家工作人员在公司、企业改制或者国有资产处置过程中严重不负责任或者滥用职权，致使国家利益遭受重大损失的，依照刑法第一百六十八条的规定，以国有公司、企业人员失职罪或者国有公司、企业人员滥用职权罪定罪处罚。

国家出资企业中的国家工作人员在公司、企业改制或者国有资产处置过程中徇私舞弊，将国有资产低价折股或者低价出售给其本人未持有股份的公司、企业或者其他个人，致使国家利益遭受重大损失的，依照刑法第一百六十九条的规定，以徇私舞弊低价折股、出售国有资产罪定罪处罚。

国家出资企业中的国家工作人员在公司、企业改制或者国有资产处置过程中徇私舞弊，将国有资产低价折股或者低价出售给特定关系人持有股份或者本人实际控制的公司、企业，致使国家利益遭受重大损失的，依照刑法第三百八十二条、第三百八十三条的规定，以贪污罪定罪处罚。贪污数额以国有资产的损失数额计算。

国家出资企业中的国家工作人员因实施第一款、第二款行为收受贿赂，同时又构成刑法第三百八十五条规定之罪的，依照处罚较重的规定定罪处罚。

五、关于改制前后主体身份发生变化的犯罪的处理

国家工作人员在国家出资企业改制前利用职务上的便利实施犯罪，在其不再具有国家工作人员身份后又实施同种行为，依法构成不同犯罪的，应当分别定罪，实行数罪并罚。

国家工作人员利用职务上的便利，在国家出资企业改制过程中隐匿公司、企业财产，在其不再具有国家工作人员身份后将所隐匿财产据为己有的，依照刑法第三百八十二条、第三百八十三条的规定，以贪污罪定罪处罚。

国家工作人员在国家出资企业改制过程中利用职务上的便利为请托人谋取利益，事先约定在其不再具有国家工作人员身份后收受请托人财物，或者在身份变化前后连续收受请托人财物的，依照刑法第三百八十五条、第三百八十六条的规定，以受贿罪定罪处罚。

六、关于国家出资企业中国家工作人员的认定

经国家机关、国有公司、企业、事业单位提名、推荐、任命、批准等，在国有控股、参股公司及其分支机构中从事公务的人员，应当认定为国家工作人员。具体的任命机构和程序，不影响国家工作人员的认定。

经国家出资企业中负有管理、监督国有资产职责的组织批准或者研究决定，代表其在国有控股、参股公司及其分支机构中从事组织、领导、监督、经营、管理工作的人员，应当认定为国家工作人员。

国家出资企业中的国家工作人员，在国家出资企业中持有个人股份或者同时接受非国有股东委托的，不影响其国家工作人员身份的认定。

七、关于国家出资企业的界定

本意见所称“国家出资企业”，包括国家出资的国有独资公司、国有独资企业，以及国有资本控股公司、国有资本参股公司。

是否属于国家出资企业不清楚的，应遵循“谁投资、谁拥有产权”的原则进行界定。企业注册登记中的资金来源与实际出资不符的，应根据实际出资情况确定企业的性质。企业实际出资情况不清楚的，可以综合工商注册、分配形式、经营管理等因素确定企业的性质。

八、关于宽严相济刑事政策的具体贯彻

办理国家出资企业中的职务犯罪案件时，要综合考虑历史条件、企业发展、职工就业、社会稳定等因素，注意具体情况具体分析，严格把握犯罪与一般违规行为的区分界限。对于主观恶意明显、社会危害严重、群众反映强烈的严重犯罪，要坚决依法从严惩处；对于特定历史条件下、为了顺利完成企业改制而实施的违反国家政策法律规定的行为，行为人无主观恶意或者主观恶意不明显，情节较轻，危害不大的，可以不作为犯罪处理。

对于国家出资企业中的职务犯罪，要加大经济上的惩罚力度，充分重视财产刑的适用和执行，最大限度地挽回国家和人民利益遭受的损失。不能退赃的，在决定刑罚时，应当作为重要情节予以考虑。

最高人民法院　最高人民检察院
关于办理商业贿赂刑事案件
适用法律若干问题的意见

（2008 年 11 月 20 日）

为依法惩治商业贿赂犯罪，根据刑法有关规定，结合办案工作实际，现就办理商业贿赂刑事案件适用法律的若干问题，提出如下意见：

一、商业贿赂犯罪涉及刑法规定的以下八种罪名：

（1）非国家工作人员受贿罪（刑法第一百六十三条）；

（2）对非国家工作人员行贿罪（刑法第一百六十四条）；

（3）受贿罪（刑法第三百八十五条）；

（4）单位受贿罪（刑法第三百八十七条）；

（5）行贿罪（刑法第三百八十九条）；

（6）对单位行贿罪（刑法第三百九十一条）；

（7）介绍贿赂罪（刑法第三百九十二条）；

（8）单位行贿罪（刑法第三百九十三条）。

二、刑法第一百六十三条、第一百六十四条规定的“其他单位”，既包括事业单位、社会团体、村民委员会、居民委员会、村民小组等常设性的组织，也包括为组织体育赛事、文艺演出或者其他正当活动而成立的组委会、筹委会、工程承包队等非常设性的组织。

三、刑法第一百六十三条、第一百六十四条规定的“公司、企业或者其他单位的工作人员”，包括国有公司、企业以及其他国有单位中的非国家工作人员。

四、医疗机构中的国家工作人员，在药品、医疗器械、医用卫生材料等医药产品采购活动中，利用职务上的便利，索取销售方财物，或者非法收受销售方财物，为销售方谋取利益，构成犯罪的，依照刑法第三百八十五条的规定，以受贿罪定罪处罚。

医疗机构中的非国家工作人员，有前款行为，数额较大的，依照刑法第一百六十三条的规定，以非国家工作人员受贿罪定罪处罚。

医疗机构中的医务人员，利用开处方的职务便利，以各种名义非法收受药品、医疗器械、医用卫生材料等医药产品销售方财物，为医药产品销售方谋取利益，数额较大的，依照刑法第一百六十三条的规定，以非国家工作人员受贿罪定罪处罚。

五、学校及其他教育机构中的国家工作人员，在教材、教具、校服或者其他物品的采购等活动中，利用职务上的便利，索取销售方财物，或者非法收受销售方财物，为销售方谋取利益，构成犯罪的，依照刑法第三百八十五条的规定，以受贿罪定罪处罚。

学校及其他教育机构中的非国家工作人员，有前款行为，数额较大的，依照刑法第一百六十三条的规定，以非国家工作人员受贿罪定罪处罚。

学校及其他教育机构中的教师，利用教学活动的职务便利，以各种名义非法收受教材、教具、校服或者其他物品销售方财物，为教材、教具、校服或者其他物品销售方谋取利益，数额较大的，依照刑法第一百六十三条的规定，以非国家工作人员受贿罪定罪处罚。

六、依法组建的评标委员会、竞争性谈判采购中谈判小组、询价采购中询价小组的组成人员，在招标、政府采购等事项的评标或者采购活动中，索取他人财物或者非法收受他人财物，为他人谋取利益，数额较大的，依照刑法第一百六十三条的规定，以非国家工作人员受贿罪定罪处罚。

依法组建的评标委员会、竞争性谈判采购中谈判小组、询价采购中询价小组中国家机关或者其他国有单位的代表有前款行为的，依照刑法第三百八十五条的规定，以受贿罪定罪处罚。

七、商业贿赂中的财物，既包括金钱和实物，也包括可以用金钱计算数额的财产性利益，如提供房屋装修、含有金额的会员卡、代币卡（券）、旅游费用等。具体数额以实际支付的资费为准。

八、收受银行卡的，不论受贿人是否实际取出或者消费，卡内的存款数额一般应全额认定为受贿数额。使用银行卡透支的，如果由给予银行卡的一方承担还款责任，透支数额也应当认定为受贿数额。

九、在行贿犯罪中，“谋取不正当利益”，是指行贿人谋取违反法律、法规、规章或者政策规定的利益，或者要求对方违反法律、法规、规章、政策、行业规范的规定提供帮助或者方便条件。

在招标投标、政府采购等商业活动中，违背公平原则，给予相关人员财物以谋取竞争优势的，属于“谋取不正当利益”。

十、办理商业贿赂犯罪案件，要注意区分贿赂与馈赠的界限。主要应当结合以下因素全面分析、综合判断：

（1）发生财物往来的背景，如双方是否存在亲友关系及历史上交往的情形和程度；

（2）往来财物的价值；

（3）财物往来的缘由、时机和方式，提供财物方对于接受方有无职务上的请托；

（4）接受方是否利用职务上的便利为提供方谋取利益。

十一、非国家工作人员与国家工作人员通谋，共同收受他人财物，构成共同犯罪的，根据双方利用职务便利的具体情形分别定罪追究刑事责任：

（1）利用国家工作人员的职务便利为他人谋取利益的，以受贿罪追究刑事责任；

（2）利用非国家工作人员的职务便利为他人谋取利益的，以非国家工作人员受贿罪追究刑事责任；

（3）分别利用各自的职务便利为他人谋取利益的，按照主犯的犯罪性质追究刑事责任，不能分清主从犯的，可以受贿罪追究刑事责任。

最高人民法院　最高人民检察院关于办理受贿刑事案件适用法律若干问题的意见

（2007年7月8日）

为依法惩治受贿犯罪活动，根据刑法有关规定，现就办理受贿刑事案件具体适用法律若干问题，提出以下意见：

一、关于以交易形式收受贿赂问题

国家工作人员利用职务上的便利为请托人谋取利益，以下列交易形式收受请托人财物的，以受贿论处：

（1）以明显低于市场的价格向请托人购买房屋、汽车等物品的；

（2）以明显高于市场的价格向请托人出售房屋、汽车等物品的；

（3）以其他交易形式非法收受请托人财物的。

受贿数额按照交易时当地市场价格与实际支付价格的差额计算。

前款所列市场价格包括商品经营者事先设定的不针对特定人的最低优惠价格。根据商品经营者事先设定的各种优惠交易条件，以优惠价格购买商品的，不属于受贿。

二、关于收受干股问题

干股是指未出资而获得的股份。国家工作人员利用职务上的便利为请托人谋取利益，收受请托人提供的干股的，以受贿论处。进行了股权转让登记，或者相关证据证明股份发生了实际转让的，受贿数额按转让行为时股份价值计算，所分红利按受贿孳息处理。股份未实际转让，以股份分红名义获取利益的，实际获利数额应当认定为受贿数额。

三、关于以开办公司等合作投资名义收受贿赂问题

国家工作人员利用职务上的便利为请托人谋取利益，由请托人出资，“合作”开办公司或者进行其他“合作”投资的，以受贿论处。受贿数额为请托人给国家工作人员的出资额。

国家工作人员利用职务上的便利为请托人谋取利益，以合作开办公司或者其他合作投资的名义获取“利润”，没有实际出资和参与管理、经营的，以受贿论处。

四、关于以委托请托人投资证券、期货或者其他委托理财的名义收受贿赂问题

国家工作人员利用职务上的便利为请托人谋取利益，以委托请托人投资证券、期货或者其他委托理财的名义，未实际出资而获取“收益”，或者虽然实际出资，但获取“收益”明显高于出资应得收益的，以受贿论处。受贿数额，前一情形，以“收益”额计算；后一情形，以“收益”额与出资应得收益额的差额计算。

五、关于以赌博形式收受贿赂的认定问题

根据《最高人民法院、最高人民检察院关于办理赌博刑事案件具体应用法律若干问题的解释》第七条规定，国家工作人员利用职务上的便利为请托人谋取利益，通过赌博方式收受请托人财物的，构成受贿。

实践中应注意区分贿赂与赌博活动、娱乐活动的界限。具体认定时，主要应当结合以下因素进行判断：（1）赌博的背景、场合、时间、次数；（2）赌资来源；（3）其他赌博参与者有无事先通谋；（4）输赢钱物的具体情况和金额大小。

六、关于特定关系人“挂名”领取薪酬问题

国家工作人员利用职务上的便利为请托人谋取利益，要求或者接受请托人以给特定关系人安排工作为名，使特定关系人不实际工作却获取所谓薪酬的，以受贿论处。

七、关于由特定关系人收受贿赂问题

国家工作人员利用职务上的便利为请托人谋取利益，授意请托人以本意见所列形式，将有关财物给予特定关系人的，以受贿论处。

特定关系人与国家工作人员通谋，共同实施前款行为的，对特定关系人以受贿罪的共犯论处。特定关系人以外的其他人与国家工作人员通谋，由国家工作人员利用职务上的便利为请托人谋取利益，收受请托人财物后双方共同占有的，以受贿罪的共犯论处。

八、关于收受贿赂物品未办理权属变更问题

国家工作人员利用职务上的便利为请托人谋取利益，收受请托人房屋、汽车等物品，未变更权属登记或者借用他人名义办理权属变更登记的，不影响受贿的认定。

认定以房屋、汽车等物品为对象的受贿，应注意与借用的区分。具体认定时，除双方交代或者书面协议之外，主要应当结合以下因素进行判断：(1) 有无借用的合理事由；(2) 是否实际使用；(3) 借用时间的长短；(4) 有无归还的条件；(5) 有无归还的意思表示及行为。

九、关于收受财物后退还或者上交问题

国家工作人员收受请托人财物后及时退还或者上交的，不是受贿。

国家工作人员受贿后，因自身或者与其受贿有关联的人、事被查处，为掩饰犯罪而退还或者上交的，不影响认定受贿罪。

十、关于在职时为请托人谋利，离职后收受财物问题

国家工作人员利用职务上的便利为请托人谋取利益之前或者之后，约定在其离职后收受请托人财物，并在离职后收受的，以受贿论处。

国家工作人员利用职务上的便利为请托人谋取利益，离职前后连续收受请托人财物的，离职前后收受部分均应计入受贿数额。

十一、关于“特定关系人”的范围

本意见所称“特定关系人”，是指与国家工作人员有近亲属、情妇(夫) 以及其他共同利益关系的人。

十二、关于正确贯彻宽严相济刑事政策的问题

依照本意见办理受贿刑事案件，要根据刑法关于受贿罪的有关规定和受贿罪权钱交易的本质特征，准确区分罪与非罪、此罪与彼罪的界限，惩处少数，教育多数。在从严惩处受贿犯罪的同时，对于具有自首、立功等情节的，依法从轻、减轻或者免除处罚。

图书在版编目（CIP）数据

国有企业人员廉洁从业实用手册/《国有企业人员廉洁从业实用手册》编写组编．—5版．—北京：中国方正出版社，2024.6.—ISBN 978-7-5174-1357-8

Ⅰ.F279.241-62

中国国家版本馆CIP数据核字第2024Z93N23号

国有企业人员廉洁从业实用手册（第五版）

本书编写组　**编**

责任编辑：杨　睿
责任校对：周志娟
责任印制：李惠君

出版发行：中国方正出版社
（北京市西城区广安门南街甲2号　邮编：100053）
编辑部：（010）59594619　发行部：（010）66560645
出版部：（010）59594625　门市部：（010）66562733
邮购部：（010）66560645
网　址：www.lianzheng.com.cn
经　　销：新华书店
印　　刷：保定市中画美凯印刷有限公司

开　　本：787毫米×1092毫米　1/16
印　　张：50
字　　数：845千字
版　　次：2024年7月第5版　2024年7月北京第1次印刷

ISBN 978-7-5174-1357-8　　定价：128.00元